Gilles de la Tourette

Die Hysterie nach den Lehren der Salpêtrière.

Gilles de la Tourette

Die Hysterie nach den Lehren der Salpêtrière.

ISBN/EAN: 9783743312302

Hergestellt in Europa, USA, Kanada, Australien, Japan

Cover: Foto ©ninafisch / pixelio.de

Manufactured and distributed by brebook publishing software
(www.brebook.com)

Gilles de la Tourette

Die Hysterie nach den Lehren der Salpêtrière.

DIE HYSTERIE

NACH DEN

LEHREN DER SALPÊTRIÈRE.

VON

DR. GILLES DE LA TOURETTE.

MIT EINEM VORWORT

VON

J. M. CHARCOT.

AUTORISIERTE DEUTSCHE AUSGABE

VON

DR. KARL GRUBE.

„Nur in einem Stücke welche ich Niemand:
In der Erforschung der Wahrheit.“

Theophrasto Renaudot.

NORMALE ODER INTERPAROXYSMALE HYSTERIE.

LEIPZIG und WIEN

FRANZ DEUTICKE

1894.

Die vorliegende Arbeit ist gewissermassen unter meiner Leitung entstanden. Sie giebt so treu als möglich meine Lehren und die Arbeiten wieder, zu denen ich meine Schüler veranlasst habe.

Ja, ich kann noch mehr sagen! Als ich die Arbeit im Manuskript las, fand ich manches Mal zu meiner Überraschung Gedanken, die ganz mein eigen sind, die ich niemals ausgesprochen zu haben glaubte, und die anf jeden Fall niemals veröffentlicht wurden.

Die Erklärung dafür liegt darin, dass Herr Gilles de la Tourette, der, mein Assistent und Oberarzt an der Salpêtrière, mehr als 8 Jahre lang mit mir zusammen arbeitete, sich sozusagen Tag für Tag bemühte, das zu sammeln, was ich bei der klinischen Beobachtung über die Hysterie dachte oder sagte. So hat er ohne Ermüden gearbeitet, um ein Werk zustande zu bringen, das meiner Meinung nach eine Lücke in der Wissenschaft ausfüllt.

Wenn Herr Gilles de la Tourette sagt, dass er sich darauf beschränkt habe, meine Lehren wiederzugeben und meine und meiner Schüler Arbeiten zusammenzufassen, so vergisst er zum ersten Male, dass auch er zu diesen Schülern gehört, und zwar zu den besten. Er vergisst seine eigenen Arbeiten, die in ihrer Art von grösster Wichtigkeit sind.

Ich will von diesen Arbeiten im Augenblicke nur die von ihm mit einem anderen meiner Schüler, Herrn Cathelineau, angestellten Unter- suchungen über die chemische Formel der Hysterie erwähnen, die, wie ich in einem früheren Vortrage sagte [1]), falls sie sich bestätigen sollten, eine wahre Entdeckung bedeuten würden. Heute brauchen wir auf diese Bestätigung nicht mehr zu warten.

Herr Gilles de la Tourette hat damit in das Studium der Hysterie ein Element eingeführt, das sowohl zur Erkennung zweifelhafter Fälle, wie zur Bestätigung der durch die klinische Beobachtung fest- gestellten Erscheinungen von Wichtigkeit ist.

Noch etwas anderes hat Herr Gilles de la Tourette zu erwähnen vergessen, dass er sich nämlich nicht darauf beschränkt hat, meine

---

[1]) Leçons du Mardi à la Salpêtrière 1889. S. 428.

Lehren wiederzugeben. Wenn dieselben auch in seinem Buche den
grösseren Raum einnehmen, so hat er doch auch diejenigen ausländischen
und französischen Arbeiten berücksichtigt, die zur Erkennung des
hysterischen Krankheitsbildes wesentlich beigetragen haben.

Endlich hat er sich in seiner Arbeit nicht allein als guten Kenner
der Arbeiten Anderer, sondern auch als selbständigen Beobachter und
vorzüglichen Kritiker gezeigt.

Er hat uns, wenn ich nicht irre, mit einem Werke beschenkt, das
man als vollkommen bezeichnen muss, und das den derzeitigen Standpunkt unseres Wissens mit der peinlichen Genauigkeit wiedergiebt, die
wir bereits in seinen früheren Arbeiten zu bewundern Gelegenheit hatten.

Ich wünsche von Herzen, dass meine Worte zum Erfolge eines
Werkes beitragen mögen, das mit grossem Fleisse unter Schwierigkeiten
aller Art verfasst worden ist.

J. M. Charcot.

Der Begriff Hysterie, wie er durch die Arbeiten Charcot's entstanden ist, ist ebenso verschieden von dem, was man vor dem Erscheinen der Arbeiten aus der Salpêtrière für Hysterie hielt, wie der frühere Begriff der Entzündungen von dem heutigen der Infektionskrankheiten.

Aber während die klinische Beschreibung der Pneumonie von Grisolle klassisch bleiben wird, wird man bei der Lektüre der im Jahre 1859 erschienenen Monographie Briqnet's kaum eine Andeutung von dem finden, was wir heute unter Hysterie versteben.

Und ob wohl unsere heutigen Kenntnisse als endgültige anzusehen sind? Sicher nicht. Jeder Tag bringt Licht über neue Fragen betreffs der Neurose; gestern war es die männliche Hysterie, heute sind es die trophischen Störungen, morgen wird es vielleicht die pathologische Anatomie und Physiologie sein.

Man kann aber wenigstens schon bestimmte Gesetze erkennen, nach denen sich die Hysterie entwickelt, auch bürgert sich bereits ein Determinismus ein, der sich täglich mehr befestigt, und aus der „vielgestaltigen und ungreifbaren" Krankheit von früher ist eine Affektion geworden, die selbst in ihrer — freilich mehr scheinbaren als wirklichen und durch Unkenntnis übertriebenen — Ungesetzmässigkeit ganz gesetzmässig verläuft.

Diese Periode in der Geschichte der Hysterie nach den Lehren desjenigen, der für die Kenntnis der Neurose am meisten gethan hat, nach den Lehren Charcot's zu schildern, ist meine Absicht.

Ich kann mich deshalb darauf beschränken, die in seinen und in den von ihm inspirierten Arbeiten seiner Schüler — zu denen zu gehören ich die Ehre habe — niedergelegten Lehren wiederzugeben.

Die Anordnung des Stoffes ergab sich von selbst aus dem klinischen Bilde der Krankheit. Dieses Bild baut sich auf aus dem Allgemeinzustande, den dauernden Stigmata und den sich aus diesem entwickelnden Anfällen. Dementsprechend habe ich meine Arbeit in zwei Abschnitte eingeteilt, von denen der erste die normale oder interparoxysmale Hysterie, der zweite die pathologische oder paroxysmale

Hysterie behandelt. Diese Scheidung ist durch die klinische Beobachtung wie durch die chemischen Verhältnisse berechtigt.

Soll das aber heissen, dass diese Trennung in allen Fällen scharf zu machen ist? Keineswegs; man wird in manchen Kapiteln finden, dass ich, um Wiederholungen zu vermeiden, die Grenze nicht stets beobachtet habe, die durch die schnelle Aufeinanderfolge und den Wechsel der hysterischen Erscheinungen ohne Aufhören verwischt wird. Mein Bestreben war, stets die klinischen Thatsachen zu berücksichtigen und diese niemals der Theorie zu opfern.

Ich möchte an dieser Stelle meinem verehrten Lehrer meinen tiefen Dank dafür aussprechen, dass er mich während der Entstehung dieses Buches, zu dessen Zustandekommen er soviel beigetragen hat, fortwährend ermutigt hat.

Herr Professor Brouardel, dessen Assistent zu sein ich die Ehre hatte, hat mich bei dieser wie früher bei einer anderen Arbeit[1]), durch seinen Rat bei der Abfassung des gerichtlich-medizinischen Teiles nicht unwesentlich unterstützt. Ihm meinen respektvollen Dank.

Herr Professor Laboulhène war so liebenswürdig, mir bei dem historischen Teile seine Hülfe zu gewähren, während die Herren Professoren Fournier, Verneuil, mein verehrter Lehrer, und Le Dentu mir in zuvorkommender Weise ihre Dienste geliehen und ihre Kliniken geöffnet haben, um dort einschlägige Fragen dermatologischen und chirurgischen Inhaltes zu studieren.

Die Abbildungen stammen fast alle von der geschickten Hand meines Freundes Paul Richer, der für die Hysterie so bedeutendes geleistet hat. Mit seiner Erlaubnis, dieselben zu benützen, hat er nur seine alte und bewährte Freundschaft aufs neue bestätigt.

Endlich darf ich nicht vergessen, des leider zu früh verstorbenen Professors Damaschino zu gedenken, der mir seit dem Beginne dieser Untersuchungen mit Rat und That zur Seite gestanden hat.

---

[1]) L'hypnotisme et les états analogues au point de vue médico-légal. Préface de M. le Professeur Brouardel. 2. éd. 1889.

Gilles de la Tourette.

Ich bin der an mich ergangenen Aufforderung, das Buch des durch seine zahlreichen Arbeiten über die Hysterie bekannten Autors ins Deutsche zu übertragen, nicht ungerne nachgekommen. Es ist die vollständigste und eingehendste Arbeit über die Hysterie, die wir zur Zeit besitzen. Dass bei uns in Deutschland eine solche fehlte, wird wohl niemand bestreiten. Die beste und ausführlichste deutsche Monographie über die Hysterie, die von Professor Jolly in dem Ziemssen'schen Handbuche, entspricht doch nicht mehr dem heutigen Standpunkte, da sie bereits in den Siebziger-Jahren verfasst wurde.

Ich habe mir erlaubt, einzelne Stellen, wo die Darstellung im Originale sehr ins Breite geht, etwas zusammenzufassen, so vor allem von den zahlreichen, oft über Gebühr langen Citaten einzelne nur inhaltlich und nicht wörtlich wiederzugehen. Ich glaube nicht, dass es dem Buche geschadet hat.

In dem ziemlich polemisch gehaltenen 3. Kapitel habe ich geglaubt, einzelne Ausdrücke in etwas milderer Form wiedergeben zu dürfen. Einige thatsächliche Berichtigungen, die seit dem Erscheinen des Buches gemacht worden sind, so z. B. die von Herrn Professor Schultze in Nr. 3 der „Deutschen medizinischen Wochenschrift" 1893, konnte ich nicht bringen, da der Autor ein Hinzufügen von Anmerkungen seitens des Übersetzers nicht gewünscht hatte.

Karl Grube.

Inhalts-Verzeichnis.

I. Kapitel.

Geschichtliches.

X

6. Kapitel.

Die hysterischen Hyperästhesien und die hysterogenen Zonen.

I. Die hysterischen Hyperästhesien. — Seltenheit historischer Angaben. — Heilige Therese
und Schwester Jeanne des Anges. — Sydenham. — Brodie, 1837. — Beau,
Schützemberger. — Briquet. — Charcot. — Hyperästhesie der Haut, der Schleimhaut und der Eingeweide.
Hyperästhesie der Haut. — Art der Untersuchung. — Allgemeine Hyperästhesie. —
Hemihyperästhesie. — Hyperästhesie in geometrischen Figuren. — Orbicularis
palpebrarum; Sphincter vaginae.
Hysterische Arthralgie. — Häufigkeit. — Sitz. — Alter. — Geschlecht. — Ursachen. —
Lokaler Traumatismus und traumatische Suggestion Charcot's. — Brodie'sches
Zeichen. — Hysterische Koxalgie. — Trophische Störungen der Haut, der Muskeln
und der Gelenkflächen. — Unterschied zwischen den hysterischen Amyotrophien
und den organischen Arthritiden. — Dauer. — Heilung.
Hyperästhesie in unregelmässigen Gebieten.
II. Die hysterogenen Zonen. — Definition. — Historisches. — Zonen in der Haut, der
Schleimhaut und den Eingeweiden . . . . Seite 138—162

7. Kapitel.

Von einigen besonderen hyperästhetischen hysterogenen Zonen.

Zonen am Kopfe. — Clavus hystericus. — Hysterische Cephalalgie. — Hysterische
Pseudo-Meningitis. — Einfluss der Syphilis. — Hysterogene Zonen im Gesichte
und die hysterischen Gesichtsneuralgien.
Zonen am Rumpfe. — Hysterische Rhachialgie. — Pseudo-Malum Pottii. — Pseudo-
Tabes. — Hysterische Angina pectoris. — Pseudo-Ovarialzone beim Manne. —
Zone am Scrotum.
Hysterogene Zonen an den Schleimhäuten. — Behauptung von Lichtwitz. — Methode,
die Zonen zu erregen. — Hysterischer Ménière'scher Schwindel. — Zonen an der
Schleimhaut der Nase, des Mundes, des Ohres, des Pharynx und Larynx. —
Hysterogene Zonen an der Urethra, Blase und Vagina.
Viscerale hysterogene Zonen. — Brust. — Testikel, Ovarien. — Praktische Folge-
rungen . . . . Seite 162—197

8. Kapitel.

Hysterische Störungen des Sehapparates. Hysterische Amblyopie.

Geschichtliches. — Celsus, Ch. Lepois, Carré de Montgeron, Hocken, Landouzy, Briquet.
— Charcot und seine Schule. — Galezowski, Landolt, Parinaud.
Untersuchungsmethoden. — Untersuchung der kornealen und konjunktivalen Sensibilität.
— Häufigkeit der Anästhesie. — Nebeneinanderbestehen von Sensibilitätsstörungen und Amblyopie. — Aufhebung des Pupillenreflexes. — Hyperästhesie.
Koncentrische Gesichtsfeldeinengung. — Normale Grenzen des Gesichtsfeldes. — Peri-
meter — Untersuchungsmethode. — Doppelseitige Einengung. — Seltenheit der
vollständigen Amaurose.
Koncentrische Einengung für Farben. — Achromatopsie, Dyschromatopsie. — Erhalten-
bleiben von Blau und Rot — Centrales Skotom.
Verhalten der Sehschärfe. — Monokuläre Polyopie. — Untersuchungsmethode. —
Centraler Sitz der Amblyopie.
Subjektive Symptome. — Wiederkehr des Sehvermögens beim binokulären Sehen. —
Methoden, um Simulanten zu entlarven. — Folgen der Achromatopsie.
Ätiologie der Amblyopie. — Allgemeine und lokale Ursachen. — Differentialdiagnose. —
Identität der Erscheinungen mit denjenigen bei Läsionen des sensiblen Knotenpunktes. — Assoziation von hysterischer Amblyopie mit derjenigen bei Tabes,
multipler Sklerose, Syphilis. — Die Einengung des Gesichtsfeldes bei Syringo-
myelie beruht auf Hysterie.

9. Kapitel.

Hysterische Affektionen der Augenmuskeln.

10. Kapitel.

Neigung zur Kontraktur; Amyosthenie; hysterischer Tremor.

1. Kapitel.

Geschichtliches.

Die Geschichte der Hysterie beginnt mit den ältesten medizinischen und philosophischen Schriften, denn in dem alten Griechenland, der Wiege aller Wissenschaften, befasste sich auch die Philosophie mit medizinischen Dingen, ja nahm sie stellenweise ganz in ihr Gebiet auf. In diesem Sinne waren Demokrit und Plato zweifellos die Vorläufer der Medizin, und letzterer war es, der zuerst die Theorie aussprach, welche lange Zeit hindurch in der Klinik und Therapie der Neurose eine Rolle spielen sollte: „Die Gebärmutter ist ein Tier, das glühend nach Kindern verlangt. Bleibt dasselbe nach der Pubertät lange Zeit unfruchtbar, so erzürnt es sich, durchzieht den ganzen Körper, verstopft die Luftwege, hemmt die Atmung und bringt auf diese Weise den Körper in die grössten Gefahren und erzeugt allerlei Krankheiten, bis endlich Verlangen und Liebe Mann und Weib vereinigen und die Frucht entstehen lassen, die sie wie von einem Baume pflücken" [1]).

Derselbe Satz aus dem „Timaeus" enthält auch den berühmten Ausspruch: „Nubat illa et morbus effugiet", der so lange als Grundsatz in der Behandlung der weiblichen Hysterie gegolten hat, während an die männliche Hysterie vor Charles Lepoïs und Sydenham noch nicht ernsthaft geglaubt wurde, und das obige Wort auch den Gedanken an ihr Vorhandensein auszuschliessen schien. Und doch haben schon von dem 6. Jahrhunderte an die Künstler, die treuen Darsteller der leidenden Natur, sie in Bildern zum Vorwurf genommen, deren richtige Erklärung freilich erst in unseren Tagen durch Charcot und Paul Richer gelang.

Die Schriften des Hippokrates sind reich an Äusserungen über die Hysterie, aber man hat, wie bei so vielen anderen Affektionen, auch hier dem Hippokrates zugeschrieben, was er in Wahrheit nie gesehen hat. Studiert man seine Werke genau, so wird man finden, dass, wenn er auch die Epilepsie wohl kannte, er dieselbe doch nicht genügend von der Hysterie zu unterscheiden vermochte, von welch letzterer er jedenfalls nur sehr unvollkommene Kenntnisse besass.

Das lag vielleicht an dem religiösen Charakter des Morbus sacer, der das Erstaunen der Ärzte und Laien Griechenlands in so hohem Masse hervorrief; doch waren viele der Unglücklichen, welche von dem Leiden befallen wurden, und viele der Priesterinnen, die unter den

---

1) Plato. Timaeos, pag. 91, B. ff.

Konvulsionen der göttlichen Krankheit, die ihren Leib erschütterten, ihre Orakelsprüche von sich gaben, wohl nur Hysterische, und es wäre ein Leichtes, zu zeigen, dass die Epilepsie vieles von ihrem heiligen Charakter der verkannten Hysterie verdankt. Was nun die Hysterie bei Hippokrates anbelangt, so können uns viele Sätze bei weitem nicht so überzeugen, wie z. B. den berühmten Littré, der folgenden Satz ganz auf die Neurose bezieht: „Wenn die Gebärmutter sich zur Leber hinbegieht, so verliert die Frau alsbald die Stimme, sie presst die Zähne aufeinander und wird schwarz. Diese Anfälle treten ganz plötzlich und bei vollkommenem Wohlbefinden auf und befallen besonders alte Jungfern und junge Witwen, welche geboren haben und nun im Witwenstande bleiben."

In dem Folgenden könnte man vielleicht den freilich unbewussten Ursprung der Kompression des Ovariums finden: „Ist dieser Zustand vorhanden, so übt man von der Leber her mit der Hand einen Druck aus und legt dann eine Binde unter dem Hypochondrium an."

Aus der Beschreibung des Anfalles heben wir am besten folgenden Satz hervor:

„Wenn der Uterus sich bei der Leber oder im Hypochondrium befindet, so ruft er Erstickungserscheinungen hervor; das Weisse in den Augen wird sichtbar, die Frau wird kalt und zuweilen blauschwarz; sie knirscht mit den Zähnen, Speichel fliesst ihr aus dem Munde und sie gleicht einer Epileptischen."

Doch wird merkwürdigerweise die ganze Beschreibung für den, der weiss, wie selten der Tod bei hysterischen Anfällen eintritt, wieder durch folgenden Satz verdorben:

„Wenn die Gebärmutter lange Zeit an der Leber und im Hypochondrium fixiert bleibt, so tritt der Tod durch Erstickung ein."

Das Folgende ist dem Celsus entnommen, bei dem man, wie schon Boerhaave sagte: „vieles findet was heute für neu gilt." Diese Stelle aus den Schriften des ersten berühmten Arztes nach dem Beginne der christlichen Zeitrechnung, die hier wohl zum ersten Male angeführt wird, zeigt nach unserer Ansicht sehr deutlich, welche Kenntnis von der Hysterie der berühmte Encyclopädist besass, der im Übrigen ein glühender Bewunderer des Hippokrates war, von dem er zahlreiche Bruchstücke übersetzte. Die Stelle enthält, wie man sehen wird, die Hauptpunkte der Differentialdiagnose zwischen Hysterie und Epilepsie [1]):

„Ex vulva quoque feminis vehemens malum nascitur; proximeque ab stomacho vel efficitur vel corpus afficit. Interdum etiam sic exanimat, ut tamquam comitiali morbo prosternat. Distat tamen hic casus, eo quod neque oculi vertuntur, nec spumae profluunt, nec nervi distenduntur: sopor tantum est. Id vitium quibusdam feminis crebro revertens, perpetuum est."

Anderthalb Jahrhunderte nach Celsus verspottete Galen, ein ausgezeichneter Physiologe, obwohl auch er die Gebärmutter für den

---

[1]) A. Cornelii Celsi. De re medica libri octo, lib. V, cap. I, sect. VII, pag. 213. Paris 1772.

Sitz der Hysterie hielt, die seiner Meinung nach von Plato stammende Ansicht von dem „In die Höhe steigen" des Uterus während des Anfalles. Durch seine anatomischen Kenntnisse wusste er, dass der Uterus nicht von der Vulva zum Processus xyphoideus aufsteigen könne, wie das noch Aretäos gelehrt hatte. Und vielleicht vertrat Galenus auch schon die Lehre, dass die Hysterie nicht nur eine Krankheit des weiblichen Geschlechtes sei, als er schrieb: „Id vero quoque viris evenire solet."

Auf die Schriften anderer Autoren der ersten christlichen Jahrhunderte brauchen wir nicht näher einzugehen; Aetius und Paulus von Aegina besaessen bei weitem nicht die Kenntnisse, die wir schon bei Celsus fanden.

* * *

Mit Übergehung der arabischen medizinischen Schriften, in denen über die Hysterie wenig zu finden ist, gelangen wir zum Mittelalter, wo wir viel wertvollere Dokumente haben, als die mehr oder weniger genauen oben angeführten Beschreibungen. Wo konnte auch die Hysterie besser gedeihen, als in einem Boden, der unaufhörlich mit Unwissenheit und religiösem Fanatismus gedüngt wurde! Nun gewinnt die bildliche Darstellung eine besondere Wichtigkeit.

Fig. 1. Christus, einen Besessenen heilend. Nach einer Elfenbeinschnitzerei des 5. Jahrhunderts.

Wir verdanken die nähere Kenntnis, die wir von der Hysterie dieser Epoche besitzen, Charcot und Richer, deren Namen auf vielen Seiten dieses Werkes zu finden sein werden. Ihre Arbeiten sind besonders in zwei Werken niedergelegt, in: „Les démoniaques dans l'art" (1887), dem auch die diesem Kapitel beigegebenen Abbildungen entstammen, und in „Les malades et les difformes dans l'art" (1889), ferner noch in den „Études cliniques sur la grande hystérie ou hystéro-épilepsie" (2. edit. 1885), Werke, die der über die Geschichte der Hysterie Schreibende unaufhörlich befragen muss. Wir sprachen oben von geschriebenen Dokumenten und citierten im Vorübergehen Aetius und Paulus von Aegina, die im 6. und 7. Jahrhunderte unserer Zeitrechnung lebten. Hatten wir nicht Recht, uns mit der Auslegung des immerhin dunklen Textes gar nicht zu befassen, da wir durch die Arbeiten Charcot's nnd Richer's ältere und unzweifelhaftere Dokumente gewonnen haben?

Wir besitzen in einer Elfenbeinschnitzerei des 5. Jahrhunderts (Fig. 1), einem Bruchstücke des Deckels eines Evangelienbuches der Bibliothek in Ravenna, die Darstellung einer Teufelaustreibung, und man wird sich ferner kaum über die Haltung des Besessenen täuschen

1*

können, der in einer syriachen Handschrift der Bibliothek zu Florenz zu finden ist (6. Jahrhundert, Fig. 2).

Es ist bemerkenswert, dass die Mehrzahl der Besessenen, der von Konvulsionen Befallenen — und wir wissen heute, was diese Worte bedeuten — die wir antreffen werden, Männer sind, ein Beweis, dass die männliche Hysterie anch zu jener Zeit schon bestanden hat, mögen die Autoren auch nicht von ihr reden.

Und bliebe man über die Haltung des Besessenen in der florentinischen Handschrift anch in einigem Zweifel, so verstehen wir doch gleich das Bild, den „besessenen Sohn" darstellend, ein Miniaturgemälde

Fig. 2. Energumenes. 6. Jahrhundert.

aus einer Handschrift des Kaisers Otto, die in dem Dome zu Aachen aufbewahrt wird.

„Dies ist nach unserem Wissen, sagen Charcot und P. Richer (S. 8), die älteste Darstellung eines Besessenen, welche einige, der unmittelbaren Wirklichkeit entnommene Züge wiedergiebt, welche die grossen Künstler der Renaissance so vortrefflich darzustellen verstanden. Der Knabe befindet sich mitten in einem Anfalle, der Rumpf ist gewaltsam nach hinten gebeugt, Kopf und Extremitäten sind steif; er wird von seinem Vater gehalten, der ihn Christus übergiebt.

Die Körperhaltung, die der Künstler dem Besessenen gegeben hat, verdient hervorgehoben zu werden; dieses Zurückbeugen des Körpers nähert sich dem bei den Hysterischen so häufig beobachteten arc de cercle."

Nicht weniger charakteristisch ist das bronzene Basrelief an dem Thore der Kirche des heiligen Zeno zu Verona, das ebenfalls aus dem 11. Jahrhundert stammt und eine Frau darstellt: „Bekleidet mit einem langen anschliessenden Gewande, neigt sich die Besessene hintenüber (Fig. 3), so dass der Unterleib vorsteht. Die Übertreibung dieser Haltung hat gar nichts Unnatürliches. Wir wissen ja, wie häufig Tympanie bei Hysterischen ist, sowohl zur Zeit der Anfälle wie in den anfallsfreien Zeiten, und wir haben schon darauf hingewiesen, wie häufig dieses Zurückbiegen des Rumpfes nach hinten unter der Form des Bogens zu beobachten ist. Hinter ihr hält ein Mönch den rechten Vorderarm mit einer Hand, während er mit der anderen Kopf und Schultern stützt, welche ebenfalls nach hinten geneigt sind. Vor ihr steht ein mit der Mitra bekleideter Erzbischof, dessen Linke den linken Arm der Besessenen er-

griffen hat, während seine Rechte das Zeichen des Segens macht. Über
dem Ganzen sieht man den Dämon, der aus dem Munde der Besessenen
entweicht."

Wir können bei der grossen Zahl dieser bildlichen Darstellungen
nicht länger verweilen, so zahlreich und charakteristisch sie sind. Aber
auch an schriftlichen Dokumenten fehlt es in dieser Epoche nicht, doch
waren sie nur tote Buchstaben in jener Zeit, in der die grossen Epidemien
übernatürlichen Ursachen zugeschrieben wurden. Sie sind erst zu unserer
Zeit von Littré, Charcot, Valentiner und besonders von Culmeil[1])
und Paul Richer[2]) studiert und erklärt worden, sowie endlich von
Bourneville, der die wichtigsten in seiner "Bibliothèque diabolique"
wiedergegeben hat.

Die grossen Chorea-Epidemien des Mittelalters haben mit der gewöhnlichen Chorea nichts zu thun; sie sind mit der hysterischen Chorea
rhythmica auf eine Stufe zu stellen, wie man schon aus den Darstellungen
des P. Breughel (Fig. 4, 5 und 6) sowie aus
folgender, bei Heiker zu findenden Beschreibung
erkennen wird[3]).

"Schon im Jahre 1574 hatte man in Aachen
Scharen von Männern und Frauen aus Deutschland ankommen sehen, die, von einer gemeinsamen Raserei geplagt, in den Strassen und Kirchen
dem Volke dieses seltsame Schauspiel boten. Mit
angefassten Händen und von einem inneren Drange
fortgerissen, dessen sie nicht mehr Herr werden
konnten, tanzten sie ganze Stunden lang und
setzten dieses Schauspiel fort, ohne sich von den

Fig. 3. Teufelaustreibung,
nach einem bronzenen Basrelief
von dem Thore des hell. Zeno
in Verona. (11. Jahrhundert.)

Umstehenden einschüchtern zu lassen, bis sie erschöpft zur Erde fielen;
dann klagten sie über grosse Angst und stöhnten, als ob sie sich dem
Tode nahe fühlten, "bis man ihnen den Leib mit leinenen Tüchern
umwickelte", worauf sie wieder zu sich kamen und für eine Zeit von
ihrem Leiden befreit waren. Es hatte dies den Zweck, die Tympanie zu
vertreiben, welche sich nach den Anfällen einstellte; häufig verfuhr
man noch einfacher, indem man den Kranken Faustschläge oder Fusstritte
gegen den Unterleib versetzte. Während des Tanzes hatten die Kranken
Erscheinungen: sie sahen und hörten nicht und in ihrer Einbildung
erblickten sie Geister, deren Namen sie aussprachen oder vielmehr her-
ausschrieen . . . .

"In den Fällen, in denen das Leiden sich ganz entwickelt hatte,
begannen die Anfälle mit epileptischen Zuckungen. Die Kranken fielen
schnaubend zur Erde, ohne Bewusstsein, Schaum trat ihnen vor den
Mund, dann erhoben sie sich mit einem Male und begannen ihren Tanz
unter fürchterlichen Verrenkungen. In wenigen Monaten verbreitete sich

---

[1]) De la folie considérée sous le point de vue pathologique, philosophique,
historique et judiciare. Paris 1845. 2 vol.

[2]) Études cliniques sur la grande hystérie, l'hystérie dans l'histoire, pag. 798
und ff.

[3]) Annalen für Hygiene und gerichtliche Medicin, 1884, Bd. XII, S. 313.

diese Plage von Aachen, wo sie sich im Juli gezeigt hatte, bis zu den Niederlanden."

Wo könnte man eine bessere Beschreibung des grossen hysterischen Anfalles und seiner Kupierung durch Druck auf die Ovarien finden? Und sind die Züge der männlichen Hysterie in der folgenden Darstellung, deren Treue wir späterhin einsehen werden, zu verkennen?

"Sie zerrissen häufig ihre Kleider oder vollführten andere Ausschreitungen; auch liessen diejenigen, welche die Mittel dazu hatten, sich von Leuten begleiten, die sie bewachten und verhinderten, dass sie sich selbst und Anderen ein Leid zufügten."

Dieses lange Citat wird genügen, so dass wir auf die vielen anderen Epidemien, die in dieser Zeit auftraten, in der der religiöse Fanatismus und die Furcht vor Teufeln die Gemüter in einem für die Entwicklung der Hysterie so günstigen Zustande hielt, nicht mehr einzugehen brauchen. Der Tarantismus in Italien scheint auch nur eine Form der Chorea rhythmica gewesen zu sein, und das vom Teufel Besessensein, welches in den Klöstern Deutschlands von 1550—1560 so häufig vorkam, bietet uns eine Symptomengruppe, welche keines Kommentars bedarf.

Auch Frankreich blieb nicht verschont, und unter der grossen Zahl der in dieser Zeit vorkommenden Epidemien von Hystero-Dämonopathie, welche so viele Unglückliche auf den Scheiterhaufen der Inquisition brachten, nennen wir nur einige der bekanntesten: die Besossenheit des Nicole Obry (1565), ferner diejenige der Ursulinerinnen von Aix, in Folge deren der unglückliche Gauffridi am 30. April 1611 den Tod durch Feuer fand.

Endlich ist noch die Epidemie unter den Ursulinerinnen von Loudun zu erwähnen, welche mit dem Tode des Urban Grandier (1634) ihr Ende fand. Die Beschreibung derselben von der Hand der Oberin, Schwester

Fig. 6. Tänzer des St. Guy in Prozession zur Kirche des heiligen Willibrod zu Echternach bei Luxemburg, nach einer Zeichnung von P. Braeghel in der Galerie des Erzherzog Albrecht in Wien[1].

Jeanne des Anges, welche zu finden und zu veröffentlichen wir das Glück hatten, giebt die vollkommenste Darstellung der Hysterie, welche man denken kann[2].

Wir wollen hiermit die Darstellungen dieser Epidemien verlassen, deren Natur die Zeitgenossen mit Ausnahme des Jean Wier, des Leibarztes des Herzogs von Cleve, entweder nicht verstehen konnten oder wollten. Dieses Verständnis wurde erst in unseren Tagen erworben.

---

[1] Diese Springprozession besteht noch heutigen Tages. Wie früher findet sie um Pfingstmontag zu Echternach zu Ehren des heiligen Willibrod statt.

[2] Soeur Jeanne des Anges. Autobiographie d'une hystérique possédée, d'après le manuscrit inédit de la bibliothèque de Tours; annoté et publié par les Drs. Legué et Gilles de la Tourette, préface de M. le professeur Charcot. Paris 1886.

Mit der an bildlichen Darstellungen so reichen Renaissance
(Fig. 7) findet die Hysterie wieder ihren Platz in den medizinischen
Schriften, und Ambrosius P a r é (16. Jahrhundert) widmet der Suffocatio
matricis sehr interessante Seiten, die wir bei der Beschreibung der
hysterischen Schlafanfälle benützen konnten (1888). Noch immer ist der
Uterus der Sitz des Leidens und die Achtung vor den alten Autoren ist
so gross, dass F e r n e l (17. Jahrhundert) dem G a l e n einen Vorwurf
daraus macht, dass er gesagt habe, der Uterus verändere seine Lage
nicht, um den hysterischen Anfall hervorzurufen.

Zu derselben Zeit urteilen M e r c u r i a l i s, B a i l l o u, F o r e s t u s
schon vernünftiger. Der letzte, ein entschiedener Anhänger der Theorie

Fig. 7. Der heilige Philippus von Neri, eine Besessene heilend. Gruppe von einem Freske von
Andreas del Sarto in dem Kloster der Anunzista zu Florenz.

des G a l e n u s, dass die Retention der Samenflüssigkeit beim Weibe die
Ursache der Hysterie sei, hat sich durch den Eifer berühmt gemacht,
mit dem er das Auspressen der Vulva während des Anfalles empfahl.

Das 17. Jahrhundert brachte in seinem Beginne und an seinem Ende
zwei Männer hervor, deren Arbeiten über die Hysterie durch die Tiefe der
darin ausgesprochenen Ansichten noch heute unsere Bewunderung erregen.

Im Jahre 1618 gab der französische Arzt Charles L e p o i s (Carolus
P i s o) aus Pont-à-Mousson auf einigen Seiten eine Beschreibung des
Leidens, deren Wert erst die Arbeiten der Neueren schätzen gelernt haben [1]).

[1]) Caroli P i s o n i s Selectionum observationum et consiliorum de praetervisis
hactenus morbis, effectibusque praeter naturam ab aqua seu serosa colluvie et diluvie
ortis, liber singularis. Ponte ad Monticulum 1618. Das Buch erlebte eine grosse
Anzahl von Auflagen, die von B o e r h a a v e eingeschlossen. Wir haben die Leyden'sche
(Lugduni Batavorum) von 1650 benützt.

Seine für die damalige Zeit wahrhaft revolutionäre Ansicht ist folgende: „Hysterica symptomata vulgo dicta, omnia fere viris cum mulieribus communia sunt." Er bricht damit mit der Vergangenheit, und zwar entschuldigt er sich, dass er so vielen berühmten Männern widerspreche, aber, sollte seine Bescheidenheit auch darunter leiden, er muss der Stimme der Erfahrung und derjenigen der Vernunft gehorchen.

Der Uterus wird seiner Stellung entkleidet, seine Rolle ist nun ausgespielt, die Nerven beherrschen jetzt das Feld, wie die Thatsachen und die vernünftige Beurteilnng derselben zeigen.

„Quoniam igitur in hysterica suffocatione totum convellitur et rigescit corpus, principium sane nervorum patiatur necesse est."

Man bezeichnet mit Galenus die Retention des Menstrnalblutes als Ursache der Hysterie; aber wie soll man die hartnäckige Hysterie jener nobilissima virgo erklären, die fast nicht mehr atmen konnte, deren Periode aber stets regelmässig erfolgte, ja, die ausserdem an Hämorrhoiden litt, die satis liberaliter flossen? Auch die Theorie von der Retention des Menstrualblutes muss unter die Legenden gezählt werden, denn die Hysterie tritt bei kleinen Mädchen auf, die noch nicht, bei Jungfrauen, die nicht mehr, und bei Frauen, die viel zu stark menstruieren „nnd, fügt er hinzn, von den Männern ganz zu schweigen".

Zwar möchte er mit Hippokrates, den er sehr verehrt, in Übereinstimmung bleiben, nur dass die Retention des weiblichen Samens als Ursache der Hysterie nicht plausibler ist, wie die des Menstrualblntes. Er hat viele hysterische Mädchen gesehen, die weniger als 12 Jahre alt waren, und bei denen von Retention des Samens keine Rede sein konnte, weil sich bei ihnen noch keiner bildete, also auch nicht zurückgehalten werden konnte. Man hat mit dieser Samentheorie nur zu sehr Missbranch getrieben! „Ich habe, sagt er, junge hysterische Mädchen sich verheiraten, konzipieren und doch hysterisch bleiben sehen, ja eadem experiri accidentia vel in mediis virorum amplexibus."

Weder der Uterus, noch der Magen, noch irgend ein anderes inneres Organ ist als Ursache der Hysterie zu beschuldigen, sondern allein der Kopf; das Gehirn ist affiziert nicht sekundär, sondern primär. Und die primäre Erscheinung besteht in einer Infiltration des Gehirnes mit der colluvies serosa oder deren Ergiessung in die Ventrikel.

In klinischer Hinsicht kennt Charles Lepois, wie wir schon sagten, auch die männliche und infantile Hysterie. Er giebt eine ganz gute Beschreibung der dem Anfalle vorhergehenden sensoriellen Störungen: der Verdunklung des Gesichts, des Verlustes des Gehörs, der Stimme. Er spricht von dem Druck an den Schläfen; vielleicht kannte er schon die Migraine ophthalmique, jedenfalls beschreibt er sehr genan den Speichelfluss am Ende des Anfalles beim Manne wie beim Weibe; er kennt die Lähmung der oberen und unteren Extremitäten. Endlich ist ihm auch die hysterische Tremor nicht unbekannt, wenigstens nicht als Vorbote der Lähmung:

„Sed annotavi, hoc anno, in altera ingenua vicina nostra de qua ante, quae a secundo paroxysmo tremorem brachiorum insignem passa est, tertio tandem in paralysim eorumdem incidit."

Vielleicht vermischt er die Hysterie zu viel mit der Epilepsie, was aber jedenfalls dafür spricht, dass er Fälle von Hystero-Epilepsie gesehen hat, welche Bedeutung man auch dieser Bezeichnung geben mag.

Die Ansichten von Lepois fanden grosse Verbreitung, aber auch, wie zu erwarten, glühende Gegner und gaben zu der leidenschaftlichen Polemik Anlass, die sich am Ende des 17. Jahrhunderts zwischen Willis, der den nervösen Ursprung der Hysterie behauptete, und Highmore, der an ihren visceralen Sitz glaubte, obgleich auch er den Uterus nicht für den alleinigen Sitz hielt, abspielte. Aber die Ansicht des Arztes aus Pont-á-Mousson fand ihre Bestätigung durch die Beobachtungen des grossen englischen Arztes Sydenham, dessen Brief an Guillaume Cole (1681) von allem, was vor dem 19. Jahrhundert über Hysterie geschrieben wurde, das Beste und Vollständigste ist..

Die Hysterie ist sehr häufig; sie befällt viele Frauen und verschont nur diejenigen, welche ein anstrengendes und arbeitsames Leben führen. Sie ist auch eine Krankheit der Männer, besonders derjenigen, die man als Hypochonder bezeichnet, folglich kann ihr Sitz nicht der Uterus sein. Die Hysterie „ahmt fast alle Krankheiten nach, die das Menschengeschlecht befallen können, denn wo im Körper sie ihren Sitz hat, sie ruft die für diesen Körperteil charakteristischen Symptome hervor, und wenn der Arzt nicht viel Scharfsinn und Erfahrung besitzt, so wird er sich leicht täuschen und eine selbstständige Krankheit des betreffenden Teiles annehmen, wo es sich nur um die Hysterie handelt".

So gleichen einzelne Erscheinungen einer Apoplexie, und die Konvulsionen können die Epilepsie vortäuschen. Weiter hat Sydenham den Clavus hystericus, den Husten, das Erbrechen, die Ödeme, die Odontalgie und Rachialgie mit gleichem Glücke studiert. Man müsste die ganze Abhandlung zitieren, die im Lichte der neuesten Forschungen immer verständlicher wird.

Was die Ursache anbetrifft, so „geht die Erkrankung aus einer Unordnung oder unregelmässigen Bewegung der Lebensgeister hervor, die sich zu heftig oder in zu grosser Menge nach einem bestimmten Körperteil begeben und hier Spasmen oder selbst Schmerzen bewirken, und die Funktionen der Organe stören, sowohl derjenigen, welche sie verlassen, als auch derjenigen, zu denen sie sich begeben etc.".

Wie ziehen freilich die klinische Beobachtung der Theorie weit vor, unterdessen verlegt letztere wenigstens den Sitz der Erkrankung in die Nervenzentren. Die Behandlung besteht besonders in der Kräftigung des Blutes, und man kann den Gebrauch des Eisens nicht genug empfehlen.

* * *

Leider wurde die bewundernswerte Arbeit von Sydenham von seinen Zeitgenossen vollständig ignoriert, und erst 1859 erkannte Briquet ihren wahren Wert an. Genial wie Sydenham war, hatte er vieles gesehen, und darunter so viel Eigenartiges und den bisherigen Ansichten Widersprechendes, dass er fast vollständig unverstanden blieb.

Ausser einigen hervorragenden Geistern, von denen aber auch keiner den hohen Standpunkt des englischen Arztes erreichte, verloren sich die Schriftsteller des 18. und der ersten Hälfte des 19. Jahrhunderts in nutzlosen und unzeitgemässen Diskussionen, welche der wissenschaftlichen Erforschung der Hysterie nur verderblich waren.

Sydenham hatte klinischen Sinn genug gehabt, die Grenze, welche die Hysterie von der Hypochondrie, wozu er die männliche Hysterie rechnete, trennt, nicht zu beseitigen, und auch Stahl giebt (1724) eine Beschreibung des „Malum hysterico-hypocondriacum", aber er umgiebt sie mit solchen scheinbar physiologischen Interpretationen, dass die alten Ideen, welche für immer abgethan schienen, bald wieder siegreich die Oberhand gewannen, und in der That kommt Hoffmann (von 1730 an) wieder ganz auf die Zurückhaltung der Samenflüssigkeit bei der Frau und auf alle die gleichwertigen Ansichten zurück.

„Bei der Lektüre Hoffmann's, sagt Briquet, fragt man sich, wie es möglich war, dass fünfzig Jahre nach Sydenham, der über die Hysterie so einfache Ansichten hatte, sich wieder ein hervorragender Gelehrter finden konnte, der fähig war, den Weg der einfachen Beobachtung zu verlassen und wieder in die alten Ansichten vergangener Zeiten zurückzufallen. Man kann es nur dadurch erklären, dass Hoffmann ein Stubengelehrter war, der Kranke nur in seiner Privatpraxis sah."

Man darf indessen nicht vergessen, dass Hoffmann eine Beobachtung von männlicher Hysterie bei einem jungen 16jährigen Manne erwähnt, eine Beobachtung, die von Louyer-Villermay, dem unglücklichsten Gelehrten des 19. Jahrhunderts in Bezug auf Hysterie, als ein Irrtum in der Diagnose betrachtet wird.

Übrigens ging die Kenntnis von der männlichen Hysterie nicht ganz verloren; Roulin, der aus mehr als einem Grunde gelesen zu werden verdient, sagte 1758 davon: „Wenn die Ärzte, welche glaubten, dass die Hysterie aus dem Uterus entstehe, unter uns lebten, würden sie mit Erstaunen wahrnehmen, was wir täglich sehen, nämlich hysterische Männer mit demselben Gefühl einer Kugel, welches die hysterischen Frauen im Unterleibe verspüren."

Robert Whytt[1]), welcher gleich Sydenham die Hypochondrie des Mannes mit der weiblichen Hysterie zusammenstellt, betrachtet sie gleichfalls als eine allgemeine Krankheit.

„Man muss bemerken, sagt er (S. 393), dass bei den Frauen die Symptome, welche man gewöhnlich hysterische nennt, weniger häufig die Folge eines krankhaften Zustandes der Gebärmutter sind, als vielmehr anderer Leiden, die ihren Sitz in irgend einem anderen Körperteil haben. Sind nicht häufig Jungfrauen frei von den Affektionen dieser Art, während verheiratete Frauen und selbst solche, die sich während ihrer Schwangerschaft und eines leicht verlaufenden Wochenbettes einer guten Gesundheit erfreuen, von hysterischen Leiden gequält werden? Wir können hinzufügen, dass Frauen, deren Regel vollständig regelmässig und deren Gebärmutter gesund ist und nicht die geringsten Beschwerden macht, nicht immer von hysterischen Leiden frei sind, während scirrhus-

---

[1]) Les vapeurs et les maladies nerveuses hypocondriaques ou hystériques, vol. I, 1767. Übersetzt von Lebègue de Presle.

artige Tumoren oder andere oft schwere Erscheinungen verursachende
Krankheiten dieses Organes mit hysterischen Symptomen häufig nicht
verbunden sind oder wenigstens die traurigen Erscheinungen derselben
nicht hervorrufen. Man hat häufig bei der Sektion von Frauen, die
lange und schwere Krankheiten dieser Art durchgemacht hatten, den
Uterus in normalem Zustande gefunden."
Sauvages (1760) befasst sich mehr damit, die Hysterie zu
klassifizieren, als ihre Symptome genau zu studieren. Er zeigt sich
darin eben so wenig als Kliniker, wie Astoni (1761). Doch ist er
glücklicherweise viel vorsichtiger in seinem Urteil, als der letztere,
dessen Ansichten auf diesem Gebiete ebenso langweilig als ungenau sind.
Das Werk von Pomme (1760—1782)[1]), welches einen grossen Erfolg
hatte, steht bedeutend über den vorgenannten. Der Verfasser hat viel
gesehen und giebt eine Anzahl sehr interessanter Beobachtungen, unter
welchen wir einen klar beschriebenen Fall von Haemoptysis hysterica
herausheben (Bd. I, S. 190). Er befasst sich hauptsächlich mit der
Kaltwasserkur und protrabierten Bädern und schreibt eine beruhigende
Diät vor, entsprechend seiner Theorie von der „Verhärtung und Aus-
trocknung der Nerven". Man wird jedoch in seinem Werke einige interessante Betrachtungen über die Anwendung der Elektrizität finden,
die damals eben in den Kreis der medizinischen Mittel gezogen wurde
(Bd. I, S. 267).

* * *

Wir haben uns beeilt, zu den Schriftstellern unseres Jahrhunderts
zu gelangen, deren erster, Louyer-Villermay, im Jahre 1816 eine
Abhandlung schrieb, welche den verderblichsten Einfluss ausübte[2]).
Er bestreitet aufs heftigste das Vorhandensein der männlichen
Hysterie; die Beobachtungen von Willis und Hoffmann beruhen seiner
Ansicht nach auf falscher Diagnose und sind zur Hypochondrie zu rechnen
(S. 4). Er wundert sich, wie die Ansicht Lepois', Willis', Sydenham's und Boerhaave's den Sieg über die gewichtige Autorität des Hippokrates und Galenus davontragen konnte. „Die häufigste Ursache der
Hysterie sind die Entziehung der Freuden der Liebe, der dadurch verursachte Kummer und die Störungen der Menstruation." (Bd. 1, S. 118.)
„Diese Schrift, sagt Briquet (S. 587), sollte im Jahre 1500,
statt 1816 erschienen sein. Was soll man von einem Arzte denken, der
im 19. Jahrhundert das Vorhandensein von Samen beim Weibe zugiebt,
da er doch weiss, dass die Frauen keine Organe zur Absonderung einer
solchen Flüssigkeit besitzen; der ein Tempérament utérin, eine
Pléthore spermatique zugiebt, der auf die Wanderung des Uterus
zurückkommt und sein ganzes Werk dem Nachweise widmet, dass die
Hysterie eine Krankheit der Geilheit, eine schimpfliche Anwandlung sei,
und der die Hysterischen zum Gegenstand des Abscheues oder des Mit-
leides macht? Villermay bat von diesem Nervenleiden ein Phantasie-

---

[1]) Traité des affections vaporenses des deux sexes; 2 vol., 6. éd.
[2]) Traité des maladies nerveuses ou vapeurs et particulièrement de l'hystérie
et de l'hypocondrie 1816.

hild entworfen, welches der Klasse der Gesellschaft entnommen ist, die
man jetzt als Demi-monde bezeichnet, und man findet in seinem Werke
keinen richtigen Grundgedanken, keine genaue Beobachtung und keine
gute therapeutische Angabe." Die inhaltlosen Abhandlungen Louyer-Villermay's wurden von
Georget bald auf ihren wahren Wert zurückgeführt. In der Salpêtrière
mit einer für die Geschichte der Hysterie so fruchtbaren Arbeit beschäftigt, hatte Georget seine Zeit nicht mit leeren Theorien vergeudet.
Er ist ein vorzüglicher Beobachter, der sich nur an die Thatsachen hält;
er versteht nur nicht, die Gedanken, welche sie in ihm hervorrufen, in
die akademischen Formen zu kleiden [1]).

„Die Ansicht, den Sitz der sogenannten hysterischen Erscheinungen
in den Uterus zu verlegen, sagt er (Bd. I, S. 239), scheint mir so
unsinnig und so lächerlich, dass ich sie gar nicht bekämpfen würde,
wenn sie nicht von allen Neueren, die über die Hysterie geschriehen
haben, als richtig angesehen würde; ich würde mich sonst auf eine einfache Darlegung der Thatsachen heschränken, als das beste Gegengift
gegen den Irrtum."

Nach einem kurzen geschichtlichen Überhlick gelangt er zu dem
Werke „des Dr. Louyer-Villermay, eines hervorragenden Arztes und
Mitgliedes der Académie royale de médecine. Als ich dieses Werk zum
ersten Male las, sagt er, fragte ich mich, ob dieser Arzt die Krankheit, die er bekannt machen will, heohachtet habe, oder ob er sie vielleicht nur oherflächlich heobachtete, oder oh er die Funktionen des
Gehirnes, den Sitz der Gedanken und der willkürlichen Bewegung in
den Uterus verlegen will. Nähere Überlegung hat mich auf den Gedanken gehracht, dass Louyer-Villermay, indem er sich von seinen
unmittelbaren Vorgängern, Pomme und Whytt, Roulin und Sydenham etc., unterscheiden wollte, welche den Irrtum des Hippokrates
verlassen hatten, ohne Zweifel glaubte, es sei hesser allein, wenn auch
weitab vom Pfade der Wahrheit zu wandern, als in den Fussstapfen
Anderer derselben zuzustrehen".

Und nicht mit gelehrten Spitzfindigkeiten tritt er seinem Gegner
entgegen. Er hat mit den Hysterischen gelebt, er durchflicht seine Beweis-
führungen mit zahlreichen klinischen Beobachtungen.

Dann giebt er eine sehr gute klinische Beschreibung der Anfälle und,
als der Erste, eine Charakteristik des état second oder hysterischen
Somnambulismus. „In dem darauf folgenden Delirium, sagt er (Bd. I,
S. 273), erinnerte sie sich alles dessen, was sie im vorhergehenden
gesagt hatte."

Auch seine Differentialdiagnose zwischen der Hysterie und der
Epilepsie verdient mitgeteilt zu werden; sie ist noch gegenwärtig in
der alten Klinik, wo er seine Beobachtungen machte, wohlbekannt. „Die
Kranken und die Krankenpflegerinnen der Salpêtrière, sagt er (S. 393),
legen besonders grossen Wert auf die drei folgenden Kennzeichen der

---

[1]) De la physiologie du système nerveux et specialement du cerveau. Recherches
sur les maladies nerveuses. Paris 1821.

Epilepsie: das Fehlen von Vorboten, die vollständige Bewusstlosigkeit und die Verzerrung des Mundes, sowie den Zustand der Augen. Sie sagen von einer angeblich Hysterischen, welche epileptisch wird, dass sie von der Seite lache und die Augen verdrehe. Es sind dies in der That die drei wesentlichsten Unterscheidungsmerkmale dieser beiden Krankheiten."

Es konnte nicht fehlen, dass Georget in der Salpêtrière Fälle von Hystero-Epilepsie beobachtete, was ihn zu der Behauptung bringt, dass die Epilepsie manchmal nichts anderes als ein vorgeschrittener Grad von Hysterie sei; aber ebenso wenig wie Louyer-Villermay, wenn er von einer epileptiformen Hysterie spricht, hat er den Zusammenhang zwischen diesen beiden Leiden erkannt.

Seine Behandlungsweise ist eben so praktisch, wie seine Theorien vom klinischen Standpunkte gesund sind. Er verordnet Muskelübungen, welche aber nicht bis zur Ermüdung gehen dürfen, gute Nahrung, Vermeidung aller Erregung des Gehirnes, Kräftigung durch kalte Bäder im Sommer, lauwarme im Winter. Weiterhin beschreibt er die Art und Weise, wie die Anfälle in der Salpêtrière bekämpft werden und die noch jetzt dort geübt wird. Besonders aber solle man sich vor jeder Übertreibung in der Behandlung hüten. „Was soll man denn thun? wird man fragen; man muss doch etwas verordnen . . . Ah! ich verstehe; ihr wollt moralische Mittel in Gestalt von Medikamenten anwenden. Dann macht es doch wie der berühmte Tronchin, verordnet Brotpillen und andere gleich wirksame Mittel, gebt als Getränk Wasser und andere Arzeneien von gleicher Kraft; aber verschlimmert nicht das Übel, entzündet nicht den Magen oder das Gehirn eurer Kranken um des Vergnügens oder des Bedürfnisses willen, Rezepte zu schreiben."

* * *

Nach diesen vernünftigen und klaren Ansichten Georget's hätte man hoffen können, dass die Hysterie auf dem von Lepois und Sydenham vorgeschriebenen Wege endlich experimentell studiert worden wäre. Aber es sollte nicht sein; die Hysterie blieb ein Gegenstand akademischen Streites, der Gegenstand am grünen Tische entstandener Theorien und übereilter Veröffentlichungen; auch starb Louyer-Villermay, der Vertreter der offiziellen Wissenschaft, zugleich Partei und Richter, erst im Jahre 1838.

Die Société de médecine de Bordeaux eröffnete zuerst den Wettstreit, indem sie folgende Preisaufgabe stellte: „Vergleichende Untersuchung der verschiedenen über die Natur, den Sitz, die Ätiologie, Symptomatologie, Prognose und Therapie der Hypochondrie und der Hysterie vorgebrachten Ansichten und Nachweis der Identität oder der Verschiedenheit beider Krankheiten."

Man wird vielleicht erstaunt sein, Hypochondrie und Hysterie in den Diskussionen und Preisaufgaben verbunden oder vielmehr miteinander vermengt zu sehen. Im Grunde ist es immer die alte Frage nach der männlichen Hysterie, welche unter der Asche glimmt und unbewusst den Geist der Richter und der Bewerber erfüllt; es ist dieselbe

Frage, die Hufeland im Jahre 1838 mit den Worten löste, wahrscheinlich ohne zu wissen, welche grosse Wahrheit er aussprach [1]): „Die Hypochondrie und die Hysterie unterscheiden sich nicht wesentlich von einander, es besteht zwischen beiden nur ein sexueller Unterschied. Die Hypochondrie ist die Form, welche die Krankheit beim Manne annimmt, die Hysterie diejenige, welche man bei den Frauen antrifft." Den Preis trug Dubois (von Amiens) davon. Seine Arbeit, 1833 unter dem Titel: „Traité philosophique de l'hypocondrie et de l'hystérie", ist im Grunde nur eine geschickte Zusammenstellung. Die Neurose ist nur beim Weibe vorhanden, „hysteria solis feminis propria est"; sie herrscht in der Zeit von der Pubertät bis zum Klimakterium, „urget intra pubertatem et menstruorum cessationem". Indessen neigt er doch in Hinsicht auf den Sitz der wirkenden Ursache zu einem gewissen Eklektizismus, obwohl er offenbar der uterinen Theorie mehr zugeneigt ist. Man findet hauptsächlich eine geschichtliche und meist unparteiische Zusammenstellung von Ansichten über Hysterie und Hypochondrie, die allen möglichen Schriftstellern entnommen sind.

Einer anderen Preisaufgabe sind zwei Abhandlungen über die Hysterie zu verdanken, welche 1846 und 1847 erschienen. Im Jahre 1845 hatte die Akademie über die Hysterie eine Preisaufgabe gestellt und den Preis zu gleichen Teilen Brachet von Lyon und Landoucy von Reims zuerkannt.

Die beiden Werke waren indessen sehr verschieden, entsprechend den Vorzügen und Mängeln ihrer Verfasser.

Brachet, bereits Verfasser einer Abhandlung über die Hypochondrie, behandelt die Frage als Schriftsteller, der Wiederholungen nicht scheut. Die Hysterie ist ein allgemeines Leiden, dessen nervöser Ursprung ihm unbestreitbar scheint; Anhänger der Hysterie beim Manne, zeigt er uns, welches damals der Stand der Wissenschaft in dieser so bestrittenen Sache war. „Man schwankte, sagt er (S. 194), ob es sich um eine allgemeine Neurose oder eine spezielle Neurose des Uterus handle, als Georget mit der Sicherheit der Überzeugung erklärte, dass die Hysterie ihren Sitz im Gehirn habe und nicht im Uterus, und dass die Männer ihr ebensowohl unterworfen seien als die Frauen. Einige Zeit nachher zeigte Trolliet an Fällen, welche er in seiner Praxis und in den Hospitälern beobachtete, dass die Krankheit bei beiden Geschlechtern vorkommt. Später gelangte Brachet zu denselben Folgerungen, wenn er auch die viel grössere Heftigkeit des Leidens bei den Frauen anerkannte."

Sein Mitbewerber um den Preis Civrieux, Landouzy (1840), nähert sich der Ansicht Louyer-Villermay's. Als Anhänger der Theorie, dass der Uterus der Sitz des Leidens sei, welche er mit unbestreitbarem Nachdruck und Geschick verteidigt, glaubt er nicht an die männliche Hysterie und die mitgeteilten Beobachtungen der Reihe nach besprechend, kommt er zu folgenden Schlussfolgerungen, die wir mitteilen wollen, ohne sie dadurch aber als richtig anzuerkennen: „Diese Beobachtungen sind also, wie man sieht, zu wenig zahlreich und besonders zu un-

---

[1]) Enchiridion medicum, pag. 214, 1838.

vollständig, um einen zwingenden Schluss zuzulassen, und es wäre tollkühn, mit so unzureichenden Gründen einen der schwierigsten Punkte der Wissenschaft zu entscheiden."
Wahr ist es, dass die öffentliche Meinung damals für L a n d o u z y und gegen B r a c h e t war. Seine Abhandlung über die Hysterie erlebte in kurzer Zeit eine zweite Auflage, doch war an diesem Erfolge ein ganz persönliches Talent der Darstellung keinesfalls unbeteiligt.

* * *

Es ist sehr zu bedauern, dass diese erfahrenen Gelehrten und tüchtigen Schriftsteller die „Vorträge über die lokalen nervösen Affektionen", welche B r o d i e zehn Jahre vorher in England herausgegeben hatte[1]), nicht gekannt haben. Die wenigen Seiten, welche dieser der Hysterie widmet, wiegen ganze Bände auf, und doch scheinen die französischen Zeitgenossen sie übersehen zu haben, und erst C h a r c o t war es vorbehalten, sie bei uns zur Anerkennung zu bringen.
Nicht allein giebt B r o d i e mit S y d e n h a m die Hysterie beim Manne zu, sondern im Anschlusse an die hysterische Coxalgie, die er meisterhaft beschreibt, spricht er folgenden Satz aus: „Nicht die Muskeln sind es, welche nicht mehr dem Willen gehorchen, sondern der Wille selbst tritt nicht mehr in Thätigkeit." Er studiert mit gleichem Glücke die Retentio urinae, die Neuralgien, die Tympanie und stellt zuerst die richtige Behandlung der Kontrakturen und der Lähmungen fest, welche hauptsächlich darin besteht, Reize zu vermeiden, da diese Affektionen am häufigsten von selbst unter dem Einflusse eines lebhaften moralischen Eindruckes verschwinden.
In Deutschland zeigen sich dagegen R o m b e r g, V a l e n t i n e r, M e y e r als Anhänger der Theorie, dass der Uterus der wahre Sitz des Übels sei, doch geben sie zu, dass die spinale Reflexthätigkeit hei den beobachteten Erscheinungen eine Rolle spiele.
Wir müssen leider über die Arbeit F o r g e t's (1847)[2]), der die Hysterie eine Affektion des Nervensystems nennt, welche beide Geschlechter befällt und beim Armen wie beim Reichen zu beobachten ist, während jegliche materielle und funktionelle Schädigung der Geschlechtsorgane fehlt, kurz hinweggehen; ebenso über die Ansicht S c h u t z e m b e r g e r's (1846), welcher die Entzündung des Eierstockes beschuldigt, worin ihm N é g r i e r (1858) und zuletzt C h a i r o n (1870) folgen. Wir übergehen die genauen Untersuchungen, welche D u c h e n n e in Boulogne (1855) über die elektrischen Erscheinungen bei den hysterischen Lähmungen und Kontrakturen angestellt hat, um zu der Arbeit B r i q u e t's (1859) zu gelangen, welche mehr verdient, als eine einfache Erwähnung.
P. B r i q u e t, Arzt am Hospital de la Charité, an die Spitze einer Anstalt gestellt, „wohin man seit langer Zeit die von hysterischen Affektionen betroffenen Kranken zu verweisen pflegte", sammelte Be-

---

[1]) Lectures illustrative of certain local nervous affections. London 1837.
[2]) Recherches cliniques snr les nervoses. De l'hystérie. Gaz. méd. de Paris 1847. Die Arbeit ist sehr interessant.

obachtungen, 430 an der Zahl, an Personen „jeder Art, die sich in den Krankensälen einfanden. Anamnese, Status praesens und das Ergebnis der Behandlung wurden genau aufgeschrieben; die Behauptungen der Schriftsteller in Bezug auf die Ätiologie wurden gleicherweise der Kontrole durch die Beobachtung unterworfen; alles wurde ins Werk gesetzt, damit die Dinge sich entwickeln konnten". Unter diesen Voraussetzungen glaubt Briquet, „Gelegenheit gehabt zu haben, wohl alles zu sehen, was auf diesem Gebiete vorkommen kann" (Vorrede).

Diese letzte Behauptung geht offenbar etwas zu weit, aber es ist jedenfalls wahr, dass Briquet viel, und dass er oft sehr gut gesehen hat. Alles, was die „für die Hysterie empfänglich machenden Ursachen" betrifft, ist von ihm meisterhaft behandelt, und in dem Kapitel über die Ätiologie werden wir vieles den Abschnitten seines Werkes entnehmen müssen, die vom Einflusse des Geschlechtes, des Alters, der Vererbung, der Erziehung, der sozialen Stellung etc. handeln. In dem Kapitel, welches sich mit dem Sitz und der Natur der Hysterie beschäftigt. und welches ein Muster von Gelehrsamkeit und richtigem Urteile bleiben wird, lässt er vor allem Lepois und Sydenham volle Gerechtigkeit widerfahren, weist die uterine Theorie zurück, giebt die Hysterie beim Manne zu, worüber er sieben persönliche Beobachtungen mitteilt, verwirft die Ansicht deutscher und englischer Gelehrter, die den Sitz der Hysterie in das Rückenmark verlegen, und schliesst, in voller Übereinstimmung mit Brodie, dass sie als eine „affection dynamique" betrachtet werden müsse.

Aber Briquet, der, wie wir sagten, alles glaubte gesehen zu haben, täuschte sich doch, wenn er meinte, auch die Gesetze, welche die Hysterie beherrschen, gefunden zu haben, Gesetze, die man genau bestimmen kann.

Sein Buch ist in der That nur eine Zusammenstellung von Kapiteln, in denen oft die verschiedenen Erscheinungen, welche er studiert, sehr genau behandelt sind; aber von den allgemeinen Gesetzen, welche diese verwickelte Gesamtheit verknüpfen, finden wir nichts darin und ihre Entdeckung hat die Lehre von der Hysterie dergestalt umgewandelt, dass nach unseren heutigen Kenntnissen die Arbeit Briquet's die Originalität, welche er selbst ihr zuschrieb, vollständig einbüssen musste.

Diese Umgestaltung hat sich in unseren Tagen vollzogen, in dem alten Hospitale, wo auch Georget beobachtete, und zwar durch Charcot und seine Schule.

* * *

Im Jahre 1862 begann Charcot in der Salpêtrière seine Arbeit in dem Zweige der Medizin, der durch ihn berühmt werden sollte. Mit der Behandlung der Hysterischen betraut, gingen seine ersten Untersuchungen hauptsächlich auf die am häufigsten vorkommende Form der Hysterie: den konvulsiven Anfall. Die Beschreibung desselben, welche er in den älteren medizinischen Werken fand, konnte ihn nicht befriedigen; immer forschend, bemerkte er, dass dieser Symptomenkomplex seine Gesetze habe, dass die Anfälle nicht einfach aus rohen, unzusammenhängenden Krämpfen bestånden. Im Jahre 1868 begannen seine klinischen Vorlesungen, in denen er endlich die genaue Charakteristik der Anfälle geben, ihre Gesetze aufstellen und auf endgiltige Weise die Beziehung zwischen Hysterie und Epilepsie klarlegen konnte.

Um die Wichtigkeit dieser neuen Vorstellungen darzuthun, ist es nötig, einen Blick rückwärts zu werfen und hier in diesem der historischen Betrachtung gewidmeten Kapitel das, was obwohl neu, doch bereits der Geschichte angehört, zu besprechen; denn in Bezug auf die Lehre vom hysterischen Anfall ist heute Charcot erste Autorität, und seine Beschreibung derselben ist klassisch geworden.

Die Frage, welche wir klarlegen wollen, ist lange Zeit in der Entwicklung der Lehre von der Hysterie erst an zweiter Stelle behandelt worden. Alle alten Schriftsteller von Hippokrates an haben, wie wir sahen, sich bemüht, Hysterie und Epilepsie zu unterscheiden. Sie einander nahe zu bringen, die Fäden, welche sie verbinden möchten, aufzusuchen, daran dachte niemand, weil alle Bemühungen nur auf die Differential-diagnose gerichtet waren.

Diese Voreingenommenheit bestand offenbar auch bei Sydenham, als er schrieb:

„Manchmal erzeugen die hysterischen Anfälle schreckliche Konvulsionen, welche der Epilepsie gleichen Der Bauch und die Brust blähen sich auf und hemmen die Atmung, und die Kranke macht so grosse Anstrengungen, dass sie, obwohl nur wenig kräftig, doch von mehreren Personen kaum gehalten werden kann. Während dessen schreit sie, ohne bestimmte Worte und artikulierte Laute auszusprechen, und schlägt sich gegen die Brust. Diese Art der hysterischen Anfälle wird allgemein Suffocatio matricis genannt, und die Frauen, welche daran leiden, haben meistens ein kräftiges und sehr sanguinisches Temperament."

Beim Lesen dieser Beschreibung müssen wir zugeben, dass Sydenham die Hystero-Epilepsie, deren Symptome er so deutlich beschreibt, jedenfalls kannte.

Vor Sydenham hatte Charles Lepois gleichfalls diese Beziehungen beobachtet, welche ihn wahrscheinlich dazu führten, die beiden Nervenkrankheiten einander so nahe zu stellen, wie er es in seinem Buche thut. Und beschrieb nicht zur selben Zeit Sennert die „Epilepsia ab utero?"

Die folgenden Schriftsteller drückten sich noch bestimmter aus, ohne dass man ihnen einen grösseren Anteil an den neuen Theorien zuschreiben darf.

Willis, einer der Ersten, berichtet einen Fall von Hysterie, der in Epilepsie ausgeartet sei, und diese Umwandlung wird auch von Hoffmann erwähnt: „Spasmi violentiores, quales in malo hysterico, in epilepsiam desinunt" — sagt er — und van Swieten: „Interim tamen admodum haec mala sunt, et passio hysterica saepius observata fuit in epilepsiam mutari."

Pomme erwähnt die hysterische Epilepsie, welche, nach Sennert, wahre, gewöhnliche Epilepsie ist, die vom Uterus ausgeht.

Für Maisonneuve[1]) dagegen ist der Uterus immer noch der Ausgangspunkt für die hysterische Epilepsie, allein ihre Symptome bleiben die der Hysterie. Wenn diese Symptome sich beim Manne zeigen, ist das, was man beobachtet, vaporöse oder hypochondrische Epilepsie. Diesen Punkt bespricht auch Louyer - Villermay[2]): „Die Hysterie, sagt er, zeigt mehrere verschiedene Formen; die wichtigsten sind der Hysterizismus und die epileptiforme Hysterie. Diese ist besonders bemerkenswert, weil sie eine auffallende Ähnlichkeit mit der Epilepsie aufweist, aber sie unterscheidet sich dadurch, dass sie sich nur vom Beginne der Pubertät bis zum Klimakterium entwickelt, weil sie offenbar durch den verschiedenen Zustand des Uterus beeinflusst wird, durch Enthaltsamkeit, durch eheliche Freuden und Schwangerschaft etc.; endlich zeigt sie sich auch in hysterischen Erscheinungen, wie Schauder oder dunkle Bewegung zum Uterus hin und am Ende des Anfalles durch vaginale Entleerungen und überreichliche Absonderung eines hellfarbigen Urines."

Diese Beschreibung ist jedenfalls das Beste in dem Werke Louyer-Villermay's.

In den Jahren 1825 und 1826 veröffentlichten Casauvielh und Bouchet zwei Beobachtungen von Hysterie, verbunden mit Epilepsie. (Archives gén. de méd., Décembre 1825; Janvier 1826.)

Von nun an sehen wir eine Terminologie auftreten, die in der Salpêtrière entstanden ist und sich bis heute erhalten hat; ob sie beibehalten zu werden verdient, werden wir an anderer Stelle ausführen,

Im Jahre 1833 hatte Alègre in seiner These über die Hystero-Epilepsie — beachten wir diesen Ausdruck — mit komplizierten Erscheinungen gesprochen.

In demselben Jahre sammelte Beau[3]) in der Salpêtrière 273 Beobachtungen über Epilepsie und Hysterie, welche er in der folgenden, sehr wertvollen Tabelle zusammenstellte, deren besonders interessante Angaben wir im Druck hervorheben wollen.

Allgemeine Tabelle der epileptischen und hysterischen Affektionen.

Personen mit nur epileptischen Anfällen	26
Von ihren Anfällen Geheilte	2
Personen mit Anfällen und epileptischen Schwindelanfällen	180
Solche, bei denen die Schwindelanfälle blieben	7
Gänzlich Geheilte	4
Personen, welche nur an Schwindelanfällen litten	13
Personen mit hysterischen Anfällen	12
Geheilte	5
Personen mit hysterischen Anfällen und Schwindel	1
Solche, bei denen der Schwindel blieb	1

---

[1]) Recherches et observations sur l'épilepsie. Thèse de Paris, 1803.
[2]) A. a. O. t. I, pag. 211.
[3]) Recherches statistiques pour servir à l'histoire de l'hystérie et de l'épilepsie. Arch. gen. de médecine, 2. éd., t. II, 1836, pag. 328.

Personen mit epileptischen und hysterischen Anfällen:

Ganz Geheilte 1
Solche, bei denen die epileptischen Anfälle blieben 2
Personen mit hysterischen, epileptischen und Schwindel-
anfällen 6
Solche, bei denen die Schwindelanfälle blieben 1
Personen, deren Anfälle aus epileptischen und hysteri-
schen Symptomen zusammengesetzt waren. . . . 4
Geheilte 2
Personen, deren Anfälle aus epileptischen und hysteri-
schen Symptomen zusammengesetzt waren und die auch
Schwindelanfälle hatten 4
Gänzlich Geheilte 1
Solche, bei denen die Schwindelanfälle blieben 1

Summe . . 273

Wir wollen den statistischen Inhalt dieser Tabelle unberücksichtigt lassen und uns nur mit den angeführten Thatsachen befassen. Wir müssen dabei feststellen, dass Beau die verschiedenen Verbindungen, welche zwischen den Symptomen der beiden Nervenkrankheiten eintreten können, vollständig aufgezählt hat; aber von der Aufstellung bis zur Erklärung ist noch ein weiter Weg. Die Auffassung dieses scharfsinnigen und sorgfältigen Beobachters ist rein analytisch, wie wir auch aus folgender Stelle erkennen können, welche seine Gedanken in voller Einfachheit wiedergiebt: „Man sieht also, dass die Verbindung der Epilepsie mit der Hysterie oder die Hystero-Epilepsie zwei verschiedene Formen annimmt: entweder hat dieselbe Person getrennte hysterische und epileptische Anfälle oder diese Anfälle, stets identisch, sind zusammengesetzt aus epileptischen und hysterischen Erscheinungen in einem erkennbaren Verhältnisse" (S. 330).

Diese Ansicht ist bis auf Charcot von allen, welche nach Beau über die Sache geschrieben haben, angenommen worden, von Esquirol, Landouzy, Delaferrière; Brissaut, der auch in der Salpêtrière studierte, hat sich noch kürzer und bestimmter folgendermassen ausgesprochen [1]): In der Salpêtrière „kann man sehen, wie die Hysterischen epileptisch werden, indem entweder beide Affektionen gleichzeitig vorhanden sind, was also den hystero-epileptischen Zustand bildet, oder indem die Epilepsie mehr und mehr die Oberhand gewinnt und in gewissem Grade die ursprüngliche Hysterie beseitigt".

Es ist dies auch die Ansicht Briquet's (a. a. O., S. 399): „Die Hysterie kann sich mit der Epilepsie verbinden und einen Zustand hervorrufen, den man Hystero-Epilepsie nennt, Epilepsia uterina nach Sennert. Diese Verbindung zeigt sich in dreifacher Art: bald ist die Epilepsie zuerst vorhanden, bald die Hysterie, bald auch haben beide Krankheiten sich zugleich entwickelt, sie sind gleichwertig."

Denselben Standpunkt nimmt Dunant ein, wenn er schreibt [2]): „Die Behandlung der Hystero-Epilepsie folgt denselben Indikationen,

---
[1]) Rapports de l'hystérie et de l'épilepsie. Thèse de Paris 1861, pag. 24.
[2]) Recherches et observations sur l'hystéro-épilepsie. Thèse de Paris, 1863, pag. 42.

wie diejenige der beiden Neurosen, deren Kombination sie
darstellt." So stsnden die Sachen, wie wir schon sagten, als zu der Zeit, da
die Arbeit Dunant's erschien, im Jahre 1863, Charcot die Behandlung
der Hysterischen in der Salpêtrière übernahm. Eine genauere Prüfung
und mehrjährige Beobachtungen zeigten ihm deutlich, dass Hysterie und
Epilepsie sich niemals verbänden, dass sie aber gesondert bei
demselben Individuum vorhanden sein könnten. Die Hystero-Epilepsie
war, trotz ihrer Erscheinnngen, reine Hysterie, der stärkste konvulsive
symptomatische Ausbruch der Hysterie, die Hysteria major, die
Grande hystérie, nichts weiter. Er basierte diese Ansicht auf eine
Reihe von Grüuden und Thatsachen, die im Verlauf dieser Arbeit dargelegt werden sollen.

„Halten wir uns, sagt er[1]), an die gebräuchliche Benennung
— Hystero-Epilepsie — es scheint keine andere gleichwertige
zu geben. Das will sagen, dass bei den Kranken, denen diese Rezeich-
nung gegeben wird, die Hysterie sich mit der Epilepsie in einer Weise
verbnuden zeigt, dass sie eine gemischte, hybride Form darstellt, die zur
Hälfte Hysterie, zur Hälfte Epilepsie ist.

„Aber entspricht diese Benennung den wirklichen Verhältnissen?
Betrschtet man sie oberflächlich, so scheint es sich so zu verhalten,
da man in den Anfällen epileptische Züge erkennt. So schsinen es auch
die meisten neueren Beobachter aufgefasst zu haben. Für sie ist die
Hystero-Epilepsie eine Mischung, eine Kombination der beiden Neurosen
mit wechselndem Grade, je nach dem Fall zusammengesetzt; es ist
nicht allein Epilepsie, nicht allein Hysterie; es ist beides zugleich. Dies
ist, ich wiederhole es, die verbreitetste Auffassung . . ."

Charcot weist diese Auffassung zurück; es giebt keine hybride
Hystero-Epilepsie: „Die Epilepsie besteht nur in der äusseren
Form, sie ist im tieferen Grunde gar nicht vorhanden."

Doch bedient sich Charcot, unter Vorbehalt seiner klar ausgesprochenen Ansicht und um mit der einmal eingebürgerten Terminologie
nicht zu brechen, auch weiterhin der Bezeichnung Hystero-Epilepsie,
manchmal auch derjenigen der Hystero-Epilepsie mit gemischten Krisen
(Hysterie) und derjenigen der Hystero-Epilepsie mit gesonderten Krisen
(teils Hysterie, teils Epilepsie bei demselben Individuum, jedoch ohne
sich je zu vermischen). — Aber er fühlte die Notwendigkeit, sich von
diesen irreführenden Bezeichnungen zu befreien, da sie leicht Verwirrung
hervorrufen können, und er sagt in seinen „Leçons de mardi à la Salpêtrière"[2]): „Ich möchte Sie bei dieser Gelegenheit auf die grosse Verschiedenheit aufmerksam machen, die meiner Beobachtung nach in der
Form sowohl wie auch im tieferen Grunde zwischen den epileptischen
und den hystero-epileptischen Anfällen vorhanden ist.

„Meine Achtung vor der Überlieferung hat mich dazu geführt,
die Benennung Hystero-Epilepsie bis jetzt beizubehalten, aber sie ist mir

---

[1]) Leçons sur les maladies du système nerveux. vol. I, pag. 363, 3. éd., 1877.
13. Leçon de l'hystéro-épilepsie.
[2]) 18. Vortrag 1888—1889, pag. 424.

unbequem, ich gestehe es, denn sie ist unsinnig. Da ist ein Kranker, welcher an den Anfällen dieser beiden grundverschiedenen Affektionen leidet, und sie führen denselben Namen. Es besteht nicht der geringste Zusammenhang zwischen der Epilepsie und der Hystero-Epilepsie, selbst nicht in den gemischten Krisen." Deshalb werden auch wir den Ausdruck Hystero-Epilepsie nicht mehr gebrauchen, sondern nur den der Hysterie, der einzig vernünftigen Bezeichnung.

Derselbe Vortrag, gehalten im Jahre 1868 und veröffentlicht im Jahre 1873, enthält die Beschreibung der Anfälle nach den zum ersten Male ausgesprochenen Gesetzen, welche die nachfolgenden Veröffentlichungen nur bestätigen konnten. Er enthält auch die Beschreibung des hysterischen Zustandes im Gegensatze zu dem epileptischen, der bis dahin allein bekannt war.

Dieser Vortrag hat historischen Wert; denn die darin ausgesprochenen Ideen mussten das Studium der Hysterie vollständig umgestalten. Er verkündete, dass die Hysterie eine und unteilbare Krankheit sei; er gab die fast unfehlbaren Mittel an, um sie von der Epilepsie zu unterscheiden, ein schwieriger Punkt, der bis dahin den Scharfsinn der Beobachter sehr auf die Probe gestellt hatte. Wie hätten sie auch zwei Krankheiten genau unterscheiden können, die, wie sie meinten, sich so vermischen konnten, dass sie vollständig miteinander verschmolzen?

Wir gelangen nun zu der neuesten Periode der Geschichte der Hysterie. Die Ansichten Charcot's, klar auseinandergesetzt in den fast gleichzeitig mit seinen Vorträgen geschriebenen Arbeiten von Bernutz[1]) und Jolly[2]), bestätigt in den Arbeiten von Bourneville und Regnard[3]), von Paul Richer[4]), riefen mannigfachen Widerspruch hervor. der aber nur dazu dienen konnte, ihren Wert um so mehr erkennen zu lassen.

Fast kein Jahr vergeht, ohne dass der Chef der École de la Salpêtrière neue Errungenschaften auf diesem Gebiete hinzufügt, welches Briquet schon vollständig erschöpft zu haben glaubte. Das analytische und synthetische Studium der beständigen Stigmata, die männliche Hysterie, betrachtet von ganz neuen Gesichtspunkten, der Streit über die pseudo-traumatische Neurose, die chemischen Erscheinungen der Hysterie, um nur von den hervorragendsten zu reden, bilden den Gegenstand der neuesten Entdeckungen.

Doch müssen wir hier auch den bemerkenswerten Artikel erwähnen, welchen Grasset der Hysterie in dem Dictionnaire encyclopédique des sciences médicales (1888) gewidmet hat, sowie besonders die Reihe von Arbeiten, welche Pitres über diese Krankheit veröffentlicht[5]), oder zu denen er seine Schüler veranlasst hat.

---

[1]) Dictionnaire de médecine et de chirurgie pratique, vol. XVIII, 1874.
[2]) Ziemssen, Handbuch der spez. Pathol. u. Therap., Bd. XII, 1875.
[3]) Iconographie photographique de la Salpêtrière. 3 vol., 1876—1880.
[4]) Études cliniques sur la grande hystérie ou hystéro-épilepsie, 1. éd. 1880; 2. éd. 1885.
[5]) Pitres hat neuerdings (1891) seine Arbeiten in zwei Bänden „Leçons cliniques sur l'hystérie et l'hypnotisme" vereinigt.

2. Kapitel.

Ätiologie.

Die erste Ursache der Hysterie ist nach Charcot's Lehre die Vererbung, und zwar kann diese eine gleichartige sein: hysterische Mutter, hysterische Tochter, oder eine ungleichartige: der oder die Erzeuger oder ihre Voreltern litten an einer nervösen Affektion, aber nicht an Hysterie. Neben der Vererbung giebt es nur noch Gelegenheitsursachen (agents provocateurs).

Von der Hysterie gilt dasselbe, was Hippokrates von der Epilepsie sagte: „Sie beruht, wie alle anderen Krankheiten, in der Hauptsache auf der Vererbung; denn wenn phlegmatische Eltern phlegmatische Kinder in die Welt setzen, cholerische Eltern cholerische Kinder, schwindsüchtige eben solche Kinder; wenn solche, deren Milz angeschwollen und hart ist, auch Kinder mit harter und angeschwollener Milz haben, so ist kein Grund, anzunehmen, dass Eltern, welche von der Epilepsie befallen sind, nicht auch Kinder haben sollten, die in gleicher Weise an derselben leiden.; denn der Samen geht aus allen Teilen des Körpers hervor, verdorben, wenn er aus verdorbenen, gesund, wenn er aus gesunden Teilen kommt."

Diese Vererbung der Hysterie ist zu allén Zeiten anerkannt worden, und nirgendwo wird sie bestimmter ausgedrückt, als in dem Satze Friedrich Hoffmann's: „In foeminis malum hystericum . . . in liberos per nativitatem transire, constantis semper et perpetuae fuit observationis."

Aber erst in unserem Jahrhundert hat man die Heredität als Ursache der Hysterie genau studiert. „Die Bedingungen, sagt Georget[1], welche am meisten für die Hysterie empfänglich machen, sind erbliche Anlage, nervöse Konstitution, das weibliche Geschlecht und das Alter von 12—25 Jahren. Die meisten Kranken haben unter ihren nächsten Vorfahren Epileptische, Hysterische, Geisteskranke, Stumme, Blinde und Hypochonder gehabt."

Am ausführlichsten ist Briquet auf diese wichtige Frage eingegangen. Bei zahlreichen Kranken suchte er die erblichen Antezedentien auf das sorgfältigste festzustellen, wobei er zu folgenden Resultaten kam, die wir anführen wollen, da sie vieles Interessante über diese Frage enthalten: „Man fand, sagt er (S. 82 des angeführten Werkes), bei 351 Hysterischen, deren Familien eine Zahl von 1103 Personen umfassten, darunter 430 Männer und 673 Frauen, unter den Antezedenten und den Seitenverwandten 214 Hysterische, 13 Epileptische, 16 Geisteskranke, 1 an Delirium tremens Leidenden, 1 Paraplegiker, 3 Somnambule, 14 an konvulsiven Affektionen und 10 an Apoplexie Leidende. Im Ganzen 272 Fälle von Krankheiten der Nervencentren auf 1103 Personen, das macht beinahe 25 Prozent; und da eine gewisse Zahl von Müttern und Schwestern darunter waren, deren Antezedenten unbekannt

---

[1] Dictionnaire de médecine en 30 volumes. Paris 1837; article „Hystérie". vol. XVI. pag. 166.

— 24 —

geblieben sind, unter denen aber gewiss mehrere waren, die auch an
derartigen Krankbeiten gelitten hatten, so kann man die Zahl der an
Nervenaffektionen leidenden Verwandten auf 25 von 100 oder ein volles
Viertel rechnen."
Dann zu der direkten Vererbung bei den Hysterischen über-
gehend, fügt er hinzu (S. 90): „Die Personen, welche von hysteri-
schen Eltern stammen, sind durch die Vererbung zwölfmal so stark zur
Hysterie veranlagt, als die von nicht hysterischen Eltern stammenden.
Es ist klar, je heftiger die Hysterie bei den Eltern auftritt, um so grösser
ist die Aussicht für die Kinder auch hysterisch zu werden. Die Hälfte
der hysterischen Mütter giebt hysterischen Kindern das Leben. Für die
Tochter einer hysterischen Mutter ist die Wahrscheinlichkeit, dass sie
hysterisch werde, nahezu dreimal so gross als das Gegenteil. In der
Mehrzahl der Fälle befindet sich in einer Familie nur eine hysterische
Tochter; in einer etwas kleineren Zahl von Familien sind deren 2, und
nur in einer sehr kleinen 3."
Man kann daher sagen, dass es keine Nervenkrankheit giebt, bei
der die direkte Vererbung so deutlich hervortritt, wie bei der Hysterie.
Manchmal nimmt die Hysterie in einem noch höheren Grade den familiären
Charakter an, der bei manchen Erkrankungen des Nervensystems z. B.
der Friedreich'schen Krankheit, so deutlich hervortritt; denn Lan-
douzy spricht von 5 an Hysterie leidenden Schwestern (S. 181) und
Bernutz (S. 196) sah 6 hysterische Töchter eines epileptischen Vaters.
Wir selbst fanden unter 5 Töchtern einer Familie 4 hysterische.
Die Statistik Briquet's ergab auf 100 Verwandte in aufsteigender
Linie 25 mit nervösen Affektionen, ein Verhältnis, das sich in der
Statistik von Hammond fast verdreifacht findet. „Der erbliche Ein-
fluss, sagt derselbe, ist ohne Zweifel eine wichtige Ursache der Hysterie.
Meine Aufstellungen sind in dieser Beziehung unvollständig, aber in den
209 Fällen, in denen ich die erforderlichen Nachforschungen machte,
hatten 131 Kranke Mütter, Tanten oder Grossmütter, welche an Hysterie
litten, und viele unter den übrigen hatten Verwandte, welche mit anderen
Nervenkrankheiten behaftet waren."
Wie soll man sich nun erklären, wenn Russel Reynolds
schreibt: „Hereditary taint has not been shown to exert any marked
influence in the development of hysteria." (Die Heredität spielt bei der
Entstehung der Hysterie nachweisbar keine deutliche Rolle?)[1]

* * *

Die Statistik Briquet's bezieht sich fast nur auf Frauen; es
ist von Interesse, zu erfahren, was in Bezug auf Erblichkeit diejenigen
denken, welche sich mit der männlichen Hysterie befasst haben.
Diese Frage ist von Batault in seiner Inaugural-Dissertation
behandelt worden, die er unter der Leitung von Charcot in der
Salpêtrière verfasste In diesem Zeitraum (1884—1885) konnte Batault
218 Fälle von Hysterie bei Männern beobachten; aber aus Gründen, unter

[1] A system of medicin by Russel Reynolds. London 1868; Artikel „Hysteria".
Bd. II, pag. 306.

denen der Mangel an Genauigkeit bei den Angaben der Kranken in erster Linie zu nennen ist, musste sich der Verfasser, wie man leicht begreift, auf die Untersuchung derjenigen Fälle beschränken, in denen die bereditären Verhältnisse bekannt waren.

„Bei einer Gesammtzahl von 218 Fällen (zu denen auch die 9 in dieser Arbeit veröffentlichten gehören), sagt er (S. 25), ist der Nachweis nervöser Erkrankungen bei den Voreltern nur in 100 Fällen gelungen. Auf diese letzteren wird sich unsere Untersuchung beschränken müssen, da die anderen Fälle aus Mangel an Genauigkeit von selbst ausgeschieden werden müssen. Es ist zu bedauern, dass dieser wichtige Punkt so häufig übersehen wird.

„Die pathologische Heredität wurde 77mal festgestellt, konnte aber in den 23 anderen Fällen nicht nachgewiesen werden. Unsere Berechnung gründet sich auf diese Thatsache, und wir müssen feststellen, dass unter 100 hysterischen Männern 77 von nervenkranken Vorfahren stammen, an deren Nervenleiden nicht zu zweifeln ist.“

Sodann befasst sich Batault in seiner vortrefflichen Arbeit damit, die verschiedenen von Darwin angegebenen Gesetze über die Vererbung zu studieren und auf die männliche Hysterie anzuwenden.

In Bezug auf das Gesetz der direkten und unmittelbaren Vererbung bemerkt er, dass von den beiden Erzeugern nicht immer das gesunde Individuum den grössten Einfluss ausübt, dass vielmehr in den allermeisten Fällen dieser Krankheit die Uebertragung auf das Kind dann erfolgt, wenn nur der eine seiner Erzeuger krank ist.

„Die 77 Kranken mit hereditärer Prädisposition, welche wir erwähnt haben, sagt er, sind aus 75 verschiedenen Familien hervorgegangen. Zweimal finden wir Brüder, die gleichzeitig oder kurz nacheinander hysterisch geworden sind. Die Vererbung ist in 56 Fällen direkt, d. h. einer von den Eltern, oder auch beide, hatten ein nervöses Leiden. Die Neurose pflanzt sich also am häufigsten in der einfachsten Vererbungsform, durch unmittelbare Uebertragung auf die Nachkommen, fort.“

„Der vorwiegende Einfluss der Mutter ist durch Folgendes aufs deutlichste nachgewiesen: In den 56 Fällen der vorerwähnten direkten Vererbung war 35mal die Mutter allein hysterisch oder nervös; Vater und Mutter hatten beide in 12 Fällen nervöse Störungen, und in den 9 übrigen war der Vater allein nervenkrank. Das Verhältnis beträgt also 4:1. Es handelt sich also hier hauptsächlich um gekreuzte Vererbung.“

„Aber, fügt er hinzu, wir werden uns wohl hüten, nun den Schluss zu ziehen, dass die gekreuzte Vererbung die Regel bei der Hysterie sei; denn diejenigen, welche sich mit der Untersuchung dieser Krankheit bei den Frauen befasst haben, bei denen sie viel häufiger auftritt, sind in diesem Punkte zu entgegengesetzten Resultaten gekommen. Da ist es am häufigsten die Mutter, welche nervenleidend ist. Daraus schliessen wir zunächst, dass die Natur der Krankheit ihre Übertragbarkeit bestimmt... Die Hysterie ist weit gewöhnlicher bei der Frau, als bei dem Manne; erstere setzt dieselbe in den meisten Fällen in der

Familie fort; aber es ist nur eine Frage der Häufigkeit, denn der Vater kann sie eben so gut fortpflanzen." [1])

Und vom Standpunkte der direkten und indirekten Vererbung aus liegen die Sachen für die Antezedenten der 35 Kranken, für welche allein die Vererbung von Seiten der Mutter angenommen werden muss, folgendermassen:

16 hysterische Mütter;

17 erregbare Mütter, die an Neuralgie oder Migraine litten;

2 epileptische Mütter;

"Die indirekte Vererbung zeigte sich also in 19 Fällen, die direkte in 16, beinahe der Hälfte;

"Die direkte Vererbung ist also bei der männlichen Hysterie sowohl als bei der weiblichen Gesetz."

Auch von dem Gesetz der mittelbaren Vererbung oder dem Atavismus zeigte er, dass es auf die Hysterie anwendbar sei, wenn auch in geringerem Grade als die direkte Vererbung: "Der Atavismus ist eine notwendige Ergänzung des allgemeinen Gesetzes, denn überall, wo die Vererbung eine herrschende Stellung einnimmt, können und müssen sich ihre sekundären Folgen zeigen." So kann die Vererbung eine Generation überspringen oder nur bei den Seitenverwandten der betroffenen Personen auftreten, während die Erzeuger gesund bleiben. Wir werden auf das Gesetz der Vererbung in den gleichen Lebensperioden zurückkommen, wenn wir die Zeit des Auftretens der Hysterie besprechen werden, und werden bald auch die allgemeine pathologische Vererbung in ihrer Beziehung zur männlichen Vererbung betrachten.

Bodenstein [2]), der die in der Poliklinik der Professoren Mendel und Eulenburg beobachteten Nervenkrankheiten untersuchte, fand unter 11.225 Fällen 1224 Hysterische, darunter 122 Männer. "Die Vererbung, heisst es in dieser interessanten Arbeit, zeigt sich noch häufiger beim männlichen als beim weiblichen Geschlechte."

In einer kürzlich erschienenen Arbeit, welche sich mit den Fällen von männlicher Hysterie in der Anstalt des Herrn Professor Pitres in Bordeaux beschäftigt [3]), berichtet Bitot über 22 noch unveröffentlichte Beobachtungen von Hysterie beim Manne. In 3 Fällen hatten die Nachforschungen mit Hinsicht auf die "neuropathische Vererbung" ein negatives, in 17 anderen ein positives Ergebnis, in den beiden anderen Fällen bestand Potatorium beim Vater. Auch Bodenstein hatte in 5 Fällen Alkoholismus und Syphilis gefunden.

Endlich sagt Souques in einer Schrift [4]), welche wir noch öfter erwähnen werden, in welcher er 26 Fälle von Hysterie bringt: "Charcot hat gezeigt, welche vorwiegende und bedingende Rolle die Ver-

---

[1]) Charcot und Guinon haben kürzlich einen Fall von männlicher Hysterie mitgeteilt, bei welchem der Vater hysterisch war. (G. T.).

[2]) Hysterie beim männlichen Geschlecht Inaug.-Diss. Würzburg 1889.

[3]) Thèse de Bordeaux, 1890, pag. 135.

[4]) De l'hystérie mâle dans un service hospitalier (hôpit. Broussais 1889). Arch. générales de médecine, Aug. 1889. pag. 168.

erhung bei den Krankheiten des Nervensystems spielt, und auch die Hysterie macht von dieser allgemeinen Regel keine Ausnahme. In der Mehrzahl der Fälle, die wir beobachtet haben, konnten wir eine hereditäre nervöse Prädisposition feststellen. Erkannt oder unerkannt, der Atavismus ist nicht weniger vorhanden, kurz: die Hysterie entsteht nur, welches auch die direkte Ursache sein möge, auf einem durch nervöse Vererbung vorbereiteten Boden."

Ganz besonders sehen wir bei der jetzt zu betrachtenden Hysterie der Kinder das Vorwalten der Vererbung, speziell der direkten.

„Unter 80 Fällen von Hysterie bei Kindern, von 1—12 Jahren, sagt Briquet (S. 86), fand sich in 58 Fällen Hysterie bei den Eltern, in 2 Fällen Irrsinn, in 3 Epilepsie. Dies ergiebt ein Verhältnis von 28·5 auf 100 hysterische, epileptische oder irrsinnige Eltern."

Peugniez, der diese Thatsachen anführt, und neue in der Salpêtrière gemachte Beobachtungen hinzufügt, kommt zu dem Schlusse [1]): „Die Heredität tritt bei der Hysterie der Kinder in einem weit höheren Masse hervor als bei der Hysterie der Erwachsenen ... Dieses wichtige Gesetz der Vererbung, so furchtbar für die Erwachsenen, scheint es für die Kinder noch viel mehr zu sein."

Wir können daher auf Grund dieser Thatsachen uns nur Déjérine anschliessen, wenn er sagt: „Wenn es eine Nervenkrankheit giebt, bei welcher nicht der Schatten eines Zweifels besteht, dass die Vererbung die Ätiologie beherrscht, so ist es gewiss die Hysterie."

Aus unserer bisherigen Darlegung folgt klar, dass die Hysterie an erster Stelle zu der „Famille névropathique" zu rechnen ist, aber es fragt sich, ob noch andere erbliche Einflüsse mit im Spiele sein können.

Wir haben gesehen, dass Bitot, Bodenstein und andere Autoren bei der Vorgeschichte der von Hysterie befallenen Personen Erscheinungen, oder besser Faktoren einer anderen Art, so z. B. Trunksucht und Syphilis bei den Antezedenten angaben. Sind diese nun bloss als erregende oder als Grundursachen anzusehen? Das ist eine Frage, die wir jetzt zu entscheiden haben, und die verwickelter aber auch viel wichtiger ist, als es zuerst den Anschein haben mag, denn sie besagt nicht weniger als: ob die Frage nach der Hybridität der Hysterie, die sich bei der häufigen Association derselben mit anderen Leiden erhebt, zuzugeben oder zu verwerfen ist?

In kurzen Worten heisst also die Frage: Können z. B. Arthritis oder Tuberkulose der Eltern bei den Nachkommen Hysterie hervorrufen?

Wir glauben es nicht, und mit Paraphrasierung des schon angeführten Satzes von Hippokrates sagen wir: Epileptische erzeugen Epileptische, Hysterische erzeugen Hysterische, Arthritiker gehen an Rheumatismus Leidenden das Leben; aber wir können auf keinen Fall zugeben, dass diese verschiedenen Vererbungen sich so verschmelzen sollten, dass sie Hysterie hervorbringen, selbst dann nicht, wenn man, wie so oft, ihr Zusammentreffen mit dieser vorfindet.

---

[1]) De l'hystérie chez les enfants. Thèse de Paris, 1885, pag. 21.

Freilich ist jene Ansicht mit viel Geschick von Grasset verteidigt worden. Indem er den Zusammenhang der Hysterie mit vorhandenen krankhaften Diathesen im allgemeinen und mit der skrophulösen und tuberkulösen Diathese im besondern untersucht, schreibt er[1]): „Die Tuberkulose ist, wie alle Diathesen, eine wesentlich allgemeine und konstitutionelle Krankheit; die Lungenschwindsucht ist nur eine Erscheinungsform derselben, und nicht die einzige, und die Nervenleiden im allgemeinen, die Hysterie im besonderen, können der direkte Ausdruck der Diathese sein.

„Ebenso wie die Chorea oft rheumatischer, wie die Angina pectoris oft gichtischer Natur ist, so kann auch die Hysterie tuberkulöser Natur sein, wenn wir das Wort „tuberkulös" hier im nosologischen, nicht im anatomischen Sinne verstehen . . .

„Was wir hier von der Hysterie und der Tuberkulose sagen, ist nur ein Abschnitt eines grossen Kapitels über den Zusammenhang aller Neurosen und selbst aller Krankheiten des Nervensystems mit den Vererbungs- und allgemeinen Krankheiten.

„Wie man die Neurosen ohne die Erkenntnis ihrer wechselseitigen Beziehungen nicht versteht, so ist es in der Neuropathologie unerlässlich, die ganze neuropathische Krankheitsgruppe zu betrachten, ja man muss sogar noch weiter gehen und die Gruppe der Diathesen hineinziehen; ausserhalb derselben wird man sonst nur von einander gesonderte, zerstreute Einzelheiten ohne lebendige Beziehungen zu einander erkennen."

Diese doktrinären Ideen haben offenbar Grasset dazu geführt[2]), die traumatische Hysterie „als eine allgemeine, zur Gruppe der Hysterie gehörende Nervenkrankheit" zu erklären.

Da wir für die Hysterie als eine einheitliche und unteilbare eintreten, so können wir dieser Ansicht, welche zu der Annahme einer symptomatischen Hysterie, einer alkoholischen, Nikotin-, einer Malaria-Hysterie und anderer führen würde, nicht beipflichten. Unsere Ansicht ist vielmehr kurz und bündig die, dass Arthritismus, Alkoholismus oder Syphilis der Vorfahren nur die Entwicklung der vererbten nervösen Keime, die bei den Eltern latent blieben, aber nichtsdestoweniger vorhanden waren, begünstigen, und dass die Hysterie ausserhalb der neuropathischen Krankheitsgruppe keine Wurzeln hat.

Heisst dies, dass es keine hereditären Associationen giebt? Keineswegs; Charcot hat vielmehr schon längst gezeigt, und viele Andere nach ihm (Fournier, Durand, Souza-Leite, Raymond, d'Aurelle de Palaines)[3]), dass die Anlage zum Rheumatismus, zur Gicht, zur

---

[1]) Traité pratique des maladies du système nerveux, éd. 2, 1886, pag. 977. — Brain, January 1884, vol. VI, pag. 133 ff.

[2]) Leçons sur l'hystéro-traumatisme. Tirage à part de Montpellier médical, 2. fasc., vol. X, Januar 1888, pag. 30.

[3]) Charcot. Leçons sur les maladies des veillards. Oeuvres complètes, vol. VII. — Fournier. Leçons cliniques sur la syphilis étudiée plus particulièrement chez la femme. 1890. 3. éd. — Durand, Thèse de Paris, 1880. — Souza-Leite. Études de pathologie médicale. Paris 1889. — Raymond, Des associations morbides en

Syphilis, zur Tuberkulose sich oft mit der neuropathischen Anlage verbinden; aber „es gibt keinen ursächlichen Zusammenhang, es gibt nur ein mehr oder weniger häufiges Zusammentreffen der Symptome, es ist eine Frage der Lokalisation, nicht eine Frage des Krankheitskeimes. Die Gicht und die Hysterie haben viele Berührungspunkte untereinander, aber sie rufen sich nicht gegenseitig oder wechselseitig hervor. Wenn man jeden dieser Krankheitszustände mit einem vielverzweigten Baume vergleicht, sieht man leicht die Stellen, wo gewisse Aeste, die von einem Baume zum anderen hinüberreichen, zwischen diesen beiden Hauptstämmen enge Verbindungen herstellen. Und nun, um bei diesem Bilde zu bleiben, können wir sagen, dass gewisse Zweige des neuropathologischen Baumes, die Sydenham'sche Chorea, die Parkinson'sche Krankheit, die Hysterie, in mehr oder weniger deutlichem Zusammenhang mit den Zweigen des arthritischen Baumes stehen, während andere, gleichfalls demselben nervösen Stamme entsprossene (Epilepsie, Neurasthenie), einen viel weniger innigen Zusammenhang mit denen des Arthritismus aufweisen. Warum besteht nun diese nahe Verwandtschaft in gewissen Fällen, in anderen nicht? Das ist eine Frage, auf welche wir heute noch keine bestimmte Antwort zu geben vermögen. Die Thatsache besteht, aber die Erklärung derselben muss erst noch gesucht werden [1]).

Die Ansichten Charcot's sind bereits von Féré in seinen Untersuchungen über die „Famille névropathique" trefflich auseinandergesetzt worden. Die Gruppe der Nervenkrankheiten ist indess nur eine: „sie ist keineswegs vollständig von anderen pathologischen Gruppen geschieden: aber ihre Verbindungen mit den Degenerationserscheinungen und Krankheiten der nutritiven Organe lassen das unerbittliche Verhängnis ihrer Entwickelung nur noch mehr hervortreten."

Die neuropathische Vererbung bleibt daher die erste Ursache der Hysterie; diese ist ein Zweig des grossen neuropathischen Baumes. Ihre Beziehung zur Arthritis zeigt nur Berührungspunkte, keine Übergänge; die Hysterie steht allein in ihrer Vererbung, wie sie in ihrer Entwickelung unteilbar ist.

Batanlt hat diese Frage in seiner Untersuchung über die allgemeine pathologische Vererbung in ihrer Beziehung zur männlichen Hysterie in treffender Weise zusammengefasst: „Eines, sagt er, scheint mir vor allem bemerkenswert, das ist die übertriebene Wichtigkeit, welche man oft den nicht neuropathischen konstitutionellen Affektionen beilegt, sodann, dass man unterlässt, das krankhafte nervöse Element mit der gehörigen Sorgfalt zu erforschen.

„Man begnügt sich sehr häufig mit einer oberflächlichen Prüfung, wie diese: Vater trunksüchtig, Sohn hysterisch, also Verwandlung der Trunksucht in eine Neurose bei dem Kinde. Es ist notwendig, die Ätiologie tiefer und weitgehender zu erforschen, ehe man eine solche Behauptung ausspricht. Es ist klar, dass alle erblichen Krankheiten,

pathologie nerveuse à propos d'un cas de rhumatisme compliqué d'anésthésie hystérique. Contribution à l'étude des associations morbides en pathologie nerveuse. Thèse de Paris, 1889. — Huc, Maladies du coeur et névrose, Thèse de Paris, 1891.
[1]) Déjérine a. a. O., S. 255.

indem sie auf den Organismus im allgemeinen einwirken und die von ihnen betroffenen Personen schwächen, einen verderblichen Einfluss auf das Nervensystem der Nachkommen haben können. Dies ist das Gesetz von dem Verfall des ganzen Organismus, welches keinen Teil desselben verschont. Demgemäss finden wir Tuberkulöse, Rheumatiker, Gichtkranke und Alkoholiker unter den Eltern der Hysterischen. Aber in der Mehrzahl der Fälle ist die Diathese als solche übertragen, und die nervösen Störungen treten erst in der Folge auf. Wirkliche Umwandlungen sind selten und zweifelhaft."

Nach diesen Auseinandersetzungen kann es also keinen Augenblick zweifelhaft sein, dass die Vererbung das hauptsächliche ätiologische Moment der Hysterie ist, und dass neben ihr nur noch Gelegenheitsursachen bestehen (Charcot).

Aber ehe wir diese Gelegenheitsursachen und den Mechanismus, durch welchen sie die Vererbung in Kraft treten lassen, untersuchen, wollen wir erst feststellen, welchen Einfluss Alter, Geschlecht, Stand, Rasse haben, bei denen der Ausbruch erfolgt.

Einfluss des Alters: Kinder. Ch. Lepois ist derjenige, welcher zuerst die Häufigkeit der Hysterie im Kindesalter betont hat. „Enim vero experientiae fide, multae puellulae vivunt hystericis tentatae symptomatibus ante duodecim aetatis annum."

Hoffmann und Cullen hatten ebenfalls Fälle entwickelter Hysterie vor der Zeit der Pubertät beobachtet. „Raulin, sagt Briquet, führt drei Fälle von ererbten hysterischen Affektionen an, die er bei Kindern von 2—3 Jahren gesehen hat."

Beachten wir den Ausdruck ererbte Affektionen, der hier von grosser Wichtigkeit ist; denn, wie Charcot lehrt, je früher die Hysterie zum Vorschein kommt, um so näher liegt die neuropathische Vererbung von den Eltern, und um so öfter handelt es sich um gleichartige Vererbung, wie offenbar in den Fällen Raulin's.

Aber erst bei den neueren Autoren finden wir, dass die Hysterie bei Kindern auch in den Statistiken den Platz einnimmt, der ihr in der That gebührt.

Die statistischen Aufstellungen Briquet's, die der Zeit nach die ersten sind, umfassen 87 Fälle, die „von der Kindheit bis zur Pubertät" reichen und sich folgendermassen verteilen:

In einem Alter, welches nur als früheste Kindheit bezeichnet
werden kann . . . . 31 Fälle
Erstes Auftreten im Alter von 5 Jahren . . . . 3 „
„ „ „ „ „ 6— 7 Jahren . . . . . . 6 „
„ „ „ „ „ 7— 8 „ . . . . . . 11 „
„ „ „ „ „ 8— 9 „ . . . . . . 6 „
„ „ „ „ „ 9—10 „ . . . . . . 9 „
„ „ „ „ „ 10—11 „ . . . . . . 4 „
„ „ „ „ „ 11—12 „ . . . . . . 17 „

Summe . . 87 Fälle

Es scheint, dass sich diese Fälle nur auf Mädchen beziehen, denn Briquet schliesst (S. 69):

„Es ist also unlengbar, dass die Hysterie bei den Mädchen von den ersten Jahren der Kindheit an bis zum Eintritt der Pubertät beobachtet werden kann, nnd zwar in etwa einem Viertel oder Fünftel der Gesamtfälle."

Es liegt darin nichts Erstaunliches, weil Briqnet, obwohl Verfechter der Ansicht von der männlichen Hysterie, dieselbe doch nur in 7 Füllen persönlich heobachtet hat.

Anch Páris berichtet in einer vor nicht zu langer Zeit erschienenen Arbeit über 30 noch unveröffentlichte Beobachtungen von Hysterie hei kleinen Mädchen, erwähnt ihr Vorkommen bei kleinen Knaben aber gar nicht [1]. Es wäre übrigens leicht gewesen, in den Werken Hoffmann's Fälle von Hysterie bei Knaben von 7, 11, 12 und 14 Jahren zu finden [2].

Der Einfluss der Salpétrière macht sich auch in dieser Beachtung der infantilen Hysterie geltend, deren Studium von den Ärzten, die sich mit Kinderkrankheiten heschäftigen, fast vollständig vernachlässigt worden ist. Eine Ausnahme machen nur J. Simon und Grancher: der letztere schreibt:

„Die Hysterie ist auch sogar hei ganz jungen Kindern sehr hänfig, wo sie manchmal sehr sonderbar verwischte Formen zeigt." [3]

Die Arbeit von Clopatt ans Helsingfors, die unter dem Einflusse von Charcot, Grancher und Bourneville entstanden ist, enthält eine Menge beachtenswerter Mitteilungen, sowohl über diesen Punkt als anch über manche andere, und in Bezug auf die Statistik ist es die vollständigste Arbeit über die Hysterie bei Kindern, die wir kennen [4].

„Bei den 272 von uns beobachteten Fällen von Hysterie bei Kindern, sagt er, trat die Krankheit in folgendem Alter ein (S. 15):

	Mädchen	Knaben	Summe
Ausbruch in „zarter Kindheit"	19	1	20
„ im Alter von 3 Jahren	—	1	1
„ „ „ „ 4 „	1	1	2
„ „ „ „ 5 „	4	2	6
„ „ „ „ 6 „	3	2	5
„ „ „ „ 7 „	15	4	19
„ „ „ „ 8 „	16	6	22
„ „ „ „ 9 „	15	7	22
„ „ „ „ 10 „	18	15	33
„ „ „ „ 11 „	24	17	41
„ „ „ „ 12 „	22	13	35
„ „ „ „ 13 „	27	16	43
„ „ „ „ 14 „	12	8	20
„ „ „ „ 15 „	—	3	3
Summe	176	96	272

[1] De l'hystérie chez les petites filles, considérée dans ses causes, ses caractères, son traitement. Thèse de Paris, 1880.
[2] Opera omnia, t. III, pag. 34. De motibus convulsivis. Oenf 1740.
[3] La médecine enfantile. Bulletin médical, Nr. 61, 30. Juli 1890, pag 707.
[4] Études sur l'hystérie enfantile. Helsingfors 1888.

„Der Einfluss des Geschlechtes zeigt sich aufs deutlichste in obenstehenden Zahlen, fügt Clopatt hinzu, doch ist die Krankheit bei jungen Mädchen in Wirklichkeit noch weit häufiger, als man aus dieser Tabelle schliessen sollte; denn einerseits umfasst diess Statistik nicht alle von Briquet angeführten Fälle, und andererseits findet man in der Literatur mehrere Hysterie-Epidemien in Schulen, Pensionaten etc. angeführt, die wir nicht in Rechnung gezogen haben."

H. Goldspiegel schliesst sich in ihrer, in der Salpêtrière entstandenen Arbeit gleichfalls an die Statistik und die Ideen Clopatt's an [1]). Bei Betrachtung dieser Tabelle finden wir, dass auf zwei hysterische Mädchen etwas mehr als ein hysterischer Knabe kommt. Aber man darf nicht ausser Acht lassen, dass eine gewisse Zahl der Fälle Clopatt's aus einer Zeit herrührt, in der man die männliche Hysterie noch kaum kannte.

Von einem anderen Gesichtspunkte betrachtet, decken sich die Resultate Briquet's und Clopatt's. Ihre Statistiken zeigen uns, dass die Hysterie, welche in den fünf ersten Lebensjahren selten ist, später, vom 11. bis 13. Jahre, zunimmt, und dies ist eine wichtige Thatsache: denn ganz im Gegensatze zu Dam, was man in der Zeit, da die uterine Theorie noch herrschte, hätte glauben sollen, zeigt sich der Einfluss der Menstruation für das Auftreten oder die Entwickelung der Hysterie bei kleinen Mädchen als nicht vorhanden oder wenigstens kaum erkennbar, denn das Alter hat denselben Einfluss bei beiden Geschlechtern.

Einfluss des Alters. Weibliches Geschlecht. Erwachsene. Die folgende, dem Werke Briquet's entnommene Tabelle, die seine eigenen Beobachtungen und diejenigen der bedeutendsten Autoren vor ihm zusammenstellt, belehrt uns über die Häufigkeit der weiblichen Hysterie in den verschiedenen Altersstufen.

		Zahlen von Landouzy	Zahlen von Georget	Zahlen von Bean	Zahlen von Briquet
Von	0—10 Jahren . . .	4	1	—	66
„	10—15 „ . . .	48	5	6	98
„	15—20 „ . . .	105	7	7	140
„	20—25 „ . . .	80	4	3	71
„	25—30 „ . . .	40	3	—	24
„	30—35 „ . . .	38	—	—	9
„	35—40 „ . . .	15	—	—	9
„	40—45 „ . . .	7	1	—	1
„	45—50 „ . . .	8	—	1	3
„	50—55 „ . . .	4	—	—	3
„	55—60 „ . . .	4	—	1	2
„	60—80 „ . . .	2	—	—	—
		355	21	18	426

Diese Statistik umfasst die beträchtliche Zahl von 820 Fällen.

„Es würde schwierig sein, sagt Briquet, unter mehreren, aus so verschiedenen Quellen stammenden Beobachtungen eine grössere

---

[1]) Contribution à l'étude de l'hystérie chez les enfants. Thèse de Paris, 1888.

Übereinstimmung zu finden, als sie sich in den vier Reihen von Zahlen
darstellt, die ich hier mitteile; denn, abgesehen von der infantilen
Hysterie, ist dieselbe im Übrigen unter ihnen vollständig. Man sieht,
wie die Zahlen jeder Reihe in demselben Verhältnisse vom jugendlichen
Alter bis zu 20 Jahren anwachsen, in welcher Epoche sie ihr Maximum
erreichen, um dann von 20—25 Jahren sehr schnell abzunehmen, hierauf von 25—40 Jahren sehr niedrig, aber ziemlich gleichmässig bleiben
und endlich von 40—60 Jahren noch geringer, aber vollständig unregelmässig werden."

Das höchste Alter erwähnt Chamhon (angeführt bei Louyer-
Villermay, Bd I, S. 120), der Anzeichen von Hysterie bei einer
84jährigen Verwandten von sich beobachtete; aber es ist nicht erwähnt,
wann dieselben begonnen haben [1]).

Briquet zieht daraus folgende Schlüsse:

„1. In einem Fünftel der Fälle entwickelt sich die Hysterie bei
Frauen in unserem Klima und bei unserer Lebensweise vor dem Alter
der Pubertät.

2. In etwas über einem Drittel der Fälle zeigt sich die Hysterie
im Alter von 15—20 Jahren.

3. Die Häufigkeit der Hysterie nimmt im Alter von 20—25 Jahren
sehr schnell ab; sie ist dann nur halb so häufig als in dem vorhergehenden Zeitraum.

4. Die Empfänglichkeit wird im Alter von 25—40 Jahren bedeutend
schwächer, bleibt aber gleichmässig; sie ist hier zehnmal so gering als
im Alter von 12—20 Jahren.

5. Die Hysterie ist im Alter von 40—60 Jahren sehr selten und
in diesem langen Zeitraume nicht häufiger als in jedem anderen kürzeren."

Amann und Scanzoni scheinen eine häufigere Entwickelung der
Krankheit in der Zeit um das 30. Jahr anzunehmen. „Aber, sagt Grasset
mit Recht (Artikel „Hysterie"), wir müssen mit Jolly bemerken, dass
diese Statistiken von Gynäkologen herrühren, d. i. von Ärzten, welche
Gelegenheit haben, eine relativ beträchtliche Zahl von Fällen, die mit
Krankheiten der Genitalien verbunden sind, zu beobachten, also von
Hysterie bei Erwachsenen."

Wir können uns unsererseits in dem, was die Hysterie bei
erwachsenen Frauen betrifft, die einzige Form, die er genau untersucht hat, nur den von Briquet gezogenen Schlussfolgerungen anschliessen.

* * *

Einfluss des Alters. Männliches Geschlecht. Erwachsene.
Die ersten und besten Angaben, die wir hierüber besitzen, rühren von
Batault her (a. a. O., S. 38). Wir zitieren den ganzen betreffenden
Abschnitt, in welchem man ausserdem wichtige Betrachtungen über die
Vererbung finden wird.

---

[1]) Siehe auch Fleury, Contribution à l'étude de l'hystérie sénile. Thèse de
Paris, 1890

„Wir haben festgestellt, sagt er, dass die Hysterie bei den
männlichen Personen, die aus einer nervenkranken Familie stammen, am
häufigsten zwischen dem 10. und dem 20. Jahre auftritt, d. h. also
zur selben Zeit wie bei den Frauen. Es bleibt noch übrig, den Einfluss
des Alters selbst festzustellen, unter Absehung von allen mitwirkenden
ätiologischen Momenten; dabei kann uns wieder nur die Statistik Aufklärung geben.

„Die Zeit der ersten hysterischen Anfälle ist in 192 Fällen festgestellt, die sich folgendermassen verteilen:

Von 0—10 Jahren (niedrigstes Alter 2 Jahre 9 Monate) . . 10 Fälle
 „ 10—20   „   . . . . 78 „
 „ 20—30   „   . . . . 60 „
 „ 30—40   „   . . . . 27 „
 „ 40—50   „   . . . . 11 „
 „ 50—60   „   (höchstes Alter 60 Jahre) . . . . . .   6 „

„Ganz allgemein gesagt ist also die Hysterie am häufigsten bei
Knaben im Alter von 10—20 Jahren. Wenn wir diese Periode von
10 Jahren in zwei fünfjährige teilen, so finden wir für die erste, also
von 10—15 Jahren, 44 Fälle und für die zweite, von 15—20 Jahren,
34 Fälle. Wir haben hier also dasselbe Verhältnis wie bei den Frauen. Wir
erhalten demgemäss dieselben Resultate für diejenigen Kranken, bei denen
die hereditäre Disposition unberücksichtigt geblieben ist, wie für die
anderen. Dies bestätigt unsere Behauptung, dass man bei den meisten eine
hereditäre Belastung gefunden hätte, wenn die erforderlichen Untersuchungen angestellt worden wären. Die vom Alter abhängige Empfänglichkeit wird viel weniger von Nebenumständen beeinflusst (wozu auch
die Entwickelung der Geschlechtsorgane zu rechnen ist), als man gewöhnlich annehmen möchte. Die Geschlechtsreife tritt in den südlichen Ländern
und beim weiblichen Geschlechte früher ein als in den Ländern des
Nordens und bei dem männlichen Geschlechte, während das Auftreten
der Hysterie diesen Schwankungen weder bei dem einen noch bei dem
anderen Geschlechte zu folgen scheint."

Wir teilen im allgemeinen die Ansicht Batault's; aber nach
den Erfahrungen, die wir seit 1884 in der unter Charcot's Leitung
stehenden Anstalt gemacht haben, müssen wir sagen, dass die Hysterie
sich beim Manne etwas langsamer zu entwickeln scheint als bei der Frau.
Das beeinträchtigt keineswegs den Wert der obigen statistischen Angaben,
denn man muss die Gelegenheitsursachen in Rechnung ziehen, die, wie
wir sehen werden, bei beiden Geschlechtern etwas verschieden sind, wobei
besonders Traumen, Intoxikationen, die bei der männlichen Hysterie so
häufig sind und besonders im reiferen Lebensalter ihre Wirkung äussern,
in Betracht kommen. Es ist das sozusagen nur eine Detailfrage, indem die
Vererbung, in welchem Alter es auch sei, nur auf die Gelegenheit wartet,
um ihre Wirkungen zu äussern. Eine Bestätigung unserer Behauptung
giebt die von Bitot aufgestellte Statistik über 22 Fälle von männlicher
Hysterie (S. 134 des angeführten Werkes), die sich in Bezug auf das
Alter in folgender Weise darstellen:

2 im Alter von 14 Jahren	1 im Alter von 34 Jahren
1 „ „ „ 17 „	1 „ „ „ 35 „
3 „ „ „ 19 „	1 „ „ „ 36 „
1 „ „ „ 21 „	1 „ „ „ 37 „
2 „ „ „ 24 „	1 „ „ „ 39 „
1 „ „ „ 26 „	1 „ „ „ 40 „
1 „ „ „ 27 „	1 „ „ „ 42 „
1 „ „ „ 31 „	1 „ „ „ 46 „
1 „ „ „ 33 „	1 „ „ „ 51 „

22 Fälle, Durchschnittsalter 26 Jahre.

Es scheint unnötig, noch weitere Bemerkungen daran zu knüpfen.

* * *

Was ist nun jetzt die wirkliche Häufigkeit der Hysterie? Wir lassen die Hysterie bei Kindern bei Seite, über welche wir uns mit Grancher genügend ausgesprochen haben; was die Hysterie bei Frauen anbelangt, so sagte Sydenham im 17. Jahrhundert, ohne übrigens das männliche Geschlecht dabei zu vergessen:

„Die hysterische Affektion ist, wenn ich mich nicht täusche, die häufigste aller chronischen Krankheiten. Und wie die Fieberkrankheiten mit dem, was dazu gehört, zu den chronischen Krankheiten im Verhältnisse von 2 zu 1 stehen, so bilden die hysterischen Affektionen die Hälfte der chronischen Krankheiten. Es giebt in der That sehr wenige Frauen, die gänzlich frei davon sind, ausgenommen diejenigen, welche ein hartes und arbeitsvolles Leben führen. Die Frauen bilden aber die Hälfte der Erwachsenen. Und auch von den Männern sind viele, die sich dem Studium hingeben und eine sitzende Lebensweise führen, derselben Krankheit unterworfen."

Heute ist die Frage nach der wirklichen Häufigkeit der männlichen Hysterie in ihrem Verhältnisse zur weiblichen die Hauptfrage. Man kann nach den letzten Untersuchungen Charcot's nicht mehr einfach mit Briquet sagen: „Der Mann kann auch hysterisch werden."

Die 218 von Batault gesammelten Fälle geben ein Bild von der wirklichen Häufigkeit; aber wenn wir die relative Häufigkeit kennen lernen· wollen, so müssen wir die Zahlen vergleichen, welche in einem Männer und Frauen aufnehmenden Hospitale gewonnen sind.

Unter 11.225 Fällen von Krankheiten des Nervensystems, die in der Poliklinik der Professoren Eulenburg und Mendel beobachtet wurden, hat Bodenstein 1224 Hysterische gefunden, darunter 122 Männer; das Verhältnis war also 1 zu 10, das ist das Doppelte von Briquet's Angabe, der sagt: „Der Mann scheint zu dieser Krankheit fast zwanzigmal so wenig veranlagt als die Frau."

Die neueste vergleichende Statistik, welche Pitres in Bordeaux über 100 Fälle von Hysterie, die in seiner Anstalt beobachtet wurden, gegeben hat, zeigt folgende Verhältnisse [1]):

---

1) Zitiert von Bitot, a. a. O., S. 136. — Pitres, Leçons cliniques sur l'hystérie et l'hypnotisme, vol. I. Paris 1891.

3*

				Männer	Frauen	Summe
Von	6—10	Jahren	. . .	1	1	2
„	11—15	„	. . .	4	12	16
„	16—20	„	. . .	6	34	40
„	21—25	„	. . .	2	18	20
„	26—30	„	. . .	4	4	8
„	31—35	„	. . .	8	—	8
„	36—40	„	. . .	5	—	5
„	41—45	„	. . .	—	—	—
„	46—50	„	. . .	1	—	1
				31	69	100

Die Resultate dieser Statistik sind sehr verschieden von den oben angeführten, da man unter 100 Hysterischen 69 Frauen und 31 Männer findet; das Verhältnis ist also 1 zu 3, wonach die männliche Hysterie also bedeutend häufiger wäre, als oben angegeben wurde.

Man könnte vielleicht annehmen, dass Pitres bei seinem besonderen Interesse für die männliche Hysterie seine Nachforschungen vorzugsweise nach dieser Seite hin ausgedehnt habe. Die folgenden Thatsachen werden aber diesem allerdings nicht unberechtigt scheinenden Einwande entgegentreten.

P. Marie war als Hospitalarzt im August und im Dezember 1888 mit den Konsultationen des „Bureau central d'admission" [1]) betraut und überrascht durch die „wirklich erstaunliche" Zahl der männlichen Hysterischen, die sich einstellten. Er schätzte die Zahl derselben durchschnittlich auf 2 pro die.

„Eines Tages, sagt er [2]), unterhielt ich mich mit meinem Lehrer, dem Herrn Professor Charcot, über diesen Punkt; er veranlasste mich, sobald ich wieder mit dieser Obliegenheit betraut werden würde, über diese Fälle eine Statistik aufzustellen. Ich habe dies nun während des Monates Mai 1889 gethan und die erlangten Resultate scheinen mir wohl beachtenswert."

Marie hat in seine Statistik nur die Kranken aufgenommen, die ins Hospital eintreten wollten; dies muss beachtet werden, denn er konnte erforderlichen Falles seine Diagnose am folgenden Tage berichtigen, da die Kranken in das Hospital, welches er selbst leitete, aufgenommen wurden.

Nach Abzug der Kranken, die sich mehrere Male einstellten, hat er während des Monats Mai 1889 697 Personen untersucht, die an verschiedenen Affektionen, Nervenleiden und anderen litten, unter ihnen 172 Frauen und 525 Männer. „Das Ziel, welches ich mir stellte, sagt er, war, die Häufigkeit der Hysterie bei den beiden Geschlechtern zu untersuchen. Deshalb musste ich bestimmte Vergleichungspunkte annehmen. Genötigt, eine ziemlich schnelle Untersuchung der Kranken vorzunehmen,

---

[1]) Das „Bureau central d'admission" ist die Stelle, wo sich täglich die Kranken einfinden, die, ausser der besonderen Behandlung im Hospitale, sich einer externen Behandlung unterziehen oder im Hospitale aufgenommen werden möchten.
[2]) L'hystérie à la consultation de Bureau central des hôpitaux de Paris. Étude statistique. Progrès médical 1889, 27. Juli. S. 68.

mnsste ich als Kriterinm eine leicht erkeunbare Erscheinung wählen,
die sich mit geuügeuder Bestimmtheit zeigte. Die Störnngen der Sensibilität echienen mir nun diesen Charakter zu haben. Ich habe daher
alle die Kranken besonders vermerkt, welche Anzeichen von Hysterie
darboten, und bei denen ich eine allgemeine Anästhesie, eine Hemianästhesie oder eine auf eine Extremität beschränkte Anästhesie vorfand,
sowie auch diejenigen, bei welchen sich eine deutliche Herahsetzung des
Empfindungsvermögens auf einer Seite des Körpers zeigte; diese Fälle
bezeichnete ich als „Hystérie massive" [1]). Diese Klassifikation bot
den Vorteil grosser Einfachheit und einer leichten Kontrole; andererseits
liess sie gewisse Fälle, in denen die Hysterie augenscheinlich vorhanden
(Konvulsionsanfälle, Ovarie und Globus, verschwundene frühere Paralyse),
aber nicht von wirklichen Störungen der Sensihilität der Haut begleitet
war, unberücksichtigt. Für letztere Fälle stellte ich eine zweite Kategorie
nnter der Bezeichnnng „Hystérie mitigée" auf. Ich lege hesonderen
Nachdruck darauf, dass beide Reihen nur ganz charakteristische Fälle
von Hysterie umfassten; diejenigen Nervenkranken, welche keine deutlichen Anzeichen der Hysterie aufwiesen, wurden vollständig ausgeschlossen . . . .

„Von den 525 männlichen Personen zeigten 250 die deutlichsten
Merkmale der Hystérie massive, 3 diejenigen der Hystérie mitigée; von
den 179 Frauen zeigte dagegen nur eine einzige die Merkmale der
Hystérie massive, 5 dagegen die der Hystérie mitigée. Bei den ersten
Zahlen müssen wir noch etwas verweilen. Wollen wir ihr Verhältnis
näher bestimmen, so ergiebt sich bei Frauen 1 Fall auf 172 Kranke, bei
Männern 1 anf 21 Kranke, oder in Prozenten: bei Frauen 0·50, bei
Männern 4·76. Das will sagen, dass die Hystérie massive sich bei
Männern mit einer weit grösseren Häufigkeit zeigt als bei Frauen, da
sie bei jenen achtmal so oft vorkommt als hei diesen.

„Dieses Resultat ist offenbar überraschend, und wie sehr ich auch
schon lange von dem häufigen Vorkommen der Hysterie bei Männern
überzeugt bin, so bin ich doch nicht geneigt, den fast paradox klingenden
Satz zu unterstützen, dass die Hysterie heim Manne weit häufiger
ist als bei der Frau."

Indessen diese Statistik spricht zu deutlich, als dass sich nicht dafür
ein Grund angeben liesse, und Marie findet ihn in der Thatsache, dass die
männliche Hysterie in den mittleren und oberen Schichten der Gesellschaft im Vergleiche zu den sogenannten unteren Klassen, in denen sie
hanptsächlich vorkommt, ziemlich selten ist, dass dies aber nicht für
die weibbche Hysterie gilt.

Nun sind aber die Kranken, welche sich im Bureau central einstellen, meistens Arbeiter, arme Leute, die den die Hysterie hervorrufenden Gelegenheitsursachen, Traumen und lntoxikationen, sehr häufig
ausgesetzt sind. Das gesellschaftliche Niveau der Frauen, die zu dieser
Konsultation kommen, ist ein höheres, sie sind daher weniger den Gelegenheitsursachen ausgesetzt als die Männer.

---

[1]) Diese Bezeichnungen wurden nur zur einfacheren Beschreibung gewählt.

Was die Hystérie mitigée anbelangt, so findet man ein ganz verschiedenes Verhältnis; 5 Fälle derselben auf 172 Frauen und auch nur
ebensoviele Fälle auf 525 Männer, also 1 auf 33 Frauen, und 1 auf
175 Männer. Die Hystérie mitigée zeigt sich also weit häufiger bei
Frauen als bei Männern. Dies ist eine auf andere Weise gewonnene,
neue Bestätigung der schon lange von Charcot behaupteten Thatsache,
dass die Hysterie beim Manne viel häufiger intensiv und heftig auftritt;
eine bei der Prognose sorgsam in Rechnung zu bringende Thatsache.

„Also ist, sagt Marie, um die der Genauigkeit halber etwas
weitschweifigen Erörterungen zusammenzufassen, die männliche Hysterie
in den unteren Klassen der Gesellschaft sehr häufig, ja anscheinend weit
häufiger als die weibliche Hysterie. Dies bezieht sich auf die Hystérie
massive mit deutlichen Stigmata; dagegen ist bei der leichteren Form,
ohne hervortretende Stigmata, das Verhältnis umgekehrt, ihre Häufigkeit bei Frauen grösser als bei Männern."

Diese von Marie erlangten Resultate, die ihm fast paradox
schienen, sollten jedoch bald eine glänzende Bestätigung erhalten.

Schon im Jahre 1888 sammelte Girode[1]), welcher unter der
Leitung von Brouard im Hospital de la Pitié beobachtete, während
des Jahres, in dem er mit der Aufsicht eines Männersaales betraut war,
15 Fälle von männlicher Hysterie; der Saal enthielt nur 35—40 Betten,
die für Krankheiten aller Art aus dem Gebiete der inneren Medizin bestimmt waren.

Im Jahre 1889 stellte Souques, damals Assistent von Chauffard,
auf Grund der von ihm im Hospitale Broussais gesammelten Beobachtungen folgende Sätze auf[2]):

„1. Die männliche Hysterie kommt nicht nur in einigen besonderen
Hospitälern vor, sondern man findet sie häufig in den gewöhnlichen
Krankenhäusern.

2. Sie scheint, wenigstens in den unteren gesellschaftlichen Schichten,
häufiger zu sein als die weibliche Hysterie."

Indem er an den Ausspruch Charcot's, „dass die männliche
Hysterie in den allgemeinen Krankenhäusern vorkommen kann, wo nur
die Vorurteile einer vergangenen Zeit sie verkennen liessen", erinnert,
fügt er hinzu: „Im Hospital Broussais haben wir in einem Jahre in
einem Saale mit 32 Betten 22 unzweifelhafte Fälle gefunden. Wir haben
alle zweifelhaften oder bestreitbaren Fälle sorgfältig ausgeschieden, und
haben unter der Rubrik Hysterie nur diejenigen bestimmten, offenbaren Fälle angeführt, deren Diagnose zum wenigsten auf die Vereinigung
folgender Symptome gegründet war: sensitivo-sensorielle Anästhesie,
partielle oder allgemeine Anaesthesia pharyngis, konzentrische Einengung
des Gesichtsfeldes."

Auf die Arbeiten von Marie Bezug nehmend, welcher im Bureau
central feststellte, dass die Hystérie massive bei Männern fünfmal so
häufig vorkommt als bei Frauen, hat Souques eine Statistik der Kranken

[1]) Quelques faites d'hystérie toxique. France médicale 1889, 30. März. S. 433.
[2]) De l'hystérie mâle dans un service hospitalier. Arch. générales de médecine,
Aug. 1890, S. 168.

aufgestellt, welche in der Anstalt von Chauffard beobachtet wurden; es waren 441 Männer und 240 Frauen. Unter diesen fand man 26 Fälle von männlicher Hysterie und nur 6 Fälle von weiblicher.

„Wir haben zwar, sagt er, die Fälle von Hystérie massive nicht von den Fällen von Hystérie mitigée getrennt, nichtsdestoweniger sind aber unsere Resultate denen Marie's im ganzen wohl vergleichbar. Die folgende Tabelle in der beide Resultate zusammengestellt sind, wird den Parallelismus aufs deutlichste zeigen.

Statistik von Marie (Bureau central)			Statistik von Souques (Hospital Broussais)		
Summe aller Kranken	Hysterische	Prozentsatz derselben	Summe aller Kranken	Hysterische	Prozentsatz derselben
Männer . . . 525	28	5·14	Männer . . . 441	26	5·90
Frauen . . . 179	6	3·35	Frauen . . . 240	6	2·50

„Diese Resultate, sagt er, zeigen untereinander eine auffallende Ähnlichkeit. Es geht ausserdem aus dieser Zusammenstellung hervor, dass die männliche Hysterie in den Hospitälern zweimal so häufig ist als die weibliche."

Für Souques ebenso wie für Marie sind, wie aus der Lektüre der Fälle, die er in seiner interessanten Arbeit anführt, hervorgeht, „die Männer, welche die Patienten der Hospitäler bilden, weit häufiger als die Frauen den Gelegenheitsursachen der Hysterie ausgesetzt, nämlich den Traumen und den Intoxikationen".

Man verzeihe uns, dass wir bei diesen Ausführungen so lange verweilt haben, die im Grunde nur eine Zusammenstellung von Beobachtungen sind; aber es handelt sich dabei um neue Thatsachen von grossem Interesse, welche notwendig hervorgehoben werden mussten.

Deshalb nehmen wir auch keinen Anstand, noch unsere eigenen Beobachtungen anzuschliessen und eine Statistik der in der Charcot-schen Klinik beobachteten Fälle zu veröffentlichen, welche Schlüsse ergeben wird, die sehr wenig von den oben mitgeteilten abweichen. In der Salpêtrière ist das Krankenmaterial ein viel gemischteres als in den anderen Hospitälern; alle mittleren Stände, Kranke aus allen Ländern strömen dort zusammen; das allgemeine Interesse ist aber darum nur um so grösser.

Die erste Statistik umfasst nur diejenigen Personen, welche von 1880—1890 in die klinische Behandlung genommen wurden.

Während des Zeitraumes von 1880—1890 (exklusive) wurden 1232 Frauen aufgenommen, darunter 369 hysterische; von 1882 (in welchem Jahre die Abteilung für Männer eröffnet wurde) bis 1890 (exklusive) 872 Männer, darunter 77 hysterische. Diese Zahlen sind jedoch schwer zu vergleichen, denn die Abteilung für Männer, welche bis zum Jahre

1885 nur 20 Betten umfasste, enthält auch jetzt nur 40—50, während die Zahl der für auswärtige Frauen bestimmten Betten 200 übersteigt und in Wirklichkeit fast unbegrenzt ist. Zudem war bis 1883 oder 1884 die männliche Hysterie noch ein Curiosum; man war weit davon entfernt, sie so gut wie heute zu kennen.

Aber wir besitzen eine andere Statistik, die unserer Meinung nach allein massgebend ist, nämlich in dem Verzeichnis der Kranken, welche in den unter unserer Aufsicht stehenden Sälen vom November 1887 bis November 1889 Aufnahme fanden[1]). Dieses Verzeichnis ist nach den von uns gesammelten Beobachtungen, welche im Registre d'observations de la Clinique niedergelegt sind, angefertigt; alle diese Kranken sind wiederholt von Charcot selbst untersucht worden.

Während dieser beiden Jahre haben wir Beobachtungen über 323 in das Hospital aufgenommene Kranke gemacht; es waren 200 Frauen, von denen 67 hysterisch waren und 133 an verschiedenen anderen Krankheiten litten, und 123 Männer, von denen 37 an Hysterie und 86 an anderen Krankheiten litten. Während dieses Zeitraumes kam demnach in runder Zahl ein hysterischer Mann auf zwei hysterische Frauen.

Die Zahlen beziehen sich nur auf die Kranken, die in das Hospital aufgenommen wurden. Wir müssen nun auch diejenigen betrachten, die zu der Mittwochs-Poliklinik kamen oder sich jeden Morgen in der Anstalt einstellten, wo eine permanente Sprechstunde für Auswärtige eingerichtet ist.

Diese Kranken sind sehr zahlreich, denn ihre Zahl beläuft sich auf 3500—4000 im Jahre.

Aus der Zahl dieser Kranken haben wir vom November 1887 bis November 1889 — alle Tabiker, die zum Zwecke der Suspension erschienen, in Abzug bringend, da die Statistik dadurch ungenau werden würde — 726 Untersuchungen gesammelt, welche in den Registres de la consultation externe de la Clinique verzeichnet sind. Unter diesen 726 Kranken beider Geschlechter waren 51 Frauen und 21 Männer hysterisch, was also, ebenso wie in obiger Zusammenstellung, einen Mann auf zwei Frauen ergiebt.

Eine andere Grundlage für unsere Schätzung haben wir in dem Compte-rendu du service ophthalmologique de la Clinique für das Jahr 1888, einer Anstalt, deren Direktor Herr Parinaud ist.

„Der Hysterischen, bei denen man eine Störung des Sehvermögens festgestellt hat, waren 79, darunter 49 Frauen und 30 Männer. Die verhältnismässig grosse Zahl der Männer rührt daher, dass viele hysterische Frauen, deren Krankheit leicht erkennbar ist, nicht zur ophthalmologischen Untersuchung geschickt wurden, während alle, oder wenigstens fast alle Männer untersucht wurden. Ausserdem wurden mehrere hysterische Männer von verschiedenen Hospitälern zu Professor Charcot geschickt, welcher sich in den letzten Jahren besonders mit diesen Fällen befasst hat. Wenn man aber auch diese Umstände in Rechnung zieht,

---

[1]) In der Anstalt des Herrn Charcot befinden sich ausser dem Direktor (Chef) der Klinik noch zwei Assistenten (Internes). welche eine bestimmte Zahl von Sälen unter sich haben, deren Kranke bei dieser Statistik nicht in Rechnung gebracht sind.

so beweist doch die Zahl von 30 hysterischen Männern die relative
Häufigkeit dieser Krankheit bei Männern. In 9 Fällen war die Hysterie
verbunden mit einem andsren Nervenleiden, welches eigene visuelle
Störungen hervorgerufen hatte." Wir schliessen uns den Behauptungen P a r i n a u d's, dessen Statistik
im allgemeinen von der unserigen nicht abweicht, vollständig an.
Sollen wir nun unsere Ansicht über die wirkliche und verhältnismässige
Häufigkeit der männlichen Hysterie aussprechen. so müssen wir sagen:
„Die männliche Hysterie ist sehr häufig, ja sie scheint mit täglich
wachsender Kenntnis immer häufiger zu werden."
  Gegenwärtig haben wir bei den ins Hospital aufgenommenen und
den poliklinisch behandelten Kranken der Salpêtrière, wo im Gegensatz
zum Bureau central vorwiegend die mittleren Stände in Behandlung
kommen, einen hysterischen Mann auf zwei bis drei hysterische Frauen
beobachtet.

---

3. Kapitel.

Die Gelegenheitsursachen der Hysterie.

  Die Zahl der Ursachen, die das „In Wirksamkeit treten" der
hereditären Disposition veranlassen und das Ausbrechen der Hysterie begünstigen, ist sehr gross ; doch glauben wir, dass beim Lesen dieses
Kapitels jeder die Überzeugung gewinnen wird, wie, im Gegensatze zu
ihrer Mannigfaltigkeit, der Mechanismus, durch welchen sie wirken, ein
recht einfacher ist.
  Das Studium dieser Gelegenheitsursachen ist in ganz besonderer
Weise durch G. G u i n o n gefördert worden. Sein vor nicht langer Zeit
erschienenes Buch ist das beste und vollständigste, das wir über diesen
Gegenstand besitzen [1]), und wir haben demselben manches, auch die
darin angewendete Einteilung entnommen. Um Wiederholungen zu vermeiden, wollen wir in diesem Kapitel besondere Abschnitte in Dezug auf
Alter und Geschlecht nur so weit machen, als es absolut notwendig ist.
  Lebhafte Gemütsbewegungen. Die Bedeutung lebhafter Gemütsbewegungen für die Entwickelung der Hysterie ist zu jeder Zeit erkannt
worden, und dieselbe ist noch grösser geworden, seitdem man den Ge-
mützustand der Hysterischen besser kennt. Als besonderes Merkmal
desselben ist die S u g g e s t i b i l i t ä t anzusehen. Wir werden darauf
später noch zurückkommen müssen, es ist aber deshalb schon an dieser
Stelle hervorzuheben, weil dadurch erklärt wird, einen wie grossen
Einfluss die Gemütsbewegungen auf ein durch erbliche Belastung weniger
widerstandsfähiges Gehirn haben müssen.
  Beispiele sind im Überflusse vorhanden ; wir beschränken uns
darauf, einige besonders charakteristische anzuführen. Im Jahre 1837

---

[1]) Les agents provocateurs de l'hystérie. Progrès médical. Paris 1898. Daselbst
auch eine ausführliche Bibliographie bis 1889.

— 42 —

berichtete G u i l l e r o t von einer Frau, welche hysterisch geworden war
in Folge einer Gemütsbewegung, die sie durchmachte, als ihr Ehemann
sie beim Ehebruche auf frischer That ertappte [1]). C h a r c o t führt zahlreiche ähnliche Fälle an, so den eines Mannes, welcher beim Anblick
des noch zuckenden Leichnams seines Sohnes, der von einem Gerüste
gefallen war, hysterisch wurde [2]). In der Diskussion, welche sich am 26.
Mai 1887 an eine Mit-
teilung B a r b i e r's in der S o c i é t é c l i n i q u e d e P a r i s anschloss,
wonach die Hysterie sich nach einer empfangenen Ohrfeige gezeigt hatte,
erwähnte R e n d u eines Studenten der Medizin, der durch die Treulosigkeit
seiner Braut vollständig hysterisch geworden war.

Halten wir in der ausländischen Litteratur Umschau, so finden wir,
dass L e y d e n unter dem Namen „S h o c k d u r c h G e m ü t s b e w e-
g u n g e n" die psychischen und somatischen Wirkungen heftiger Gemütsbewegungen beschreibt, ohne übrigens ihre Natur zu mutmaassen [3]), von
dem einfachen Erbleichen des Gesichtes, verbunden mit einem geringen
Zittern der Hände an bis zu den ernstesten Störungen, die bisweilen
plötzlich den Tod herbeiführen können. „Es ist bemerkenswert, sagt
G u i n o n, dass von den drei Beobachtungen, die er anführt, wenigstens
eine, diejenige, die er L a v i r o t t e entnommen hat [4]), ganz bestimmt
ein Beispiel von hysterischer Lähmung mit Aphonie ist."

Unter den heftigsten Gemütsbewegungen nehmen gewiss die durch
Furcht verursachten die erste Stelle ein [5]). Auch kann man nicht selten
von Hysterischen vernehmen, „dass ihre Krankheit in Folge von Furcht
entstanden sei". Welcher Art die Furcht sei, ist gleichgiltig, mag es die
Furcht eines Soldaten in der Schlacht sein, oder die Furcht eines Kindes,
welches in der Nacht die es umgebenden Gegenstände für Geister oder
Gespenster hält, oder welches den Ausgang eines Examens fürchtet [6]),
oder auch die Furcht einer Person, die auf ihrem Wege einen von seinen
Anfällen niedergeworfenen Epileptischen antrifft.

Und wie die Furcht, gleich allen Gemütserschütterungen, im Stande
ist, die hysterischen Erscheinungen hervorzurufen, so kann sie dieselben
eben so gut plötzlich verschwinden machen.

Manchmal genügt eine einzige Erregung, um den Ausbruch der
Neurose zu veranlassen. Aber es ist nicht immer so, und oft führt
erst eine mehr oder weniger lange Reihe von Erregungen zu diesem
Effekt. Dies leitet uns auf die durch den Einfluss der E r z i e h u n g
hervorgerufene Hysterie. Es ist das, wie leicht einzusehen, ein wichtiges
ätiologisches Moment der Hysterie bei Kindern, das auch von fast allen,
die sich mit der Frage beschäftigt haben, wohl gewürdigt worden ist.
Schrieb doch B r o d i e schon im Jahre 1837, indem er von hysterischen

[1]) De l'imagination et de son influence sur la santé et sur les maladies. Thèse
de Paris, 1837.
[2]) Leçons du mardi 1889, pag. 292.
[3]) Klinik der Rückenmarkskrankheiten.
[4]) Observations sur l'effet de la colère. Gazette des hôpitaux 1868.
[5]) Mosso, La peur. Paris 1886.
[6]) K r a f f t, Paralysies hystériques provoquées par la crainte des examens.
Revue méd. de la Suisse Romande, 2. Mai 1891.

— 43 —

Anfällen redete: „Man kann den besseren Klassen der Gesellschaft keinen
grösseren Dienst erweisen, als wenn man den Eltern klar macht, wie
sehr das gewöhnliche Erziehungssystem geeignet ist, die Empfänglichkeit
für diese Krankheiten hervorzurufen."
Spätere Autoren: Briquet, Pâris[1]), Casaubon, Charcot und
seine Schule: Peugniez, Clopatt, Goldspiegel; in Deutschland:
Steiner[2]) und Müller[3]), um nur diese beiden zu nennen, sie alle
sind derselben Ansicht.
„Durch welche Vorgänge nun, fragt Guinon, kann eine schlechte
Erziehung dazu führen, die Hysterie bei Kindern hervorzurufen? Da sind
zunächst die körperlichen Misshandlungen, die Schläge zu nennen. Aber
in diesem Falle ist die Sache ein wenig verwickelt; es handelt sich in
der That nicht nur um wiederholte Gemütsbewegungen, sondern um
Traumen. Zwei Erregungsursachen der Hysterie treten somit gemeinsam
in Wirkung.
„Die grosse Erregung einer durch religiöse Übungen der Klöster
oder Schulen bis zum äussersten getriebenen Einbildungskraft kann oft
den Ausgangspunkt der Hysterie bilden, besonders bei jungen Mädchen.
Wir erinnern hiebei an die Geschichte der Besessenen von Louviers,
welche aus Furcht vor dem Teufel dahin gekommen war, dass sie ihn
jede Nacht in ihrer Kammer sah. Das junge Mädchen war dadurch
hysterisch geworden[4]). Die Zeit der ersten Kommunion, die oft wiederholten und nicht selten anstrengenden religiösen Übungen, zu welchen
diese Ceremonie Veranlassung giebt, spielen in dieser Hinsicht bei sehr
vielen Kindern eine unselige Rolle."
Die Furcht, welche man den Kindern einflösst, um sie abzuhalten,
Böses zu thun, kann gleichfalls die Gelegenheit zur Entfaltung hysterischer Anfälle bieten. „Diese verabscheuungswerte Erziehungsweise, sagt
mit Recht Mosso (S. 143), ist noch nicht verschwunden; man ängstigt
noch immer die Kinder mit Erzählungen vom ‚Knecht Ruprecht', von
fabelhaften Ungeheuern, von Werwölfen, von Magiern und Zauberern.
Jeden Augenblick sagt man den Kindern: ‚Der wird dich fressen',
‚Dieser dich beissen', ‚Ruft den Hund', ‚Da ist der Schornsteinfeger' und
hundert andere Schrecknisse, welche ihnen Thränen der Angst hervor-
locken und ihren freundlichen Charakter entstellen, indem sie sie durch
unaufhörliche Drohungen ängstigen, durch eine Quälerei, welche sie
furchtsam und schwach macht", und, können wir hinzufügen, welche
bei einer grossen Zahl von ihnen nicht ohne Einfluss auf die Entstehung
von nervösen Anfällen hysterischer Art sind.
Man kann dieselbe Bemerkung in Bezug auf die leidige Gewohnheit
machen, die in den mittleren Ständen herrscht, dass man den Geist der
Kinder mit phantastischen Erzählungen, in denen Zauberer und Gespenster
die Hauptrolle spielen, übersättigt. „Nichts ist der Entwickelung der

[1]) Hystérie chez les jeunes garçons. Thèse de Paris, 1881.
[2]) Jahrb. für Kinderh. Bd. XIV, S. 205.
[3]) Allgem. Zeitschr. f. Psych. Bd. 30, S. 380.
[4]) Procès-verbal fait pour délivrer une fille possédée par le malin esprit à
Louviers 1591.

Hysterie, besonders bei jungen Knaben, so günstig, sagt Charcot[1]), als dieser Glaube an Wunderbares und Übernatürliches." Und er erzählt dabei die Geschichte einer kleinen hysterischen Epidemie unter den drei Kindern einer ein Militärgefängnis bewohnenden Familie, die man thörichterweise zu wiederholten spiritistischen Sitzungen hinzugezogen hatte. „Die eingehende Schilderung dieser kleinen Hausepidemie, sagt Charcot, ist sehr belehrend. Wir haben die Entwicklung der Krankheit in einer Familie von Nervösen und Arthritikern, also von mit zwei Diathesen behafteten Personen, deren Verbindung gerade am häufigsten und wirkungsvollsten ist. Wir lernen den Einfluss erkennen, welchen die Lebensweise und die täglichen Wohnungsbedingungen ausüben; wir sehen deutlich die Gefahr der abergläubischen Übungen, besonders für dazu veranlagte Personen, für welche sie unglücklicberweise eine so grosse Anziehungskraft haben, die Gefahr dieser beständigen Überspannung des Geistes, in welche diejenigen verfallen, welche sich dem Spiritismus, dem Bemühen ergeben, das Wunderbare, für welches der kindliche Geist ohnehin so sehr empfänglich ist, auf das Leben zu übertragen."

Auch Baratoux hat eine Schilderung einer solchen Epidemie gegeben, welche sechs Kinder einer Familie in der Bretagne ergriff, die man mit phantastischen Erzählungen, worin Zauberer und Gespenster die Hauptrolle spielten, vollgepfropft hatte[2]).

Was folgt aus diesem allen für die Praxis? Dass bei etwas nervösen und reizbaren Kindern die Erziehung viel sorgsamer überwacht werden-muss als bei anderen; man muss sie vor Misshandlungen, vor Schrecken behüten; man darf ihre Einbildungskraft nicht durch Übertreibung religiöser Übungen und durch Herbeiziehung des Wunderbaren und Übernatürlichen erregen[3]). Bei ihnen kann dies alles eines Tages die Hysterie hervorrufen; denn man kann nicht leugnen, dass in den von Charcot mitgeteilten Fällen zwischen den spiritistischen Sitzungen und dem Auftreten des Leidens ein inniger Zusammenhang, nämlich der von Ursache und Wirkung, besteht.

„Man kann, sagt Guinon, an die Seite der Gemütserregungen eine andere Gelegenheitsursache der Hysterie stellen, nämlich den Nachahmungstrieb. Berichte über Hysterie-Epidemien sind im Überflusse vorhanden."

In unseren historischen Betrachtungen haben wir den deutlich bekundeten epidemischen Charakter der Chorea rhythmica des Mittelalters gezeigt; derselbe Charakter findet sich wieder in allen Kloster-Epidemien, die in Deutschland und in Frankreich vom 15. bis zum 18. Jahrhunderte wüteten.

Wir würden kein Ende finden, wenn wir sie alle aufzählen und beschreiben wollten. Jules Simon und Armaingaud haben auffallende

---

[1]) Leçons sur les maladies du système nerveux. 1887, vol III, pag. 226. — Spiritisme et hystérie. 16. Leçon recuillie par Gilles de la Tourette. Deutsch von Dr. S. Freud, S. 189.

[2]) Les possédés de Plédran. Progrès médical 1881. Nr. 23, S. 550.

[3]) Siehe J. W. Hjelmann. Eine Epidemie von hysterisch-religiöser Ekstase. Referat in „Fortschritte der Medizin" 1890, Bd. X, S. 387.

Beispiele mitgeteilt. Die letzte, welche wir anführen wollen, ist eine von Wichmann beschriebene Epidemie von Chorea rhythmica [1]). Wie soll man nun die Entstehung solcher Hysterie-Epidemien erklären? Sie sind immer die Folge der Suggestibilität, welche bei den zu der Neurose disponierten Personen gewissermassen eine Funktion des Gehirnes darstellt. In einem Kloster zeigt sich ein Fall von Hysterie; alle dazu veranlagten Personen, die zudem in den gleichen Verhältnissen leben, dieselben Gemütseindrücke empfangen haben wie ihre jetzt leidende Genossin, werden durch den Anblick der bizarren Zuckungen im höchsten Grade erregt; ihr Gehirn, weiches Wachs, reagiert auf diese Eindrücke und die Hysterie bricht hervor, während sie vielleicht sonst, aus Mangel einer hervorrufenden Ursache, stets geschlummert hätte!

Gninon schreibt „in den Fällen von durch Nachahmung entstandener Hysterie der durch den Anblick anderer hysterischer Personen hervorgerufenen Erregung" eine grosse Bedeutung zu. Die Sache verhält sich klinisch wirklich so und betrifft eine der interessantesten Fragen der Prognose. Wir werden bei Besprechung der Hysterie bei Kindern sehen, dass Charcot auf Grund seiner langen Praxis im Gegensatze zu mehreren anderen Autoren hervorhebt, dass diese Form der Neurose an sich nicht sehr heftig ist und dass sie viel weniger Einfluss auf den sonstigen pathologischen Zustand des Betroffenen hat als die Hysterie der Erwachsenen, besonders die Hysterie der Männer. Nun ist es aber durch die Erfahrung bestätigt, dass die epidemisch auftretende Hysterie von allen Formen derselben die am wenigsten heftige ist. Die Erregung hat in diesem Falle sozusagen die Form des Auftretens bestimmt; 20 Kinder sind ergriffen, 20 sehen das erste Auftreten der konvulsiven Anfälle oder der Chorea rhythmica mit an, aber es scheint, dass in diesem Falle, wo die Form direkt und unmittelbar durch den Anblick eines Ausbruches bestimmt worden ist, der Organismus weniger tiefe Eindrücke erhalten hat, als wenn unter dem Einflusse der gewöhnlichen Ursachen, des Schreckens zum Beispiel, das Gehirn selbst die Form des sich entwickelnden Ausbruches hervorbringen und nach allen Seiten hin hat bestimmen müssen. Diese Auslegung mag zu spitzfindig erscheinen, die äussere Gestaltung der Erscheinungen in der von uns angegebenen Richtung ist jedoch vollständig zutreffend; wir bleiben nicht länger dabei stehen, denn uns liegt nichts an Theorien, und man wird im Verlanfe unserer Arbeit sehen, dass wir sie stets den Erfahrungen unterordnen.

* * *

Soll man den Einfluss der Hypnotisierungsversuche in dieselbe Kategorie mit den Ursachen der hysterischen Anfälle setzen, nämlich in die der heftigen Gemütsbewegungen? Wir glauben es nicht; wenigstens wirken dabei noch andere Faktoren von hervorragender Wichtigkeit mit. Wir haben uns ganz besonders mit dieser Frage beschäftigt und sie widerholt behandelt [2]).

---

[1]) Eine sogenannte Veitstanz-Epidemie in Wildbad. Deutsche medizinische Wochenschrift 1890, Nr. 28 und 29.

[2]) L'hypnotisme et les états analogues au point de vue médico-légal, 1887, 2. éd. 1889. — Artikel „Hypnotisme" im „Dict. encyclop. des sciences méd." — Charcot et Gilles de la Tourette, L'hypnotisme chez les hystériques.

Gewiss bringt die einfache Thatsache, dass eine Person sich zu hypnotischen Versuchen hergiebt, bei derselben in den meisten Fällen eine oft sehr lebhafte Gemütsbewegung hervor, sei es aus Furcht oder vor Verlangen. Aber es ist noch etwas mehr, worüber wir uns näher aussprechen werden, wenn wir auf die Beziehungen zwischen Hypnotismus und Hysterie zu sprechen kommen. Wir glauben in der That, zusammen mit Catelineau durch unwiderlegliche Gründe bewiesen zu haben [1]), dass Hysterie und Hypnotismus zwei Affektionen, zwei Krankheitszustände sind, die einander sehr nahe stehen, und dass besonders die Hypnose nur bei denjenigen Personen möglich ist, welche Anlage zur Hysterie haben, wenn sie auch noch nicht zum Vorschein gekommen sein mag. Man begreift daher leicht, welchen Einfluss die Hypnotisierungsversuche auf die Hervorrufung hysterischer Erscheinungen haben müssen.

Wie es auch damit sei, gewiss ist, und dies muss in dem Kapitel über die Ätiologie erwähnt werden, dass die Hypnotisierungsversuche eine der besten Gelegenheitsursachen der Hysterie sind (Charcot [2]); Lombroso und Séglas [3]) haben darüber zahlreiche Beispiele bei Kindern und bei Erwachsenen gesammelt und veröffentlicht. Wir haben sogar festgestellt, dass in Bezug auf die Häufigkeit ein direkter Zusammenhang zwischen dem Auftreten der Hysterie und den verschiedenen Arten der Hypnose besteht, je nachdem diese auf gewaltsame oder auf milde Weise erfolgt, indem die erstere viel schädlicher ist als die letztere, welche sich nur an den Intellekt der Person wendet [4]).

Im April 1888 brachten wir die Frage vor die Société de médecine légale, wo wir gemeinsam mit Brouardel die Forderung stellten, dass die theatralischen Vorstellungen der Magnetiseure, weil sie hysterische Anfälle hervorrufen könnten, untersagt werden sollten. Das Verbot wurde einstimmig ausgesprochen, ohne jedoch die vollständige Bestätigung durch die öffentliche Gewalt zu finden.

Am häufigsten stellen sich nach Charcot in Folge der zur Unzeit angestellten hypnotischen Versuche die konvulsiven Erscheinungen ein. Man beobachtet auch in den hieher gehörigen Fällen eine merkwürdige Umwandlung des hypnotischen Somnambulismus in den hysterischen, worüber wir später noch zu reden haben werden.

* *
*

Einfluss der Traumen auf das Entstehen der hysterischen Anfälle.
Diese Gelegenheitsursache der Hysterie, die wir jetzt betrachten wollen, hat in den letzten Jahren zu zahllosen Diskussionen Veranlassung gegeben, die nach unserer Ansicht nunmehr als abgeschlossen gelten können,

---

[1]) La nutrition dans l'hystérie. Paris 1890. — La nutrition dans l'hypnotisme. Nouvelle Iconographie de la Salpêtrière 1890, Nr. 5.
[2]) Revue de l'hypnotisme 1887, 17. Mai. — Leçons du mardi à la Salpêtrière. 12. Leçon.
[3]) Les dangers de l'hypnotisme. Annales médicales. Psychintria. 1889, vol. X.
[4]) Gilles de la Tourette, L'hypnotisme et les états analogues, n. n. G., 10. Kapitel. — Dangers de l'hypnotisme, 1. éd. 1887.

obwohl ihr Echo noch nachtönt. Es handelt sich um den Einfluss von Traumen auf die Entwicklung der Hysterie. Zweimal haben wir schon die Ideen Charcot's entwickelt[1]), aber in Ansehnng ihrer Wichtigkeit müssen wir noch einmal tiefer auf die Sache eingehen und eine genane Darlegung derjenigen Thatsachen geben, welche man in dem Werke von Guinon (Kap. II) des näheren aussinandergesetzt finden wird.

Unter dem Namen Traumatismus fassen wir nicht nur die direkten Wirknngen der traumatischen Ursachen zusammen, sondern in der Neuropathologie ist der Traumatismus innig verbunden mit dem, was man in England als nervösen Shock (nervous shock) bezeichnet hat. Guinon hat das, was man unter dieser Voraussetzung unter Traumatismus versteht, genan charakterisiert.

„Man nennt, sagt er, nervösen Shock (nervous shock) denjenigen Zustand, worin sich eine Person befindet, welche das Opfer eines Traumas oder einer mehr oder weniger heftigen, aber immer von lebhafter Erregung begleiteten materiellen Erschütterung gewesen ist, und der durch eine Reihe sowohl psychischer als auch somatischer Symptome charakterisiert ist. Man nennt Hystero-Traumatismus die unter dem Einflusse des Traumas nnd des dadnrch entstehenden Zustandes, des nervösen Shocks, hervorgerufene Hysterie. Der nervöse Shock ist ganz verschieden von dem, was man traumatischen Shock nennt; dies ist ein immer mehr ernster und oft tödlicher Unfall durch schwere Traumen, während der nervöse Shock, wenigstens für das Leben des Kranken, nicht an sich gefährlich ist."

Besser könnten wir nns nicht ansdrücken und wir nehmen deshalb die angeführten Erklärungen Guinon's vollständig an. Man könnte sie in wenigen, den Lehren Charcot's entsprechenden Worten so zusammenfassen: Bei der Entwickelnng der Hysterie spielt das Trauma eine grosse Rolle; aber sein provokatorischer Einflnss steht nicht in geradem Verhältnis zu der Heftigkeit des erlittenen Shocks. Der nervöse Shock ist der schlimmste. Das Trauma übt seine Wirkungen aber nur aus, wie auch die anderen Gelegenheitsursachen, indem es auf die vorhandenen erblichen Anlagen einwirkt.

Einige historische Betrachtungen sind unerlässlich; wir entnehmen sie teils unserem Referat für den Congrès de médicine légale, teils der Arbeit Guinon's.

Die Kenntnis der gesammten Symptomatologie des nervösen Shocks, dessen Beschreibung sowohl die lokale Wirknng des Shocks als auch die Wirkung des Traumas auf die psychischen Fonktionen umfasst, ist noch verhältnismässig neuen Datums.

Wir müssen bis zn der 1866 erschienenen Arbeit Erichsen's[2]) zurückgehen, um zu sehen, wie diese Frage mit einem Male anftaucht,

---

[1]) Gilles de la Tourette, Société de médecine légale 1888. — Gilles de la Tourette et Vibert, Congrès international de médecine légale 1889. Fragen des von der Organisations-Kommission angenommenen Programmes: Les traumatismes cerebraux et médullaires dans leurs rapports avec la médecine legale. Imprimerie nationale, Paris 1889.

[2]) On railway and other injuries of the nervous system. London 1866.

und zwar mit einer Schärfe, wie fast keine andere früher aufgeworfene Frage

Erichsen beschreibt vierzehn Fälle, hei denen es sich meist um Eisenbahnunglücke handelte, einige aber auch auf andere Unfälle, wie Sturz vom Baum, aus dem Wagen etc., zurückzuführen sind; er erkennt zwischen ihnen eine gewisse Verwandtschaft, welche ihnen eine besondere Physionomie giebt. Die beobachteten Symptome stellen sich immer unter einer dreifachen Form dar: Symptome von seiten des Gehirnes, Symptome von seiten des Rückenmarkes, und Störungen im Gebrauche der Extremitäten. Die einzige Ursache dieser Erscheinungen würde, nach dem Verfasser, die Entzündung des Rückenmarkes und seiner Häute sein, die Meningo-Myelitis Abercrombie's und Ollivier's. Wenn Störungen von seiten des Gehirnes bestehen, so rühren sie daher, dass die Entzündung der Rückenmarkshäute sich auf die Hirnhäute ausgedehnt hat. Die Erkranknng des Rückenmarkes ist die Railway-spine.

Diese ganze Symptomatologie und ihre anatomische Grundlage ist sehr unbestimmt; aber man muss bedenken, dass man damals nur erst eine mangelhafte Kenntnis der Krankheiten des cerebrospinalen Systeme besass, und dass besonders die männliche Hysterie noch eine pathologische Kuriosität war. Übrigens sind die Beobachtungen Erichsen's, an sich betrachtet, grösstenteils mehr wert als die von ihm darüber gegebenen Erklärungen, und mehrere von ihnen würden zu einer retrospektiven richtigen Diagnose vollkommen genügen.

Die Ansichten Erichsen's über die Lokalisation der Affektion wurden von Erb und Leyden [1]) geteilt; aber die Frage hlieb unentschieden und ist es noch. Übrigens dauerte es nicht lange, bis die Lokalisation der Affektionen in der Medulla, welche ihr von dem englischen Arzte zugeschrieben wurde, Zweifeln begegnete. Im Jahre 1882 erschien eine wichtige Arbeit von Page [2]), dem Chirurgen der London and North-Western Company, welche hald eine zweite Auflage erlebte. In derselhen sind 150 Fälle analysiert. Das Gehirn wird nun der primäre Sitz der funktionellen Störungen; das Railway-brain tritt an die Stelle der Railway-spine.

Der Geisteszustand der Personen, welche das Trauma erlitten hahen, gleicht dem Geisteszustande der Hypnotisierten, und die allgemeine Meinung, welche sich von der Ansicht Page's freimachte, ist die, dass Neurasthenie und Hysterie die Hauptfaktoren des Railway-brain sind.

„Immerhin, sagt Guinon, findet man auch vor Erichsen und Page Beobachtungen, welche unleugbar Symptome von Hysterie zeigen, die sich unter dem Einflusse des Trauma entwickelt hahen.

So heschreibt Robert folgenden Fall, der nur als Mutismus hystericus angesehen werden kann [3]):

[1]) A a. O.

[2]) Injuries of the spine and spinal cord without apparent mechanical lesion, and nervous shock. London 1885.

[3]) Conférences de clinique chirurgicale faites à l'Hôtel Dieu pendant l'année 1858/59. Paris 1866, pag. 430.

„In einigen Fällen, sagt er, hat die Gehirnerschütterung eine andere Wirkung: Die Kranken verlieren den Gebrauch eines Sinnes. Ich habe eine Frau gesehen, welche durch einen Unfall vollständig die Fähigkeit verloren hatte, Gegenstände zu bezeichnen. Ich habe ferner einen Maurer beobachtet, der die Sprache verloren hatte. Dieser Mann war seit 55 Tagen im Hospitale Beaujou; er klagte durchaus nicht über heftige Kopfschmerzen, aber er konnte kein Wort sprechen; die Schwester bat mich, ihn als Krankenwärter zu verwenden, und ich willigte ein. Eines Tages kam er mit einer Krankenwärterin, welche einen grossen Topf Suppe trug, die Treppe herab. Die Frau glitt auf der Treppe aus und wurde von der heissen Suppe ganz übergossen; unser Mann, der dabei stand, fing wie toll an zu lachen und hatte von dem Augenblick an seine Sprache wieder."

Leudet führt Fälle an, welche er auf Rechnung von Kongestionen des Rückenmarkes in Folge eines Falles oder grosser Anstrengung setzt, und welche auch zu der traumatischen Hysterie gerechnet werden zu müssen scheinen. Der Kranke, welcher Gegenstand der 4. Beobachtung seiner ersten Arbeit ist[1]), hatte ausser einem gewissen Grade von Paraplegie epileptische Konvulsionen und Krämpfe in den Extremitäten. Die 2. Beobachtung, welche in der Clinique médicale de l'Hôtel de Dieu de Rouen mitgeteilt ist, scheint ein Fall von monosyptomatischer Hysterie zu sein, die von einem Eisenbahnunfalle herrührte. Die 4. Beobachtung betrifft einen Mann, welcher am Tage nach einem Falle auf den Rücken die Anzeichen einer Paralyse zeigte, die von selbst verschwand, aber mit dauernder Amblyopie verbunden war. Fünf Jahre später wurde derselbe Mann in Folge eines Sturzes wieder von einer Paraplegie befallen mit Anästhesie der oberen und unteren Extremitäten, der Brust und des Rückens.

Kussmaul führt einen von Wertner beschriebenen Fall an[2]). Ein junges 13jähriges Mädchen fiel unter einen Wagen; sie erlitt nur leichte Hautverletzungen, verlor aber die Sprache. 13 Monate lang wurde alles Mögliche versucht, aber ohne Erfolg. Eines Tages stürzte sie ihrer Mutter in die Arme, flüsternd: „Mutter, ich werde wieder sprechen." Sie war geheilt. Man kann diese Beobachtung mit der oben angeführten von Robert vergleichen.

Um zu zeigen, wie oft solche Fälle unbeachtet und nicht ihrer wahren Ursache nach erkannt werden, führt Guinon einen Fall an, der ihm von Charcot mitgeteilt wurde, welcher ihn 1872 im Hospital de la Charité beobachtet hatte. Der Fall wurde damals bezeichnet als: „Ausgesprochene und geheilte Epilepsie aus spinaler Ursache". „Ich entsinne mich dieses Falles sehr gut, sagte Charcot, als er Guinon die von diesem veröffentlichte Mitteilung machte; man könnte ihn heute ohne Bedenken bezeichnen als: Hystero-traumatische Anfälle, hysterische Anfälle, wahrscheinlich von partieller epileptischer Form nach einem Sturz."

---

[1]) Archives générales de médecine 1860. VI. série, vol. I, pag. 267.
[2]) Störungen der Sprache. S. 200.

Warum wurden damals die Gedanken Charcot's nicht auf die Hysterie gelenkt, da er doch selbst gesteht, dass er dieselbe heute erkenne, indem er sich dieses Kranken erinnere? Wohl deshalb hauptsächlich, weil damals noch nicht, wie heutzutage, die männliche Hysterie gangbare Münze war. Zudem wusste man nicht, dass Traumen eine Gelegenheitsursache dieses Nervenleidens sein können; sie waren es jedoch ebensogut wie heute. Fälle dieser Art beweisen es.

Allerdings hat auch Charcot im Jahre 1878, ohne zwar die traumatische Hysterie schon so wie jetzt aufzufassen, damals bereits den Einfluss, den die Traumen auf die Entfaltung hysterischer Anfälle ausüben können, hervorgehoben.

So stand die Sache; die Arbeit Erichsen's hatte die Frage im Dunkel gelassen; die zweite Auflage Page's sollte eben erscheinen (1885); da wurden zwei Schriften veröffentlicht, welche zahlreiche Erörterungen veranlassen und endlich die Streitfrage der Entscheidung nahebringen sollten.

Die Eisenbahnen hatten eine gewaltige Ausdehnung gewonnen, und dies hatte eine Menge unvermeidlicher Unglücksfälle zur Folge gehabt. Die Geschädigten verlangten eine Entschädigung seitens der Gesellschaften, und so war es schwierig, angesichts der Symptome, welche sie darboten, und bei den damaligen unvollkommenen ärztlichen Kenntnissen, eine zuverlässige Diagnose zu stellen. Das gerichtlich-medizinische Interesse an der Sache war gross; man trat daher der Frage ernstlich näher.

Die Amerikaner, praktische Leute und in einem Lande lebend, wo grosse Eisenbahnunglücke durchaus nicht zu Seltenheiten gehören, fassten sie zuerst bestimmter ins Auge. Im Jahre 1882 veröffentlichte Walton, von Frankreich zurückgekehrt, wohin er sich begeben hatte, um sich unter Charcot's Leitung mit den Nervenkrankheiten genauer bekannt zu machen, eine Arbeit, in welcher er bei seinen Kranken die Anzeichen der Hysterie nachwies und mit Recht auf diese Krankheit die verschiedenen nervösen Affektionen zurückführte, welche er als Folgen der Traumen ansah [1]). Einige Zeit darauf kam Putnam zu denselben Schlussfolgerungen.

Der Eindruck, welchen die zweite Auflage des Werkes von Page machte, in welchem Fälle von Lähmung ganz ähnlicher Art, wie man sie im hypnotischen Zustande hervorbringt — wie wir schon gesagt haben und wie Charcot gleichfalls bemerkt — mitgeteilt werden, konnte diese Ansicht nur verstärken.

Während dieser Zeit setzte sich in Deutschland eine ganz andere Ansicht fest. Man war allerdings genötigt, die frühere Ansicht Leyden's, welche alle traumatischen nervösen Erscheinungen organischen Verletzungen zuschrieb, fallen zu lassen. Aber man sträubte sich, wenigstens in der Mehrzahl, dagegen, sie an ihre richtige Stelle zu bringen, d. h. sie zur Hysterie zu rechnen.

---

[1]) Hysterical anaesthesia brought on by a fall. Boston medical and surgical Journal 1884, 11. December und: Archives of medicine 1882, vol. X.

In einer ersten Arbeit, welche übrigens eine Menge sehr interessanter und vorzüglich beobachteter Thatsachen enthielt, die grösstenteils von Heizern. Zugführern und Arbeitern, den Opfern von Eisenbahnunfällen, herrührten, wollten Oppenheim und Thomsen eine besondere Neurose aufstellen, die sie „traumatische Neurose" nannten, mit Erscheinungen wie: Hemianästhesie, Anästhesie, Einengung des Gesichtsfeldes, welche sie bei ihren Kranken angetroffen hatten. Sie begründeten ihre Behauptung auf eine Reihe von Argumenten, deren wichtigsten die folgenden sind: Zunächst sei die Hemianästhesie bei diesen Kranken dauernd und nicht veränderlich und vorübergehend, wie es ihrer Behauptung nach bei der Hysterie der Fall sei; sodann sei der Gemütszustand der an traumatischer Neurose Leidenden anstatt veränderlich, ein Kennzeichen, welches wieder ihrer Ansicht nach der Hysterie angehört, vielmehr deprimiert, und nähere sich besonders dem melancholischen Depressionszustande. Wir werden, wenn wir die männliche Hysterie beschreiben werden, sehen, was von diesen Behauptungen zu halten ist.

Es war Charcot vorbehalten, in diese Erörterungen, deren Wichtigkeit man begreift, wenn man bedenkt, dass die Annahme der deutschen Ansicht die Bestätigung einer vollständig falschen Nosographie sein würde, Licht zu bringen. Ein grosser Teil der Fälle von männlicher Hysterie würde in den Rahmen einer hypothetischen Neurose eingefügt worden sein, wodurch notwendig die grösste Verwirrung entstehen musste.

Charcot wies in seinen Vorträgen über die Hysterie beim Manne und über hystero-traumatische Paralyse, im Jahre 1885 [1]), unbestreitbar nach, dass die Hysterie oft durch ein Trauma hervorgerufen wird. Er zeigte, dass die Mehrzahl der nervösen Störungen, wie: Anästhesie, Konvulsionen, Paralyse, Kontrakturen etc., welche man nach Traumen antrifft, in Wirklichkeit nur hysterische Affektionen sind, in jeder Hinsicht gleichwertig, den seit lange unter demselben Namen bekannten und bezeichneten Affektion, die unter dem Einflusse einer ganz anderen Ursache entstehen. Er sowohl [2]), wie seine Schüler [3]), sind seitdem mehrmals auf diesen Gegenstand zurückgekommen, und immer haben die täglichen Beobachtungen die früheren Behauptungen bestätigt.

Unter dem Einflusse Charcot's und seiner Schule trat die Frage in ein neues Stadium. In einem Vortrage in der medizinischen Gesellschaft in Berlin am 16. Januar 1888 räumte auch Oppenheim, ohne

[1]) Leçons sur les maladies du système nerveux, vol. III, 18. und 26. Vortr.

[2]) Leçons du mardi, 1887—1889, vol. II. — Leçons sur les malad. du syst. nerv., vol. III.

[3]) Berbez, Bystérie et traumatisme. Thèse de Paris, 1887. — Derselbe, L'hystéro-traumatisme. Gaz. des hôpitaux 1887, 6. Aug. — G. Guinon, A propos de deux travaux récents sur l'hystero-traumatisme. Progr. méd, 1888, Nr. 44. — Derselbe, Hystérie dans ses rapports avec la chirurgie. Revue de chirurg. 1888, Nr. 11. — Thyssen, Contribution à l'étude de l'hystéro-traumatisme. Thèse de Paris, 1888. — Gilles de la Tourette, a. a. O., 1888, 1889. — Siehe auch: Vibert, Étude médico-légale sur les blessures produites par les accidents de chemin de fer. Paris 1888, und: Société de médecine légale 1888.

den Gedanken an die traumatische Neurose fallen zu lassen, ein, dass die Hysterie bei den in Folge von Eisenbahn-Kollisionen entstandenen Nervenleiden [1]) eine grosse Rolle spiele und überflügelte darin seinen früheren Mitarbeiter Thomsen [2]), der immer noch an der Spezialneurose festhielt, eine Ansicht, die gleichfalle in Amerika von Knapp [3]) und von Clevenger [4]) aufrecht erhalten wurde; Letzterer schlägt sogar vor, einer gewissen Gruppe von Symptomen den Namen „Erichsen'sche Krankheit" zu geben. Man kann übrigens seine Arbeit als den Gipfel der Konfusion auf diesem Gebiete bezeichnen.

Bernhardt im Gegenteile billigte die Darlegungen Thomsen's und in der sich anschliessenden Diskussion unterstützte auch Leyden durch seine hohe Autorität die neuen Folgerungen seiner Kollegen. Aber im Jahre 1888 war die Sache noch nicht zum Abschluss gekommen und man findet die Vorstellung einer Spezialneurose nach Traumen noch in einer Arbeit von Strümpell [5]).

Nach seiner Ansicht muss man unter den durch Traumen hervorgerufenen nervösen Affektionen zwei Gruppen unterscheiden: die allgemeinen und die lokalen traumatischen Neurosen. Diese letzteren gehören, wie er meint, zur Hysterie Es sind Paralysen, Kontrakturen, hysterische Algien, welche nicht von psychischen Störungen begleitet sind Die allgemeine traumatische Neurose, welche gleichzeitig die Zeichen der Hysterie und der Neurasthenie an sich trägt, umfasst die Fälle, in denen sich neben psychischen Leiden, wie Melancholie, Hypochondrie, Schwächung des Willens oder der Fähigkeit zu denken, noch sensitive und sensorielle Anästhesien sowie Einengung des Gesichtsfeldes, subjektive Schmerzen, Zittern, Kontrakturen etc. zeigen.

„Wäre es nicht besser, sagt Guinon, statt zur Bezeichnung dieser Fälle, einen neuen Krankheitstypus aufzustellen, sie ganz einfach als Verschmelzung der Hysterie und der Neurasthenie aufzufassen?"

Dieselben Betrachtungen gelten auch für die wichtige Arbeit Thomsen's [6]).

Wir erinnern hier nochmals an eine Arbeit Graeeet's [7]), welcher aus der traumatischen Hysterie eine Spezialform machen will, während es

---

[1]) Wie sind die Erkrankungen des Nervensystems aufzufassen, welche sich nach Erschütterung des Rückenmarkes, insbesondere bei Eisenbahnunfällen. entwickeln? Berlin, Medizinische Gesellschaft, 16. Januar 1888. — Derselbe, Über das Wesen und den nosologischen Charakter etc. — Derselbe, Railway-spine in Eulenburg's Encyclopädie.

[2]) Vier Fälle von traumatischer und Reflexpsychose. Charité-Annalen, 1888.

[3]) Knapp, Nervous affections following injury. Concussion of the spine and railway-brain. Boston med. and surg. Journ. 1889, pag. 338.

[4]) Clevenger, Spinal concussion surgically considered as a cause of spinal injury and neurologically restricted on certain symptom group for which in suggested the designation, Erichsen's disease, as one form of the traumatic neuroses, 1889, pag. 338

[5]) Ueber die traumatischen Neurosen, 1888.

[6]) Die traumatische Neurose, 1889.

[7]) Leçons sur l'hystérie-traumatisme, recueillies par L. Bourquet, 1889.

doch, um ein Wort Brissaud's zu gebrauchen, nur „eine und unteilbare Hysterie" gibt.

Wir finden endlich den letzten Ausdruck der Ansicht Oppenheim's in einem Artikel, auf welchen wir bei der Besprechung der inneren Natur der Hysterie noch zurückkommen werden [1]. Er sagt wörtlich: „Ein wichtiger Unterschied zwischen einer traumatisch entstandenen hysterischen Lähmung oder Anästhesie besteht noch in Bezug auf die Heilbarkeit der Erscheinungen. Dort kommt uns der hysterische Zustand zu Gute, es gelingt relativ leicht, den Affekt zu erzeugen, der die Leitungsfähigkeit wieder herstellt; hier fehlt dieser Grundzustand, und damit ist der bequemste Weg für die Wiederherstellung der einmal aus den Fugen gebrachten Nervenleitung abgeschnitten."

Moebius sucht diesen letzten Einwand in einem Referat über die Arbeit zu widerlegen. „Ich möchte, sagte er, den von Oppenheim behaupteten Unterschied zwischen der traumatischen Neurose und der Hysterie bestreiten. Meine Ansicht ist, dass man in der Praxis den Namen traumatische Neurose beibehalten muss; aber für die wissenschaftliche Untersuchung erscheint diese Neurose als eine Form der Hysterie." „Was die Heilbarkeit anbelangt, fügt er hinzu, so hat Charcot schon lange gezeigt, dass die männliche traumatische Hysterie und die sogenannte traumatische Neurose beide gleich schwierig zu heilen sind."

Die Frage scheint uns jetzt entschieden zu sein und der Beweis dafür liegt wohl darin, dass die Ansichten, welche Schultze auf dem 14. Kongress der Nerven- und Irrenärzte Süddeutschlands in der Sitzung vom 26. Mai 1889 über die traumatische Neurose, die Hypochondrie, die Melancholie und die Simulation etc. vorbrachte, wenig Anklang bei den Mitgliedern des Kongresses gefunden zu haben scheinen.

Thomsen, welcher die Aehnlichkeit der traumatischen Neurose mit der Hysterie hervorhob, machte den Vorschlag, die Bezeichnung lokale traumatische Neurose durch allgemeine Neuropsychose zu ersetzen, worauf Jolly ihm mit allem Recht erwiderte: „Sage man doch lieber durch Trauma hervorgerufene Hysterie."

Auf dem Kongresse zu Berlin im Jahre 1890, wo Schultze einen Vortrag hielt, in welchem er wieder behauptete, dass es verschiedene traumatische Neurosen gebe, und dass nur wenige oder gar keine objektiven Zeichen vorhanden seien, wodurch man die Simulation von dem wirklichen Leiden unterscheiden könne, verirrte sich die Diskussion leider auf das Gebiet der Simulation.

Page, dessen Autorität auf diesem Gebiete nicht bestritten werden darf, drückt sich im Jahre 1891 in einem neuen Werke, welches die zweite Auflage seines bekannten Buches aufs schönste ergänzt, in folgender Weise aus: „Kein Vernünftiger kann nach der Lektüre der

---

[1] Thatsächliches und Hypothetisches über das Wesen der Hysterie. Berliner klinische Wochenschrift 1890, 23. Juni, S. 554.

Werke Charcot's, Oppenheim's, Strümpell's, Guinon's, Thorburn's, Dreschfeld's, Weir-Mitchell's und vieler Anderen mehr zweifeln, dass die hysterischen Störungen gerne nach Traumen auftreten und dass sie deren Folgen sind. Niemals hat man, so lange ich denken kann, eine bessere Bezeichnung dafür gefunden, als diejenige der traumatischen Hysterie."

Und Page, welcher zuerst den Geisteszustand der Verletzten demjenigen der Hypnotischen, das heisst der Hysterischen gleichstellte, fügt weiterhin in seinen Schlussfolgerungen hinzu [1]: „Ein sehr sorgfältiges Studium der Schriften Oppenheim's führt mich zu dem Schlusse, dass zwischen seinen Ansichten und denen, die ich vorangestellt habe, kein sehr grosser Unterschied besteht." Mehr können auch wir nicht verlangen.

Wenn wir nun unsere eigene Ansicht über eine Frage aussprechen sollen, welche jetzt in ihr historisches Stadium eingetreten ist und daher nur noch ein retrospektives Interesse hat, so müssen wir sagen: Der wahre Grund, weshalb man um eine hypothetische Neurose so viel gestritten hat, ist der, dass man die männliche Hysterie nur auf eine völlig unzureichende Weise kannte.

Indem Charcot sie so zeigte, wie sie wirklich ist, mit ihrem eigentümlichen Gefolge von physischen und psychischen Symptomen, hat er sozusagen plötzlich die Existenz einer neuen, doch im Grunde schon sehr alten, nur lange verkannten Krankheit aufgedeckt. Unter diesen Umständen kommt ihm das Verdienst zu, zuerst gezeigt zu haben, dass es nicht nötig ist, ausser den wohl bestimmten Krankheiten (Paralysis agitans, motorische Ataxie und vielen anderen), die sich unter dem Einflusse von Traumen entwickeln können, noch eine neue Krankheit — die traumatische Neurose — zu schaffen, sondern dass deren Symptome keine anderen als die eines wohlbekannten Krankheitszustandes sind, der Hysterie mit oder ohne die Kombination mit der Neurasthenie.

Wir müssen hinzufügen, dass Thorburn [2] (Manchester), Bruns [3] (Hannover), Melotti [4] (Bologna), das Ende des Streites nicht abgewartet haben, um sich auf die Seite Charcot's zu stellen.

Traumen spielen also bei der Hysterie unleugbar als Gelegenheitsursache eine grosse Rolle. Wie alle anderen Gelegenheitsursachen, müssen

---

[1] Page, Railway injuries with special reference to those of the back and nervous system in their medico-legal and clinical aspects. London 1891, cap. IV. The fright neuroses, traumatic hysteria, pag. 60 ff.

[2] On traumatic hysteria especially in relation to railway accidents. The medical Chronicle. Manchester, December 1888, Januar 1889

[3] Zur Casuistik der traumatischen Neurosen. Neurologisches Centralblatt. Nr. 5 und 6, 1889.

[4] Studii critici intorno ad alcuni argomenti de neuropatologia. pag. 48. 1889. — Man wird eine ausgezeichnete kritische Uebersicht der später noch veröffentlichten Artikel und Diskussionen in „Neurosi traumatiche" finden von M. Sepelli; Revista sperimentale di freniatria di medicina legale, vol. XVII. I. II. Reggio Emilia 1891.

sie ihre Wirkung auf empfängliche Personen ausüben, wie dies Charcot
durch das eingehende Studium der hereditären Anlagen bei den von
ihm untersuchten Kranken gezeigt hat. Die besondere Art des Trauma
ist von geringer Bedeutung. Es sind nicht allein die durch Eisenbahn-
kollisionen hervorgerufene Traumen, welche die von uns besprochenen
Erscheinungen bewirken; sie liefern eine beträchtliche Zahl von Fällen,
weil sie eben häufig sind, und wegen der grossen Zahl von Opfern, die
sie auf einmal fordern, werden sie von den Statistikern für besonders
wichtig angesehen.

Bei diesen Traumen sowohl wie bei allen anderen, tritt zu der
äusseren Verletzung eine heftige Gemütsbewegung hinzu, ein nervöser
Shock, welcher unter Umständen der Gelegenheitsursache noch besonders
zu Hilfe kommt.

Ein Sturz aus dem Wagen, von einer Treppe, der Biss eines Hundes,
die Anlegung eines einfachen Bruchverbandes ¹), sind ebenso wirksam
wie das grösste Eisenbahnunglück. Guinon berichtet einen Fall, in
welchem das wirkliche Trauma in einem einfachen Schnitt am Daumen
bestand, und bei dem die hysterischen Erscheinungen durch das Trauma
hervorgerufen wurden, welches einer der Assistenten, der den Schenkel
stark seitwärts hielt, hervorbrachte ²).

Die Intensität des Traumas hat kaum mehr Bedeutung wie seine
Natur. Es ist eine bekannte Thatsache, dass bei den Eisenbahnunfällen
diejenigen Personen, welche am heftigsten verletzt sind, nicht notwendig
auch diejenigen sind, welche die schlimmsten nervösen Erscheinungen
zeigen; auf was für Personen ein solches Unglück wirkt, darauf kommt
es an. Es giebt der Frage ein besonderes Interesse, dass das Trauma
hisweilen einen direkten unbestreitbaren Einfluss auf die Beschaffenheit
gewisser Erscheinungen lokaler Hysterie hat. Charcot führt dafür ganz
charakteristische Fälle an. Da ist zunächst der Fall einer Frau von
31 Jahren, welche ihrem Kinde eine Ohrfeige giebt, und bei welcher sich
fast unmittelbar darnach eine hysterische Lähmung der Hand einstellt,
verbunden mit oberflächlicher und tiefergehender Anästhesie, die sich in
Gestalt eines Handschuhes bis zwei oder drei Finger breit oberhalb der
Artikularfalte des Handgelenkes erstreckt. Er berichtet ferner über
Fälle, bei denen der Stoss eines Eisenbahnwagenpuffers oder ein Fall
auf die Schulter eine hysterische Monoplegia brachii hervorrief. In
einem anderen Falle wurde eine Person von einem Wagen niedergeworfen
und verlor das Bewusstsein. Wieder zu sich gekommen, glaubte sie
bestimmt, die Räder des Wagens seien über ihren Körper gegangen,
obwohl Augenzeugen bestimmt das Gegenteil aussagten. Nach einiger
Zeit zeigte sich unter dem Einflusse psychischer Vorgänge, die wir noch
näher untersuchen werden, eine Paraplegie mit circulärer Anästhesie,

---

¹) Charcot, Leçons sur les maladies du système nerveux, vol. III. 26. Vortrag.
²) Guinon, L'hystérie dans ses rapports avec la chirurgie. Revue de chirurgie
1888. Nr. 11. — Renard, De la contracture hystéro-traumatique. Thèse de Paris, 1886.
— Bentéjac, De quelques phénomènes nerveux observés à la suite des opérations
pratiquées sur l'abdomen. Thèse de Paris, 1888.

welche sich genau dem vermeintlichen Wege der über den Körper weg-
gehenden Räder anschloss [1]).

Grasset hat die interessante Geschichte eines von einem tollen
Hunde gebissenen Mannes mitgeteilt, bei welchem sich hysterische Anfälle
entwickelten, die an die Ausbrüche der Tollwut erinnerten [2]).

Einen ähnlichen Fall hat uns G. Salavy mitgeteilt. Ein junges
Mädchen von 25 Jahren, bis dahin von hysterischen Anfällen ganz frei,
wurde in die Hand gebissen, an der sich eine Entzündung einstellte;
darauf zeigten sich Anfälle, verbunden mit Halluzinationen, welche genau
die Form der Wutausbrüche annahmen.

Dass die Erdbeben zu den Gelegenheitsursachen der Hysterie
gezählt werden müssen, beruht ebensowohl auf den heftigen Gemütserregungen, als auf den bei ihnen vorkommenden Verletzungen. Peyre-
Porcher [3]) und Guiteras [4]) haben eine gute Beschreibung von
Affektionen aller Art gegeben, welche nach dem Erdbeben von Charleston
im Jahre 1886 auftraten. Man findet darunter unbestreitbare Fälle von
Hysterie.

Nach dem Erdbeben von Nizza (1887) hat Charcot einen Fall
von hysterischer, durch Schreck entstandener Paraplegie beobachtet, den
er Guinon mitteilte (S. 56). Der nervöse Shock wirkt dabei, wir
wiederholen es, weit mehr als das Trauma selbst; es sind dies Fälle,
die den Schrecklähmungen der deutschen Aerzte sehr nahe stehen.

In dieselbe Kategorie gehören die hysterischen Anfälle, welche durch
einen Blitzschlag entstehen. Derartige Fälle sind von Charcot meisterhaft studiert und in einem Vortrage erklärt worden, dem wir folgende
Sätze entnehmen, da sie wohl geeignet sind, den Abschnitt über die
Wirkungen der Traumen als Gelegenheitsursache der Hysterie zu beschliessen [5]):

„1. In einem Falle von Blitzschlag muss man ausser den nervösen
Störungen, welche unmittelbar von dem elektrischen Schlage herrühren,
erwarten, dass sich früher oder später Hysterie einstellt:

2. wenn ein Blitzschlag als direkte Wirkung des elektrischen
Schlages eine Lähmung hervorgerufen hat und sich dann Hysterie einstellt, so kann die hysterische Paralyse die ursprüngliche überdecken und
nachher ganz an deren Stelle treten" [6]).

* * *

[1]) Charcot. Leçons du mardi à la Salpêtrière, 1887/88, pag. 111. — Leçons
sur les maladies du système nerveux, vol. III, pag. 441.
[2]) Grasset, Hystérie rabiforme chez un homme. après morsure par un chien
enragé et le traitement Pasteur. Semaine médicale 1891, Nr. 36, 22. Juillet, pag 289.
[3]) Influence of the recent earthquake shocks in Charleston upon health. Med.
News. Philadelphia 1886, Nr. 24.
[4]) Ibidem 1887, Nr. 2.
[5]) Leçons du mardi à la Salpêtrière 1889; 19. Leçon: Accidents nerveux provo-
qués par la foudre.
[6]) Siehe auch: Limbeck, Paralysie par coup de foudre. Referat im „Mercredi
médical" 1891, 8. Juillet. — F. Vizioli, Nervosi tardive per effetto di fulmine. Annali
di Neurologia 1891, pag. 31. — Freund und Kayser, Ein Fall von Schreckneurose
mit Gehörsanomalien. Deutsche med. Wochenschrift 1891, Nr. 31.

Einfluss von Allgemeinleiden und Infektionskrankheiten. Die Gelegenheitsursachen, welche wir in diesem Abschnitte betrachten wollen, sind dadurch wirksam, dass sie eine allgemeine Erschöpfung erzeugen und so auf ein empfängliches Nervensystem tief einwirken.

Sydenham, der so viel für die Hysterie gethan hat, beschreibt einen Fall von Hysterie „bei einem Manne von Stande und Geist. der seit einigen Tagen von einem Fieber genesen war; sein Arzt hatte ihn zur Ader gelassen, ihn dreimal purgieren lassen und ihm den Genuss von Fleisch untersagt" [1]. Sydenham erklärte, „dass die Symptome einzig die Folge der Erschöpfung seien". Er schrieb eine kräftigende Behandlung vor und die Erscheinungen verschwanden.

In seiner Habilitationsschrift [2] führte Landouzy einen Trousseau entnommenen Fall von hysterischer während der Konvalescenz von einem Typhus entstandener Paraplegie an. Drei andere Beispiele berichten Charcot[3], Furet[4], Grasset[5]). Dasselbe gilt auch für andere Infektionskrankheiten, für die Pneumonie[6]), Scarlatina[7]), Grippe[8]), Diphtherie[9]) und den akuten Gelenkrheumatismus [10]). Bei dem letzteren gerade werden wir den Einfluss erkennen, welchen er auf die lokale Entwickelung der Hysterie hat.

Neben die akuten Krankheiten kann man die allgemeinen infektiösen oder nicht infektiösen stellen, deren provokatorischer Einfluss auf die Hysterie durch eine Reihe neuerer Arbeiten unbestreitbar nachgewiesen ist.

Grenier, der eine Reihe von Fällen zusammengestellt hat, hob hervor, was man übrigens schon wusste, dass nicht allein Diabetes das Wiederauftreten schon vorhandener Hysterie bewirken, sondern auch ihre Erscheinungen direkt hervorrufen kann. Und dasselbe gilt auch von

---

[1]) Schedulae monitoria, vol. I, pag. 138.

[2]) Des paralysies dans les maladies aiguës Thèse d'agr, 1880. — Trousseau, Clinique médicale de l'Hôtel-Dieu, 4. éd., vol I, pag. 359.

[3]) Deux nouveaux cas de paralysie hystéro-traumatique chez l'homme. Progrès médical 1888.

[4]) Contribution à l'étude de l'hystérie dans ses rapports avec divers états morbides. Thèse de Paris, 1888.

[5]) Leçons sur deux cas d'hystérie provoquée par une maladie aiguë (f. thyphoïde et grippe), recueillies par Rouzier Gazette hebdomadaire des sciences médicales de Montpellier 1890, Février.

[6]) Pneumonie — Desterne, D' l'hystérie chez l'homme et du traitement du paroxysme hystérique par le chloroforme. Thèse de Paris, 1850. Union médicale 1848. — Lepine, Thèse de Paris, 1870. — Charcot, Arthralgie hystéro-traumatique du genou. Progrès médical 1884, Nr. 4.

[7]) Grenier, Diabète et hystérie. Archives générales de médecine 1888. Octobre.

[8]) Grasset, a. a. O. — Le Joubioux, De l'hystérie consécutive à la grippe. Thèse de Paris, 1890. — Brionne, Contribution à l'étude de la forme nerveu de la grippe. Thèse de Paris, 1890. — Bidon, Étude clinique de l'action exercée par la grippe de 1889 sur le système nerveux. Revue de médecine 1890. Nr. 8

[9]) Debove, Hémiplégie hystérique avec atrophie survenue à la suite d'une diphthérie. Gazette des hôp. 1889, 29. Octobre, pag. 124.

[10]) Rhumatisme articulaire aiguë. — Huchard, Hystérie dans ses rapports avec divers états morbides. — Leudet, Clinique médicale de l'Hôtel-Dieu de Rouen. Paris 1874, pag. 123.

der Malaria[1]). Hier zeigt sogar die Hysterie in ihren Manifestationen
bisweilen den intermittierenden Charakter des Fiebers, ohne dass man
aber im wahren Sinne des Wortes von einer Malariahysterie reden
darf, denn es ist, wie immer, die reine und einfache Hysterie, um welche
es sich in allen Fällen handelt.

In verschiedenen angeführten Arbeiten, besonders in der von Boinet
und Salebert, ist die Diagnose auf Hysterie nicht immer gestellt, aber
sie ergiebt sich beim Lesen der Beobachtungen aus bestimmten Thatsachen. Die letztere Arbeit ist auch dadurch interessant, dass in ihr
das Auftreten der Neurose bei den anamitischen und tonkinesischen
Tirailleuren erwähnt wird.

Es war a priori anzunehmen, dass die Syphilis durch die tiefen
Störungen, welche sie im Organismus hervorruft, durch die psychischen
Eindrücke, welche ihr Auftreten so oft erzeugt, und angesichts ihrer
Häufigkeit eine sehr wirksame Gelegenheitsursache der Hysterie sein
musste.

Zambaco giebt seit 1862 das Vorhandensein einer symptomatischen Hysterie bei Syphilis zu und gründet sich dabei auf die Thatsache, dass die nervösen Erscheinungen nach der Anwendung des Quecksilbers verschwanden. Er hat wohl erkannt, durch welchen Mechanismus
die Hysterie bei Syphilitischen auftritt: „Die hysterische Anlage, sagt
er, kann bei gewissen nervösen Frauen den Ausbruch hysterischer Anfälle
hervorrufen, bald durch die allgemeine Erschütterung, welche sie dem
Organismus in so mancher ansteckenden Krankheit giebt......"[1]).
Aber er täuschte sich, sagt Guinon, wenn er aus der Hysterie, welche
eine typische Krankheit ist, ein Symptom der Syphilis machen wollte.

Fournier drückte sich 1873 folgendermassen aus[2]): „Es geschieht
häufig, dass Frauen, welche früher hysterisch waren, deren Anfälle sich
aber seit einer gewissen Zeit gebessert haben, plötzlich ihre Krisen und
ihre alten nervösen Leiden im Verlaufe des Sekundärstadiums wieder
erscheinen sehen. Unter dem Einflusse der Erregung, welche das syphilitische Gift in den nervösen Funktionen hervorruft, werden diese
Frauen aufs neue, wenn ich so sagen soll, hysterisch oder werden es
in einem höheren Grade, wenn sie noch nicht aufgehört hatten, es zu
sein. Die Hysterie, welche bei ihnen beruhigt war, erfährt unter dem
syphilitischen Einflusse eine neue Steigerung."

[1]) Vigla, Gazette des hôp., 24. Novembre 1848 — Brouillard, Thèse de Paris,
1860. — Marmisse, Hystérie à forme intermittente. Gazette médicale de Bordeaux,
1876. — Ricoux, Fièvre intermittente larvée à forme hystérique. Gazette hebdomadaire de médecine et de chir. 1878 — Vincent, Des paralysies dans la fièvre
intermittente et de leur pathogénie. Thèse de Montpellier, 1878. — Boinet et
Sallbert, Des troubles moteurs dans l'impaludisme. Revue de médecine 1889
Nr. 11. — Regnault, Hystérie et impaludisme. Gazette des hôp. 1890, pag. 23. —
Teissier, Sur les troubles nerveux lointains consécutifs ou paludéeme. Bulletin
médical 1890, 30. Avril. — Lejonne. De l'influence du paludisme sur le développe-
ment des nevroses. Thèse de Lyon. 1890
[1]) Des affections nerveuses syphilitiques. Paris 1862, pag. 451 ff. Siehe auch:
Faid. Troubles de la sensibilité générale dans la période secondaire de la syphilis
et notamment de l'anesthésie syphilitique. Thèse de Paris, 1870.
[2]) Leçons cliniques sur la syphilis, 1873, pag. 816.

Einen Fall dieser Art, Ernenerung der Neurose im Sekundärstadium der Syphilis, veröffentlichte Paul Raymond [1]).

Diese Frage ist in den letzten Jahren von Potain [2]) und Charcot wieder aufgenommen worden, welche gezeigt haben, dass man in keiner Weise die Hysterie zu einem besonderen Symptome der Syphilis machen könne. „Der fragliche Kranke, sagt Potain, war hysterisch an sich; die Syphilis hat die Umgestaltung der nervösen Störung in Hystero-Epilepsie, woran er jetzt leidet, bewirkt", das ist alles.

Charcot hat ausserdem auf die Art der Konstitution und auf die Form der hysterischen Anfälle hingewiesen, welche aus der Syphilis hervorgingen [3]). Wir werden auf diese Fälle noch zurückkommen. Der Einfluss der Syphilis als direkt hervorrufende oder wieder hervorrufende Ursache der Hysterie ist demnach bestimmt nachgewiesen.

* * *

Zu den akuten und chronischen Krankheiten, zu denen auch die Chlorose gehört [4]), müssen wir noch gewisse vorübergehende Zustände rechnen, welche, wie die vorhergenannten, den Organismus in diesen traurigen physiologischen Zustand versetzen, der der Entwickelung der Hysterie so förderlich ist. Dazu gehören kürzer oder länger dauernde Blutnngen, physische oder geistige Überanstrengung, Excesse in venere und die Onanie.

Bei einem an hysterischer Hemiplegie leidenden Israeliten, „welcher ahgemagert, entkräftet und sehr blutarm war", hat Charcot gezeigt, welche Rolle physische Überanstrengungen spielen. „Es ist wichtig, sagt er, das Elend, den Mangel, die übertriebenen Anstrengnngen, durch die er auf seinen Reisen so sehr zn leiden hatte, hervorznheben und auch auf den schlimmen Morgen des 3. August hinzuweisen, an dem er mehrere Stnnden schlafend auf feuchtem Boden zubrachte, auf der rechten Seite des Körpers liegend; das sind in der That Umstände, die uns hei der Entwickelung der Krankheit eine wichtige Rolle zu spielen scheinen" [5]). Die Wirkung der physischen Anstrengung tritt gleichfalls sehr dentlich in einer Beobachtung A. Dutil's hervor [6]).

[1]) Hystérie et syphilis; paralysie psychique. Progrès médical 1888, pag. 263.
[2]) Hystéro-epilepsie et exostose syphilitique. Gazette des hôp. 1887. Nr. 47.
[3]) Hystérie et syphilis. De l'influence d'une maladie on d'une intoxication antérieure sur le mode de localisation et sur la forme des accidents bystériques. Leçon resumé par Gilles de la Tourette. Progrès médical 1887, 17. Decembre, pag. 511. — Siehe noch: Richard. Contribution à l'étude de l'hémiplegie bystérique chez les syphilitiques (une observation douteuse). Thèse de Paris, 1887. — Eine persönliche Beobachtung von Guinon op. cit. pag. 114. — Rouby, Contribution à l'étude de l'hystérie toxique. De l'apoplexie hystérique dans la syphilis. Thèse de Paris, 1889.
[4]) Larroque, Recherches cliniques sur les troubles de la sensibilité cutanée dans la chlorose. Thèse de Bordeaux, 1888.
[5]) Leçons du mardi à la Salpêtrière 1888/89. 15. Vorlesung.
[6]) Contribution à l'étude des tremblements hystériques. Nouv. Iconogr. de la Salpêtrière 1890. vol. IV, Nr. 1. — Siehe auch: Féré, Parallèle de l'hystérie et de la fatigue. Soc. de biol. 1890. 24. Mai.

Sehr häufig vereinigen sich mit der physischen Anstrengung noch lebhafte Gemütserregungen, eine wahre geistige Überanstrengung, deren Wirkung nicht erst klargelegt zu werden braucht.

Wir würden über diese geistige Überanstrengung kein Wort weiter verlieren, wenn wir nicht einige Bemerkungen über die ihr zugeschriebene Rolle auf die Entwickelung der Hysterie bei Kindern zu machen hätten. Wir können es nicht besser thun, als mit den Worten Guinon's (S. 128): „In der Academie de médecine fanden im Jahre 1888 lange Beratungen und Mitteilungen über die Überbürdung der Schüler statt. Man könnte erstaunt sein, unter den Gesundheitsstörungen, welche Folgen der Überbürdung der Schüler sind, die Hysterie nicht angeführt zu finden. Eine wirklich geistige Überanstrengung kommt jedoch, wie Professor Charcot bemerkt, in den Schulen nicht vor, weil sie in dem Alter, dem die Schüler angehören, überhaupt nicht vorkommt. Man gebe einem Kinde eine Arbeit, welche seine Kräfte weit übersteigt; es wird sie vielleicht vollenden, aber alles, was über seine intellektuellen Kräfte hinausgeht, thut es nur maschinenmässig. Das Kind fasst sozusagen nur das, was es stofflich aufnehmen kann. Ist einmal das Mass seiner geistigen Fassungskraft überschritten, so weist es alles andere zurück, lässt es vielmehr gar nicht an sich heran, und zwar einmal vermöge einer gewissen Gegenwirkung, die in diesem Lebensalter vorhanden ist, und dann auch, weil das Kind, das kein unmittelbares Interesse am Lernen hat und das Ziel desselben nicht erkennt, nicht die Fähigkeit besitzt, durch seinen Willen die fehlende Kraft zu ersetzen und die geistige Überanstrengung hervorzubringen, welche notwendig ist, um eine die Kräfte übersteigende Arbeit zu vollbringen.

„Es ist möglich, dass die übermässige Ausdehnung der Arbeitsstunden, der Mangel an frischer Luft und an körperlicher Bewegung bis zu einem gewissen Grade die körperliche Entwickelung des Kindes behindern. Aber kann man dies wirklich Überanstrengung nennen? Die wirkliche Überanstrengung tritt erst später im Leben ein, bei Studenten, die sich für eine Prüfung vorbereiten, bei Männern, die durch ihren Beruf, ihre soziale Stellung oft genötigt sind, eine ihre Kräfte weit übersteigende Summe von Arbeit zu leisten. Solche Leute überarbeiten sich, weil sie wohl wissen, dass sie, wenn sie nicht die Aussicht auf eine Stelle verlieren oder für diejenige, welche sie bekleiden, ungenügend erscheinen wollen, die sich vor ihnen aufhäufende Arbeit überwältigen müssen. Sie überreizen sich durch künstliche Mittel, durchwachen die Nächte, berauben sich der Ruhe. Die einen halten es aus und erreichen das Ziel, die andern erreichen auch das Ziel, aber werden nachher krank; noch andere sind nicht imstande, das Ziel zu erreichen, und die Überanstrengung wirft sie auf dem Wege zu Boden. Bei Männern wird man daher Fälle von Hysterie durch Überanstrengung und besonders Fälle von Neurasthenie beobachten. Aber bei Kindern ist es anders, und ich glaube, dass man nicht behaupten darf, die Überanstrengung lasse bei Schülern häufig Hysterie sich entwickeln, während man bei Erwachsenen sie im Allgemeinen zu den Gelegenheitsursachen derselben rechnen muss.“

Man hat anch die Onanie als eine hervorragende Entstehungsursache hysterischer Anfälle in der Kindheit angesehen. Sie ist aber nur eine Gelegenheitsursache wie alle die anderen, welche den allgemeinen Gesundheitszustand schwächen. Man muss nicht glauben, dass hysterische Kinder besonders schlimme Onanisten seien, wie man behauptet hat; man hat dann den Umständen nach Idioten, Dégénérés, Kinder mit Gehirnsklerose, aber nicht Hysterische vor sich.

Wir werden später von dem Einflusse geschlechtlicher Ausschweifnngen reden, den viele Ärzte annehmen [1]) und den Ch. Lepois schon den Anhängern der Theorie entgegenhielt, welche die Hysterie auf die Zurückhaltnng der Samenflüssigkeit bei beiden Geschlechtern zurückführten. Jedoch muss man nicht glanben, dass die Kranken, weil sie hysterisch sind, die Freuden der Liebe im Übermass genossen haben müssten. Die „complexion amoureuse", womit Louyer-Villermay und diejenigen, welche seine Ideen annahmen, so viel Missbranch getrieben haben, ist, die Gesamtheit der Hysterischen betrachtet, durchaus nicht deren besonderes Erbteil. Wir werden später ausführen, was von der Enthaltsamkeit und ihrem Einflusse auf diesem Gebiete zu halten ist.

Der Einfluss der Krankheiten der Geschlechtsorgane auf die Entwickelung der hysterischen Anfälle findet hier seine natürliche Stelle. Wir werden bei der Besprechung der pathologischen Anatomie sehen, welche übrigens erfolglose Anstrengungen man gemacht hat, nm den Sitz der Hysterie in diese Organe zu verlegen; heute ist diese Frage endgiltig entschieden. Die Krankheiten der Geschlechtsorgane beim weiblichen und manchmal auch beim männlichen Geschlechte [2]) machen für die Hysterie in demselben Masse empfänglich, wie es alle schwächenden Affektionen thun; sie sind ansserdem von besonderem Einflusse anf das Gemüt der Frauen, welche immer aufmerksam sind auf die geringsten Störungen dieser Organe, dieser Regulatoren ihres täglichen physischen und psychischen Gesundheitszustandes.

Briquet hatte dies schon im Jahre 1859 beobachtet, als er schrieb: „Die Krankheiten der Geschlechtsorgane prädisponieren nicht viel mehr als die anderer Organe zur Erlangung der Hysterie." Doch weiss man, dass oft beim Manne in der Gegend der Testikeln und bei der Frau in der Gegend der Eierstöcke besondere Stellen vorhanden sind, deren Druck genügt, um Konvulsionsanfälle herbeizuführen. Zudem hat Charcot in zwei Fällen aufs bestimmteste festgestellt, dass der als Ovarie bezeichnete Schmerz der Hysterischen wirklich seinen Sitz im Ovarium hatte [3]). Es handelte sich um zwei schwangere Hysterische, bei welchen die Hyperästhesie, genau dem Aufsteigen des Ovariums entsprechend, ihren

---

[1]) Petit, De l'hystérie de l'homme. Thèse de Paris, 1875.
[2]) Reischauer. Beziehungen der Hysterie zum Genitalapparat (ein Fall von Hysterie beim Manne nach Urethrotomia externa). Berlin 1890 Referat im Neurol. Centralbl. 1890, Nr. 1, S. 25. — Raymond, Phémomènes nerveux dans la blennorrhagia, hystérie et hypocondrie.; Journal des mal cutanées et syph. 1891. Mars.
[3]) Siehe: Féré. Notes pour servir à l'histoire de l'hystéro-épilepsie. Arch. de Neuralgie 1882, pag. 297.

Ort veränderte. Man hat deshalb sogar behaupten wollen, Charcot
teile die früher von Chairon [1]) vertretene irrige Ansicht, dass die
Ovarien den Sitz der Hysterie bildeten. Das ist nicht seine Ansicht.
Er hat vielmehr gezeigt, dass zum Beispiel, wenn beim Manne die Hysterie
erregenden Stellen häufig in der Gegend der Testikeln oder des Samenstranges sich befinden, man nicht weniger in der Gegend des Abdomen
andere Zonen findet, die mit den Geschlechtsorganen nichts zu thun
haben.

Endlich hat Pitres unwiderleglich nachgewiesen [']), dass oft genug
diese Erregungsstellen nur in den Hautschichten liegen, und dass die
darunter befindlichen Organe gar nicht beteiligt sind.

Wir werden auf diese Punkte wieder zurückkommen, wenn wir
von den Stigmata in der Haut sprechen werden; wir würden dieselben
hier gar nicht erwähnt haben, wenn nicht diese von den Ärzten auf-
gegebene Ansicht mit Enthusiasmus von gewissen Chirurgen aufgenommen
worden wäre. Seitdem Hegar und Battey im Jahre 1872 die Kastration bei Frauen einführten, zählt man die Operationen nach Hunderten,
welche sich auf die absolut falsche Ansicht gründeten, dass man durch
Entfernung der Ovarien die Hysterie heile Nach den Arbeiten von
Tissier [']) und Pichevin [']) hat sich diese Ansicht in Frankreich wenigstens festgesetzt. Es genügt, daran zu erinnern, dass Tissier (angeführt bei Pichevin) die Geschichte einer Frau mitteilt, welche, obwohl
sie früher niemals nervöse Anfälle gehabt hatte, nach der Kastration
eine Reihe bestens charakterisierter hysterischer Attakken aufwies. Was
die Schwangerschaft als Gelegenheitsursache der Hysterie (oder Heilmittel)
anbelangt, so ist ihre Bedeutung mehr als zweifelhaft: die Meinungen
sind ausserordentlich geteilt, wie Tarnier und Rudin in einem
besonderen Kapitel gezeigt haben [']).

* * *

Bedeutung der Intoxikationen als Gelegenheitsursache der Hysterie.
Wir kommen jetzt zu einem Abschnitt der Aetiologie, welcher in den
letzten Jahren viele Diskussionen veranlasst und Ansichten hervorgebracht
hat, von denen einige, wenn sie Anklang gefunden hätten, auf nichts
Geringeres hinausgingen, als auf eine vollständige Zerstückelung der
Lehre von der Hysterie. Wir wollen jetzt von den Vergiftungen und
ihrer Bedeutung für die Entstehung hysterischer Leiden reden. Den
französischen Ärzten allein kommt das Verdienst zu, in dieses Kapitel
der Neuropathologie Licht gebracht zu haben, und hier sind besonders
Charcot's Lehren massgebend. Er hat, wie wir zeigen werden, durch
seine Intervention die Diskussion, die sich oft zu verirren drohte, auf
den rechten Weg geführt.

---

[1]) Études cliniques sur l'hystérie. 1870.
[']) Des zones hystérogènes et hypnogènes; des attaques de sommeil. 1884.
[']) De la castration chez la femme en chirurgie. Thèse de Paris. 1885.
[']) Des abus de la castration chez la femme. Thèse de Paris. 1887.
[']) Traité de l'art d'accouchements, 1886, vol. II. pag. 157; Kapitel IX. § 2.

Man wusste schon lange, dass zum Beispiel Blei, Alkobol imstande seien, nervöse Leiden hervorzubringen. Aber es giebt zwei Arten dieser Leiden; einige sind direkte Folgen der Vergiftung und über ihre pathologiscbe Anatomie wird man wobl kaum noch streiten; sie interessieren uns hier nicbt. Neben ihnen finden wir aber eine andere Reibe von Leiden, bestehend in einer Menge von verschiedenen Erscheinungen: konvulsiven Symptomen, Sinnesstörungen, Hemianästhesien, Paralysen und Kontrakturen. In dieser Gruppe hat man, ohne die neuen Beobachtungen, welche sie aufgeklärt haben, zu beachten, eine Reihe von Tbatsachen gesucbt und gefunden, welche im Lichte der von der Cbarcot'schen Schule verbreiteten Erkenntniss der Hysterie baben zugeschrieben werden müssen. Hierbei hat es sich wieder einmal gezeigt, dass es nicbt an Thatsachen mangelt, sondern nur an ibrer vernünftigen Deutung.

Diejenigen Intoxikationon, welche man bis jetzt als geeignet zur Erzeugung der Hysterie erkannt bat, sind: Vergiftungen durch Blei, Alkohol, Quecksilber, Schwefelkohlenstoff und Nikotin. Bei dem lebhaften Interesse, welches diese noch brennende Frage besitzt, wird man verzeihen, wenn wir bei jedem einzelnen Falle etwas verweilen; wir werden zeigen, welche Bedeutung die Kenntniss der von Charcot studierten dauernden Stigmata für die Diagnose hat.

Blei. Die erste genauere Beschreibung der mit dem Saturnismus verbundenen Nervenleiden stammt von Grisolle (1836) [1]. welcher ihnen den generiscben Namen Encephalopathia saturnina gab; ihm folgte bald Tanquard de Planches (1838—1839) [2]), welcher die Bleianästhesie studierte, und Macario widmete 1859 den dynamischen Bleilähmungen ein Kapitel [3])

Es ist eigentümlicb, dass von den sieben hysterischen Männern, über welche Briquet (1859) seine Beobachtnngen mitteilt, vier Bleiarbeiter waren, von denen zwei sehr deutliche Anzeichen der gewöhnlichen durch dieses Metall hervorgerufenen Vergiftungserscheinungen darboten. Breuillard (Th. de Paris, 1860) berichtet gleichfalls einen Fall von Hysterie bei einem Wagenlackierer.

Beide Autoren stellen ganz bestimmt Hysterie fest, und es ist sonderbar, dass ihre Beobachtungen de Cours keine Aufklärung geben. welcher in seiner Arbeit über Hemianaesthesin saturnina (1875) drei Manouvriez und Raymond entnommene Fälle mitteilt, welche bemerkenswerte Fälle von männlicher Hysterie darstellen.

„Es ist sonderbar, sagt Guinon, dass die Verfasser alle anderen Phänomene, auch die doch schon bekannten Anfälle, unberücksichtigt lassen und nur diese beiden Thatsachen, Anästhesie und Saturnismus, beachten. Alle bemühen sich, trotzdem sie fesstellen, dass diese Anästhesie der hysterischen Anästhesie aufs Haar gleicht, sie von einander durch die unbedeutendsten Einzelheiten zu unterscheiden. De Cours zum Bei-

---

[1]) Journal hebdomadaire 1836, vol. IV.
[2]) Anesthésie saturnine, 1838, und: Traité des maladies du plomb. 1839. vol. II.
[3]) Des paralysies dynamiques ou nerveuses. Paris. 1859.

spiel schreibt. sie beide, so sehr gleichen sie sich, demselben Centrum zu, wo eine übrigens, wie er sagt, unbekannte Verletzung sie beide hervorruft. Er will sie jedoch an ihrem Verlauf unterscheiden, da die Bleianästhesie im allgemeinen ein schleichenderes und langsameres Auftreten zeigt. Sein Hauptargument ist, dass die Personen an Bleivergiftung leiden und dass es „ein höchst eigentümliches Zusammentreffen" wäre, wenn die Hysterie und der Saturnismus sich bei demselben Individuum zeigen sollten. Doch hatten, wie wir bereits oben sahen, B r i q u e t und B r e u i l l a r d schon diese Übereinstimmung festgestellt und für mehr als einen blossen Zufall gehalten.

„Acht Tage nach der Schrift von de C o u r s, welcher beinahe die männliche Hysterie leugnen wollte, erschien die Arbeit von P e t i t über die Hysterie beim Manne (1875). Dieser teilt die Hysterie in eine essentielle und eine symptomatische und zu dieser letzteren rechnet er die Hysteria saturnina. Für ihn ist der ätiologische Einfluss der Bleivergiftung derart, dass die Neurose nur ein einfaches Symptom der Vergiftung darstellt. Diese Theorie wird heute noch von einigen Ärzten festgehalten. Man sieht also, dass sie nicht neu ist, denn sie wurde in bestimmter Weise schon vor fünfzehn Jahren aufgestellt.

Doch ungeachtet dieser bestimmten Thatsachen, ungeachtet des negativen Befundes in den nervösen Centren, welchen B r o c h i n [1]) bei einem an saturniner Hemianästhesie leidenden Manne erbielt, ungeachtet der neuen Bestätigung, welche M a r i c o u r t [2]) gab, fahren alle folgenden Autoren fort, die Hysterie bei den sensitivo-sensoriellen Anästhesien mit oder ohne Anfälle, die sie bei Bleivergiftung beobachten, auszuschliessen und diese nur der Bleivergiftung zuzuschreiben. Man sollte in der That glauben, dass es sich dabei um eine Art von Modeansicht handelte. A n a n i e f f [3]), einer derjenigen, welche diese Frage später behandelten, kommt, angesichts der Unmöglichkeit, die hysterische Anästhesie von der Bleianästhesie zu unterscheiden, dazu, das Geschlecht zu Hilfe zu rufen, um die Diagnose zu stellen; er bezweifelt nämlich die männliche Hysterie. Eine gute Zahl seiner Beobachtungen beziehen sich auf Hysterische; man braucht sie nur zu lesen, um das zu erkennen.

Ein wenig später bestätigen H a n o t und M a t h i e u [4]) die grosse Analogie der hysterischen und saturninen Anästhesien von Neuem, ohne sie jedoch einander gleichzustellen. Es folgt nun eine Reihe von Leiden, welche die Aufmerksamkeit auf die hysterische Natur dieser Anästhesien hätten lenken müssen, und durch welche festgestellt wird, dass die Sensibilitätsstörungen von sogenanntem saturninischen Ursprung durch den Magneten geheilt oder verändert werden können. Schon im Jahre 1878 hatten L a n d o l t und O u l m o n t [5]) einen Fall dieser Art

[1]) Gazette des hôpitaux. 1875.
[2]) Contribution à l'étude de l'hystérie chez l'homme. Thèse de Paris, 1877.
[3]) De l'hémianesthésie saturnine. Thèse de Paris, 1878.
[4]) Arch. général. de médecine 1878.
[5]) Progrès médical 1878.

veröffentlicht. Seitdem haben Vigouronx [1]), C. Paul [2]), Dehove [3]), Hamant [4]), etwas später Vulpian [4]), dann wieder Landolt [4]), Langlet [5]), Raynaud [6]) innerhalb zweier Jahre viele Fälle von Bleianästhesie zusammengestellt, welche entweder durch den Magneten oder durch den faradischen Strom geheilt wurden oder die Erscheinungen des Transferts zeigten; von derselben Art sind die Fälle von Sigarroa [7]) und de Vincente [8]).

Charcot kommt wieder das Verdienst zu, in alle diese, zwar nicht unbekannten, aber missverstandenen und falsch gedeuteten Thatsachen Licht gebracht zu haben. Am 26. Juni 1886, in einem klinischen Vortrage, erklärte er, gestützt auf Thatsachen, die Natur dieser Anästhesien von sogenanntem saturninischen Ursprunge. Im Jahre 1887 kam er in einem anderen, von Babinski veröffentlichten Vortrage [11]) auf diese Frage zurück, welche von da an als gelöst betrachtet werden kann. Man muss hinzufügen, dass er zur selben Zeit die Häufigkeit der Hysterie beim Manne endgiltig feststellte, und gewiss hatte diese bis dahin ungelöste Frage nach der männlichen Hysterie nicht wenig dazu beigetragen, die früheren Beobachter zu irrigen Erklärungen zu führen.

Seitdem häufen sich die bezüglichen Schriften. Zuerst sind diejenigen von Debove [12]) und seinem Schüler Achard [13]) zu nennen. „Der erstere dieser Verfasser, sagt Guinon, hatte früher einige Fälle von saturniner Hemianästhesie, die durch den Magneten geheilt wurden, veröffentlicht [14]). Er kommt in seinem neuen Werke auf sie zurück, untersucht sie genauer und schärfer und auf Grund der neuen Kenntniss von der männlichen Hysterie kommt er zu dem Schlusse, dass man sie zu der Hysterie rechnen müsse....

„Debove und Achard haben zuerst die Bezeichnung toxische Hysterie angewandt, um die Fälle zu bezeichnen, in denen sich die Affektion unter dem Einflusse von Intoxikationen entwickelt. Die Bezeichnung ist an sich vortrefflich, denn sie ist kurz und einfach. Aber

---

[1]) Gaz. des hôpitaux 1878.
[2]) Soc. médicale des hôpitaux 1879 u.: Boussi. Fr. médicale 1879.
[3]) Soc. médicale des hôpitaux 1879 u : Note sur l'hémiplégie saturnine et son traitement par l'application d'un aimant. Paris 1886.
[4]) Hémianesthésie saturnine. Thèse de Paris, 1879.
[5]) De l'influence de la faradisation localisée sur l'anesthésie de causes diverses. Paris 1880.
[6]) Troubles de la vision observée dans un cas d'hémiplégie saturnine. Ann. d'oculistique. Brüssel 1880, vol. XCIII, pag. 165.
[7]) Paralysie saturnine, anesthésie partielle, application d'un aimant, retour de la sensibilité. Union médicale et scient. du Nord-Est 1880, V, 149
[8]) Hémianesthésie saturnine. Gaz. des hôpitaux, 1880, LII, pag. 826.
[9]) Contribution à l'étude de l'anesthésie saturnine. Thèse de Paris, 1862.
[10]) Hémianesthésie et aphasie saturnine à la suite d'encéphalopathie saturnine. Progrès médical 1882, X, 969.
[11]) Hémianesthésie saturnine et hémianesthésies toxiques. Bulletin médical 1888, pag. 387.
[12]) De l'apoplexie hystérique. Société médicale des hôpitaux 1886, Août.
[13]) De l'apoplexie hystérique. Arch. génér. de médecine. Januar u. Februar 1887. Thèse de Paris. 1887.
[14]) Société médicale des hôpitaux 1879.

man muss sich klar werden über die Bedeutung, welche man ihr beilegt. D e b o v e und A c h a r d, die ihrerseits eine früher von B r e u i l l a r d und P e t i t aufgestellte Theorie wieder aufnahmen, behaupten, dass bei dieser Gelegenheit die Hysterie nichts anderes sei als ein Symptom der Intoxikation."

Diese Ansicht, die wir später noch näher besprechen werden, ist nicht diejenige C h a r c o t's, welcher dabei beharrt, dass die toxische Hysterie nur die gewöhnliche Hysterie sei, und dass der Saturnismus, wie alle anderen Intoxikationen, sich damit begnügen müsse, die einfache Rolle einer Gelegenheitsursache zu spielen.

Und diese selbe Ansicht vertritt L e t u l l e, welcher sehr richtig sagt [1]), dass „der Saturnismus nur das organische Gebiet bei den dazu empfänglichen Personen vortrefflich für die Entwickelung der Neurose vorbereite."

P o t a i n [2]) und sein Schüler H i s c h m a n n [3]) verteidigen dieselbe Anschauung, die auch in der These von P l e s s a r d vertreten wird. Ebenso ist G u i n o n derselben Ansicht, der vier noch unveröffentlichte Fälle von unter dem Einflusse von Bleivergiftung entstandener Hysterie anführt.

Alkohol. — Die Betrachtungen, welche wir soeben über die Bleivergiftung angestellt haben, lassen sich Punkt für Punkt auch auf die Alkoholvergiftung als Gelegenheitsursache der Hysterie übertragen. Wie das Blei, ist auch der Alkohol imstande, Störungen und Läsionen des Nervensystems herbeizuführen, und neben anderen begünstigt er besonders das Auftreten hysterischer Erscheinungen.

Die erste Beobachtung von sogenannter alkoholischer Anästhesie verdanken wir D a g o n e t [4]). Es handelt sich um eine sensorielle Hemianästhesie, welche plötzlich infolge einer Gemütsbewegung verschwand. Im folgenden Jahre (1874) erschien das bedeutende Werk von M a g n a n [5]), welches zwei Jahre vorher für den Preis C i v r i e u x der Académie de médecine geschrieben worden war. Die hemianästbetische Form des chronischen Alkoholismus, welche er beschreibt, gründet sich auf Beobachtungen, welche, wenn man sie liest, keinen Zweifel über ihre hysterische Natur aufkommen lassen, und dies gilt ebenso für die Arbeiten von J u i f [6]), von D e b o v e [7]), L a n c e r a u x und seinem Schüler G a u t i e r [8]). In allen diesen Fällen handelt es sich um Alkohol und verschiedene Getränke, zu deren Zusammensetzung derselbe gehört. Wir bemerken,

¹) De l'hystérie dans le saturnisme. Bull. médical 1887. Nr. 46 u. 47.
²) Sur un cas de paralysie hystéro-saturnine. Bull. médical 1887. Nr. 54. — Intoxication saturnine. Hystéro-saturnisme. Bull. médical 1891. Nr. 58.
³) Intoxications et hystérie. Thèse de Paris, 1888.
⁴) Annales médico-psych. 1873. pag. 212.
⁵) De l'alcoolisme. des diverses formes de délire alcoolique et de leur traitement. Paris 1874. — Von demselben: De l'hémianesthésie, de la sensibilité générale et des sens dans l'alcoolisme chronique. Gaz. hebd. de médecine et de chirurgie 1873, Nr. 46 et 47.
⁶) De l'anesthésie alcoolique: Thèse de Paris. 1875.
⁷) Société médicale des hôpitaux 1879 und Notes sur un cas d'hémianesthésie d'origine alcoolique. Progrès medicale 1879. VII. 161.
⁸) De l'absinthisme chronique. Journ. des conv. médical. 1882. 3. ser. IV, 233 und: Thèse de Paris. 1882.

dass Lanceranx und Gautier hervorheben, dass gewisse Phänomene des Absinthismus, welche sie beobachtet haben, „die vollkommenste Ähnlichkeit mit den Konvulsionen der Hysterie" zeigen. Aber es sind nach ihrer Ansicht hysteriforme Erscheinungen und nicht hysterische. Wie sehr haben doch diese Ausdrücke hysteriform, hysteroïd den Fortschritt der Wissenschaft aufgehalten! Wir brauchen dafür keinen anderen Beweis als die von Lasègue inspirierte Arbeit Selle's [1]), welche 1880 geschrieben, uns in die schlimmsten Zeiten von Louyer-Villermay zurückversetzt.

Man muss bis zum Jahre 1886 gehen, sagt Guinon, um endlich „diese Erscheinungen auf eine vernünftige Weise erklärt zu sehen". In demselben Vortrage (1886, 28. Juni), von dem wir oben sprachen und in dem Charcot die saturnine Hemianästhesie zur Hysterie rechnet, stellte derselbe zugleich einen an sogenannter alkoholischer Hemianästhesie leidenden Kranken vor und zeigte, dass er unzweifelhaft hysterisch war; Ansichten, die er später wiederholte [2]) und mit denen er unter Hinweis auf die Arbeiten Magnan's die Rolle des Alkohols als Ursache der Hysterie endgiltig feststellte.

Jetzt ist die Frage nach den Arbeiten von Debove und Achard [3]), von Dreyfuss [4]), Edmond Grasset [5]), Hischmann [6]), Guillemin [7]), einer unveröffentlichten Beobachtung Guinon's, von Salmeron [8]), Camuzet [9]), welcher die Bedeutung der Vererbung hervorhebt, als endgiltig gelöst anzusehen.

Wir wollen unsere Betrachtungen über die Intoxikationen als Gelegenheitsursachen der Hysterie mit der Besprechung des Einflusses des Quecksilbers schliessen, der von Letulle [10]) genau studiert wurde; derselbe kritisiert die früheren Beobachtungen von Jean, Hallopeau, Aigre, Destay, Maréchal, Schoull und zeigt den unleugbaren Einfluss der Quecksilbervergiftung als Gelegenheitsursache der Hysterie, eine Ansicht, die von Hischmann und Berbez geteilt, dagegen von Guinon bekämpft wird, der sich auf den Standpunkt der symptomatischen Hysterie, der „hysteriformen Anfälle" stellt, von denen wir bereits wissen, was von ihnen zu halten ist.

Schliesslich führen wir noch den Einfluss an, welchen die Vergiftung durch Schwefelkohlenstoff (P. Marie), durch Tabak (Nikotin, H. Gilbert), durch Morphium (Neveu-Derotrie) ausüben, ohne die Intoxikationen aufzuzählen, die sich an diese [ohnehin schon

---

[1]) Contribution à l'étude symptomatologique des affections épilepto-hystéroïdes et hystéro-épileptoïdes. Thèse de Paris. 1880.

[2]) A propos de six cas d'hystérie chez l'homme (Progrès médicale 1885) und: Leçons sur les maladies du système nerveux, vol. III.

[3]) L. c.

[4]) L'hystérie alcoolique. Union médicale 1887. Nr. 136 ff.

[5]) Troubles de la sensibilité cutanée chez les alcooliques. Thèse de Bordeaux, 1887.

[6]) A. a. O.

[7]) De l'hystérie alcoolique. Annales médico-psych. 19. März 1882.

[8]) De l'hystérie alcoolique. Thèse de Paris. 1890.

[9]) L'hystérie d'origine hérédo-alcoolique. Thèse de Paris. März 1891.

[10]) De l'hystérie mercurielle. Société médicale des hôpitaux. 12. August 1887.

lange Reihe noch anfügen mögen. Es ist übrigens auch gezeigt worden, dass das wiederholte oder auch das erste Auftreten der Hysterie unter dem Einflusse einer akuten Intoxikation stattfinden kann; so z. B. nach der Aufnahme von 20 Gramm Kampher (P l a n a t [1]), einer gewissen Menge von Chloroform bei einem Vergiftungsversuche [2]), sowie nach der Chloroformnarkose [3]). Wir begnügen uns hiermit, behalten uns aber vor, die Autointoxikationen als Gelegenheitsursachen der Hysterie später eingehender zu behandeln.

Es erübrigt noch, in diesem, den Gelegenheitsursachen gewidmeten Kapitel die Rolle zu besprechen, welche andere Affektionen bei der Entwickelung der Hysterie spielen, insbesondere die chronischen Krankheiten des Nervensystems: Tabes, progressive Muskelatrophie, Malum Pottii, die Friedreich'sche Krankheit etc. Wir werden auf diese Frage bei der Besprechung der Differentialdiagnose zwischen der Hysterie und den damit zu verwechselnden Krankheitszuständen eingehen. Wir werden dann auch in den inneren Mechanismus der Intoxikationen in ihren allgemeineren Erscheinungen einzudringen und die Bedeutung, welche jede Gelegenheitsursache für die Lokalisation der hysterischen Erscheinungen hat, zu erforschen suchen. Wir werden aber alle diese Punkte erst dann erfolgreich besprechen können, wenn wir die Symptome des Leidens selbst, den dasselbe begleitenden Geisteszustand sowie die reaktionellen und nutritiven Verhältnisse bei den Hysterischen kennen gelernt haben.

Einige Punkte wollen wir jedoch schon am Ende dieses Kapitels abthun, da zu ihrer Besprechung die bis jetzt studierten Thatsachen genügen.

* * *

Wir haben gesehen, dass sich die Hysterie in jedem Lebensalter zeigt, beim Manne wie bei der Frau. Der äussere Habitus, die Farbe der Haare haben nicht die Bedeutung, welche man ihnen ehedem beilegte, und wir werden gleich sehen, was von dem h y s t e r i s c h e n T e m - p e r a m e n t zu halten ist.

Die männliche Hysterie kommt hauptsächlich in den unteren gesellschaftlichen Klassen vor; sie befällt besonders Personen, welche Beschäftigungen treiben, durch die sie Traumen ausgesetzt sind, wie Erdarbeiter, Tagelöhner, Packträger, Heizer, Maschinisten (diese besonders), Taucher und Schwimmer [4]); ferner Arbeiter in Tabakfabriken, Matrosen (B o d e n - s t e i n), Soldaten, und zwar mit allen Erscheinungen der grossen Anfälle,

[1]) Accès d'hystéric.... consécutifs à l'absorption d'une dose toxique de camphre. Annales médico-psych., März 1885.

[2]) L e r r e t o n, Des diverses variétés de la paralysie hystérique. Thèse de Paris, 1868.

[3]) M i c h a u x, De l'éveil d'un état constitutionnel (hystérie) à la suite de l'anesthésie par le chloroforme. Thèse de Paris, 1888. — O e l k e r s, Ein Fall von Katalepsie in der Chloroformnarkose; Berliner klinische Wochenschrift 1889. Nr. 52, pag. 1131.

[4]) D é b o v e et R é m o n d, Hystéro-traumatisme par décompression brusque. Société médicale des hôpitaux, 5. Juni 1891. — S a b r a z è s, Bull. médical. Nr. 47, 10. Juni 1891. pag. 569.

wie man sie bei Frauen beobachtet [1]). „Man muss sie ferner suchen, sagt Charcot [1], unter den Zerlumpten, den Heruntergekommenen, den Bettlern, den Landstreichern, in den Arbeitshäusern, den Gefängnissen, vielleicht auf den Galeeren.“ Colin hat über diese besonderen Punkte der Ätiologie einige statistische Untersuchungen angestellt [1]), die erwähnt zu werden verdienen. „Als wir, sagt er, im Depôtgefängnisse die Untersuchung der kranken Landstreicher und anderer für das Gefängnis von Nanterre bestimmter Unglücklichen vornahmen, haben wir eine sehr beträchtliche Anzahl von hysterischen Männern beobachten können.“ (S. 22.) Und weiter (S. 46): „Es erhebt sich folgende Frage: Ist die Hysterie in den Gefängnissen häufig? Wir glauben es nicht. Wir sind eher geneigt, uns mit der italienischen Schule der Ansicht anzuschliessen, dass der Verbrecher einem besonderen Typus entspricht, der mehr als hereditäre Entartung denn als Hysterie aufzufassen ist.

„Wir begründen diese Behauptung durch die Thatsache, dass wir im Depôt während eines ganzen Jahres im ganzen zwei Fälle von männlicher und vier oder fünf von weiblicher Hysterie gesehen haben. Und doch müssen alle durch das Depôt gehen. Wir sprechen hier, wohlverstanden, von dem eigentlichen Gefängnis und nicht von dem besonderen Lazarett für Geisteskranke, wo die Sache ganz anders erscheint.

„Ebenso sprechen wir von Verbrechern und nicht von Unglücklichen, Zerlumpten, Landstreichern, für welche das Depôt eine Übergangsstation, eine Etappe auf dem Wege zu dem Gefängnis von Nanterre ist. Bei diesen zeigt sich, wie wir schon oben sagten, die Hysterie weit häufiger, und wir hatten häufig Gelegenheit, sie zu beobachten.

„Aber wenn wir die eigentlichen Verbrecher ins Auge fassen, so ist, wir wiederholen es, die Hysterie selten unter ihnen, und es scheint inbezug auf die Zahl kein Unterschied zwischen beiden Geschlechtern zu bestehen. Zu Mazas fanden wir unter 70 untersuchten Gefangenen drei Hysterische.“

Man sieht, wie man sich irren würde, wenn man aus dem hysterischen Manne ein Wesen von verweichlichtem Äusseren machen wollte, wenn wir auch diesen Typus, obgleich selten, unter den Arbeitern des Faubourg Saint-Antoine, die aber zugleich Handwerker und Künstler sind, gefunden haben, bei welchen die Hysterie sehr häufig zu sein scheint.

* * *

Was die Frauen betrifft, so haben uns die Statistiken von P. Marie gezeigt, dass sie, im Vergleich zu den Männern, höheren Gesellschaftsschichten angehören.

---

[1]) Siehe Gilles de la Tourette. L'hystérie dans l'armée allemande. Nouv. Iconogr. de la Salpêtrière. 1889. — Über einen Fall von Hystero-Epilepsie bei einem Manne etc. Berl. klin. Wochenschr. Nr. 10, 11. März 1889.
[2]) Leçons du mardi à la Salpêtrière 1888—89. 17. Vorles., pag. 393.
[3]) Essai sur l'état mental des hystériques. Thèse de Paris. 1890.

Wir gestehen, dass es hierbei sehr schwierig ist, gut unterschiedene Kategorien aufzustellen. Wir haben die Hysterie bei Bauernfrauen gefunden, welche die schwersten Arbeiten verrichten mussten, und gleicherweise bei Frauen, welche im Luxus und im Müssiggange lebten, und wir würden wahrlich nicht sagen können, wer in dieser Beziehung obenan steht, die Städterin oder die Arbeiterin im wahrsten Sinne des Wortes. Wenn die Hysterie auf dem Lande seltener ist als in der Stadt, so kommt das daher, weil dort die Gelegenheitsursachen seltener sind, besonders die geistigen und moralischen Erregungen, welche beim Weihe, dessen Nervensystem so reizbar ist, einen tieferen Eindruck hinterlassen als beim Manne. Die erbliche Disposition ist wirksamer, sie findet mehr Anlässe zum Hervortreten, denn sie ist es doch, welche die krankhaften Zustände beherrscht, und vor ihrer Macht sind alle gesellschaftlichen Schichten gleich.

Man wird finden, dass unsere Schlüsse denen Briquet's analog sind, welcher, um diese Frage der Ätiologie aufzuklären, sehr interessante Untersuchungen angestellt hat, in deren Verlauf er nicht allein die Beschäftigungen, sondern auch das geschlechtliche Leben der untersuchten Frauen berücksichtigte.

„Alles, was dazu dient, sagt er [1]), den körperlichen Zustand in einem gewissen Grade zu schwächen, vermehrt, im Gegensatze dazu, die Erregbarkeit des Nervensystems ... Daraus folgt, dass die sitzenden Beschäftigungsarten, welche den Körper in andauernder Ruhe erhalten, diejenigen, welche einen beständigen Aufenthalt in den Werkstätten erfordern, und diejenigen endlich, welche einen unzureichenden Lohn gewähren, ebensoviele empfänglich machende Ursachen der Hysterie sind, während dagegen die Beschäftigungsarten, welche Bewegung erfordern, diejenigen, welche in freier Luft ausgeübt werden, und diejenigen, welche eine ausreichende Ernährung ermöglichen, ebensoviele Mittel zur Verhinderung dieser Krankheit sind."

Den Einfluss der geschlechtlichen Enthaltsamkeit auf das Hervortreten hysterischer Zufälle studierend, sagt Briquet, dass man in den verschiedenen religiösen Orden, wo die Keuschheit Vorschrift ist, die Neurose nur „in der geringen Zahl von Ordenshäusern auftreten sieht, wo die Nonnen dem fortwährenden Gebet, den Kasteiungen und dem beschaulichen Leben unterworfen sind". Er hätte hinzufügen können, die Thatsache allein, dass die Nonnen sich übermässigen Devotionsübungen unterziehen, dass sie hinter den Mauern des Klosters gewissermaassen lebendig begraben sind, müsse schon die natürlichen Gesetze umstossen und bei diesen Personen eine gewisse neuropathische Disposition hervorrufen. Es ist gar nicht nötig, den Mangel jeden geschlechtlichen Umganges anzurufen, der mit Unrecht und viel zu häufig angeführt wird, um die Entstehung hysterischer Epidemien in den Klöstern zu erklären. Wir haben unsererseits gezeigt, dass hier ganz andere Faktoren wirksam sind [2]).

[1]) Briquet. a. a. O.. S. 117.
[2]) Gilles de la Tourette et Legné. Soeur Jeanne des Anges etc.

B r i q u e t hat auch besonders die Hysterie bei den Frauen untersucht, welche das Hospital de Lourcine füllen, meistens Dienstboten oder
Arbeiterinnen, „bei denen, wie jeder weiss, Keuschheit etwas seltenes ist.
Ich beschäftige mich, sagt er, mit den Frauen dieser Klasse, nicht
weil die Beschäftigung als Dienstboten zur Hysterie führt, sondern weil
sie einen Übergang bilden zwischen dem Cölibat des religiösen Lebens
und den entgegengesetzten Lebensgewohnheiten einer anderen Klasse, von
der weiter unten die Rede sein wird".
Das mittlere Alter der Frauen Lourcines ist 22 Jahre. „Es sind
keine Prostituierten, denn sie ergeben sich nicht gewohnheitsmässig dem
lasterhaften Leben und haben oft nur sehr begrenzten geschlechtlichen
Umgang gehabt . . . Es sind also Personen, die einerseits keine Enthaltsamkeit geübt, andererseits keinen übermässigen Gebrauch von ihren
Geschlechtsorganen gemacht haben. Sie befinden sich im hysterischen
Zustande weder, weil sie notwendige Bedürfnisse nicht befriedigt hätten,
wie die alten Ärzte meinten, noch, weil sie dieselben Bedürfnisse im
Übermass befriedigt hätten, wie die Ansicht der neueren ist. Das ergibt
sich aus den Beobachtungen der in diese Anstalt aufgenommenen
Frauen."
Zwei Schüler B r i q u e t's haben folgende Daten gefunden: Der eine,
C a r c e r c, beobachtete unter 192 Frauen der Lourcine 62 bestimmt hyste-
rische, darunter 28 mit konvulsiven Anfällen; der andere, B e s a n ç o n,
fand unter 180 Frauen 84 hysterische, darunter 21 mit Anfällen, und
G o n p i l, Schüler von B e r n u t z, fand unter 52 Kranken 23 hysterische,
darunter 8 mit Anfällen.
„So leidet also, sagt B r i q u e t, die Hälfte der in das Hospital
aufgenommenen Frauen an Hysterie, eine weit grössere Zahl als diejenige, welche die Häufigkeit der Hysterie bei den Frauen im allgemeinen
bezeichnet."
Woran liegt diese besondere Häufigkeit der Hysterie? Man kann
sie nicht den oft leichten Geschlechtskrankheiten zuschreiben, an denen
diese Kranken leiden. „Die einzige Ursache der Häufigkeit der Hysteria
bei den Frauen von Lourcine ist die, dass sie in dem Alter stehen,
wo diese Krankheit gewissermassen das Maximum ihrer Häufigkeit
erreicht, und dass diese Mädchen, die grösstenteils vom Lande nach Paris
gekommen sind, um dort als Dienstboten oder auch als Arbeiterinnen
eine Stelle zu finden, bald die Pein des Heimwehs, den Verdruss der
Dienstbarkeit oder einer ungewohnten Arbeit, oder auch die aus ihren
unerlaubten Verhältnissen entspringenden Verdriesslichkeiten empfinden.
Nun, alle diese Umstände sind die gewöhnlichen Ursachen der hysterischen Affektionen."
Was die Häufigkeit der Hysterie bei den P r o s t i t u i e r t e n anlangt,
werden wir sahen, dass die Verschiedenheit der Meinungen, welche zur
Zeit B r i q u e t's vorhanden war, auch heute noch besteht.
„Die einzelnen Schriftsteller, sagt B r i q u e t, sind sehr verschiedener
Ansicht über den Einfluss, welchen die Prostitution auf die Entstehung der
Hysterie haben kann. Natürlich glauben die Ärzte, welche die Enthalt-
samkeit als eine der wirkenden Ursachen der Hysterie ansehen und als

deren letzter Vertreter L a n d o u z y angesehen werden kann, dass die
Krankheit bei den Frauen dieser Klasse selten sei und sie stützen sich
auf die Autorität P a r e n t - D u c h â t e l e t's, welcher behauptet[1]), dass
man selten Hysterie bei öffentlichen Dirnen finde. Die Ärzte dagegen,
welche die neuere Ansicht vertreten, dass die Hysterie die Folge der
Überreizung des Uterus sei, geben zu, dass die öffentlichen Dirnen von
Hysterie befallen werden können, weil bei ihnen die Geschlechtsorgane
sich in einem fortwährenden Zustande der Überreizung befinden, aber
sie scheinen nicht anzunehmen, dass die Hysterie bei ihnen häufig vorkomme. Wer hat nun Recht?"

Um diese Frage aufzuklären, hat B r i q u e t „mit Unterstützung der
beiden Ärzte de la M o r l i è r e und B o i s de L o u r y, die öffentlichen
Mädchen, welche die Polizeiverwaltung der Stadt Paris wegen Lues in
das städtische Krankenhaus von St. Lazare schickt, auf Hysterie untersucht."

Unter 197 Frauenzimmern von 16 bis zu 30 Jahren, also so ziemlich in demselben mittleren Alter wie die Frauen des Hospitals von
Lourcine, befanden sich „106 hysterische, 28 hypnotisierbare und 65
nicht hysterische. So ist also die Hälfte der öffentlichen Dirnen mit
Hysterie jeden Grades behaftet. Da ich, sagt er, mit einer Zahl gerechnet
habe, die gross genug ist, als dass der Zufall auf dies Resultat hätte
Einfluss haben können, so kann dasselbe als richtig angesehen werden."

Man kann bei den Insassen von St. Lazare weder die Enthaltsamkeit, noch die venerischen Affektionen, noch die Überreizung der Geschlechtsorgane als Ursache annehmen, denn „man weiss, dass bei diesen Frauen
die Ausübung des Beischlafs, durch ihr Gewerbe erheischt, gewöhnlich
von keiner Gegenwirkung auf das Nervensystem begleitet ist. ... Es
bleiben die mechanischen Erschütterungen übrig und die Krankheiten,
deren häufiger Sitz diese Partien sind; es wird aber weiterhin gezeigt
werden, dass die Affektionen des Uterus und der Genitalien sehr wenig
Einfluss auf die Entstehung der Hysterie haben. ..."

„Wenn man über das Leben nachdenkt, welches diese Frauen
führen, sagt er, und die Menge der peinlichen Empfindungen, deren Beute
sie sind, so wird man nicht erstaunen, dass die Hysterie so häufig bei
ihnen zu finden ist. Das Elend, die schlaflosen Nächte, der übermässige
Genuss alkoholischer Getränke, die beständige Furcht vor der Polizei
oder vor schlechter Behandlung von seiten der Männer, mit denen sie
leben, die erzwungene Haft, welche die Krankheiten, die sie sich zuziehen,
veranlassen, die unbändige Eifersucht und die heftigen Leidenschaften,
welche sie erfüllen, erklären genügend die Häufigkeit der hysterischen
Anfälle bei ihnen. Es ist wahrscheinlich, dass diese Häufigkeit noch
grösser wäre, wenn nicht die starke Konstitution der Frauen und eine
Art von moralischer Unempfindlichkeit, in welche ihr Gewerbe sie gebracht
hat, vorhanden wären. In der That sind die, welche in der Prostitution am wenigsten weit vorgeschritten sind, diejenigen, welche am
häufigsten hysterisch werden."

[1]) De la prostitution de la ville de Paris. 3. éd. 1857, vol. I, pag. 241:
vol. II, pag. 36.

Man wird nicht leugnen können, dass hier die für die Hervorrufung der Neurose wirksamsten Ursachen sozusagen angehäuft sind.

Colin hat die Ansichten Briquet's prüfen wollen; wie dieser hat er sich nach St. Lazare begeben und seine Untersuchungen ergaben folgendes Resultat: „Die Prostituierten, sagt er, bilden in St. Lazare zwei Abteilungen: 1. die Geschlechtskranken, 2. diejenigen Dirnen, welche wegen Polizeivergehen, Ruhestörung, öffentlicher Trunkenheit etc. dorthin gebracht sind. Zur Zeit unserer Anwesenheit waren 196 Personen der ersten und 111 der zweiten Kategorie vorhanden.“

„Wir haben die ersteren der Reihe nach untersucht. Diese Mädchen waren in den Sälen, welche 8—12 Betten enthielten, zerstreut; die Arbeit war leicht.

„Die 111 anderen Mädchen haben wir summarisch untersucht; wir fanden unter jenen im ganzen zwei hysterische mit Anfällen oder Stigmata.

„Unter den 196 Venerischen fanden wir im ganzen 9 Hysterische, also ungefähr 10 von 200. Wir bleiben also weit hinter der Rechnung Briquet's zurück.“

Wo sich Vererbungsanlage selbst unter der Form physischer Degenerescenz, Elend, Trunksucht und Sittenlosigkeit vereinigt finden, da muss der hysterische Keim nach unserer Ansicht einen ausserordentlich fruchtbaren Boden finden. Wir müssen daher die Prostitution als eine für den Ausbruch der hysterischen Erscheinungen günstige Ursache ansehen.

* * *

Die Hysterie kommt bei allen Rassen vor. Unter der weissen Rasse ist sie, wie alle anderen Nervenkrankheiten, bei den Israeliten am häufigsten, eine von Charcot schon lange gezeigte und von Raymond bestätigte Ansicht; letzterer sagt: „Die weibliche und die männliche Hysterie ist in Warschau sehr häufig. Die hysterischen Männer sind fast durchgehends Israeliten.“ [1])

In Europa sind die Bewohner der eisigen Gegenden, Lappen und Finnen, ebenso wie die Bewohner der Länder des Mittelmeeres, kurz alle, Russen, Norweger, Dänen, Franzosen, Italiener, Türken, Spanier der Hysterie unterworfen, in wechselseitigen Verhältnissen, die sehr schwer genau festzustellen sind.

Wir haben bei dieser Aufzählung die Deutschen und die Engländer übergangen, weil einige unter den Ärzten derselben ihre Landsleute von einer Krankheit freisprechen wollen, welche ihnen äusserst peinlich zu sein scheint.

So sagt Marie [1]): „Es ist eine interessante Erscheinung, dass in Deutschland eine Anzahl der Ärzte sich sträubt, wie man an ihren Diagnosen erkennt, zuzugeben, dass die Hysterie eine wirkliche Krankheit

---

[1]) Résumé des principaux travaux russes concernant la neurologie. Arch. de Neurol. 1889, vol. XVII, Nr. 51, pag. 472.

[1]) L'hystérie en Allemange. Revue critique. Progrès médical 1887, Nr. 47. pag. 440.

sei, die wie jede andere, nervöse oder nicht, ihre Gesetze, ihre regelmässige Symptomatologie hat. Wenn man ihnen glauben soll, so wäre es eine Art von noli me tangere, deren Berührung jeder ernsthafte Nosograph sorgfältig vermeiden müsse. Ein anderes Gefühl scheint sich noch mit dieser wissenschaftlichen Zurückhaltung zu verbinden, ein eigentümlicher Rassenstolz; man scheint sagen zu wollen: Ihr Lateiner seid hysterisch, überhysterisch, das muss man zugeben; aber wir Germanen, wir kennen die Hysterie nicht. Man findet sie bei uns nicht oder, wenn man sie findet, gleicht sie der eurigen nicht." Und dass das von den Israeliten (dieser zur Hysterie vor allen veranlagten Rasse), welche an den deutschen Universitäten so zahlreich vertreten sind, gesagt wird, das ist eine Thatsache, die hervorgehoben zu werden verdient!

Die Ansicht von Laquer, die P. Marie im Auge hatte, wurde übrigens durch Strümpell energisch bekämpft: Es ist sehr zu bedauern, sagt dieser, dass die grossen Fortschritte, welche durch Charcot die Kenntnis der Hysterie gemacht hat, noch nicht in ausreichendem Grade Gemeingut der deutschen Ärzte geworden sind. Man würde sonst die falsche Ansicht verschwinden sehen, dass die Behauptungen Charcot's nur auf die französische Hysterie Anwendung fänden, während man in Deutschland nichts Ähnliches beobachtet oder doch nur ausnahmsweise. Die Arbeit Bodenstein's, die durch Zahlen (welche wir weiter unten wiedergeben werden), erläuterten Beobachtungen von Andrée und Knoblauch über einen preussischen Grenadier und viele andere zeigen, dass die Hysterie bei den Deutschen so gut wie bei anderen Völkern vorkommt. Was wir von den Deutschen sagen, gilt auch von dem englischen Arzt Gowers. In dem Kapitel über Hystero-Epilepsie finden wir folgende Bemerkung, die wir wörtlich wiedergeben wollen : „Die folgende Beschreibung der Anfälle ist auf solche Fälle gegründet, deren Zeuge ich selbst gewesen bin und denen ich wiederholt eine eingehende Beschreibung gewidmet habe. Da die Krankheit, wie man sie bei uns findet, in mancher Beziehung andere Züge zeigt als bei den Individuen einer anderen Rasse, und da die Beschreibungen Charcot's die Hauptquelle der Beobachtungen gewesen sind, aus denen die neueren Schriftsteller haben schöpfen können, so wird man finden, dass die Beschreibung, welche ich hier gebe, in vielen Punkten von derjenigen sich unterscheidet, die seit kurzem allgemein geworden ist; aber ich glaube, man wird eine genaue Darstellung der Erscheinungen finden, so wie sie in England vorkommen. '

Die grosse internationale Praxis unseres Lehrers Charcot, die Beobachtungen anderer englischer Ärzte, besonders die von Thornburn, erlauben uns zu erwidern, dass die Hysterie wie jede andere Nervenkrankheit in England dieselbe ist wie in Frankreich oder in jedem anderen Lande der Welt.

Man beobachtet also die Hysteria unter allen Breiten [1]). Sie ist häufig bei der schwarzen Rasse, bei den Hottentottenfrauen am Kap, in Abessinien, in Tunis, in Senegambien, im Ogoué.

---

[1]) Hirsch. Die organischen Krankheiten vom historisch-geographischen Standpunkte. 2. Auflage 1886. Art. „Hysterie".

In den Jahren 1863 und 1864 herrschte eine Veitstanz-Epidemie in Madagascar, welche an die des Mittelalters erinnerte. Sie wütete hauptsächlich unter den Mädchen und Frauen von 15—20 Jahren und zeigte sich nach der Ermordung Badama's II.

Nach Courhon sind die Erscheinungen der Hysterie in Abessinien sehr heftig und durch cerebrale Störungen charakterisiert.

Rigler sagt, dass bei den mit Arbeiten beschäftigten Negerinnen die Hysterie weniger häufig ist als bei den Weissen; aber ihre Häufigkeit wird dieselbe, wenn die Negerinnen dieselbe gesellschaftliche Stellung einnehmen. Ph. Ray ist nicht dieser Ansicht [1]). Er schreibt: „Hammond berichtet, dass nach den von ihm gesammelten Nachforschungen die Hysterie bei den Negern zur Zeit der Sklaverei fast unbekannt war. Ich glaube jedoch, dass diese Ansicht irrtümlich ist, denn wir finden die am meisten typischen Fälle von Hysterie bei den Negern in dem Erregungszustand, welcher durch den religiösen Fanatismus erzeugt wird, und diese Scenen waren zur Zeit der Sklaverei jedenfalls häufig. Heute ist die Krankheit in allen ihren Formen bei den Negern gewiss sehr verbreitet."

Rebourgeon, welcher lange in Brasilien in der Provinz des Amazonas gelebt hat, wo die Hysterie unter der weissen Rasse ausserordentlich häufig ist, schreibt uns: „Die Hysterie ist unter der farbigen Rasse nicht selten, und ich habe mehr als einmal Gelegenheit gehabt, sie unter den Nachkommen von Sklaven in Brasilien zu beobachten. Alle Formen derselhen kommen vor, von dem gewöhnlichen Anfall his zur grossen Hysterie. Nach meinen Beobachtungen ist sie unter den Mestizen häufiger, mögen diese von Negern oder von Indianern abstammen. Ich habe sie jedoch bei diesen letzteren nie beobachtct, obwohl ich mit denselben im Norden Brasiliens an der Mündung des Amazonenstromes oft in Berührung gekommen bin. Sie ist unter beiden Geschlechtern gleich verbreitet."

Wir hatten Gelegenheit, eine Negerin aus Bambara genau zu beobachten, welche im Sudan gefangen und als Sklavin von Timbuktu nach Tunis gebracht worden war, von wo sie als Freigelassene nach Frankreich kam. Sie kam wegen klassischer hysterischer Anfälle in die Behandlung Charcot's und zeigte die sämmtlichen charakteristischen Stigmata.

Hirsch sagt, dass die Hindufrauen selten daran leiden, dass dagegen die nach Indien gekommenen Europäerinnen dort nicht mehr verschont werden als in Europa.

Wir wissen ausserdem durch die Beobachtungen von Boinet und Salebert, dass die Hysterie unter den anamitischen und tonkinesischen Tirailleuren vorkommt.

Kann man daraus einen anderen Schluss ziehen, als dass die Hysterie eine allgemeine endemische Krankheit ist, die sowohl in den tropischen Ländern als in den arktischen Regionen vorkommt?

---

[1]) L'hystérie chez le nègre. The New-York med. record. 1888, 14. Juli. Übersetzt in: „L'Encephale." 1888. pag. 564.

„Hammond behauptet auch, die Krankheit sei unter den wilden Völkern wenig bekannt. Ich bezweifle dies jedoch, sagt Ph. Ray; ich halte es für gewiss, dass alle Geschöpfe dem, was wir im allgemeinen Hysterie nennen, unterworfen sind, und ich glaube, dass auch die niederen Tiere unter dem Einflusse von Erregungen daran leiden können."

* * *

Inbezug auf diese letzte Behauptung beschränken wir uns darauf, die Beobachtungen von Eletti[1]), Olver[2]) und Charcot[3]) zu erwähnen und die folgenden Zeilen aus der „Revue scientifique" wiederzugeben. Wir gestehen, dass wir über diesen Punkt ein eigenes Urteil nicht haben.

„Hysterie bei Tieren. — Man hat viel über die Intelligenz bei Tieren gesprochen, aber bis jetzt hat man nur wenige Beobachtungen gesammelt, welche beweisen könnten, dass sich bei Tieren wie beim Menschen eine tiefgehende Einwirkung der psychischen Eindrücke auf die somatischen Funktionen vollziehen könne.

„Ein Assistent der Tierarzneischule von Mailand, E. Aruch, teilt über solche Thatsachen drei interessante Beobachtungen mit. Es handelt sich um Hunde, welche unter dem Eindrucke von seelischen Erregungen sehr deutliche nervöse Störungen zeigten.

„Eines dieser Tiere, welches schon früher einmal bei Gelegenheit der Abreise seines Herrn krank geworden war, wurde krank, als es zum ersten Male sah, wie seine Herrin das Junge, das es soeben geworfen hatte, in den Armen hielt. Es war eine junge, sehr intelligente und sehr zärtliche Hündin von zweieinhalb Jahren. Die Anzeichen, welche sie darbot, waren zuerst Schluckbeschwerden, Husten, Polyurie, eine Alteration der Stimme und ein launenhaftes Verhalten; dann stellte sich eine progressive Parese der Extremitäten ein und die Stimme schwand ganz. Es war eine merkliche Abnahme der Hautempfindlichkeit vorhanden, ohne Atrophie der Muskeln. Die Anwendung von Nux vomica veranlasste heftige Konvulsionen. Das Tier wurde getötet, aber man fand bei der Sektion keine Verletzung der Nervencentren.

„In dem zweiten Falle handelte es sich um einen Hund von elf Jahren, sehr stubenhockend, fett, anhänglich und intelligent, welcher zum ersten Male einen konvulsiven Anfall bekam, ohne das Bewusstsein zu verlieren, infolge eines heftigen Verweises von seiten seines Herrn. Von diesem Tage an wurde das Tier jedesmal, wenn sein Herr ins Haus trat, von ähnlichen Anfällen betroffen, welche an die Stelle der sonst gewohnten Freudenbezeugungen traten.

„Die dritte Beobachtung bezieht sich auf einen jungen Terrier von zwei Jahren, der früher an einer seit einem Jahre geheilten Paraplegie

---

[1]) Storia di un isterismo ommo in una cavalla. Gaz. medicin. ital. lomb. Mailand 1853. 3. S. vol. IV, pag. 265.

[2]) Hysteria (in a mare). Veterin. Journ. and Ann. comp. Patt. London 1878, vol. VII, pag. 367—369.

[3]) Épisodes nouveaux de l'hystéro-épilepsie: zoopsie, catalepsie chez les animaux. Gaz. des hôpitaux 1878. pag. 1097—1099

gelitten hatte. Als seine Herrin ihm eine kleine Hündin zur Gefährtin gegeben hatte, verlor er sofort seine Heiterkeit und seine gewohnte Fresslust. Sein Geschlechtstrieb, der bis dahin geschlummert hatte, regte sich nur sehr unvollständig und vielfache paralytische Störungen zeigten sich: Dysphagie, Alteration der Stimme, fortschreitende Lähmung der Extremitäten mit Aufrechterhaltung der Funktionen des Mastdarmes und der Blase. Die Anwendung von Nux vomica rief gleichfalls heftige Konvulsionen bei diesem Tiere hervor, welches sehr schnell gesund wurde, als man es von seiner Gefährtin trennte."

Indem Aruch sich auf die Natur dieser Störungen, auf ihren Verlauf und auf die Abwesenheit sichtbarer Verletzungen der Nerven-centren, welche sie erklären könnten, stützt, schlägt er vor, sie den hysterischen Störungen anzureiben, die man bei Menschen findet. Es sind in jedem Falle Störungen von offenbar psychischem Ursprunge.

---

4. Kapitel.

Die Stigmata der Hysterie. Die kutanen Anästhesien.

Bei der Hysterie wie bei jeder anderen allgemeinen Krankheit giebt es eine gemeinsame Grundlage, auf welcher sich die Gesamtheit der Symptome des einzelnen Falles aufbaut.

Diese allgemeine Grundlage, welche man als den allgemeinen hysterischen Zustand bezeichnen könnte, während man die Be-zeichnung Temperament besser für alles, was vorzugsweise der psy-chischen Seite angehört, aufspart, wird durch die Vereinigung einer grossen Zahl verschiedener Elemente gebildet. Dieselben sind jedoch nicht immer vollständig vorhanden; mehrere Glieder dieser pathologischen Kette können gerade im Momente der Beobachtung fehlen; aber ein gemein-sames Band verbindet sie, und das ist ihre Dauer; man bezeichnet sie nach Charcot als „Stigmata".

Ihr Studium ist von besonderer Wichtigkeit; denn nicht nur geben sie die Möglichkeit, auch bei Abwesenheit von solchen Symptomen, welche die Aufmerksamkeit besonders erregen, die aber oft nur vorüber-gehend sind, das Vorhandensein der Hysterie zu erkennen, die eingehende Kenntnis derselben ist auch unerlässlich für die genaue und richtige Erklärung der Erscheinungen, welche häufig in ihrem Gefolge auftreten.

Deshalb müssen wir zuerst die Beschreibung dieser Stigmata geben.

Die Reihenfolge, in welcher wir sie betrachten werden, hat mit der Physiologie nichts zu thun. Da wir in diesem Werke ganz auf klinischem Boden zu bleiben wünschen, so werden wir gerade so vorgehen, als wenn wir einen Kranken vor uns hätten, den wir untersuchen sollten.

Nachdem wir in den beiden vorhergehenden Kapiteln gezeigt haben, wie die Hysterie entsteht, werden wir jetzt die charakteristischen Eigen-schaften des Bodens studieren, auf dem sie sich entwickelt.

Die Stigmata der Hysterie sind mannigfaltig. Man kann sie in somatische und psychische einteilen. Unter den ersteren ist wohl keines so häufig als die Störung der Sensibilität, Anästhesie oder Hyperästhesie; besonders die Anästhesie ist schon sehr lange bekannt, und sie soll in diesem Kapitel eingehend betrachtet werden.

Unter den Erscheinungen der Besessenheit vom Teufel, welche die Kirche seit den ersten Jahrhunderten ihres Bestehens als solche anerkannt hat, finden wir neben dem Emporheben des Körpers in die Luft, der Fähigkeit, in fremden Zungen zu reden und sie zu verstehen, auch besondere Abzeichen, welche die Dämonen dem Körper der Besessenen aufdrücken. Diese Stigmata diaboli waren unempfindliche Stellen der Haut, und man findet sie in den betreffenden Erzählungen so häufig angeführt, dass wir daraus schon auf die Häufigkeit der ·hysterischen Anästhesie schliessen können.

Tertullian, ein alter Kirchenvater, schrieb [1]), „dass der Verderber des menschlichen Geschlechtes die Seinigen zu bezeichnen pflege, um sie zu erkennen; er wolle darin den Schöpfer nachahmen,· welcher den Seinigen ein inneres Seelenmal einpräge". „Adducit eos ad adorandum ipsum, sagt der Märtyrer St. Hippolyt, ac sibi obtemperantes sigillo suo notat." Es muss erwähnt werden, dass viele dieser unglücklichen Fanatiker, welche sich wirklich besessen glaubten, besondere Empfindungen hatten und nach ihrer Aussage an genau bezeichneten Stellen entweder eine brennende Hitze oder eine empfindliche Kälte empfanden. Diese Erscheinungen werden uns später wieder begegnen, denn sie gehören gerade zu den Störungen der Empfindung, welche die Hysterie hervorruft.

Die Schwester Jeanne des Anges, Oberin der Ursulinerinnen von Loudun, deren Selbstbiographie wir veröffentlicht haben [2]), beklagte sich im Jahre 1634 unaufhörlich über Parästhesien. „Die Hälfte ihres Leibes war ganz geröstet." Hemianästhesie oder Hyperästhesie gieng bei ihr in vollständige Anästhesie über. „Ein anderes Mal habe ich mitten im strengen Winter einen Teil der Nächte ganz entkleidet im Schnee oder in einem Bottich mit gefrierendem Wasser zugebracht. Ausserdem habe ich mich oft in die Dornen gestürzt, so dass ich davon ganz zerfleischt war, oder ich wälzte mich in Brennnesseln und lag ganze Nächte darin."

Meistens wussten jedoch, wie Pierre de Lancre deutlich sagt [3]), die Hexen gar nicht, dass sie so gezeichnet waren, bis man sie darauf untersuchte. Das stimmt noch mehr wie die von Jeanne des Anges angeführten Phänomene mit dem überein, was wir heute über die Seltenheit der subjektiven Empfindungen bei den anästhetischen Hysterischen wissen.

Die medizinischen Werke jener Zeit verbreiten sich sehr ausführlich über die Anästhesie. Ein Arzt, Paul de Bé, betitelt ein Kapitel

---

[1]) Citiert bei Briquet, S. 268.
[2]) A. a. O.
[3]) Tableau de l'inconstance des mauvais anges et démons. Paris 1612, pag. 188.

seines Werkes: „Energumeni (Hexen oder Besessene) qnomodo diagnoscendi?" Man liest darin: „Imo ἀναισθησία tanta est ut si pungantur, nec sentiant nec fundant sanguinem " Besser kann man sich nicht ausdrücken.

Jede der Zauberei beschuldigte Person wurde ganz entkleidet, am ganzen Körper geschoren und durch vereidigte Sachverständige untersucht. Gewöhnlich waren dies Chirurgen oder Barbiere, oft auch der Inquisition glücklich entgangene frühere Hexen, welche, noch fanatischer als die anderen, sich mit einer wahren Wut der Untersuchung ihrer Opfer hingaben.

So hatte der genannte Pierre de Lancre, Parlamentsrat von Bordeaux, welcher allein mehr als 500 Scheiterhaufen anzündete. zwei sachverständige Gehilfen, „einen fremden Wundarzt, welcher aber damals in Bayonne wohnte und welcher bei der Untersuchung der der Zauberei Beschuldigten und dem Auffinden ihrer Male eine wunderbare Geschicklichkeit und Fertigkeit entfaltete", und eine frühere Hexe von 17 Jahren. Namens Morguy, „welche aber durch die Gnade Gottes das schändliche Gewerbe ganz aufgegeben hatte".

Morguy untersuchte besonders die jungen Mädchen und die Kinder. „Der Chirurg war für die Hexen ...., welche eher geeignet waren, in ihm die Begierde, die solche Untersuchungen erregen könnten, auszulöschen (da er nur lebende Scheusale zu sehen bekam, so scheusslich, dass es zu verwundern ist, wie der Teufel selbst sich mit ihnen abgehen mochte), während die Untersuchung. Sondierung, die Berührung der jungen Mädchen, die in diesem Lande nur zu bereit sind, das Mal an irgend einer Stelle ihres Körpers, welche es auch sein mag, sehen zu lassen, eine grosse Versuchung für ihn hätte sein müssen."

Um die Male zu suchen, verfuhr der Sachverständige, nachdem er den Opfern die Augen verbunden hatte, in folgender Weise: „Er hatte eine Stecknadel in der linken Hand, mit deren Kopf er die Hexe an mehreren Stellen scheinbar stach, was sie aber nicht sehen konnte, da sie die Augen verbunden hatte. In der rechten Hand hatte er eine feine, spitze Nadel. Wenn er nun die Hexe mehrfach mit dem Kopfe der Stecknadel berührt hatte, wurde sie unruhig und beklagte sich, als wenn sie grosse Schmerzen erduldet hätte; wenn man ihr dann aber sofort die Nadel bis auf die Knochen einbohrte, sagte sie kein Wort."

Aber nicht alle diese vorgeblichen Hexen waren hysterisch. Auch übten manche Sachverständige Betrug und nahmen keinen Anstand, das Vorhandensein von Malen fälschlich zu behaupten, um nur ihrem schrecklichen Berufe zu entsprechen.

In der unglücklichen Epidemie der Ursulinerinnen von Loudun, bei der es sich eigentlich nur um einen auf die Konvulsionen religiöser Hysterischer gegründeten politischen Prozess handelte, antwortete der Teufel, von dem Jeanne des Anges besessen war, den von Lauhardemont geführten Exorzisten, der unglückliche Grandier „sei an zwei verborgenen Stellen des Körpers gezeichnet, in duabus natibus circa anum et in duobus testiculis."

Der mit dieser Untersuchung betraute Chirurg Mannoury führte dieselbe mit einer unerhörten Grausamkeit und Wut aus. „Er liess

Grandier vollständig entkleiden, ihm die Augen verbinden, ihn ganz scheren und an vielen Stellen seines Körpers sondieren und bis auf die Knochen stechen." Diese Untersuchung war so schmerzhaft, dass der Gequälte Schreie ausstiess, welche von zahlreichen auf der Strasse versammelten Leuten gehört wurden. Doch man musste die Teufelsmale finden, und um zu diesem Ziele zu kommen, „stellte sich der erbärmliche Chirurg, als ob er Grandier stäche; allein er legte nur seinen Daumen auf, sagte aber, dass er die Lanzetta eingebohrt habe und dass an dieser Stelle Grandier unempfindlich sei."

Ein Apotheker von Poitiers, Carré, der unwillig über diese traurige Komödie war, nahm die Lanzette aus der Hand Mannoury's und „stach Grandier, welcher als vollkommen empfindungsfähig erkannt wurde". Die anwesenden Ärzte verfassten einen Bericht, aber Laubardemont unterschlug ihn und nahm nur denjenigen von Mannoury an, welchen der Apotheker Adam mit unterzeichnet hatte. Trotz alles Bestreitens musste der unglückliche Grandier gezeichnet bleiben. Der Teufel hatte es gesagt und der konnte sich nicht irren.

Vielleicht um derartigen aus Falschheit oder Fanatismus hervorgegangenen Betrügereien ein Ende zu machen, hatte das Parlament von Paris im Jahre 1603 die Nadelprobe ausdrücklich untersagt. Doch blieb das betreffende Edikt ein toter Buchstabe, wenigstens in den Provinzen; denn die Epidemie von Loudun ereignete sich im Jahre 1632.

Infolge der Besessenheit der Ursulinerinnen von Aix, welche durch die Hinrichtung Gauffridi's ihr Ende fand, entstand im Jahre 1611 eine Art von „Abhandlung über die Teufelsmale der Hexenmeister", die man dem Ratsherrn und Leibarzte des Königs, Jacques Fontaine, verdankt, und worin man unter einem Schwall von scholastisch-religiösen Sachen interessante Betrachtungen über diese Stigmata findet[1]).

Louis Gauffridi wurde erfunden als „behaftet mit Teufelsmalen an mehreren Stellen, wo man eine Nadel weit ins Fleisch hineinstechen konnte, ohne dass dieser Elende eine Empfindung davon gehabt hätte, obwol an einer dieser Stellen die Nadel mehr als drei Finger tief eingestochen wurde."

„Darauf verbreitete sich unverzüglich das Gerücht unter dem Volke, dass er wirklich ein Zauberer sei; es könne nicht anders sein, weil er gezeichnet sei."

Bei Gauffridi war die Anästhesie auf einzelne kleine Stellen verteilt. „Die Ärzte und Chirurgen und andere Personen, die zusahen, erkannten mehr als dreissig Stellen seines Körpers, besonders an den Lenden als solche — wie auch der Teufel, der ihn vorher beschuldigt hatte, ausgesagt hatte —, an denen er so grosse und tiefgehende Unzuchtsmale hatte, dass man eine Nadel bis zu der Tiefe von drei Fingern einstossen konnte, ohne dass er eine Empfindung davon gehabt hätte oder dass durch den Stich Blut oder irgend eine Flüssigkeit ausgeflossen wäre."

Diese Male sind nicht nur äusserliche, sondern sie können auch innerliche, auf der Schleimhaut befindliche sein; „denn man hat Male

---

[1]) Des marques des sorciers et de la réelle possession que le diable prend sur le corps des hommes . . . . . von Jacques Fontaine Lyon, 1611.

unter der Znnge, an der Inneneeite der Lippen, an den Schamteilen, den Angenlidern, in der Nase, unter den Hanpthaaren gefunden; er (der Teufel) kann sie zwischen Finger nnd Nagel, im After des Mannes oder in der Scham der Frau, oder anch (da er absonderlich nnd nnnatürlich iet) an den edelsten und kostbarsten Stellen des ganzen Leibes, wo es unmöglich ecbeint, sie aufzudrücken, nämlich in den Augen oder im Mnnde, erzeugen."

Die Anästhesie der Schleimhäute kannte man also damals auch schon. Die Stiche hluten nicht und diese Thateache, dass „kein Blnt fliesst", unterscheidet die Male der Hexenmeister von den nnempfindlichen Stellen, welche man bei der „Paralyee nnd beim Aussatze" findet.

„Was die Art und Natur der Zaubermale anbelangt, so eind sie ohne irgend eine Empfindung und ohne irgend welche Flüseigkeit, ohne stärkeres Hervortreten der Haut, eondern von derselben Farbe wie diese, wie ich selbst bezeugen kann; denn wenn man mit einer Nadel tief einsticht, merkt man weder irgend eine Empfindung, noch eine Spur von Blut, welches bei dem Stich oder nach demselben herausfliesst." Darans folgt für J. Fontaine, dass es abgestorbene Stellen sind.

Madeleine de la Palnd, welche durch Ganffridi behext sein sollte, „bezeichnete, nachdem sie berent hatte und bekehrt war, den Ärzten und Chirurgen die Stellen ihrer Hexenmale, nämlich eines vorne an jedem Fusse, das dritte an der linken Seite, in der Gegend des Herzens; man eondierte die Stellen in gewohnter Weise und fand sie trocken, hart nnd ohne jedee Gefühl".

J. Fontaine giebt anch an, dass die Male verschwinden können. „Am nächsten Osterfeste berichtete sie dem Pater, welcher sie exorzierte, und mehreren anderen, dáss sie an den Stellen der Male grosse und heftige Schmerzen empfnnden hätte. Sie wurde deshalb von den Ärzten und Chirurgen aufs neue untersucht, und man fand wirklich, dass die Male, die man früher gefnnden hatte, nicht mehr vorhanden waren. Denn als man wie vorher, eine Nadel einführte, fand man die Stelle sehr weich; nach dem Stich flose aus der Wunde hellrotes Blnt. Man erkannte daran, dass die Hexenmale, welche sie gehabt hatte, getilgt waren."

„Anbert de Poitier's, Advokat beim Parlament, so herichtet de Lancre, hat mir gesagt, dass er dem Prozesse einee Hexenmeistere, des Hufechmiede von Chatean-Thierry, beigewohnt habe, welcher auf der rechten Schulter ein Mal hatte; am folgenden Tage habe der Tenfel das Mal getilgt. ... Claude Deffay, königlicher Proknrator in Ribemont, hat mir gesagt, dass er das Mal der Johanna Herviller, einer Hexe, deren ganzen Prozess er mir geschickt hat, gesehen habe; am folgenden Tage eei das Mal verschwnnden gewesen."

Die Lektüre des Werkes von Carré de Montgeron, des berühmten Verfechters der auf deni Grabe des Diakonns Pâris geschehenen Wunder, läset keinen Zweifel, dass zu jener Zeit die Anästheeie der äuseeren und inneren Gewebe, die Eingeweide inbegriffen, festgestellt war.

Die Geschichte des 29jährigen Philipp Sergent, welcher am 10. Juli 1731 anf dem Grabe des Diakonns Pâris plötzlich von einer rechtsseitigen

Hemiplegie hysterischen Ursprunges geheilt wurde, ist in mehr als einer
Hinsicht merkwürdig, und wir werden mehrfach darauf zurückkommen.
Hier sei nur gesagt, dass das gelähmte Bein der Sitz einer vollständigen
oberflächlichen und tiefen Anästhesie war.

„Im Mai 1730, schreibt Carré de M o n t g e r o n [1]), sass Sergent neben
dem Fener. Durch den Anblick seines Leidens zum Äussersten gebracht,
nahm er einen glühenden Brand und hielt ihn an die Wade seines
rechten Beines. Ruhig sah er die Haut und das Fleisch rösten, entschlossen, wie er sagte, sie ganz verbrennen zu lassen, wenn das Feuer
nicht imstande wäre, die verlorene Empfindung wieder hervorzurufen,
um sich von dem quälenden Anblick und der unnützen Last eines Gliedes
zu befreien, welches ihm erstorben schien; ein trauriges und mitleid-
erweckendes Mittel, welches nur die Verzweiflung eingeben konnte.
„Seine Frau, welche zugegen war, aber die traurige Scene nicht
sah, wurde durch den Geruch des röstenden Fleisches aufmerksam gemacht. Sie wandte sich um, und als sie den von dem brennenden Beine
ihres Mannes aufsteigenden Qualm sah, stürzte sie hinzu und entriss
ihm das Werkzeug seiner Raserei, indem sie ihm unter reichlichen
Thränen vorwarf, dass er sich zu solcher That habe hinreissen lassen.“
Carré de M o n t g e r o n hat Anästhesie der Conjunctiva bei hysterischer Amblyopie angeführt, und es unterliegt keinem Zweifel, dass die
unglückliche Jeanne Mouler, der er selbst mit einem 29—30 Pfund
schweren Feuerblock Beistand leistete, an Anästhesie der Eingeweide
litt. „Wenn die Schläge heftig geführt wurden, sagt er, sank der
Feuerblock so tief in die Magengegend der Leidenden ein, dass er bis
zum Rücken einzudringen schien, und dass man meinen sollte, die sämtlichen Eingeweide hätten unter der Wucht dieser Schläge zerschmettert
werden müssen. Aber die Konvulsionärin rief dabei mit dem Ausdruck der
Befriedigung auf ihrem Gesichte aus: ‚Ah! das thut gut! Ah! wie wohl
mir das thut! Mut, mein Bruder, schlage noch kräftiger, wenn du
kannst!‘
„Nachdem ich ihr so hundert Schläge gegeben hatte, ergriff ich
den Feuerblock und wollte versuchen, ob meine Schläge, die sie so
schwach fand, worüber sie sich so bitter beklagt hatte, auch auf eine
Mauer keinen Eindruck hervorbringen würden. Beim 25. Schlage ging
der Stein, auf welchen ich geschlagen hatte, und welcher durch die
vorangegangenen Schläge erschüttert war, ganz in Stücke, alles fiel auf
die andere Seite der Mauer, und es entstand eine Öffnung. die über einen
halben Fuss breit war.“
Doch waren auch im XVII. Jahrhundert nicht alle Geister durch
die Annahme des Übernatürlichen in diesen sonderbaren Erscheinungen
befriedigt. Denn in einem mit demjenigen von Carré de M o n t g e r o n gleichzeitigen Werke [2]), in welchem das Wunderbare sehr aufs Korn genommen
ist, werden „die Einschläferung der Haut unter den Schlägen eines
Holzscheites“, und „alle die schamlosen Hülfeleistungen, welche die an

---

[1]) La vérité des miracles. Köln 1745, vol. I.
[2]) Le naturalisme des convulsions dans les maladies de l'épidémie convulsion-
naire, en 3 parties. Soleure bei Andreas G y m m u s. 1733.

Krämpfen Leidenden fordern und sich erweisen lassen, um die Unord-
nungen und den Aufruhr in ihrem Unterleib zu beseitigen", ganz einfach auf hysterische Vapeurs zurückgeführt.

* * *

Die genauen Beschreibungen seitens der Dämonologen, unter denen
sich auch Ärzte wie Jacques Fontaine befanden, sodann die durch
Hecquet, den Doyen der Fakultät, klar ausgesprochenen Ansichten
hätten, so scheint es, die Verfasser, welche später die symptomatische
Darstellung der Neurose unternahmen, wohl beeinflussen müssen. Es war
jedoch nicht so. Sydenham beschränkte sich darauf, gewisse Formen
der Hyperästhesie zu beschreiben, besonders die Rachialgie, zu deren
Studium Brodie im Jahre 1837 wertvolle Beiträge lieferte. Während
dieser langen Zeit blieb die hysterische Anästhesie vollständig im Dunkel.
Vielleicht fürchteten die Verfasser, die alten Wundererscheinungen der
Besessenheit wieder wachzurufen, die so viele Beispiele geliefert hatte.
Thatsache ist, dass sie eines der interessantesten Kapitel der Hysterie
mit Stillschweigen übergingen.

„Erst im Jahre 1843, sagt Briquet, zeigte Prof. Piorry, welcher
im Hospital de la Pitié mehrere Säle mit einer beträchtlichen Anzahl
solcher Kranken unter sich hatte, aufs neue seinen Schülern unter der
Bezeichnung von Paralysen oder Anervien das Vorhandensein von Anästhesie
der Haut, der Sinne und der Muskeln, welche man bei einer Anzahl der
Kranken beobachten konnte."

Im Jahre 1844 führte Macario einige gleichartige Fälle an.

Im demselben Jahre beschrieb Favrot[1]) in seiner Dissertation
einen Fall von hysterischer Hemiplegie mit Paralyse der sensiblen und
der motorischen Nerven.

Doch Gendrin erst hat den Begriff der sensitivo-sensoriellen
Anästheeien als Stigmata der Neurose in die Wissenschaft eingeführt.

Der von ihm an die Akademie der Medizin gerichtete und in der
Sitzung vom 11. August 1846 verlesene Brief verdient mehr als eine
blosse Erwähnung. Er sagt darin:

„1. Die Hysterie ist nicht allein durch die krampfartigen, sich von
Zeit zu Zeit wiederholenden Anfälle gekennzeichnet, sie ist eine dauernde
Krankheit, welche immer, auch in den Zeiten zwischen den Anfällen,
Symptome aufweist, die hinreichend sind, um sie zu erkennen.

„2. In allen Fällen von Hysterie ohne Ausnahme besteht vom
Auftreten der Krankheit bis zu ihrem Ende ein Zustand von allgemeiner
oder teilweiser Unempfindlichkeit. In den leichtesten Fällen findet sich
die Anästhesie nur an gewissen Stellen der Haut. In den schwersten
Fällen erstreckt sie sich über die ganze Oberhaut und die unseren Untersuchungen zugänglichen Schleimhäute, nämlich die Conjunctiva, die
Schleimhaut der Nase, des Schlundes, des Mastdarmes, der Harnröhre,
der Blase, der Scheide. Nicht selten zeigt sich die Anästhesie in den
Sinnesorganen oder sie erstreckt sich auf tiefer liegende Partien. Manche

---

[1]) De la catalepsie, de l'extase et de l'hystérie. Thèse de Paris, 1844.

— 84 —

Kranke verlieren sogar das Bewusstsein von der Lage ihrer Glieder und der Bewegung derselben. „3. Es besteht kein erkennbarer Zusammenhang zwischen dem Grade der Anästhesie und der Heftigkeit oder der Form der Anfälle." Die Gedanken Gendrin's wurden ein Jahr später von dessen Schüler Henrot noch weiter entwickelt [1]). Er ist wenigstens ebenso überzeugt wie sein Lehrer, nicht nur von der Häufigkeit, sondern auch von der Beständigkeit — was nicht ganz genau ist — der sensitivo-sensoriellen Anästhesie bei den Hysterischen.

Von dieser Zeit an bilden die hysterischen Anästhesien ein Kapitel der Neurose. Sie sind in Frankreich beschrieben worden von Beau [2]), der sie den bei der Bleivergiftung beobachteten nahe stellt; ferner von Mesnet [3]), von A. Voisin [4]), der die sehr bestreitbare Ansicht aufstellt, dass die Anästhesie sich nur nach heftigen, mit Bewusstlosigkeit verbundenen Anfällen zeige. In Deutschland fand Szokalsky [5]) die Anästhesie in allen 17 Fällen von Hysterie, die er untersuchte.

Endlich erschien im Jahre 1859 die Abhandlung von Briquet, welche wegen der Sorgfalt, die er auf seine Untersuchungen verwendet, und wegen der Zahl derselben in mehr als einem Punkte beachtet zu werden verdient.

Wir führen noch Lasègue [6]) und Chairou an, welch' letzterer im Jahre 1870 mit Unrecht die Anästhesie der Glottis als etwas für die Hysterie pathognomonisches ansehen wollte.

Doch die eigentlich wissenschaftliche Periode des Studiums der hysterischen Anästhesie beginnt erst mit dem Jahre 1871 oder 1872; damals fing Charcot an, die Resultate seiner vieljährigen Studien über diesen Punkt darzulegen.

Wenn wir Pitres glauben sollen, so waren trotz der zuletzt angeführten Arbeiten die Untersuchungen von Gendrin, Henrot, Briqnet fast in Gefahr, vergessen zu werden. „Die meisten Ärzte, sagt er, verhielten sich in der Frage Hysterie gleichgültig oder skeptisch, und es war fast eine neue Entdeckung, als im Jahre 1872 Prof. Charcot durch seine Arbeiten über die hysterischen Hemianästhesien das häufige Vorkommen dieses Symptoms bei den Hysterischen nachwies." [7])

Es ist bekannt, wie fruchtbar dieser neue Anstoss gewesen ist. Die Untersuchungen wurden vervielfältigt, und wir werden sehen, wie jeder Tag uns neue Entdeckungen auf diesem Gebiete bringt, welches man durch die Arbeiten von Bourneville und Reynaud, Paul Richer,

[1]) De l'anesthésie et de l'hyperesthésie hystériques. Thèse de Paris, 1847.
[2]) Recherches cliniques sur l'anesthésie suivies de quelques considérations physiologiques sur la sensibilité. Arch. gén. de méd. 4. Ser, vol. XVI. Paris 1848.
[3]) Etude des paralysies hystériques. Thèse de Paris, 1852.
[4]) De l'anesthésie cutanée hystérique. Gazette hebdomadaire de médecines et de chirurgie 1858.
[5]) Von der Anästhesie und der Hyperästhesie bei den hysterischen Frauen. Vierteljahrsschrift für die praktische Heilkunde 1851, S. 130.
[6]) Anesthésie et ataxie hystériques. Arch. générale médecine 1864.
[7]) Leçons sur les maladies du système nerveux. 1. Ausgabe 1872. Bd. I, 10. Vortrag. Bd. III. — Leçons du mardie 1887—1889, 2 Bde.

besonders aber diejenigen Pitres'[1]) und seines Schülers H. Licht-witz[2]) als allseitig erforscht ansehen könnte. Den letzteren haben wir mehreres aus dem Inhalte dieses Kapitels entlehnt.

* ** *

Die Bezeichnung Anästhesie, allgemeiner oder teilweiser Mangel der Fähigkeit, zu empfinden, hat eine sehr ausgedehnte Bedeutung, welche genauer bestimmt werden muss. Die Haut, die Schleimhäute, die Sinnes-organe, vielleicht auch die tiefer liegenden Organe, haben verschiedene Arten von Empfindungsvermögen, welche in verschiedenem Grade durch die Hysterie beeinflusst werden können. Die Empfindung für Schmerz ist nicht dieselbe, wie die Empfindung für Kälte, und die letztere kann geschwunden sein, während die Tastempfindung noch vor-handen ist. Jede dieser Empfindungen bedarf also einer besonderen Er-wähnung. Die folgende der Arbeit von Pitres entnommene Tabelle wird uns sofort eine allgemeine Vorstellung der verschiedenen Veränderungen dieser Empfindung geben, wie sie bei der Neurose auftreten können.

Verschiedenheit der Anästhesie der Haut bei Hysterischen.

1. Totale Anästhesie, d. h. An., welche sich auf alle Empfin-dungsqualitäten erstreckt.
    a) Vollständige: Anästhesie im eigent-lichen Sinne.
    b) Unvollständige: Hypästhesie.

2. Partielle Anästhesie, d. h. An. einzelner Empfindungsqua-litäten, während die übrigen vorhanden sind.
    a) Verlust der Schmerzempfindung bei Vorhandensein der Tastempfindung: Analgesie.
    b) Verlust der thermalen Empfindung bei Vorhandensein der Tast- und Schmerzempfindung: Thermoan-ästhesie.
    c) Verlust der Tast- und Schmerz-empfindung bei Vorhandensein der Wärmeempfindung: Anästhesie mit Thermoästhesie.
    d) Blosser Verlust der elektrischen Empfindung: Elektroanästhesie.
    e) Blosses Vorhandensein der elektri-schen Empfindung: Anästhesie mit Elektroästhesie.

Der Verlust der Schmerzempfindung (Analgesie) ist von allen Formen am häufigsten beobachtet worden. „Unter 240 von mir beob-achteten Anästhesien, sagt Briquet (S. 278), war nicht eine einzige, bei der die Haut nicht in irgend einem Grade unempfindlich gewesen wäre."

---

[1]) Des anesthésies hystériques. Bordeaux 1887.
[2]) Des anesthésies hystériques des muqueuses et des organes des sens et les zones hystérogènes des muqueuses. Thèse de Bordeaux, 1887.

Ehe wir weiter gehen, müssen wir zeigen, wie man dies erkennen kann; denn es ist eine bei allen Arten der Anästhesie zutreffende Thatsache, auf die wir später noch zurückkommen werden, dass, wie Lasègue schon bemerkt hatte, die Kranken selbst selten wissen, dass sie anästhetisch sind.

Das Verfahren, um das Vorhandensein der Analgesie nachzuweisen, ist sehr einfach. Wie bei allen Untersuchungen bei Hysterischen, ist es unerlässlich, dass die zu untersuchende Person die Augen geschlossen habe. Um dieses zu bewirken, empfehlen wir, statt eine Binde anzuwenden, welche sich verschieben. kann, die Augen mit Daumen und Zeigefinger der linken Hand zuzuhalten, während die rechte Hand die Untersuchung anstellt. Es ist wünschenswert, dass eine dritte Person den Arzt dabei unterstützt, der dann beide Hände frei hat.

Bevor man auf Analgesie untersucht, ist es wichtig, sich vorher davon zu überzeugen, ob die Tastempfindung noch vorhanden ist. Oft haben wir gehört, wenn der Untersuchende die Augen des zu Untersuchenden geschlossen hatte und nun leicht in die Haut stach, dass er dann auf die Frage: „Fühlen Sie etwas?" eine bejahende Antwort erhielt. Er schloss dann wohl, dass der Kranke nicht an Analgesie, in hemilateraler Form zum Beispiel, litt. Aber dieser hatte einfach die Berührung der Finger gefühlt, und wenn der Untersuchende genauer verfahren hätte, hätte er vielleicht gefunden, dass die Person, welche die Berührung durch eine Nadel empfand, keinen Schmerz geäussert hätte, wenn man ihr den Arm mit derselben Nadel durchstochen hätte.

Um die Tastempfindung zu untersuchen, genügt es, etwa die Spitze des Zeigefingers auf die zu untersuchende Stelle zu setzen und die Person aufzufordern, jedesmal, wenn sie die Berührung fühlt, laut zu zählen (1, 2, 3, 4). Durch stärkeres oder weniger starkes Aufdrücken erkennt man das vollständige oder nur teilweise Fehlen dieser Empfindung; dadurch, dass man den Kranken veranlasst, sofort bei der empfundenen Berührung zu zählen, kann man beurteilen, ob die Wahrnehmung normal oder verzögert erfolgt.

Die Tastempfindung sagt uns nicht nur, dass die Haut von irgend einem Gegenstande berührt wird, sie giebt uns auch ohne Mitwirkung des Gesichtssinnes Kunde über die Gestalt desselben und belehrt uns vielleicht auch über das Gewicht des Gegenstandes. Um diese verschiedenen Modalitäten zu untersuchen, legt man Gegenstände von verschiedener Form und von verschiedenem Gewicht in die Hand.

Charcot wendet bei seinen Untersuchungen stets die einfachsten Dinge an und bedient sich niemals eines der verschiedenen Ästhesiometer. Man muss bei allen Untersuchungen, welche die sensitivo-sensoriellen Störungen der Hysterischen zum Gegenstande haben, sehr schnell verfahren; man kann sonst leicht Transfererscheinungen hervorrufen, welche das Resultat der Untersuchung trüben würden.

Um auf Analgesie zu untersuchen, ist es am einfachsten, die Haut mit einer dünnen und spitzen Nadel zu stechen. Man muss dabei bedenken, dass die Anästhesie, wie wir noch sehen werden, vielleicht nur an einzelnen getrennten Stellen vorhanden ist, so dass eine sehr genaue

Untersuchung nöthig wird. Wir glauben sogar sagen zu können, dass die Untersuchung auf Analgesie oft dadurch ungenügend wird, dass die Stiche des Untersuchenden zu schwach und zu wenig tief sind und nicht überall angebracht wurden. Die Gegend, wo die Untersuchungen gewöhnlich und fast immer schnell angestellt werden, ist die Rückseite des Vorderarms. Aber die Haut ist an dieser Stelle schon ohnehin sehr wenig empfindlich. Man sticht sehr schwach und fragt den Kranken, ob er Schmerz empfinde; er verneint es und gilt dann für anästhetisch. Man muss daher nicht zu schwach stechen und besonders die Stiche an mehreren Stellen der einen oder beider Seiten anbringen und sich immer vergegenwärtigen, dass die Haut am Vorderarm eine sehr geringe Empfindung hat.

Je nach dem Ergebnis der Untersuchung trägt man in eines der Schemata, welche Charcot in der Salpêtrière eingeführt hat, die Topographie der sensiblen Störungen ein. Das ist besser als eine ausführliche Beschreibung; man hat sofort eine Übereicht der Anästhesie, und die Vergleichung der zu verschiedenen Zeiten erhaltenen Schemata macht die täglichen Schwankungen der Sensibilität, wenn solche vorhanden sind, sozusagen greifbar.

Nach diesen Bemerkungen haben wir noch hervor, dass man bei den mit Analgesie behafteten Personen sehr häufig — doch hängt dies von dem Grade der Analgesie ab —, ohne dass der Kranke Schmerz empfindet, die Extremität, welche der Sitz der sensiblen Störung ist, ganz durchstechen kann. Wir müssen bei dieser Behauptung beharren, obwohl Briquet über die Sensibilität der inneren Fläche der Haut eine nach unserer Ansicht etwas sonderbare Behauptung ausgesprochen hat.

„Die Anästhesie der Haut betrifft, sagt er (S. 281), nur das Gewebe der Haut selbst und die damit unmittelbar verbundenen Schichten. Die Nervenfasern, welche sich unter den anästhetischen Teilen befinden, behalten ihre ganze Empfindlichkeit, und die Veränderung erstreckt sich blos auf die Nervenästchen, welche sich an der äusseren Seite befinden. Wenn man mit einer Nadel eine von der anästhetischen Haut gebildete Falte durchsticht, so bemerkt man, dass die Kranken den Stich erst dann empfinden, wenn die Nadel, nachdem sie die Hälfte der Falte von aussen nach innen durchstochen hat, nun die innere Seite der Haut der anderen Hälfte der Falte trifft. Diese Thatsache, welche ich oft bestätigt gefunden habe, wurde von Türk in einer Arbeit über Anästhesie und von Mesnet in einem vortrefflichen Vortrage über Hysterie festgestellt."

Die Untersuchungen, welche wir angestellt haben, um ein Urteil über diese Behauptung zu gewinnen, erlauben uns nicht, derselben beizustimmen. Man muss sich doch fragen, warum die Empfindung sich erst dann zeigen sollte, wenn die Nadel, welche die inneren Flächen der Haut doch zweimal durchstechen muss, dieses am Grunde der Falte zum zweiten Male thut.

Wir würden diese Ansicht Briquet's nicht erwähnt haben, wenn sie uns nicht auf die Besprechung der Analgesie der unteren Hautschichten führte, besonders des Verhaltens der Nervenfasern, welche sich innerhalb der anästhetischen Partien verbreiten und, wie Briquet sagt, ihre Sensibilität behalten sollen.

Pitres hat, so viel wir wissen, zuerst gesucht, diese Behauptung zu prüfen, indem er den Nervus ulnaris, welcher in der Vertiefung die das Olecranon vom Condylus internus humeri trennt, leicht zugänglich ist, drückte oder stach. Der Nerv wurde von der Nadel getroffen, sagt er, denn „sofort zogen sich die Unterarmmuskeln zusammen, aber die Reizung desselben verursachte durchaus keine Schmerzempfindung; der Kranke fühlte und fühlt gar keinen Schmerz.“

Das entspricht aber genau der Annahme, „dass die Störungen sich allein auf die Nervenverzweigungen der äusseren Hautfläche erstrecken.“

„Ich mache, sagt Pitres, auf die theoretische Bedeutung der von uns angestellten Untersuchungen aufmerksam. Sie beweisen, wenn ich mich nicht irre, dass die hysterische Anästhesie nicht die Folge einer funktionellen Unthätigkeit der Enden der sensiblen Nerven ist; denn wenn die Organe dieser Anästhesie peripherische wären, so müsste die unmittelbare Reizung der Nervenstämme schmerzhafte Empfindungen in den unberührt gebliebenen centralen Ganglien erzeugen. Wenn es aber möglich ist, die Nerven ohne eine sensitive Reaktion zu drücken oder zu stechen, so muss das Organ der Anästhesie oberhalb der Nerven liegen, und da dort nur die Nervencentren sich befinden, so müssen wir weiterhin die bestimmende Ursache der hysterischen Anästhesie in einer funktionellen Modifikation der Nervencentren suchen.“

Die Nervenstämme können also in der grossen Mehrzal der Fälle an der Analgesie der sie bedeckenden Haut teilnehmen, und fügen wir hinzu, sie nehmen daran teil.

Die Muskeln sind ebenfalls analgisch. Pitres hat auch über diese Muskelanalgesie die genauesten Untersuchungen angestellt.

Nachdem er an die Arbeiten von Karl Sachs, Rollet, Ch. Bell über die besonderen Sensationen, deren Sitz die Muskeln sind, erinnert hat, bemerkt er über die letzteren folgendes:

„a) Wenn wir einen unserer Muskeln stark drücken, so empfinden wir einen anderen Schmerz, als den, welchen Druck auf die Haut oder die tiefen Gewebe verursacht.

„b) Die Zusammenziehung eines Muskels ist von einer besonderen Empfindung begleitet, welche uns genau den Grad der aktiven Kontraktion der Muskelfasern erkennen lässt.

„c) Wenn einer unserer Muskeln eine zeitlang zusammengezogen blieb oder wenn er sich kurz nacheinander oft zusammengezogen hat, so haben wir eine unangenehme Empfindung der Müdigkeit.“

Er schliesst dann, dass nach seiner Erfahrung bei den Hysterischen mit Analgesie der Biceps zwischen den Fingern gedrückt werden kann, ohne dass Schmerz empfunden wird. Aber dieser Muskel, welcher für Druck unempfindlich ist, ist durch Stich, Schnitt, elektrischen Strom noch erregbar; kurz, trotz der Analgesie, deren Sitz er ist, behält er seine Fähigkeit, sich zusammenzuziehen..

Die Erfahrung scheint sogar zu ergeben, dass die Empfindung der Müdigkeit, des Zerschlagenseins, in den anästhetischen Muskeln nicht so entsteht wie in den Muskeln, welche ihre volle Sensibilität besitzen. (Dritter Satz.)

Die Untersuchung des zweiten Satzes ist schwieriger, denn er umfasst den Begriff dessen, was man den Muskelsinn genannt hat, Erscheinungen von jedenfalls sehr kompliziertem Charakter. Man weiss, klinisch wenigstens, worin er besteht, doch wir wollen uns hier in nutzlose Diskussionen nicht einlassen. Nehmen wir einen Hysterischen mit rechtsseitiger Hemianästhesie an; es handelt sich hier nicht mehr um einfache Analgesie. Nachdem die Augen geschlossen sind, heben wir den rechten Zeigefinger auf: der Kranke vermag nicht zu sagen, welcher Finger aufgehoben ist. Wir heben seine rechte Hand auf und sagen ihm, er solle sie mit der linken gesunden Hand ergreifen. Er kann es nicht oder er muss sich des vorhandenen Gefühles der linken Hand bedienen; er tastet mit derselben von den empfindenden Teilen des Rumpfes über die rechte Schulter hin und gelangt so zur Hand, deren Lage er nicht kennt. Wenn während dieser Ausführung der Experimentator seine eigene Hand in die empfindungsfähige linke Hand des Kranken legt, so glaubt dieser, seine eigene zu fassen. In der anästhetischen Extremität ist nicht nur die Empfindung für die Lage vollständig verschwunden, die rechte Hand vermag auch weder Gestalt noch Gewicht der Gegenstände zu erkennen; auch bemerkt man, wie wir weiterhin noch sehen werden, dass, wenn man beide Hände ein Dynamometer drücken lässt, die Muskelkraft der kranken Seite bedeutend geschwächt ist.

Wenn die Anästhesie über die ganze Hautfläche ausgedehnt ist, so kann man den Kranken von seinem Bette heben und ihn auf den Boden legen, ohne dass er die Veränderung der Lage merkt. Befiehlt man ihm, während des Gehens plötzlich die Augen zu schliessen, so fällt er gleich zu Boden, wenn man ihn nicht rechtzeitig unterstützt. Das sind Erscheinungen die man auch bei anderen Krankheiten des Nervensystemes antrifft, besonders bei der Tabes.

Man kennt auch den Verlust des Muskelsinnes bei Hemianästhesie, welche durch organische Verletzung der inneren Gehirnkapsel verursacht wurde. Charcot behauptet jedoch, dass die Erscheinung bei diesen Fällen viel weniger deutlich sei als bei der Hysterie, wo sie den höchsten Grad erreicht.

Nach Pitres soll der Muskelsinn klinisch sehr häufig mit der Wahrnehmung von der Lage der Extremitäten verwechselt werden; wir geben ihm gern darin Recht; aber wir werden nichtsdestoweniger alle diese Erscheinungen unter dieselbe Rubrik bringen, nachdem wir uns über die allgemeine Bedeutung, welche wir dem Ausdrucke „Verlust des Muskelsinnes" beilegen, ausgesprochen haben. Der Beweis, dass diese Erscheinungen sehr verwickelt sind und nicht alle von derselben Ursache abhängen, liegt darin, dass sie getrennt auftreten können; die Wahrnehmung der Lage kann vorhanden sein, während das Gefühl der Bewegung, der Ermüdung, die Empfindung des Muskels für Stiche etc. verschwunden sind. Pitres teilt eine solche Beobachtung mit.

Duchenne aus Boulogne hat unter dem Namen Paralysie de la conscience musculaire ou de l'aptitude motrice indépendante de vue, eine den vorhergehenden ähnliche Erscheinung beschrieben [1]), welche vornehmlich von Amyosthesie herrührt und die wegen ihres genau umschriebenen Charakters eine besondere Erwähnung verdient. Er sagt: „Bei den an dieser Form der Paralyse leidenden Personen ist der Wille nur dann im Stande, die Kontraktion der Muskeln zu bewirken, wenn er von dem Gesichtssinn geleitet wird." Unser Kranker von vorhin hatte die Empfindung der Lage seiner anästhetischen Extremität verloren; aber er konnte mit derselben bei geschlossenen Augen verschiedene Bewegungen ausführen. Hier aber ist Zusammenziehung der Muskeln, die Fähigkeit, die Extremität zu heben, nicht vorhanden, wenn die Augen vollständig geschlossen sind.

Auch Lasègue [2]) hat diese Erscheinung studiert; er fand bei seinen Kranken eine merkwürdige Thatsache: Ersatz des Gesichtssinnes durch das Gefühl. Wenn die Augen geschlossen waren, konnte einer der Kranken die Finger der linken Hand nicht bewegen, wenn man aber diese linke (anästhetische) Hand auf seinen Kopf legte (dessen Haut ihre normale Empfindlichkeit besass), so war es ihm möglich, mit den Fingern bestimmte Bewegungen auszuführen. „Das Gefühl, so schloss Lasègue sehr logisch, tritt an die Stelle der Empfindung der Muskelbewegung der Finger und des Gesichtssinnes, und der Kranke erkennt dadurch, dass die Bewegung seiner Absicht gemäss geschieht." Es wäre noch zu untersuchen gewesen, ob die Person nicht in ihrer anästhetischen Extremität die Tastempfindung behalten hätte.

Pitres hat ähnliche Fälle wie Duchenne beobachtet und wir selbst haben auch mehrere gesehen. Er sagt: „Hieraus folgt, dass die bei der Ausführung der willkürlichen Bewegungen aufeinanderfolgenden Vorgänge sehr verwickelter Art sind." Er fügt mit Lasègue hinzu: „Wenn man eine unabhängige Empfindung oder ein Bewusstsein der Muskelthätigkeit annehmen wollte, welches alles erklären könnte, so würde man das Studium vereinfachen auf Kosten eines Teiles der Wahrheit." Wir haben uns daher auch bei unserer Beschreibung allein auf den klinischen Standpunkt gestellt.

Nicht allein die Nerven und die Muskeln können unempfindlich gegen Schmerz sein; man kann auch leicht nachweisen, indem man gegen die Kante des Schienbeines schlägt, oder eine Nadel in den Radius oder das Olecranon, in die Knochen des Kopfes treibt, dass das Periost ebenfalls anästhetisch sein kann.

Ebenso ist es mit den Gelenkbändern. Charcot nimmt einen Verlust der artikulären Sensibilität an; man mag dabei an den eigentümlichen Schmerz denken, den eine Distorsion verursacht. Bei den analgischen Hysterischen kann man ohne Schmerzempfindung heftige Verdrehungen der Gelenke vornehmen.

Es ist weit schwieriger, den Zustand verschiedener Organe oder der Eingeweide zu untersuchen. Einige unter ihnen sind der Untersuchung zugänglich: die Brustdrüse, die Hoden, das Ovarium. Diese beiden letzteren sind häufig der Sitz anderer sensibler Störungen, die wir in einem der

[1]) Électrisation localisée, 3. éd., pag. 792.
[2]) Anestésie et ataxie hystériques. Archives générales de médecine 1864.

folgenden Kapitel untersuchen werden. Wir erinnern in Bezug anf die Bruetdrüse daran, dass in gewissen Epidemien die unglücklichen Besessenen sich die Brüste mit glühenden Zangen zwicken liessen, ohne den geringsten Schmerz kundzugeben. Man ist weniger anfgeklärt über den Zustand der inneren Organe der Brust und des Unterleibes. Doch muss Unempfindlichkeit der letzteren vorkommen können, wie die Anwendung der gewaltsamen Hilfeleistungen zeigt, welche die Exorzisten auf dem Grabe des Diakonne Páris ansübten.

Pitres macbt die richtige Bemerkung; dass Anästhesie des Epigastrinms bei den Hysterischen einen Reflex aufhebt, welcher den Gerichtsärzten wohl bekannt ist. Ein beftiger Schlag auf das Epigastrium ist oft unmittelbar tödlich; ein leichterer ruft eine vorübergehende Ohnmacht hervor. Pitres hat einen derartigen Effekt bei seinen Kranken nie beobacbtet.

„Ich liess Paule C . . . ., sagt er, auf ein Bett legen und drückte ibren Leib mit meiner Faust, so etark icb konnte; sie bekundete keinen Scbmerz, eagte vielmehr, dass sie eine Empfindung des Woblbebagens habe. Ich scblug mit verstärkter Kraft anf ibr Epigastrium, doch anstatt dadurch belästigt zu werden, lachte sie über die beftigen Schläge, die wabrscbeinlicb bei einem kräftigen und gesunden Manne eine Ohnmacht bervorgerufen hätten." (S. 82.)

Indem wir biermit den Abschnitt über die Analgesie beschliessen, bleibt nur noch zu sagen, dass sie nicht immer vollständig vorhanden ist; sie findet sich vom stärketen Grade vollständiger Unempfindlichkeit bis zum leicbtesten Grade von Hypästhesie oder Hypanalgesie, wenn wir diesen Unterscbied machen wollen.

* * *

Unter den anderen Störungen der allgemeinen Sensibilität findet sich die Thermoanästhesie, welche nicht weiter erklärt zu werden braucbt. Sie ist vollständig oder unvolletändig in dem Sinne, dass die Kranken dann erst Schmerz empfinden, wenn die Temperatur, welche ein gesunder Mensch ertragen kann, überschritten iet, oder dass sie aucb dann keine Empfindung haben. wenn ein glübendes Eisen ihre Hant berührt.

Um die verscbiedenen Grade der Thermoanästhesie zu erkennen, bedient sich Charcot einee kleinen Apparates, den er in seinen Mittwoch-Vorlesnngen beschrieben bat und dessen Vorzüge wir bei den klinischen Untersucbungen oft erproben konnten.

Wir halten ihn für besser als andere ähnliche, besonders als denjenigen, welcben Roth (aus Moskau) zum Studium der Thermoanästhesie bei der Syringomyelie anwandte. Er bestebt, wie Fig. 8 zeigt, aus einem Thernometer mit flachem Gefäss, bei dem das untere Ende der Röbre und das Gefäss sich innerhalb zweier metallischer Cylinder befinden, die sich leicht bewegen lassen. Der äussere Cylinder lässt sich wegnehmen,

Fig. 8.
Instrument, um die
Thermoanästhesie
zu untersuchen.

so dass man sehen kann, ob die Cuvette an richtiger Stelle und in gutem Zustande ist. Der innere Cylinder ist mit Kupferspänen gefüllt, welche rings um die Cuvette eine Hülle von wenigstens eine zeitlang gleichbleibender Temperatur bilden. Eine Druckschraube an dem oberen Ende des Cylinders hält das Thermometer fest und verhindert das Gleiten der Röhre.

Der äussere Cylinder wird auf einer Spiritusflamme erwärmt, so dass die Temperatur nicht über 100° und nicht plötzlich steigt. Die Scala des Thermometers reicht bis 115°; aber man muss unbedingt zu starkes Erhitzen vermeiden, weil die feine Röhre sonst leicht zerspringen könnte.

Man kann so durch allmähliches Erhitzen die Temperatur von 30 oder 35° bis auf 90° und darüber bringen, und wenn man nun jedesmal die Cuvette auf die Haut setzt (wobei die Augen zuvor geschlossen sein müssen), so kann man sehr genau den Grad der Thermoanästhesie feststellen.

Es ist gewiss, dass in manchen Fällen auch die unteren Hautschichten thermoanästhetisch sind, denn nicht selten sieht man, wie Hysterische, welche etwa unvermutet eiserne, nahezu glühende Schürhaken ergriffen, sich damit Brandwunden des dritten Grades beibringen, ohne irgendwie Schmerz zu empfinden.

Um festzustellen, ob auch Empfindlichkeit für Kälte vorhanden ist oder fehlt, pflegt Charcot ein kleines Stück Eis zu nehmen, welches da, wo der Beobachter es anfasst, mit einem Stückchen Flanell umwickelt ist und über die zu untersuchenden Hautstellen geführt wird.

Die Elektroanästhesie endlich besteht darin, dass ein durch die Haut geführter Induktionsstrom von wechselnder Stärke keine schmerzhafte Empfindung erzeugt.

* * *

Wie verhalten sich diese verschiedenen Arten der Anästhesie zu einander, und in welchen Verbindungen treten sie auf?

Im allgemeinen kann man sagen, dass an den Stellen, wo Anästhesie vorhanden ist, sie auch gewöhnlich vollständig ist, d. h. sie erstreckt sich auf alle Empfindungsqualitäten, mag ihr Verlust auch mehr oder weniger deutlich hervortreten.

Jedoch ist es nicht selten, dass die Anästhesie partiell erscheint, dass zum Beispiel alle anderen Arten der Sensibilität geschwunden sind und nur Elektroästhesie vorhanden ist, wie Ch. Richet gezeigt[1] und Rabenau schon 1869 behauptet hat[2]. Es kann sogar, wie beide nachweisen, Hyperästhesie für den elektrischen Strom vorhanden sein. Wir werden bei der Besprechung der Hyperästhesie auf diese letztere Erscheinung zurückkommen.

Alle diese Assoziationen kann man sich vorstellen; die interessanteste jedoch wegen der dabei erlangten klinischen Resultate ist die

[1] Gazette médicale de Paris 1876, Nr. 9.
[2] Ueber die Sensibilitätsstörungen bei Hysterischen. Berlin 1869.

von Charcot besonders studierte syringomyelitische Variation. Es ist wichtig, sie zu betrachten, um für die Kranken schädliche Irrtümer in der Diagnose und der Prognose zu vermeiden; übrigens ist sie auch leicht zu erkennen.

Wir geben am besten die Beschreibung Charcot's selbst wieder. Er sagt: „In der Regel erstreckt sich die Hemianästhesie, mag sie vollständig oder absolut sein, oder mag es sich nur um Hypästhesie handeln, gleichmässig auf alle Qualitäten der Empfindung, auf Berührung, Schmerz, Wärme- und Kälteempfindung. Doch die Untersuchungen, welche ich darüber bei 17 thermoanästhetischen Hysterischen, Männern und Frauen, die ich aufs geratewohl answählte, angestellt habe, zeigen, dass dies keineswegs immer der Fall ist. Befanden sich unter den 17 Fällen 11 mit dem gewöhnlichen Typus der Anästhesie, so waren unter den 6 anderen die verschiedenen Qualitäten dissociiert. Unter diesen 6 waren 2, welche die Empfindung von Berührung und Schmerz behalten, aber die Wärmeempfindung verloren hatten. Dieser Typus ist von Pitres in Bordeaux vortrefflich beschrieben worden. In den 4 anderen Fällen entsprach die Verteilung genau, wie Sie selbst erkennen werden, dem syringomyelitischen Typus, das will sagen, dass nur die Tastempfindung geblieben ist, während die Empfindung des Schmerzes, der Wärme und Kälte vollständig oder doch sehr bedeutend herabgesetzt ist. In diesen 4 Fällen ist zweimal die Verteilung nach dem syringomyelitischen Typus eingetreten, wenn die Personen durch Suggestion hpynotisiert waren. In den beiden anderen Fällen ist sie unmittelbar eingetreten, ohne ein künstliches Mittel."

Obschon die Anästhesie sehr häufig ist, kann sie doch auch bei offenbarer Hysterie fehlen. Um der Ansicht von Gendrin und Henrot, dass sie immer vorhanden sei, entgegenzutreten, hat Pitres besondere Untersuchungen angestellt, aus denen sich ergab, dass von 40 ausgesprochen hysterischen Kranken 2 von sensitiven oder sensoriellen Stigmata jeder Art vollständig frei waren. Und Charcot hat gezeigt, dass besonders bei Kindern die Hysterie sich sehr oft unter der monosymptomatischen Form der Paralyse oder Kontraktur, der Chorea rhythmica oder anderer Anfälle zeigt, ohne dass dauernde sensitivo-sensorielle Stigmata vorhanden sind.

* * *

Die Anästhesie ist in ihrer Lokalisation veränderlich: sie ist total oder allgemein, oder partiell. Die totale Anästhesie ist selten; wir haben jedoch mehrere Fälle beobachtet. Briquet sah sie bei 240 Kranken nur viermal. Szokalsky dagegen fand sie bei 17 Hysterischen fünfmal, was, wie Briquet sagt, „von irgendwelchen besonderen Umständen abhängen muss, da die Ursachen, welche eine so grosse Störung der Sensibilität hervorrufen, selten sind; die allgemeine Anästhesie besteht in demselben Verhältnisse wie die allgemeine Hyperästhesie; sie macht etwa ein Prozent aus.

Wir sprechen hier von der allgemeinen Anästhesie, der sensitiven und sensoriellen, nur als einer dauernden Erscheinung. Als vorübergehendes Symptom ist sie viel häufiger; man bemerkt oft, dass eine Person, die an Hemianästhesie leidet, infolge eines Anfalles und während des ersten Stunden nach demselben allgemein anästhetisch wird, was sich wieder verliert, wenn die Wirkung des Anfalles erschöpft ist.

Unter diesen Umständen kann man gleicherweise das vollständige Schwinden der Spezialsinne beobachten, welche wohl auch vorher schon, aber in geringerem Masse betroffen waren [1]).

* * *

Man sieht alsdann mit der totalen Anästhesie zugleich vollständige Amaurose, Taubheit, vollständigen Verlust des Geschmackes und des Geruches eintreten; aber es ist kein bestimmtes Verhältnis zwischen diesen vorübergehenden Störungen und den dauernden Erscheinungen zu erkennen, die als ähnliche Störungen der allgemeinen oder besonderen Sensibilität auftreten [2]).

* * *

In den meisten Fällen also ist die Anästhesie partiell; sie kann in drei Formen auftreten; sie ist hemilateral, oder sie erscheint in regellos zerstreuten Herden, oder sie beschränkt sich auf einzelne genau begrenzte Gebiete.

Die hemilaterale Form oder Hemianästhesie (Fig. 9 und 10) ist sehr häufig: „93mal unter 240 Kranken“ nach Briquet; noch häufiger ist die Anästhesie in zerstreuten Herden, welche er bei derselben Zahl von Hysterischen 143mal beobachtete.

---

[1]) Inbezug auf die Gesichtsfeld-Einengung werden wir sehen, dass man ähnliche Erscheinungen auch nach dem epileptischen Anfalle beobachtet. Der Hauptunterschied besteht darin, dass bei der Epilepsie diese sensitivo-sensoriellen Störungen niemals vor den Anfällen vorhanden sind, auch nicht in abgeschwächter Weise. Sie stehen unter dem unmittelbaren Einflusse derselben und verschwinden mit ihnen. Ihr Charakter ist also bei der Epilepsie ebenso vorübergehend, wie er bei der Hysterie dauernd ist.

[2]) Inbezug hierauf führen wir an, dass Heyne einen merkwürdigen Fall von allgemeiner sensitiver und sensorieller Anästhesie veröffentlicht hat. (Ueber einen Fall von allgemeiner cutaner und sensorischer Anästhesie. Deutsch. Archiv f. klin. Medicin, Bd. XLVII, S. 75.) Er hat einen Soldaten im Alter von 22 Jahren behandelt, welcher im September 1884 in der Rekonvalescenz von einem leichten Typhus die obengenannten Störungen bekam, womit zugleich Zittern, Mattigkeit und Krämpfe in den Beinen eintraten. Ziemssen beobachtete denselben Kranken am 26. Juni 1885 (ebenda Bd. XLVII, S. 89). Der Zustand war unverändert; zuletzt trat eine geringe Besserung ein. In Hinsicht der sonderbaren physischen Störungen, auf die einzugehen zu weit führen würde, verglich Ziemssen diesen Fall mit einem anderen, einer 58jährigen Frau, welche 18 Wochenbette überstanden hatte. Ausser Verlust der allgemeinen und der besonderen Sensibilität bestanden Kopfschmerzen, Erbrechen, Schwäche und Zittern des rechten Armes und Beines. Nach einer Krankheit von 14 Wochen starb die Frau; die Sektion und auch die mikroskopische Untersuchung ergaben nichts Bestimmtes. Ziemssen schreibt diese Symptome funktionellen Störungen des Nervensystems zu, welche denen der Psychosen, namentlich der Melancholie ähnlich sind. Die Fälle von allgemeiner sensitivo-sensorieller Anästhesie sind zu selten, als dass wir nicht diese Beobachtung glaubten erwähnen zu müssen. deren Erklärung uns übrigens nicht obliegt. (Referat im „Neurolog. Centr.“ Nr. 23, 1. Dezember 1890, S. 722 und 723.)

Charcot hat dieses hemilaterale Auftreten der Anästhesie, welches auch, wie wir sehen werden, die Sinnesorgane derselben Seite mitbetrifft, besonders studiert. Thomson und Oppenheim haben beobachtet[1]), dass die Anästhesie nicht immer ganz hemilateral ist, sondern dass auch wohl ein Sinnesorgan der entgegengesetzten Seite von der Anästhesie betroffen werden kann. Niemand wird das leugnen; es war übrigens auch schon vor ihren Untersuchungen bekannt.

Es ist sonderbar, dass die Hemianästhesie die linke Seite zu bevorzugen scheint. Bei 93 Kranken fand Briquet 70mal die linke, 20mal

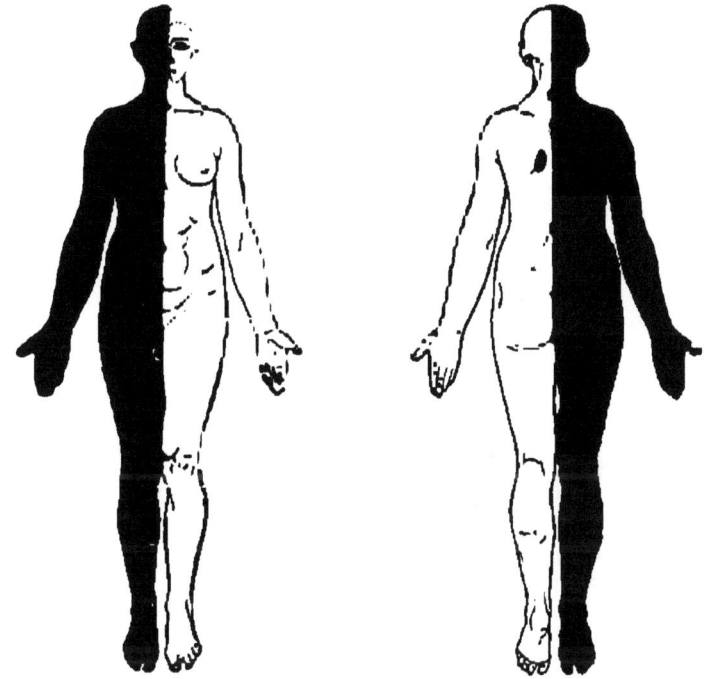

Fig. 9   Fig. 10.
Häufigste Form der Anästhesie: Hemianästhesie. Ausserdem bestand eine hysterogene Zone am rechten Ovarium und im Rücken (Detil).

die rechte Seite ergriffen; bei den drei übrigen begann die Anästhesie, welche auf der linken Seite sehr stark war, auch auf die rechte Seite überzugehen.

Bourneville und Reynard haben in 34 Fällen von Hemianästhesie sie 23mal auf der linken, 11mal auf der rechten Seite gefunden,

---
[1]) Ueber das Vorkommen und die Bedeutung der sensorischen Anästhesie bei Erkrankungen des centralen Nervensystems. Arch. f. Psych. und Nervenkr. 1884, S. 559 und 633.

Pitres 14mal links, 4mal rechts. Zählen wir diese Zahlen zusammen, so finden wir, dass in 142 Fällen die Anästhesie 107mal auf der linken, 35mal auf der rechten Seite ihren Sitz hatte.

Von der Anästhesie in zerstreuten Herden, welche in der mannigfaltigsten Verteilung auftreten können (Fig. 11, 12, 13, 14), wollen wir nicht weiter reden; doch müssen wir bei der Anästhesie genau begrenzter Gebiete verweilen, deren Kenntnis noch sehr neu ist.

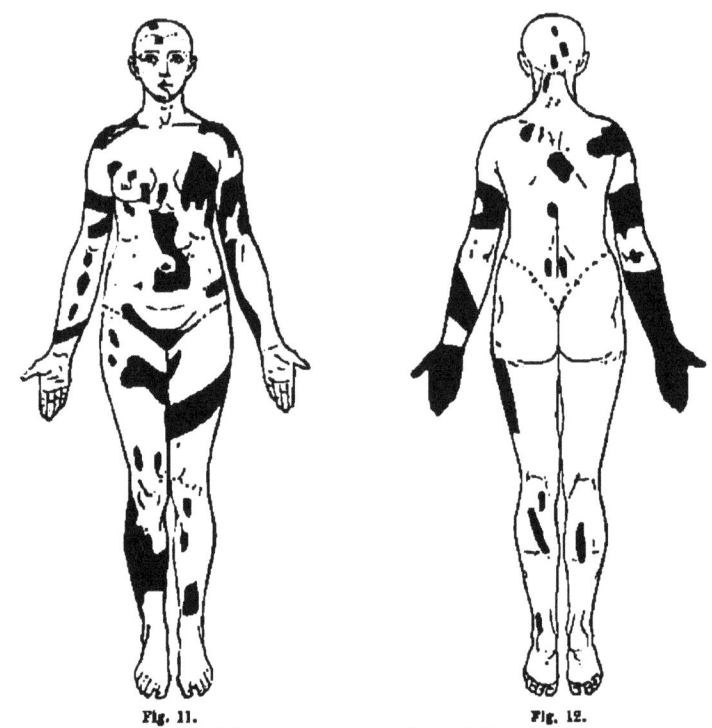

Fig. 11.   Fig. 12.

Anästhesie in zerstreuten Herden (nach Pitres).

In den Jahren 1884 und 1885, als Charcot besonders die männliche Hysterie studierte, wies er nach, dass in gewissen Fällen von brachialer Monoplegie die Anästhesie zu der Paralyse hinzutrat, und zwar in solcher Weise, dass ihre Verteilung allein, da zu der Zeit die Syringomyelie nur noch mangelhaft bekannt war, eine genaue Diagnose ermöglichte.

Er sprach sich darüber in einem Falle von hysterischer Paralyse des rechten Armes folgendermassen aus:

„Die unempfindliche Stelle bildete einen Herd auf der Schulter, welcher ungefähr die Gestalt des im XVI. Jahrhunderte zum Schutze derselben gebrauchten Waffenstückes hatte. Oben begann die Linie, welche die Grenze der Anästhesie bildete, am Grunde des Halses, ging von da vorne bis an den rechten Rand des Brustbeines, umfasste das obere Drittel der Brust und ging schräg nach der Achselhöhle, welche sie ganz umschloss, indem sie noch etwa 4—5 Fingerbreiten des unter der Achsel liegenden Brustteiles hinzuzog. Hinten stieg sie fast senkrecht ab und erstreckte sich vom Grunde des Halses bis etwa 3 oder 4 Fingerbreiten über den Schulterblattwinkel. Sie blieb ungefähr 5 Fingerbreiten

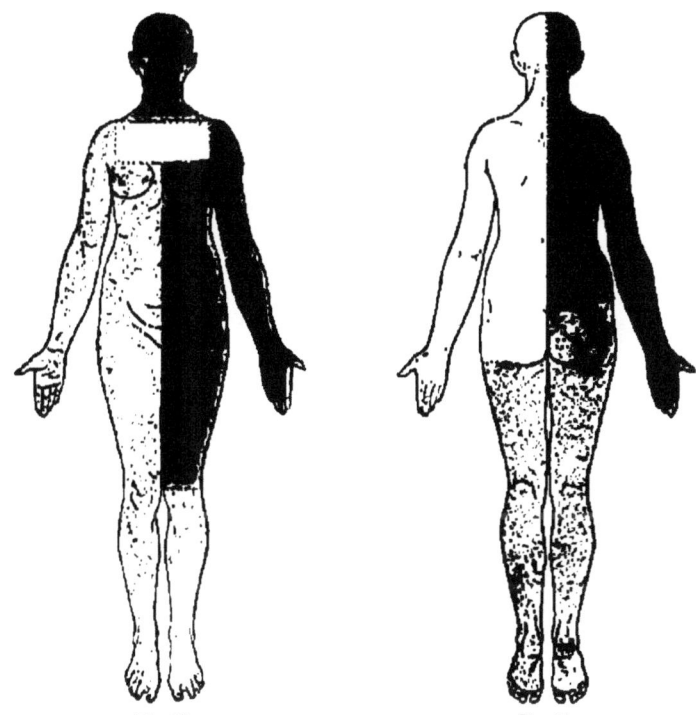

Fig. 13.   Fig. 14.
Unregelmässige Verteilung von Anästhesie und Hypästhesie.

von der Linie der Dornfortsätze entfernt. Der Arm gehörte fast ganz zu der anästhetischen Zone, welche, um den obigen Vergleich fortzusetzen, die Gestalt einer Armschiene zu haben schien."

Wenn eine isolierte Paralyse der Schulter vorhanden ist, so ist die Anästhesie unten „durch eine horizontale Ebene begrenzt, welche senkrecht auf der Achse des Armes steht und vorne 2 Fingerbreiten über dem Ellenbogen, hinten etwas über dem Olecranon liegt."

Wenn eine isolierte Paralyse der Bewegungen im Ellenbogengelenke vorhanden ist, so findet sich die Anästhesie zwischen der unteren, eben beschriebenen Linie und einer unteren kreisförmigen Linie, welche 2 Fingerbreiten über der Handwurzel liegt und eine zur Achse des Gliedes senkrecht stehende Ebene begrenzt.

Die isolierte Paralyse des Handgelenkes zeigt eine ähnliche Begrenzung der Anästhesie; diese findet sich zwischen der eben genannten unteren Linie und einer anderen, kreisförmigen Linie, welche 2 Fingerbreiten unter dem Radiocarpalgelenke liegt.

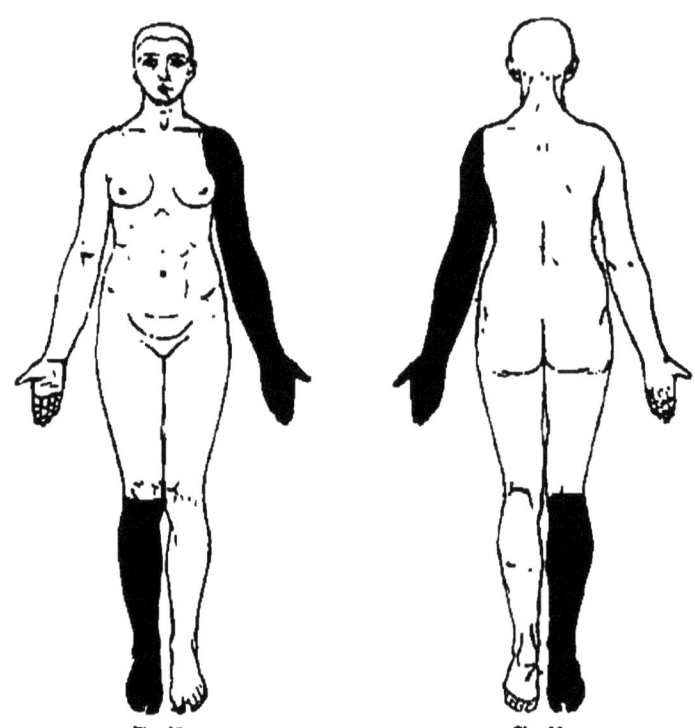

Fig. 15.   Fig. 16.

Anästhesie in geometrischen Abschnitten.

Charcot bemerkt, dass in diesen und allen übrigen Fällen die hysterische Anästhesie in keiner Weise sich nach der Ausbreitung der Nerven in dem anästhetischen Gebiete richtet, weder der sensiblen noch der motorischen Nerven. Er schliesst daraus, dass diese Verteilung nach geometrischen Segmenten (Fig. 15, 16), welche von auf der Achse der Extremität senkrecht stehenden Ebenen begrenzt werden, wenigstens für die Extremitäten den Typus der die Haut betreffenden Anästhesien bezeichne, einerlei, welche Verletzung dieselben hervorgerufen haben möge. „Nur, fügt er hinzu, tritt bei der Hysterie dieser Charakter deutlicher hervor, ist viel leichter zu erkennen, als in dem Falle einer inneren organischen Verletzung, weil bei jener die dynamische Verletzung sich über einen grösseren Teil der Oberfläche erstreckt und systematisch die Gesamtheit dieses oder jenes Teiles der sensorischen Rindencentren umfassen kann."

Es ist kaum nötig, noch hervorzuheben, dass diese geometrische Verteilung der Anästhesie, welche zu partieller Paralyse hinzutritt, eben so gut an den unteren, als an den oberen Extremitäten beobachtet wird.

Wir werden auf die Lehren, welche sich aus den von Charcot festgestellten Tbatsachen ergeben, bei der Besprechung der isolierten Kontraktur einzelner Gesichtsmuskeln noch zurückkommen, nämlich bei dem Blepharospasmus, dem Spasmus glosso-labialis und bei den ververschiedenen Arten von hysterischem Torticollis.

* * *

Bis hierher baben wir uns — mit Ausnabme des über den Muskelsinn Gesagten — fast ausschliesslich mit der objektiven Untersuchung der verschiedenen Störungen der Sensibilität befasst. Wir müssen jetzt noch auf die subjektiven Erscheinnngen eingehen, welche die Anästhesie mit sich bringt, sowie auf einige andere Modifikationen, welche unter ihrem Einflusse zu steben scheinen.

Briquet hat von den subjektiven Empfindungen eine Beschreibung gegeben, welche, wie wir noch seben werden, um genau zu sein, nur etwas weniger allgemein sein müsste. „Die Anästhesie der Haut, sagt er, ist mehr lästig als eigentlich bescbwerlich. Da die Kranken die Fähigkeit verloren haben, die Eigenschaften der Körper durch Berührung zu erkennen, nämlich ihre Härte, ihre Glätte, ihre Ausdehnung, so können sie über das, was sie berühren, gar nicbt urteilen; sie fühlen nicbt, ob sie bedeckt oder entblösst sind; sie unterscheiden die Kleider nicht, die sie tragen, noch das Bett, in welchem sie liegen. Wenn das Auge nicbt zu Hilfe käme, würden sie das Vorhandensein von Körpern, deren Berührung ihnen Schaden bringen könnte, gar nicht wahrnehmen. Die Hände können nicbt mehr festhalten; wenn die Kranken ibre Augen nicbt auf die Hände richten, lassen sie, obne es zu bemerken, die Gegenstände fallen, welche sie halten sollen. Die Füsse fühlen die Berührung des Bodens nicht mehr; die Kranken haben daher einen unsicheren Gang, sie stolpern über das kleinste Hindernis und die geringste Unebenbeit des Bodens. Eine Kranke, deren ganze Haut anästhetiscb war, sagte, dass sie in vollständiger Leere zu sein glaube."

„Man würde es nicbt glauben, wenn man es nicbt sähe, bis zu welchem Grade die Anästhesie der Haut Störungen in den Bewegungen der Extremitäten bervorruft. Wir beurteilen die Lage unserer Glieder nur nach den Empfindungen, welche in der Haut durch die Berührung der Luft oder der umgebenden Körper entstehen, und durch ein gewisses Gefühl der Aktivität in den die Dinge berührenden Körperteilen. Wenn aber der Kranke eine Extremität mit einer anderen berühren will. so weiss er, wenn er die Augen geschlossen hat, nicht, wohin er die letztere dirigieren soll, weil er nicbt weiss, wo das Ziel ist, welcbes er erreichen will; er beurteilt sogar

7*

die Bewegung, die er macht, nicht richtig, weil er das, was er thut, nicht empfindet.

„Wenn die Anästhesie nur eine geringe Ausdehnung hat oder wenn sie schon längere Zeit besteht, so ist dieser Zustand durchaus nicht peinlich; ist sie aber hochgradig, so wird sie von sehr unangenehmem Kriebeln und Prickeln, von Eingeschlafensein begleitet und manchmal auch von stechenden Schmerzen, welche sich bis in die unter der empfindungslosen Haut liegenden Schichten erstrecken. Es ist bemerkenswert, dass die schmerzhaften Empfindungen gewöhnlich nur dann eintreten, wenn die Anästhesie sich an den Extremitäten befindet.

„Die auf die Haut des Rumpfes beschränkte Anästhesie ist im allgemeinen nur mit geringen Störungen verbunden." (A. a. O., S. 283 und 285.)

Dieser Beschreibung Briquet's scheinen die meisten seiner Nachfolger, welche sich mit den mit der Anästhesie verbundenen subjektiven Empfindungen beschäftigt haben, nicht zuzustimmen. Sie leugnen nicht die mit dem Verluste der Muskelempfindung verbundenen Erscheinungen, aber sie meinen, dass die Kranken dadurch nicht sehr belästigt werden könnten, da die Erscheinungen in der grossen Mehrzahl der Fälle erst aufgesucht werden müssen.

Pierre de Lancre hat schon die Bemerkung gemacht, dass die Hexen es selbst nicht wissen, wenn sie Teufelsmale an sich tragen. (A. a. O., S. 188.) Mesnet und Lasègue sind auch sehr ausführlich in dieser Beziehung. Ersterer schreibt[1]): „Ich habe viele Frauen gesehen, welche gegen tief in das Fleisch der Finger eindringende Nadelstiche unempfindlich waren und doch in gewöhnlicher Weise nähen und sticken konnten. Gewöhnlich haben die Kranken auf diese Veränderung der Sensibilität gar nicht geachtet und sind höchst erstaunt, wenn man ihnen zeigt, dass dieser oder jener Teil ihres Körpers gegen Schmerz unempfindlich ist, dass die Muskelkraft in einer oder mehreren ihrer Extremitäten vermindert ist, oder dass die Sinnesorgane mehr oder weniger an ihrer besonderen Empfindung eingebüsst haben."

Lasègue drückt dieselbe Beobachtung in folgenden Worten aus[2]): „Es scheint, dass das Fehlen der Tastempfindung ein Hindernis für die notwendigsten Akte des Lebens sein muss. Wenn auch der Gesichtssinn dem Gefühle zu Hilfe kommt, so kann er ihn doch nicht ersetzen, und wenn er auch die Berührung erkennen lässt, so kann er doch die Empfindung der Berührung selbst nicht erzeugen. Man braucht nur einen Augenblick über die Menge von Unannehmlichkeiten nachzudenken, welche aus dem zeitweiligen Verluste der Sensibilität der Haut sich ergeben müssten, um sich den sonderbaren Eindruck zu vergegenwärtigen, den es auf jeden von uns machen müsste, wenn er, den Ellenbogen auf den Tisch stützend, oder die Feder zwischen den Fingern haltend, oder sich auf einen Stuhl setzend, von allem diesen keine Berührungsempfindung hätte. Dennoch lehrt die Erfahrung, dass die Hysterischen,

---

[1]) Étude des paralysies hystériques. Thèse de Paris, 1852. pag. 13.
[2]) Anesthésie et ataxie hystériques. Arch. génér. de méd. 1864.

welche noch nicht durch die Untersuchungen eines Arztes aufgeklärt worden sind, ihre Anästhesie gar nicht erwähnen. Ich habe sehr viele hysterische Mädchen von mehr als mittlerer Intelligenz hierauf untersucht; ich habe sie dringend gebeten, keine der Unbequemlichkeiten, welche sie empfinden möchten, zu verschweigen und ich habe nicht eine einzige gefunden, die unter den Störungen, worüber sie sich zu beklagen hatte, von selbst die Anästhesie erwähnt hätte."

Auch Pitres hat diese Frage mit gewohntem Talent untersucht.

„Ich habe auch die Hysterischen, welche ich zu untersuchen hatte, eindringlich befragt, und ich kann versichern, dass die meisten von ihnen gar nicht wussten, dass sie anästhetisch waren. Einige haben zuletzt zugegeben, dass sie seit einiger Zeit, wenn sie sich an bestimmten Stellen gestochen oder sonst zufällig verletzt hätten, keinen Schmerz empfänden. Andere haben angegeben, dass die anästhetischen Teile weniger geschickt, weniger zu feinen Arbeiten geeignet wären. Eine Hemianästhetische gab an, dass sie im Bade die Wärme des Wassers nur an einer Seite des Körpers empfände. Keine einzige erwähnte das Vorhandensein von unangenehmen oder schmerzhaften Empfindungen (Eingeschlafensein, Kriebeln, Prickeln etc.) in den anästhetischen Partien der Haut. Das ist eine merkwürdige Eigentümlichkeit; denn gewöhnlich ist die Anästhesie, die durch eine organische Verletzung des Rückenmarkes oder der peripherischen Nerven hervorgerufen wird, von subjektiven Empfindungen und von funktionellen Störungen begleitet, welche die Aufmerksamkeit der Kranken und der Ärzte erregen. Die hysterische Anästhesie dagegen ist ein latentes Symptom, welches der Arzt durch eine methodische und genaue Untersuchung erforschen muss; er darf sich nicht an die Versicherungen der Kranken kehren, welche fast immer gar nicht wissen, dass sie anästhetisch sind." (A. a. O., S. 28.)

Wir schliessen uns der Ansicht von Pitres gern an, obwohl wir einigemale subjektive Empfindungen von Eingeschlafensein, von Kriebeln und manchmal auch von mehr oder weniger heftigen Schmerzen in der anästhetischen Extremität festgestellt haben. Eine total anästhetische Kranke vermied es, ohne recht zu wissen weshalb, im Dunkeln zu gehen; die Schwierigkeit, welche sie dabei hatte, erklärte sich durch die bei der Untersuchung sich ergebende Thatsache, dass sie mit geschlossenen Augen nicht aufrecht stehen bleiben konnte, weil sie die Berührung des Bodens nicht fühlte.

Dagegen ging ein anderer unserer Kranken, ein kräftiger und starker Mann, bei heftiger Kälte in Hemdärmeln im Hofe der Salpêtrière umher, ohne dadurch belästigt zu scheinen. Er wunderte sich darüber aber gar nicht und wusste also nichts von seiner Thermoanästhesie.

Die hemianästhetischen Hysterischen beklagen sich häufig darüber, dass sie eine Seite des Körpers so schwer, so gewichtig fühlen; der Arm dieser Seite ist nicht so geschickt, nicht so stark als der andere. Dies kommt daher, dass, wie wir sehen werden, mit der Anästhesie fast immer ein gewisser Grad von Amyosthenie verbunden ist; aber dann ist die Erscheinung verwickelter Art. Mit geringen Ausnahmen muss die

Anästhesie, wie wir zum Schlusse aussprechen müssen, in den allermeisten Fällen erst aufgesucht werden und ist fast immer nur durch die ärztliche Untersuchung zu finden.

*   *   *

Es giebt jedoch Fälle, in denen die Kranken bei der Berührung gewisser Körper in den anästhetischen oder auch den nicht anästhetischen Partien wirkliche Schmerzen verspüren, welche indessen den Umständen nach und auch bei den einzelnen Kranken verschieden sind.

Diese Erscheinung wurde zuerst von Pitres beschrieben, der ihr den Namen Haphalgesie beilegte (von ἀφή Berührung, ἄλγος Schmerz). Er sagt [1]: „Die Haphalgesie ist eine Art von Paräesthesie, welche charakterisiert ist durch eine heftige Schmerzempfindung, die durch die blosse Berührung der Haut mit gewissen Stoffen hervorgerufen wird, welche im normalen Zustande nur die gewöhnliche Empfindung der Berührung hervorbringen."

Er stellte seinen Schülern eine Frau von 33 Jahren vor, welche unzweifelhaft hysterisch und ein auffallendes Beispiel dieser eigentümlichen Erscheinungen war. Wenn man die anästhetische Haut mit gewissen Metallen berührte, so hatte die Kranke sofort eine unangenehme Empfindung und wich heftig zurück. Kupfer, Messing, Silber und Gold sind die Metalle, deren haphalgische Wirkung am heftigsten war. Legte man ihr ein Geldstück in die linke Hand, so schloss sich die Hand sofort und mit einer solchen Kraft, dass sie nur mit grosser Mühe geöffnet werden konnte. Während dessen war die Kranke sehr unruhig, schrie laut und bekam nach einigen Sekunden ihre konvulsiven Anfälle.

„Dieselben Erscheinungen zeigen sich, wenn sie einen metallischen Thürknopf oder einen kupfernen Leuchter berührt. Sie hat wegen der Anfälle, die die unwillkürliche Berührung der kupfernen Gegenstände verursachte, alle diese aus ihrer Wohnung entfernen müssen. Sie kann goldene Schmucksachen nur mit der rechten Hand, deren Sensibilität normal ist, aufsessen, ebenso nur mit dieser Geld zählen. Sie vergleicht den Schmerz, den ihr die Berührung dieser Metalle verursacht, einer undefinierbaren Empfindung, einem Brennen, das viel unangenehmer ist, als das durch einen galvanischen Strom hervorgerufene."

Pitres hat sich versichert, dass der Schmerz nicht von einer Kontraktion der tieferen Muskeln herrührt; er hat seine Versuche so angestellt, dass eine Täuschung unmöglich war.

Die Haphalgesie ist eine seltene Erscheinung; Pitres hat sie noch bei einer anderen Kranken beobachtet. Bei dieser verursachte die Berührung des Silbers „die Empfindung einer Brandwunde; diese wurde sehr bald so stark, dass die Kranke laut schrie und in Konvulsionen verfiel". Kupfer, Messing, Blei, Zink, Stahl, Zinn und Porzellan hatten eine ähnliche, nur weniger starke Wirkung. Eisen, Elfenbein, Glas, Holz, Kantschuk riefen nur einen ganz leichten Reiz hervor. Gold war vollständig

---

[1] Des anesthésies hystériques 1887, à. à. O., S. 15, und: Leçons cliniques sur l'hystérie 1891, vol. I, pag. 65.

unwirksam." Bei dieser Kranken war die Schmerzempfindung ebensowohl auf der gesunden, als anf der anästhetischen Seite vorhanden.

„Ich versuche nicht, sagt Pitres, eine befriedigende physiologische Erklärung dieser sonderbaren Erscheinung zu gehen. Ich begnüge mich damit, zu zeigen, dass sie bei gewissen Kranken vorhanden ist; sie hat sehr wahrscheinlich einen grossen semiotischen Wert, denn ich habe sie stets nur bei Kranken angetroffen, welche an wirklicher Hysterie litten."

Solche Fälle sind selten und sie machen der Beobachtungskunst von Pitres alle Ehre. Wir selbst haben nur einen einzigen Fall beobachtet, den wir ohnedies nicht zu deuten gewusst hätten, wenn uns nicht die oben angeführten Untersuchungen hekannt gewesen wären. Die Kranke, welche hystero-epileptisch mit deutlichen Krisen und anf der rechten Seite hemianästhetisch war, konnte die Berührung von Gold nicht ertragen. Es war ihr deshalb unmöglich, ein goldenes Armband oder goldene Ohrringe zu tragen. Da der Schmerz, den sie auf beiden Seiten empfand, nicht sehr heftig war, so versuchte sie wiederholt, die Ohrringe und einen Ring anzulegen. Aber nach einigen Stunden musste sie dieselben entfernen, weil der Schmerz, der dem einer Brandwunde glich, heftiger wurde, und weil auch wirklich unter dem Ringe und genau in der Ausdehnung desselben sich eine Röte der Haut zeigte, die ganz das Aussehen einer Brandwunde ersten Grades hatte.

In diesem Falle konnte jedenfalls die Suggestion keine Rolle spielen; niemand kannte damals noch die Untersuchungen von Pitres, welche gerade erst veröffentlicht waren — es war im Jahre 1888 — und wir entdeckten diese Kranke, die wir seitdem aus dem Auge verloren haben, erst, als wir in der Abteilung Charcot's die Hysterischen ganz genau auf diesen Punkt untersuchten. Fast alle Metalle erregten ihr Unbehagen, Silber, Messing etc., und so hatte sie den Entschluss gefasst, keine Schmucksachen zu tragen. Anf unsere besondere Bitte legte sie den Ring wieder an, welcher die deutlichen Erscheinungen verursachte, von denen wir eben gesprochen haben, die aber auch die Kranke schon selbst beobachtet hatte, ehe wir sie auf diese sonderbare Erscheinung aufmerksam machten.

*   *   *

Neben diesen subjektiven Erscheinungen giebt es eine Anzahl objektiver Nebenerscheinungen. Pitres hat dieselben genau studiert und gefunden, dass die meisten, wenigstens einige von ihnen, nicht notwendig mit der Anästhesie verbunden sind, wohl aber oft mit derselben zusammentreffen. Wir erwähnen zunächst, dass in den meisten Fällen die Haut der anästhetischen Partien kein anderes Aussehen hat, als die Haut der empfindlichen Stellen bei derselben Person, ausser in dem Falle, wo blaues Ödem vorhanden ist, eine trophische Störung, von der wir später reden werden.

Im allgemeinen sind die Kitzelreflexe an den anästhetischen Regionen aufgehoben; man kann dies leicht an den beiden Fusssohlen einer hemianästhetischen Hysterischen nachweisen; die Wirkung des Kitzelns zeigt sich nur auf der sensiblen Seite. Rosenbach hat beobachtet[1]), dass Reizung der Haut an den Seiten des Unterleibes im normalen Zustande ein heftiges Zusammenziehen der darunter liegenden Muskeln bewirkt. Dieser Abdominalreflex fehlt bei gewissen Gehirnverletzungen, aber bei der Hysterie ist er auch, wo Anästhesie der Haut besteht, stets ungeschwächt vorhanden.

„So ausgedrückt, sagt Pitres, ist dieses Gesetz von Rosenbach nicht ganz einwandfrei. Gewiss steht der Bauchreflex nicht in so unmittelbarer Beziehung zu der Sensibilität der Haut, wie die anderen Kitzelreflexe, besonders der an der Fusssohle." Vielmehr hat er beobachtet, dass der Reflex auf der hemianästhetischen Seite, wenn auch noch vorhanden, doch abgeschwächt war; er hat ferner beobachtet, dass er bei Hysterischen mit Hemianästhesie auf beiden Seiten fehlte, und daraus schliesst er, „dass es nicht statthaft sei, diesem Symptom den diagnostischen Wert beizulegen, welchen ihm die Untersuchungen Rosenbach's zu geben schienen". Wir können uns diesem Schlusse auf Grund unserer eigenen Untersuchungen vollständig anschliessen.

Dagegen hat Pitres gefunden, dass gewisse organische Reflexe und der sensible Pupillarreflex erhalten bleiben. Ein Zugpflaster, welches auf der anästhetischen Seite angebracht wird, bringt seine Wirkung ebenso schnell und ebenso vollständig hervor, wie ein anderes auf der entgegengesetzten Seite appliciertes, obwohl keine Empfindung davon vorhanden ist, wenigstens dann nicht, wenn nicht, wie dies manchmal der Fall ist, das Zugpflaster als ästhesiogenes Mittel dient.

Ausserdem beobachtet man oft, dass nach einem Stich oder sogar nach einfachem Kratzen mit dem Fingernagel bläschenartige Erhabenheiten und rote erhabene Streifen erscheinen. Man kann dann mit Recht sagen, dass der Reflex nicht allein erhalten, sondern noch gesteigert ist. Es ist allerdings wahr, dass diese bei den Hysterischen häufig vorkommenden Erscheinungen ohne Unterschied sowohl auf der empfindlichen, als auf der unempfindlichen Seite beobachtet werden. Wir werden bei den trophischen Störungen darauf zurückkommen.

Pitres hat bei Hysterischen auch über den sensiblen Pupillarreflex interessante Untersuchungen angestellt. Man weiss, dass die Pupille sich erweitert, wenn man irgend ein sensibles Organ reizt. „Die Pupille ist ein wirkliches Ästhesiometer; Schiff und Foa[2]) benutzten diesen Reflex, um den Grad der Sensibilität verschiedener Organe zu messen und seit den Arbeiten von Budin und Coyne[3]) dient er täglich, um die Anwendung des Chloroforms bei der zu chirurgischen Zwecken hervorgerufenen Anästhesie zu kontrolieren.

Als Pitres das Verhalten der Pupille bei Reizungen der anästhetischen Partien der Haut untersuchte, machte er die merkwürdige Beobachtung, dass sie sich erweiterte, wenn man die anästhetischen Stellen heftig stach oder kniff, obwohl die Kranken keinen Schmerz

[1]) Centralblatt für Nervenkrankheiten 1879, Nr. 9, S. 193.
[2]) La popilla come aesthesiometre. L'Imparziale 1874.
[3]) Recherches cliniques et expérimentales sur l'état de la pupille pendant l'anesthésie chirurgicale produite par le chloroforme. Archives de physiologie 1875.

empfanden. Er hat diese Thatsachen bei der physiologischen Erklärung der hysterischen Anästhesie benutzt, der er einen centralen Ursprung zuschreibt.

Werden die nach Hautreizen auftretenden k a r d i a l·e n und r e s p i r a t o r i s c h e n R e f l e x e durch Anästhesie der Haut verändert? „Um diese Frage zu studieren, sagt P i t r e s, müsste man eehr heftige Reize ausüben, die man bei der Experimentation *in anima nobili* unmöglich anwenden kann. Es ist jedoch wahrscheinlich, dass die Anästhesie der Haut die genannten Reflexe nicht aufhebt, denn die Anwendung von kalten Douchen ruft bei den Hysterischen mit allgemeiner Anästhesie dieselben Herz- und Atembeklemmungen hervor, wie bei Personen mit normalem Empfindungsvermögen."

Wir erinnern daran, dass P i t r e s zuerst gefunden hat, dass die Anwendung der g r a n d s s e c o u r s keine Synkope nach sich zieht; diese Experimente dürfen, wenn man sie überhaupt anstellen kann, nur mit vollständig anästhetischen Personen angestellt werden; man hat aber selten Gelegenheit, solche zu beobachten.

Gewisse b e s o n d e r e R e f l e x e können trotz der Unempfindlichkeit vorhanden bleiben. So sagt B r i q u e t: „Trotz vorhandener Anästhesie kann die Klitoris wie auch die Brustwarze bei Kitzeln die Fähigkeit zur Erektion bewahren."

Wir werden sehen, dass diese Erektion jedoch sehr häufig nicht von der besonderen Empfindung begleitet ist, welche gewöhnlich damit verbunden ist.

Neben der Anästhesie der Haut können noch gewisse andere Erscheinungen bestehen. So vor allem die lokale Herabsetzung der Temperatur und die Verzögerung der Kapillarcirkulation. B r i q u e t sagt darüber: „Die Temperatur wird um 1—2° Celsius vermindert. Die Cirkulation in den Kapillaren erfolgt langsam. Die Kranken haben ein Gefühl von Kälte." Gestützt auf die Behauptungen B r i q u e t s haben mehrere Autoren geglaubt die Anästhesie durch eine lokale Verlangsamung der Kapillarcirkulation erklären zu können. „Ich glaube, sagt P i t r e s, dass das unnöthig ist." Bei der Untersuchung einer seiner Kranken wies er mit Hilfe der genauesten Methoden nach, dass die Cirkulation auf der einen Seite sich genau so verhielt wie auf der anderen. Auch die Temperatur war auf beiden Seiten gleich, oder, wenn Unterschiede vorhanden waren, so überschritten sie die Grenze der bei diesen Untersuchungen unvermeidlichen Beobachtungsfehler keineswegs.

„Es möge noch erwähnt werden, sagt er, dass der spontane oder durch Einspritzung von Pilocarpin unter die Haut hervorgerufene Schweiss auf beiden Seiten in gleicher Menge auftrat; dass reizende Einreibungen, Senf und Zugpflaster, Verbrennungen, überall die nämlichen Erscheinungen der Rötung oder der Blasenbildung hervorriefen, dass die anästhetischen Stellen ebenso wie die normalen entzündet und eitrig werden können. Man wird dann zu dem Schlusse kommen, dass die Anästhesie der Hysterischen nicht von einer lokalen Störung der Cirkulation abhängen kann " .

In einem Falle fanden Bourneville und Reynard als Temperatur der rechten hemianästhetischen Hand 37·2° und als die der linken gesunden 37°; es war also kein weesentlicher Unterschied zwischen den beiden Seiten vorhanden. Wir haben jedoch mehrmals eine eehr merkliche Erniedrigung der Temperatur an gewissen anästhetischen Stellen gefunden; aher es handelte sich dann um eine hesondere trophische Störung, um das hysterische Ödem, welches une bei der Pathologie der Neurose noch weiter beschäftigen wird.

Es scheint jedoch, dass in den anästhetiechen Gebieten eine wirkliche Ischämie besteht; Brown-Sequard und Liégeois hahen Beispiele davon angeführt ¹). Diese Ischämie zeigt sich darin, dass die anästhetische Haut bei den Hysterischen nach einem Stiche eelten blutet. „Ich habe diese Eigentümlichkeit seinerzeit mitgeteilt", sagt Charcot. „Sie zeigte sich unter folgenden Umständen: Bei einer an Hemianästhesie leidenden hysterischen Kranken wurden Blutegel appliziert. Ich bemerkte, dass dieselben auf der anästhetischen Seite viel weniger Blut eogen als auf der gesnnden Seite, wo sich nichte Ahnormee zeigte. Grieolle, der bekanntlich ein geschickter und gewissenhafter Beobachter war, hat daseelhe gefunden. Die Iechämie, die übrigens in solchem Grade selten vorkommt, kann gewisse als Wunder geltende Thatsachen erklären. In der Epidemie von Saint-Medard zum Beispiel verursachten, wie man erzählt, die Degenstiche, die man den von Konvuleionen Befallenen versetzta, keine Blutungen . . . ."

Pitres, der ehenfalls das Ausbleiben der Blutung nach Stichen festgestellt hat, hat die in der Umgehung der verletzten Stelle sich ahepielenden Vorgänge genau untersucht. Er sagt darüber: „Bei den Hyeterischen echeinen die unmittelbar durch die Berührung des fremden Körpers getroffenen Hautgefäsee sich heftig zusammenzuziehen, ebe das Blut nach der Verwundung ausfliessen kann. Diese Zusammenziehung ist von einer Reihe anderer Erecheinungen begleitet, die man bisher nur unvollkommen heschrieben hat. Ee sind folgende: In dem Augenblicke, wo die Nadel in die Haut eindringt, sieht man rings um dieselbe einen blassen Fleck von 1—2 Millimeter Dnrchmesser, welcher bleibt und sogar noch stärker hervortritt, nachdem die Nadel herausgezogen ist. Nach einigen Sekunden ist der hlasse Fleck von einer roten Zone umgehen, deren Durchmesser 1—2 Centimeter heträgt; zugleich bildet sich an seiner Stelle eine Hervorragung, ähnlich einer Urticariaquaddel, welche verschiedene Zeit, aher immer ziemlich lange bestehen bleibt, eine halbe Stunde oder auch über eine Stunde, je nachdem. Oft, wenn die Quaddel auegebildet ist, kommt aus der Stichwunde ein kleines Tröpfchen klarer Flüssigkeit. Diese Erecheinungen scheinen darauf hinzuweisen, dass eich eine Zusammenziehong der von dem Stich unmittelbar betroffenen Gefässe vollzieht, anf welche ein auf die ursprünglich gereizte Stelle beschränktes Ödem folgt."

Pitree hat ausserdem festgestellt, dass diese „vaskuläre Hyperexcitahilität", welche den Ausfluss des Blutes nach dem Stich verhindert, manchmal allgemein ist nnd eich nicht auf die anästhetischen Partien

---

¹) Mémoires de la Société de biologie, 2. série, vol. I, pag. 274.

beschränkt. Er fügt hinzu, dass es auf experimentellem Wege möglich sei, die vasomotorische Reaktion einer anästhetischen Stelle umzugestalten, ohne irgendwie den Charakter der Anästhesie selbst zu ändern. So erzeugt die Anwendung eines Senfpflasters an den unempfindlichen Stellen der Haut gewöhnlich eine lebhafte Rötung derselben. Unter diesen Umständen aber bluten die an den geröteten Stellen angebrachten Stiche recht reichlich und erzeugen keine Quaddeln; aber die Unempfindlichkeit der Haut besteht doch oft fort, gerade so wie vor der Applikation des Senfpflasters. Es scheint also, dass an den anästhetischen Partien vasodilatatorische oder vasokonstriktorische Störungen bestehen. In einer Reihe von Untersuchungen, die wir in Gemeinschaft mit Cathelineau an 10 Hysterischen, 5 Männern und 5 Frauen, zum Zwecke der Untersuchung der Zusammensetzung des Blutes anstellten [1]), bemerkten wir niemals, dass die Schröpfköpfe, deren wir nne bedienten, um das Blut zu erhalten, auf der hemianästhetischen Seite anders wirkten, als auf der gesunden. Der einfache Schröpfkopf spielte dabei, wie wir glauben, ·nicht dieselbe Rolle,· wie das Zugpflaster Pitres', da er die Haut auf beiden Seiten des Körpers in gleicher Weise rötete.

Guichon [2]) hat noch gezeigt, dass die anästhetische Seite ebensogut resorbiert wie die normale.

Während Teissier bemerkt hatte, dass bei einer hysterischen Frau, die er an einem Wechselfieber behandelte, die Einspritzungen von Chininum hydrobromicum, wenn auf der hemianästhetischen Seite gemacht, wirkungslos blieben, während sie, wenn auf der anderen Seite appliziert, wirksam waren, kam Gnichon bei seinen Versuchen, die in der subkutanen Injection von Natron salicylicum bestanden, zu folgenden Schlüssen:

1. Die totale oder typische hysterische Hemianästhesie, oder auch die weniger vollständige Hemianästhesie ist kein Hindernis für die Resorption von Substanzen wie Natron salicylicum.

2. diese Resorption geschieht auf beiden Seiten, soweit erkennbar, in derselben Zeit;

3. sie scheint auf beiden Seiten in nahezu gleichen Verhältnissen zu erfolgen;

4. sie findet bei hemianästhetischen Hysterischen auf beiden Seiten in derselben Weise statt, wie bei gesunden Personen;

5. wir haben keine Bestätigung der angeführten Thatsachen gefunden, dass die Resorption auf der anästhetischen Seite nicht erfolge;

6. solche Fälle bilden daher nur Ausnahmen und scheinen auf einer besonderen Idiosynkrasie zu beruhen.

Wir selbst haben übrigens zu oft beobachtet, dass die Stiche auf der anästhetischen Seite nicht bluteten, um auch nur einen Augenblick darüber zweifelhaft zu sein, dass die von allen Beobachtern festgestellten Veränderungen der Cirkulation vorhanden sind, nur müssen sie ihrer inneren Natur nach noch tiefer ergründet werden.

---

[1]) Le sang dans l'hystérie normale. Progrès medical 1891. 14 Februar. (Siehe Capitel XII.)

[2]) Recherches sur l'absorption sous-cutanée dans l'hémianestésie hystérique. Thèse de Lyon, 1890.

5. Kapitel.

Anästhesie der Schleimhäute und Sinnesorgane.

Ehe wir die Entwickelung der verschiedenen in dem vorhergehenden Kapitel beschriebenen Anästhesien der Haut betrachten und ihre Erklärung versuchen, wollen wir, um Wiederholnngen zu vermeiden, die Anästhesie der Schleimhäute und der Sinnesorgane studieren. Beide Arten von Anästhesie sind stets innig verbunden. Wir erinnern daran, dass die umfassendsten Untersuchungen der gesamten Erscheinnngen von Pitres und seinem Schüler Lichtwitz angestellt wurden. Der darüber erschienenen Arbeit des Letzteren haben wir manches entlehnt.

Die Conjunctiva sowie das Auge überhanpt werden wir dabei zunächst nicht in den Kreis unserer Betrachtung ziehen. Charcot hat gezeigt, dass die Störungen des Gesichtssinnes allein ein so nmfangreiches Kapitel der Hysterie bilden, dass wir ihnen eine gesonderte Besprechung widmen wollen.

* *
*

Briquet hatte schon ausdrücklich auf die Beziehungen zwischen der kutanen und der sensoriellen Anästhesie hingewiesen [1]); allein er ging zn weit, wenn er schrieb: „Niemals erscheinen diese Anästhesien auf einen Schlag; sie zeigen sich nur, wenn die hysterischen Störungen schon eine mehr oder weniger lange Zeit vorhanden sind, und wenn ein grösserer oder geringerer Teil der Haut oder der Schleimhäute schon anästhetisch ist. Die Anästhesie der Sinnesorgane ist also eine konsekutive Erscheinung, nnd nur in sehr seltenen Fällen ist sie nicht mit Anästhesie der Haut verbunden."

Es steht heute unzweifelhaft fest, dass eine grössere oder geringere Störung der Geschmacksempfindung, Schwächung des Gehöres oder des Geruches, Einengung des Gesichtsfeldes die ersten und einzigen Anzeichen der Hysterie sein können.

Briquet kommt der Wahrheit näher — vorbehaltlich der Seltenheit der allgemeinen Anästhesie — wenn er sagt: „Wenn die Anästhesie die ganze Haut umfasst, so werden die Sinnesorgane auf beiden Seiten ergriffen; wenn sie nur eine Seite des Körpers einnimmt, so sind gewöhnlich auch nur die Sinnesorgane einer Seite involviert, und immer ist es diejenige Seite, deren Haut anästhetisch ist." Die linke Seite, welche am häufigsten hemianästhetisch ist, zeigt auch am häufigsten die sensorielle Anästhesie.

Endlich deckt sich der Verlust der besonderen Sensibilität mit dem der allgemeinen. „In den meisten Fällen hatte die Anästhesie nicht allein den Spezialsinn selbst betroffen, sondern auch die Schleimhant oder die Haut, welche das Organ desselben umkleidet. In sehr wenigen Fällen nur, in denen die Anästhesie der Sinne unbedeutend war, war

---

1) A. a. O., S. 291 ff.

die Empfindung für Berührung noch vorhanden. Die Anästhesie kann sich also gleichzeitig auf den Nerv der spaziellen Sinnesempfindung und auf die Nerven der Tastempfindung erstrecken."

Briquet geht dann zu Betrachtungen über die allgemeine Entwickelung der sensoriellen Anästhesie über, welche hier angeführt zu werden verdienen. Er sagt: „Die Augen werden am häufigsten betroffen, während alle übrigen Sinnesorgane, welche weniger oft beteiligt sind, gewöhnlich fast gleich häufig affiziert werden.

„Es ist fast unmöglich, festzustellen, in welcher Reihenfolge die Sinnesorgane betroffen werden, da die Kranken darüber nur unzureichende Auskunft geben; nur das scheint gewiss, dass die Anästhesie gewöhnlich bei den Augen anfängt. . . .

„Die Anästhesie der Sinnesorgane kann nur einige Monate dauern und sich dann, entweder von selbst oder unter dem Einflues einer allgemeinen Behandlung, verlieren. Andernfalls kann sie auch unverändert jahrelang fortdauern; das Sonderbarste ist aber, dass sie selbst in diesem Falle manchmal fast plötzlich durch den Einfluss von besonderen auf die Haut angewandten Reizmitteln verschwindet.

„Endlich, wie auch die Sache verlaufen mag, ist es ausserordentlich selten, dass diese Anästhesien nicht zuletzt doch verschwinden; denn man findet bei alten Frauen, welcher früher hysterisch waren, nur selten noch Spuren davon."

Diese letzte Bemerkung trifft aber nicht zu für die Einengung des Gesichtsfeldes; diese kann bei Hemianästhesie, wenn andere Symptome oder Stigmata fehlen, bis ins hohe Alter fortdauern, wie wir selbst in zwei Fällen beobachtet haben. Hieraus ergiebt sich, dass die Beziehungen der verschiedenen Anästhesien der Haut und der Sinnesorgane untereinander sehr veränderlich sind — zum Beispiel in den Fällen, wo Anästhesie der Haut in zerstreuten Flecken oder in geometrischen Figuren mit sensoriellen Störungen vorhanden ist — und dass bei allen vorkommenden Kombinationen das Gesetz der Superposition die Regel bleibt. Dieses Gesetz ist, wie Charcot gezeigt hat, in den Fällen von Hemianästhesie immer zutreffend, mögen die einzelnen Sinne ganz verschwunden oder nur geschwächt sein, und ihre Schwächung beschränkt sich im allgemeinen auf die eine Seite. Jedoch macht das Auge eine Ausnahme von der Regel, denn sehr oft ist die konzentrische Einengung doppelseitig; sie ist aber auf der hemianästhetischen Seite fast immer bedeutender als auf der anderen.

*   *
        *

Nach diesen Vorbemerkungen müssen wir sagen, dass man an den Schleimhäuten alle die Formen von Anästhesie, die wir auch bei der Haut beschrieben haben, entweder kombiniert oder gesondert beobachten kann: Fehlen der Tastempfindung, Analgesie, Thermoanästhesie etc. Da viele dieser Schleimhäute selbst Spezialorgane sind, so ergiebt sich, dass wir neben dem eigentlichen sensitiven Stigma auch das sensorielle Stigma aufsuchen müssen.

Es ist daher wichtig, die Eigentümlichkeiten kennen zu lernen, welche sich bei den Störungen der Sensibilität jeder einzelnen Schleimhaut zeigen. Wir beginnen mit derjenigen des Mundes.

Die allgemeine Sensibilität dieser Schleimhaut ist oft gestört, welches auch die örtliche Verteilung der Anästhesie der Haut sein möge. B r i q u e t macht die Bemerkung, „dass die Anästhesie der Schleimhäute der Nase und des Mundes fast nur bei Hemianästhesie angetroffen wird; sie findet sich in fast zwei Dritteln dieser Fälle; manchmal ist sie allein vorhanden." Sie würde also, seiner Meinung nach, gewöhnlich hemilateral sein.

Wir haben jedoch gezeigt, dass die Unempfindlichkeit der Schleimhaut des Mundes, auch wenn nur Hemianästhesie vorhanden ist, doch vollständig sein kann. Es handelte sich um Fälle von Spasmus glossolabialis, von denen weiter unten die Rede sein wird.

Bei der allgemeinen Form sind alle Qualitäten der allgemeinen Sensibilität gleichzeitig verschwunden. v. R a b e n a u hat beobachtet, dass die Tastempfindung geblieben war. Darin liegt nichts Auffallendes. Wir müssen hier die Untersuchungen von L i c h t w i t z über die Empfindlichkeit dieser Schleimhaut und derjenigen des Gaumensegels gegen den elektrischen Strom erwähnen und wollen die Schlüsse, zu denen er durch das Studium von 10 Fällen kommt, hier anführen:

„1. Die Empfindlichkeit für den galvanischen Strom ist in den anästhetischen Partien der Zunge und des Gaumensegels immer, wenigstens in leichterem Masse, vermindert, aber sie fehlt nie ganz

„2. Diese Verminderung der galvanischen Empfindlichkeit steht in keiner Beziehung zu derjenigen anderer Sensibilitätsformen, weder bei verschiedenen mit einander verglichenen Kranken, noch bei einzelnen allein untersuchten Personen.

„3. In den Fällen von Hemianästhesie der Haut war die galvanische Empfindlichkeit auf der hemianästhetischen Seite des Körpers mehr herabgesetzt, selbst in den Fällen, in denen die Schleimhaut keine Hemianästhesie für andere Arten der Sensibilität zeigte.

„4. Die Speichelsekretion bei galvanischer Reizung war oft vermindert oder auch ganz aufgehoben, sowohl bei der einpoligen als bei der zweipoligen Reizung. Sie stellte sich sehr reichlich bei der Galvanisation des hinteren Drittels der Zunge ein, häufig vor jeder anderen Wirkung.

„Dagegen zeigte sich in den beiden vorderen Dritteln die Speichelabsonderung vor oder nach der Empfindung des Brennens und Stechens; manchmal fehlte sie ganz. Die Dauer der Reizung schien auf das Erscheinen und die Menge der Speichelabsonderung Einfluss zu haben."

Inbezug auf die f a r a d i s c h e Empfindlichkeit ergab die Untersuchung von drei Kranken verschiedene Resultate. In einem Falle war die Wirkung des faradischen Stromes eine ästhesiogene. Die Untersuchung mit Hilfe dieses Stromes ist ziemlich schwierig, und die Untersuchungen von L i c h t w i t z haben mehr ein allgemeines als ein klinisches Interesse.

Die Schleimhaut des Mundes ist der Sitz eines besonderen Sinnes, des G e s c h m a c k e s; die Störungen desselben sind besonders interessant, denn sie hilden eines der häufigsten sensoriellen Stigmata der Hysterie. Dasselbe kann auch isoliert auftreten. In einem Falle, in welchem die Diagnose grosse Schwierigkeit machte, da das hysterische Ödem noch kaum bekannt war, stützte sich Charcot auf die Herabsetzung des Geschmackes auf der rechten Seite, um Störungen, welche von keinen anderen Erscheinungen begleitet waren, als solchen, die man der Hysterie zuschreiben konnte, auf diess zu bezishen. Man darf daher, wenn man auf Hysterie untersuchen will, nicht unterlassen, nachzusehen, ob Störungen der Geschmacksempfindung vorhanden sind.

Es ist bekannt, dass die Geschmacksempfindung an der Zungenspitze und auf der Dorsalseite derselben, besonders im hinteren Drittel ihren Sitz hat, vielleicht auch im vorderen Teile des Gaumensegels und an bestimmten Punkten des Isthmus faucium. Die klinische Untersuchung hat sich hauptsächlich auf das letzte Drittel der Dorsalfläche der Zunge zu erstrecken.

Vier Hauptstoffe können bei der Untersuchung verwendet werden: süsse, salzige, sausre und bittere. Man wird sich gewöhnlich mit einer konzentrierten Lösung von Zucker oder von Chinin. sulf. begnügen, welche man mittelst eines Pinsels abwechselnd auf die seitlichen Teile der Zungenoberfläche bringt. Die Anwendung gelöster Stoffe ist derjenigen von Pulvern vorzuziehen. Im letzteren Falle muss man einige Zeit warten, bis die Stoffe gelöst sind, ehe die Wirkung eintreten kann, nach dem alten Satze: Corpora non agunt nisi soluta; man ist sonst in Gefahr eine einfache physico-chemische Erscheinung für eine Verzögerung der Reizwirkung zu halten. Während der Untersuchung muss man den Kranken veranlassen, die Zunge ausserhalb des Mundes zu halten, wenn man untersuchen will, ob die Geschmacksstörungen einseitig sind; denn sonst kann sich die Lösung über die ganze Zungenoberfläche verbreiten. Ein bejahendes Nicken des Kopfes von Seiten der untersuchten Person giebt genau den Augenblick an, wenn die Empfindung wahrgenommen wird. Man kann dabei auch beurteilen, ob nur Verzögerung der Wahrnehmung, ob einfache Trübung oder vollständiger Verlust der besonderen Sinnesempfindung vorhanden ist.

Unter 11 Kranken, die Lichtwitz untersuchte, fand er 10, bei welchen die Geschmacksempfindung in verschiedenem Grade beeinträchtigt war. Er hat demnach als sehr häufiges, wenn nicht beständiges Merkmal sine Verkleinerung des Geschmacksfeldes festgestellt, da das letzte Drittel der Zunge die Stelle war, wo die Empfindung in letzter Instanz verloren ging; das stimmt auch mit den physiologischen Thatsachen überein. Aber das Geschmacksfeld war nicht immer für die vier Grundempfindungen in gleicher Weise verkleinert. Manchmal war sogar der Geschmack nur für eine einzige Qualität ganz verschwunden, für die anderen dagegen das Feld nur eingeschränkt. In anderen Fällen wurden gewisse Geschmacksqualitäten verwechselt: eine Kranke schmeckte Salz als etwas Bitteres; sine andere hatte im Munde beständig einen bitteren Geschmack.

Eine sonderbare Erscheinung beobachtete Lichtwitz, nämlich zugleich mit dem teilweisen Fehlen der Geschmacksempfindung an den

Stellen, welche gewöhnlich diese Empfindnng haben, ein Vorhandensein derselben an solchen Stellen der Schleimhaut des Mundes, die sie gewöhnlich, nach den meisten Physiologen niemals, nach anderen höchst selten, besitzen. So hatte eine Kranke, die an deutlicher Hemianästhesie der allgemeinen Sensibilität und der besonderen der Mundschleimhaut litt, Geschmacksempfindung an der Gaumenwölbung und an der Schleimhaut der Wange der sensiblen Seite. Bei einer anderen war der Zahnfleischrand der linken Seite des Gaumens für Salz und die Schleimhaut der linken Wange für Sauer und Bitter empfindlich. In einem dritten Falle war die hintere Pharynxwand die einzige Stelle, wo Süss, Salzig und Sauer empfunden wurden.

Am sonderbarsten aber und im Gegensatz zu den gewöhnlichen klinischen Ergebnissen ist dies, dass Lichtwitz unter fünf Fällen von Hemianästhesie der Haut nur einen gefunden hat, in welchem deutliche Hemianästhesie des Geschmackes vorhanden war. (A. a. O., S. 64.)

Und weiter sagt er: „In einigen Fällen war mit der allgemeinen eine spezielle Anästhesie verbunden, d. h., der Geschmack war nur an den Stellen nicht vorhanden, die auch für Berührung und Schmerz unempfindlich waren; gewöhnlich aber bestand ein so unmittelbarer Zusammenhang zwischen besonderer und allgemeiner Anästhesie nicht." (S. 65.)

Henrot hatte schon ähnliche Fälle beobachtet. Er berichtet darüber: „Ich habe gesehen, dass bei manchen Kranken Geschmack und Geruch ungeschwächt blieben, während die Nasenhöhlen, der Mund, der Isthmus faucium gegen jede Berührung vollständig unempfindlich waren. Ich habe aber nicht gefunden, dass die allgemeine Sensibilität in diesem Organe noch vorhanden war, wenn die spezielle Sensibilität fehlte." Diese letztere Behauptung Henrot's ist jedenfalls vollkommen richtig; wir können uns daher der von Lichtwitz ausgesprochenen Ansicht nicht anschliessen, wenigstens dem Schlusse nicht, den er aus den fünf besonderen Fällen zieht, dass nämlich für den Geschmack gewöhnlich keine Beziehung zwischen der besonderen und der allgemeinen Anästhesie bestehe."

Vielmehr haben sehr viele von Charcot und uns selbst angestellte Untersuchungen Hysterischer uns zu der Ueberzeugung gebracht, dass in der grossen Mehrzahl der Fälle allgemeine und besondere Anästhesie einander vollständig decken, und dass das nicht allein beim Geschmack, sondern auch bei den anderen Sinnen der Fall ist.

Wir müssen diesen Satz sogar verallgemeinern und sagen, dass, welche Funktion ein Organ auch hat, bei der Hysterie die Störung dieser Funktion nicht oder nur sehr selten eintritt, ohne gleichzeitige Störung der Sensibilität, sei es Anästhesie oder Hyperästhesie. Wir werden dieses später bei den Paralysen und Kontrakturen noch näher zu erweisen Gelegenheit finden. Die Anästhesie oder Hyperästhesie an umschriebenen Stellen fallen genau zusammen mit der Aufhebung der Funktion an diesen Stellen, und wir haben gezeigt, wie genau dieses Zusammentreffen in gewissen Fällen von Kontraktur besonderer Muskeln ist, wie des Orbicularis palpebrarum, welche Blepharospasmus erzeugt, oder des Sternocleidomastoideus, dessen Kontraktur Torticollis verursacht etc.

Die Thatsachen, welche Lichtwitz gefunden hat, sind nicht zu bestreiten, aber es ist auch ebenso gewiss, dass die Reihe von Fällen, auf welche er sich beruft, nur als eine Ausnahme angesehen werden kann, durch welche die Regel bestätigt wird, die unserer Ansicht nach eine der am besten begründeten der Hysterie ist.

Lichtwitz ist der Einzige, der Untersuchungen über den elektrischen Geschmack bei Hysterischen angestellt hat. Die Schlüsse, zu welchen er dadurch gelangt ist, müssen wenigstens so lange, bis andere Ergebnisse gefunden sind, ganz und ohne weitere Diskussion angenommen werden. Es sind folgende:

„1. Bei der (bipolaren) Untersuchung hat sich in sämtlichen sechs untersuchten Fällen eine Verminderung oder gänzliche Aufhebung des elektrischen Geschmacksfeldes nachweisen lassen.

„2. Das elektrische Geschmacksfeld unserer Kranken (bei bipolarer Untersuchung) war von derselben Ausdehnung oder kleiner als das Feld für schmeckbare Substanzen.

„3. Es scheint keine Beziehung zwischen der besonderen und der allgemeinen galvanischen Sensibilität des Geschmacksorganes zu bestehen.“

Die Störungen der Geschmacksempfindungen muss man, wie viele andere sensible oder sensorielle Störungen, bei den Kranken erst aufsuchen; manche Personen gehen sie allerdings auch von selbst an. Sie beklagen sich, „dass ihnen nichts mehr schmeckt“; die Speisen schmecken alle nach Erde, nach Asche, nach Gips, Vergleiche, welche gewöhnlich gemacht werden, um anzuzeigen, dass der Geschmackssinn nicht mehr thätig ist. Diese Kranken sind vollständig anästhetisch, wenigstens an der Zunge, aber auch manchmal am ganzen Körper. Man kann auch nicht selten eine deutliche sensorielle Hemianästhesie auf der einen Seite und auf der anderen eine mehr oder weniger ausgeprägte Hypästhesie beobachten.

Diese Erscheinungen erklären die Neigung der Hysterischen, ihre Speisen stark zu würzen, zu salzen oder mit den verschiedensten scharfen Sachen zu versehen, als: spanischem Pfeffer, saueren Gurken, Senf etc.

Die klinische Beobachtung zeigt uns vielleicht noch besser als die Experimente, dass gewisse Geschmacksempfindungen mit Ausschluss der anderen besonders wahrgenommen werden. Manche Personen geniessen im Übermasse den gezuckerten Saft roher Zwiebeln. Besonders aber scheinen sie die sauren Substanzen zu lieben; Citronen, die sogenannten englischen säuerlichen Bonbons und unreife Aepfel sind für die meisten hemianästhetischen Hysterischen in den Sälen der Salpêtrière vielbegehrte Leckerbissen.

Manche, die unserer Meinung nach zu sehr geneigt sind, die Hysterischen als cerebral vollkommen abnorme Individuen anzusehen, haben in diesen lokalen Störungen des Geschmackes wirkliche Geistesstörungen sehen wollen. Obgleich die physiologische Erklärung die Hysterie und ihre Manifestationen in der That auf Störungen des centralen Nervenorganes zurückführt, können wir uns jener Ansicht doch nicht anschliessen, welche diese Personen zu der Klasse der *Dégénérés* — um diesen jetzt beliebten Ausdruck zu gebrauchen — zählt, zu denjenigen, bei welchen man Geschmacksstörungen beobachtet, die sie dahin bringen, Erde, Kohlen, widerliche Stoffe etc. zu verschlingen. Bei diesen sind keine lokalen sensiblen Störungen wie bei den Hysterischen vorhanden, durch die man die beobachteten Erscheinungen erklären könnte; alles ist rein psychischer Natur.

Hysterie und psychische Entartung können zusammentreffen; Hysterische können an Pica und Malacia leiden; aber das ist kein Grund, um zwei nosologische Elemente in eine Kategorie zu stellen, die, wenn sie auch manchmal zusammen auftreten, doch niemals, wie C h a r c o t lehrt, mit einander vermischt sind.

Es muss bemerkt werden, dass selbst bei totaler Anästhesie der Schleimhaut und vollständigem Verluste des Geschmackes die reflektorisch eintretenden Sekretionen niemals verändert sind. „Wenn doppelseitige Anästhesie besteht, sagt B r i q u e t, werden die Speisen sehr wenig gefühlt und ihre Geschmackswirkungen werden nicht empfunden; die Schluckbewegungen geschehen gewissermassen gewohnheitsmässig; dennoch scheint die Speichelabsonderung gar nicht verändert."

P i t r e s, der diese Untersuchungen wieder aufgenommen hat, ist zu denselben Ergebnissen gekommen; er hat festgestellt, „dass die vaskulären und glandulären Reflexe trotz der Anästhesie fortbestehen. Wird ein reizender Körper auf die unempfindliche Zunge gebracht, so erfolgt die Absonderung einer merklichen Menge von Speichel". Dieses normale Verhalten der reflektorischen Sekretionen besteht auch bei den anderen sensoriellen Schleimhäuten, wenn diese anästhetisch sind.

Die Störungen des Geschmackes, welche wir im Vorhergehenden beschrieben haben, sind nicht pathognomonisch für die Hysterie; L i c h t w i t z hat sie bei der Sclérose en plaques, bei Saturnismus, bei Hemiplegie mit Logoplegie beobachtet, also in Fällen, deren Zusammenhang mit der Hysterie bestreitbar ist. Sie kommen aber, anderen Krankheiten gegenüber, bei der Hysterie so häufig vor, dass sie für die Diagnose sehr wichtig sind.

Ebenso wie die Schleimhaut des Mundes verhält sich auch die des Rachens und des Schlundes in Bezug auf Anästhesie [1]).

*   *
*

Die Anästhesie der Schleimhaut des Kehlkopfes muss uns noch einige Augenblicke beschäftigen. Es ist bekannt, dass C h a i r o u die Anästhesie des Kehldeckels als zuverlässiges und frühzeitiges pathognomisches Merkmal der Hysterie angesehen hat [2]). Er sagt darüber: „Wie

---

[1]) Ein Umstand, den man merkwürdigerweise bis jetzt noch nicht beachtet hat, ist folgender: Wie verhält sich der Ortssinn oder, wenn man lieber will, der Muskelsinn der Zunge, wenn dieselbe vollständig anästhetisch ist? Es ist sehr wahrscheinlich, dass er dann ganz fehlt; vielleicht zieht das andere Störungen, z B. in der Aussprache der Wörter nach sich. Das müsste notwendig untersucht werden.

[2]) A. a. O., S. 12.

— 115 —

findet man diese auffallende Unempfindlichkeit des Kehldeckels? Die Feststellung derselben ist sehr leicht.. Beim ersten Auftreten der Krankheit, wo noch jedes andere Phänomen fehlt, kann man leicht erkennen, dass der Kehldeckel ganz unempfindlich ist, wenn man den Finger bis zum Grunde der Zunge vorstreckt. Man kann ihn auch mit einem Federbart, einem Stück Papier, einem Schwamm kitzeln, man kann sogar den Finger bis an die obere Öffnung des Kehlkopfes bringen, so dass der Zutritt der Luft gehemmt und ein leichter Erstickungsanfall herbeigeführt wird, trotzdem wird sich kein Brechreiz einstellen. Ganz im Anfange der Krankheit hat die Kranke allerdings wohl die Empfindung der Berührung oder des Warmen und Kalten, aber die Reflexbewegung ist immer fast vollständig verschwunden."

Lichtwitz hat die Litteratur auf Untersuchungen der Sensibilität des Kehlkopfes bei Hysterischen durchgesehen und die sich daraus ergebenden Folgerungen hat Gonguenheim in folgenden Worten zusammengefasst [1]:

„Die Anästhesie des Kehlkopfes fehlt bei einer Anzahl Hysterischer; andererseits habe ich sie, wenn auch selten, bei Personen angetroffen, die kein erkennbares Symptom von Hysterie darboten."

Lichtwitz fügt hinzu: „Ohne so weit zu gehen wie Gottstein, welcher behauptet, dass die Anästhesie des Kehlkopfes physiologisch seine könne, kann man doch sagen, dass eine einfache Herabsetzung der Sensibilität und der Reflexe dieser Schleimhaut als normal betrachtet werden muss; denn man trifft sie täglich bei Personen, welche weder an Hysterie noch an anderen Affektionen, höchstens an einem chronischen Katarrh der Stimmbänder leiden."

Chairou dagegen sagt: „Jede Frau, welche an Kongestion in einem der beiden Ovarien leidet und diese Anästhesie des Kehldeckels zeigt, ist hysterisch." Der zweite Teil dieser Behauptung ist eben so falsch wie der erste.

Es geht also daraus hervor, dass die Anästhesie des Kehlkopfes bei der Hysterie ebenso veränderlich als häufig ist. Thaon [2] schätzt die Zahl der Hysterischen, bei welchen Anästhesie des Kehldeckels vorhanden ist, auf ein Sechstel. Auch kann seiner Ansicht nach, „die hysterische Anästhesie den ganzen Kehlkopf ergreifen und absolut sein; gewöhnlich ist sie doppelseitig und beschränkt sich nicht auf ein bestimmt begrenztes Nervengebiet. Hierdurch unterscheidet sie sich genügend von anderen Anästhesien, welche im Gebiete eines der oberen Kehlkopfnerven ihren Sitz hat, wie die diphtheritische Anästhesie". Dieser Charakter der Doppelseitigkeit ist auch von Lori betont worden, und Lichtwitz schrieb: „Niemals haben wir bei den Fällen von Hemianästhesie der Haut eine Hemianästhesie oder Hemihypästhesie des Kehlkopfes wahrnehmen können."

[1] Des névroses du larynx. Paris 1883.
[2] L'hystérie et le larynx. Annales des maladies de l'oreille, vol. VII, 1881. pag. 30—41.

8*

Wir bemerken schliesslich, dass sie nach Gerhardt[1]) oft mit einer Lähmung der Stimmbänder verbunden ist. Schnitzler endlich berichtet[2]) über einen Fall von Anästhesie des ganzen Kehlkopfes mit zeitweiligen Schmerzen (Anaesthesia dolorosa).

* *
*

Lichtwitz hat die Sensibilitätsstörungen an der Nasenschleimhaut untersucht und ist dabei zu dem interessanten Schlusse gekommen, „dass die Nasenschleimhaut von allen Schleimhäuten vielleicht am wenigsten von der Anästhesie betroffen wird".

In den von ihm beobachteten Fällen von Hemianästhesie der Haut war die Nasenschleimhaut, obwohl sie auch an der Hemianästhesie teilnahm, doch niemals ganz hemianästhetisch. Das Septum behielt immer seine volle Empfindlichkeit, mit Ausnahme des vorderen und unteren Teiles, welcher bisweilen mehr oder weniger anästhetisch war. Der Boden und die untere Muschel, noch häufiger die mittlere, zeigten auch in ihren hinteren Teilen sensible Stellen. Diese Stellen fielen gewöhnlich mit spasmogenen Zonen zusammen. Dieselbe Bemerkung wurde gemacht inbezug auf Analgesie und die verschiedenen anderen Formen der Sensibilität, falls die Anästhesie nicht in hemilateraler Form auftrat. Er bedauert, nicht Kranke mit totaler Anästhesie zur Verfügung gehabt zu haben.

Diese Ansichten stehen im Gegensatze zu der übrigens allgemein angenommenen Ansicht Briquet's, welche folgendermassen lautet: „Man kann die Umgebung der vorderen Öffnung der Nasenhöhle und alle Teile derselben, die mit Instrumenten erreichbar sind, mit Nadeln stechen, ohne dass die Kranke etwas davon empfindet."

Da er in den Nasenhöhlen sehr häufig spasmogene oder hyperästhetische Zonen gefunden hat, so fragt sich Lichtwitz, ob man nicht begründete Zweifel hegen müsse gegen die von ihm konstatierte partielle Sensibilität der Nasenhöhle, deren Bekleidung z. B. Träger der Hemianästhesie ist.

„Man könnte einwenden, sagt er, dass es sich nicht um die eigentliche Empfindlichkeit handle, sondern um eine durch die Berührung einer spasmogenen Zone erzeugte Empfindung, und dass folglich die Thatsache, worauf wir fussen, nicht vollständig erwiesen ist, nämlich dass die Nasenhöhle der hemianästhetischen Seite niemals ganz anästhetisch ist.

„Aber wir haben uns überzeugen können, dass die Kranken die Sensation einer Berührung sehr wohl von derjenigen einer Aura unter-scheiden konnten, obwohl erstere manchmal erst nach wiederholten stärkeren Berührungen eintrat. Bei manchen dieser Kranken waren zudem zu anderer Zeit dieselben Stellen empfindlich gegen Berührung und nicht der Sitz der spasmogenen Zonen."

---

[1]) Ueber hysterische Stimmbandlähmung. Deutsche medizinische Wochenschrift, 1878, Nr. 4.
[2]) Ueber Sensibilitätsstörungen des Kehlkopfes. Wiener medicinische Presse, Nr. 46 und 48, 1873.

Obwohl L i c h t w i t z die Nasenschleimhaut niemals ganz anästhetisch gefunden hat, kann sie doch keine Ausnahme von der allgemeinen Regel machen, wonach, wie C h a r c o t lehrt, die Schleimhänte an der Anästhesie der hemianästhetischen Seite teilnehmen, und wonach die sensoriellen Störungen im allgemeinen mit den sensiblen zusammenfallen.

Inbezug auf die besondere Sensibilität der S c h n e i d e r'schen Membran hat L i c h t w i t z folgende Phänomene gefunden: Unter 11 Kranken fand er viermal einseitige, einmal vollständige Anosmie, einmal doppelseitige Anästhesie des Olfactorius nur für gewisse Gerüche, und einmal eine deutliche Verminderung des Geruches auf der linken Seite. Für mehrere Kranke, welche immerhin etwas riechen konnten, hatte dennoch Asa foetida keinen unangenehmen Geruch; eine andere zeigte allen Gerüchen gegenüber deutliche Hyperästhesie.

B r i q u e t sagt: „Da die Unempfindlichkeit sich gewöhnlich nur an einer Seite findet, so bemerken die Kranken diesen Mangel meist gar nicht; sie sagen nnr, dass sie nicht gut riechen können." Er führt auch an, „dass diese Unempfindlichkeit auf die Sekretion der Nasenschleimhaut gar keinen Einfluss zu haben scheine".

* * *

Die Anästhesie der das Gehörorgan bekleidenden Häute oder Schleimhäute ist besonders wichtig, denn sie bedingt auch die h y s t e r i s c h e T a u b h e i t, welche neuerdings Gegenstand interessanter Untersuchungen gewesen ist. Diese Wichtigkeit beruht besonders auf der klinischen Thatsache, dass die organische Taubheit gewöhnlich jeder Behandlnng widersteht, während die hysterische eben so schnell verschwinden kann, wie sie aufgetreten ist. Die richtige Diagnose ist daher sehr wichtig. Diejenigen Ärzte welche sich besonders mit den sensitivosensoriellen Störungen der Hysterie befasst haben, z. B. H e n r o t und S z o k a l s k y, haben nicht ermangelt, die verschiedenen Störnngen des Gehöres anzuführen. S z o k a l s k y hat sogar gezeigt, dass die Gehörsempfindungen pervers sein können. Er hat einen Pianisten behandelt, welcher die Töne in ganz merkwürdiger Weise perzipierte; ein nach seinem Ohr gestimmtes Klavier gab sehr deutliche Dissonanzen.

Ehe wir uns jedoch mit den sensoriellen Erscheinungen beschäftigen, müssen wir die Veränderungen der Empfindlichkeit studieren, welche sich an der Haut und den Schleimhäuten zeigen; die Haut, welche die Ohrmuschel bekleidet, ist in unsere Beschreibung mit einbegriffen, denn sie gehört mit zu dem Gehörapparate.

B r i q u e t schreibt darüber: „Sehr häufig ist die Haut der Ohrmuschel und des äusseren Gehörganges anästhetisch nnd empfindet weder einen Stich noch die Berührung eines Körpers."

Als Cb. F é r é im Jahre 1882 nnter C h a r c o t die Beziehungen zwischen der Anästhesie der Haut und derjenigen der Schleimhäute und die sensoriellen Störnngen studiarte, gelangte er zu folgenden, nach unserer Ansicht vollkommen richtigen Ergebnissen über das Zusammentreffen heider [1]): „Bei der hysterischen Hemianästhesie besteht ein dauernder Rapport zwischen der Unempfindlichkeit der Haut und der sensoriellen Anästhesie. Derselbe findet sich nicht nur, wenn die Anästhesie die ganze eine Hälfte des Körpers umfasst, sondern auch, wenn sie mehr oder weniger begrenzt ist ..... Bei mehreren hemianästhetischen Hysterischen die wir hierauf untersuchten, fanden wir, dass, wenn das Gehör mehr oder weniger ungeschwächt war, auch die allgemeine Empfindlichkeit des Gehörganges (die man nicht mit der des Trommelfelles verwechseln darf) ebenso vorhanden war und umgekehrt. Das scheint darauf hinzuweisen, das in gewissen Regionen des Gehirnes seneitive Centren vorhanden sind, die den Sinnesorganen und der sie bedeckenden Haut gemeinsam angehören."

Walton hat diese Untersuchungen im Jahre 1883 fortgesetzt [2]); er hat die Sensibilität des Trommelfelles untersucht und sogar einige Versuche über die Sensibilität des Mittelohres gegen eingeblasene Luft angestellt. Diese Untersuchungen welche sich auf 13 hysterische Personen erstreckten, haben die Kombination von sensiblen und sensoriellen Störungen deutlich ergeben. Seine Resultate sind folgende:

„1. Bei der vollständigen Hemianästhesie besteht vollständige Taubheit auf der anästhetischen Seite; der Ton von Stimmgabeln, welche auf die Stirne oder auf die Zähne gesetzt werden, wird nur auf der gesunden Seite wahrgenommen. Zugleich findet man vollständige Anästhesie des Trommelfelles.

„2. Bei unvollständiger Hemianästhesie (gewöhnlich Analgesie mit Thermoanästhesie und Hypästhesie bei Berührung) ist die Taubheit gleichfalls unvollständig. Die Wahrnehmung der durch die Luft übertragenen Tonschwingungen ist vermindert, die der durch den Schädel übertragenen vermindert oder ganz verschwunden. Auf den Schädel oder die Zähne aufgesetzte Stimmgabeln werden besser oder ausschliesslich mit dem gesunden Ohre gehört. Zugleich ist Analgesie des Trommelfelles vorhanden.

„3. Bei mehr oder weniger vollständiger Anästhesie beider Körperseiten entspricht der Grad der Taubheit dem Grade der Anästhesie der Haut.

„Ein allen diesen verschiedenen Fällen gemeinsamer Zug ist der, dass die Taubheit für die durch den Schädel fortgepflanzten Töne diejenige für die durch die Luft übertragenen übertrifft."

Ehe wir weiter gehen, wollen wir zeigen, wie man diese Unterschiede mit Hilfe des „Rinne'schen Experimentes" erkennen kann; es hat seinen Namen von dem Autor, welcher es zuerst bekannt machte:

Man bringt eine schwingende Stimmgabel in Berührung mit dem Processus mastoïdeus der zu untersuchenden Person. Wenn dieselbe nicht vollständig taub ist, wird sie die durch den Knochen zum inneren Hörorgane fortgepflanzten Schwingungen wahrnehmen. Nach kurzer Zeit werden die Schwingungen schwächer und die Person hört nichts mehr.

---

[1]) Notes pour servir à l'histoire de l'hystéro-épilepsie. Archives de neurologie, vol. III. pag. 283, 1882.
[2]) Deafness in hysterical hemianaesthesia. Brain, 1883, vol. I. pag. 458—472.

In diesem Augenblicke bringt man die Stimmgabel, ohne sie aufs nene in Schwingnngen zn versetzen, vor die äussere Öffnung des Gehörganges. Dann wird von gesunden Personen und auch von solchen, bei denen die Ursache der Taubheit im Centralorgane nnd nicht in einem Defekt des schallleitenden Apparates liegt, der Ton von nenem wahrgenommen; bei denjenigen Personen aber, deren Taubheit von einer Verletzung der zur Sammlnng oder Fortpflanzung der Schwingungen dieuenden Organe herrührt, ist dies nicht der Fall. Bei diesen werden die auf den Processns mastoïdeus übertragenen Schwingungen der Stimmgabel länger empfunden als bei jenen. Mit anderen Worten: die Schwingungen der Lnft werden bei Fällen von Taubheit centralen Ursprunges länger empfnnden, als die Schwingungen des Schädels; die nämlichen Schwiugungen werden auf dem Wege durch den Schädel länger empfunden, als anf dem durch die Luft, wenu die Schwäche des Gehöres auf einer mangelbaften Fortleitnng der Schallwellen in dem änsseren oder mittleren Ohre beruht. Das erstere ist ein positives, das letztere ein negatives Resultat. Bei hysterischer Taubheit beobachtet man das positive Resultat; das heisst also, dass das Hindernis der Empfindung im Centrnm liegt [1]).

Selbstverständlich wird man bei der klinischen Untersuchung nicht mit dem Rinne'schen Versuch beginnen. Indem man eine Uhr in gewisse Entfernnng von der Ohrmuschel hält nnd sie dann anch auf die andere Seite bringt, erkenut man leicht und genügend die Schärfe des Gehöres. Mau wird meistens finden, dass das Gehör auf der bemianästhetischen Seite gewöhnlich geschwächt, manchmal ganz verschwnnden ist. Man mnss auch untersuchen, ob die Orientierungsfäbigkeit des Gehöres, das ist der Muskelsinn desselben, vorhanden ist; men wird finden, dass sie anf der Seite, wo sensitive und sensorielle Anästhesie besteht, verschwunden ist, bei vollständiger Taubheit natürlicb auf beiden Seiten. Wir werden übrigens sehen, dass unter diesen objektiven Erscheinnngen Dissoziationen eintreten können, deren Kenntnis zur Vermeidung von Irrtümern nötig ist.

Die bysterische Taubbeit kann vollständig und unvollständig sein. Hänfig, wenn das Gebör nur auf einer Seite verloren ist, klagen die Kranken gar nicht über eine Störung. Sie gleichen durchaus nicht denjenigen, die durch Beschädigung des schallleitenden Apparates auf einem Ohre taub geworden sind und die, wie bekannt, sich immer so stellen, dass sie das gesunde Ohr dem Schall zuwenden. Wir haben es auch mehrmals bestätigt gefunden, dass sich bei den Hysterischen das Gehör ebenso verhält, wie das Gesicht, dass nämlicb das kranke Obr beim doppelseitigen Hören einen Teil seiner Funktionen zurückgewinnt. Nach Gellé ist bei der hysterischen Taubheit die Beibehaltung der bianrikulären Reflexe eine ebenso beständige wie charakteristische Erscheinung [2]).

Briquet bat bei geschwächtem oder ganz verschwundenem Gehör subjektive Sensationen gefuuden. Er sagt: „Die Kranken empfinden zuerst

[1]) Moure. Otologist in Bordeaux, bestreitet in einer an Pitres gerichteten Mitteilung die Richtigkeit des positiven oder negativen Rinne'schen Versuches.
[2]) Clinique otologique annexe de la Salpètrière. Progrès médicale 1891, Nr. 38, 19. September.

auf der anästhetischen Seite ein beständiges Sausen oder Pfeifen, welches sie sehr angreift. Einige haben in dem Mittelohre eine Art schmerzhafter Spannung; dann wird ihnen das Hören schwer, sie verstehen schlecht, auch wenn man mit erhobener Stimme zu ihnen spricht....." Debrosse[1]) und Roenthal[2]) führen ebenfalls das Vorhandensein solcher subjektiver Empfindungen an. Der erstere schreibt: „Dem Verluste des Gehöres geht oft ein Schwächezustand dieses Sinnes vorher, wie wir ihn bei einem unserer Kranken beobachtet haben. Die in diesem Falle beobachtete Taubheit hat viele Ähnlichkeit mit der, welche durch Einnehmen einer grossen Menge von Chininsulfat verursacht wird. Sie ist von andauerndem und sehr unangenehmem Sausen und Pfeifen in den Ohren begleitet." Diese Empfindungen sind manchmal in der That vorhanden, aber wir glauben, dass sie doch auch anders verlaufen und eine andere Bedeutung haben, als ihnen in Vorstehendem zugeschrieben wurde.

Sie bilden eines der beständigsten Symptome der hysterischen Aura und haben ihren Sitz oft auf beiden, zuweilen auf einer Seite, dabei kann lokale Anästhesie der Haut vorhanden oder die Anästhesie auch geometrisch verteilt sein.

Oft ist das Summen stärker, so dass es zu heftigem Pfeifen wird, welches an dasjenige des Ménière'schen Schwindels erinnert. Wenn dann ein Anfall mit Schwindelerscheinungen hinzutritt, kann die Diagnose schwierig werden. Wahrscheinlich ist in diesem Falle der Gehörgang oder das Ohr der Sitz einer hysterogenen Zone; wir werden später noch darauf zurückkommen.

Selten ist die hysterische Taubheit doppelseitig und absolut. Dennoch kommen solche Fälle vor. Manchmal ist der Leidende nach einem konvulsiven Anfall vollständig taub, wie er auch amaurotisch werden kann; aber im allgemeinen ist dieser Zustand unter solchen Umständen nur von kurzer Dauer.

Doch ist letzteres nicht immer der Fall; Hahermann berichtet über zwei Fälle von hysterischer Taubheit, die er in der Klinik von Zaufal beobachtet hat und die mitteilenswert sind, da sie zeigen, wie gross die Schwierigkeiten der Diagnose sein können[3]).

Der erste Fall betrifft einen 15jährigen Schüler, welcher an Taubheit mit Schwindel litt, ohne subjektives Geräusch und ohne Schmerzen. Die Untersuchung des Gehöres ergab zunächst, dass eine laute Stimme mit dem rechten Ohr gar nicht gehört wurde, und dass das linke nur einige Wörter wahrnahm, während die Schwingungen des Akumetere von Politzer durch den Schädel auf beiden Seiten gehört wurden.

Die Stimmgabel wurde auf der linken Seite besser gehört. Später wurde die Taubheit vollständig, sowohl für die Wahrnehmung durch den Schädel als für die durch die Luft, und die Schwindelanfälle wurden heftiger. Zugleich traten andere Erscheinungen auf: Schwachsichtigkeit bis zur Amaurose, Hyperästhesie des Geruches und vollständige Anästhesie

---

[1]) De l'anesthésie dans l'hémiplégie hystérique. Thèse de Paris, 1876, pag. 42.
[2]) Traité clinique des maladies du système nerveux. Paris 1878, pag. 473.
[3]) Casuistische Mittheilungen aus der Klinik für Ohrenkranke. Prager med. Wochenschr. 1880, Nr. 23, 24.

der rechten Seite mit Hypästhesie der linken; diese erwiesen unbestreitbar Hysterie. Der Grad der Taubheit änderte sich häufig. Das Auflegen von Goldstücken um das eine Ohr vermehrte die Hörfähigkeit desselben und verminderte die des anderen Ohres. Wenn man die Goldstücke wegnahm, blieb die Besserung des einen Ohres noch einige Zeit bestehen; bei dem anderen Ohre trat sofort der frühere Zustand wieder ein. Infolge dieser wiederholten Metallapplikation, vielleicht auch infolge der innerlichen Anwendung von Goldchlorür genas der Kranke plötzlich von seiner Taubheit, welche länger als sechs Monate bestanden hatte.

Wir haben die Hauptthatsachen aus dieser Beobachtung mitgeteilt, um zu zeigen, dass die positiven oder negativen Ergebnisse des Rinneschen Versuches bei hysterischer Taubheit nicht immer entscheidend sind, da in diesem besonderen Falle die Perzeption durch den Schädel und die durch die Luft in gleicher Weise aufgehoben waren. Der Verlauf und die aufeinander folgenden Veränderungen der Taubheit sind gleich beachtenswert.

Der zweite Fall Habermann's ist nicht weniger interessant: die Taubheit war nach einer heftigen katarrhalischen Entzündung des Mittelohres aufgetreten und konnte inbetreff der Diagnose zweifelhaft sein [1]. Habermann fand, dass das Verhältnis der Hörschärfe beim Flüstern und bei lauter Stimme, welches gewöhnlich wie 1 : 10 ist, bei seinen beiden Kranken zu gewissen Zeiten wie 1 : 2 war. Diese Veränderung des Verhältnisses für das Ticken der Uhr, eine geflüsterte und eine laute Stimme zeigt sich ziemlich häufig bei Beobachtung der hysterischen Taubheit, ohne dass man sie jedoch erklären könnte. So liest man in der vierten Beobachtung von Lichtwitz:

„Das Gehör ist auf beiden Seiten leicht geschwächt", und weiter: „Das rechte Ohr ist taub für die stärksten Töne der Galtonschen Pfeife; das linke Ohr vernimmt sie; die Orientierung durch den Gehörsinn ist normal." Und eine Kranke, welche mit dem rechten Ohr deutlich versteht, wenn man mit ihr spricht, vernimmt nichts, wenn man laut pfeift. Das sind in mehrfacher Beziehung interessante Erscheinungen. Es ist klar, was auch Ozeretzkowsky [2] betont, dass man diese Thatsachen kennen muss, da sie in gerichtlich-medizinischer Hinsicht wichtig werden können.

Noch andere Eigentümlichkeiten der hysterischen Taubheit sind zu nennen, denn sie zeigt sich in klinischer Beziehung sehr veränderlich. Sie kann mit anderen hysterischen Erscheinungen verbunden sein, zum Beispiel mit Stummheit und so Taubstummheit simulieren [3]. Fulton teilt die genaue Geschichte einer Hysterischen mit, welche an Stummheit und Blindheit litt, die von einem Tage zum anderen besser und schlimmer wurden; Störungen der Sensibilität waren bei ihr nicht vor-

---

[1] Gellé fand bei einer Hysterischen die Taubheit mit einer organischen Veränderung des Trommelfelles verbunden; dies zeigt, wie wichtig für die Differentialdiagnose die genaue Untersuchung des Gehörorganes ist.

[2] Matériaux pour l'étude de la surdité hystérique. Moscou 1890.

[3] Rizu, Surdi-mutité hystérique chez l'homme succédant à des attaques de périodicité annuelle. — Bulletin de la Société des médecins et naturalistes de Jassy 1887.

banden, was doch, wie wir wissen, gewöhnlich der Fall ist. Dagegen war
die Perzeption durch den Schädel mehr abgeschwächt als die durch die
Luft. Auch ging jedem Schwächerwerden des Gehöres eine Hyperästhesie
des Gehörnerve voran[1]). Wir werden bald sehen, dass Hyperästhesie und
Anästhesie in der Hysterie dieselbe Bedeutung haben, und dass auch die
Hyperästhesie stets mit einer Verminderung der Funktionen der Organe,
in denen sie ihren Sitz hat, zusammenfällt.

* *
*

Ausser den Schleimhäuten, welche die Sinnesorgane umkleiden,
giebt es noch eine Anzahl solcher der Untersuchung zugänglicher Mem-
branen, obwol dieselbe schwierig und oft peinlich ist. Wir meinen die
Schleimhäute, welche das untere Ende des Verdauungskanales sowie die
Geschlechts- und Harnorgane des Mannes und der Frau auskleiden.
B r i q u e t giebt die beste Auskunft über ihre Anästhesie in folgendem:
„Die Anästhesie der Schleimhaut des Anus ist sehr selten; ich
kenne nur eine kleine Zahl von Beispielen, und bei den meisten derselben
war auch die Haut der benachbarten Partien selbst anästhetisch.
„Ebenso ist es mit der Anästhesie der Schleimhaut der Harnwege.“
„Häufiger als die beiden genannten Schleimhäute, wird diejenige
der Genitalien anästhetisch; die innere Seite der grossen und der kleinen
Labien, die Vagina in ihrer ganzen Ausdehnung bis zum Cervix des
Uterus kann anästhetisch werden Selbst die Klitoris kann anästhetisch
werden, wird es aber gewöhnlich erst zuletzt; bei manchen Kranken
beobachtet man, dass sie trotz Anästhesie der massgebenden Partien
ihre Empfindlichkeit noch behält. Obschon anästhetisch, kann sie doch
die Fähigkeit zur Erektion bei Kitzeln noch behalten, ebenso wie die
Brustwarze.“
„Beim Manne kann die Schleimhaut des Präputium anästhetisch
werden, während die Eichel ihre ganze Sensibilität bewahrt.“
Nach B r i q u e t ist die Anästhesie der Schleimhaut des unteren
Darmendes und der Geschlechts- und Harnorgane weit seltener als die
der Schleimhäute der oberen Partien des Körpers. Sie erscheint immer,
ungleich der Anästhesie der anderen Schleimhäute, als Folge der Anästhesie der Haut, von der sie nur eine weitere Ausdehnung ist. Wie
bei den anderen Schleimhäuten, steht sie aber in Bezug auf ihre Verbreitung immer in Beziehung zur Anästhesie der Haut, sie ist einseitig
bei Hemianästhesie.
„In der Vagina kommt es oft vor, dass eine Seite allein anästhetisch
ist. In der Harnröhre und im Anus ist es schwierig, festzustellen, ob
einseitige oder vollständige Anästhesie besteht.“
Die sensiblen Störungen zeigen sich in folgenden Erscheinungen:
„Im Harnkanal wird die Berührung des Harnes nicht empfunden, und die
Kranken merken nicht, wenn der Urinabfluss aufgehört hat.“

---

[1]) Ein Fall von hysterischer Taubheit mit Bemerkungen. Zeitschr. für Ohren-
heilkunde 1886. Bd. XV, S. 307—310.

„Da in der Blase die Berührung des Harnes nicht mehr empfunden wird, ist gar kein Drang zum Urinieren vorhanden; der in der Blase bleibende Urin zersetzt sich, und bald entsteht wirkliche Harnverhaltung; die Berührung der Blasenwand durch die Sonde wird nicht mehr empfunden.

„Ebenso ist es mit der Schleimhaut des Mastdarmes; die Kranken empfinden das Durchgleiten der Fäkalien nicht, und, wie bei Diarrhöe, treten dieselben aus, ohne dass sie es merken.

„An den Genitalien sind die Kranken, mag die Anästhesie allgemein oder nur einseitig sein, entweder vollständig indifferent oder sogar unempfindlich bei der Ausübung des Coitus; bei den meisten ist der Geschlechtssinn erloschen; die gekitzelte Klitoris gelangt zur Erektion, ohne dass die Kranke es empfindet. Mehrere Frauen haben sogar die Empfindung der Berührung verloren. Ich habe eine junge Frau gekannt, welche die Annäherung des Mannes nicht einmal wahrnahm "

Wir werden sehen, dass die Pathogenie der Harnverhaltung bei den Hysterischen nicht immer so einfach ist, wie B r i q u e t sie darstellt, und dass sie sehr oft durch Lähmung oder Kontraktur des Schliessmuskels entsteht.

Die unfreiwillige Entleerung des Darminhaltes beim Durchfall ist bei Hysterischen, deren Mastdarmschleimhaut anästhetisch ist, offenbar eine seltene Erscheinung; wir selbst haben etwas derartiges nicht beobachtet. Wir würden eher geneigt sein, auf diese Weise die Verstopfung zu erklären, welche bei denselben Personen so häufig vorkommt, falls sie nicht mit einem Krampf des Schliessmuskels des Anus verbunden ist.

F o n q u e t teilt eine derartige Beobachtung mit [1]), und auch B r i q u e t erwähnt der Verstopfung: „Es ist ferner festgestellt, dass eine Anästhesie der Scheimhäute der unteren Partien bei Beteiligung der Abdominalorgane an der Hysterie gewöhnlich vorhanden ist; die Symptome sind dann schmerzhafte Tympanitis, Harnverhaltung und Verstopfung."

* * *

Welches sind die Ursachen, der Verlauf und die pathogene Bedeutung der Anästhesien? Das sind die Fragen, deren Lösung wir jetzt versuchen müssen.

Über die Ursachen können wir uns sehr kurz fassen; sie ergeben sich aus dem, was wir über die allgemeine Ätiologie und die Gelegenheitsursachen der Hysterie gesagt haben.

Man muss jedoch einige Unterscheidungen machen, besonders mit Bezug auf die topographische Verteilung der Anästhesie. Es scheint nicht zweifelhaft, dass die allgemeinen Störungen, welche auf den Organismus einwirken, auch wenn derselbe bis dahin von der Neurose noch nicht berührt war, besonders das Auftreten von sehr ausgedehnten, totalen oder auf einzelne Inseln, oder auch, was meist der Fall, auf eine Seite beschränkten Anästhesien der Haut und der Sinnesorgane hervorrufen

---

[1]) Leçons sur les maladies du système nerveux, vol. III, pag. 441.

können. Wir haben die Wichtigkeit der Anfälle in dieser Beziehung bereits hervorgehoben.

Es ist auch gewiss, dass lokale Traumen eine direkte Einwirkung auf das Entstehen von geometrischen oder inselförmigen Anästhesien der Haut haben können. Charcot führt als Beispiel eine Frau an, welche unmittelbar, nachdem sie ihrem Kinde eine Ohrfeige gegeben hatte, eine hysterische Kontraktur der Hand mit gleichzeitiger Anästhesie bekam. Wir haben erwähnt, wie nach einem Trauma der Schulter sich Anästhesie mit gleichzeitiger Monoplegie des Armes einstellte. In einem anderen Falle war die Anästhesie der unteren von Paraplegie befallenen Extremitäten durch eine ringsum laufende Linie an der Stelle begrenzt, wo die Räder eines Wagens angeblich über den Körper weggegangen sein sollten. Die Erklärung dieser Erscheinungen ist verwickelt; in diesem Falle scheint die topographische Verteilung der Anästhesie erst durch die Paralyse bedingt zu sein, welche bei ihrer Ausdehnung die Hauptrolle spielt.

Es handelt sich also unter diesen Umständen besonders darum, was zuerst aufgetreten ist, die Anästhesie oder die Paralyse. Wir müssen diesen Punkt bei der Betrachtung der hysterischen Paralysen und Kontrakturen besonders im Auge behalten; doch können wir jetzt schon sagen, was auch später noch hervorgehoben werden soll, dass in diesen besonderen Fällen oft genug die Anästhesie noch andauert, wenn die Paralyse schon geheilt ist. Diese Thatsache des Beharrens der Anästhesie zeigt schon, dass man in der Prognose sehr vorsichtig sein muss, da die Paralyse sich wieder einstellen kann, solange die Störungen der Sensibilität nicht ganz verschwunden sind.

Wenn auch die Anästhesie der Schleimhäute, besonders der die Sinnesorgane bekleidenden, in den meisten Fällen ohne erkennbare Ursache auftritt, so lässt sich doch auch in einer beträchtlichen Anzahl von Fällen die Pathogenese deutlich nachweisen. In allen diesen Fällen ist eine direkte oder indirekte Wirkung des Traumas erkennbar. Wir werden zum Beispiel in dem Kapitel über okulare Störungen sehen, wie ein Trauma — ein Faustschlag, ein Peitschenhieb — unmittelbar eine Amblyopie hervorruft, oder wie eine leichte, gewöhnliche Augenentzündung bei einer hysterischen Person die Veranlassung eines heftigen Blepharospasmus wird.

Was wir hier mit Beziehung auf das Auge gesagt haben, können wir, besonders für indirekte Traumen, für die Nasenhöhlen und das Ohr wiederholen, ebenso für den Kehlkopf, wo die Entzündungen in der Pathogenese der hysterischen Aphonie eine hervorragende Rolle als Gelegenheitsursachen spielen.

In Bezug auf die Nasenhöhlen werden wir in dem Kapitel über die hysterogenen Zonen sehen, dass Lichtwitz in sechs Fällen, in denen Störungen der Sensibilität vorhanden waren, auch sechsmal entzündliche anatomische Veränderungen vorfand.

Derselbe Autor hat auch den Einfluss lokaler Verletzungen auf die Entstehung der hysterischen Taubheit festgestellt: Entzündung des äusseren Ohres, Durchbohrung des Trommelfelles, trophische Störungen in Gestalt blutiger Ausflüsse. In dieser Verbindung ist auch der Fall von W u r d e r m a n n[1]) sehr interessant. Ein junges Mädchen mit hereditärer Syphilis (Hutchinson'sche Trias) konsultierte ihn wegen einer eiternden Ohrenentzündung. Die Entzündung ging zurück, aber die Taubheit blieb, begleitet von Anästhesie des äusseren Gehörganges. Ausserdem bestand Hypästhesie, besonders an den oberen und unteren Extremitäten; die Behandlung mit dem konstanten Strome führte zur Heilung.

F r e u n d und K a i s e r berichten[2]) über einen typischen Fall von Hysterie (koncentrische Einengung des Gesichtsfeldes, Dyschromatopsie, Störungen des Geruches und des Geschmackes, Anästhesie der Haut etc.). Bei einem 45jährigen Bahnwärter zeigte sich plötzlich eine auf dem linken Ohr vollständige, auf dem rechten unvollständige Taubheit, welche die grösste Ähnlichkeit mit den Störungen des Gehöres bei Hysterischen darbot, und infolge eines neben ihm niedergehenden Blitzschlages, der ihn selbst übrigens gar nicht getroffen hatte, aufgetreten war. Wir führen dies als ein Beispiel davon an, wie ein allgemeines Trauma die hysterische Diathese zur Entwickelung bringen kann.

Wir könnten noch andere Beispiele anführen, bemerken aber nur noch, dass bei der Entstehung von Störungen des Geschmackes diese lokalen Ursachen gänzlich zu fehlen scheinen.

Die Schleimhaut des Mundes wird von denselben nicht berührt, und nichts lässt darauf schliessen, dass eine besondere Ursache bei der Lokalisation dieser Anästhesie mitgewirkt habe.

Der Einfluss aller dieser Ursachen beschränkt sich übrigens darauf, sensible Erscheinungen der schon vorhandenen Diathese an bestimmten Stellen hervorzurufen, welche sich doch eines Tages auch ohne nachweisbare Ursache zeigen würde.

＊
＊

Wir wollen jedoch einen mehr allgemeinen Gesichtspunkt zu gewinnen suchen. Die Art, wie die hysterische Anästhesie auftritt, ist veränderlich und es ist oft sehr schwierig, den Zeitpunkt des ersten Auftretens von Störungen der Sensibilität zu bestimmen, schon deshalb, weil die Kranken, bevor man sie untersucht, häufig nicht wissen, dass sie au solchen Störungen leiden. Manchmal jedoch sind gewisse subjektive Empfindungen vorhanden, wie Kriebeln und Prickeln in der Haut, stechende Schmerzen, ein Gefühl von Eingeschlafensein, welche wertvolle Momente für die Beurteilung darbieten.

Man kann auch summarisch ein plötzliches oder allmähliches Auftreten feststellen, wenn es auch aus den angeführten Gründen nicht immer möglich ist, den Zeitpunkt dieses plötzlichen Auftretens oder der progressiven Zunahme der Anästhesie genau zu präzisieren.

Die Anästhesie kann an die Stelle von Hyperästhesie treten und umgekehrt; dies beweist auf's deutlichste, dass beide Erscheinungen der-

---

[1]) A case of hysterical deafness.; Medical News. 1891, 14. Februar pag. 186.
[2]) Ein Fall von Schreckneurose mit Gehörsanomalien. Deutsche medizinische Wochenschrift 1891, Nr. 31, S. 949.

selben Kategorie sind. Briquet sagt darüber: „Manchmal erscheint die Anästhesie an Stelle einer deutlichen Hyperästhesie irgend einee Körperteiles. Ebenso findet man hisweilen, dass die Haut, welche die hyperästhetiechen Muskeln bedeckt, selbst anästbetisch wird. Ich habe in drei Fällen beobachtet, dass die Hyperästhesie einee ausgedehnten Teiles der Haut nach und nach verschwand und dass an ihre Stelle eine Anästhesie derselben Hautstellen trat Es ist nicht zu bezweifeln, dass in mehreren Fällen der Auästheeie der Sinnesorgane eine mehr oder weniger starke Hyperästhesie voranging."

Wenn aber auch unsere Kenntnisse über die Art des Auftretens der hysteriechen Anästhesie mangelhaft sind, so ist ihre schliessliche Entwickelung um so besser bekannt.

Die Anästhesie, unter welcher Form sie auch auftreten mag, besondere aber unter der sensitivo-sensoriellen hemianästhetischen Form, ist eines der regelmäseigsten Stigmata der Hysterie.

„Die Hemianästhesie, sagt Charcot[1]), ist in der Symptomatologie der Hysterie eine um so wichtigere Erscheinung, als sie beinahe immer vorhanden ist. Die einzigen Verschiedenheiten sind gradueller Natur; sie zeigen sich in der Intensität der Erscheinungen, welche sie darbietet, manchmal allerdings auch in den Schwankungen einiger derselben."

Die späteren Untersuchungen (der Vortrag stammt aus dem Jahre 1872) haben diese Beständigkeit der sensiblen Stigmate bestätigt, besonders die der Hemianästhesie. Charcot pflegt seinen Zuhörern eine alte Pensionärin der Salpêtrière vorzuführen; Aurel . . . ., welche er seit mehr als 30 Jahren kennt und die trotz ihrer 75 Jahre und des Verschwindene aller anderen Erscheinungen der Hysterie doch eine deutlich erkennbare sensitivo-sensorielle Hemianästhesie behalten hat. Ebenso war es bei einer anderen wohlbekannten Kranken, namens Ler . . . ., die vor einigen Jahren gestorben ist, nachdem sie mehr als 40 Jahre an Hemianästhesie gelitten hatte, für die auch die Autopsie keine Erklärung ergab.

Wir betonen diese Fälle von Hemianästhesie bei Greisinnen, weil de Fleury in einer vor Kurzem erschienenen Arbeit über senile Hysterie schreibt[2]): „Allgemeine Sensibilität. — Hemianästhesie niemals; einzelne anästhetische Stellen selten, sogar zweifelhaft." Aus obigen Thatsachen ergiebt sich, dass wir seine Ansicht nicht teilen können.

Das führt uns dazu, einiges über die sensitivo-sensorielle Anästhesie in den verschiedenen Altern zu sagen. Charcot lehrt, dass sie hauptsächlich bei Hysterie Erwachsener vorkommt, bei Männern wie bei Frauen; beim Manne besonders scheint sie unter irgend einer Form nie zu fehlen. Beim Greise erlischt die Hysterie gewöhnlich, sie schläft ein; die sensiblen Störungen können jedoch fortbestehen, wenn auch die Hysterie erstorben scheint, ebenso die sensoriellen Störungen, welche, wie wir wissen, fast immer nebenher gehen. Die oben citierten Ler . . . . und Aurel . . . litten an doppelseitiger Einengung des Gesichtsfeldes.

---

[1]) Leçons sur les maladies du système nerveux, vol. I, pag. 305.
[2]) Contribution à l'étude de l'hystérie sénile. Thèse de Bordeaux, 1890.

Bei Kindern dagegen sind die sensiblen Störungen weit seltener als bei Erwachsenen. Sie können vorhanden sein, sind aher stets unbedeutend, man kann sagen, nur ausnahmsweise vorhanden. Einige Störungen des Geschmackes, des Gehöres, eine geringe Einenguug des Gesichtsfeldes, Erscheinungen, nach welchen sorgfältig gesucht werden muss, bilden in diesem Alter gewöhnlich die einzigen Zeichen von Anästhesie; niemals haben wir dagegen Hemianästhesie gefunden, obwohl sie hin und wieder vorkommen mag. Dagegen heobachtet man oft gewisse Formen von Hyperästhesie, verbunden mit Kontrakturen oder mit Koxalgie, Erscheinungen, welche verwickelter sind als die isolierten Anästhesien, sowie auch hyperästhetische oder hysterogene Stellen. Wir kommen darauf später zurück.

Vielleicht sind wir imstande, eine Erklürung für das seltene Vorkommen der Anästhesie bei Kindern zu geben. Nach Charcot ist die Hysterie bei Kindern im allgemeinen in ihrer schliesslichen Entwickelung wenig bedenklich; sie kann sehr geräuschvoll auftreten, ist aber in den meisten Fällen vollständig heilbar. Er meint sogar: „ln diesem Alter muss man Hysterie haben, wenn man davon loskommen will."

Dagegen ist das mittlere Alter dasjenige, in welchem die Hysterie am hartnäckigsten ist. Wir haben gesehen, wie häufig sie in demselben ist und unter den Störungen der Sensibilität ist es besonders die Hemianästhesie, die diese Hartnäckigkeit zeigt. Wegen der Intensität der Hysterie bei Erwachsenen und ihres transitorischen Charakters hei Kindern muss man annehmen, dass die Anästhesie darum bei den ersteren so häufig vorkommt und hei den letzteren wenigstens in schärferer Form fehlt, weil bei Kindern die Krankheit den Organismus nur erst wenig beeinflusst hat.

Man sieht, von welcher Wichtigkeit das Studium der sensoriellen Stigmata für die Beurteilung der schliesslichen Entwickelung der Neurose ist; sie hilden ein Mass für die Intensität der Hysterie.

* * *

Nach dieser Abschweifung wollen wir die Besprechung der sensiblen Störungen zu Ende führen. Die Stigmata in der Haut und den Sinnesorganen sind in Wahrheit sehr beständig, aber sie können verschwinden oder doch sehr deutliche Schwankungen zeigen. Lebhafte Gemütsbewegungen, Anfälle[1]), verändern sie manchmal beträchtlich; die Hemianästhesie kann plötzlich verschwinden, sie kann auf die entgegengesetzte Seite ühergehen, kann dann nach eiuigen Tagen oder Wochen entweder spoutan oder unter dem Einflusse einer neuen konvulsiven Störung ihre frühere Lokalisation wieder einnehmen.

Die anästhetischen Iuseln können wandern, verschwinden, oder es können an Stelle der früheren neue auftreten.

---

[1]) Wir haben schon den Einfluss der Anfälle auf die Entstehung von allgemeiner Anästhesie gezeigt, welche in diesem Falle meist sensitiv, manchmal auch sensoriell und vollständig ist, sowie auf die Entwickelung dieser Anästhesie, welche unter diesen Umständen anftritt und fast immer vorübergehend ist. (G. T.)

Die geometrischen Anästhesien dagegen sind ausserordentlich beständig; da sie mit einem örtlichen Leiden, Arthralgie (Hyperästhesie), Paralyse, Kontraktur verbunden sind, so sind sie eben so wenig veränderlich, wie diese selbst und bestehen sogar noch einige Zeit nach deren Verschwinden.

Manchmal, doch selten, verschwindet die Hemianästhesie bruchstückweise; die Sensibilität kommt nach und nach an einzelnen Stellen wieder, aber es dauert lange Zeit, bis die ganze anästhetische Seite wieder sensibel geworden ist. Charcot hat in seinen Mittwoch-Vorlesungen ein auffallendes Beispiel dieser Art vorgeführt [1]). G. Gninon hat die Beobachtungen über diesen Kranken, den wir selbst untersucht haben, veröffentlicht [2]). Vier Jahre lang konnten die sensiblen Inseln bei dieser Person, die wir beständig beobachteten, obwohl sie sich vergrösserten, doch die Hemianästhesie nicht ganz zum Schwinden bringen; es scheint sogar, dass der Heilprozess augenblicklich zum Stillstande gekommen ist, obwohl die vorübergehenden Erscheinungen (Schlafanfälle) offenbar an Häufigkeit und Stärke abnehmen.

Manchmal scheinen in der That die Anästhesie und die anderen sensoriellen Störungen unmittelbar nach dem Ausbruche der Hysterie aufzutreten. Charcot zeigte im Oktober 1890 seinen Zuhörern einen Kranken, der in dieser Hinsicht so auffallende Erscheinungen bot, dass der Fall wohl einzig in seiner Art ist. Er wurde von Zeit zu Zeit von periodischen Anfällen heimgesucht, welche 12—14 Tage dauerten; ihnen ging eine Reihe sehr sonderbarer Erscheinungen voran: Appetitlosigkeit, gastrische Störungen etc. Nach zwei- oder dreitägigem Unwohlsein zeigte sich rechtsseitige Hemianästhesie, das sichere Anzeichen, dass die Anfälle sich einstellen würden; ebenso kündigte ihr Verschwinden die Rückkehr zum normalen Zustande an. Diese spontanen Veränderungen der Anästhesie sind sehr interessant, aber man kann sie nur bei fortgesetzter sehr aufmerksamer Beobachtung feststellen und studieren. Nicht minder sind es die künstlich hervorgerufenen Veränderungen. Da sie vom Willen des Beobachters abhängen, kann dieser unter den günstigsten Bedingungen seine Beobachtungen vervielfachen und so die Anästhesien studieren.

Duchenne (Boulogne) hatte schon im Jahre 1855 die guten Wirkungen der Faradisation der Haut bei Hysterie hervorgehoben, aber erst Briquet erwies deutlich die Einwirkung des induzierten Stromes auf das Verschwinden der sensiblen Störungen.

Er sagt: „Wenn man mit der Metallbürste über die anästhetische Region fährt, zeigt sich zuerst Rötung der Haut, dann kommt die Wärme, darauf das Kriebeln und zuletzt Schmerzempfindung. Gewöhnlich genügen 5—6 Minuten, um an der in Behandlung genommenen Stelle die Sensibilität zu erregen, so dass, wenn die Anästhesie eine Körperhälfte umfasst, zwei oder drei Sitzungen erforderlich sind, um überall die Sensibilität wieder herzustellen. Oft erscheint die Empfindlichkeit, wenn sie an einer Stelle durch das genannte Verfahren wieder erweckt ist, auch in der Um-

---

[1]) Lecons du Mardi 1887—1888, vol. I, pag. 378.
[2]) A. a. O., Beob. 81, S. 332.

gebung dieser Stelle in ziemlicher Ausdehnung wieder. In manchen Fällen
genügt die Behandlung der oberen Extremität, um die Sensibilität auch in
der unteren wiederkehren zu machen. Es ist mir nie vorgekommen, dass
die Sensibilität sich nicht wieder eingestellt hätte; die Faradisation hat
immer Erfolg. Ich habe gesehen, wie über ein Jahr alte Anästhesien
schon bei einmaliger Faradisation ebenso leicht verschwanden, als wenn .
sie erst einige Tage vorhanden gewesen wären. Man kann daher als
Regel aufstellen, dass die Dauer der Anästhesie von gar keinem Einflusse auf ihre Heilbarkeit ist. In einer oder zwei Sitzungen von viertel-
stündiger Dauer kann man sicher sein, eine Anästhesie der Haut von
jeder beliebigen Ausdehnung zu vertreiben, und dabei bleibt keine nach-
teilige Veränderung des Gewebes zurück. Die Unannehmlichkeit des
Schmerzes, den dies Mittel mit sich bringt, ist ganz gering, vorausgesetzt,
dass in dem Augenblicke, wo der Schmerz zuerst empfunden wird, die
Anästhesie verschwunden ist."

Die Faradisation wirkt nicht allein auf die Anästhesie der Haut,
sondern scheint auch ebenso wirksam, um die Anästhesien der Schleimhäute, wenigstens zeitweilig, zu vertreiben und dadurch die sensoriellen
Funktionen derselben, welche bei manchen Kranken gestört sind, wieder-
herzustellen.

Die Anästhesie der Netzhaut, wovon wir noch sprechen werden,
scheint jedoch nach Briquet's Ansicht der Elektrizität zu widerstehen;
dagegen ist die Anästhesie des Ohres so leicht zu heilen, „dass, wie er
sagt, Duchenne und ich aufs höchste erstaunten, als wir, veranlasst
durch die günstigen Erfolge der Faradisation der Haut, nun auch zum
ersten Male dieselbe am Ohre versuchten, und dabei bei einer seit
langer Zeit auf dem linken Ohre tauben Hysterischen fanden, dass
zuerst das so peinliche Sausen verschwand, und dass die Kranke
dann nach einer Behandlung von einigen Minuten das Ticken einer in
beträchtlicher Entfernung vom Ohre befindlichen Uhr deutlich vernehmen
konnte. Für die Diagnose und die Behandlung dieser Anästhesie ist die
Methode vollkommen zuverlässig; eines Tages kam eine fremde Dame zu
mir, um mich wegen Taubheit zu konsultieren; ich wollte sie an kom-
petentere Ärzte verweisen, als sie mir mitteilte, dass sie nur auf einem
Ohre taub sei — es sei das linke — und dass sie immer ein höchst un-
angenehmes Pfeifen im Ohre höre. Das erregte meine Aufmerksamkeit;
ich untersuchte ihr Ohr und fand es unempfindlich. Ich sagte zu ihr:
‚Gehen Sie über den Boulevard zu Herrn Duchenne, bitten Sie ihn
in meinem Namen, Ihnen Ihre Taubheit zu vertreiben, und Sie können
in 10 Minuten zurückkommen.' In der That kam sie nach 10 Minuten
zurück, konnte wieder gut hören und war glücklich, von dem Pfeifen
befreit zu sein, welches ihr so unangenehm war, da sie immer glaubte,
es sei jemand hinter ihr, der ihr zum Schabernack ins Ohr pfiffe.

„Ich kenne keinen einzigen Fall, wo mehr als zwei Sitzungen von
einigen Minuten erforderlich gewesen wären, um eine Taubheit infolge
von Anästhesie zu vertreiben."

Die anderen Schleimhäute, die der Nase, des Mundes, des Auges,
der Scheide und des Anus verhalten sich ganz ähnlich.

Die Anästhesie der Muskeln ist hartnäckiger, doch auch sie verschwindet gewöhnlich nach einigen Sitzungen.

Briquet meint daher: „Die Anästhesie ist eine hysterische Erscheinung, welche man immer beseitigen kann; ich kenne keinen Fall von Anästhesie, ausser der des Auges, welche nicht durch die geeigneten Mittel, deren kräftigstes die Faradisation ist, beseitigt werden könnte; auf dieses folgen in ihrer Wirkung: Zugpflaster, Einreiben mit Krotonöl und Senfpflaster."

Man könnte hiernach glauben, dass nichts leichter sei, als eine hysterische sensible oder sensorielle Anästhesie zu heilen. Faradisation und andere Mittel können auch wirklich bisweilen die Heilung der hysterischen Anästhesie herbeiführen, aber noch häufiger versetzen sie dieselbe nur an eine andere Stelle, und das meist auch nur vorübergehend, wie wir bald sehen werden.

Aber auch Briquet entfährt mitten in seiner Begeisterung für die Faradisation folgender Satz, der eine um so grössere Bedeutung hat, als man ihn beim Lesen seiner vorhergehenden Ausführungen nicht erwarten sollte: „Es ist klar, dass die Heilung nur dann eine definitive sein kann, wenn der akute hysterische Zustand verschwunden ist, während im entgegengesetzten Falle die Heilung nur eine zeitweise ist."

Die von Briquet berichtete Thatsache, dass die Anästhesie nach der Faradisation verschwindet, ist durch Vulpian[1]), Grasset[2]) und Bourceret[3]) in den Jahren 1875 und 1876 bestätigt worden. Sie wurde sehr bald mit einer Menge anderer Erscheinungen in Verbindung gebracht, auf welche durch die Arbeiten Burq's und durch die Untersuchungen, die in der Salpêtrière zur Kontrolle seiner Beobachtungen angestellt wurden, die Aufmerksamkeit gelenkt war.

Seit 1849 behauptete Burq mehrfach, dass die Applikation metallischer Platten auf die Oberfläche des Körpers in manchen Fällen hinreiche, um hysterische Paralysen und Kontrakturen, welche von Störungen der Sensibilität begleitet seien, zu heilen.

Jeder Kranke zeige eine besondere Idiosynkrasie; der eine sei empfänglich gegen Gold, der andere gegen Kupfer; manche hätten Affinität zu mehreren Metallen etc.[4]).

Das System Burq's, in welchem man ein Wiederaufleben des Perkinismus erblickte, hatte nicht viele Anhänger gefunden, als sein Urheber von Charcot die Erlaubnis erbat und erhielt, an den Kranken seiner Anstalt Versuche anzustellen.

[1]) De l'influence qu'exerce la faradisation de la peau dans certains cas d'anesthésie cutanée. Arch. de physiol. 1875, pag. 877.
[2]) Note sur les effets de la faradisation cutanée dans l'hémianesthésie d'origine cérébrale. Arch. de physiol. 1876. pag. 764.
[3]) Note sur quelques cas d'atrophie musculaire avec ou sans anesthésie cutanée. Influence de la faradisation dans certains cas d'anesthésie. Arch. de physiol. 1876, pag. 507.
[4]) Siehe von den Arbeiten Burq's: Thèse de doctorat, 1851. — Métallothérapie, nouveau traitement par les applications métalliques. Paris 1853. — Métallothérapie du cuivre. Paris 1867. — Métallothérapie, applications des métaux aux eaux de Vichy. Paris 1871. — La Métallothérapie dans le service de M. le docteur Verneuil. Paris 1877, etc.

Damals war Pitres Assistenzarzt, und ihm verdanken wir eine vortreffliche Darstellung der Thatsachen.

Burq zeigte, dass es sich wirklich so verhielte, wie er behauptete; er zeigte auch, dass manche Hemianästhesien organischen Ursprunges unter dem Einflusse von Metallen · ebenso verschwinden können, wie dynamische Anästhesien hysterischen Ursprunges.

Bei der genauen Untersuchung dieser Thatsachen und durch Aufstellung neuer Experimente fand Charcot seinerseits, dass das Verschwinden der Anästhesien nicht allein durch den Einfluss der Metalle bewirkt wurde, sondern auch durch andere Mittel, durch Elektrisieren, wie Briqnet und Duchenne erfahren hatten, durch Behandlung mit Magneten, durch mechanische Erschütterungen; alle diese Mittel konnten als Ästhesiogene wirken und die Sensibilität wieder hervorrufen. Er teilte dies der Société de biologie mit, welche eine Untersuchungskommission, bestehend aus den Herren Charcot, Luys und Dumontpellier ernannte, denen sich noch die Herren Gellé, Landolt und Regnard zugesellten.

Im Verlaufe der Arbeiten dieser Kommission entdeckte Gellé [1]), welcher die Ohren der Hysterischen untersuchte, mittelst seines tuhe hiauriculaire die so interessante Erscheinung des Transferts, und Charcot legte das Resultat seiner Untersuchungen über die oscillations consécutives vor.

Über diese Arbeiten referierte Dumontpellier in den Sitzungen der Société de biologie am 14. April 1877 und am 10. August 1878. Charcot und Paul Richer brachten im folgenden Jahre (1879) die Resultate neuer Untersuchungen [2]).

In Folgendem ist kurz zusammengestellt, worin die Erscheinungen der Metalloskopie bestehen:

„Nehmen wir an, sagt Paul Richer, wir haben eine hemianästhetische Kranke vor uns. Man hat, ohne die Anästhesie zu verändern, nacheinander mehrere Metalle angewendet; endlich kommt man zu dem, für welches die Kranke empfänglich ist, es sei beispielsweise das Gold. Zwei oder drei Zwanzigfranksstücke (eines würde genügen) werden auf irgend eine Stelle der Körperhälfte gelegt, welche die Sensibilität verloren hat; nehmen wir an, es sei der Vorderarm. Nach einigen Minuten empfindet die Kranke Schwere in der Extremität und Kriebeln; wenn man dann mit einer Nadel in der unmittelbaren Nähe des Goldstückes sticht, wobei die Augen der Kranken sorgfältig geschlossen sein müssen, so empfindet diese Schmerz durch die Stiche; macht man dieselben einige Centimeter weiter, so werden sie ebensowenig empfunden, als vorher. Etwas später hat sich die sensible Zone ausgebreitet; in einzelnen Fällen kann es sogar vorkommen, dass die ganze anästhetische Seite für kurze Zeit ihre Sensibilität wiedererlangt. Wir sagen „für kurze Zeit"; denn wenn man das Experiment weiter ausdehnt, sieht man, dass

---

[1]) Suite d'études d'otologie 1875—1881. vol. I. Métalloscopie.
[2]) De l'influence des agents esthésiogènes sur l'hémianesthésie et l'achromatopsie cérébrales etc. Progrès médical 1879, Nr. 46 u. 47. — P. Richer, Études cliniques sur l'hystéro-épilepsie, 1. Aufl. 1881. 3. Teil, Kap. I, S 535.

.die Anästhesie wiederkehrt, zuerst an den Stellen, welche zuletzt sensibel geworden waren (zurückkehrende Anästhesie Burq's); bald darauf befindet sich die Kranke wieder in ihrem früheren Zustande. Die Dauer des ganzen Experimentes, das Verschwinden der Anästhesie und ihr Wiederauftreten ist ebenso wechselnd, wie der Umfang der Hautfläche, auf welcher sich die Wirkung zeigt; sie schwankt zwischen einer halben Minute und mehr als drei Viertelstunden.

„Es zeigen sich aber auch noch merkwürdige begleitende Erscheinungen. Die Stiche, welche beim Beginne des Experimentes kein Blut gaben, fangen nachher an, zu bluten; auch ohne Stiche erkennt man durch einfache Beobachtung der Haut eine deutliche Zunahme der Vaskularisation in derselben. Die Temperatur nimmt in derselben Weise zu, und die Quecksilbersäule eines in der Hand gehaltenen Thermometers steigt mit der Wiederkehr der Sensibilität oft um mehrere Grade. Das ist noch nicht alles. Burq hat mittelst eines sehr bequemen Dynamometers eigener Erfindung festgestellt, dass die Muskelkraft eine merkliche Zunahme erfahren hat, und dass statt der in solchem Falle gewöhnlichen Parese der Handdruck eine zu der Muskelentwickelung der Kranken im Verhältnis stehende Kraft zeigt. Die Zunahme kann betragen und beträgt oft 30 Kilogramm."

Man kann auch bei einer hemianästhetischen Person eine Platte des Metalles, für welches sie empfänglich ist, auf die gesunde Seite legen; unter dieser erscheint dann Anästhesie und nach einer gewissen Zeit stellt sich das Phänomen des Transferts ein; die rechte Seite, an der das Experiment gemacht wurde, ist hemianästhetisch geworden an Stelle der linken Seite, die es vorher war.

Wenn man das Experiment noch einige Zeit verlängert, so sieht man, dass die früher anästhetische Seite bald wieder in ihre Unempfindlichkeit zurückfällt, wenigstens in manchen Fällen. Ohne neue Anwendung des Metalles beobachtet man oft, dass die Anästhesie wieder auf die entgegengesetzte Seite wandert; es zeigt sich so eine Reihe von Übertragungen, denen Charcot den Namen oscillations consécutives beigelegt hat. Infolge dieser Oszillationen kann die Hemianästhesie entweder verschwinden, oder schwächer werden, oder auf der einen oder anderen Seite beharren, je nach der Art des Falles.

Diese Oszillationen betreffen nicht allein die allgemeine Sensibilität, sondern sie umfassen auch die sensoriellen Störungen, besonders die Achromatopsie, wie wir in dem von den Augen handelnden Kapitel sehen werden.

Die Dauer der Oszillationen ist sehr veränderlich; sie schwankt zwischen einigen Sekunden und 20 Minuten oder mehr. Man kann im allgemeinen sagen, dass sie um so kürzer und häufiger sind, je leichter sie sich vollziehen.

Paul Richer sagt: „Wenn die Oszillationen aufhören, bleibt die Sensibilität der Kranken in einem relativ stabilen Zustande, welcher mehrere Stunden dauern kann, aber verschieden ist.

„Wir haben drei Arten desselben beobachtet:

1. Die Kranke gewinnt für einige Zeit ihre vollständige Sensibilität;
2. die Kranke bleibt im Zustande des Transferts, d. h. wenn sie vor
dem Experiment linksseitig anästbetisch war, wird sie es für einige
Augenblicke rechtsseitig; vielleicht muss man darin eine verlängerte
Oszillation sehen, deren Ende nicht beobachtet worden ist; 3. die Kranke
befindet sich in demselben Zustande, wie vor dem Experiment."

Metalle und Faradisation sind übrigens nicht die einzigen Mittel,
welche imstande sind, die Sensibilität zurückzubringen und die Erscheinungen des Transferts hervorzurufen. Wir erinnern daran, dass
Briquet neben jener Zugpflaster, Einreibungen mit Krotonöl und Sina-
pismen nannte.

Infolge der Arbeiten der Kommission der Société de biologie,
welche die Entdeckung Burq's bestätigten, wurden zahlreiche weitere
Untersuchungen angestellt und eine beträchtliche Anzahl ästhesiogener
Mittel gefunden, unter denen wir die statische Elektrizität (Charcot,
Vigoureux), warmes oder kaltes Wasser (Thermes, de Cérenville,
Adamkiewicz, Schiff), Zug- und Senfpflaster (Briquet, West-
phall, Schiffers, Grasset), gewisse Erze oder Mineralsalze, wie:
Eisensulfur, Calciumfluorür, Eisensulfat und -karbonat (Pavona) Holz
(Hoggard, Dujardin-Beaumetz), subkutane Einspritzungen von
Jaborandi (Grasset, Lannois, Huchard), Inhalationen von Amyl-
nitrit (Rosenthal, Urbantschitsch) nennen.

Pitres hat die Wirkung von Gasen untersucht; er hat die anästhetische Hand in ein Bad von Sauerstoff, Wasserstoff, Kohlensäure etc.
gebracht. Nur Wasserstoff rief die Sensibilität wieder zurück.

Mehrere Theorien sind aufgestellt, um die Wirkung der ästhesiogenen
Mittel zu erklären; sie können in physische und psychische unterschieden werden. Eine der ersteren war die Theorie der elektrischen Ströme, die sehr günstig aufgenommen wurde.

„Die Untersuchungen von Briquet, Duchenne und Vulpian
haben ergeben, sagt Briquet, dass elektrische Ströme, welche auf die
anästhetischen Partien der Haut der Hysterischen geleitet wurden, darin
oft Sensibilität hervorrufen; es war daher natürlich, dass man sich
fragte, ob nicht die Metalle, welche mit der Haut und den Ausschei-
dungen derselben in Berührung gebracht werden, die Quellen von Strömen
werden, und ob die Wirkung der Metalle nicht zuletzt auf elektrische
Wirkungen zurückgeführt werden müsse."

Diese Theorie gewann besondere Wichtigkeit, als Regnard mit
Hilfe eines Fadengalvanometers folgendes nachwies:

1. Auf die menschliche Haut gebrachte Metalle erregen Ströme
von genügender Stärke, um durch ein sehr empfindliches Galvanometer
gemessen werden zu können.

2. Die Stärke dieser Ströme richtet sich nach der Art des ange-
wendeten Metalles und nach dem Zustande der Haut.

3. Leitet man in die Haut den Strom einer Volta'schen Säule,
welcher an Stärke dem durch ein Metall in derselben Haut erzeugten Strome
gleich ist, so werden genau dieselben ästhesiogenen Wirkungen hervorgerufen, wie durch das Metall selbst.

Ohne das Gebiet der Elektrizität zu verlassen, stellte Vigoureux[1]) der Theorie der Ströme die der elektrischen Polarität gegenüber; darnach würde die Wirkung der Metalle eine Erscheinung statischer Elektrizität sein.

Schiff hebt hervor, dass die elektrischen Ströme der Haut sehr schwach sind; wenn man nun, wie Westphall zeigt, zwischen das Metall und die Haut einen isolierenden Körper (Seide oder Siegellack) bringt, so muss dieser dem sehr schwachen Strome einen nicht zu überwindenden Widerstand bieten. Nichtsdestoweniger zeigt sich die Erscheinung des Transferts auch in diesem Falle.

Schiff stellt der schon hypothetischen Theorie der Ströme, die sich doch immerhin auf gegebene positive Thatsachen gründet, eine noch mehr hypothetische Theorie entgegen, die der molekularen Vibrationen der ästhesiogenen Mittel, welche mit den gleichartigen Vibrationen des Nervensystems übereinstimmen sollen.

HughesBennet und Hack Tuke verwerfen die physikalischen Theorien und meinen, die Vorstellung sei die einzige Ursache der ästhesiogenen Wirkungen. Diese psychische Theorie hält jedoch vor den bestimmten positiven Resultaten nicht Stand Charcot hatte gezeigt, wie man eine Hysterische wohl über die Natur des Experimentes zu täuschen vermag, wenn man statt eines wirklichen Magnetes ein täuschend bemaltes Stück Holz von gleicher Gestalt nimmt; aber das Resultat ist negativ, der Transfert findet nicht statt. Wie kann die Kranke zum Beispiel wissen, ob der Strom durch ein Solenoïd geht, und warum verschwindet die Anästhesie nicht, wenn der Strom nicht hindurch geht? Es ist unbestreitbar, dass man die Übertragung durch die einfache Behauptung, durch Suggestion hervorbringen kann: aber wie gewisse psychische Erscheinungen nicht geleugnet werden können, so kann man auch die Wirkung physikalischer Mittel nicht bestreiten.

Die Frage ist darum, wie man sieht, sehr verwickelt. Wie soll man zum Beispiel erklären, dass zwei Metalle, welche zu gleicher Zeit angewandt werden, ihren Einfluss auf die Haut gegenseitig aufheben können, und dass die Anwendung eines wirksamen Metalles die wiedererschienene Sensibilität für einige Zeit aufs neue verschwinden lässt? Wer endlich kann sagen, warum bei dem einen Kranken Messing, bei dem anderen Silber wirksam ist? warum bei demselben Kranken die ästhesiogene Idiosynkrasie von einem Tage zum anderen wechselt?

Muss noch darauf hingewiesen werden, dass nach Debove an den Kreuzungsstellen der sensiblen Nervenbündel ein Vorgang sich abspielt, der grosse Ähnlichkeit hat mit der physikalischen Erscheinung, die man Interferenz des Lichtes nennt[2])?

Pitres, der diese ganze Frage gründlich studiert hat, sagt, es erscheine sehr wahrscheinlich, dass dieser Transfert nur eine ausser-

---

[1]) Sur la théorie physique de la métallothérapie. Compte-rendu des séances de la Société de biologie 1877, pag. 401. — Siehe auch von demselben Autor: Métalloscopie, Métallothérapie. Esthésiogènes. Arch. de neurol., vol. I u. II.

[2]) Recherches sur les hémianesthésies. Mémoires de la Société médicale des hôpitanx de Paris 1879, pag. 46.

ordentliche Steigerung eines gewöhnlichen physiologischen Vorganges sei. Schon 1854 hat Hoppe gefunden [1]) dass, wenn der Daumen oder der Zeigefinger der einen Hand kräftig gedrückt werde, sich an denselben Fingern der anderen Hand eine deutlich erkennbare Verminderung der Sensibilität zeige. Rumpf hat ähnliche Beobachtungen gemacht [2]); Adamkiewitz [3]) und Adler [4]) sind zu gleichen Resultaten gekommen. Ferner hat Westphall gefunden [5]), dass, wenn man ein Senfpflaster auf zwei genau symmetrische Stellen der Extremitäten legt, die Sensibilität nur unter einem dieser beiden Pflaster gesteigert wird.

Die zu therapeutischen Zwecken angewendete Ableitung erzeugt oft ausserhalb der Hysterie Übertragung gewisser Krankheitserscheinungen von einer Seite auf die andere. So führen Bravais [6]), Récamier [7]), neuerdings auch Buzzard [8]), Hirtl [9]), Crozes [10]) Fälle an, bei denen die motorische Aura der Jackson'schen Epilepsie durch Anwendung von kreisförmigen Zugpflastern über der Stelle, von der die Aura ausgeht, übertragen wurde, und so schlagen manche Kliniker vor, die Ischias durch Aufspritzen von Methylchlorür nicht auf der schmerzenden, sondern auf der entgegengesetzten Seite zu behandeln [11]).

Diese Beobachtungen werden in der That durch die Erscheinungen des Transferts erklärt; sie beweisen aber, dass dieselben nicht so befremdlich sind als sie auf den ersten Blick erscheinen, weil sie auch (in schwächerer Form) sowohl bei normalem Zustande des Nervensystems, wie auch bei gewissen pathologischen Zuständen, die aber von Hysterie ganz verschieden sind, vor sich gehen.

Wo befindet sich aber in dem cerebrospinalen Nervensysteme die Veränderung, deren Ausdruck die hysterischen Anästhesien sind? Es scheint unzweifelhaft das Gehirn zu sein. Die Hemianästhesie organischen Ursprunges hat ihren Sitz in dem hinteren Drittel der Capsula interna. Aber sie ist nicht allein identisch mit der in der Hysterie beobachteten, sondern sie wird auch begleitet von einer koncentrischen Einengung des Gesichtsfeldes, welche genau mit der bei der Neurose vorkommenden

[1]) Referat in Canstatt's Jahresbericht 1859, Bd. I, S. 189.
[2]) Citiert bei Richet.
[3]) Verhandlungen der Berliner physiologischen Gesellschaft, 12. April 1878. In Du Bois R. Archiv.
[4]) Ein Beitrag zur Lehre von den bilateralen Funktionen im Anschlusse an Erfahrungen der Metalloskopie Inaug.-Diss. Berlin 1877.
[5]) Berliner klinische Wochenschrift 1878, Nr. 30.
[6]) Recherches sur les symptomes et le traitement de l'épilepsie hémiplégique. Thèse de doctorat, 1827.
[7]) Récamier. Gaz. des hôpitaux 1848.
[8]) Buzzard, Lectures on diseases of the nervous system, VI. Vortrag, S. 427. Lancet. März 1884.
[9]) Über das Auftreten von Transfert-Erscheinungen der partiellen Epilepsie. Neur. Centralbl. 1884, S. 9.
[10]) Des éffets des vésicatoires appliqués aux dessus de siège de l'aura dans l'épilepsie jacksonienne. Thèse de doctorat. Bordeaux 1886.
[11]) Siehe Jacquet, Note sur la réfrigération du membre sain dans les cas de sciatique. Loc. de biolog. 16. Juli 1887. — Dumontpallier, Du traitement de sciatique cit. Loc. de biolog. 23. Juli 1887. — Raymond, Pulvérisat. de chlorure de méthyle, ibid.

übereinstimmt. Charcot hat die Autopsie bei Frauen gemacht, die mehr als 30 Jahre lang unverändert hemianästhetisch gewesen waren, zwar ohne dass seine anatomischen Untersuchungen ein positives Ergebnis gehabt hätten. Allein daraus darf man noch nicht schliessen, dass keine Veränderungen vorhanden seien, wenn sie auch bis jetzt unserer Beobachtung entgangen sind.

* * *

Die Semiotik der hysterischen Anästhesien ist noch interessanter, denn sie ist für die Diagnose von höchster Wichtigkeit. Drei Fälle sind hier wie bei der klinischen Betrachtung zu unterscheiden. Die Störungen der Sensibilität stellen sich einmal dar unter der Form der sensitivo-sensoriellen Hemianästhesie, zweitens in zerstreuten Herden und drittens in geometrischen Figuren. Die beiden letzteren Formen sind meistens von sensoriellen Störungen begleitet.

Es ist noch nicht lange her, da dachte man, dass dreierlei Ursachen die sensitivo-sensorielle Hemianästhesie hervorbringen könnten: eine Verletzung des hinteren Teiles der Capsula interna, Intoxikationen, besonders Saturnismus und Alkoholismus, endlich Hysterie [1]).

Charcot hat in seinen denkwürdigen Vorlesungen, von denen wir hier einen Auszug geben wollen, behauptet und bewiesen, dass ein Alkoholiker und ein Bleivergifteter, die an Hemianästhesie leiden, ausserdem auch hysterisch seien. Diese Intoxikationen braucht man daher nur noch als Gelegenheitsursachen der hysterischen Erscheinungen in Rechnung zu ziehen.

Es bleibt also nur noch die aus der Kapsel stammende Hemianästhesie; merkwürdigerweise ist Charcot, der die wahre Natur der toxischen Hemianästhesien aufgedeckt hat, jetzt der Verteidiger der organischen sensitivo-sensoriellen Hemianästhesie; er stützt sich dabei auf Thatsachen, die durch die Autopsie bestätigt sind.

Er sagt: „Die kapsuläre Hemianästhesie unterscheidet sich, wenn sie ausgesprochen ist, in keinem wesentlichen Punkte von der hysterischen Hemianästhesie."

„Da man bei der Hysterie niemals andauernde Hemiopie beobachtet, so könnte man sich bei der Differentialdiagnose hierauf stützen." Aber fügt er hinzu: „Was insbesondere das Gesichtsfeld betrifft, so beobachtet man in solchen Fällen (organische Hemianästhesie durch Verletzung der Capsula interna) nie Hemiopie, sondern einseitige oder doppelseitige gekreuzte Amblyopie, ganz als ob es sich um Hysterie handelte."

Auch der Transfert reicht nicht hin, um die Frage zu entscheiden, denn die Beobachtungen Vulpian's, Bourceret's und Grasset's scheinen zu ergeben, dass man ihn auch bei organischen Hemianästhesien hervorbringen kann.

Der Hauptpunkt der Diagnose liegt darin, dass man bei der organischen Hemianästhesie, wenn sie, wie gewöhnlich, von Hemiplegie begleitet

---

[1]) Siehe darüber: D'Aurelle de Paladines, De l'anesthésie hystérique; contribution à l'étude des associations morbides en pathologie nerveuse. Thèse de Paris, 1889.

ist, meistens eine Beteiligung dee unteren Facialis findet, während, wie
Todd, Haese, Weir-Mitchell gezeigt haben, bei der Hysterie nur
selten eine wirkliche Facialislähmung vorkommt. Man findet hier den
Spasmus gloseo-labialie mit seinen charakteristischen Eigentümlichkeiten,
die durch die Untersuchungen von Charcot und seinen Schülern,
Brieeaud, Marie und Gilles de la Tourette festgestellt sind.
Es ist wohl nicht nötig, hinzuzufügen, dase das Vorhandensein
anderer hysterischer Erscheinungen, die auch selten fehlen, die Diagnose
wesentlich unterstützt.

Die Anästhesie in zerstreuten Inseln könnte man verwechseln mit
derjenigen, welche häufig bei Krankheiten des Rückenmarkes (Tabes)
oder bei peripheren Neurosen, bei Saturnismus, Alkoholismue, Beriberi
vorkommt. Aber die Diagnose ist viel weniger schwierig ale in dem
vorhergehenden Falle, wenn man sich vergegenwärtigt, dass alle diese
Affektionen von schmerzhaften Erscheinungen begleitet sind, welche den
Störungen der Sensibilität vorangehen und im klinischen Sinne wichtiger
als jene sind, während bei der Hysterie genau das Gegenteil der Fall
und schmerzhafte Anästhesie aueserordentlich eelten ist.

Noch bleiben die inselförmigen Anästhesien, welche besondere den
Unterarm und die Brust einnehmen; Fournier[1]) hat sie bei Frauen
im Sekundäretadium der Syphilis gefunden und meint, dass eie von dem
syphilitischen Virus abhüngig seien. Pitres glaubt, dass diese Störungen
meistens bei Hysterischen auftreten. Bei der Untersuchung zahlreicher
Kranker, die wir in Fournier'e Klinik vornahmen, echien ee une, daes,
wenn anch eine grosse Anzahl derselben noch andere hysterische Stigmata
aufwiesen, auch wohl solche vorkamen, bei denen die Syphilie direkt
zu beschuldigen war. Die Frage ist noch nicht entschieden und bedarf
weiteren Studiums, welches eich beeonders anf die Entwickelung der
Anästhesie erstrecken muss.

Bis zum Jahre 1889 führten die Arbeiten Charcot's zu der Annahme, dase die Anästhesie in der Form einer Manchette, einer Keule
oder einer Armschiene in geometrischen Figuren, ganz allein bei der
Hysterie vorkomme. Als er aber die hystero-traumatischen brachialen
Monoplegien studierte und eie mit den gleichen Paralysen verglich, die
auch traumatischen Ursprunges aber mit einer Zerreissung des Plexus
verbunden sind, fand er, dass bei diesen letzteren die Anästheeie sich
genau auf das Gebiet der verletzten Nerven beschränke, während bei der
Hysterie stets eine von der Verteilung der Nerven ganz unabhängige
Lokalisation vorhanden ist[1]).

Spätere Untersuchungen haben ihn ferner zu der Erkenntnis
geführt, dass auch die „Anästhesie hei Syringomyelie dieeelbe Verteilung
in geometrisch begrenzten Zonen, an Abschnitten der Extremitäten, in
hemiplegiecher Form etc. etc. haben kann."
Zudem kann bei der Hysterie, wie wir wissen, auch die für die
Syringomyelie typieche Dissoziation der Sensibilität vorkommen. Man

¹) Annales de dermatologie et de syphiligraphie, vol. I, 1869. und: Leçons cliniques
sur la syphilis étudiée plus particulièrement chez la femme. Paris 1873, pag 783.
²) Leçons sur les maladiee du systême nerveux, Bd. III, 18. u. 25. Vortrag.

begreift also, dass die Diagnose bisweilen sehr schwierig ist, umsomehr als die Hysterie auch von trophischen Störungen, von Muskelatrophie, die man bei der Syringomyelie so häufig findet, begleitet sein kann. Man hat sogar bei letzterer, wenn auch nur vereinzelt, eine . doppelseitige Einengung des Gesichtsfeldes beobachtet, worüber wir uns noch später aussprechen werden.

Wir glauben jedoch nicht, dass auf die Dauer ein Irrtum in der Diagnose möglich ist. Die Entwickelnng beider Leiden ist in der That zu verschieden, und die Ähnlichkeiten sind für einen vorsichtigen und sorgfältigen Beobachter mehr scheinbar als wirklich.

Man darf auch nicht vergessen, dass beide Affektionen wohl assoziiert sein können, aber niemals ineinander übergehen, wie es der Fall zu sein scheint, wenn bei Syringomyelie eine Einengung des Gesichtsfeldes vorhanden ist.

---

6. Kapitel.

Die hysterischen Hyperästhesien und die hysterogenen Zonen.

I.

Im Gegensatze zu den Angaben über die Anästhesie finden wir in alten Schriften über die Steigerung (oder Perversion) der Sensibilitätserscheinungen der Haut, der Schleimhäute oder der Eingeweide, welche man unter der Bezeichnung „hysterische Hyperästhesie" zusammenfasst, äusserst wenig.

Es ist nicht zn bezweifeln, dass die heilige Therese, welche am 4. Oktober 1582 starb, an hysterischer Kardialgie litt[1]), oder vielmehr an einer Angina pectoris von gleicher Natur, einem Leiden, welches oft von hyperästhetischen Störungen der Präkordialgegend begleitet ist, und bei der Schwester Jeanne des Anges, Superiorin der Ursulinerinnen von London, war „die Hälfte des Körpers ganz versengt"[2]), was offenbar einer Hemihyperästhesie entspricht. Auch würde man in der Geschichte anderer Besessenen jedenfalls ähnliche Beispiele finden können; doch wollen wir auf dieselben nicht weiter eingehen und nur noch Sydenham anführen, denn dieser geniale Beobachter beschreibt die Hyperästhesie der Wirbelsäule, die Odontalgie und den Clavus hystericus.

Die Beschreibungen Sydenham's blieben jedoch lange vereinzelt und unverstanden; erst Brodie lenkte im Jahre 1837 aufs neue die Aufmerksamkeit auf diese Erscheinungen. Er zog aus ihrem Studium sehr wichtige praktische Lehren, welche aber ebenfalls lange unbekannt blieben.

---

1) Oeuvres de sainte Thérèse, par le P. M. Bouix. vol. I, 13. édit., pag. 48.
2) A. a. O.. S. 139.

Endlich folgten die Untersuchungen von Beau (1841), die bemerkenswerte Arbeit Henrot's, die Arbeiten von Schützemberger (1846)
und von Briquet, welcher aber zu oft die wirklichen Thatsachen der
Theorie opferte, in der damals die hysterische Myosalgie oder Myodinie
herrschten.

Wieder war es Charcot, der in dieses dunkle Gebiet Licht brachte,
indem er die sich widersprechenden Thatsachen, die falsch verstandenen
Erscheinungen aufklärte. Die Entdeckung der hysterogenen Zonen, welche
zu den hysterischen Hyperästhesien in so enger Beziehung stehen, musste
ihn zu unverhofften Resultaten bezüglich des Studiums und der Erklärung der paroxystischen Erscheinungen führen, wie wir bald näher
sehen werden.

*
* *

Die hysterische Hyperästhesie hat nosologisch dieselbe Bedeutung,
wie die Anästhesie, mit welcher sie oft abwechselt oder auch assoziiert
ist. Ihre Beschreibung ist jedoch weit schwieriger. Wollten wir dem
Beispiele anderer, besonders demjenigen Briquet's folgen, so würden
wir in die Gefahr kommen, einen grossen Teil der Pathologie der Hysterie
in das Kapitel von der Hyperästhesie hineinzuziehen.

Er beschreibt nämlich an dieser Stelle den Husten, die Gastralgie,
als Folgen der Hyperästhesie der laryngo-bronchialen Schleimhäute
beziehungsweise derjenigen des Magens. Vielleicht hat er nicht so Unrecht, denn die hyperästhetischen oder hysterogenen Zonen dieser Schleimhäute können jedenfalls ähnliche Erscheinungen hervorrufen; aber es
entspricht nicht dem Plane unserer Darstellung.

Wir beschäftigen uns hier mit dem Studium der permanenten
hysterischen Stigmata, der gemeinsamen Grundlage, auf welcher die
Paroxysmen der Neurose sich entwickeln, gewissermassen leben; ihre
Lokalisation in einem bestimmten Organe soll aber in einzelnen Kapiteln
behandelt werden, damit die Beschreibung nicht unaufhörlich zerrissen
wird. Daraus ergiebt sich vielleicht eine etwas künstliche Einteilung:
wir glauhen aber, gut daran zu thun, wenn wir sie beibehalten.

Die Hyperästhesie findet sich entweder in der Haut, den Schleimhäuten oder den Eingeweiden. Die zwischenliegenden oder tieferen
Gewebe, Muskeln, Sehnen, Knochen oder Gelenke können ebenfalls der Sitz derselben sein, aber diese Lokalisation ist selten. Bei
hysterischer Arthralgie bildet nach Brodie die Haut, welche das schmerzhafte Gelenk und die gelähmten Muskeln bedeckt, den eigentlichen Sitz
der gesteigerten Sensibilität. Höchstens könnte man dieses Gefühl von
allgemeiner Steifheit, von Zerschlagenheit, welches bei Hysterischen so
häufig ist, einer Hyperalgesie der Muskeln zuschreiben.

Briquet definiert die Hyperästhesie der Haut als „ein Übermass von Empfindlichkeit, welche bis zur Empfindung von Unbehagen,
von Weh oder Schmerz gesteigert ist". Diese Erklärung ist nicht ver-
ständlich genug. Wir haben gesehen, als wir die Anästhesie der Haut
studierten, dass diese der normale Sitz verschiedener Empfindungen ist:
nämlich von Berührung, Schmerz, Wärme und Gewicht. Diese verschiedenen

Empfindungen können gänzlich verschwunden oder auch dissoziiert oder perverse sein.

Bezüglich der Hyperästhesie ist das Studium dieser Dissoziationen nicht so weit fortgeschritten, wie bezüglich der Anästhesie, deshalb vielleicht, wie H e n r o t sagt, weil, „während die Anästhesie andauernd, ist — was sie aber auch nicht immer ist — die Hyperästhesie nur sehr häufig vorkommt". Doch scheint uns dies übertrieben, und nur beweisend, dass H e n r o t die hysterogenen Zonen nicht kannte.

Unter Hyperästhesie versteht man gewöhnlich die Störungen der verschiedenen Empfindungsqualitäten der Haut in ihrer Gesamtheit. Es ist daher wichtig, beim Aufsuchen derselben die Untersuchungen auf einen genügend grossen Teil der Haut zugleich auszudehnen. So wird zum Beispiel Reiben der Haut mit dem Finger weit mehr empfunden, als ein Stich, besonders als ein tiefer; denn, wie wir schon sagten und wie B r o d i e nachgewiesen hat, ist die obere Hautschichte, und sind nicht die tieferliegenden Gewebe in den meisten Fällen der Sitz der schmerzhaften Empfindungen. Dieser Schmerz, der durch leichtes Reiben der hyperästhetischen Oberfläche entsteht, ist manchmal äusserst heftig; in manchen Fällen bleibt er auf die geriebenen Stellen beschränkt, in anderen dagegen verbreitet er sich von gewissen, sich fast stets gleich bleibenden Erregungsstellen nach verschiedenen Seiten hin aus; diese Stellen werden wir näher besprechen, wenn wir von den hysterogenen Zonen reden.

Die anderen Empfindungen, Kälte und Hitze, werden gleichfalls sehr lebhaft wahrgenommen. Etwas Ähnliches, wenn auch in geringerem Grade, findet sich auch im normalen Zustande; denn wenn man einen sehr heissen oder einen sehr kalten Körper auf die Haut bringt, so hat man in beiden Fällen dieselbe Empfindung des Verbranntwerdens.

Die Hyperästhesie der Haut findet sich, wie alle Stigmata, besonders bei Erwachsenen, Männern und Frauen; bei Kindern zeigen sich stets monosymptomatische Erscheinungen von anderer Art. Gewöhnlich entsteht sie von selbst, oder scheint doch so zu entstehen, und ebenso verschwindet sie. Auf beides haben, wie auf alle anderen Stigmata, konvulsive Anfälle einen besonderen Einfluss; infolge derselben entsteht oder verschwindet die Hyperästhesie, oder es tritt Anästhesie an ihre Stelle, oder endlich findet das Umgekehrte statt. Wir wissen ja, dass diese beiden scheinbar so verschiedenen Störungen der Sensibilität nosologisch dieselbe Bedeutung haben.

*
* *

Die Hyperästhesie der Haut kann verschiedene Formen annehmen, sie zeigt sich allgemein, einseitig, in unregelmässig zerstreuten Inseln oder in geometrischen Figuren.

Die allgemeine, über die ganze Oberfläche des Körpers verteilte Hyperästhesie ist selten: R r i q u e t hat sie unter 430 Fällen nur dreimal gefunden, und auch da waren Gesicht und Hals frei davon. B e a u hat sie häufiger beobachtet, dagegen H e n r o t nur einmal. Wir haben einige seltene Fälle angetroffen, besonders bei hysterischen Männern.

Im Gegensatze zur Anästhesie braucht man die Hyperästhesie nicht erst aufzusuchen; sie offenbart sich dem Kranken selbst durch zwei Gruppen von Erscheinungen. Die ersten scheinen nur Steigerungen der unbewussten Empfindungen an der Oberfläche der Haut zu sein, sie sind subjektiver Art; die anderen werden durch äussere Einflüsse hervorgerufen, durch Reiben, Stoss etc., sie sind gewissermassen unmittelbar objektiv.

Briquet hat den Gesamtzustand in treffender Weise beschrieben. Nachdem er angeführt hat, dass diese allgemeine Hyperästhesie fast nur bei Frauen gefunden wird, bei denen die Hysterie heftig auftritt, — was wir durch Hysterie mit häufigen Paroxysmen bezeichnen würden, — fährt er fort (S. 209):

„Der erste der drei Fälle, bei denen die Hyperästhesie die ganze Hautfläche einnahm, war ein 20jähriges Mädchen, welches in kurzer Zeit sehr grosse Widerwärtigkeiten erfahren hatte; der zweite betraf eine Frau, welche im Alter von 42 Jahren durch einen Vermögensverlust, der ihr sehr nahe ging, hysterisch geworden war: die dritte Frau war unmittelbar nach dem unerwarteten Tode ihrer Mutter hysterisch geworden. Bei den beiden letzteren gingen der Dermatalgie Zittern in den Extremitäten, Empfindung ungewöhnlicher Hitze in der Haut und anfangs · seltenere, dann häufige Stiche voran. Die Hyperästhesie hatte an einer kleinen Stelle begonnen und sich von da sehr schnell über die ganze Hautfläche verbreitet. Neben diesem Zustande der Haut war eine so starke Aufregung vorhanden, dass man eine der Kranken vor ihrer Aufnahme in die Charité mehrmals hatte zur Ader lassen müssen. Diese Frauen spürten in der Haut eine ausserordentliche Empfindlichkeit, ein andauerndes Kriebeln, fortwährendes Jucken, und schmerzhafte Stiche; die Haut schien ihnen steif, gespannt und heiss, obschon sie dem Beobachter eher kühl als heiss und in der Farbe unverändert erschien. Der geringste Druck war schmerzhaft; die einfache Berührung mit der Spitze des Fingers wurde wie ein Stich mit einem Bündel von Nadeln empfunden. Diese Frauen konnten mit ihren Händen nichts anfassen und mit ihren Füssen nicht gehen; alles, was sie berührten, schien ihnen mit Stacheln gespickt, als ob es lauter Dornen gewesen wären. Die einfache Berührung der Leibwäsche, das Liegen im Bett war für sie eine Quelle von Leiden. Die Dermatalgie war von Hyperästhesie der unter der Haut liegenden Muskeln begleitet, so dass sie keine Bewegung ohne Schmerz machen konnten. Fieber war nicht vorhanden, aber andauernde Schlaflosigkeit. Bei der einen waren die Augen sehr empfindlich gegen das Licht; den Ohren, die ein starkes Sausen hörten, war jeder Ton schmerzhaft und jeder starke Geruch war der Nase unangenehm.“

Diese allgemeine Form hat glücklicherweise keine lange Dauer, da sie gewöhnlich nur zwischen zwei Anfällen auftritt; doch bestand in einem Falle Briquet's die allgemeine Hyperästhesie mit kurzen Unterbrechungen fünf Monate.

Wir werden bald die Hyperästhesie der Schleimhäute der Sinnesorgane zu besprechen haben. Hier, bei der Besprechung der allgemeinen

Hyperästhesie, wo wir wissen wollen, wie sich die Spezialsinne dabei verhalten, müssen wir sagen, dass wir niemals eine Hyperakuität derselben beobachtet haben. Wenn Monneret und Briquet in dem Umstande, dass Hysterische mit fast geschlossenen Augen gelesen haben, eine „Hyperästhesie des Sehnervs" haben sehen wollen, so glauben wir, dies anders erklären zu müssen. Es handelt sich da um hysterischen oder hypnotischen Somnambulismus, bei welchem in der That manchmal eine wirklich ausserordentliche Hyperakuität der Sinne vorhanden ist. Licht und Schall können hierbei schmerzhaft auf das Auge (Photophobie) und das Ohr (schmerzhafte Schallempfindung) einwirken, weiter nichts.

Während die Hemianästhesie so häufig ist, dass sie fast die Mehrzahl der Störungen der Sensibilität darstellt, ist es mit der Hemihyperästhesie durchaus anders; wir haben gleichwohl einige Fälle beobachtet, und einer derselben hat zu mancherlei Betrachtungen Veranlassung gegeben [1]. In diesem Falle war die Haut der linken Seite so schmerzhaft, dass umständliche Vorrichtungen nötig, um die Kranke umzubetten. Sie lag infolge von Lähmung, die sich übrigens auf der hyperästhetischen Seite befand, unbeweglich im Bette. Die Sensibilität der rechten Seite war normal; aber in einem anderen von Charcot in seiner Klinik vorgestellten Falle war die entgegengesetzte Seite anästhetisch. Es ist also richtig, dass man bei einer Person zu gleicher Zeit Anästhesie und Hyperästhesie beobachten kann.

* * *

Ebenso wie die Anästhesie kann auch die Hyperästhesie in geometrischen Figuren auftreten, was Charcot sowohl durch klinische Beobachtung wie durch experimentelle Versuche an hypnotisierten Personen gezeigt hat. Diese Verteilung zeigt immer denselben Charakter, sie deckt sich mit der Funktion. So haben wir zum Beispiel beobachtet [2] dass bei Lähmung des Schliessmuskels der Augenlider eine kreisförmige hyperästhetische Zone genau in der Ausdehnung dieses Muskels vorhanden war. Es unterliegt keinem Zweifel, dass die Hyperästhesie der Vulva, die mit einer Lähmung des Sphincter vaginae zusammenfällt, von derselben Art ist.

Man muss sich in solchen Fällen fragen, was ist das Primäre, die Hyperästhesie oder die Lähmung? Wir möchten glauben, die erstere, weil dieselbe immer noch einige Zeit nach dem Verschwinden der Lähmung andauert und dann ein sicheres Zeichen ihrer drohenden Rückkehr ist. Wir müssen hier wohl eng mit einander verbundene Erscheinungen annehmen, nämlich eine Störung der verschiedenen Elemente einer speziellen Funktion, wie z. B. derjenigen des Augenschliessens, bei der die Haut- und die Muskelorgane psychisch von einer einzigen Stelle aus regiert werden, vollständig unabhängig von den peripherischen Nerven.

---

[1] Gilles de la Tourette, De la superposition des troubles de la sensibilité et des spasmes de la face et du cou chez les hystériques. Nouv. Icon de la Salp.. vol. II. 1889. Beob. II, S. 125.

[2] De la superposition etc.

Die Sensibilitätsstörungen bei der Hysterie sind, woranf auch Charcot besonders aufmerksam macht, mehr Störungen von seiten der Psyche als bestimmter Nervenbahnen. Und das bezieht sich sowohl nuf die Anästhesie wie anf die Hyperästhesie, die ja überhaupt in ihrer Bedeutung identisch sind. Die hysterische Hyperästhesie mit geometrischer Verteilung wird namentlich bei gewissen Erscheinungen beobachtet, bei denen es fraglich ist, ob nicht die Störung der Sensibilität der Haut den ersten und wichtigsten Faktor bildet, wir meinen die hysterischen Artbralgien. Hier wird man in der Tbat, wie wir noch sehen werden, einen vollständig funktionellen Zusammenhang annehmen müssen [1].

* * *

Die erste Erwähnung der Arthralgie findet sich nach Briquet (S. 241) bei Fr. Hoffmann, welcher eine Hysterische beschreibt, welche *„praesertim in pede et in femore sinistro, circa os ischion, dolorem fere intolerabilem sentiebat, motus pedis impedientem."* Die Beschreibung der hysterischen Gelenkaffektionen datiert jedoch eigentlich erst aus dem Jahre 1837, wo Brodie [2] ganz neue, für die allgemeine Pathologie der Neurose hedeutungsvolle Ansichten darüber aussprach.

Seitdem sind zahlreiche Arbeiten über hysterische Arthralgie erschienen, zunächst in England [3], dann in Frankreich [4], wo Verneuil im Jahre 1859 eine Beobachtnng über hysterische Coxalgie veröffentlichte nnd im Jahre 1865 eine denkwürdige Diskussion in der Société de chirurgie eröffnete. Später folgten anch deutsche [5] und italienische [6] Arbeiten.

Wir können nur die neuerdings erschienenen Arbeiten erwähnen, unter denen wir in erster Linie die Vorträge von Charcot [7] nennen

[1] Siehe Morton-Prince, Association neuroses, a study of the pathology of bysterical joint affections, neurasthenia and allied forms of neuromimesis The Journal of nervous and mental diseases. Mai 1891, Bd. XVI, Nr. 5, S. 258.
[2] Brodie, Lectures illustrative of certain local affections. London 1837, 2. Vorlesung.
[3] Coulson, Hysterical affections of the hip-joint. London, Journ. of med. 1851. III, S. 631. — Boxwell, A treatise on diseases of the joints, 1. ed. 1861, 2. ed. 1881. — Skey, Hysteria, local or surgical forms of hysteria, London 1867. — Paget, Lecture of clinical surgery. — W. Mitchell, Lecture on diseases of the nervous system. Philadelphia 1885, 2. ed., S. 105.
[4] Verneuil, Le Progrès 1859. — Bulletins de la Société de chirurgie de Paris 1865. S. 37, und: Gaz. hebdomadaire, 10. August 1877. — Robert, Conférence de clinique chirurgicale, 16. Kap. — Giraldès, Leçons sur les maladies chirurgicales des enfants, S. 610. — Crolay, Thèse de Montpellier, 1865.
[5] Esmarch, Über Gelenkneurosen. Kiel 1872. — Berger, Die Lehre von den Gelenkneuralgien. Berliner klin. Wochenschr 1873, S. 255. — Meyer, Über Gelenkneurosen. Berliner klin. Wochenschr. 1874, S. 310. — Wernher, Deutsche Zeitschr. f. Chir., Bd. I, S 6—72.
[6] Aug. Minich, Della coscialgia nervosa. Venezia 1873.
[7] Sur un cas de coxalgie hystérique de cause traumatique chez l'homme. Leçons sur les maladies du système nerveux 1887, vol. III, 22. und 23. Vorl. — Ibid, Arthralgie traumatique du genou, leçon recuillie par P. Blacq. Progrès méd. 1888, Nr. 4. — Ibid., Journal de médecine et de chirurgie pratiques, 10. Juli 1891, S. 485.

müssen, in denen er diese Erscheinungen behandelt, und die wir bei der
Abfassung dieses Abschnittes vielfach benutzt haben.

Die hysterischen Arthralgien sind sehr häufig. „Ich stehe nicht
an, sagt B r o d i e (S. 26), zu behaupten, dass in den höheren Gesell-
schaftsklassen vier Fünftel der Frauen, welche über Gliederschmerzen
klagen, einfach hysterisch sind", eine Ansicht, die auch von P a g e t
geteilt wird.

B r i q u e t's Statistik giebt aber ein anderes Resultat: „Unter den
430 Kranken, die ich beobachtete, litten nur 15 an Arthralgie; man
kann diese Hyperästhesie daher als selten betrachten, wenigstens unter
den Umständen, in denen ich sie beobachten konnte. Vielleicht ist sie
in England weniger selten."

Das kommt aber daher, dass B r i q u e t viele Fälle mit Dermatalgie
nicht als Arthralgie ansah. Erstere, von B r o d i e zuerst beschriebene
Erscheinung, die daher seinen Namen zu tragen verdient — B r o d i e'sches
Zeichen — ist beständiger, als alle anderen, die man im gleichen Falle
beobachtet. Nach unseren Beobachtungen müssen wir jedoch annehmen,
dass die hysterische Arthralgie nicht ganz so häufig ist, wie der eng-
lische Autor annimmt. Er beobachtete sie am Handgelenk, am Knie
und an der Hüfte.

„Ich habe die Arthralgie, sagt B r i q u e t, an den Schultern, an
den Hauptgelenken der unteren Extremität und am Handgelenk gefunden;
doch zeigt sie sich am häufigsten an der Hüfte und am Knie. Unter
vier Fällen findet sie sich dreimal an den unteren Extremitäten.

„Gewöhnlich ist die hysterische Arthralgie auf ein Gelenk beschränkt,
doch beobachtete ich sie bei fünf meiner 15 Kranken zugleich entweder
an beiden Schultern oder auch an allen Hauptgelenken der unteren
Extremitäten. Wenn sie nur auf einer Seite vorhanden ist, so scheint
sie analog den anderen Hyperästhesien die linke Körperseite vorzuziehen."

C h a r c o t giebt eine vollständige Statistik [1]). „Von diesen hysterischen Arthrodynien ist die des Knies die häufigste von allen. Unter
70 Fällen von Arthralgie fand sie sich 38mal am Knie, 18mal an der
Hüfte, 8mal am Handgelenk, 4mal an der Schulter, 2mal am Fussgelenk."

Die U r s a c h e n dieser Hyperästhesien sind verschieden. Oft sind
sie nur schwer zu erkennen, da sie meist psychischer Natur sind, und
ihr Mechanismus ist nicht immer zu enträtseln. Sie stellen sich manchmal im Anschluss an einen konvulsiven Anfall ein, und folgen dann
anderen Erscheinungen, die der Paroxysmus gleichsam von der Stelle
gerückt hat. Oft geben die Kranken einen Fall, Stoss, eine ungewohnte
Anstrengung durch einen langen Marsch an, überhaupt spielen T r a u m e n
eine grosse Rolle bei den Erscheinungen der lokalen Hysterie. Nach
C h a r c o t müssen aber diese oft unbedeutenden Traumen, um eine derartige Wirkung hervorzubringen, auf Personen von besonderer Gemüts-
verfassung einwirken, wie es die Hysterischen sind, die zu gewissen

---

[1]) Progrès médical 1888.

Zeiten ebenso suggestibel sind, wie Hypnotisierte. Es handelt sich nämlich mehr um eine traumatische Suggestion, als um wirklichen
Traumatismus, denn bei allen Verletzten dieser Art liegt zwischen dem
Unfall selbst und dem Auftreten der hysterischen Symptome eine Periode
der Vorbereitung, der psychischen Meditation, die zu erkennen
von Wichtigkeit ist. Man kann nämlich während derselben oft eingreifen
und Arthralgien und beginnende Lähmungen verhüten, die, wenn sie
sich einmal psychisch und physisch festgesetzt haben, oft sehr hartnäckig
sind. Dieselbe Bedeutung hat die von Paget hervorgehobene Macht der
Nachahmung; er führt dabei als Beispiel ein Mädchen mit hysterischer
Koxalgie an, deren Bruder an einer weit fortgeschrittenen organischen
Affektion der Hüfte litt.

Das Alter, in dem diese Arthralgien auftreten, ist sehr verschieden.
Joffroy und Lannelongue haben Charcot Beobachtungen von
Kranken mitgeteilt, bei welchen das Leiden im Alter von 6—11 Jahren
begann. In einem anderen Falle war der Kranke dagegen 45 Jahre alt.
Es ist zu bemerken, dass diese Fälle beim männlichen Geschlechte
häufiger sind. Zénon Glorieux hat einen bemerkenswerten Fall von
hysterischer Koxalgie bei einem belgischen Soldaten mitgeteilt [1]).

„Niemals, sagt Briquet, ist die hysterische Arthralgie ein frühes
Symptom; immer zeigt sie sich bei Personen, welche schon längere Zeit
an hysterischen Affektionen leiden" (S. 242). Viele Thatsachen, in erster
Linie die von Charcot beobachteten, sprechen aber gegen diese Behauptung; die Arthralgie kann vielmehr eine der ersten Kundgebungen
der Neurose sein.

*   *   *

Wie auch die Arthralgie sich entwickeln mag, allmählich oder, wie
es am häufigsten geschieht, plötzlich, wo sie auch ihren Sitz haben mag,
immer ist ihr erstes und hartnäckigstes Symptom der Schmerz. Fast
gleichzeitig damit zeigt sich eine gewöhnlich sehr deutliche Lähmung
der das betreffende Gelenk bewegenden Muskeln, welche sich auf die
ganze Extremität erstrecken kann. Unter solchen Umständen dauert es
nicht lange, bis die Extremität unbeweglich wird, obwohl sich die
Arthralgie, einige Zeit wenigstens, auch blos durch Schmerzen
äussern kann.

Brodie hat eine Beschreibung dieses Schmerzzustandes gegeben,
die wir wegen ihrer Wichtigkeit ganz anführen wollen. Sie enthält
ausserdem die Hauptpunkte der Differentialdiagnose zwischen der Arthralgie
und der organischen Koxalgie. Wir haben dabei besonders das über die
hysterischen Affektionen des Hüftgelenkes Gesagte im Auge; denn von
allen mit der Neurose verbundenen Arthralgien geben diese unbestreitbar
den meisten Anlass zu falschen Diagnosen.

Die betreffende Stelle bei Brodie lautet: „Der Sitz des Schmerzes
ist oft das Hüftgelenk, und in diesem Falle kann man nur durch eine

---

[1]) Un cas de coxalgie hystérique chez un soldat. Communication à l'Académie
de médecine de Bruxelles 1886. Referat in: Progrès médical 1888, 24. Juli.

sehr genaue Untersuchung die richtige Diagnose stellen und eine Affektion der Knochen oder der Knorpel ausschliessen. Hüftgelenk und Knie sind der Sitz von Schmerzen, die bei Druck oder Bewegung zunehmen. Die Kranke liegt ausgestreckt auf dem Bette oder dem Sofa und bleibt stets in derselben Lage liegen. Man sagt sich, dass das Anzeichen einer Affektion des Hüftgelenkes sind. Wenn man aber die Untersuchung weiter ausdehnt, findet man, dass der Schmerz selten auf eine Stelle beschränkt ist, sich vielmehr über die ganze Extremität erstreckt. Die Kranke verzerrt ihr Gesicht und schreit, wenn man auf das Hüftgelenk drückt; aber sie thut es auch, wenn man das Hüftbein, die Lendengegend, den Schenkel oder selbst das Bein bis zu den Knöcheln drückt. Die Schmerzempfindnng hat ihren Sitz immer in der Haut; wenn man die Haut kneift, so dass sie von den darunterliegenden Partien abgehoben wird, fühlt die Kranke heftigeren Schmerz, als wenn man den Oberschenkelknochen in die Gelenkpfanne hineindrückt."

Die schmerzhafte Hyperästhesie sitzt also zum grössten Teile in der Haut und hat ausserdem nach Charcot eine geometrische Lokalisation.

Bei der koxalen Arthralgie bildet die hyperästhetische Haut ein Dreieck, dessen Spitze an der Wurzel des Hodensackes oder bei Frauen am Grunde des Schamberges liegt, und welches von da zu beiden Seiten der Schamleiste sich immer mehr verbreitert und den Hinterbacken bis zum Kreuzbein umfasst, manchmal auch ziemlich weit am Abdomen hinaufsteigt.

Wenn eine Arthralgie des Knies mit Lähmung vorhanden ist, — wir wiederholen, dass bei fast allen diesen Arthralgien eine Kontraktur der zum Gelenk gehörigen Muskelgruppe besteht, — so wird der hyperästhetische Teil der Haut durch zwei Kreislinien begrenzt, die etwa eine Handbreit oberhalb und unterhalb des Gelenkes die Extremität umfassen, immer ein wenig mehr nach dem proximalen Ende hin verschoben. Ebenso ist es bei dem Fussgelenk; desgleichen bei den Armen, wo sie an der Schulter eine Kappe, an dem Ellenbogen, wo sie eine Armschiene bildet; ebenso an allen anderen Gelenken.

Die Hyperästhesie scheint also, wie die Anästhesie, der Funktion zu entsprechen, gerade wie bei den Spasmen der Gesichts- und Halsmuskeln, welche so deutlich begrenzt sind, dass, wie wir gefunden haben, die hyper- oder anästhetische Zone bei dem Spasmus des Augenlidmuskels auf diesen, oder bei hysterischem Torticollis genau auf den Sternomastoideus beschränkt ist[1]).

[1]) Wir haben eine schon veröffentlichte Beobachtung über eine merkwürdige Dissoziation oder vielmehr Perversion der Sensibilität bei den Arthralgien gemacht. Bei einer Kranken war in den den beschriebenen Gelenkstellen entsprechenden geometrischen Zonen eine mit der Arthralgie zusammenfallende sehr grosse Empfindlichkeit gegen Berührung vorhanden; dieselben Stellen zeigten dagegen vollständige Anästhesie gegen Stiche. Es war schwierig, festzustellen, ob auch Anästhesie gegen Hitze und Kälte bestand, da das zur Untersuchung benützte Instrument eine im Vergleiche zu einem Stiche sehr grosse Hautfläche bedeckte und durch einfache Berührung schon Schmerz erzeugen mochte. Eine solche Untersuchung muss daher äusserst sorgfältig geschehen, wenn man den Zustand der Sensibilität bei Arthralgien richtig beurteilen will. — Gilles de la Tourette, De la superposition des troubles de sensibilité et des spasmes, Nouv. Icon. de la Salpêtrière, pag. 116 et 117, obs. I.

Diese Hyper- und Anästhesien in geometrischer Verteilung haben ferner noch das Eigentümliche, dass sie ebenso, wie sie der Aufhebung der Funktion vorangehen, — wenn man genau beobachtet, — auch noch ziemlich lange nach der Wiederherstellung derselben bestehen bleiben. Auf diesen Punkt hat Charcot, wie wir sehen werden, behufs der Prognose der hysterischen Koxalgie besonders aufmerksam gemacht. Wir haben gezeigt, dass man immer die Rückkehr der Kontraktur des Orbicularis palpebrarum (hysterischer Blepharospasmus) erwarten müsse, so lange Störungen der Sensibilität im Bereiche dieses Muskels vorhanden sind. Man kann unter diesen Umständen den Zusammenhang zwischen der Arthralgie oder der Kontraktur und den Störungen der Sensibilität gewiss nicht leugnen, und dies ist für die Prognose wichtig. Wenn die Arthralgien an einer schon hyperästhetischen Seite des Körpers auftreten, so ist es klar, dass man hier, wo die Hyperästhesie schon allgemein ist, die beschriebene geometrische Verteilung nicht finden wird.

Doch kehren wir zur Arthralgie der Hüfte zurück. Über dieselbe heisst es bei Brodie weiter: „Der Schmerz ist heftiger, wenn die Kranke sieht, dass man sie untersucht; wenn sie dagegen durch irgend etwas abgelenkt wird, so klagt sie kaum über Schmerzen bei der Untersuchung.“

Hierdurch wird die psychische Entstehung des Schmerzes offenbar; aber in vielen Fällen ist dieser heftig genug und auch dem Bewusstsein des Kranken genügend eingeprägt, dass man ihn, auch ohne dass dieser es merkt, feststellen kann. Die hyperästhetische Zone kann übrigens auch hysterogen werden. So berichtet Lannelongue in einer Mitteilung an Charcot: „Man konnte die Extremität nicht berühren, ohne dass das Kind von einer wirklichen Attacke befallen wurde.“

In derselben Vorlesung sagte Charcot zu seinen Zuhörern: „Sie sehen, dass man bei unseren Kranken, wenn auch hysterische Anfälle nicht vorhanden sind, doch wenigstens Erscheinungen von Aura hervorrufen kann, welche jenen in der Regel vorangehen, und zwar durch Reizung wirklicher hysterogener Zonen, welche teils die Haut des Hüftgelenkes und des Knies einnehmen, teils tiefer liegen und in den Gelenkflächen oder der Gelenkkapsel ihren Sitz zu haben scheinen.“

Als zwar negatives, aber doch sehr bedeutungsvolles Phänomen führt Brodie noch an, dass bei hysterischer Koxalgie das nächtliche schmerzhafte Zusammenzucken nicht vorkommt, welches die an tuberkulöser Koxalgie leidenden Kinder so oft aus dem Schlafe aufweckt.

* * *

Die Haltung, respektive die entstehende Deformität der Extremität ist verschieden. Bei Arthralgie des Knies und des Ellenbogens ist die Extremität gewöhnlich halb gebeugt; bei derjenigen der Schulter ist der Arm fest an den Körper gezogen; bei derjenigen des Fussgelenkes ist die Stellung des Fusses sehr verschieden. Die hysterische Koxalgie kann auch in dieser Beziehung einer organischen Koxalgie vollständig analog sein (Charcot): scheinbare Verkürzung, Adduktion und Rotation nach innen oder auch Abduktion mit Rotation nach aussen.

- 148 -

Doch ist es nicht immer so, und oft findet man, dass bei Arthralgie irgend eines beliebigen Gelenkes die ganze Extremität Sitz einer Kontraktur und, wie Huet beobachtet hat[1]), vollständig gestreckt ist. Wie so oft bei der Hysterie, zeigt sich auch hier ein übertriebener, aufs höchste gesteigerter Zustand. So können sich z. B. Adduktion und Rotation nach innen mit einem solchen Grade von Beugung verbinden, dass das Knie unmittelbar an den Rumpf gezogen ist.

In einem anderen in der Klinik von Verneuil beobachteten Falle fand Bach[2]) eine scheinbare Verlängerung der Extremität (durch Kontraktur des Quadratus lumborum); doch sagt er selbst, dass er scheinbare Verkürzung weit häufiger beobachtet habe.

Das Hinken ist bei der hysterischen Koxalgie nicht von derselben Bedeutung, wie bei der tuberkulösen Koxitis[3]). Plique sagt darüber[4]): „In den meisten Fällen ist die Unmöglichkeit, die Extremität zu bewegen, von Anfang an vorhanden. Die Kranken sind an das Bett gefesselt, ohne vorher längere oder kürzere Zeit gehinkt zu haben. Man kann sie nur schwer dazu bewegen, aufzustehen und einige Schritte zu machen. Bei denen, welche doch noch einige Zeit geben können, beobachtet man beim Hinken dieselbe Übertreibung wie bei den anderen Symptomen. Es ist von Anfang an sehr stark; die Kranken schiessen stossweise vorwärts und sind in beständiger Gefahr zu fallen. Die Unregelmässigkeit der stossweisen Bewegung erinnert sogar an das Hinken bei Chorea und bezeichnet einen besonderen Typus der nervösen Koxalgie. Im allgemeinen ist das Hinken jedoch von sekundärer Bedeutung und steht darin den anderen Symptomen, Schmerzen und Kontrakturen, weit nach."

Das eben Gesagte bezieht sich besonders auf die koxale Arthralgie, während das folgende für alle hysterischen Arthralgien gilt. Die Haut, welche das Gelenk oder vielmehr die hyperästhetischen und kontrakturierten Stellen bedeckt, behält fast immer ihr normales Aussehen. Doch kann sie auch Veränderungen erleiden.

Brodie sagt darüber: „Ich wurde von einem Mädchen konsultiert, welches über heftigen Schmerz und grosse Empfindlichkeit im Knie klagte, ohne dass jedoch anfangs eine Anschwellung des Gelenkes vorhanden war. Die angewandten Mittel führten keine Linderung herbei; nach einiger Zeit zeigte sich eine leichte Geschwulst, welche von einer Ansammlung von Flüssigkeit in dem subkutanen Zellengewebe herzurühren schien. Die Kranke blieb lange in demselben Zustande, zuletzt traten heftige hysterische Anfälle ein. . . ."

Es handelt sich um das schon von Sydenham erwähnte hysterische Odem, welches wir auf Veranlassung Charcot's wohl zuerst beschrieben haben.

Diese trophischen Veränderungen der Haut, welche nach Charcot durch die topischen Mittel hervorgerufen oder unterhalten werden, durch

---

[1]) Coxalgie hystérique suite de traumatisme. Progrès méd. 1886, Nr. 17 u. 19.
[2]) De la coxalgie hystérique. Thèse de Paris, 1874.
[3]) Broussole, La claudication chez l'enfant. Thèse de Paris, 1885—1886, S. 64.
[4]) Les coxalgies hystériques. Gaz. des hôpitaux 1891, S. 609.

Zugpflaster, Jodpinselungen, reizende Salben, die man auf die schmerzhaften Gelenke appliziert, können einen Abszess vortäuschen und eine organische Arthritis vermuten lassen. Daher bemüht sich schon Brodie, die wesentlichen Unterschiede festzustellen: „Man findet manchmal eine allgemeine Anschwellung des Schenkels und der Glutealgegend, welche entweder von einer vaskulären Überfüllung oder einer serösen Ausscheidung im Zellgewebe herrührt; aber diese Geschwulst gleicht keineswegs derjenigen eines Abszesses.

„In sehr seltenen Fällen ist die Anschwellung mehr umschrieben; aber auch dann gleicht sie in nichts der eines Abszesses. Man nimmt keine Fluktuation wahr; der beste Vergleich wäre der mit einer sehr grossen Urticariaquaddel. Bei genauer Untersuchung wird man diese Anschwellungen stets von einem Abszess unterscheiden können. Ich habe oft, um meine Zuhörer zu überzeugen, einen feinen Stich in die Geschwulst gemacht, um zu zeigen, dass sie keinen Eiter enthielt."

Die Pathogenie dieser Erscheinungen ist heute infolge der Kenntnisse, welche wir über die trophischen Störungen bei der Hysterie haben, weit mehr aufgeklärt [1]). Wir wissen, dass noch tiefergehende trophische Störungen vorhanden sein können, welche leicht die Diagnose irre führen. Die Muskeln der Extremität, an der sich die Arthralgie zeigt, können atrophisch werden, ganz wie Valtat dies bei organischer Arthritis beobachtet hat [2]); diese hysterische Muskelatrophie, welche Charcot und Babinski [3]) beschrieben haben, kann sogar mit Entartungsreaktion und fibrillären Zuckungen kombiniert sein [4]). Sie kann sich an jedem Gelenke zeigen, doch ist sie seltener bei organischer als bei hysterischer Arthritis. In einem Falle Charcot's handelte es sich um eine Arthropathie des Knies, in anderen von Ballet [5]) und von Boeckel [6]) um hysterische Koxalgie. Der letzte Fall ist besonders interessant.

Eine 28jährige Kranke litt seit sechs Jahren an hysterischer Koxalgie, welche sie jedoch vier Jahre lang nicht gehindert hatte, ihrer Beschäftigung nachzugehen. Boeckel behandelte sie unter Anwendung eines fixierenden Apparates, eine Behandlung, die nebenbei gesagt, bei Hysterie nicht genug verurteilt werden kann. In demselben Saale mit dieser Kranken lag ein Kind mit einer Periostitis phlegmonosa, die eine Amputation des Schenkels nötig machte. Das Kind genas und wurde wieder völlig gesund. Die Hysterische quälte nun den Chirurgen

[1]) Siehe: d'Athanassio, Des troubles tropiques dans l'hystérie, Paris 1890, eine unter unserer Leitung angefertigte Arbeit.
[2]) De l'atrophie musculaire consécutive aux maladies des articulations. Thèse de Paris, 1877.
[3]) De l'atrophie musculaire dans les paralysies hystériques. Leçons sur les maladies du système nerveux, vol. III, pag. 477. — Babinski, Arch. de neurol. 1890, Nr. 34 und 35.
[4]) Gilles de la Tourette et Dutil, Contribution à l'étude des troubles trophiques.
[5]) Coxalgie hystérique avec atrophie musculaire. Société médicale des hôpitaux, 28. Juni 1890.
[6]) Coxalgie hystérique; Désarticulation de la cuisse; Lesions anatomiques. Gazette médicale de Strasbourg 1870.

so lange, bis er ihr endlich nachgab und auch bei ihr die Exartikulation des Beines vornahm.

Die anatomische Untersuchung desselben durch G r o s s zeigte, dass die Muskeln, besonders die am distalen Ende des Beines, sehr blass waren; die des Schenkels waren mehr gerötet und hatten fast ihre natürliche Farbe. Wir werden übrigens auf die Ergebnisse dieser Untersuchung noch zurückkommen.

Bei hysterischer Arthralgie kann also Muskelatrophie eintreten. Diese hat jedoch, wie es scheint, besondere Charaktere [1]. Bei organischer Arthritis zeigt sich die Atrophie besonders an den Streckmuskeln des Gelenkes, bei Koxalgie am Gesäss, bei Athropathie des Knies am Triceps. In einem Falle Ch a r c o t's, bei dem das Knie ergriffen war [2]), fanden sich „die Muskeln des Unter- wie des Oberschenkels, besonders der Biceps, deutlich athrophisch". In dem Falle Bo e c k el's waren statt des Gesässes die Muskeln des Unterschenkels affiziert.

Die Lokalisation der Amyotrophie scheint also bei der hysterischen Arthralgie weit weniger umschrieben, dagegen vielleicht ausgedehnter, ähnlich wie die Kontrakturen, welche sich auch gern über das ganze Glied erstrecken, anstatt auf die funktionellen Muskeln des Gelenkes beschränkt zu bleiben.

Endlich ist diese Amyotrophie auch weit seltener als bei organischer Arthritis. B r o d i e hat sie nie beobachtet, denn er sagt, wo er von hysterischer Koxalgie spricht: „Ein Abmagern der Muskeln des Gesässes ist nie vorhanden; sie behalten stets ihre Form."

Charcot machte seine Zuhörer in einem Falle neben der Steifheit der Hüfte, des Knies und des Fussgelenkes, Erscheinungen, die bei gewöhnlicher Koxalgie nicht vorkommen, auch noch auf die relative Kälte und die bläuliche Farbe besonders des Knies und Unterschenkels als Anzeichen der trophischen Störungen der Hysterie aufmerksam [3]).

Bei einem solchen Zustande giebt es nun ein Untersuchungsverfahren, welches anzuwenden man nie unterlassen sollte, das ist die Untersuchung des Gelenkes in der Narkose. Die Anästhesie muss ganz verschwunden sein und mit ihr die Kontraktur; man findet dann ganz im Gegensatze zu organischen Affektionen, dass das Gelenk frei beweglich, dass es, mit einem Worte, gesund ist. Diese Unversehrtheit des Gelenkes ist auch mehrmals anatomisch festgestellt worden.

G e o r g e t teilt (Dictionnaire de médecine, vol. XXI, pag. 177) einen Fall von Hysterie mit, in welchem eine spasmodische Verkürzung des Oberschenkels eintrat, die als spontane Verrenkung angesehen wurde; die Kranke wurde geheilt, aber nach einiger Zeit kehrten dieselben Erscheinungen infolge eines heftigen Schreckens wieder, verloren sich dann aber allmählich. Die Kranke starb kurze Zeit nachher, und die Sektion ergab, dass das Hüftgelenk ganz gesund gewesen war [4]).

---

[1]) Ch a r c o t, Leçons sur les maladies etc., vol. III, 4. Vortrag.
[2]) Progrès médical 1888.
[3]) A. a. O., Bd. III, S. 880.
[4]) Citiert bei B r i q u e t, a. a. O., S. 244.

Brodie erwähnt drei Fälle von hysterischer Arthralgie des Knies, in welchen man eine Amputation der kranken Extremität vornahm; in allen Fällen wurde das Gelenk gesund befunden.

In einem dieser Fälle machte der Chirurg, Herbert Mayo, nach der Amputation des Unterschenkels auch die Exartikulation des Oberschenkels, da der Schmerz sich auf diesen geworfen hatte. Auch hier war das Hüftgelenk normal. Ebenso war es in einem von Coulson operierten Falle von Arthralgie des Knies [1]).

Die Untersuchung des Gelenkes während der Chloroformnarkose ergiebt also ein negatives Resultat. Charcot hat aber auch gezeigt, dass die Art, wie die Schmerzen während des Erwachens aus der Narkose wiederkehren, sehr bedeutungsvoll für die Diagnose ist. Er sagt von seiner Kranken: „Während des Erwachens trat die Starrheit der kranken Muskeln bis zu einem gewissen Grade wieder ein, ohne dass aber in dem Gelenk irgendwie Schmerz empfunden wurde. Die Sensibilität war schon teilweise zurückgekehrt; die Kranke fing schon an, auf Fragen zu antworten, als die Sensibilität der tieferen Partien (Perkussion des Trochanter, des Talus) noch durchaus nicht gesteigert war. Die Hyperästhesie stellt sich also erst zuletzt wieder ein. Aber nach dem vollständigen Erwachen, das heisst nach 20—25 Minuten, waren die Deformität, der Schmerz, das Hinken genau wieder dieselben, wie vor der Narkose.“

Die Wiederkehr der Schmerzen und anderer Erscheinungen erfolgt bei organischer Koxalgie gerade in umgekehrter Reihenfolge, nämlich von den tieferen Partien zu den oberen hin.

Wir haben gesagt, dass bei hysterischer Arthralgie das Gelenk unversehrt bleibt. Es kann jedoch auch anders sein, und zwar können folgende Fälle eintreten:

1. An den Knochen und den Gelenkflächen zeigen sich trophische Störungen hysterischen Ursprunges, gleich denen, die man an Haut und Muskeln beobachtet. Diese Fälle müssen sehr selten sein, doch sind vielleicht die folgenden Betrachtungen darauf anwendbar.

2. Wenn das Gelenk lange unbeweglich gewesen ist, so ist es begreiflich, dass fibröse Ankylosen (Boekel) vorhanden sein können, gleichwie sich solche nach Charcot [2]) in der Umgebung alter hysterischer Kontrakturen zeigen. Man kann bei hysterischen Arthralgien gleichzeitig beobachten, „dass die Knochen mürbe sind, der Säge wenig Widerstand bieten, wie das allgemein bei lange unbeweglich gebliebenen Extremitäten der Fall zu sein pflegt“ (Fall von Coulson). Auch können diese Knochen einen gewissen Grad von fettiger Atrophie zeigen (Boeckel); ferner kann der Knorpel „in sehr geringer Ausdehnung usuriert sein (Brodie). Kurz, alle diese leichten Veränderungen haben nichts Charakteristisches und können sehr gut durch die lange Bewegungslosigkeit erklärt werden.

---

[1]) A. a. O., S. 631.
[2]) Rétractions fibro-tendineuses dans les paralysies spasmodiques par lésions organiques spinales et dans la contractare spasmodique hystérique. Bulletin médical 1887, 23. März.

3. Endlich giebt es Fälle, wo wirkliche organische Veränderungen des Gelenkes vorkommen, rheumatische oder besonders tuberkulöse, mit denen die dynamische Störung der Hysterie kombiniert ist.

„Es handelt sich dann, sagt Charcot, um eine gemischte hystero-organische oder, wenn man will, organo-hysterische Form. „Kommt diese gemischte Form in den Kliniken vor? Zweifellos vielleicht häufiger, als man glaubt, obwohl sie, wenn ich mich nicht täusche, oft mit Stillschweigen übergangen wird.... Bei einer hysterischen Person, bei der ein organisches Leiden besteht, können sich die Symptome beider Affektionen derart verbinden, dass ein pathologischer Zwitterzustand entsteht, welcher dem Kliniker sehr wohl bekannt sein dürfte."

In diesen Fällen giebt die Narkose ein sicheres Mittel, die Sache aufzuklären, da man weiss, wie gering und unbedeutend die eigentlichen Verletzungen auch bei langjähriger hysterischer Arthralgie sind, wie ja Charcot bei einer schon drei Jahre bestehenden Koxalgie gar keine Läsionen gefunden hatte.

„Neben diesen gemischten Formen mit tuberkulösen Veränderungen des Hüftgelenkes bei nervösen Personen, sagt Plique [1]), hat Cazin eine andere Form beschrieben, deren Diagnose nicht weniger schwierig ist. Bei derselben besteht schon eine tuberkulöse Arthritis oder Ostitis an einem distalen Punkte der unteren Extremität, gewöhnlich am Fusse, wenn die Lähmung und die Schmerzen am Hüftgelenk sich einstellen. Der natürliche Gedanke an eine Hüftgelenkstuberkulose, welche sich der bestehenden tuberkulösen Verletzung hinzugesellt habe, trifft nicht immer das Richtige. Oft genug handelt es sich nur um eine Reflexerscheinung an der Hüfte; Cazin vergleicht sie treffend mit der reflektorischen Wirkung gewisser Traumen. Besonders in diesen Fällen ist die Narkose, verbunden mit einer sehr genauen örtlichen Untersuchung, zur Diagnose notwendig."

Wie man nun auch die Sache erklären mag, immerhin verdient diese gemischte Form besonders hervorgehoben zu werden.

* * *

Die hysterischen Arthralgien, besonders die Koxalgie, können eine sehr beträchtliche Dauer haben, die sich von einigen Monaten bis zu mehreren Jahren erstrecken kann. Die Kranke Boeckel's litt seit 10 Jahren an der Hüfte, als er sie operierte, und die Affektion zeigte keine Tendenz zur Heilung. Bei dem Patienten Charcot's war die Koxalgie fast 3½ Jahre nach ihrem Auftreten noch nicht geheilt.

Diese Hartnäckigkeit der Affektion erklärt genügend den Gemütszustand, welchem die Kranken verfallen, die, ohne Hoffnung auf Heilung, hartnäckig einen chirurgischen Eingriff fordern, welcher ihnen leider, wie wir gesehen haben, nicht stets versagt wird.

Die Arthralgie ist aber auch hier nicht immer ununterbrochen vorhanden; sie tritt sprungweise auf, mit Rückfällen, zwischen denen

---

[1]) Les coxalgies hystériques. Gazette des hôpitaux 1891, Nr. 66, S. 611.

scheinbar ganz freie Intervalle vorkommen. Man muss sich hüten, diesen Zustand für eine vollständige Heilung zu halten; die sichere Prognose ergiebt sich aus dem Vorhandensein oder Fehlen gewisser von uns angegebener Anzeichen. Charcot hat, wie wir nochmals wiederholen, gezeigt, dass bei Anästhesie oder Hyperästhesie in geometrischen Territorien, welche mit Paralyse oder Kontraktur, mit oder ohne Arthralgie, verbunden ist, die Störungen der Sensibilität oft noch einige Zeit nach dem Verschwinden des funktionellen Symptoms bestehen bleiben. So lange sie aber noch vorhanden sind, kann und muss man ein Rezidiv der Affektion befürchten. Dies gilt selbstverständlich auch für die Prognose der hysterischen Arthralgien in der Zeit nach ihrem Verschwinden.

Wie alle hysterischen Leiden, können die Arthralgien plötzlich verschwinden. „In dem *Christian observer* vom November 1830, sagt Brodie, finden wir die Erwähnung eines Falles, ein Fräulein Jancourt betreffend. Dieselbe war seit vielen Jahren durch eine Affektion der Hüfte von hysterischer Natur zur Unbeweglichkeit verurteilt. Ihr Beichtvater hatte mit ihr gebetet, da erhob sie sich plötzlich und begab sich zum Abendessen, zum grössten Erstaunen ihrer Familie."

Crolay erzählt von einer Nonne [1]), welche nach neunjährigem Leiden auf wunderbare Weise von einer hysterischen Koxalgie geheilt wurde; ebenso von einem Mädchen, bei welchem dieselbe verschwand, während die Ärzte sich über die Anwendung einer Maschine berieten.

In der Salpêtrière dauern die in der Anstalt infolge eines Falles oder irgend einer anderen Ursache auftretenden Arthralgien nie länger als einige Augenblicke. Die Heilung wird sofort herbeigeführt durch ein Mittel, welches wir in dem Kapitel über die allgemeine Behandlung mitteilen werden.

* *

Die Hyperästhesien in unregelmässig verteilten Partien, die eigentlichen hyperästhetischen Zonen, können die mannigfaltigsten Formen annehmen. Doch zeigt die Verteilung derselben gewöhnlich eine gewisse Ordnung. Sie scheinen nämlich gewisse Stellen zu bevorzugen; obwohl sie an allen Teilen des Körpers, an Kopf, Rumpf und Extremitäten, auftreten können. Wir haben sogar eine auf die grosse Zehe beschränkte Hyperästhesie beobachtet, doch hing dieselbe mit einer Kontraktur zusammen.

Der eigentliche Grund der Verteilung entzieht sich in den meisten Fällen unserer Kenntnis, doch können wir in manchen Fällen den psychischen Mechanismus als die Ursache erkennen.

In seinen Leçons du mardi (1889, S. 261) giebt Charcot die Geschichte einer Person, welche beim Fischfang ins Wasser gefallen war, wobei das Seil des Netzes sich um das linke Bein wickelte, so dass der Fischer dadurch auf dem Grunde des Wassers festgehalten wurde und, nachdem man ihn endlich herausgezogen hatte, nur mit grosser Mühe ins Leben zurückgebracht werden konnte. An der Stelle, wo der

---

[1]) Thèse de Montpellier, 1865.

Druck stattgefunden hatte, das heisst an der ganzen inneren Seite des Oberschenkels, bildete sich eine hyperästhetische Zone aus, auf welche Charcot die Aufmerksamkeit seiner Zuhörer lenkte. Die einfachste Berührung erzeugte heftigen Schmerz; weil selbst die natürliche Spannung der Haut schmerzhaft war, hielt der Kranke das Bein halb gebengt; zur Hyperästhesie gesellta sich also Hinken.

Um diesen psychischen Mechanismus noch mehr hervorzuheben, führen wir noch einen Fall von Pitres an, bei dem es sich um Halluzinationen handelte. Die Kranke glaubte von Zeit zu Zeit, den Besuch einer alten Frau zu bekommen, welche sie an verschiedenen Stellen des Körpers berührte. An allen berührten Stellen entwickelten sich hyperalgische Zonen, welche mehrere Tage lang bestehen blieben. Wir werden auf diese Fälle später noch zurückkommen.

Am häufigsten erscheinen die hyperästhetischen Zonen ganz spontan, ohne erkennbare Ursachen; dabei treten sie vorzugsweise in besonderen Regionen auf und zeigen eine eigentümliche Symptomatologie, je nach dem Orte ihres Auftretens. Wir wollen uns mit den wichtigsten dieser Formen gleich beschäftigen. Da diese Zonen oft zugleich hyperästhetisch und hysterogen sind, so werden wir zunächst die letzteren besprechen. Sodann wollen wir die hyperästhetischen und hysterogenen Zonen der Schleimhäute und der Eingeweide zusammen beschreiben.

Bestehen keine Unterschiede zwischen diesen beiden Arten von Zonen? Gewiss, und zwar können dieselben sehr grosse sein. Man erinnert sich, dass ein Symptom der hyperästhetischen Zonen die übermässige Empfindlichkeit ist, welche sich bei der geringsten Berührung der Haut zeigt. Bei den hysterogenen Zonen ist es jedoch oft ganz anders, denn „eines der wichtigsten unterscheidenden Merkmale ist das folgende: während bei Dermalgie die Sensibilität der Haut übermässig gesteigert ist, hat an den hysterogenen Zonen die Haut gewöhnlich alle Empfindung für Berührung, Kneifen und Stechen verloren" [1]).

In sehr vielen Fällen besteht jedoch Hyperästhesie; wir verfolgen daher den oben angegebenen Weg, um unnötige Wiederholungen zu vermeiden.

II.

Das Interesse, welches sich an die Kenntnis der hysterogenen Zonen knüpft, ist so gross, dass wir auf dieselben etwas näher eingehen wollen, Wie Bnet in seiner Inaugural-Dissertation dargelegt hat [2]), rührt der Name von Charcot her.

Pitres, dessen Schüler Gaube [3]) und Lichtwitz [4]) die besten Arheiten über die vorliegende Frage geliefert haben, spricht sich über die Untersuchungen Charcot's folgendermassen aus [5]):

[1]) Bourneville et Regnard, Iconographie photographique de la Salpêtrière 1879—1880. S. 37.
[2]) Des zones hystérogènes. Paris 1881.
[3]) Recherches sur les zones hystérogènes. Thèse de Bordeaux, 1882.
[4]) Les anesthésies hystériques des muqueuses et des organes des sens et les zones hystérogènes des muqueuses. Thèse de Bordeanx. 1887.
[5]) Des zones hystérogènes et hypnogènes, des attaques de sommeil. Bordeaux 1885.

"Professor Charcot verdanken wir die Entdeckung der hysterogenen Zonen. Im Jahre 1873 beschrieb der berühmte Lehrer an der Salpêtrière in seinen Vorlesungen über die Krankheiten des Nervensystems die ovariale Hyperästhesie der Hysterischen. Er zeigte dabei, dass in vielen Fällen den hysterischen Anfällen eine Aura vorangeht, die von der Ovarialgegend ihren Ausgang nimmt; dass ein auf diese. Region ausgeübter Druck bei manchen Kranken den Ausbruch eines konvulsiven Anfalles hervorrufen kann; dass endlich sehr oft die hysterischen Konvulsionen durch plötzlichen Druck der hyperästhetischen Ovarialgegend zum Stillstand gebracht werden können.

„Einige Jahre später (1879) bemerkte Charcot, dass diese Gegend nicht die einzige sei, deren Erregung die hysterischen Anfälle hervorrufen oder aufhalten könne, soudern dass sehr häufig bei hystero-epileptischen Personen an der Oberfläche des Körpers umschriebene Regionen vorhanden seien, deren Druck dieselben Wirkungen hervorbringe, wie der Druck in der Gegend des Eierstockes.

„Ohne Zweifel waren auch vor den Entdeckungen Charcot's Beobachtungen bekannt, welche ergaben, dass die Reizung gewisser Stellen des Körpers von Hysterischen den unmittelbaren Ausbruch von Konvulsionen zur Folge hatte. Aber es waren vereinzelte Fälle, ohne inneren Zusammenhang und daher ohne Bedeutung für die Wissenschaft."

Die ersten Andeutungen der hysterogenen Zonen muss man in den Epidemien von dämonischer Besessenheit suchen, besonders in dem traurigen Drama von Loudun, wo man die mannigfaltigsten Äusserungen der Hysterie findet.

Pilet de la Ménardière[1]) hat uns eine merkwürdige Liste der besessenen Nonnen und Laienschwestern hinterlassen. Er nennt uns genau die von Dämonen besessenen Stellen ihres Leibes, welche man heute als die Körperstellen bezeichnen würde, von welchen aus die hysterischen Anfälle erregt werden können.

„Schwester Jeanne des Anges, Superiorin, war von sieben Teufeln besessen, von denen drei am Samstag den 20. Mai 1634 ausgetrieben wurden und dabei drei Öffnungen an ihrer rechten Seite zurückliessen. Die vier anderen sind: Levinthan, der seinen Sitz in der Mitte der Stirne hat; Beherit, dessen Sitz der Magen ist; Balaam, an der zweiten Rippe der rechten Seite; Isaacaron, unter der letzten Rippe der rechten Seite..." Schwester Jeanne war weniger bevorzugt, denn „sie hat nur einen Dämon, er heisst Cerberus der Fürstentümer und hat seinen Sitz unter dem Herzen."

Dagegen hatte Schwester Claire de Sazilli, die man das „schöne Teufelchen" nannte und die von unaufhörlichen Anfällen gequält wurde, deren acht, welche an den gewöhnlichen Stellen der hysterogenen Zonen sassen: „der erste, Zabulon der Throne, sitzt in der Mitte der Stirn; der zweite, Naphtali der Throne, im rechten Arme; der dritte ist ein Teufel, namens Ohnende, auch Grösse der Herrschaft genannt, hat seinen Sitz an der zweiten Rippe der rechten Seite; der vierte, Elimi

---

[1]) La démonomane de Loudun 1634. Citiert bei Legué, Documents pour servir à l'histoire médicale des possédées de Loudun. Thèse de Paris, 1874. S. 63.

der Tugenden, an der Seite des Magens; der fünfte ist der Feind der
Jungfrau, der Cherubim, er sitzt unten am Halse; der sechste, Pollution
der Cherubim, unter dem Herzen; der siebente, Verrine der Throne, in
der linken Schläfe; der achte, Concupiscentia der Cherubim, in der
rechten Schläfe. Die anderen Nonnen, obwohl gleichfalls besessen, haben
den Sitz der Dämonen nicht angeben können."

Aber auch vor der Besessenheit von Loudun vermochte man er-
fahrungsmässig die konvulsiven Anfälle aufzuhalten, indem man gewisse
Körperstellen, namentlich die Ovarialgegend, stark drückte.

In seiner Abhandlung über konvulsive Krankheiten führt Charcot
folgende Worte von Willis aus dem 17. Jahrhundert an[1]: „Es ist
gewiss, dass der konvulsive Spasmus, der aus dem Abdomen kommt,
zurückgehalten werden kann; man kann ihn durch Zusammen-
drücken des Abdomens mit beiden Armen oder durch festes Um-
wickeln mit Tüchern verhindern, zum Halse und Kopfe aufzusteigen."
Er erzählt, er habe selbst einmal einen Anfall durch energischen Druck
mit beiden Händen auf den Unterleib aufgehalten. Schon Mercado
(1513) hatte Reiben des Unterleibes angeraten, um die Gebärmutter an ihren Ort zu bringen, von der man nach der alten Theorie
annahm, dass sie ihre Stelle verlasse[2]. Einer seiner Landsleute, Monardes,
machte, wie es scheint, noch weniger Umstände; er legte den Kranken bei
ihren Anfällen einen schweren Stein auf den Bauch."

Etwas Ähnliches finden wir in der Hilfe, welche man den Unglücklichen von Saint-Medard so bereitwillig leistete, indem man ihnen mit
schweren Feuerböcken heftige Schläge auf den Bauch gab, was ihnen,
ihrer eigenen Angabe nach, Linderung verschaffte. Diese Anwendung der
Kompression der Ovarialgegend war jedoch nur sehr wenig verbreitet.
Boerhaave allein verordnet sie: „Man bringt sie hervor, indem man
ein Kissen mit Tüchern fest zwischen die falschen Rippen und den
Darmbeinkamm drückt; das hilft den Kranken fast sicher, vorausgesetzt,
dass das Gefühl der Kugel das Diaphragma nicht überschritten hat"[3].

Auf dieselbe empirische Weise verfuhr Mesmer, wenn er bei
seinen Kranken die Krisen hervorrufen (vielleicht auch verschwinden
lassen) wollte. Auf einem Aquarell aus der Sammlung Charcot's,
welches wir mit einigen anderen Zeugnissen derselben Art zu erklären
versucht haben[4], sehen wir den Priester des Magnetismus seine Hand
auf die Ovarialgegend einer Kranken legen, welche zu ihm sagt:

Ah, je conçois qu'il n'est rien tel
Que ce fluide universel.
J'aime fort qu'on me magnétise.
Appuyez, docteur, j'entre en crise.

[1]) Leçons sur les maladies etc. De l'hyperesthésie ovarique. 3. éd. 1877,
S. 333.
[2]) Mercatus, Opera, t. III. De virginum et orduarum affectionibus. Francof.
1620, S. 546.
[3]) Charcot, a. a. O.
[4]) Gilles de la Tourette, Documents satiriques sur Mesmer. Nouv. Iconogr.
de la Salpêtrière 1889, vol. II, Nr. 1, 2.

Erst bei B r o d i e sehen wir [1]), dass die Frage schärfer gefasst wird.
Ein Fräulein von 32 Jahren euchte ihn auf wegen sehr schmerzhafter
Anfälle, welche übrigens nichts Besonderes boten; das Eigentümliche an
dem Falle, „weshalb man mich auch konsultierte, war dies: in der
Nähe der Cartilago ensiformis war eine Stelle, welche, wie sie glaubte,
in irgend welcher Beziehung zu ihrer Krankheit stand. Die sorgfältigste
Untersuchung ergab nichts Auffälliges, aber ein Druck mit dem Finger
rief immer einen der besprochenen Paroxysmen hervor." Bei einer anderen
Kranken war eine ähnliche Stelle und in derselben Gegend vorhanden.
Bis zu den Untersuchungen C h a r c o t'e machte die Kenntnis der
hysterogenen Zonen keine nennenewerten Fortschritte, trotz der Arbeiten
S c h ü t z e n b e r g e r's und B r i q u e t'e, welche wir bei der Besprechung
gewisser Zonen (Ovaralgie und Rachialgie) wiederfinden werden. Auch
B e r n u t z müssen wir erwähnen, der in seinem Artikel in dem *Nouveau
Dictionnaire de médecine et de chirurgie pratique* (1874) die apophysären
(vorher durch W i l l i g und T ü r c k bekanntgemachten) Punkte am
Zungenbein und im Epigastrium erwähnt. Schon hatten aber die Arbeiten
C h a r c o t's die Sache so weit aufgeklärt, dass diese früheren Arbeiten
nur noch ein historisches Interesse beanspruchen können.

* *

Mit P i t r e s erklären wir die hysterogenen Zonen als umschriebene,
schmerzhafte oder auch schmerzlose Stellen des Körpers, von denen oft
während der Entwickelung der Krankheit spontane Anfälle, besondere
Empfindungen ausgehen, die unter den gesamten Erscheinungen der
hysterischen Aura von Bedeutung sind; der Druck auf diese Stellen hat
die Wirkung, dass entweder der konvulsive Anfall oder ein Teil der
spasmodischen Erscheinungen des Anfalles hervorgerufen wird, oder dass
die Konvulsionen plötzlich aufhören."
Wir ergänzen diese Erklärung, indem wir hinzufügen, dass durch
den Druck nicht allein der konvulsive Anfall, sondern auch die Anfälle
von Chorea rhythmica, von Husten, Gähnen etc., kurz alle Paroxysmen
hervorgerufen oder gehemmt werden.
Nach dieser Erklärung sind die hysterogenen Zonen entweder
s p a s m o g e n e oder f r é n a t r i c e s; oft sind sie auch, besonders diejenigen, welche nicht hyperäesthetisch sind, s p a s m o - f r é n a t r i c e s,
indem nämlich ein leichter Druck den Anfall herbeiführt, während ein
starker Druck ihn aufhebt. Die Fälle, wo umgekehrt eine leichte Erregung einer solchen Zone frénogène wirkt, dürften selten sein, wenigstens
haben wir noch keinen derartigen beobachtet. Die Zonen sind o b e r f ä c h-
l i c h e oder t i e f e, kutan oder subkutan; sie können auch in den Schleimhäuten oder Eingeweiden vorkommen (den Ovarien, Hoden, Brüsten etc.).
Sie sind an sich schmerzhaft oder nicht; wenn sie es sind, so ist nach
P i t r e s' Beobachtung der Schmerz weder dermalgisch, noch myosalgisch,
sehr oft aber neuralgisch.

---

[1]) A. a. O., S. 43.

Abgesehen von einigen seltenen und noch wenig bekannten Fällen, wo gewisse Affektionen, wie z. B Syphilis, das Erscheinen oder die Lokalisation bedingen, entstehen nnd zeigen sich die hysterogenen Zonen wie die hyperästhetischen ganz von selbst, ohne erkennbare Ursache, wie dies bei allen dauernden Stigmata, welche die gemeinsame Grundlage der Neurose bilden, der Fall ist. Man kann jedoch behaupten, dass die hysterogenen Zonen, wie auch ihr Name besagt, oder wenigstens besagen soll, eine besondere Eigentümlichkeit der paroxystischen Form der Hysterie sind; daher finden sie sich hauptsächlich bei Erwachsenen. Doch kann dabei der Paroxysmus latent bleiben, insofern als erst durch den Druck einer der vorhandenen hysterogenen Zonen, etwa bei einer Untersuchung, der erste konvulsive Anfall hervorgerufen wird.

Bei derselben Person können eine oder mehrere solcher Zonen bestehen. Der Einfluss derselben kann auch zeitweilig ein schwächerer oder stärkerer werden. Wir werden bei der Besprechung der prolongierten Aurae noch sehen, wie die Sensationen, die sich zu gewissen Zeiten in ihnen offenbaren, für den Kranken das sicherste Anzeichen eines demnächst ausbrechenden Paroxysmus sind.

In welcher Zahl sie nun auch bei derselben Person vorhanden sein mögen, und obwohl man sie an allen Stellen der Haut finden kann — und nur diese haben wir jetzt im Auge — so treten sie doch mit Vorliebe an einzelnen Stellen auf, die wir später kennen lernen werden. Kopf und Rumpf sind Lieblingssitze derselben; Pitres hat zuerst hysterogene Zonen an den Extremitäten beschrieben, vorzugsweise in den Gelenkfalten des Ellenbogens und des Knies, ohne dass jedoch andere Stellen ausgeschlossen sind.

Die hysterogenen Zonen sind oft von sehr beschränktem Umfang, nicht grösser als ein Zwei- oder Fünfmarkstück. Ihre Grenze ist mit Leichtigkeit genau festzustellen; denn nach Bourneville und Regnard ist die Haut dieser Zonen unempfindlich, wodurch sie sich von den nur hyperästhetischen Zonen unterscheiden. Letztere können aber zugleich auch hysterogen sein, und manche derselben erstrecken sich bisweilen über ein recht grosses Hautgebiet.

Diese Erscheinung der kutanen Anästhesie, welche häufig an den hysterogenen Zonen auftritt, kann einen wenig genauen Beobachter leicht irre führen; denn eine hysterogene Zone kann sich mitten in einem grossen anästhetischen Gebiet, z. B. bei Hemianästhesie befinden, und die Untersuchung durch Stiche ergiebt dann nichts Besonderes, als nur die sehr ausgedehnte Störung der Sensibilität der Haut. Man muss daher die Haut mit dem Finger stark drücken, um die Zone aufzufinden, doch mit Vorsicht, damit man nicht durch einen zu starken und plötzlichen Druck einen sofortigen Anfall erzeugt.

Wie bei den hyperästhetischen Zonen und den anästhetischen Inseln zeigt auch hier die Haut keine Veränderung. Doch teilt Buet zwei Beobachtungen mit (III und VIII), bei welchen die Haare im Gebiet der hysterogenen Zonen ausgegangen waren.

Wir haben schon gesagt, dass die spontanen Schmerzen in situ zur Auffindung der hysterogenen Zonen führen können; in manchen

Fällen, besonders wenn die Zonen zugleich hyperästhetisch und ziemlich umfangreich sind, wenden die Kranken von selbst Vorsichtsmassregeln an, die sich nach dem Sitze des Übels richten.

Sie ziehen die Schultern nach hinten, um die an der Wirbelsäule befindlichen Zonen zu schützen, strecken bei gewissen Bewegungen die Hände vor, um einen Druck auf die am Thorax, in der Ovarialgegend oder an den Hoden befindlichen Zonen zu vermeiden, oder sie unterlassen das Frisieren oder thun es nur mit der grössten Vorsicht, — wie wir später noch anführen werden, — um eine Berührung der auf dem Kopfe befindlichen Zonen zu verhindern.

Gaube hat die verschiedenen Arten der Erregung der hysterogenen Zonen genau studiert und gefunden, dass, wenn auch der Druck das einzige Mittel ist, welches alle erregt, einzelne auch durch Kälte oder strahlende Wärme erregt werden können. Doch haben diese Thatsachen nur einen mässigen klinischen Wert.

Sie erscheinen oder verschwinden sehr oft spontan, wie schon erwähnt wurde, unter dem Einflusse eines Paroxysmus, oder sie verändern sich unter dem Einflusse ähnlicher Ursachen. Manchmal kann eine hysterogene Zone einfach hyperästhetisch oder eine hyperästhetische hysterogen werden.

Pitres hat namentlich die Mittel untersucht, durch welche sie zum Verschwinden gebracht werden können. Man erkennt leicht die grosse Bedeutung dieser Untersuchungen, denn es ist von grossem Vorteil, diese zu leicht erregbaren Zonen zu unterdrücken, welche die Kranken sozusagen fortwährend der Gefahr eines Anfalles aussetzen. Er sagt darüber: „Die Mittel, welche man anwenden kann, zerfallen in zwei Klassen; die einen wirken gleichzeitig auf alle Zonen des Körpers, die anderen wirken lokal und nur auf die Zonen, bei welchen sie angewandt werden.

„Zu der ersten Klasse gehören die statische Elektrizität, die Galvanisation der Nervencentren und die Inhalation von Narcoticis.

„Wenn man eine Hysterische auf den Isolierstuhl einer Elektrisiermaschine setzt, so verschwinden alle hysterogenen Zonen in der Haut, unter der Haut und in den inneren Organen nach einem Zeitraume von 3—15 Minuten, je nach der Konstitution der Person und dem Grade der elektrischen Spannung. Die Applikation des Stromes einer schwachen galvanischen Säule (von zwei bis sechs Gaiffe'schen Elementen) auf die Nervencentren hat dieselbe Wirkung. Die einfachste Applikation besteht darin, dass man beide Elektroden einander gegenüber an beiden Schläfen wirken lässt. Man kann auch eine Elektrode (ob positive oder negative, ist gleichgiltig) auf die Stirn oder den Nacken, die andere in die Lendengegend der Wirbelsäule oder auf das Abdomen setzen. Wenn der Strom lange genug gewirkt hat (10 bis höchstens 20 Minuten), so haben alle hysterogenen Zonen ohne Ausnahme ihre Erregbarkeit verloren. Man kann dann selbst durch sehr kräftigen Druck auf dieselben keine konvulsiven Anfälle mehr hervorrufen. Aber ihr Verschwinden ist nur ein zeitweiliges, kein dauerndes. Nach einigen Stunden oder Tagen bekommen die durch das Elektrisieren unempfindlich gemachten Zonen von selbst ihren früheren Charakter wieder.“

Es ist begreiflich, dass solche Vorgänge die Grundlage der Behandlung abgeben können und es auch thun, und dass nach einer Reihe von Sitzungen unter Anwendung etwa der statischen Elektrizität die Zonen ihre Erregbarkeit völlig verlieren, oder dass dieselbe wenigstens so abgeschwächt wird, dass sie nicht mehr die stete Gefahr eines jeden Augenblick möglichen Paroxysmus bilden.

„Die hysterogenen Zonen verlieren ihre Erregbarkeit auch während des empfindungslosen Zustandes, der dem Einatmen von Äther oder Chloroform folgt. Sie werden jedoch sofort wieder erregbar, wenn der anästhetische Schlaf vorüber ist."

Daher können wir dieses Mittel der Behandlung durchaus nicht empfehlen, es sei denn, um einen zu heftigen oder zu lange anhaltenden Paroxysmus zu hemmen; wir haben zu oft gesehen, dass die Inhalation von Äther, wenn sie auch augenblicklich die hysterischen Anfälle beruhigte, der Wiederkehr neuer Anfälle günstig war, indem sie den ganzen Organismus in einen Zustand von Erethismus versetzte, an dem auch die hysterogenen Zonen teilnahmen.

„Die örtlichen Mittel zur Vertreibung der hysterogenen Zonen sind ziemlich zahlreich. Die wichtigsten sind: künstliche Blutleere, Abkühlung, Senfpflaster, subkutane Einspritzungen, örtliche Elektrisierung. Da die Applikation dieser Mittel am Kopfe und am Rumpfe unangenehme Folgen haben kann, so hat man sie genauer nur an den hysterogenen Zonen der Extremitäten studiert. Alles, was wir jetzt darüber wissen, kann nach Gaube in folgenden Worten zusammengefasst werden:

„Die lokale Blutleere, hervorgebracht durch Anlegung eines Gummibandes um die Extremität, lässt die hysterogenen Zonen in dem ganzen blutleeren Abschnitte derselben verschwinden. Ein um die Extremität gelegtes Band, welches fest genug liegt, um den Rückfluss des Blutes zu hemmen, lässt die unterhalb desselben liegenden Zonen verschwinden. Wenn die Nervenstämme erregbar waren, so verlieren sie ihre Erregbarkeit unterhalb des Bandes, behalten sie aber oberhalb desselben. Die Zonen erscheinen schnell wieder, wenn die Zusammenschnürung aufhört, in dem Masse, wie die Cirkulation des Blutes wieder eintritt.

„Die Abkühlung der Haut an der Stelle, wo eine subkutane Zone liegt (durch Zerstäubung von Äther mit dem Apparat von Richardson, oder durch Anwendung einer Mischung von Eis und Salz), beseitigt die Erregbarkeit der Zonen, solange die Abkühlung dauert. Wenn die Zonen in der Haut liegen, so ruft die Abkühlung sofort konvulsive Anfälle hervor, welche zur Einstellung des Versuches nötigen.

„Senfpflaster, auf die in oder unter der Haut liegenden Zonen appliziert, bewirken, dass dieselben nach einigen Minuten verschwinden. Wenn die Nervenstämme erregbar waren, so bleiben sie es nur oberhalb der geröteten Stelle. Senfpflaster, welche man rings um eine Extremität legt, lassen alle Zonen in dem unterhalb liegenden Abschnitte derselben verschwinden, nicht aber im oberhalb liegenden. Die durch Senfpflaster unempfindlich gemachten Zonen bekommen ihre Empfindlichkeit etwa 10 Minuten nach Wegnahme desselben wieder. Manchmal

verschwindet durch Anwendung eines Senfpflasters auf eine hysterogene
Zone einer Seite mit dieser auch die symmetrische Zone der anderen
Seite.

"Die subkutane Injektion von reinem Wasser in die subkutanen Zonen beseitigt zeitweilig die Erregbarkeit derselben.

"Die Anwendung des galvanischen oder des induzierten
Stromes von mittlerer Stärke auf die hysterogene Stelle macht dieselbe nach einigen Minuten unempfindlich.

"Die Ausführung ist etwas verschieden, je nachdem es sich um
Zonen unter oder in der Haut handelt. Im ersteren Falls führt man die
Elektroden oder die elektrische Bürste kräftig über die hysterogene Stelle.
Im zweiten Falls muss man vermeiden, die Zone selbst zu berühren.
Die Elektroden werden dann ausserhalb der Grenzen der Zone angebracht.
Auch darf man nicht zu kräftige Ströme anwenden, denn diese könnten
Konvulsionen hervorrufen, ehe die Zone ihre Erregbarkeit verloren hat.

"Unter dem Einflusse der örtlichen Elektrisierung verschwinden die
Zonen nach einigen Minuten. Die oberhalb der elektrisierten Stelle
liegenden Nervenstämme behalten ihre hysterogene Erregbarkeit. Die
durch die Elektrisierung zeitweilig unterdrückten Zonen erscheinen von
selbst wieder nach einem Zeitraume, der gewöhnlich zwischen einer
Viertelstunde und einer Stunde schwankt."

Aus den vorstehenden Betrachtungen ergiebt sich, dass eine gewisse
Anzahl der hysterogenen Zonen sich wirklich in der Haut befindet, so
dass die leichteste Berührung einen Anfall hervorrufen kann. Pomme
hat wohl einen solchen Fall im Auge (siehe Buet, S. 8), wenn er
schreibt: "Wenn man irgend einen Teil ihres Körpers kniff, so steigerts
sich das Leiden zu einer beunruhigenden Heftigkeit." Pitres berichtet
von einer Frau, welche die grösste Vorsicht beim An- und Ausziehen
der Strümpfe anwenden musste, so sehr litt die Haut ihrer Unterschenkel
unter einer ausserordentlichen hysterogenen Erregbarkeit. Aber ausser
den Zonen der Schleimhäute und der Eingeweide giebt es eine Anzahl
von Zonen, welche unzweifelhaft unter der Haut liegen, denn es bedarf
eines ziemlich kräftigen Druckes, um die spasmodischen Erscheinungen
hervorzurufen oder zu hemmen.

Pitres fragt noch, wo denn diese letzteren Zonen eigentlich ihren
Sitz haben, und meint dann, dass sie weder in den Muskeln, noch in
den Sehnen sitzen; "denn man kann manchmal die Muskeln und die
Sehnen, welche die hysterogenen Regionen durchziehen, seitlich zusammen-
drücken, ohne dass Konvulsionen entstehen. Heftiger, durch Einfluss
starker induzierter Ströme hervorgerufener Tetanus dieser Muskeln ist
gleichfalls in den meisten Fällen ohne Wirkung. Wahrscheinlich beginnt
die subkutane hysterogene Wirkung an den Nervenstämmen. Diese Ver-
mutung, zu welcher man durch die genannten negativen Erscheinungen
geführt wird, wird bestätigt durch folgenden Versuch, der fast immer
gelingt. Wenn an einer Extremität eine aktive subkutane Zone vorhanden ist, deren leichter Druck Konvulsionen hervorruft, so kann
man gewöhnlich dieselben auch dadurch hervorbringen, dass man die
Nervenstämme, welche zu dieser Zone hinführen, an irgend einer

zwischen dem Rückenmark und der Zone gelegenen Stelle, an welcher
sie zugänglich sind, kräftig drückt."

Dieser Versuch beweist wenigstens, dass die Nervenstämme sehr
häufig den Sitz der Zones spasmo-frénatrices bilden. Wir gestehen
übrigens, dass die Frage sehr schwierig zu lösen ist. J. Voisin hat
einen Fall beschrieben, welcher zu beweisen scheint, dass die Sehnen
den Sitz der Zones frénatrices bilden können [1]). Wie soll man es
zudem erklären, dass an derselben Stelle ein leichter Druck einen Anfall erzeugt, ein starker Druck ihn sofort hemmt? Wir stehen da noch
vor vielen Rätseln; doch die klinische Thatsache besteht und ist
genügend festgestellt, und das ist bei der Hysterie die Hauptsache.

7. Kapitel.

Von einigen besonderen hyperästhetischen hysterogenen Zonen.

Wir wollen nun einige in der Haut, unter derselben und in den
Eingeweiden liegende hysterogene Zonen, welche stets zugleich hyper-
ästhetisch sind, einer näheren Betrachtung unterziehen; die genaue
Kenntnis derselben scheint uns unerlässlich, denn bei ihnen zeigt sich
oft vom ersten Auftreten an eine Menge der wichtigsten Erscheinungen.
Wir werden dabei *a capite ad calcem* vorgehen.

Unter diesen Zonen sind vielleicht keine von grösserer Bedeutung als diejenigen, welche ihren Sitz unter dem Kopfhaare haben. Sie
kommen einzeln und mehrfach vor. Wenn nur eine einzige vorhanden
ist, so befindet sie sich gewöhnlich auf dem Scheitel, bisweilen auch
am Hinterkopfe oder seitlich an den Schläfen; in letzterem Falle beobachtet man nicht selten zwei symmetrische Zonen.

Schon Sydenham hat diese am Kopfe befindlichen Zonen beobachtet und beschreibt sie wie folgt (S. 477): „In anderen Fällen trifft
die hysterische Attacke den obersten Teil des Kopfes. zwischen Cranium
und Pericranium, und haftet da an einer einzigen kleinen, nur einen
Finger breiten Stelle, wo sie unerträgliche Schmerzen erzeugt, welche
mit heftigem Erbrechen verbunden sind. Man nennt sie *Clavus hystericus* [2])
und findet sie hauptsächlich bei Frauen von bleicher Gesichtsfarbe."

Eine genaue Untersuchung ergiebt gewöhnlich. dass die hyperästhetische Zone, wie Sydenham gesehen hat, sich nur über einen
kleinen Raum erstreckt, dessen kutane Sensibilität mehr oder weniger
gesteigert ist: aber von dieser Stelle können die Schmerzen spontan

[1]) Note sur un cas de grande hystérie chez l'homme avec dédoublement de
la personalité. arrèt de l'attaque par pression des tendons. Arch. de Neurol. 1885,
Nr. 29. S. 212.
[2]) Die Bezeichnung „hysterischer Nagel oder hysterisches Ei" wird auch auf
die Zonen des Gesichtes, kurz auf alle am Kopfe befindlichen angewandt (G. T.).

oder durch irgend eine Veranlassnng weiter ausstrahlen; sie haben an den hei den Hysterischen so häufigen cephalalgischen Erscheinnngen den grössten Anteil.

Briquet sagt darüber (S. 213): „Der Kopfschmerz bildet eines der bei hysterischen Frauen am häufigsten auftretenden Symptome der gesteigerten Sensibilität; er ist so allgemein, dass unter 356 Frauen, die ich befragt habe, 300 beständig Kopfschmerz hatten oder sehr oft und sehr leicht an Cephalalgie litten, während nur 56 frei davon waren. Man kann also schliessen, dass sechs Siebentel der hysterischen Frauen an Cephalalgie leiden."

Offenbar ist nicht immer eine hyperästhetische oder hysterogene Zone die einzige Ursache dieser Cephalalgie; aber es ist ebenso gewiss, dass man oft die Entstehung der Schmerzen auf eine solche lokale Störung der Sensibilität zurückführen muss. Jedenfalls muss man sie bei dem Clavus hystericus, von dem Briquet die nachfolgende gute Beschreibung giebt, als die Ursache ansehen. Diese Beschreibung vervollständigt zum Teil diejenige von Sydenham.

Briquet schreibt: „Der Clavus hystericus kann an allen Teilen des Kopfes sitzen, gewöhnlich aber befindet er sich an den Schläfen oder auf dem Scheitel; er ist niemals multipel. Im allgemeinen hat er eine geringe Ausdehnung, von der Breite eines Fingernagels bis zu der eines Fünfzigpfennigstückes. Der Schmerz, den er erzeugt, ist ausserordentlich heftig, oft so stark, dass die Kranken seufzen oder laut schreien und nicht schlafen können. Die Empfindung, welche er hervorruft, ist verschieden; manchmal gleicht sie derjenigen, welche ein Nagel oder besser ein Stück Eisen, das in den Kopf geschlagen wäre, hervorbringen würde, ein anderes Mal scheint es ein Stück Eis zu sein, oder auch eine glühende Kohle. Manche Ärzte behaupten, freilich nur auf Grund der von den Kranken wahrgenommenen Empfindung und der örtlichen Unveränderlichkeit des Schmerzes, dass der hysterische Nagel bis in den Knochen dringe. Baglivi nimmt an, dass der Schmerz in der dicken Hirnhaut sitze. Oft hat man den Kranken durch heftiges Drücken der schmerzhaften Stelle Linderung verschafft, ein deutlicher Beweis, dass der Sitz des Schmerzes an der Oberfläche ist.

„Der Schmerz des Clavus verändert seinen Ort nicht. Er dauert mehrere Tage, ja er hat schon drei Wochen oder einen Monat angedauert. Häufig treten dabei Frösteln, Erbrechen, Verdauungsstörungen, manchmal auch Fieber ein."

Wir haben es für angemessen erachtet, diesen ganzen Abschnitt anzuführen, nicht nur, weil er eine vortreffliche Beschreibung des Clavus hystericus giebt, sondern auch, weil in ihm die heutige Beschreibung eines Syndroms, der hysterischen Pseudo-Meningitis, wenigstens dem Keime nach, enthalten ist. Über diese müssen wir noch einige Worte sagen.

Die ersten Beobachtungen, in denen eine Erwähnung dieses Syndroms zu finden ist, datieren aus dem Jahre 1873 und wurden von Saint-

Ange[1]) und Arnozan[2]) gemacht. Der letztere gebraucht die Bezeichnung „*attaque d'hystérie à forme méningitique*", die nach unserer Ansicht der anderen, Pseudo-Meningitis vorzuziehen ist, denn sie bezeichnet deutlich, dass wir einen Paroxysmus vor une haben, dessen Wiederholung einen wirklichen pathologischen Zustand hervorrufen kann.

Boiseard[3]), Axenfeld und Huchard[4]), Dalché[5]), Regnaud[6]) teilen vereinzelte, aber beweiskräftige Beobachtungen mit, und auch die Studien von Chantemeese[7]) und die Arbeit von Macé[8]) verdienen eine besondere Erwähnung.

Die Symptomatologie der hysterischen Pseudo-Meningitis scheint zunächst sehr veränderlich, denn es ist, als ob die Hysterie hier eine Unmenge von Phänomenen erzeuge, auf welche sich die Diagnose gründen lässt. Doch sind die entscheidenden Symptome noch immer dieselben, welche schon Briquet aufzählt: Cephalalgie, Erbrechen, Verstopfung und „bisweilen Fieber". Wir werden sehen, dass sogar die Unbeständigkeit der Fiebererscheinungen oft eine wichtige Rolle bei der Diagnose spielt.

Fast alle Beobachtungen beziehen sich auf erwachsene Frauen verschiedenen Alters. Doch erwähnt Sollier[9]) einen Fall bei einem kleinen fünfjährigen Mädchen, bei welchem man anfangs eine tuberkulöse Meningitis vermutete, während es sich nur einfach um hysterische Erscheinungen handelte, wie wir sie noch beschreiben werden. Einen ähnlichen Fall hat Ollivier mitgeteilt[10]).

Die Art des Auftretens ist nicht immer dieselbe; manchmal zeigen sich die Anfälle ganz plötzlich. Boissard beobachtete eine Kranke von 45 Jahren, welche plötzlich eine heftige frontale Cephalalgie bekam, verbunden mit leichtem Erbrechen der Speisen ganz im Charakter des cerebralen Erbrechens. Zugleich war Verstopfung vorhanden; die Pupillen waren erweitert, die Sensibilität vermindert, Puls langsam (48 in der Minute), die Temperatur stieg nicht über 37·4°. Obgleich die Untersuchung der Lungen nur ein negatives Resultat ergab, stellte man doch die Diagnose auf eine tuberkulöse Meningitis, weil die Mutter der Kranken

---

[1]) De la forme méningo-encéphalique de l'hystérie. Gazette médicale de Bordeaux 1873, S. 292—298
[2]) Attaque d'hystérie à forme méningitique. Ibid 1873, S. 250—252.
[3]) Observation de phénomènes pseudo-méningitiques dans l'hystérie. L'Encéphale 1883. S. 525—527.
[4]) Traité des névroses 1883, S. 1047.
[5]) Accidents hystériques à forme pseudo-méningitique Gazette médicale de Paris 1885, 17. Januar.
[6]) Note sur un cas de pseudo-méningite hystérique simulant une méningite tuberculeuse. Loire médicale 1886.
[7]) Étude sur la méningitide tuberculeuse de l'adulte. Thèse de Paris, 1884, Beob. XLIX und LI. Société médicale des hôpitaux 1891, 22. Mai.
[8]) Des accidents pseudo-méningitiques chez les hystériques. Thèse des Paris, 1888. — Siehe auch: Pitres, Leçons cliniques sur l'hystérie, a. a. O.. Bd. 1, S. 198 u. ff.
[9]) Hystérie infantile à forme convulsive. France médicale 1891, Nr. 1, 2. Januar. S. 2.
[10]) De la pseudo-méningite tuberculeuse hystérique. Congrès pour l'avance des sciences. Marseille. September 1891.

an Phthise gestorben war und die Kranke auch zwei Kinder wahrscheinlich an tuberkulöser Meningitis verloren hatte. Aber nach einigen
Tagen besserte sich der Zustand; man stellte eine rechtsseitige Hemianästhesie fest, Aphonie kam hinzu, alles unbestreitbar hysterische Erscheinungen, und die Kranke wurde geheilt; doch behielt sie die Cephalalgie, welche den ganzen Krankheitszustand beherrscht hatte.

In einem anderen Falle zeigt sich, wie bei der gewöhnlichen Form
der tuberkulösen Meningitis, zuerst ein unbestimmter, sich hinschleppender
Krankheitszustand; die Kranken sind schlecht gelaunt, haben keinen
Appetit. Nach einigen Tagen oder auch einigen Wochen bessern sich die
Symptome oder sie treten deutlicher hervor; man sieht anscheinend
meningitische Anfälle auftreten und das gewöhnliche klinische Syndrom
ist da. Diese vorangehenden Erscheinungen unterscheiden sich übrigens
nicht von einer verlängerten Aura, wie wir sie weiter unten bei der
Besprechung des konvulsiven Paroxysmus beschreiben werden. Wir haben
schon darauf hingewiesen, dass das herrschende Element die Cephalalgie ist. Sie zeigt sich besonders in der Form von Krisen, Exacerbationen, wie Chantemesse hervorgehoben hat. Sie fällt zusammen mit
dem Auftreten von hyperästhetischen hysterogenen Zonen in der Kopfhaut, nach welchen zu suchen man nie unterlassen darf, besonders in
der Zeit zwischen den Anfällen; denn die Feststellung derselben ist
eines der wichtigsten Elemente für die Diagnose.

Die Cephalalgie ist so heftig, dass die Kranken in den schmerzhaften Krisen stöhnen und schreien; zuweilen tritt sogar Delirium ein.
Die Krisen sind oft von Lichtschen, Doppeltsehen durch vorübergehenden
Strabismus begleitet; auch sind damit wohl einige der Phänomene des
konvulsiven Paroxysmus verbunden: Steifheit des Nackens, Opistho-
tonus, Kontrakturen der oberen oder unteren Extremitäten. Der Puls
kann verlangsamt sein, aber er ist nie unregelmässig (Pitres).

Die gewöhnlichen dauernden Stigmata sind: Hyperästhesie, *tache
méningitique* (die sogenannte normale vasomotorische Störung der Hysterischen). Erbrechen und Verstopfung vervollständigen das Krankheitsbild,
welches, wie wir schon sagten, dem der tuberkulösen Meningitis sehr
ähnlich ist. Aber ein aufmerksamer Beobachter erkennt bald, dass das
Leiden nicht gleichmässig fortschreitet, sondern dass es in Krisen, sprungweise auftritt, dass es Anfälle sind. Es ist auffallend, dass, obwohl der
hysterische Paroxysmus nicht von Fieber begleitet ist, wie Bourneville
unumstösslich erwiesen hat, die beschriebenen Zustände zwar selten, aber
doch manchmal mit einer Erhöhung der Temperatur verbunden sind,
welche in einem Falle Brun's bis 39·2° stieg. Dies ist allerdings ein
vereinzelter Fall; andere Beobachter fanden als höchste Steigerung 38·6°,
und in vielen Fällen ist gar kein Fieber vorhanden.

Wir werden in dem Abschnitte, der von den trophischen Störungen
handelt, sehen, dass die Hysterie die thermischen Centren sehr wohl
beeinflussen kann; doch das sind seltenere Fälle und sie müssen sorgfältig analysiert werden. In den Fällen von Pseudo-Meningitis, wo die
Feststellung der Temperatur jedenfalls für die Diagnose äusserst wichtig
ist, muss man sehr aufmerksam nachforschen, ob nicht zugleich eine

fieberhafte Krankheit vorhanden ist, durch welche schon an sich die Temperatur zum Steigen gebracht werden könnte.

Bei Frauen giebt es eine solche Affektion, die häufig als vorhanden anzunehmen, aber oft schwierig nachzuweisen ist, nämlich die Vaginitis. In einem nicht veröffentlichten Falle, den wir gemeinsam mit Professor Netter beobachtet haben, schien die Diagnose auf cerebrospinale Meningitis zu gehen, denn Genickstarre, Auftreten von Herpes, Fieber und die Gesamtheit der pseudomeningitischen Erscheinungen waren vorhanden. Und doch handelte es sich um eine Vaginitis blennorrhagica bei einer Hysterischen.

In dem Falle II von Macé, bei dem die Temperatur auf 38·6° stieg, war ebenfalls eine heftige Vaginitis vorhanden. Bei der Kranken Dalché's zeigte sich das Fieber in Verbindung mit einer *Angina herpetica*. In einem anderen Falle, den wir in der Salpêtrière beobachteten, fiel die Temperatur (vaginale), welche 38·2° betrug, nach Anwendung eines Lavements auf die normale, 37·5°. Es ist bekannt, dass bei Verstopfung die Temperatur wohl um mehr als einen Grad steigen kann, und Verstopfung bestand in allen diesen Fällen. Wir bestreiten, wie schon gesagt, nicht, dass Fieber vorhanden sein kann; aber es kommt nicht häufig vor und kann oft durch eine ganz ausserhalb der Hysterie liegende Ursache erklärt werden.

Es giebt noch gewisse Fälle von krankhaften Erscheinungen, bei denen die Hysterie eine solche Rolle spielen kann, dass man an den Einfluss einer Meningitis denken muss. Man weiss, wie sehr sie die Art des Deliriums in manchen Fieberzuständen beeinflusst. Huchard weist in einem Falle nach, dass die Hysterie bei einer Kranken, die an einem leichten Typhus litt, pseudomeningitische Erscheinungen hervorrief, die wir noch beschreiben werden. Ebenso hat Repéré[1]) einen Fall bekannt gemacht, in welchem das Auftreten von delirösen Erscheinungen bei einer an Rheumatismus leidenden Hysterischen den Gedanken an cerebralen Rheumatismus erwecken konnte. Aber diese Fälle sind selten und die Diagnose ist leicht.

Wir haben es hier nicht mit der Prognose zu thun; sie ist immer günstig, aber um sie stellen zu können, muss man zuvor der Diagnose sicher sein.

Wir haben gesehen, dass man wohl in einem vereinzelten Falle an eine cerebro-spinale Meningitis denken konnte; wir glauben aber nicht, dass man jemals eine akute Meningitis wird annehmen können; die Differentialdiagnose beschränkt sich also auf die tuberkulöse Meningitis.

Chantemesse hat in seiner Arbeit die Unterschiede in folgender Weise festzustellen versucht (S. 75): „Die Art des Auftretens, die allmähliche Entwickelung der Symptome, welche in ihrer Gesamtheit fast das Bild der tuberkulösen Meningitis zeigen, die heftige Cephalalgie, das Erbrechen, das Doppeltsehen, das Delirium, die Verlangsamung des Pulses, die sogenannte *tache méningitique*, die hartnäckige Verstopfung, alles dieses scheint auf die genannte Krankheit hinzuweisen. Nur die

---

[1]) De manifestations hystériques simulant le rheumatisme cérébral, Thèse de Paris, 1883.

Kenntnis des Vorlebens der Kranken, das Vorhandensein von deutlichen Störungen der Sensibilität, welche nur der Hysterie zuzuschreiben sind, die sich nicht über die Norm erhebende Temperatur, gestatten die Neurose als die eigentliche Ursache anzunehmen; im Übrigen muss man mit der Diagnose eine weise Zurückhaltung beobachten."

Als Chantemesse dieses schrieb (1884), kannte man die Veränderungen noch nicht, welche die hysterischen Paroxysmen in der chemischen Zusammensetzung des Urins bewirken können.

Wir haben in Gemeinschaft mit Cathelineau seitdem gezeigt, wie der Paroxysmus sich offenbart in einer Verminderung des Gehaltes von Harnstoff, an festen Rückständen und durch eine Veränderung im Verhältnis der Phosphate; wenn nämlich bei normaler Hysterie, ebenso wie bei gesunden Personen, das Verhältnis der Phosphate der Erdmetalle zu den alkalischen Phosphaten wie 1 : 3 ist, so wird es hier 1 : 2 oder sogar 1 : 1.

Chantemesse sagt daher später (1891): „Ich habe diese Untersuchungsmethode auf einen Fall angewandt, in dem die Diagnose zwischen anormaler tuberkulöser Meningitis und hysterischer Pseudo-Meningitis äusserst schwierig war. Die Analyse des Urins setzte mich in den Stand, vom ersten Tage an die Hysterie als die wirkliche Ursache zu erkennen.

„Das Verhältnis zwischen der erdigen Phosphorsäure und der alkalischen war 92 : 100, 73 : 100, 55 : 100, 82 : 100, 83 : 100 etc.

„Eines Tages, als die Cephalalgie sehr heftig gewesen war, war der Urin alkalisch und enthielt eine Menge von in Salpetersäure löslichen Phosphaten. Das Verhältnis war 92 : 100.

„Dagegen fand sich ein Verhältnis wie 55 oder 53 : 100 immer dann, wenn der Urin aus einer Zeit stammte, wo die Kopfschmerzen fast geschwunden waren."

Diese Untersuchungen haben einen sehr praktischen Wert, den Chantemesse auch hervorhebt. Sie stellen die hysterische Pseudo-Meningitis bestimmt in die Reihe der Anfälle oder der Zustände, welche nur verlängerte Anfälle mit oder ohne Unterbrechungen sind, und während welcher die chemischen Veränderungen im Vergleich zu der 24stündigen Periode des Paroxysmus nicht mehr vorhanden sind.

In betreff der Diagnose hat auch Charcot gezeigt, dass diese hyperästhetischen hysterogenen Zonen der Kopfhaut besonders in den Fällen von Bedeutung sind, wo ein Irrtum den Kranken sehr nachteilig sein würde.

Er teilte inbezug darauf die Krankengeschichte eines 28jährigen Menschen mit [1]), die wir auszugsweise veröffentlicht haben [2]). Derselbe litt an Syphilis; dazu trat plötzlich eine rechtsseitige Hemiplegie mit

---

[1]) Charct, Hystérie et Syphilis. De l'influence d'une maladie ou d'une intoxication antérieure sur le mode de localisation ou sur la forme des accidents hystériques. Leçons recuillie par Gilles de la Tourette. Progrès médical 1887, Nr. 51, 17. Dezember.
[2]) Siehe: O. Richer, Note sur l'anatomie morphologique de la région lombaire. Nouv. Iconogr. 1888, vol. I. pag. 13.

Lähmung. Einige Tage später trat sehr heftiger nächtlicher Kopfschmerz auf, der von einem bestimmten Punkte des Scheitels nach allen Seiten des Kopfes ausstrahlte; dazu traten scheinbar epileptische Konvulsionen.

Natürlich wurden von einem der ausgezeichnetsten Syphilidologen Quecksilber und Jodkali in grossen Mengen angewandt; aber obgleich die Paralyse sich zu mildern schien, verschwand sie doch nicht vollständig, ebensowenig wie der Kopfschmerz, der sich immer nachts zeigte.

Da zeigte Charcot, in dessen Behandlung der Kranke nun gelangte, dass in diesem ganzen klinischen Verlaufe nichts Syphilitisches sei, weder die Hemiplegie, welche von Hemianästhesie und Spasmus glosso-labialis begleitet war, noch die Kopfschmerzen, die eine ganz andere Ursache hatten. Auf dem Scheitel, dem gewöhnlichen Sitze des Clavus hystericus, war in der That eine Stelle der Haut so hyperästhetisch, dass der Kranke den Druck des Hutes kaum ertragen konnte, und dass die blosse Berührung mit Kamm und Bürste unerträgliche Schmerzen verursachte. Charcot behauptete ausserdem, dass die Syphilis durch einen leicht verständlichen Mechanismns diese Lokalisation der hyper-ästhetischen Zone wohl hätte veranlassen können. Diese hyperästhetischen Zonen der Kopfhaut können auch bei einer anderen Form von Cephal-algie, die Babinski unter dem Namen der hysterischen Migraine ophthalmique beschrieben hat, von Bedeutung sein. Derselbe hat in der ersten Beobachtung in seiner Arbeit[1]) den Einfluss der hyper-ästhetischen hysterogenen Zone des Scheitels mit folgenden Worten bezeichnet: „Während einer Viertelstunde fühlt der Kranke einen Schmerz in der Scheitelgegend, welcher sich dann strahlenförmig bis an den Rand der linken Augenhöhle auszubreiten scheint und sehr heftig wird."

* *
*

Die hyperästhetischen und hysterogenen Zonen des Gesichtes sind bis jetzt noch sehr wenig studiert worden; dennoch sind sie für die Kenntnis gewisser Erscheinungen, über die wir einige Aufklärung zu geben versuchen wollen, sehr wichtig. Wir meinen die neuralgischen Gesichtsschmerzen hysterischen Ursprunges, die wir auch in einer kürzlich erschienenen Arbeit, der ersten über diese Frage, behandelt haben[1]).

Bei der Besprechung dieser Neuralgien des Gesichtes werden wir Sorge tragen, auch das zu erwähnen, was wir über die hysterischen Neuralgien im allgemeinen wissen.

„Wenn man den Schriftstellern glauben soll, sagt Briquet[1]), so wäre nichts häufiger bei der Hysterie als die Neuralgie, denn alle sprechen davon, als von einer sehr häufigen Erscheinung. Diese Ansicht ist die Folge des Irrtums, dass in den meisten Fällen Hyperästhesie der Haut, der Muskeln und der inneren Organe für Neuralgie gehalten wurde.

---

[1]) De la migraine ophthalmique hystérique. Archives de neurologie. November 1890, Nr. 60.
[1]) Notes sur quelques paroxysmes hystériques peu connus: attaques à forme de névralgie faciale; de vertige de ménière. Progrès médical 1891, 1. August
[1]) A. a. O., S. 243.

Wirkliche Neuralgie ist im Gegenteile bei Hysterischen ziemlich selten und ist viel mehr eine Komplikation als eine direkte Erscheinung der Hysterie selbst."

Diese Worte Briquet's enthalten gleichzeitig wahres und zweifelhaftes. Es ist wahr, dass viele Autoren übereinstimmend häufig von hysterischen Neuralgien sprechen. Er hätte noch hinzufügen können, dass diese Behauptung aber niemals oder fast niemals durch Thatsachen unterstützt worden ist, woraus folgt, dass sie doch wohl nicht so häufig sind, als sie angehen. Wir teilen seine Ansicht nicht, insofern er behauptet, dass die Neuralgie mehr eine Komplikation als eine unmittelbare Folge der Hysterie sei; doch gehen wir auch wiederum nicht so weit, zu behaupten, dass alle Neuralgien bei Hysterischen immer nur von der Neurose abhängig ssien.

Aus den von uns beobachteten Fällen und den angestellten Untersuchungen ergiebt sich: 1. die hysterischen Neuralgien sind nicht selten; 2. sie werden sehr häufig durch eine hysterogene Zone hervorgerufen, die sich an einem Nerv oder in der Nähe eines solchen befindet; 3. in allen Fällen äussert sich diese Zone im Nerven entweder als verlängerte schmerzhafte Aura eines konvulsiven Anfalles oder auch als selbstständiger (neuralgischer) Anfall ohne Konvulsionen; 4. diese Anfälle von neuralgischer Form sind in chemischer Beziehung gerade so wie die anderen hysterischen Paroxysmen zu beurteilen.

Wir werden hier besonders, wie gesagt, die hysterische Gesichtsneuralgie besprechen. Von allen Neuralgien ist diese die wichtigste wegen der heftigen Schmerzen, die sie hervorruft, wegen ihrer langen Dauer und wegen der häufigen Unwirksamkeit der Behandlung. Fast alles, was wir sagen werden, kann auch auf andere hysterische Neuralgien angewandt werden, besonders auf die interkostale Neuralgie.

* * *

Man sucht in den betreffenden Werken vergeblich nach einer Beschreibung des hysterischen Paroxysmus von der Form der Gesichtsneuralgie. Doch wenn man die Thatsachen der ihnen fälschlich gegebenen Erklärung entkleidet, so findet man doch eine Anzahl von Beispielen, bei älteren wie bei neueren Autoren. Wir wollen nicht vergessen, dass zunächst Sydenham, der so viel für die Hysterie gethan hat, eine Neuralgie der Zahnnerven, die hysterische Odontalgie erwähnt. Er sagt: „Man sollte nicht glauben, dass die hysterische Affektion auch die Zähne ergreifen könnte; dennoch ist es wahr. Man findet nicht die geringste Aushöhlung, nicht die geringste Fluxion, die den Schmerz veranlassen könnte, und doch ist er ebenso heftig, ebenso anhaltend und ebenso hartnäckig, als wenn solche vorhanden wären."

Dieser Beschreibung Sydenham's steht eine Beobachtung eines Mädchens aus Wien von J. Franck [1]) nahe, welches, wie er sagt, plötz-

---

[1]) J. Franck. Traité de pathologie médicale. Paris 1838, vol. III, S. 431. — Übrigens hat derselbe auch die Prosopalgia facialis hysterica beobachtet: „Si pathologi qui causam proximam prosopalgiae — potius in fluido quodam imponderabili,

lich eine heftige Odontalgie bekam; der Chirurg wollte den schmerzenden
Zahn ausziehen, an welchem er eine verborgene Karies vermutete; da
traten hysterische Konvulsionen ein und die Odontalgie verschwand
sofort." „Es ist schwierig, sagt B r i q u e t, der auch diesen Fall berichtet,
hier einen Grund zur Annahme einer Zahnneuralgie zu finden." Warum?
Doch wohl nur, weil dieser Gelehrte, der gar nicht oder nur wenig an
hysterische Neuralgien glaubt, die schmerzhaften Erscheinungen, die man
bei der Neurose beobachtet, nur als Dermalgien und besonders als
Myosalgien ansieht.

Dieselbe Geschichte mit dem kariösen Zahne finden wir in den
von uns veröffentlichten Beobachtungen II und IV, die uns ganz bestimmt
auf Hysterie zurückzuführende Neuralgien zeigen. Wir wollen übrigens
zugeben, dass eine Verletzung des Zahnes das *primum movens* einer
hysterischen Neuralgie sein kann; kann doch auch die allergewöhnlichste
Verletzung einer Extremität eine lokale Kontraktur herbeiführen, über
deren Natur man nicht im Zweifel ist.

Im Jahre 1855 zeigte J. B. B a s t i e n in einer damals sehr
interessanten Abhandlung, eigentlich ohne zu wollen, die hysterogene
Bedeutung eines kleinen Hämatoms am Ohr eines hysterischen Mannes
für den Ausbruch einer Gesichtsneuralgie. Er fasst seine Beobachtung
in folgender Weise zusammen: „Hämatom der Ohrmuschel mit einigen
Störungen des Gehöres. Der Chirurg macht einen Einschnitt; darauf
stellt sich bald eine p e r i a u r i c u l ä r e Phlegmone und Gesichtsneuralgie ein, die hauptsächlich vom Trommelfell ausgeht. Aus der Neuralgie entwickelt sich ein im höchsten Grade verwickelter hysterischer
Anfall."

Elf Jahre vorher hatte S c h ü t z e m b e r g e r, der mit zuerst die
hysterogenen Zonen gefunden hatte, ohne weiteres geschrieben: „Ich
habe ganz kürzlich eine Neuralgie des fünften Nervenpaares beobachtet,
bei welcher Konvulsionen und Bewusstlosigkeit eintraten." Weiterhin
giebt er die genaue Erklärung dieser Erscheinung: „Neuerdings haben
wir ein Mädchen beobachtet, bei welchem ein Druck des rechten Nervus
frontalis und infraorbitalis an ihrer Ursprungsstelle Bewusstlosigkeit mit
konvulsivem Zittern verursachte; manchmal hatte irgend ein Druck auf
einen beliebigen sensiblen Nerv dieselbe Wirkung."

In den meisten Fällen scheint uns die hysterische Gesichtsneuralgie
durch die Wirksamkeit einer hyperästhetischen hysterogenen Zone ihre
pathogene Erklärung zu finden. Doch sind die angeführten Fälle zu
wenig zahlreich, als dass man eine bestimmte Lehre daraus ziehen

cujus conductor nervus est, aut in nervo. quam in chronica atque palpabili muta-
tione materiei ponderabilis nervi — quaerunt, a veritate non aberrant. species
prosopalgiae nervea aut dynamica quam in hystericis et in hypocondriacis,
in hominibus venere exhaustis exspectaremus, statuenda foret. Interea saltem, id ex
praxi compertum tenemus, in prosopalgiis cujus cumque demum indolis variam
aegrorum sensibilitatem variasque virium vitalium conditiones imperium conspicuum
exercere. ac remediis nervinis saepe laudem haud recusandam esse." Praxeos medicae
universae praecepta. Part. I, vol. I, sect II, cap VI. De neuralgia faciali. §. XXX, 12,
pag. 165. Lipsiae 1821.

könnte. So sehen wir auch, wie in einem instruktiven Falle, den G a u h e, ein hervorragender Ophthalmologist, anführt, der obere und untere Orbitalnerv wegen einer hysterischen Gesichtsneuralgie durchschnitten werden [)].

An diese interessante Beobachtnng schliesst G a n h e keine weiteren Betrachtungen über die hysterische Gesichtsnenralgie, die übrigens seinem Thema auch ferne lag. Aber es unterliegt keinem Zweifel, dass P i t r e s nnd sein damaliger Assistent de F l e u r y, welcher die Beobachtnng aufnahm, ganz bestimmt Neuralgien, die mit konvulsiven Anfällen endigten nnd von einer hysterogenen Zone ausgingen, auf Rechnnng der Nenrose setzen. Übrigens sagt P i t r e s [)]: „Es ist nicht selten, dass die hysterogenen Zonen schmerzhafte, spontane, für die Kranken sehr unangenehme Empfindungen veranlassen. In solchem Falle ist der Schmerz weder dermalgisch, noch myoalgisch, er ist neuralgischer Natur."

Als wir im Jahre 1888 die Leitung der C h a r c o t'schen Klinik hatten, wurde diese Frage nach der Gesichtsneuralgie hysterischen Urspronges durch eine Kranke angeregt, die sich in der Poliklinik zur Konsultation einfand. An seine Untersuchung knüpfte C h a r c o t Betrachtnngen, die uns von grösstem Nutzen sein werden. Es handelte sich um eine entschieden hysterische Person (Fall 1) [)], bei welcher zu drei verschiedenen Malen während des hysterischen Zustandes abends sehr heftige Gesichtsneuralgien aufgetreten waren, die in dem Gebiete des linken Supraorbital- und des Temporalnerven ihren Sitz hatten; zweimal wenigstens folgten darauf konvulsive Anfälle. Ob diese letzteren nun anftraten oder nicht, die Neuralgie zeigte denselben Charakter. An der Ursprungsstelle des Nerven fand sich eine hysterogene Zone. Eine gleiche Zone wurde in der Interkostalgegend gefunden und ein Druck auf dieselbe rief einen neuralgischen Anfall hervor, welcher ebenfalls in einen konvulsiven Anfall auslief. An Stelle der Neuralgien können auch wirkliche cephalalgische Krisen treten. Nach allem wird man die hysterische Natur dieser Nenralgien nicht leugnen können, welche man als eine verlängerte schmerzhafte Krisis ansehen kann. wenn sie mit einem konvulsiven Anfalle endigt, nnd als einen vollständigen hysterischen Paroxysmus, wenn die Konvulsionen sich nicht zeigen.

Fall II und III zeigen uns folgendes: der erste das Beispiel einer etwas unregelmässigen Gesichtsnenralgie, nämlich im Gebiete des hinteren Aestes des zweiten Cervicalnerven; der zweite die Mitexistenz einer Gesichtsneuralgie (deren Sitz unbestimmt) mit einer hyperästhetischen Zone am Scheitel.

Ein besonderes Interesse schienen in diesen Fällen nur die Irradiationen zu haben. Bei der Hysterie sind sie zwischen benachbarten

[)] Recherches sur les zones hystérogènes. Thèse de Bordeaux. 1881. Beob. V, S. 55.

[)] Des zones hystérogènes et hypnogènes. Des attaques de sommeil. Bordeaux 1885, S. 9.

[)] Die fünf eigenen Beobachtungen sind in extenso in der oben zitierten Arbeit veröffentlicht. — A r t i è r e s hat noch einen sechsten beschrieben: Étude des névralgies hystériques en particulier de la névralgie faciale. Paris 1891, Juli.

hysterogenen Zonen nicht selten, und die schmerzhaften Erscheinungen, welche etwa vom Scheitel ausgehen, erregen oft die hysterogenen Zonen des Trigeminus, welche wenigstens in diesem Falls hätten schlummern und inaktiv bleiben können. Wir haben dies bei einer Kranken (Fall V) mehrmals beobachtet. Durch einen noch unbekannten Mechanismus (für die vorher angeführten Fälle kann man Anastomosen annehmen) vollzieht sich der wechselseitige Einfluss hysterogener Zonen auf noch weit grössere Entfernungen. Der Druck auf eine Ovarialzone kann zum Beispiel eine Migraine ophthalmique hysterischen Ursprunges hervorrufen, einen Paroxysmus, der uns zu einer hyperästhetischen-hysterogenen Zone in der Mitte des Auges in direkter Beziehung zu stehen scheint [1]).

In dem Falle II dauerten die neuralgischen Krisen oft einen bis zwei Tage, glichen also einem wirklichen neuralgischen Anfall, eine Erscheinung. die noch deutlicher in Fall IV und V ausgeprägt ist.

Eine Kranke (Fall IV) litt in der That manchmal drei Tage daran, dabei zeigten sich zu Zeiten Exacerbationen, wie man es immer beobachtet, wenn es sich um konvulsive Erscheinungen handelt. Auch hatte sie neuralgische Krisen, die durch Ausstrahlung von einer hyperästhetischen Stelle des Scheitels (Clavus hystericus) hervorgerufen wurden.

Die Kranke im Falle V war ganz besonders bemerkenswert. Die Neuralgien bestanden schon über 20 Jahre: sie traten zwei- oder dreimal in der Woche auf, fast regelmässig an bestimmten Tagen; sie waren ausserordentlich schmerzhaft und hatten zu Morphomanie mit allen ihren physischen und moralischen Folgen geführt. Alle Heilmittel waren wirkungslos, auch Chininsulfat, welches, anhaltend eingenommen, die Krisen nur ein wenig hatte verschieben können, ohne sie zu mildern. In einigen Sitzungen von kleiner Hypnose gelang es, diese Erscheinungen zu beseitigen, welche das ganze Dasein der Person vergiftet hatten. Wo könnte man ein besseres Argument für die Hysterie finden, als dieses? [2])

Wird man jetzt diese Paroxysmen von der eigentlichen Gesichtsneuralgie, deren Pathogenie übrigens so mannigfaltig ist, dass sie mehr ein symptomischer Ausdruck als eine wirklich selbständige Krankheit genannt werden muss. unterscheiden können? Als Charcot seinen Zuhörern die zuerst genannte Kranke vorführte, machte er auf das abendliche Auftreten der Neuralgie aufmerksam, gegenüber dem meist morgendlichen des gewöhnlichen *Tic douloureux*. Diese Ansicht wird durch unsere fünf Beobachtungen und durch diejenige von Artières bestätigt.

Bei hysterischer Neuralgie soll das Auge nicht thränen und keine Trockenheit der betroffenen Seite der Nasenhöhle eintreten; doch ist es schwer, sich über diese besonderen Punkte auszusprechen.

---

[1]) Babinski. De la migraine ophthalmique hystérique. Archives de neurologie, November 1890. Beob III. S. 324

[2]) Man könnte hier vielleicht einen anderen Fall anführen. in welchem die Neuralgie in folgender Weise beschrieben wird: Die Kranke wurde während ihrer Genesung von einer Lungenentzündung „von einer rechtsseitigen Gesichtsneuralgie mit periodischen Paroxysmen ergriffen, dazu kam Erbrechen und Hämatemese. Man erkannte dann die hysterische Natur des Leidens und verordnete eine hydrotherapeutische Behandlung". Charcot. Arthralgie hystéro-traumatique du genou. Leçons rec. par P. Blocq. Progrès médical Nr. 4. 28. Januar 1888.

In den allermeisten Fällen hilft gegen den Tic douloureux tägliche und fortgesetzte Anwendung von Chininsulfat in Dosen von 1—1·5 Gramm. In einem Falle fanden wir aber, dass diese Behandlungsweise kaum die Stunde des Eintrittes der Anfälle veränderte.

Man muss daher seine Diagnose besonders auf das gleichzeitige Vorhandensein anderer Stigmata, auf die Gegenwart hysterogener Zonen an oder neben dem schmerzhaften Nerven gründen.

Es giebt aber unserer Ansicht nach noch ein anderes sehr sicheres Verfahren zur Aufstellung der Diagnose, welches wir seit 1888 kennen. Wir meinen die chemische Formel des hysterischen Paroxysmus, welche wir gemeinsam mit Cathelineau aufgefunden und auch schon einmal erwähnt haben.

Unsere Beobachtungen von Kranken fanden vor diesen Untersuchungen statt oder sie erfolgten in der Privatpraxis, wo die Untersuchung des Urins nicht möglich war. Wir schliessen also nach einfacher Analogie, du Chantemesse in einer wichtigen Mitteilung an die Société médicale des hopitaux über die hysterische Pseudo-Meningitis, welche wesentlich nichts anderes ist als dieselbe Affektion in cephalalgischer Form, die positive Diagnose nur der Feststellung der chemischen Formel des hysterischen Paroxysmus verdankte. Zwischen den cephalalgischen Krisen und den Krisen von hysterischer Gesichtsneuralgie finden sich zu viele Beziehungen, als dass die Assimilation, die in klinischer Beziehung vorhanden ist, nicht auch in chemischer Beziehung eintrete.

Wenn man Zweifel hegt über die Natur einer Gesichtsneuralgie, so möge man, ehe man die fast immer sehr bedenkliche Prognose stellt, daran denken, wie leicht es ist, dadurch Gewissheit zu erlangen, dass man die Beschaffenheit des Urins während der 24 Stunden, in denen der Anfall erfolgte, untersucht und mit dem Ergebnis aus einer gleichlangen vorhergehenden oder nachfolgenden Periode ohne Anfall vergleicht.

Wir können diesen Punkt jetzt verlassen. Wir wollten in erster Linie zeigen, wie wichtig die Kenntnis und das Studium der hysterogenen Zonen der Kopfhaut ist. Nur das wollen wir noch erwähnen, dass die Scheitelzone anfallhemmend wirken kann. P. Richer hat gezeigt, dass Anfälle durch einen Druck auf diese Stelle beseitigt werden können. Und auch bei Briquet findet man schon (S. 214): „Eines der wirksamsten Mittel zur Linderung dieser Schmerzen (des Kopfes) besteht darin, dass man die Stirne oder die Schläfen durch einen Verband oder ein Kopftuch in geeigneter Weise zusammendrückt." Zur Anwendung dieser therapeutischen Massregel hat Féré einen *compresseur bitemporal* anfertigen lassen, der wohl geeignet ist, in so eigentümlichen Fällen gute Dienste zu leisten.

* * *

Unter den hyperästhetischen hysterogenen Zonen des Rumpfes ist die am häufigsten beobachtete und vielleicht auch die interessanteste diejenige, welche sich längs der Wirbelsäule erstreckt, besonders an einigen noch näher zu bezeichnenden Stellen.

Sydenham hat sie zuerst beschrieben: „Von allen Symptomen dieser Krankheit ist keines so häufig, als ein heftiger Schmerz im Rücken, welcher selbst bei den leichtesten Anfällen des hysterischen Leidens nicht ausbleibt. Dieser Schmerz hat mit den anderen bereits erwähnten das Gemeinsame, dass auch nach seinem Verschwinden an der betreffenden Stelle ein Gefühl der Spannung und eine Empfindlichkeit zurückbleibt, als ob sie zerschlagen wäre; man darf sie gar nicht berühren, und diese Empfindlichkeit verliert sich nur nach und nach.“ Hier ist die gesteigerte

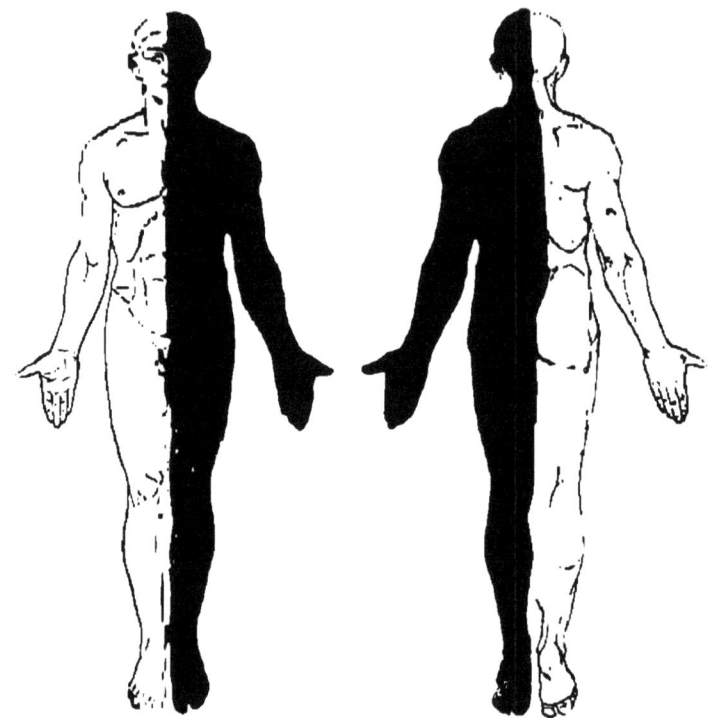

Fig. 17.   Fig. 18.
Hyperästhetische hysterogene Zone an der Wirbelsäule (G. T.)

Hyperästhesie der Haut deutlich beschrieben, besonders die Steigerung der Hyperästhesie nach (oder vor) den Anfällen, ein gemeinsames Kennzeichen aller ähnlichen Zonen.

Auch Brodie beschreibt nicht nur die hysterische Rhachialgie, er schliesst auch Betrachtungen daran, die ihn, wie wir noch sehen werden, zur ersten Autorität in dieser Frage machen.

Andral erwähnt sie im Jahre 1842, und Briquet giebt uns statistische Daten darüber, durch welche die Ansicht Sydenham's über ihre Häufigkeit bestätigt wird (S. 226). Er sagt: „Die Rhachialgie ist so häufig, dass man sagen könnte, sie komme bei allen diesen Kranken vor.

„Bei 430 Hysterischen, die ich untersucht habe, fand ich sie 310mal, und nur 5mal fehlte sie ganz. Man kann daher bestimmt sagen, dass die Hysteriechen sehr selten keinen Schmerz im Rücken fühlen." Die hyperästhetische hysterogene Stelle kann sich die ganze Wirbelsänle entlang erstrecken, doch ist das selten der Fall (Fig. 17 und 18); häufiger erstreckt sie sich nur über vier oder fünf Wirbel, bald mehr oben am Halse, bald im Rücken oder in der Lende; sie umfasst eine dieser Gegenden, sitzt im allgemeinen besonders in der Gegend der Dornfortsätze und überschreitet seitlich nicht die Vertebralfurche.

Manchmal muss man diese hyperästhetische Stelle erst aufsuchen, gewöhnlich aber erregt sie durch den heftigen Schmerz schon von selbst die Aufmerksamkeit des Kranken. Man findet sie sehr leicht, wenn man einfach mit dem Finger über die Haut fährt, welche die Dornfortsätze bedeckt. Die geringste Berührung lässt die Kranken zusammenzucken, wenn sie nicht sogar einen Anfall hervorruft. Manche Kranke nehmen deshalb eine besondere Haltung an; sie ziehen die Schultern möglichst weit nach hinten, um jede Berührung der Zone, selbst durch die Kleidung, zu verhüten.

Diese hysterogene Eigentümlichkeit der vertebralen Zone hat Briquet schon deutlich hervorgehoben zu einer Zeit, als man von solchen Zonen noch nichts wusste. Er schreibt darüber: „Oft zeigen sich bei dieser Hyperästhesie sehr merkwürdige sympathische Erscheinungen; wenn man die Dornfortsätze und die Muskeln der entsprechenden Partie der Vertebralfurche heftig drückt, ruft man sofort Beklemmung und Zusammenziehung in der Herzgrube hervor. Ich habe diese Reflexwirkung mehrmals vollständig eintreten sehen. Bei einer anderen Kranken verursachte ein Druck auf den oberen Teil der Wirbelsäule Strangulation in der Kehle und Zusammenziehung der Stimmritze. Ein Druck auf die oberen Rückenwirbel erzeugte Zusammenziehung der Brust, Beklemmung, Atembeschwerden und manchmal Herzklopfen; Druck auf die unteren Rückenwirbel endlich rief eine Zusammenziehung in der Herzgegend hervor, dabei einen Schmerz, ähnlich demjenigen, welcher den hysterischen Anfällen voran geht."

Manchmal gesellen sich zu diesen schmerzhaften Stellen am Rückgrat andere hyperästhetische Stellen am Thorax (Thorakalgie), oder solche, die sich zwischen die Rippen hin erstrecken (Pleuralgie). Diese letzteren können sogar, wie wir schon sagten, einen neuralgischen Charakter annehmen und einen wirklichen Paroxysmus bilden, ähnlich demjenigen der Gesichtsneuralgie gleichen Ursprunges. Dann entsteht ein Zustand, der leicht den Gedanken an ein organisches Leiden des Rückenmarkes erwecken kann und auch häufig erweckt [1]).

---
[1]) Poirier, Sur un syndrome hystérique simulant la pachyméningite cervicale hypertrophique. Thèse de Paris, 1890. — Lumbroso. Della meningite cronica semplice dell' adulto e di una sua speziale forma a tipo istero-epilettico. Sperimentale. Mem. orig. 1891 XLV. 157—209.

Diese Erscheinung ist in vortrefflicher Weise durch B r o d i e be-
leuchtet worden. Wir können es uns nicht versagen, den bedentsamen
Abschnitt mitzuteilen, in welchem B r o d i e ganz klar die Hyperästhesie
auf die Haut bezieht. Er bekämpfte also schon die Theorien B r i q u e t's.
ehe sie noch entstanden waren; denn dieser verlegte den Sitz der meisten
beschriebenen Erscheinungen in die Muskeln. Er sagt (S. 32): „Eine
gewöhnliche Form der Hysterie ist diejenige, wobei die Erscheinungen
vom Rückenmark auszugehen scheinen. Es kommt dabei oft vor, dass
man es mit Vereiterungen der intervertebralen Scheiben oder der Wirbel
selbst zn thun zu haben glaubt. Das ist ein gefährlicher Irrtum,
dessen tranrige Folgen ich oft genug habe festetellen können. Ich habe
gesehen, wie man junge Mädchen dazu verurteilte, jahrelang in horizontaler Lage zu liegen, sie dabei noch mit Kauterien und Haarseilen
quälte, statt sie in die freie Luft zu schicken, wo körperliche Übungen
und angemessener Zeitvertreib sie in wenigen Monaten vollständig
würden geheilt haben.

„In solchen Fällen klagt die Kranke über Schmerzen und Empfindlichkeit im Rücken; oft treten auch einzelne der folgenden Symptoms
hinzu, die wohl geeignet sind, den Arzt irre zu führen: Schmerzen in
den Extremitäten, besonders den unteren; ein zusammenziehendes Gefühl
in der Brust; unwillkürliche Muskelkontraktionen, besondere bei einer
Änderung der Lage, oft aber auch ohne erkennbare Ursache; Gefühl der
Schwäche in den unteren Extremitäten, so dass sie kaum die Last des
Körpers tragen können; endlich eine wirkliche Paralyse mit erschwertem
Harnabfluss. Aber diese Schwierigkeit verschwindet bald, so dass es
einem gewissenhaften Beobachter nicht zu verzeihen wäre, wenn er
die wahre Natur der Krankheit nicht zu erkennen vermöchte. Der
Schmerz im Rücken ist auch selten an eine Stelle gebunden, sondern
er zeigt sich an verschiedenen Teilen der Wirbelsäule und verändert
oft seinen Sitz.

„Die Empfindlichkeit längs der Wirbelsäule hat einen ganz eigentümlichen Charakter. Die krankhafte Hyperästhesie sitzt nur
in der Haut; die Kranke fühlt viel mehr Schmerz, wenn man die Haut
nur leicht kneift, als wenn man auf die Wirbel selbst drückt. Sehr oft
ist der Schmerz stärker als bei Karies der Wirbelsäule und die Muskelkontraktionen haben eine auffallende Ähnlichkeit mit denjenigen der Chorea.
Wenn Paralyse oder Parese vorhanden ist, unterscheidet sich dieselbe
vollständig von einer solchen, wie sie bei Kompression des Rückenmarkes oder des Gehirnes eintritt; an dieser Stelle muss auch bemerkt
werden, dass bei der hysterischen Paralyse im allgemeinen n i c h t d i e
Muskeln dem Willen nicht gehorchen, sondern dass der
Wille selbst fehlt. Auch andere Umstände können die Diagnose
unterstützen: das Aussehen der Kranken, ihr allgemeiner Gesundheitszustand, ihr Alter, das Verhalten der uterinen Funktionen, besonders
aber das Vorhandensein anderer gewöhnlicher Symptome von hysterischer
Natur."

Wir können nicht jedes Wort der vorstehenden Ausführungen unter-
schreiben, aber man erkennt doch darin die meisten Züge des durch

A n d r y beschriebenen Zustandes, dem er den Namen „pseudo-mal de Pott hystérique" giebt [1]).

Zu den örtlichen Schmerzen, zu den in der Hysterie so häufigen Paralysen der unteren Extremitäten, welche spasmodischen Charakter annehmen können, gesellen sich manchmal noch gewisse Eigentümlichkeiten des lumhalen Teiles der Wirbelsäule, auf welche P. Richer besonders aufmerksam gemacht hat [2]). In einem solchen Falle ist ein Irrtum noch viel eher möglich.

Bei manchen Personen nämlich treten die Dornfortsätze der Lendenwirbel, besonders bei Beugung des Rumpfes nach vorne, in einer normalen Weise vor, die man dennoch mit Unrecht als eine krankhafte angesehen hat.

In einem Falle, den wir selbst P. Richer mitgeteilt haben, und den er in dem nämlichen Werke anführt, waren vier grosse points du feu um diese Hervorragung der Lendenwirbel angebracht worden, an welcher sich ausserdem eine grosse hyperästhetische Stelle befand. Der Kranke war syphilitisch, und man hatte an gummöse Infiltrationen der Wirbelkörper mit Kompression des Rückenmarkes gedacht.

Die beiden Kranken A n d r y's waren mit Brenneisen und Gipskorset gequält worden.

Charcot in seinen Dienstags-Vorlesungen [3]) und Souques in seiner vortrefflichen Arbeit [4]), haben diese Punkte schon hervorgehoben und die These Merlin's [5]) hat nichts Besonderes hinzufügen können.

Wenn man sich daran erinnert, was früher über die hysterischen Zonen gesagt wurde, so wird man leicht begreifen, dass jede Reizung derselben, etwa durch Brennen oder Fontanellen üble Folgen hat, weil sie zu einer dauernden Erregungsursache werden muss. Diese Schmerzen der Wirbelsäule, denen gewöhnlich eine so schlimme Bedeutung beigelegt wird, werden dann dauernd und bringen den Kranken auf den Gedanken, dass er an einer unheilbaren Krankheit leide, an einer Affektion des Rückenmarkes; wir werden sehen, wie in der Hysterie dieser Gedanke nur zu oft Gestalt gewinnt, um so mehr, als die Neigung zur Kontraktur oder Amyosthenie, welche zu den andauernden Stigmata gehören, so leicht zu einer spastischen oder schlaffen Lähmung führt.

Diese Betrachtungen über das hysterische Pseudomalum Pottii gelten in erster Linie für Erwachsene. Grancher, Professor der Kinderklinik, hat diese Frage mit grossem Scharfsinne bei den seiner Behandlung übergebenen Kindern untersucht und gelöst; man muss dabei bedenken, dass die Hysterie bei Kindern nicht häufig ist, und dass besonders die dauernden Stigmata derselben in diesem Alter weit seltener sind als in einem höberen. Auch muss man bei Kindern sehr oft mit der Rachitis vertebralis rechnen.

---

[1]) Du retard de la marche chez l'enfant; rachitisme vertebral. Journal de médecine et de chirurgie pratiques 1888, vol. LIX, 3. série, pag. 61.

[2]) Lyon médical. vol. LVI, Nr. 43, 23, October 1887, S. 235.

[3]) Note sur l'anatomie morphologique de la région lombaire. Nouv. Iconogr. 1888, Bd. I. S. 13.

[4]) 1888—1889, 9. Vortrag.

[5]) Contribution à l'étude des syndromes hystériques simulateurs des maladies organiques de la moelle épinière. Thèse de Paris, 1891.

Wir geben am besten den betreffenden Abschnitt ans der Vorlesung, die
Grancher über diesen wichtigen Gegenstand gehalten hat, wieder[)]. Er
sagt: „Bezüglich ihres Einflusses auf den Gang hat Kassowitz die
Rachitis in vier Stufen eingeteilt, von der mildesten Form, welche das
Gehen nur wenige Monate lang hindert, bis zu der schweren Form, welche
es für immer unmöglich macht. Es ist übrigens merkwürdig, dass solche
Kinder sich sitzend sehr wohl befinden, und dass sich keine Art von
Paralyse zeigt, so lange sie ruhen. Man kann daraus schliessen, dass die
Lähmung nicht auf einer Schwäche der Extremitäten beruht, sondern auf
dem schmerzhaften Zustande der Gelenke. Dieser Gelenkschmerz wird
übrigens schon lange als ein der Rachitis vorangehendes oder sie beglei-
tendes Symptom angesehen, und Trousseau und Lasègue haben
besonders hervorgehoben, dass der Schmerz es ist, der die Rachitischen
am Gehen hindert. Die Rachitis der Wirbelsäule bietet der Diagnose oft
sehr grosse Schwierigkeiten; weil die Erscheinungen mit denen des Malum
Pottii eine so grosse Ähnlichkeit haben, wird sie mit diesem so leicht
verwechselt. Bei vielen Kindern kann man die Beobachtung machen,
dass sie, obgleich sie jede angegebene Bewegung im Bette liegend voll-
führen können, nicht einen Fuss bewegen können, um zu gehen, wenn
sie auf dem Boden stehen.“

Grancher berichtet einen Fall von Rachitis der Wirbelsäule, der
bis zu dem durch eine hinzutretende Krankheit herbeigeführten traurigen
Ende und bis zu der vorgenommenen Sektion für Malum Pottii gehalten
wurde und er setzt hinzu: „Ein ähnlicher Irrtum wurde in folgendem,
in mehreren Beziehungen merkwürdigen Falle begangen, der ein sechs-
einhalbjähriges Mädchen betrifft, das wegen nervöser Anfälle in Behandlung war. Dieses Mädchen, von nervenkranken Eltern stammend, hatte,
18 Monate alt, solche Anfälle mit Bewusstlosigkeit und Konvulsionen
bekommen. Sobald es sprechen konnte, sagte es selbst das Eintreten
solcher Anfälle, die es herankommen spürte, vorher.

„Nun wurde bei dem Mädchen, als es dreieinhalb Jahre alt
war, an dem unteren Teile der Wirbelsäule eine Hervorragung bemerkt,
die ein Chirurg für ein Anzeichen des Malum Pottii hielt. Das Kind
wurde also in einen Bonnet'schen Korb gesteckt, worin es 14 Monate
blieb. Übrigens hatte dies auf seinen allgemeinen Zustand einen günstigen
Einfluss.

„Drei oder vier Monate nach dem Beginne der Behandlung fand indessen ein anderer Chirurg, der konsultiert wurde, kein Malum Pottii
mehr, aber er glaubte eine Koxalgie annehmen zu müssen. Als endlich
das Kind endgiltig aus seinem Korbe erlöst wurde, waren alle Spuren
des Malum Pottii und der Koxalgie verschwunden, aber das Kind hatte
jetzt einen Klumpfuss (*Varo-equinus*) durch Lähmung der Wadenmuskeln.
Jetzt ist erwiesen, dass alle diese Verunstaltungen nur Folgen von
hysterischem Muskelspasmus waren, welcher nach und nach die
Lendengegend, den Oberschenkel und dann den Unterschenkel ergriff.

[)] Du pseudo-mal de Pott hystérique. Thèse de Paris, 1889. — Siehe auch:
Beaujolin, De la rachialgie hystérique. Thèse de Paris, 1876.

So erklärt sich auch das Verschwinden des Malum Pottii und der Koxalgie. Dieses kranke Kind ist ein merkwürdiges Beispiel einerseits wegen des Irrtums in der Diagnose, andererseits dadurch, dass bei ihm hysterische Erscheinungen schon im Alter von 18 Monaten auftraten. Es hatte in der That mehrere Stigmata der Hysterie".

* * *

Die Schwierigkeiten der Diagnose bei Pseudotabes oder bei Verbindung hystero-tabischer Erscheinungen sind um so grösser, als sich häufig eine andere hyperästhetische oder hysterogene Zone an der Seite des Rumpfes mit der Rhachialgie verbindet. Wir meinen die Pleuralgie, welche Briquet bei 300 Kranken 230mal vorfand. Sie ist oft einseitig und sitzt, wie er sagt, häufiger links; auch Nicod[1]) und Bassereau[2]) haben dieselbe Beobachtung gemacht. Die Beschreibung, welche Briquet davon giebt, ist sehr interessant.

Bevor wir zu dieser übergehen, erinnern wir daran, dass es neben der Hysterie eine andere und zwar organische Krankheit giebt, bei welcher man dieselbe Hyperästhesie findet, nämlich die Tabes. Die Hysterie kann eine Tabes vortäuschen ("hysterische Pseudotabes")[3]) oder sich mit ihr kombinieren[4]). In diesem Falle hat die Hyperästhesie eine grosse Bedeutung; es ist daher äussert wichtig, sie gründlich zu kennen.

Briquet sagt darüber: "Ihr Sitz ist ein ziemlich regelmässiger, was den Beobachtern nicht entgangen ist. Sie erstreckt sich gewöhnlich wie ein halber Gürtel dem schrägen Rande der Rippen entlang; manchmal ist sie noch schräger als diese, manchmal fast horizontal verlaufend. Sie beginnt an der Wirbelsäule, wo sie oft eine Fortsetzung der Rhachialgie zu sein scheint, und endigt vorne, wo die Epigastralgie ihren Sitz hat. Die Breite dieses schmerzhaften Gürtels beträgt gewöhnlich vier bis fünf Fingerbreiten; sein Sitz befindet sich in der Gegend der fünften, sechsten, siebenten und achten Rippe. Bisweilen, doch sehr selten, ist er breiter; in einigen Fällen habe ich gefunden, dass er unten mit einer Hyperästhesie des grossen schrägen Muskels des Abdomens zusammenstiess. Dieser Schmerz kann die Atmung behindern, kann von Einfluss auf den Husten und selbst auf den Gang sein, ungefähr wie es eine Pleurodynie sein würde. Er kann von Hyperästhesie eines grösseren oder kleineren Teiles der entsprechenden Haut begleitet sein, selten aber verbindet er sich mit Anästhesie."

Wenn sich mit der hyperästhetischen Zone am Rücken und an der Seite des Thorax das Vorhandensein eines Gefühles von Konstriktion der Brust verbindet und dazu noch spontan den lanzinierenden Schmerzen ähnliche Algesien kommen, so hat man fast vollständig das Bild der gürtelförmigen Schmerzen der Tabes und der bei diesem Leiden so

[1]) Observervations des névralgies thoraciques. Nouveau Journal de médecine et de chirurgie. September 1818.
[2]) Etude de la névralgie intercostale. Thèse de Paris, 1840.
[3]) Pitres. Leçons cliniques sur l'hystérie et sur l'hypnotisme. 35. Vortrag. Paris 1891, I, 465.
[4]) Charcot. Leçons du Mardi 1887—1888. S. 423; 1888—1889, S. 151 und 277.

häufig zu beobachtenden Empfindlichkeit von Thorax und Wirbelsäule. Wir können daher mit Recht sagen, dass die Kenntnis dieser hysterischen hyperästhetischen Zonen von grösster Wichtigkeit ist. Sehr häufig findet man eine hysterogene hyperästhetische Zone im Epigastrium (Epigastralgie); wir werden auf sie bei Besprechung der hysterischen Erscheinungen von seiten des Magens noch zurückkommen. Hier wollen wir nur noch hervorheben, dass sie häufig mit wirklichen gastrischen Krisen zusammenfällt, ein Umstand, der die Unterscheidung von der Tabes noch schwieriger macht.

Die hyperästhetische hysterogene Zone an der Wirbelsäule kann sich auf deren unterstes Ende beschränken und die hysterische Sakrodynie, eine sehr schmerzhafte und hartnäckige Affektion, hervorrufen, welche, wie Pitres sagt, „gewöhnlich bei aufrechter Stellung am schlimmsten ist und durch ihre Heftigkeit und Hartnäckigkeit ein wirkliches Siechthum erzeugt". Man hat beobachtet, dass sie auch nach der Entfernung des Steissbeines nicht verschwand, was übrigens für seine psychische Natur spricht. Es ist gewöhnlich von hysterischen Stigmaten begleitet, welche die Diagnose auf den richtigen Weg führen können; besonders spricht für Hysterie die ausserordentliche Hyperästhesie der Haut, wie man sie auch an den anderen Teilen der Wirbelsäule findet und welche Pitres in einem Falle so bedeutend fand, dass die geringste Berührung der Stelle konvulsive Anfälle hervorrief. Dieser letzte Umstand genügt, um die hysterische Sakrodynie von der ähnlichen Affektion der Neurastheniker zu unterscheiden, abgesehen indessen von der Kombination beider Neurosen.

* * *

Die hyperästhetischen hysterogenen Zonen an der Wirbelsäule, die in der linken Interkostalgegend befindlichen Zonen (Pleuralgie), können durch Ausstrahlung (Huchard) besonders schmerzhafte Erscheinungen veranlassen, welche noch häufiger mit dem Vorhandensein von gleichartigen Zonen in der Gegend des Brustbeines oder der Herzgegend zusammenfallen; es entsteht dann die hysterische Pseudoangina pectoris. Die Bezeichnung Pseudoangina ist vielleicht nicht ganz zutreffend; Marie, Assistent Charcot's, schrieb 1882 mit Bezug darauf: „Wir sind der Ansicht, dass die Angina pectoris nicht als eine besondere Krankheit angesehen werden muss, sondern als ein Syndrom, welches man bei verschiedenen Leiden beobachten kann und welches allerdings, je nach der Art dieses Leidens, einen besonderen Charakter annimmt, immer aber doch die Angina pectoris bleibt.

„Die bei den Hysterischen vorkommende Form ist der gewöhnlichen ebenso ähnlich, wie die Hemianästhesie der Hysterischen der durch Verletzung des hinteren Teiles der Capsula interna hervorgerufenen Hemianästhesie analog ist, was Charcot schon vor fast zehn Jahren gezeigt hat."

Dieselbe Ansicht sprach fast zu gleicher Zeit Landouzy aus [1]. Derselbe zeigte als für die Diagnose wichtiges Phänomen die Möglichkeit

---

[1] De l'angine de poitrine envisagée comme symptôme et dans ses rapports avec le nervosisme arthritique. Progrès médical, 1883. Nr. 36, S. 689.

einer Kombination von hysterischer Angina pectoris mit wirklichen Herzaffektionen und stützte damit aufs neue die Lehre von den pathologischen Assoziationen, wovon Rheumatismus und Hysterie ein so beständiges Beispiel bieten.

Das Vorkommen der hysterischen Angina pectoris wurde um dieselbe Zeit von Liégeois[1], Cardarelli[2]) und Huchard[3]) angegeben. Sie ist auch schon vor dieser Zeit beobachtet worden, aber erst seit derselben hat sie in der Nosographie Bürgerrecht erhalten.

Wir wollen jetzt die Unterschiede zwischen dieser dynamischen und der gewöhnlichen oder organischen Angina pectoris etwas näher ins Auge fassen.

Das Alter, in welchem die Anfälle beginnen und sich einstellen, ist von grosser Bedeutung. In 28 Fällen, die Le Clerc untersuchte, traten sie auf: 1mal zwischen 6 und 7 Jahren (Tommasi), 1mal mit 13 Jahren (Landouzy), 2mal unter 20 Jahren, 3mal unter 30 Jahren, 8mal unter 40 Jahren, 6mal unter 50 Jahren und 2mal darüber. Diese Zahlen sprechen deutlich; sie zeigen, dass die hysterische Angina meist vor dem vierzigsten Jahr auftritt, während bei der organischen das Gegenteil der Fall ist. Die vorstehende Statistik umfasst nur vier Männer, während das männliche Geschlecht von der wahren Angina weit häufiger befallen wird als das weibliche, da es den Ursachen der Arteriosklerose viel mehr ausgesetzt ist als dieses.

„Eine auffallende Thatsache, sagt Le Clerc, ist die, dass bei mehreren Personen die Angina pectoris die erste Manifestation der konstitutionellen Hysterie war, die sich dann in der Folge in der verschiedensten Weise entwickelte." Darin liegt jedoch nach unserer Ansicht nichts Auffallendes; bei der Hysterie mit Anginaanfällen oder anderen Paroxysmen wird sehr oft der Beginn des Leidens von dem ersten Anfall an gerechnet, welcher Art er auch sein möge, obgleich vorher möglicherweise andauernde Stigmata bestanden haben, die man nur nicht erkannt hat.

Es wäre weit richtiger, zu sagen, dass, wenn einmal der Anginaanfall aufgetreten ist, die anderen Paroxysmen höchst wahrscheinlich denselben Charakter annehmen; es sind immer die nämlichen Kranken, welche Schlafattacken, Anfälle von partieller Epilepsie und andere haben. Die erste Kranke von Marie bekam im Alter von 17 Jahren während der Nacht ihren ersten Anfall von Angina pectoris; sie ist jetzt beinahe 80 Jahre alt: die Anfälle sind erst seit 1875 schwächer geworden; während dieses langen Zeitraumes haben sie immer dieselbe Form beibehalten: ein Beweis von der Hartnäckigkeit dieser Paroxysmen.

Bezüglich ihrer Häufigkeit muss man zwischen der Wiederholung der Anfälle selbst und ihrer wirklichen Häufigkeit unterscheiden.

[1]) Revue médicale de l'Est, 1882—83.
[2]) Le malattie nervose e funzionalie de cuore. Napel 1882.
[3]) Axenfeld und Huchard, Traité des névroses. 1883, 2. Ausg. Seite 339 und 1028. — Siehe auch Le Clerc, L'angine de poitrine hystérique. Thèse de Paris, 1887 und Huchard. Le pseudo-angine de poitrine hystérique. Progrès médical, 15. Juni 1889, Nr. 24 ff.

Huchard schreibt über eine hysterische, von Rigal behandelte Kranke folgendes: „Im Zeitraume von zwei Jahren wurde sie mehr als 200mal von sehr heftigen Anfällen von Angina pectoris heimgesucht, welche von eigentümlichen Beklemmungen und einem peinlichen Angstgefühle begleitet waren." Doch ist es nicht in allen Fällen so.

In betreff der wirklichen Häufigkeit müssen wir sagen, dass die Angina pectoris doch eine seltene Erscheinung der Neurose ist. Von 1884 bis jetzt haben wir in der Salpêtrière nur einen Fall (von Charcot und Marie beschrieben) beobachtet, und seit 1882 hat die Angina auch bei ihr eine sehr milde Form angenommen.

Der erste Anfall kommt häufig plötzlich und bei Nacht; das letztere ist besonders zu betonen, denn bei der organischen Angina ist dies nicht der Fall. Eine aufmerksame Untersuchung des Kranken hätte vielleicht das Vorhandensein der hyperästhetischen hysterogenen Zonen in der Präkordialgegend ergeben, welche eine grosse Ausdehnung haben und sich bis zum Sternum hin erstrecken, oder nach dem Herzen hin ausstrahlen, wie in dem Falle von Huchard, wo „in der Mitte der Rückenwirbel eine hyperästhetische Stelle vorhanden war, eine Art von *Clavus dorsalis* ähnlich demjenigen auf dem Scheitel...; Reiben mit dem Finger war in der Gegend des siebenten und achten Interkostalnervs der linken Seite sehr schmerzhaft."

In der That beginnt der Anfall mit der Reizung dieser Zonen; manchmal erstreckt sich die Aura noch weiter, zu den Hoden, welche angeschwollen scheinen, in die Bauchgegend, wie in dem ersten Falle Aubry's.

Sobald der Anfall beginnt, erreicht auch der Schmerz fast sofort seinen höchsten Grad. Die Haut wird wie von eisernen Klammern gefasst, die linke Seite ist wie in einem Schraubstock gepresst. Die Klagen der Kranken, wenn auch in verschiedener Form, drücken immer dasselbe Schmerzgefühl aus. Die Schmerzen bleiben nicht an einer Stelle: sie erstrecken sich nach dem Halse hin, nach den Armen, bis zu den Fingerspitzen, besonders im Gebiete des Ulnaris (kleiner und Ringfinger), und verbreiten sich manchmal über die ganze linke Seite, welche der Sitz ganz besonderer Schmerzempfindungen werden kann. Die Haut dieser sämtlichen Partien ist sehr stark hyperästhetisch.

Ein anderes Mal hat die Krise einen umgekehrten Verlauf; sie beginnt beim kleinen Finger (Fall von Charcot), verbreitet sich nach dem Rumpfe und verläuft dann weiter, wie vorher. In seltenen Fällen hat man sogar den Schmerz von der grossen Zehe des linken Fusses ausgehen und nach oben fortschreiten sehen.

Dies ist, wenigstens teilweise, die neuralgische Form, welcher man, wie bei der wahren Angina, eine vasomotorische gegenübergestellt hat. Bei dieser wird das Gesicht abwechselnd blass und kalt, dann livid, rot oder bläulich; dieselben Erscheinungen können sich am linken Arme zeigen; die Finger der Kranken sind wie erstorben. Aurel... hatte ein Gefühl von Kälte in der ganzen linken Seite, dieselbe war „wie Marmor". Diese Erscheinungen treten besonders am Ende des Anfalles ein.

Während des Anfalles ist der, wie sich denken lässt, wichtige Zustand des Herzens und des Pulsschlages sehr verschieden. In dem ersten Falle von Marie war der Puls an der linken Radialis kaum wahrnehmbar, er zeigte 90 Schläge. In dem zweiten stieg er auf 130, 150, mit einer Unterbrechung nach je 10 bis 15 Schlägen. In einem Falle von Osgood zählte man 140 Schläge. Während dieser Zeit wird die Brustwand durch die Herzstösse heftig erschüttert (oft auch nicht). Im ganzen sind diese Erscheinungen sehr unregelmässig und scheinen durch den wechselnden Gemütszustand beeinflusst zu werden.

Dieselbe Unregelmässigkeit zeigt sich beim Atmen: vollständiges Stocken derselben, Singultus, Dyspnoë und Beklemmung.

Die Pupillen sind entweder erweitert (Rendu), oder verengert (Charcot); in einem Falle war die linke Pupille erweitert und Druck auf den Halssympathicus schmerzhaft; Druck auf den Nervus phrenicus in der Gegend des Scalenus scheint es immer zu sein.

Dabei ist, wie wir schon erwähnten, das psychische Verhalten sehr veränderlich: ein nicht zu beschreibendes Angstgefühl oder Neigung zu Ohnmacht und Synkope. Wenn man genau nachforscht, wird man finden, dass oft eine Traumvorstellung, diejenige eines Anfalles, diese ganze Periode durchzieht. So scheint folgende Mitteilung Huchard's zu verstehen zu sein: „Es ist eigentümlich, sagt ein Kranker, dass beim Beginne eines jeden Anfalles, der nicht länger als drei oder vier Minuten dauert, mein Gehirn eine Vision hat, die sich jedesmal in derselben Weise wiederholt, von der ich auch während des Anfalles volles Bewusstsein habe, so dass ich sie wiedererkenne, die ich aber, wenn der Anfall vorüber ist, nicht beschreiben kann."

Die Dauer des Anfalles ist sehr verschieden, von einigen Minuten bis zu mehreren Stunden; im letzteren Falle hat man es mit einem wirklichen Leidenszustand zu thun.

Manchmal zeigen sich die Anfälle, wie wir schon sagten, ganz abgeschwächt.

Wir haben bis jetzt gewisse Seiten der Anfälle übergangen, die wir später bei der Besprechung der Differentialdiagnose verwerten werden.

Die erregenden Ursachen sind in beiden Fällen sehr verschieden; die hysterischen Anfälle treten auf infolge einer Gemütserregung, einer Widerwärtigkeit, während der organische Anfall durch Anstrengung, Gehen gegen den Wind, kurz durch eine physische Ursache hervorgerufen wird; dieser tritt bei Tage und nicht bei Nacht auf, ist unregelmässig in seinem Auftreten und erscheint nicht periodisch.

Bei dem organischen Leiden bleiben Puls und Atmung meist ruhig; in keinem Falle beobachtet man diese Reizbarkeit des Herzens, welche mit dem Geschrei, dem Stöhnen, der Aufregung der hysterischen Krise in Verbindung steht, die zuletzt in Ohnmacht oder in Lachen, Weinen, Schluchzen übergeht und sich physisch durch Singultus, reichliche Absonderung von klarem Urin und auch manchmal durch Erbrechen von Blut bei der vasomotorischen Form kundgiebt. Diese letztere Erscheinung soll auch bei organischer Angina vorkommen (Rendu), was aber noch erst zu bestätigen ist.

Endlich, als Hauptmerkmal, ist nicht zu vergessen, dass der Druck auf eine hysterogene Zone den Anfall hervorrufen kann (Rendu).

Da die Vorhersage, welche diese Symptome der eigentlichen Angina pectoris geben, eine so düstere ist, muss der Arzt mit allen Hilfsmitteln der Kunst die richtige Diagnose zu stellen suchen, denn auf der Diagnose beruht die Prognose, und diess ist für den Kranken und seine Umgebung von grösster Bedeutung.

Dies ist um so wichtiger, als die Fälle sehr verwickelt sein können. Landouzy, Huchard und neuerdings Albot[1]) haben auf das gleichzeitige Vorkommen von einem organischen Herzleiden und hysterischer Angina bei derselben Person hingewiesen. Ja man kann annehmen, dass man auch Fälle finden wird, bei denen im Verlaufe des Leidens hysterische und organische Anfälle zusammen auftreten werden. Was kann da die Entscheidung geben? Unserer Ansicht nach (wie wir später zeigen werden) dasselbe, was in dem Falle, dass bei derselben Person hysterische und epileptische Krisen vorhanden sind, entscheidet, nämlich die Analyse des Urines. Wir wissen freilich nicht, wie es sich bei der organischen Angina damit verhält, aber die chemische Formel, welche wir mit Cathelineau für die schmerzhaften oder auch anderen hysterischen Anfälle gegeben haben, ist bis jetzt noch zuverlässig und für die Neurose charakteristisch. Wir glauben, dass man zu dieser Untersuchungsmethode jedesmal seine Zuflucht nehmen muss, wenn man, wie in diesem Falle, vor einem Leiden steht, welches man heute für gutartig erklären kann, während es vielleicht morgen tödlich ist, oder vor einer Krankheit, die man für tödlich hält, während sie morgen wie vom Winde fortgeblasen ist, wie es bei allen hysterischen Anfällen zur grössten Ueberraschung des Arztes der Fall sein kann.

* * *

Unter den Zonen der Haut gibt es zwei, die beim Manne sehr häufig vorkommen. Die erste befindet sich in der Gegend, die bei der Frau den Eierstöcken entspricht: es ist die Pseudo-Ovarialzone (Fig. 19 und 20). Sie ist einseitig, oder was seltener vorkommt, doppelseitig und befindet sich gewöhnlich auf der anästhetischen oder hyperästhetischen Seite. Es ist nicht eigentlich eine Zone in der Haut, denn diese ist oft unempfindlich und der Druck muss ziemlich stark sein, um einen Anfall auszulösen. Aber da sie beim Manne keinem besonderen Organe entspricht, wenn nicht etwa den Darmschlingen, so haben wir sie als etwas von den visceralen Zonen Verschiedenes anzusehen; wir betonen noch einmal, dass sie häufig, wenig ausgedehnt, auf die eine oder andere der Fossae iliacae beschränkt und stets umschrieben ist.

Die zweite Zone befindet sich in der Haut des Scrotums; sie ist fast immer einseitig. Um sie von der Hodenzone zu unterscheiden, genügt es, die Haut des Hodensackes zwischen den Fingern zu fassen, ohne dabei die Hoden zu drücken. Dies sind die Hautzonen, welche, abgesehen von der Epigastralgie, noch eine besondere Beschreibung erforderten.

[1]) De la pseudo-angine de poitrine hystérique chez les cardiaques. Thèse de Paris, 1890.

II.

Hysterogene Zonen an den Schleimhäuten. Das eingehendste Studium der hysterogenen Zonen der Schleimhäute verdanken wir einem Schüler Pitres', Lichtwitz, dessen Arbeit wir mehrfach benützt haben. Diese Zonen können bloss hyperästhetisch sein, sind es aber weit seltener, wie es scheint, als die Hautzonen. Die Untersuchungen von Lichtwitz beschränken sich auf die Zonen an den Schleimhäuten

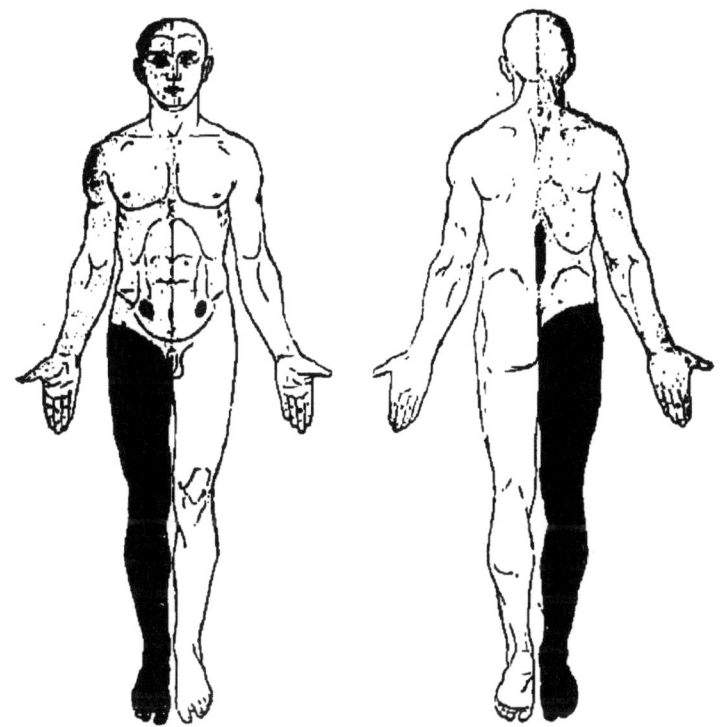

Fig. 19.   Fig. 20.

Psesdoovarielzone, hysterogene Röckenzone, Hemianästhesie und Hemihypästhesie rechts. (G. T.)

der Sinnesorgane und des Kehlkopfes. Wir werden auch zunächst die hysterogenen Zonen an den Schleimhäuten der Eingeweide unberücksichtigt lassen, da diese in einem besonderen Kapitel behandelt werden sollen, und nur einiges über die Zonen an derjenigen der Geschlechts- und Harnorgane anführen.

Vor Lichtwitz waren die hysterogenen Zonen an den Schleimhäuten fast unbekannt. Rosenthal sagt allerdings an einer Stelle [1]),

---

[1]) Traité clinique des maladies des système nerveux. Paris 1858, S. 469.

er habe bei einer Hysterischen einmal dadurch Anfälle hervorgerufen, dass er „mit dem Speculum zufällig oder absichtlich den Uteruehals berührt habe". F r a n q u e [1]), der die äusseren Ursachen konvulsiver Anfälle untersucht, führt, unter 73 Fällen von 114, einen an, bei welchem die Kanterisation des Kehlkopfes eine Krisis herbeiführte. Wenn wir weiter nachenchen, finden wir auch in manchen Beobachtungen, welche der obengenannten Arbeit von L i c h t w i t z vorangingen, noch Beispiele, die hierher zu rechnen wären, aber sie haben nur historischen Wert. Wir werden sie an den betreffenden Stellen mitteilen.

L i c h t w i t z hat ausser h y p n o g e n e n Zonen, von denen wir hier nicht reden, nur s p a s m o g e n e Zonen gefunden. Sie befanden sich an verschiedenen Stellen der Schleimhäute der oberen Luftwege, in der Nase, dem Munde, am Gaumensegel, dem Schlunde, dem Kehlkopfe; ferner in dem Gehörgange, am Trommelfell, an der Tuba, der Cornea, Conjunctiva und den Thränenkanälen. Hysterogene Zonen der Schleimhäute fanden sich häufig gleichzeitig mit hysterogenen Zonen der Haut, denn bei sieben Kranken (seche Frauen und einem Manne), die äussere hysterogene Zonen hatten, hatten sechs wenigstens an einer der genannten Stellen der Schleimhäute ähnliche Zonen. Wenn solche Zonen nicht häufiger aufgefunden werden, so liegt das wohl daran, dass man (wohl aus Mangel an genügender Geschicklichkeit) eine genaue Untersuchung der Schleimhäute unterlässt.

An den Schleimhäuten können, wie in der Haut, hyperästhetische Zonen vorhanden sein, die sich im gegebenen Augenblicke in hysterogene Zonen verwandeln. Die hysterogenen Zonen sind oft unregelmässig verteilt: oft jedoch liegen sie symmetrisch, namentlich in denselben Regionen der beiden Nasenhöhlen. Die geringe Ausdehnung der Schleimhäute macht es unnötig, in eine besondere topographische Beschreibung einzugehen. Es scheint nicht, sagt Lichtwitz, dass sie sich besonders an den Schleimhäuten der anästhetischen Seite finden; doch ist das erst noch durch weitere Untersuchungen zu bestätigen. Im Gegensatze zu der äusseren Haut, die anscheinend wenigstens in ihrem Aussehen und ihrer Struktur nicht verändert erscheint, zeigen die Schleimhäute oft eine merkbare Veränderung.

In sechs Fällen, in denen an den Nasenhöhlen spasmogene Zonen bestanden, waren anatomische Veränderungen vorhanden: Kongestion, Hypertrophie oder Atropbie, besonders mehr oder weniger an der unteren und mittleren Nasenmuschel. In einem Falle war die mittlere Muschel mit der Scheidewand verbunden; in einem anderen war eine Exostose dieser letzteren vorhanden.

Die Schleimhaut des Kehlkopfes war oft entzündet. Bei einem Kranken entstanden in den Gehörgängen und am Trommelfelle Zonen, im rechten Ohre infolge einer äusseren Entzündung, im linken infolge einer Entzündung mit Perforation des Trommelfelles. In diesen beiden

---

[1]) Ueber hysterische Krämpfe. „Würzburger medizinische Zeitschrift", Bd. 1, Heft 3 und 4. — Referat in Canustadt's Jahresbericht 1869, Bd. III, S. 79.

Fällen schien die Häufig- und Heftigkeit der hysterischen Anfälle zu dem Grade der lokalen Affektion im Verhältnis zu stehen.

Die Schleimhaut der hysterogenen Zonen hatte ihre Sensibilität behalten (ausser einer conjunctivalen Zone und einer am Kehlkopfe); aber Lichtwitz scheint nicht untersucht zu haben, ob wirklich d i e Z o n e selbst die Sensibilität besass oder verloren hatte. Es ist das übrigens schwierig zu unterscheiden, da die Untersuchungen mühsam und peinlich sind. Es ist freilich wahrscheinlich, dass ebenso wie in der Haut, auch in den Schleimhäuten hysterogene Zonen vorkommen, die bald durch oberflächliche Berührung, bald durch tieferen Druck erregt werden; denn manche Zonen des Mundes reagierten auf leichte Reibung, andere wurden nur durch wirklichen Druck in Aktion gesetzt. Vielleicht waren die Zonen der hemianästhetischen Seite etwas weniger erregbar als die der entgegengesetzten Seite.

Ausser dem direkten Druck werden als Erregungsmittel faradische und galvanische Ströme und chemische Substanzen, Ammoniak oder Essigsäure, als Inhalationen angewendet.

Mit Kokaïn gelang es manchmal, einige Zonen zu beseitigen, vorausgesetzt, dass die Applikation selbst nicht konvulsive Krisen hervorrief, was auch, wenn man es in Pulverform (in der Nase) aufträgt, vorkommt.

Die Kenntnis dieser Erscheinungen ist wichtig, um das Auftreten gewisser Krisen zu erklären oder zu vermeiden, welche bei der Untersuchung der Schleimhäute bei zweifellos Hysterischen oder bei solchen, deren Zustand bisher latent war, oft unerwartet auftreten.

Im Jahre 1821 schrieb C l o q u e t [1]), dass gewisse starke Riechstoffe konvulsive Anfälle hervorrufen könnten, was H e n r o t und C h a r i o n bestätigen. S z o k a l s k y musste die Nasenlöcher eines seiner Kranken verstopfen, damit nicht gewisse Gerüche (er sagt nicht welche) Konvulsionen erzeugten.

Vielleicht erklärt sich auch auf diese Weise, nämlich durch Wirkung krampfhemmender Zonen, die Anwendung von qualmendem Zunder, dessen Geruch sehr beissend und unangenehm ist und den man schon im hohen Altertum bei konvulsivem Paroxysmus den Leidenden unter die Nase hielt. Wenn die Krise andauert, sagt C e l s u s, „admoveri oportet naribus extinctum ex lucerna lineamentum, ver aliud ex his quae foedioris esse odoris retuli." S c h e r r y berichtet von einem jungen Mädchen, das hysterische Anfälle bekam, wenn es durch die Nase atmete. Es war genötigt, durch den Mund zu atmen, obgleich die Nasenhöhlen dem Durchgang der Luft kein Hindernis boten [*]).

Bei einer Kranken von T h o m s o n und O p p e n h e i m rief die Faradisation des Kehlkopfes durch einen kräftigen Strom einen kataleptischen Anfall hervor.

Auf dem Umstande, dass lokale Verletzungen bei der Lokalisation der hysterogenen Zonen eine Rolle spielen, beruht es auch, dass letztere bei einer erfolgreichen Behandlung der ersteren von selbst verschwinden.

---

[1]) Osphrésiologie ou traité des odeurs, du sens ou des organes de l'olfaction. 2. Ausg. Paris 1821, S. 115.
[*]) Clinical notes from practice. Maryland medical Journal, 15. Nov. 1884.

In zwei Fällen, die Habermann und Wateon mitteilen, „verechwanden die hysterischen Symptome mit der Heilung der Affektion der Schleimhaut der Paukenhöhle".

Przedhorsky beobachtete ein achtzehnjähriges Mädchen, welches an hysterischer Aphonie und an epasmodischer Dyspnoë litt und bei welchem alle äueeere und innere Behandlung erfolglos geblieben war. Durch Kauterisation der unteren geröteten und angeschwollenen Nasenmuscheln, an denen sich eine hysterogene Zone befand, mit Chromsäure verschwand die Dyspnoë mit allen anderen hysterischen Phänomenen. Man darf jedoch in dieser Hinsicht nicht zu weit gehen, denn viele gewöhnliche Ursachen, zum Beispiel die blosse Furcht vor einer Operation, kann genügend auf den Gemütszustand der Hysterischen einwirken, um gewisse gerade vorhandene Störungen zu beseitigen. Doch bieten diese Dinge nichtsdestoweniger ein weitgehendes Interesse, besonders, wenn man eie mit den von Lichtwitz selbst beobachteten Fällen vergleicht.

✦ ✦ ✦

Wir wollen die hysterogenen Zonen der Sinnesorgane nicht verlassen, ohne etwas über die funktionellen Störungen zu sagen, welche sie machen können. In dem Kapitel über die Anästhesien der Schleimhäute haben wir die Störungen des Geschmackes, des Geruches und der hysterischen Taubheit studiert; wir werden also nicht darauf zurückkommen, dagegen wollen wir noch von gewissen Modifikationen des Gehöres reden, die sich bisweilen einstellen und wenig oder gar nicht bekannt, aber doch für die Differentialdiagnose wichtig sind. Erwähnt sei auch, dass die hysterogenen Zonen ebensowenig wie die Hyperästhesien die Schärfe der Sinne wirklich zu erhöhen vermögen; eie können die Empfindung höchstens stärker oder pervers machen.

Die Sinne reagieren nicht alle in gleicher Weise auf die verechiedenen hysterischen Erregungen. Wenn sich eine hyperäethetische oder hysterogene Zone auf der Schleimhaut der Zunge oder der Nase befindet, so geht die Wirkung dereelben, wenn eie erregt wird, nicht über eine verstärkte oder perverse Geschmacks- oder Geruchempfindung hinaue. Die Wirkung bleibt lokal und ist eelten oder nie von besonders verallgemeinerndem Einfluee.

Andere ist es, wenn eine hysterogene Zone am Trommelfelle oder an der Schleimhaut des Mittelohres ihren Sitz hat, auch, wie wir sehen werden, wenn das Sehorgan betroffen wird. Diese Sinne sind vollständiger oder wenigstene komplizierter als die vorigen.

Eine hysterogene Zone des Trommelfelles kann das ganze Ohr in Mitleidenechaft ziehen, den ganzen Nervenapparat des Labyrinthes, welcher nicht allein den Gehörnerv, sondern auch den Raumnerv umfasset. Dann beginnt der Paroxysmus mit Sausen, Pfeifen (Gehörnerv) und zeigt sich weiter im Schwanken, Taumeln hie zum Fallen, wozu sicb Erbrechen gesellen kann, welches bei dynamiechen oder anderen Alterationen des Raumnerven häufig vorhanden ist. Das Ganze endigt mit cerebralen Störungen, Schrecken, Thränen und dann hat man das

Bild des Menière'schen Schwindels vor sich, welches bei hysterischer
Taubheit, die eine organische Verletzung des leidenden Ohres vortäuscht,
aufs schönste erwiesen scheint.

Und doch ist es nur ein hysterischer Anfall in der Form des
Menière'schen Schwindels, dessen Prognose günstig ist. Bei falscher
Diagnose würde man jedoch zu therapeutischen Mitteln greifen, die für
die Hysterie sehr bedenklich sein würden.

Diese Fälle sind selten; das heisst sie scheinen es zu sein, weil
niemand sich die Mühe gegeben hat, sie aufzusuchen oder die schon
vorhandenen zusammenzustellen. Es ist sicher, dass sie in der Litteratur
nicht zahlreich zu sein scheinen und diejenigen, die wir kennen, sind
sehr unvollständig.

Hartmann führt in seiner Abhandlung über Ohrenkrankheiten einen
von Kinton berichteten Fall an, der bei einem sonst gesunden Manne
während der Katheterisierung der Tuba Eustachii Schwindel, Verlust des
Bewusstseins und epileptische Anfälle beobachtete. (Lichtwitz, S. 101.)
Der Fall von Weber-Liel ist noch dunkler; es handelt sich um
eine hysterische Frau, „welche an oft unerträglichem Ohrensausen litt.
Man konnte sie nur beruhigen, indem man auf die Ovarialgegend, welche
hyperästhetisch war, Eis auflegte".

Wir haben Gelegenheit gehabt, einen bemerkenswerten Fall solcher
Paroxysmen hysterischer Natur in der Form des Menière'schen Schwindels
zu beobachten. Es handelte sich um eine junge Frau, die Professor
Charcot in der (unveröffentlichten) Vorlesung vom 24. Mai 1887 vorführte. Diese Kranke, die vorher sehr stark hysterisch gewesen war, litt
seit mehreren Monaten an Sausen im rechten Ohre, welches sich bis
zu heftigem Pfeifen steigerte, mit Taumeln und Schwindel; mehrmals
kam Erbrechen hinzu. Der Schwindel war so stark, dass sie fiel; in
einer Nacht stürzte sie aus dem Bette. Sie fiel immer nach der rechten
Seite, welche hemiparetisch und hemianästhetisch war. Es war das
denkbar vollständigste Bild der Menière'schen Krankheit. Die
Krise endigte fast immer mit Thränen, und die Untersuchung des Ohres
und des allgemeinen Zustandes liess keinen Zweifel an der hysterischen
Natur der Erscheinung. Charcot machte bei dieser Gelegenheit darauf aufmerksam, wie täuschend die Hysterie andere Affektionen darstellen kann.

Wir können es nicht oft genug wiederholen, denn immer sind es
neue und wichtige Erscheinungen: die Wirkung von bestimmt loka-
lisierten hysterogenen Zonen kann eine Gesamtheit von Symptomen
hervorbringen, die man unter ganz anderen Umständen zu finden gewohnt
ist; so die Gesichtsneuralgie, wenn die Aura im Trigeminus sitzt, den
Menière'schen Schwindel unter den oben mitgeteilten Bedingungen,
die Migraine ophthalmique, wenn das Auge der Sitz einer Aura ist.

Das wahre Kriterium dieser so verschiedenen Anfälle giebt neben
den klinischen Erscheinungen die beim Paroxysmus veränderte chemische
Zusammensetzung des Urins, und zwar ist diese Veränderung dieselbe,
welche Gestalt der Anfall auch haben mag.

* * *

Die Schleimhaut des Kehlkopfes, des Rachens und der Sinnesorgane ist nicht die einzige, an der wir durch Druck oder vielmehr durch direkte Untersuchung das Vorhandensein von hysterogenen Zonen nachzuweisen vermögen.

Wir haben schon von dem Vaginismus der Hysterischen gesprochen, der meist nichts anderes ist als der Hinzutritt einer hyperästhetischen (oder hysterogenen) Zone — nach einem von uns aufgestelltem Gesetze — zu der Kontraktur des vaginalen Schliessmuskels. Es ist ein hartnäckiges Leiden, dessen Ursprung häufig unbekannt bleibt und welches unter solchen Umständen eine Behandlung herausfordert, welche sehr leicht verderblich werden kann. Durch Druck auf diese Zonen entstehen die Anfälle, welche sich bei manchen Hysterischen beim Coitus einstellen, oder wie Ch. Lepois sich ausdrückte, „vel in virorum amplexibus", als er gegen die Uterus-Theorie der Hysterie ankämpfte.

Diese Anfälle, die jeden Coitus verhindern, können vom Standpunkte der gerichtlichen Medizin gewisse besondere Folgen haben.

Legrand du Saulle erwähnt [1] „einen eigentümlichen Prozess der vor dem englischen Ehescheidungsgerichte im Juli 1873 verhandelt wurde. Sir F. Hannen erreichte ein Urteil zu Gunsten des Ehemannes gegen die Frau, welche sich geweigert hatte, sich einer Untersuchung zu unterziehen, und welche auch nicht als Zeugin bei der Verhandlung erschienen war. Der Prozess war noch in anderer Hinsicht bemerkenswert. Die von dem Manne beigebrachten Zeugnisse sollten beweisen, dass trotz eines dreijährigen Zusammenlebens die Ehe nicht vollzogen war. Bei der Frau war kein organischer Fehler vorhanden, der den Beischlaf unmöglich gemacht hätte; aber so oft der Ehemann denselben versuchte, war ein hysterischer Anfall eingetreten, der ihn unmöglich machte. Das Urteil, welches die Ehe für ungültig erklärte, wurde zu Gunsten des Mannes gefällt: aber der Richter bemerkte dabei, dass ein solches Urteil nur auf das Vorhandensein eines physischen Hindernisses gestützt werden könnte." Saint-Claire Gray bemerkt aber dagegen [2], dass ein eigentliches physisches Hindernis nicht vorhanden sei, denn in zwei Fällen von Vaginismus, welche er bei zwei, vier beziehungsweise sieben Jahre verheirateten Frauen beobachtete, war durch eine Operation, die in der Zerstörung des Hymen bestand, der Vaginismus geheilt, und sie bekamen noch, die eine vier, die andere drei Kinder.

Die Anfälle können unter diesen Umständen durch Berührung der vaginalen oder der den Uterushals bekleidenden Schleimhaut hervorgerufen werden. Wie wir schon erwähnten, hat Rosenthal zwei Beispiele angeführt. In diesen Fällen handelte es sich vielleicht um eine Zone am Uterus.

Wir wollen hier, um Wiederholungen zu vermeiden, nicht von den Zonen reden, die sich an den gewisse innere Organe bekleidenden Schleimhäuten befinden, denn sehr oft sind sie mit der Pathologie dieser Organe innig verknüpft.

[1] Les histériques, S. 512.
[2] Glasgow medical Journal, Mai 1873.

Wir können aber nicht umhin, mit einigen Worten einen Fall zu erwähnen, den G u i n o n uns mitgeteilt hat. Eine hysterische Kranke, deren eigentliches Leiden aber nicht erkannt wurde, kam in die Behandlung des Professors G u i n o n, weil sie an einer Blasenaffektion ohne anatomische Ursache litt. Aber als man den Katheter einzuführen versuchte, verursachte der Druck desselben im hinteren Teile der Harnröhre einen konvulsiven Anfall; es war also in der Schleimhaut der Harnröhre eine deutliche hysterogene Zone vorhanden. Diese Zone wanderte aber und ease später in der Schleimhaut der Harnblase. Die Kathetarisierung wurde möglich, aber das Einführen von Borwasser zum Zwecke der Ausspülung rief durch die Berührung der inneren Schleimhaut der Blase einen Anfall hervor. Die Kranke kam später wegen offenbarer hysterischer Anfälle in die Salpêtrière.

Es unterliegt keinem Zweifel, dass es Zonen in den Schleimhäuten der Speiseröhre und des Magens, vielleicht auch des Darmkanales giebt, welche bei den Erscheinungen des Oesophagismus, der Gastralgie und Enteralgie eine bedeutsame Rolle spielen; wir werden dieselben später besprechen.

*　*　*

Hysterogene Zonen an den Eingeweiden. Wir haben schon erwähnt, dass Rosenthal zwei Fälle beschreibt, bei denen der Anfall durch Berührung des Gebärmutterhalses hervorgerufen wurde. Befand sich die Zone in der Schleimhaut der Scheide, welche den Hals der Gebärmutter bedeckt, oder in dieser selbst? Eine Antwort darauf ist schwer zu geben. Und diese Schwierigkeit zeigt sich oft bei den hysterogenen Zonen der inneren Organe, denn es ist nicht immer leicht, dieselben direkt festzustellen. Es giebt jedoch drei, oder wenigstens zwei Organe, bei denen man sich nicht leicht täuscht, und es ist eine eigentümliche Erscheinung, dass alle drei sehr häufig den Sitz solcher Zonen bilden, wie wir sie jetzt studieren. Wir meinen die Brüste, die Hoden und die Eierstöcke.

Bezüglich der Brust werden wir bei der Besprechung des unter dem Namen *sein hystérique* bekannten Leidens in genauere Erörterungen eintreten. Doch müssen wir hier die hysterogenen Zonen dieses Organes erwähnen. Sie können in der Haut sitzen, das heisst nur in der die Brust bedeckenden Haut, oder sie befinden sich in der Brust selbst. „Marie M . . ., sagt P i t r e s, hat eine viscerale Zone an der linken Brust; Pauline T . . . hat eine Zone in der Haut der Brust. Ich lasse Marie M . . . herantreten und Sie sehen, dass ich, ohne Konvulsionen hervorzurufen, eine Falte der den Busen bedeckenden Haut fassen und sehr energisch drücken, auch mit einer Nadel durchstechen kann. Dagegen tritt sofort ein heftiger Anfall ein, wenn ich auf die Brust selbst drücke. Bei Pauline T . . . verhält sich dagegen die Sache ganz andere. Ich kann ihre linke Brust zwischen die Finger fassen und stark drücken ohne Konvulsionen hervorzurufen, während augenblicklich ein Anfall eintritt, wenn ich die Haut, welche den unteren Teil der Brust bedeckt, nur berühre."

Mit den Hoden verhält es sich wie mit der Brust. Die hysterogene Zone, fast immer einseitig, kann, wie wir schon sahen, in der Haut des Hodensackes, kann aber auch in dem Testikel selbst sitzen; durch unmittelbares Befühlen ist dies leicht festzustellen. In allen Fällen, bei denen die Zone innerlich war, schien sie an dem Testikel selbst und nicht an der Epididymis zu sitzen. Pitres hat diese Hodenzonen studiert und gezeigt, dass sie unter der Form eines wirklichen neuralgischen Paroxysmus in Aktion treten können. Es sagt: „Die schmerzhafte Affektion der Hoden, welche die Ärzte unter dem Namen „reizbarer Testikel" beschrieben haben, ist manchmal die Folge einer symptomatischen Neuralgie des Samenstranges; aber in manchen Fällen scheint einfache hysterische Hyperalgesie des Zellgewebes des Hodens die Ursache zu sein. Diese Ansicht, die Terrillon 1886 vor der Société de chirurgie vertrat, ist von Lucas-Champonnière, Bouilly u. A. bestätigt worden nnd scheint immer mehr Anhänger zu gewinnen.

„Ein Kranker unserer Klinik leidet, wie ich glaube, an dieser Art hysterischen Hodenschmerzes. Es ist ein Mann von 39 Jahren, der vom siebzehnten oder achtzehnten Jahre über heftige zusammenziehende Schmerzen in den Hoden, besonders dem rechten, klagte. Anfangs traten die schmerzhaften Krisen nach langen Pausen ein; später kamen sie häufiger und jetzt sind sie fast beständig vorhanden. Der Kranke kann stehen und gehen. Sobald man die rechte Hode zu berühren versucht, empfindet der Kranke einen heftigen, nagenden Schmerz, so dass er laut schreit. Dieser Schmerz scheint in dem Hoden selbst zu sitzen und zieht sich längs des Samenstranges bis zur Lendengegend der Wirbelsäule hin Die Haut des Hodensackes und des Penis ist nicht hyperästhetisch. Erektionen und Coïtus verursachen keine Schmerzanfälle. Die sonstigen hysterischen Erscheinungen sind in diesem Falle nicht zahlreich, doch sind immerhin einige vorhanden ... Dieser Kranke ist allen möglichen medizinischen und chirurgischen Behandlungsweisen unterworfen worden, aber ohne jeden Erfolg. Im letzten Jahre hat mein verehrter Kollege Demons die beiden Samenstränge durchschnitten, wobei er nur den Zusammenhang der zuführenden Samengefässe erhielt. Diese Operation hat aber keine Linderung gebracht.

„In ähnlichen Fällen haben mehrere Chirurgen die Kastration vorgenommen; die Schmerzen sind aber auch nach Wegnahme der Hoden noch geblieben, wodurch doch wohl bewiesen ist, dass die Hyperalgesie nicht immer die Folge einer örtlichen Erregung des Nervs der Samendrüse ist, sondern dass sie, manchmal wenigstens, von einer funktionellen Veränderung der sensitiven Nervencentren abhängt."

∗ ∗
∗

Das Studium der hyperästhetischen hysterogenen Zone am Ovarium ist äusserst interessant, denn nicht nur ist diese Zone sehr häufig, auf sie beziehen sich auch die grundlegenden von Charcot zur Lösung der uns hier beschäftigenden Frage verfassten Arbeiten. In dieser Beziehung hat die Vorlesung, welche er 1873 über Hyperästhesie des

Ovariums hielt und veröffentlichte, für die Hysterie einen historischen
Wert. Die täglichen Erfahrungen haben seitdem seine Ansichten bestätigt.
Wir werden seine Worte oft anzuführen haben.

In dem historischen Überblicke, den wir über die Geschichte der
hysterogenen Zonen gaben, haben wir daran erinnert, dass Mercado
im 16. Jahrhunderte die hemmende Wirkung eines Druckes auf den
Unterleib bereits kannte; wir brauchen daher nicht mehr darauf zurückzukommen. Piorry (1837), Négrier (1858) und besonders Schützemherger (1846) kommt das Verdienst zu, eine genaue Ortsbestimmung
gegeben zu haben, deren volle Bedeutung sie jedoch noch nicht erkannten.

„Der hysterische Krampf, sagt der letztere, scheint von einer bestimmten
Stelle auszugehen; sehr häufig ist der Eierstock diese Ausgangsstelle,
aber auch andere lokale nervöse Erregungen können ähnliche Anfälle
hervorrufen.“

„Es ist sonderbar, bemerkt Charcot, dass Brodie, der vielleicht
zuerst die klinische Bedeutung der lokalen Hysterie erkannt hat,
den Abdominalschmerz nicht besonders berücksichtigt . . . Dagegen beschreibt Skey, der hierin Brodie's Fussstapfen folgte, in einer Reihe
sehr interessanter Vorträge über die lokalen oder chirurgischen
Formen der Hysterie, wie er sie nennt, mit besonderer Vorliebe
den Schmerz in der Regio iliaca oder Ovarialgegend, der seiner Ansicht
nach sehr häufig ist und, was allerdings nicht zutrifft, sich besonders
auf der rechten Seite findet.

„In Deutschland, fährt Charcot fort, folgte Romberg auf
Schützemherger; doch muss man hervorheben, dass unter unseren
Zeitgenossen (1873) die deutschen Autoren fast durchgehends über alles,
was den hypogastrischen Schmerz betrifft, volles Stillschweigen beobachten,
so z. B. Hasse und Valentiner. Es ist klar, dass dieses Verhalten,
wenn es auch zu einer Zeit auf Grund theoretischer Erwägungen seine
Berechtigung hatte, doch jetzt durchaus nicht mehr zeitgemäss ist.“

Charcot sieht die Ursache dieser Anomalie in der Thatsache,
dass Briquet, entsprechend seiner allgemeinen Theorie über den Sitz
der hysterischen Hyperästhesien, den ovarialen Schmerz in die Bauch-
muskeln verlegte; indem er so die früheren Auffassungen beseitigte,
machte er eine Myodynie daraus und schuf für dieselbe den Namen
Cölialgie.

Die Cölialgie soll sehr häufig sein, da er sie 196mal bei
430 Kranken gefunden hat; es ist freilich wahr, dass er dabei auch die
Schmerzen in der oberen Bauchgegend und nicht nur die der Ovarialgegend
mitzählt, die letzteren waren aber weit häufiger. Diese Theorie steht im
Gegensatze zu den Thatsachen, nicht sowohl weil die Bauchwandung nicht
auch der Sitz hyperästhetischer oder hysterogener Zonen sein könnte,
sondern vielmehr, weil es keinem Zweifel unterliegt, dass diese Zonen, wenn
sie bei einer Frau in der Regio iliaca auftreten, zweifellos im Ovarium
sitzen. Die Ovarialzonen bleiben selten unbeachtet, denn von ihnen
gehen besondere Erregungen aus, welche die Aufmerksamkeit der Kranken
erregen. Da diese fast immer von der Anästhesie der Seite, auf der die
Zone gewöhnlich sitzt — und meist ist es die linke — nichts ahnen, so

müssen die Schmerzen, welche sie *in situ* fühlen, ihnen das Vorhandensein der Ovarialzone kundgeben. Diese Schmerzen sind veränderlich; gewöhnlich gedämpft in den Pausen zwischen den Anfällen, durch Geben oder durch den starken Druck eines zu weit herabreichenden Korsetts hervorgerufen, bekommen sie vor und auch nach den Anfällen einen ganz besonderen Charakter. Vor dem Anfalle, Stunden, selbst Tage vorher, ist es ein stechender, bohrender Schmerz, der sich nach dem Epigastrium hinzieht; bald folgt dann die Erscheinung des Globus hystericus, kurz die gewöhnlichen Sensationen der klassischen Aura. Nach dem Anfalle ist es ein schmerzhafter Druck, der allmählich abnimmt und dann in der Zeit zwischen den Anfällen den oben geschilderten Charakter behält. Es ist nicht selten, dass nach dem Paroxysmus der Schmerz an der Oberfläche eine grössere Ausdehnung hat, welche allmählich immer mehr abnimmt, so dass er zuletzt auf das Ovarium allein beschränkt bleibt.

Der Schmerz ist oft so heftig, dass die Kranken ganz krumm gehen, und zwar nach der betreffenden Seite hin, damit die Muskeln, welche bei normaler Haltung auf das schmerzhafte Ovarium drücken, nicht angespannt werden.

Die Haut über dem Eierstocke zeigt äusserlich keine Veränderung. Todd giebt an[1]), und wie Charcot mehrmals anerkannt hat, mit Recht, dass in manchen Fällen eine Hyperästhesie der Haut in einer Ausdehnung von zwei bis drei Daumenbreiten im Durchmesser vorhanden sei. Diese Hyperästhesie findet sich teils im Hypogastrium, teils in der Fossa iliaca und entspricht nach Todd der Ovarialgegend.

Wir glauben, dass diese Beobachtung sich nur auf die ersten Tage nach einem Anfalle bezieht, wenn die Haut dieser Gegend selbst der Sitz einer hyperästhetischen Zone geworden ist; denn es ist eine oft beobachtete Thatsache, dass in den meisten Fällen im Umfange des Ovariums eine genau begrenzte anästhetische Zone der Haut vorhanden ist. Dies ist sehr leicht festzustellen, wenn die Ovarie sich auf der Körperseite befindet, deren Haut von Störungen der Sensibilität, z. B. von Hemianästhesie, frei bleibt, was übrigens nicht immer der Fall ist.

Charcot hat für die betreffende Untersuchung eine Anweisung gegeben, nach welcher man den Sitz des Schmerzes genau feststellen kann.

Er sagt: „Wenn man mit dem Finger in die Bauchdecke drückt, so kann man den wirklichen Sitz des Schmerzes leicht erkennen. Man kann sich dadurch überzeugen, dass dieser fixirt und fast immer der nämliche ist; auch bezeichnen ihn die Kranken selbst fast vollkommen übereinstimmend. Wenn man auf einer horizontalen Linie durch die Spinae anteriores superiores senkrechte Linien zieht, welche das Epigastrium seitlich begrenzen, so bezeichnet der Durchschnittspunkt dieser Linien die schmerzhafte Stelle, welche die Kranken angeben und welche durch den Druck des Fingers als solche erkannt wird.

„Die tiefere Untersuchung dieser Gegend lässt leicht den Teil des Beckeneinganges erkennen, welcher einen nach aussen konvexen Bogen

---

[1]) Clinical lectures on the nervous system. London 1856, Vortrag XV, S. 448.

beschreibt; das ist die Stelle. Etwa in der Mitte dieses festen Kammes trifft die Hand sehr oft einen eiförmigen Körper an, der etwas nach hinten verlängert ist und, wenn man ihn gegen die feste Knochenwand drückt, unter den Fingern weggleitet. Wenn dieser Körper, wie gewöhnlich, angeschwollen ist, so hat er etwa den Umfang einer Olive oder eines kleinen Eies; aber auch wenn er kleiner ist, kann bei einiger Übung sein Vorhandensein leicht festgestellt werden.

„Bei dieser Untersuchung nun wird ein besonderer, so zu sagen spezifischer Schmerz hervorgerufen. Es ist kein gewöhnlicher Schmerz, es ist eine zusammengesetzte Empfindung, welche ganz oder teilweise die Charaktere der hysterischen Aura hat, wie sie von selbst beim Herannahen eines Anfalles entsteht, und wenn die Kranken diesen Schmerz einmal empfunden haben, erkennen sie ihn in allen Fällen sofort wieder."

In drei besonderen Fällen konnte durch Untersuchung an Lebenden der Sitz des Schmerzes im Ovarium mit anatomischer Genauigkeit festgestellt werden.

Zwei Kranke in der Klinik Charcot's, beide im Zustande der Schwangerschaft, wurden von Budin und Ch. Féré untersucht und sie konnten die Ortsveränderung der ovarialen Zone, welche genau dem normalen Anfsteigen des Eierstockes während der Schwangerschaft entsprach, beobachten [1]).

In einem Falle von Retroflexion des Uterus mit Retroversion, konnte H. Baraduc [2]) bei der Vaginaluntersuchung das schmerzhafte Ovarium einer hysterischen Kranken direkt fühlen und durch direkten Druck auf dasselbe die Erscheinungen der Aura hervorrufen, die man gewöhnlich durch Druck auf das Abdomen hervorbringt. Dagegen hatte dieses letztere Verfahren keinen Erfolg; die Erfahrung lieferte also den Beweis.

Die Ovarialzone ist denselben Gesetzen unterworfen, welche für die hysterogenen Zonen gelten; sie kann von selbst erscheinen und verschwinden. Sie ist aber eine der konstantesten und auch eine der wirksamsten. Meistens auf der einen Seite, gewöhnlich auf der linken, ist sie spasmogen oder krampfbemmend, am häufigsten beides zugleich: ein leichter Druck ruft einen Anfall hervor, den ein stärkerer Druck sofort kupiert. Wir sagten, sie sei eine der wirksamsten; sie ist auch eine der kräftigsten. Wenn z. B. eine spasmogene Zone im Rücken vorhanden ist, so wird deren Wirkung sehr oft vollständig aufgehoben, wenn man bei dem Versuche, sie durch eine Erregung in Aktivität zu bringen, zugleich auf die hemmende Ovarialzone drückt. Es ist daher äusserst wichtig, diese zu kennen; die spontanen Schmerzen, deren Sitz sie ist, und die sehr oft für ganz anderer Art gehalten werden, die Eigentümlichkeit von ihr aus den Anfall hemmen zu können, welche sie gewöhnlich besitzt, rechtfertigen genügend die ausführliche Besprechung, welche wir derselben gewidmet haben.

* * *

---

[1]) Chaignot, Étude sur l'exploration de la sensibilité de l'ovaire et en particulier de la douleur ovarique de la femme enceinte. Thèse de Paris, 1879. — Notes pour servir à l'histoire de l'hystéro-épilepsie. Arch. de Neurol. 1882, S. 297.
[2]) Double prolapsus ovarien chez une hystérique etc. Société de biologie 1882, März.

Am Schlusse dieses Kapitels müssen wir noch einige praktische Folgerungen ziehen, die sich aus dem Studium der hyperästhetischen und hysterogenen Zonen ergeben, um· das, was schon gelegentlich ausgeführt wurde, zu ergänzen.

Es wird häufig genügen, sich zu vergegenwärtigen, dass solche Zonen vorhanden sein können und dass sie sehr häufig und an den verschiedensten Stellen vorhanden sind, damit man sie vermeide, Anfälle hervorzurufen oder sie ins Unendliche zu verlängern. Pitres ist überzeugt, „dass die heftigen und lange anhaltenden Anfälle hysterischer Kinder durch unfreiwillige und unbewusste Erregung ihrer hysterogenen Zonen hervorgerufen werden". Daher ist besonders die Kenntnis der Zonen an den Extremitäten, die er zuerst bekannt gemacht hat, so wichtig; denn auf diese wird am leichtesten eingewirkt, und man sieht daher so oft die Anfälle sofort verschwinden, wenn man die Kranken sich selbst überläset.

Es kann aber auch sehr vorteilhaft sein, einen konvulsiven Paroxysmus hervorrufen zu können, dadurch kann nämlich die Diagnose auf den richtigen Weg geleitet, und demgemäss eine zutreffende Prognose gefällt. und eine angemessene Behandlung angebahnt werden.

Pitres wurde einmal zu einer Kranken, der Verwandten eines Arztes, gerufen. Sie war 24 Jahre alt, im sechsten Monate der Schwangerschaft, besass eine vortreffliche Gesundheit und war am Abend vorher infolge einer unbedeutenden Widerwärtigkeit „von heftigen Konvulsionen, die sich die ganze Nacht in kurzen Zwischenräumen wiederholt hatten, befallen worden. Ein Chirurg und ein Geburtshelfer, die man am Morgen herbeigerufen hatte, hatten die Diagnose auf eklamptische Konvulsionen gestellt und hatten zur sofortigen Einleitung der Frühgeburt geraten."

Die Feststellung einer wirksamen spasmogenen Zone unter der linken Brust machte sofort einer Unentschiedenheit, die für Mutter und Kind hätte gefährlich werden können, ein Ende, und die entsprechende Zeit nachher kam des Kind ganz gesund und glücklich zur Welt.

Das Hervorrufen eines Paroxysmus kann unter gewissen Umständen ebenso vorteilhaft sein, wie das Kupieren desselben, da ein Anfall den hysterischen Zustand und demgemäss auch sein aktuelles Hervortreten ganz umgestalten kann.

So kann z. B. eine Kranke an hysterischer Paraplegie leiden, die dauernd werden zu wollen scheint. Wenn man nun das Glück hat, eine hysterogene Zone aufzufinden und durch Erregung derselben einen konvulsiven Paroxysmus hervorruft, so ist, wenn die Paraplegie noch nicht zu lange bestanden hat, mit grosser Wahrscheinlichkeit zu erwarten, dass sie mit dem Aufhören des Anfalles verschwunden oder wenigstens gemildert sein wird. Vielleicht wird an ihre Stelle eine andere Lähmung oder eine andere Störung getreten sein; aber wir sehen, dass ein Arzt, der die Hysterie genau kennt, fast immer einen Einfluss auf die zuletzteingetretenen Störungen ausüben kann. Wenn eine hysterische Erscheinung deplaciert werden kann, so verschwindet sie auch fast immer.

Eine andere leidet an hysterischem Husten oder choreatische Anfälle haben an einem Arme Zuckungen zurückgelassen, die habituell zu werden drohen; ein Anfall kann die Sache in Ordnung bringen. Vielleicht erscheint er der Umgebung schlimmer als das Leiden, welches man bekämpfen will; in jedem Falle ist er in ärztlicher Hinsicht weniger bedenklich. Solche Fälle sind sehr häufig, doch mögen die augeführten genügen.

Wir müssen aber noch gewisse Zustände erwähnen, welche, wie z. B. der Schlafanfall, Tage und Wochen andauern können; oft genug haben wir einen solchen Zustand dadurch beendigt, dass wir durch den Druck auf eine hysterogene Zone einen Anfall herbeiführten.

Es mag vielleicht auffallend erscheinen, dass wir den Vorteil nicht mehr hervorgehoben haben, der darin besteht, dass man durch Druck auf die Zonen einen Anfall zum Aufhören bringen kann. Es geschah deshalb nicht, weil in der That die therapeutische Bedeutung dieses Umstandes äusserst gering ist.

Ein längerer Druck kann wohl einen Anfall, der zu ungelegener Zeit oder unter ungünstigen Verhältnissen eintritt, aufhalten; dadurch werden immerhin die Gemüter der Familienglieder, welche durch die heftigen Konvulsionen der Hysterischen erschreckt sind, beruhigt werden; auch kann irgend eine selbst sehr schmerzhafte Aura, z. B. die in neuralgischer Form auftretende, dadurch gemildert werden. Aber man muss wissen, dass der Paroxysmus, wenn er einmal entstanden ist, auch seinen Verlauf nehmen muss. Die Kranken, welche einen das Ovarium komprimierenden Gürtel tragen, befinden sich sozusagen psychisch, wenn nicht auch physisch, dauernd in einem Anfalle. Viele von ihnen bitten dringend darum, dass man sie von der Kompression befreie; sie wollen lieber eine Stunde lang kämpfen, als fortwährend im ganzen Körper und besonders an der Stelle des Druckes die peinlichen Empfindungen erleiden, welche so lange dauern wie der Druck selbst, das heisst einen oder mehrere Tage lang. Zudem ist man selbst nach längerer Zeit nicht sicher, dass der Anfall nicht eintreten werde, sobald der Druck aufhört.

Wir haben solche Fälle oft genug in der Salpêtrière bei Kranken beobachtet, welche z. B., wenn am Morgen die Aura über sie kam und sie ausgehen oder einen Besuch empfangen wollten, uns baten, ihnen den Gürtel anzulegen und welche dann am Abend ebenso dringend baten, ihn wieder zu entfernen, da sie lieber einen Anfall erleiden, als in dem peinlichen Zustande, in dem sie sich befanden, noch länger bleiben wollten. Wir werden übrigens bei der Besprechung der Therapie auf diese Punkte zurückkommen.

8. Kapitel.

Hysterische Störungen des Sehapparates. Hysterische Amblyopie.

Wir besprechen die gesamten bei der Hysterie vorkommenden Sehstörungen bereits im ersten Teile dieses Werkes, weil die wichtigsten
derselben, wie man sehen wird, nichts anderes sind als sehr häufig vorkommende dauernde Stigmata. Man kennt sie erst seit neuerer Zeit,
obwohl ein guter Teil der wunderbaren Heilungen von Blinden jedenfalls
solche Fälle betraf. So kann vielleicht folgende Stelle aus dem Celsus
auf die Hysterie bezogen werden, die allerdings, im Gegensatze zur
Epilepsie, nicht genannt wird, auch der römische Schriftsteller nur
während des Anfalles auftretende und weniger wichtige Erscheinungen
beschrieben hat: *„Interdum evenit, modo in altero oculo modo in utroque
aut ex ictu aliquo aut ex morbo comitiali aut ex distentione nervorum
qua vehementer ipse oculus concussus est, ut is neque quoquam intendi
possit, neque omnino consistat; sed huc illuc, sine ratione moveatur,
ideoque ne conspectum quidem rerum praestet.“*

Auch Charles Lepois hat 1618 eine Hysterische beschrieben, bei
der die Anfälle von Anästhesie der Haut, Taub- und Blindheit begleitet
waren.

Die genauesten Angaben über die Sehstörungen bei Hysterischen
macht Carré de Montgeron[1]. In einer der ersten Abbildungen
seines Werkes sehen wir eine blinde und gelähmte Person, die zum
Grabe des Diakonus Pâris geführt wird, um dort Heilung zu finden,
und als Erklärung darunter die Worte der Schrift: „Die Augen der
Blinden werden sehen und die Ohren der Tauben hören." Und weiterhin
berichtet er vier Fälle von wunderbarer Heilung verschiedener Sehstörungen,
von denen wir nur die der Frau Stapart anführen wollen, da sie das
grösste Interesse bietet[2]: Am 24. Dezember 1717 zwischen 6 und 7 Uhr
Abends wurde diese Frau, „die damals ungefähr 27 Jahre zählte, von
einem apoplektischen Anfalle beimgesucht, der sich noch mehrere Male
wiederholte und zu einer Lähmung der linken Körperhälfte führte. Von
dieser Lähmung erholte sie sich nach 6 bis 7 Monaten vollständig bis
auf das linke Auge, das gelähmt und des Lichtes beraubt blieb". Am
25. März 1727 und am 7. April 1728 hatte die Kranke neue apoplektische
Anfälle, abermals mit linksseitiger Lähmung. Nach dem letzten Anfalle
blieben, „obwohl man dieselben Heilmittel anwendete, der linke Arm
und das linke Bein gelähmt, während das linke Auge seit dem Jahre 1717
des Lichtes beraubt und unempfindlich geblieben war". Die linksseitige
Lähmung war von Hemianästhesie begleitet und zeigte alle Erscheinungen
der absoluten schlaffen Lähmung, welche Todd so vorzüglich mit den
Worten beschrieben hat, dass die Kranke das Bein hängen lasse, als ob
es eine leblose Masse wäre.

[1] Die Wahrheit der Wunder. Köln 1745, vol. I.
[2] Köln 1747, vol. II.

„Frau Huguet de Courtaumet und ihre Tochter geben an, dass Frau Stapart dieses Mal gelähmt blieb, und dass der linke Arm und das linke Bein bewegungs- und empfindungslos waren, so dass man die Kranke von einem Platze zum anderen hätte schleppen müssen, wobei Arm und Bein herunter hingen, „als wären sie tot". Die Lähmung des linken Auges, die 1728 bereits 10 Jahre bestand, war komplet. Wahrscheinlich handelte es sich um Blepharospasmus, wie die begleitende Abbildung zeigt, „der ohne Aufhören mit grossen Schmerzen im Kopfe", bestand, wie man das in ähnlichen Fällen beobachtet. Ferner waren die Schleimhäute des Auges empfindungslos; „das Auge hatte nicht nur durch Obstruktion des Sehnerven alles Licht, sondern auch durch Verstopfung der Wurzeln aller anderen Nerven das Gefühl vollständig verloren . . . Die Kranke hatte den Gebrauch des Auges in dem Masse eingebüsst, dass, wenn man den Finger darauf legte, keine Wimper zuckte".

Am 16. Mai 1728 nach kurzem Gebete am Grabe des Herrn Rousse „fühlte sie plötzlich ein Zittern in allen Gliedern, einen leisen Schmerz in den Gelenken der Hand und des Fusses und einen heftigeren in den Muskeln des Auges. Sie bemerkte aber gleichzeitig, dass sie die Bewegungsfähigkeit in den erkrankten Teilen, selbst in dem seit 1717 gelähmten Auge wieder erlangt hatte; sie vermochte wieder zu sehen und ohne Hülfe nach Hause zu gehen".

Diese Erscheinung ist nicht nur sehr selten bei der Hysterie, sondern auch in hohem Grade interessant; unseres Wissens existiert nur noch eine einzige Beobachtung von Blepharospasmus oder pseudoparalytischer Ptosis, der mit diesem Falle an Dauer vergleichbar wäre. Sie ist von Charcot veröffentlicht worden, und wir werden später noch darauf zurückkommen[1]).

Weiter berichten Pomme, Télinge[2]), d'Allègre[3]) Fälle von Amaurose. 1844 veröffentlichte Hocken eine wichtige Arbeit, deren Schlussfolgerungen von Landouzy heftig bekämpft wurden. Letzterer beobachtete zwei Fälle von Amaurose, und zwar war dieselbe in dem ersten Falle von Anfang an vollständig, während sie im zweiten es erst später wurde. „Die beiden von mir beobachteten Thatsachen, sagt Landouzy[4]), entkräften die Behauptungen Hocken's, denn die Hauptmerkmale, d. h. die gleichzeitige Aufhebung des Sehvermögens auf beiden Seiten, die spasmodische Kontraktion der Mm. orbiculares, die Photophobie und die Epiphora haben bei keinem der beiden Kranken bestanden, welche dagegen die unbestreitbaren Erscheinungen der hysterischen Lähmungen darboten." Wie man sieht, beschäftigt man sich bereits mit der Frage, aber man ist, was auch die Arbeiten von Gaussoil[5]) und Szokalski[6]) bezeugen, noch weit von ihrer Lösung entfernt.

---

[1]) Charcot, Sur un cas d'hystérie simulatrice du syndrome de Weber. Leçon recueillie par Souques. Archives de neurologie, Mai 1891, Bd. XXI, Nr. 63.
[2]) Télinge, Journ. de médecine. chirurgie et pharmacie, 1777, Bd XXXVI, S. 487.
[3]) D'Allègre, Sur l'hystérie et l'épilepsie. Thèse de Paris, 1838.
[4]) A. a. O. S. 119.
[5]) Hémiplegie et cécité hystériques. Mémoires de l'académie des sciences 1848, vol. III. livr. III.
[6]) Amblyopie in Folge unbefriedigten Geschlechtstriebes. Prager Vierteljahrschrift 1846; ibid. 1851.

Der erste Autor, der die hysterischen Sehstörungen etwas vollständiger erwähnt, ist B r i q u e t. Derselbe hat drei Fälle von totaler
Amaurose beobachtet und giebt dabei Anästhesie der Conjunctiva sowie
Lähmung oder Kontraktur der Augenmuskeln an, allerdings nur mit
wenigen Worten. Dagegen hat er wohl bemerkt, dass die Kranken bei
einseitiger Amaurose nur selten den Defekt gewahr werden. Gleichzeitig
beschreibt er indirekt auch die hysterische Achromatopsie.

Der Standpunkt B r i q u e t's mit Bezug auf die hysterischen Sehstörungen bleibt, wie man aus der Arbeit von L e b r e t o n ersehen
kann [1]), bis zum Jahre 1868 unverändert. Zu der Zeit begann dann
C h a r c o t sich mit der Frage zu beschäftigen [2]), und zwar anfangs
zusammen mit G a l e z o w s k i, der in seiner Inaugural-Dissertation [3]) Fälle
von Anaesthesia retinae beschrieb, auf die er später in seinem „Traité
des maladies des yeux" (1872) wieder zurückkam.

Hieran schlossen sich weitere Veröffentlichungen der Schüler
C h a r c o t's, S o y n o s [4]) und B a r o n [5]). Die Salpêtrière blieb dann auch
der Mittelpunkt, von dem aus weitere Arbeiten über die ophthalmologischen Störungen der Hysterie ausgingen, unter denen an erster Stelle
die von L a n d o l t, B o r e l und P a r i n a u d zu nennen sind.

* * *

Bei der Hysterie kann das ganze Auge affiziert werden; nicht allein
leidet das Sehvermögen, sondern auch die Muskulatur des Auges mit
Einschluss des vom Facialis versorgten Orbicularis palpebrarum kann
Störungen zeigen.

Wir wollen bei der Beschreibung der einzelnen Symptome dieselben
soviel wie möglich in der Reihenfolge ihrer Häufigkeit besprechen und
zu dem Zwecke die Störungen in dem äusseren motorischen Apparate,
die am seltensten beobachtet werden, ans Ende stellen.

Zunächst handelt es sich also um das Verhalten der S e n s i b i l i t ä t
an der Conjunctiva und Cornea, abgesehen von derjenigen der Lider, auf
die wir später zurückkommen werden.

Die Anästhesie der Membranen des Auges scheint auch zu den
berüchtigten Malen gehört zu haben, welche der Teufel den Hexen „an
so schmutzigen Stellen aufdrückte, dass man sie nur mit Abscheu aufsuchen konnte, z. B. am After des Mannes oder an den weiblichen
Geschlechtsteilen, oder aber auch ganz widernatürlich an den edelsten
und kostbarsten Stellen des Körpers, z. B. an den A u g e n oder im
Munde" [6]).

[1]) Des différentes variétés de la paralysie hystérique. Thèse de Paris, 1868, ·
S. 60 ff.
[2]) Leçons sur les maladies du système nerveux. 1872, vol. I.
[3]) Sur les altérations des nerfs optiques et les maladies cérébrales dont elles
dépendent. i865.
[4]) Des amblyopies et des amauroses hystériques. Thèse de Paris, 1873.
[5]) Étude clinique sur les troubles de la vue chez les hystériques et les
hystéro-épileptiques. Thèse de Paris, 1878.
[6]) Pierre de Lancre. Tableau de l'inconstance des mauvais anges et démons.
Paris 1618, S 183.

Die Anästhesie der Membranen des Auges ist nach Briquet häufiger als diejenige der übrigen Sinnesorgane, und die Anästhesie der Conjunctiven, besonders der linken, ist so konstant, „dass man sie als ein charakteristisches Zeichen der Hysterie ansehen kann". Briquet erkannte auch den Zusammenhang zwischen der konjunktivalen Anästhesie und der Hemianäethesie, aber wir werden sehen, dass die okulären Stigmata, wenn auch auf einer Seite intensiver, in der Regel doch doppelseitig sind. Man kann das Vorhandensein dieser Erscheinungen leicht durch Stechen in die Haut des Gesichtes und der Augenlider feststellen. Bringt man jedoch einen Streifen Papier mit der Conjunctiva oder der Cornea in Berührung, so findet man letztere selten in ganzer Ausdehnung unempfindlich, sondern etwa das äussere oder innere Segment ist anästhetisch, während das Centrum seine Empfindung behalten hat. Wenn die Anästhesie komplet ist, so ist der Augenlidreflex aufgehoben. Féré, der diese Störungen der Sensibilität genau studiert hat, macht darauf aufmerksam, dass man sich bei dieser Untersuchung leicht täuschen könne. Wenn man nämlich bei unempfindlicher Cornea „den Kranken einen Gegenstand fixieren lässt und nun einen Papierstreifen derart nähert, dass er mit Conjunctiva und Cornea in Berührung kommt, so bleiben Auge und Lider unbeweglich, solange der Fremdkörper nicht in den Bereich der Pupille kommt. Den Pupillarreflex erhält man schnell in der Weise, dass man anstatt das Papier mit den Membranen in Berührung zu bringen, es auf eine bestimmte Entfernung dem Auge nähert; dann kommt der Reflex durch die Reizung der Retina zustande, welche zwar die Perzeption für Farben verloren hat, aber noch hell und dunkel unterscheidet".

Die Anästhesie tritt zu der Amblyopie hinzu, was Briquet schon mit den Worten ausgesprochen hatte: „In der grossen Mehrzahl der Fälle ist nicht nur Anästhesie der Spezialsinne, sondern auch der Schleimhaut oder der das Sinnesorgan bedeckenden Haut vorhanden". Oder, mit Féré ausgedrückt: „Bei den hysterischen Hemianästhesien, die wir beobachteten, und bei denen weder Gesichtsfeldeinengung noch Achromatopsie bestand, war die Sensibilität der Conjunctiva erhalten; diejenigen dagegen, bei welchen das Sehvermögen für eine oder mehrere Farben verloren war und eine mehr oder weniger regelmässig proportionale Einengung des Gesichtsfeldes bestand, zeigten Verlust der konjunktivalen Sensibilität; diejenigen endlich, bei welchen eine komplete Achromatopsie mit beinahe vollständiger Einengung des Gesichtsfeldes vorhanden war, hatten nicht nur die konjunktivale, sondern auch die korneale Sensibilität verloren".

Man ersieht hieraus, welche wichtige Aufklärung über die Sehstörungen das Verhalten der kornealen und konjunktivalen Sensibilität geben kann.

Wir erwähnten oben den Augenlidreflex. Unsere Untersuchungen nach dem Mechanismus bestimmter Sehstörungen haben uns gezeigt, dass derselbe nicht immer dem lakrymalen Reflexe entspricht[1]),

---

[1]) Gilles de la Tourette, De la superposition des troubles de la sensibilité et des spasmes des muscles de la face et du cou chez les hystériques. Nouvelle Iconographie de la Salpêtrière.

denn jedesmal, wenn wir eine Anästhesie der Conjunctiva durch direkte Berührung mit einem Stückchen Papier feststellten, wurden sofort in derselben Quantität Thränen sezerniert wie bei gleicher Reizung an dem anderen Auge, das seine Sensibilität behalten hatte. Diese Erscheinungen waren auch schon von Pitres beobachtet worden [1]. In selteneren Fällen kann an Stelle der Anästhesie der Conjunctiva und Cornea Hyperästhesie derselben bestehen. Sehr häufig beobachtet man dann neben den gleich zu beschreibenden Erscheinungen von Amblyopie Photophobie mit Thränenträufeln, die häufig mit einer Kontraktur des Orbicularis kombiniert ist.

* * *

Nach der Feststellung der Sensibilität muss das Gesichtsfeld geprüft werden, und zwar: 1. für weisses und 2. für farbiges Licht.

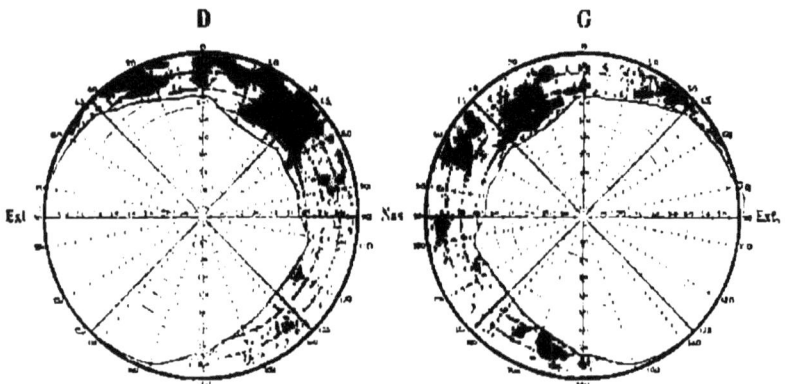

Fig. 21. Normales Gesichtsfeld und Schema zur Bestimmung desselben.

Die von v. Gräfe zuerst beobachtete Einengung des Gesichtsfeldes ist besonders von Charcot, Parinaud [2] und dessen Schüler Hitier [3] studiert worden. Sie gehört zu den häufigsten Stigmata, ja nach Dana ist sie von allen Anästhesien die häufigste [4]. Der Nachweis derselben ist daher sehr wichtig, auch ist sie bei einiger Übung leicht zu konstatieren. Ihre Wichtigkeit wird die Ausführlichkeit rechtfertigen, mit der wir auf sie eingehen.

[1] Leçons cliniques sur l'hystérie et l'hypnotisme. Op. cit., Bd. I. S. 85.
[2] Anesthésie de la rétine. Contribution à l'étude de la sensibilité rétinienne. Communication à l'académie de médecine de Bruxelles 1886.
[3] Hitier. De l'amblyopie liée à l'hémianesthésie et specialement de l'amblyopie hystérique. Thèse de Paris, 1886.
[4] E. Dana. A study of the anaesthesia of hysteria. American Journal of medical sciences. Oktober 1890.

Das normale Gesichtsfeld, mit dem Perimeter bestimmt, hat folgende Dimensionen: 90° auf der temporalen und 60° auf der nasalen Seite im horizontalen Meridian, nach oben 65° und nach unten 70°. Der Radius würde nach allen Seiten hin nahezu gleich gross sein, wenn nicht die das Auge umgebenden Organe das Gesichtsfeld einschränkten. Ist das Gesichtsfeld nur wenig eingeengt, so wird man diese Einengung zuerst auf der temporalen Seite beobachten. Sie wird meistens erst erkannt, wenn sie unter 60° geht, und besonders, wenn sie die cirkuläre oder koncentrische Form darstellt, welche besonders bei der Hysterie zu beobachten ist.

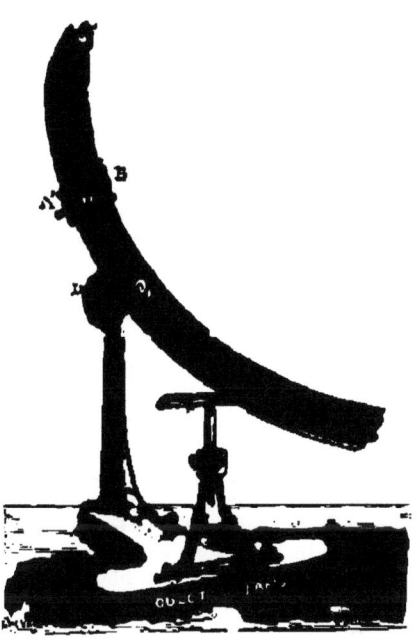

Snellen und Landolt haben die minimale Ausdehnung des Gesichtsfeldes folgendermassen festgestellt:

bei 0° oben . . . . 55°
„ 45° oben und aussen. 90°
„ 135° aussen und unten. 60°
„ 135° unten und innen. 55°
„ 45° innen und oben . 55°

In ein solches Schema (Fig. 21) werden die bei der Untersuchung gefundenen Abweichungen eingetragen.

Man bestimmt das Gesichtsfeld mit Hülfe eines Perimeters, zum Beispiel des von Landolt angegebenen und von Parinaud modifizierten (Fig. 22). Dasselbe besteht in der Hauptsache aus einem Kreisbogen von der Grösse eines Halbkreises, der, um seinen Scheitelpunkt drehbar, eine Halbkugel beschreibt, in deren Centrum sich das untersuchte Auge be-

Fig. 22. Modifiziertes Perimeter von Landolt, eingestellt auf 45°.

findet. Das Centrum (C) des Kreisbogens wird von einer metallenen oder hölzernen Säule getragen. Gegenüber derselben sieht man einen zweiten Ständer mit horizontaler Platte, die höher und tiefer gestellt werden kann, und auf welcher das Kinn der untersuchten Person ruht, so dass die Sehaxe des linken oder rechten Auges sich genau in der Richtung des Centrums (C) befindet.

Der Kreisbogen ist in Grade eingeteilt, von 0° im Centrum nach beiden Seiten bis 90°. Die Teilstriche befinden sich an der äusseren Fläche des Bogens. Die meridane Neigung liest man auf einem vertikal stehenden Zifferblatte (D), das den Scheitelpunkt des Bogens tangiert und dessen Scheitelpunkt zum Centrum hat, um welches sich in der Ebene des Bogens ein Zeiger gleichzeitig mit letzterem bewegt.

Die Innenfläche des Bogens ist schwarz bis auf den centralen
Fixierpunkt. Der Gegenstand, dessen man sich zur Untersuchung der
indirekten Sehschärfe bedient, ein weisses oder farbiges Papier, eine
Zahl oder auch Buchstaben kann man an der Aussenseite in einem
Schieber *(A' B)* bewegen, der an dem Bogen entlang gleitet und dessen
hinterer Arm den entsprechenden Grad anzeigt, oder, was v i e l e i n -
f a c h e r u n d s c h n e l l e r g e h t, mit einer Pincette vorbeibewegen.

Man verfährt zur Bestimmung des Gesichtsfeldes folgendermassen [1]):
Der Kopf des Kranken befindet sich in aufrechter Haltung und das zu
untersuchende Auge bildet den Mittelpunkt des von dem Perimeter zu
beschreibenden Kreises, während das andere Auge zugehalten wird.
Man lässt nun den Kranken den kleinen centralen Punkt genau fixieren,
und der hinter dem Bogen des Perimeters stehende Beobachter kontrolliert
sorgfältig die Richtung des Auges und korrigiert die geringste Abweichung.
Hierauf lässt man das Objekt an dem in einer bestimmten, z. B. der horizontalen, Lage befindlichen Bogen von der Peripherie nach dem Centrum
vorrücken, bis es an den Punkt kommt, wo es genau erkannt wird.
Dieser Punkt ist die Grenze des Gesichtsfeldes für die entsprechende
Meridianebene. Dasselbe wird nun auf der anderen Seite des Bogens
wiederholt. In der Regel genügt es, nur vier Meridiane zu prüfen, den
horizontalen, den vertikalen und die beiden dazwischen liegenden, das
heisst man untersucht den Meridian von 45 zu 45°.

Das so gefundene Gesichtsfeld wird auf ein Schema eingetragen,
das eine Projektion der Kugel darstellt (siehe Fig. 21). Man findet nun
beim hysterischen Gesichtsfelde zwei Eigentümlichkeiten: 1. e i n e E i n -
e n g u n g, und zwar 2. e i n e k o n c e n t r i s c h e.
Es muss bemerkt werden, dass das Gesichtsfeld sich während derselben
Untersuchung häufig ändert, und innerhalb der kleinen aber immerhin
einen Fehler vortäuschenden Grenzen von 5—15° bald grösser, bald kleiner
wird. Die Untersuchung wird daher am besten möglichst schnell ausgeführt,
damit der Kranke nicht ermüdet; übrigens haben Fehler von 4—5° gar
keine Bedeutung, auch wird sehr häufig die Aufnahme des Gesichtsfeldes
im horizontalen und vertikalen Durchmesser genügen [2]). Bei Berücksichtigung
dieser Verhältnisse wird man bei der Hysterie, falls das Gesichtsfeld
verändert ist, stets eine k o n c e n t r i s c h e Einengung konstatieren können.

Am häufigsten ist dieselbe d o p p e l s e i t i g (Fig. 23), aber nicht
immer, denn bei 79 von P a r i n a u d untersuchten Kranken [3]) z. B. war
die Amblyopie oder Amaurose in 8 Fällen auf ein Auge beschränkt. Ist
die Einengung einseitig, so befindet sie sich auf der anästhetischen Seite.
Bei doppelseitiger Einengung ist sie häufig auf einer Seite grösser als
auf der anderen, und zwar befindet sich das stärker eingeengte Gesichtsfeld auf der hemianästhetischen Seite.

---

[1]) L a n d o l t, Le diagnostic des maladies des yeux. Progrès médical 1887,
Nr. 34, S. 654.

[2]) Es bedingt auch einen Unterschied, ob man bei hellem oder dunklem Wetter
untersucht; bei ersterem ist das Gesichtsfeld grösser als bei letzterem. D e r U e b e r s.

[3]) M o r a x, Compte rendu du service ophthalmologique de M. le Dr. P a r i n a u d
à la Salpêtrière pour l'année 1888. Archives de neurologie 1889, pag. 437.

Fällt die Macula in das eingeengte Gebiet, so besteht komplete Amaurose. Einseitige Amaurose ist verhültnissmässig häufig, dagegen doppelseitige, die hysterische Blindheit, selten. Landouzy beobachtete sie in zwei Fällen, Briquet in drei; Marlow[1]) und Würdemann[2]) zitieren je einen Fall, desgleichen Levy, der einen Fall in der Mendelschen Klinik beobachtete[3]). In diesem letzten Falle bestanden neben der Amaurose noch bestimmte Erscheinungen, auf die wir später kommen werden. Wir selbst sahen die totale Amaurose in mehreren Fällen. Sie ist meist nur vorübergehend, tritt am häufigsten im Anschluss an einen Anfall auf und verschwindet ebenso plötzlich wie sie erschienen ist, nach einigen Stunden oder höchstens Tagen. In einem Falle Harlan's blieb sie allerdings 10 Jahre lang bestehen[4]).

Diese hysterische Amblyopie, die zwischen dem geringsten Grade koncentrischer Einengung und vollständiger Blindheit schwanken kann,

D   G

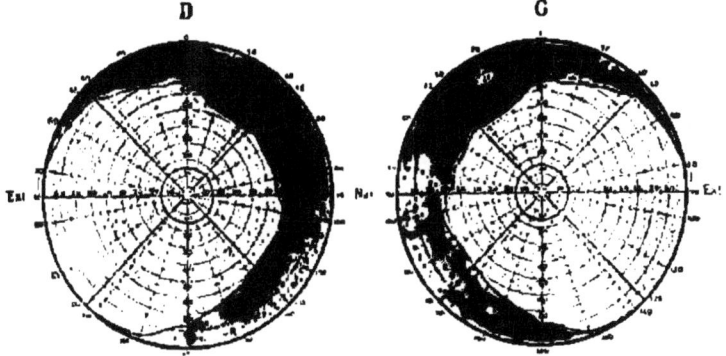

Fig. 23. Doppelseitige koncentrische Gesichtsfeldeinengung. (G. T.)

ist eine viel komplizietere Erscheinung, als man vielleicht denkt, indem sie sich nicht auf weisses Licht beschränkt, sondern auch für Farben vorhanden ist.

* **

Wir verdanken Galezowski den Nachweis, dass die hysterische Amblyopie sehr häufig mit Dyschromatopsie oder Achromatopsie verbunden ist, das heisst mit eingeengtem oder gänzlich aufgehobenem Gesichtsfelde für Farben[5]).

[1]) Marlow, Hysterical blindness in the male (zweitägige Dauer). New-York medical Journal, 9. Februar 1889, S. 154.
[2]) Würdemann, Un cas de cécité hystérique. Medical News, 14. Februar 1891.
[3]) J. Levy, Ueber hysterische Amaurose. Inaugural-Dissertation, Berlin 1890.
[4]) Harlan, Hysterical blindness of ten years duration in healthy male subject. Med. News, Philadelphia, 11. Januar 1890. — Brown, Total blindness following shock, recovery. Northwest Lancet, Saint Paul 1890, S. 349.
[5]) Siehe das Referat von Bourneville über eine Vorlesung Charcot's: Des troubles de la vision chez les hystériques. Progrès médical 1878, 19. Januar, Nr. 3, pag. 36, und: Gazette des hôpitaux 1878, pag. 67, 92.

Diese Perversion des Gesichtssinnes folgt bestimmten Gesetzen, die Landolt zuerst bekanntgemacht hat.

Im normalen Zustande sind nicht alle Teile des Gesichtsfeldes gleichmässig befähigt, Farben zu perzipieren (Fig. 24), vielmehr ist das Feld für einige Farben physiologisch grösser als für andere, Differenzen, die bei allen Individuen nahezu dieselben sind, und für jede Farbe demselben Gesetze folgen. So ist in der Mehrzahl der Fälle das Feld für Blau (abgesehen von Weiss) am grössten, dann kommen der Reihe nach Gelb, Orange, Rot, Grün; Violett endlich wird nur von den centralsten Retinapartien wahrgenommen.

Bei der hysterischen Amblyopie zeigen sich nun diese Charaktere des Normalzustandes in verschiedenen Graden übertrieben. Die ver-

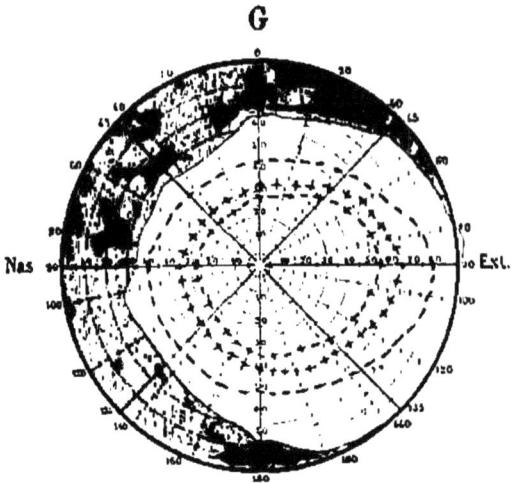

Fig. 24. Normales Gesichtsfeld für Farben. — — — — Gesichtsfeld für Blau; † † † für Rot; — † — † — † für Grün. (Sonques.)

schiedenen Kreise, die den Grenzen der Gesichtsfelder für die einzelnen Farben entsprechen, ziehen sich in einer mehr oder weniger ausgesprochenen Weise koncentrisch zusammen, wobei sie dem für den Normalzustand festgestellten Gesetze folgen. Es ist leicht zu verstehen, dass auf diese Weise bei der Hysterie zahlreiche Kombinationen zustande kommen. Der Kreis für Violett — der Centralfarbe *par excellence* — kann sich bis auf Null zusammenziehen und der Kranke, obwohl noch fähig, alle anderen Farben zu erkennen, vermag Violett nicht zu identifizieren. Schreitet die Affektion fort, so wird zunächst Grün, die nächste Centralfarbe, ausfallen, dann Rot, Orange, während die peripheren Farben, Gelb und Blau, bis zuletzt erkennbar bleiben. Und in der That sind diese beiden Farben, wie die Beobachtung lehrt, diejenigen, die bei hysterischer Amblyopie am längsten perzipiert werden. Es kommen allerdings auch

Ausnahmen von dieser Regel vor, und zwar in dem Sinne, dass bei bestimmten Kranken — ja bei vielen — nicht Blau, sondern Rot zuletzt verschwindet. Doch kann man als absolute Regel ansehen, dass die Perzeption der Centralfarben, Grün und Violett, besonders die des letzteren, eher verschwindet als diejenige des Rot und der übrigen Farben.

In einem noch weiter vorgeschrittenen Stadium der hysterischen Amblyopie kann die Perzeption sämtlicher Farben vollständig aufgehoben sein; die Form der Gegenstände wird noch erkannt, aber diese erscheinen dem Kranken etwa wie in einem in Grau gemalten Gemälde oder in einer Sepiazeichnung. Endlich im letzten — wie wir schon sagten seltenen — Stadium macht die Amblyopie einer echten Amaurose Platz.

Diese chromatischen Veränderungen des Gesichtsfeldes zeigen sich, wie auch die gewöhnliche Einengung desselben, hauptsächlich auf der anästhetischen Seite. In der Regel ist aber gleichzeitig eine, wenn auch geringere Einengung des Feldes für die Farben an dem Auge der anderen Seite zu beobachten. Daher findet man nicht so sehr selten Hysterische, die mit dem einen Auge, sagen wir z. B. dem linken, demjenigen der hemianästhetischen Seite, die peripheren Farben, Gelb und Blau, nicht mehr erkennen, während für das andere Auge nur die Perzeption der centralen Farben, also zunächst Violett, dann Grün, verloren gegangen ist. Theoretisch ist leicht zu verstehen, dass sich auf diese Weise noch zahlreiche andere Kombinationen finden lassen.

Die Störungen des Farbensehens können dieselbe Stabilität besitzen wie die anderen lokalen Erscheinungen der Hysterie und wie diese plötzlich erscheinen und wieder verschwinden oder sich auch als Stigmata dauernd etablieren; ja, das letztere wird am häufigsten beobachtet.

So kann z. B. die bestehende mehr oder weniger permanente Dyschromatopsie plötzlich zur Zeit der den konvulsiven Anfall einleitenden Aura einer kompleten Achromatopsie Platz machen. Die letztere verschwindet nach dem Anfalle ebenso schnell wieder, wie sie entstanden ist. Gleich im Anschlusse an den Anfall kann sich eine absolute doppelseitige Amaurose entwickeln, während gleichzeitig die Anästhesie der Haut ihre gewöhnlichen Grenzen überschreitet und den ganzen Körper ergreift [1]. Ebenso können aber auch eine monokuläre Amaurose oder komplete Blindheit spontan entstehen, ohne dass ihrem Auftreten ein konvulsiver Anfall vorherging.

Parinaud hat diese Beobachtungen durch seine Untersuchungen über das Farbensehen bei Hysterischen vervollständigt [2]. Die Einengung des Feldes für die Farben ist stets koncentrisch, aber das normalerweise grössere Feld für Blau wird, wie die Untersuchungen Charcot's und die damit in Übereinstimmung stehenden Landolt's zeigen, kleiner als das Feld für Rot. Die Perzeption der Farben erlischt nach seinen Worten in folgender Reihenfolge: Violett, Grün, Blau, Rot (Fig. 25). Doch giebt es auch Ausnahmen hiervon. Das Erhaltenbleiben der Per-

---

[1] Bourneville, Recherches cliniques et thérapeutiques sur l'épilepsie et l'hystérie, S. 137 und 146.
[2] Anésthesie de la rétine. Op. cit. S. 11 u. ff.

zeption von Rot, das in der schon seit langem bekannten Vorliebe der Hysterischen für diese Farbe seinen Ausdruck findet, ist für diese Dyschromatopsie charakteristisch.

Das Farbensehen kann noch eine andere Störung erleiden, die von Parinaud bei der Hysterie in sehr seltenen Fällen beobachtet wurde: wir meinen das „centrale Skotom".

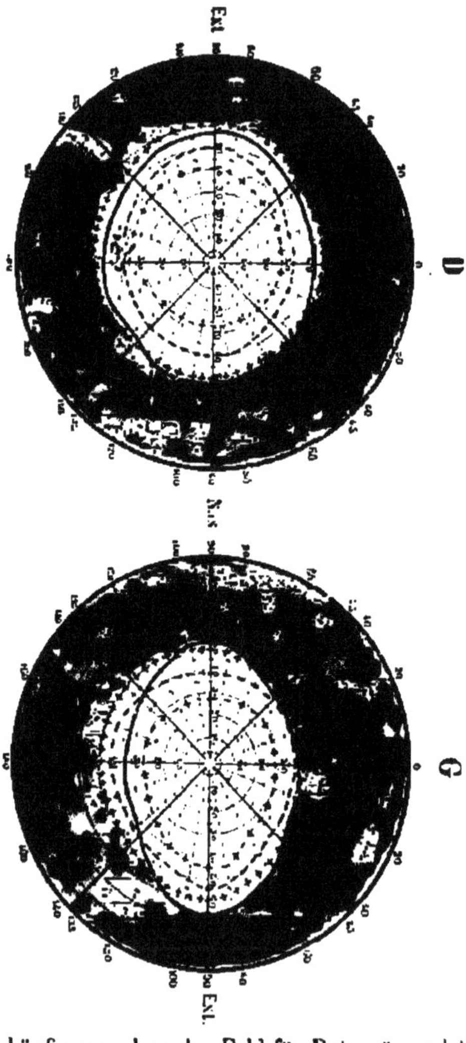

Fig. 25. Koncentrische Einengung des Gesichtsfeldes für die Farben. ——— Feld für Weiss: + + + für Roth: ——— für Blau; + — + für Grün. (Bouquad.)

„Das centrale Skotom, sagt er, schliesst sich zuweilen an die koncentrische Amblyopie an und diese beiden Erscheinungen entwickeln sich gleichzeitig in der Weise, dass man zu einer gegebenen Zeit eine eigenartige Veränderung des Farbenfeldes beobachten kann. Die Perzeption ist im Centrum aufgehoben und an der Peripherie eingeengt, während sie dazwischen in der Form eines Ringes erhalten ist, der den Fixationspunkt umgiebt. Uebrigens sind derartige Erscheinungen sehr selten. Sie haben aber ein besonderes Interesse wegen der Verschiedenheit der beiden Vorgänge.

„Noch eine andere nicht weniger merkwürdige Eigentümlichkeit kann man beobachten. Da die Anästhesie für Licht und die Einengung für Weiss am grössten sind, so kommt es ziemlich häufig vor, dass das Feld für Rot grösser ist als dasjenige für Weiss. Dasselbe beobachtet man auch, aber seltener, für die anderen Farben. Das heisst also, dass in bestimmten Fällen die Farben als solche oder als Grau, aber mit geringerer Intensität als Weiss perzipiert werden. Es ist in der That evident, dass bei gleicher Beleuchtung ein farbiges Papier, das nur durch die Absorption eines Teiles der anf dasselbe fallenden Strahlen farbig wird, eine viel schwächere Lichtstärke hat, als ein weisses, welches fast alle Strahlen reflektiert. Die Farbe ruft unterdessen eine Lichtempfindnng hervor, welche stärker ist als die durch Weiss hervorgebrachte, eine ganz nnvermntets Thatsache. Bei einigen Kranken, die diese Absonderheit sehr ausgesprochen zeigten, die z. B. ein Feld für Rot hatten, das nahezu zweimal so gross war wie das für Weiss, machte ich nun folgenden Verench: Das weisse Licht im Photoptometer wird nur bei einer sehr starken Intensität wahrgenommen, die z. B. 100mal stärker sein soll als normal. Stelle ich nun das Photoptometer so, dass die Intensität nur 90 beträgt, so sieht der Kranke nichts. Ich bringe nnn vor diese weisse, nicht wahrgenommene Fläche ein Glas von gesättigtem Rot, welches fast alle Strahlen ausser den ʹ⁺en absorhiert: sofort giebt der Kranke an, eine Lichtempfindung zu haben. Ich führe diese Thatsachen nur an, ohne mich auf Erklärungen einzuhᵃ ᵢᶜ“

Die Sehschärfe ist im allgemeinen bei der hysterischen Amblyopie wenig verändert. Wenn man den Pnnkt sucht, wo am deutlichsten gesehen wird und man hält in verschiedenen Entfernungen Leseproben vor, so wird man häufig überrascht sein, bei normaler Sehschärfe eine ausgesprochene Amblyopie und ein bis auf ein Vierzigstel oder Dreissigstel eingeengtes Gesichtsfeld, ja selbst eine merkliche Reduktion der centralen Lichtperzeption zu finden. Trotz der Anästhesie für Licht ist die Sehschärfe im Allgemeinen bei mässiger Beleuchtnng besser als bei intensiver. Es giebt uns diese Amblyopie einen neuen Beweis für die relative Unabhängigkeit der Lichtempfindung und der Sehschärfe von einander. Wenn die centrale Anästhesie für Licht einen gewissen Grad überschreitet, so nimmt die Sehschärfe rapid ab. Das Fortbestehen einer guten Sehschärfe bei einigen Kranken bewirkt, dass dieselben das Bestehen einer Sehstörung, besonders wenn sie einseitig ist, gar nicht ahnen, und dass anch der Arzt dieselbe nur bei systematischer Untersuchung findet.

In Bezug auf den Zusammenhang der Lichtperzeption und der Sehschärfe steht die hysterische Amblyopie in bemerkenswertem Kontraste zu der Amblyopie hei Atrophie der Papille, bei welcher normale Lichtperzeption ziemlich lange mit bedeutender Reduktion der Sehschärfe verbunden sein kann.

* * *

Die Sehschärfe ist, wie wir eben sahen, bei der Hysterie im allgemeinen normal. Die hysterische Amblyopie verändert die Perzeption der Formen nur relativ, dagegen ist sie von bestimmten eigenartigen Störungen der Akkommodation und Refraktion begleitet, deren Vorhandensein Parinaud zuerst beobachtete und beschrieb [1]).

„Die Diplopie oder besser die ‚monokuläre Polyopie‘ hegleitet so häufig die Anästhesie der Retina, dass man über das Bestehen eines direkten Zusammenhanges zwischen den beiden Zuständen nicht zweifel-

---

[1]) De l'anésthesie rétinienne. Siehe auch: Borrat, Polyopie monoculaire. Thèse de Bordeaux, 1888.

haft sein kann, obwohl die Polyopie ihre direkte Ursache nicht in einer nervösen Veränderung der Retina oder des Centrums hat und auf eine Störung der Refraktion hinweist. Diese Polyopie wird verkannt, weil sie meist durch die Amblyopie verdeckt wird, weil sie nur bei einer bestimmten Entfernung erscheint, und weil sie endlich vom Kranken selbst nicht wahrgenommen wird, ausser bei einer methodischen Untersuchung."

Doch bestand in einem Falle von Ulrich[1]) eine Polyopie, infolge deren der Kranke die Personen auf der Strasse sechsfach und noch mehrfacher sah, und das ist gar keine Ausnahme.

Die soeben beschriebenen Störungen sind niemals von erkennbaren Veränderungen am Augenhintergrunde begleitet, und die in der Salpétrière an Kranken mit hysterischer Amblyopie seit mehr als 20 Jahren gemachten Untersuchungen sind in dieser Hinsicht vollständig negativ geblieben.

Die Amblyopie hat, wie die anderen hysterischen Störungen, einen centralen Ursprung, eine Thatsache die Regnard für das Farbensehen in folgender Weise nachgewiesen hat[2]).

Hält man einer Hysterischen, die Rot perzipiert, Grün aber nicht, eine aus roten und grünen Strahlen zusammengesetzte Scheibe vor, so wird sie die roten richtig, die grünen als weiss bezeichnen. Wird nun diese Scheibe in schnelle Rotation versetzt, so dass aus den beiden Farben deren Komponente, also Grau entsteht, so wird die Kranke letztere erkennen, obgleich sie eine der komplementären Farben nicht perzipiert. Aus diesem und einer Reihe anderer analoger Experimente Regnard's ergiebt sich also, dass die hysterische Achromatopsie ihren Sitz im Gehirn und nicht in der Retina hat.

* * *

Die hysterische Amblyopie, selbst die stark ausgesprochene, macht, ausser wenn sie komplet ist, es sich also um eine Amaurose handelt, gewöhnlich keine grosse Störung, was wohl wahrscheinlich darin seinen Grund hat, dass die Sehschärfe nicht beeinträchtigt ist. Nur selten gehen die Kranken deshalb zum Arzte, ja sie sind meist sehr erstaunt, wenn man ihnen die bedeutende Einengung ihres Gesichtsfeldes demonstriert. Lässt man zum Beispiel einen solchen Kranken das normale rechte Auge schliessen und mit dem linken, dessen Gesichtsfeld eingeengt sei, eine Person fixieren, so wird der Kranke sehr überrascht sein, nur einen Teil des Gesichtes der fixierten Person sehen zu können. Wird das rechte Auge wieder geöffnet, so tritt normales binokuläres Sehen ein. Parinaud hat diese Thatsache genau beschrieben[3]). „Schon seit langem, sagt er, habe ich bei der einseitigen hysterischen Amaurose beobachtet, dass ein Auge, welches allein nicht sieht, bei dem binokulären Sehen und besonders beim stereoskopischen Sehen wohl zu sehen imstande ist.

[1]) Intermittirender Spasmus eines Musculus rectus internus auf hysterischer Basis; Zehender's klinisches Monatsblatt für Augenheilkunde. Juli 1882.
[2]) Société de biologie. 26. Januar 1878.
[3]) Sur une forme rare d'amblyopie hystéro-traumatique. Société d'ophthalmologie, 4. Juni 1889 und Bulletin médical 1889. S. 777.

„Diese Kranken, die bei Schluss des einen Auges auf dem anderen vollständig amaurotisch sind, sehen beim binokulären Sehen thatsächlich mit beiden Augen. Die Versuche wurden in der verschiedensten Weise modifiziert; immer ergab sich dasselbe zweifellose Resultat. Bei einigen Kranken verschwand die Amaurose auch während des binokulären Sehens nicht, sei es, dass die Amblyopie in dem anderen Auge zu ausgesprochen war, sei es, dass das binokuläre Sehen überhaupt nicht stattfand oder vor der Krankheit bereits unvollkommen gewesen war.

„Die Rückkehr des Sehvermögens in dem amblyopischen Auge beim binokulären Sehen bezieht sich übrigens nur auf das centrale Sehen. Der periphere Teil des Gesichtsfeldes bleibt beim binokulären wie beim monokulären Sehen aufgehoben, denn für das kranke Auge rückt die Perzeption des Index am Perimeter nicht über 8—10 Grad vom Fixierpunkte hinaus.

„Diese vom Standpunkte der pathologischen Physiologie der Rysterie so interessanten Tatsachen ergeben:
1. dass es getrennte Hirncentren für das periphere und das centrale Sehen giebt, da in den Fällen, die den von mir angegebenen analog sind, das periphere Sehen aufgehoben sein kann, während das centrale intakt bleibt;
2. kann man in bezug auf das centrale Sehen zugeben, dass beim monokulären Sehen jedes Auge mit einer einzigen Hemisphäre, nämlich der entgegengesetzten, in Verbindung steht, bei dem binokulären Sehen dagegen beide Augen mit einer Hemisphäre in Zusammenhang stehen, die sowohl die rechte wie die linke sein kann."

Pitres hat in demselben Sinne Untersuchungen angestellt [1]), die zu identischen Resultaten geführt haben. Auf einige derselben wollen wir etwas eingehen, da sie klinisch von Bedeutung sind und mit bestimmten Erscheinungen bekannt machen, deren Kenntnis nötig ist, wenn man sich vor die Frage gestellt sieht, ob Simulation vorliegt.

Pitres experimentierte zuerst an einer langjährigen Patientin, die einige Jahre zuvor mit dem linken Auge kaum Hell von Dunkel unterscheiden konnte. Auf ihre Angabe, dass das Symptom noch bestände, wurde ihr der Apparat von Flees vorgehalten, der in einer Kammer mit zwei Sehlöchern besteht und äusserlich wie ein Stereoskop aussieht. Am Boden dieser Kammer befinden sich zwei verschiedenfarbige Punkte, einer rechts, einer links, die durch eine ingeniöse Einrichtung derart angebracht sind, dass die betreffende Person den rechten Punkt links sieht und umgekehrt. Angenommen, man hat einen Simulanten vor sich, der angiebt, mit dem rechten Auge nicht sehen zu können, so wird derselbe behaupten, den Punkt, den er für rechts befindlich hält, nicht zu sehen. Das ist aber eben derjenige, den er mit dem linken Auge erblickt. Kaum hatte die erwähnte Hysterische in das Instrument einen Blick geworfen, als sie ohne Zögern angab: „Ich sehe zwei Punkte, einen roten und einen blauen." „Ich zeigte kein Erstaunen, erkannte aber, dass die Simulation, deren ich die Kranke im Verdacht hatte, sich nicht in dem Begehen des Irrtumes offenbarte, wie das sonst der Fall ist.

[1]) Leçons cliniques sur l'hystérie et l'hypnotisme. vol. I, 1891, pag. 101 n. ff.
14*

„Einige Zeit darnach machte ich dasselbs Experiment mit zwei anderen Hysterischen, die ebenfalls linksseitige Amblyopen waren. Das Resultat war das nämliche. Diess Kranken, dis nur mit dem rechten Auge sehen konnten, unterschieden deutlich am Boden des Apparates dis zwei Punkts.

„Ich fragte mich also, ob die hysterischs Amauross nicht eine funktionells Störnng sei, die nur bei dem monokulären Sshen aufträte, und von dieser Hypothess ausgehend, stellte ich eine Reihs von Untersuchungen an, deren Resultate mit meiner Annahme übereinstimmten.

„Bei einer Kranken ergab sich folgendss: Sobald das links Auge geschlossen war, sah sie mit dem rechten sehr gut; wurds dagsgen das rechte geschlossen, so unterschied sie mit dem linken kaum Hell und Dunkel. Ich liess sis nun mit beiden Augen ein im Centrum einer schwarzen Tafel gemaltes rotes Kreuz fixieren und hielt ihr dann ein Prisma vor das links Auge, worauf sis nach ihrer Angabe zwei rote Kreuze erblickte. Nach den physikalischen Erfahrungen kann diese durch das Vorhalten des Prismas hervorgerufene Diplopis nur zustande kommen, wenn bside Netzhänte erregbar sind. Die eine wird durch das wahrs Bild erregt, die andere perzipiert das durch Refraktion abgeleitste Bild. Die Kranke sah also unter den gegebenen Verhältnissen mit beiden Augen.

„Stellen wir nun das Experiment mit dem Scbirme an. Auf die Tafel wurds eins Reihe Buchstaben geschrieben. Vor die Mitte des Gesichtes der Kranken wird vertikal eine Platte gehalten und die Person vor die Tafel gestellt. Bei geschlossenem rechten Auge vermag sie auf der Tafel nichts zu erkennen, bei geschlossenem linken Auge liest sie stockend die rechts von dem Schirme befindlichen Buchstaben. Mit beiden Augen kann sie alle Buchstaben lesen, die links von dem Schirme befindlichen sogut wie die rechts befindlichen.

„Was ist nun hieraus zu schliessen? Dass die Kranken ungestraft mit unserer Leichtgläubigkeit ihr Spiel treiben? Ich glaube das nicht, denn man könnts weder die Übereinstimmung in ihren Antworten, noch die Unterschieds erklären, die sich zwischen ihrer Art zu täuschen und derjenigen der jungen Leute zeigen, die sich durch Vortäuschen einer sinseitigen Amaurose vom Militärdienste frei machen wollen. Nach meiner Ansicht lässt sich nicht an der Aufrichtigkeit der Hysterischen zweifeln, denn die Symptoms ihrer Amblyopis stehen nicht in genauer Übereinstimmung mit denjenigen der organischen Amaurose. Eine funktionelle Störung hat nicht die Konstanz einer organischen. Die Blindheit aus organischer Ursache bleibt beim monokulären und binokulären Sehen dieselbe, aber es ist möglich, dass es bei der hysterischen Amblynpie anders ist, und dies einmal zugestanden, sind die bei nnseren Kranken beobachteten Erscbeinungen leicht zu erklären, wenn man annimmt, dass etwa Amblyopie eine monokuläre Funktionsstörung sei, die verschwinden kann, sobald beide Augen synergisch in Aktion treten, wie sie es beim normalen Sehen thuen.“

Pitreo bemerkt hierauf, dass etwas dieser bei binokulärem Sehen wirksamen funktionellen Erziehung Analoges beim Farbensehen vorhanden sei. Charcot hat beobachtet, dass hestimmte Hemianästhetische mit einseitiger Amauroee für eine Farbe diese Farbe beim binokulären Sehen auch mit dem amaurotischen Auge deutlich sehen, und Parinaud berichtet über diese Beobachtnng folgendermassen:

„Nehmen wir eine Hemianästhetische mit monokulärer Farhenblindheit, die zum Beispiel ein Stück grünen Papieres mit dem linken amblyopischen Auge als grau ansieht, mit dem rechten dagegen als grün, und bringen vor ihr geeundes Auge ein Priema, so dass zwei Bilder des Papieree entstehen, so ist nicht einee grün und das andere grau, wie man erwarten sollte, soudern beide sind grün. Wiederholt man den Versuch, hält aber das Prisma vor das kranke Auge, so sind beide Bilder grau; doch darf die Amblyopie nicht zu ausgesprochen sein."

Parinaud hat eine noch merkwürdigere Thatsache konstatiert. Er fand nämlich, dass bei einer Reihe von Kranken, die beim monokulären Sehen auf jedem Auge farbenblind waren, die Farben beim binokulären Sehen sehr gut erkannt wurden. Und endlich beobachtete er, dass es in Fällen von einseitiger koncentrischer Gesichtsfeldeinengung genügte, das Auge der gesunden Seite öffnen zu lassen, um das Geeichtsfeld des amblyopischen Auges sofort um 10—20 Grad zn vergrössern.

„Mehrere Theorien hat man aufgestellt, sagt Pitres, um diese Thatsachen zu erklären", nnd von diesen gefällt ihm am besten die von der Multiplizität der eeneiblen Centren, aber neben den Theorien giebt es klinische Thatsachen, welche — nnd hierin sind wir einer Meinung mit ihm — mehr wert sind als alle Theorien.

*
*   *

Die soeben ausgeführten Betrachtungen zeigen, dass die unvollständige, auf ein Auge beschränkte hysterische Amblyopie kein schweres Symptom ist, da sie nnr wenig nnd beim binokulären Sehen gar keine Störung macht. Dasselbe gilt auch von der häufigen doppelseitigen Gesichtsfeldeinengung, selbst wenn diese sehr ausgesprochen iet, vorausgesetzt, dass die Selischärfe und die Perzeption der Form der Gegenstände wenig oder gar nicht verändert sind.

Was das Farbensehen anlangt, so ist es evident, dass Personen mit persersem Farbensinn nur sebr schlechte Maler sein können; kurz, die Dyschromatopsie kann störend werden, doch ist sie keine eigentliche Krankheit. Wir müseen aber vom gerichtlich-medizinischen Standpunkte ans die Thatsache betonen, dass Bahnbeamte, die im Anschluee an ein Eisenbahnnnglück, welches bei ihnen die Hysterie hervorrief, farbenblind geworden siud, ihre dienstlichen Funktionen nicht mehr verrichten können.

Diee führt uns dazn, über die Ureachen der Amblyopie einige Worte zu sagen. Wenn wir dies erst jetzt thun, so hat das seinen Grund darin, dass sie zur allgemeinen Ätiologie der hysterischen Anfälle gehören. Wie alle dauernden Stigmata, entwickelt eich auch die Amblyopie in der Mehrzahl der Fälle langsam und echleichend. Eine damit behaftete Person vermag den Tag ihres Auftretene nicht genau anzugeben, vielmehr wird

sie häufig selbst sehr erstaunt sein, wenn man ihr zeigt, wie stark ihr
Gesichtsfeld eingeengt ist. Die plötzlich in die Erscheinung tretende
Amaurose — fast immer im Anschlusse an einen Anfall — ist meistens
nichts als das Übergreifen der Einengung auf die Macula, und ebenso
hinterläset die plötzlich zurückgehende Amaurose häufig eine koncentrische Einengung, die vorher schon bestanden haben kann.

Ein lokales Trauma kann nach dem von Charcot aufgestellten
Gesetze die Erscheinungen der lokalen Hysterie hervorrufen, und eine
in dieser Hinsicht beweisende Beobachtung hat Parinaud veröffentlicht [1]), der sie bei einem 28jährigen kräftigen Manne machte. Derselbe
kam zu ihm, „um sich ein Attest darüber ausstellen zu lassen, dass er
nach einem Schlage, der nur eine unbedeutende Ecchymose und eine
oberflächliche Erosion der Haut bewirkt hatte, auf dem rechten Auge
blind geworden wäre, ohne dass das Auge selbst oberflächlich oder in
der Tiefe lädiert war".

Bisweilen wird aus der doppelseitigen Amblyopie, wie wir schon
sagten, eine Amaurose; es entsteht Blindheit und die Prognose scheint
dann sehr ungünstig zu sein. Aber der Fall von Harlan ist nur eine
Ausnahme, und fast stets dauert die Blindheit nur kurze Zeit, einige
Stunden bis Tage. Die Amaurose verschwindet plötzlich, wie sie
gekommen ist, häufig mit der schon erwähnten Hinterlassung der Gesichtsfeldeinengung.

Die hysterische Amblyopie hat also im allgemeinen eine günstige
Prognose; um aber eine solche stellen zu können, muss man seiner
Diagnose sicher sein, und einzelne Erscheinungen der hysterischen
Amblyopie können von organischen Störungen hervorgerufen werden, die
man daher kennen muss.

* * *

Da ist zunächst eine Läsion, die eine Reihe von Erscheinungen von
seiten des Auges hervorrufen kann, vollkommen analog denjenigen der
hysterischen, nicht bis zur Amaurose gehenden Amblyopie. Wir meinen
Hämorrhagien — oder Herde von anderer Natur — im hinteren Drittel
der Capsula interna. Diese Läsion ist, wie Charcot gezeigt hat [1]), mit
einer Hemianästhesie und koncentrischen Einengung des Gesichtsfeldes
sowie mit einer Dyschromatopsie verbunden, die der hysterischen ganz
gleich sind. Noch mehr; obgleich die Läsion im hinteren Drittel der
Capsula interna einseitig ist, ist die Einengung doppelseitig,
ebenso wie man es in den meisten Fällen von hysterischer Hemianästhesie beobachtet.

Wie nun die Differentialdiagnose zwischen der hysterischen Amblyopie
und der Amblyopie infolge von organischer Läsion des sensiblen Knotenpunktes stellen? Da die okulären Erscheinungen identische sind, muss
man die Diagnose — ausser aus der Anamnese und dem Alter der
Person — aus der dauernden Anwesenheit einer kompleten oder inkom-

[1]) Bulletin médical 1889. Op. cit.
[1]) Leçons sur les localisations dans les maladies du cerveau et de la moelle épinière. Paris 1876—1880, pag. 119.

pleten Hemiplegie stellen, wenn die Hysterie deren Ursache nicht ist. Aber die hysterische Hemiplegie ist nicht selten, und wenn sie vorhanden, müssen andere Merkmale leiten, die wir später noch genauer besprechen werden, als da sind: Haltung, Gangart [1], Beteiligung des Gesichtes etc., und die in beiden Fällen verschieden sind.

Übrigens muss man wissen, dass die Schwierigkeiten sehr gross sein können [2]. Wir können annehmen, dass die hysterische Amblyopie ebenfalls ihren Sitz im Carrefour sensitif haben kann und dass die dynamische Läsion der Hysterie die nämlichen Erscheinungen macht wie die organische, an welcher die Lokalisation festgestellt werden kann.

Auf die Bleiamblyopie, die zur Hysterie zu rechnen ist, brauchen wir hier nicht näher einzugehen.

Nicht minder gehören zahlreiche Fälle von alkoholischer Amblyopie zu der Hysterie, aber es giebt auch eine echte alkoholische Amblyopie, welche einige besondere Eigenschaften besitzt, zu denen besonders die eigentümliche Form der bei ihr bestehenden Dyschromatopsie zu rechnen ist. Dieselbe hat nämlich die Form eines Skotomes, das vom Centrum zur Peripherie fortschreitet, und während bei der Hysterie zuerst Blau ausfällt, werden bei der Alkoholamblyopie am ersten Grün und Rot nicht mehr perzipiert [3]. Doch sind die Fälle nicht immer so typisch, sondern nach Parinaud kann man auch ausnahmsweise bei der Hysterie das centrale Skotom beobachten. Auch hat Charcot einen Fall von gleichzeitigem Alkoholismus und Hysterie beschrieben [4], bei dem eine koncentrische doppelseitige hysterische Einengung mit einem centralen Skotom für Rot und Grün alkoholischen Ursprunges kombiniert war. Man braucht aber die Möglichkeit dieser Kombinationen nur zu kennen, um einen Irrtum vermeiden zu können. Es giebt noch eine andere Erkrankung, bei der Dyschromatopsie und Gesichtsfeldeinengung vorkommen können, und das ist die Tabes. Die Verschiedenheiten sind folgende: Einmal ist das Gesichtsfeld nicht koncentrisch eingeengt; es ist unregelmässig, gezackt, wie die graue Atrophie, die man mit dem Augenspiegel wahrnimmt, und die zur Diagnose genügt. Auch die Dyschromatopsie ist bei der Tabes eine ganz andere; Rot verschwindet an erster Stelle, dann Grün, zuletzt Gelb und Blau, und endlich nimmt die Sehschärfe wie bei allen Atrophien der Papille sofort ab, während noch lange Lichtempfindung bestehen bleibt, was bei der Hysterie nicht der Fall ist.

Es giebt auch Assoziationen von Hysterie und Tabes mit koncentrischer Gesichtsfeldeinengung hysterischen Ursprunges [5], mit Myosis

[1] Gilles de la Tourette. L'attitude et la marche dans l'hémiplegie hystérique; Nouvelle Iconographie de la Salpêtrière 1888, vol. I, pag. I.
[2] Siehe Charcot, Leçons du Mardi à la Salpêtrière 1887—1888, vol. I. Poliklinik am 27. März 1888, S. 205 u. ff.
[3] Parinaud. Anésthesie rétinienne. A. a. O.
[4] Leçons du Mardi à la Salpêtrière 1887—1889, vol. I, pag. 344 u. ff.
[5] Charcot, Leçons du Mardi 1887—1888, vol. I, pag. 157.

(infolge von Kontraktur), welche man zuweilen bei der Hysterie beobachtet[1]). Bei einiger Übung ist die Diagnose übrigens leicht.

Die multiple Skleroee, bei der die Amaurose stets vorübergehend ist, brauchen wir nur wegen ihrer häufigen Kombination mit der Hysterie zu erwähnen. Eine unserer Kranken, eine 22jährige Frau, die an beiden Krankheiten litt, zeigte eine koncentrische Gesichtsfeldeinengung bis auf 20 Grad; das Feld für Rot war das grösste; ferner bestand Dyschromatopeie für Blau und Violett und endlich Mikromegalopeie mit monokulärer Polyopie. Beide Papillen waren atrophisch.

Bei einem unserer Kranken mit hysteriecher Amaurose fanden sich in einem Auge syphilitische Läsionen. Die von Parinaud vorgenommene Untersuchung ergab[2]): „Linkes Auge: amanrotisch; rechtes Auge: Einengung des Gesichtsfeldes auf 30 Grad; Mikromegalopeie; links finden sich mit dem Augenspiegel syphilitische Läsionen der Chorioidea, die aber die totale Amaurose nicht erklären; rechter Augenhintergrund normal."

Um bei den organischen Affektionen des Rückenmarkes zu bleiben, so giebt es eine Erkrankung, bei der nach einigen Antoren eine koncentrische Einengung des Gesichtsfeldes auftreten kann; es ist die Syringomyelie. Eine solche für alle Farben wurde von Déjérine und Tuilant bei sieben an Syringomyelie leidenden Kranken beobachtet und war von einer anderen Affektion ganz unabhängig[3]). Die Analogie der Einengung bei Syringomyelie mit derjenigen bei der Hysterie und der traumatischen Hysterie besteht übrigens nach Angabe der beiden Autoren eelbst nur für Weiss, da das Gesichtsfeld für die Farben unregelmässig und besonders das für Grün eingeengt ist, Erscheinungen, die bei der Hysterie nicht vorkommen. Wenn man das Feld für die Farben nntersucht, könnte man eher an eine Atrophie der Papille denken, wie man sie zum Beispiel bei der Tabes beobachtet, wo auch diese Unregelmässigkeit mit rapidem Verschwinden der Perzeption von Grün besteht.

Die Angaben Déjérine's und Tuilant's über die Gesichtsfeldeinengung bei Syringomyelie hatte weitere Untersuchungen zur Folge, die aber den Angaben der beiden Autoren fast nur nngünstig waren. So gab Souques an[4]), dass die Untersuchung darauf in 15 Fällen von Syringomyelie ein negatives Resultat ergeben habe, und Charcot fasst in einem Vortrage über die Syringomyelie mit Panaritium analgicum (Morvanecher Typus) die Resultate über das Bestehen der Gesichtsfeldeinengung bei Syringomyelie folgendermassen zusammen: „Die Einengung fehlte: 1. in 6 Fällen aus der Salpêtrière, 2. in dem Falle Charcot-Brissaud, 3. in 5 Fällen von Roth, 4. in 2 Fällen von Hoffmann,

---

[1]) Galezowski, Contracture hystérique de l'iris et du muscle accommodateur avec myopie consécutive. Progrès médical 1876, Nr. 3, pag. 39.

[2]) Compte-rendu du service ophthalmologique pour l'année 1888. Arch. de neurol. 1889, Nr. 71 u. 77, S. 447 u. 448.

[3]) Sur l'existence du rétrécissement du champ visuel dans la syringomyélie. Médecine moderne 1890, Nr. 36. — Mitteilungen an die Société de biologie, 12. Juli 1890.

[4]) Contribution à l'étude des syndromes hystériques simulateurs. 5. Teil, S. 197 u. ff. Paris 1891.

also zusammen in 14 Fällen. Sie war vorhanden: 1. in einem Falle von Roth, 2. in 7 Fällen von Déjérine und Tuilant, 3. in einem Falle von Oppenheim; das sind zusammen 9 Fälle. Von diesen sind 2, der von Roth und Oppenheim, abzuziehen, da bei ihnen gleichzeitig Hysterie bestand. Im ganzen stehen also 14 Fällen von Syringomyelie ohne Gesichtsfeldeinengung 9 Fälle mit Einengung gegenüber; von diesen ist sie bei zweien auf Hysterie zurückzuführen, bleiben 7, bei denen die Kombination mit Hysterie keine Erwähnung findet (Déjérine). Unter diesen findet sich ein Kranker, Schweiz . . ., der früher in der Salpêtrière behandelt wurde und bei dem zu jener Zeit keine Gesichtsfeldeinengung bestand, wie man in den Journalen ausführlich angegeben findet [1]).

Brianceau hat über diese Frage ausführlich gearbeitet [1]) und kommt zu folgenden Schlussfolgerungen, denen wir uns ohne Zögern anschliessen:

„In der Mehrzahl der Fälle von Syringomyelie bleibt das Gesichtsfeld normal.

„Wenn es eingeengt ist, so ist die Ursache irgendwo anders zu suchen als in der Höhlenbildung im Rückenmarke.

„Die so häufig mit der Syringomyelie assoziierte Hysterie ist die einzige Ursache der Gesichtsfeldeinengung (natürlich solche Fälle ausgeschlossen, bei denen es sich um ophthalmoskopische Veränderungen handelt.

„Die Gesichtsfeldeinengung ist also kein Symptom der Syringomyelie."

* * *

Gewissermassen um ihre Behauptung zu stützen, sagen Déjérine und Tuilant in einer Anmerkung zu ihrer Arbeit, dass Kast und Wilbrand die Gesichtsfeldeinengung unter 20 Fällen von Morbus Basedowii 20mal beobachtet haben [1]). Wir können dagegen anführen, dass während 15 Jahren in der Salpêtrière kein einziger Fall von Basedow'scher Krankheit mit Gesichtsfeldeinengung beobachtet wurde, ohne dass dabei Hysterie bestanden hätte Ausserdem ist nicht zu vergessen, dass Wilbrand fast überall Gesichtsfeldeinengung beobachtet, denn er hat dauernde oder temporäre Einengung gefunden bei „Neurasthenie, Hysterie, Hysteroepilepsie, Delirium tremens, Chorea, traumatischer Neurose und akuter Melancholie" [1]).

---

[1]) Siehe Progrès médical, Février 1891; Artikel von Guinon und Raichline; Charcot et Brissaud, Progrès médical, 24. Janvier 1891; Hoffmann, Innere Medizin 1891. Nr. 8, S. 186 und 189.
[1]) Contribution à l'étude du champ visuel dans la syringomyélie et la maladie de Morvan. Mai 1891, Thèse de Paris.
[1]) Congrès der Südwestdeutschen Neurologen in Baden-Baden, Juni 1890.
[1]) Wilbrand, Über neurasthenische Asthenopie und sogenannte Anaesthesia retinae. Archiv f. Augenheilkunde 1883, XII, S. 163 u. 173. — Ibidem, Über typische Gesichtsfeldanomalien bei funktionellen Störungen des Nervensystems. Jahrbuch der Hamburger Staats-Krankenanstalten 1890, I. Jahrg. Referat im Neurolog. Centralblatt 1891, Nr. 13, S. 465.

Nieden in Bochum hat einen Fall von Agoraphobie mit Einengung des Gesichtsfeldes veröffentlicht[1]), doch glauben wir, dass es sich in diesem Falle um Hysterie gehandelt hat. Es bestand übrigens auch die Insuffizienz der Konvergenz, die, wie wir noch sehen werden, von Parinaud häufig bei der Hysterie beobachtet wurde.

Man darf niemals vergessen, dass die Hysterie mit einer grossen Anzahl anderer organischer und nicht organischer Krankheiten, wie der Neurasthenie, Tabes, Friedreich'schen Krankheit[2]), häufig kombiniert ist und dass die bestehende Gesichtsfeldeinengung auf sie zurückgeführt werden muss.

* * *

Wir kommen nun zu einer Erkrankung, die differentialdiagnostisch die grösste Schwierigkeit macht und die sich, in bestimmten Grenzen allerdings, mit sensoriellen Störungen, besonders mit koncentrischer Gesichtsfeldeinengung, verbinden kann; es ist das die Epilepsie. Die Hysterie, eine von der Epilepsie absolut verschiedene Erkrankung, hat nichtsdestoweniger einige sehr eigenartige symptomatische Ähnlichkeiten mit derselben. Es giebt Hysterische, die hinfallen, wie vom Blitze getroffen, ebenso wie Epileptische, und es giebt hysterische Anfälle mit ganz denselben Symptomen, wie sie bei den epileptischen Attacken auftreten. Aber welcher Unterschied in der Natur der beiden Prozesse!

Der epileptische Anfall kann von Störungen seitens der Sensibilität und des Sensoriums gefolgt sein. Die Sensibilität der Haut kann mehrere Stunden nach dem Anfalle ganz aufgehoben sein; Charpentier[3]), Gowers, Russel[4]), Bennet beschreiben das Auftreten von vorübergehender Taubheit, Anosmie und Aufhebung der Geschmacksempfindung nach den Anfällen, und wenn letztere sich wiederholen, können diese Erscheinungen mehrere Tage lang bestehen bleiben[5]). In diesen Fällen beobachtet man auch Störungen von seiten der Augen, die als hysterische imponieren können. Thomsen und Oppenheim haben zuerst (1884) das Vorkommen von koncentrischer Gesichtsfeldeinengung bei der Epilepsie hervorgehoben[6]). Vor ihnen hatte Smoler schon die Aufmerksamkeit auf die Sensibilitätslähmungen besonders bei denjenigen Epileptischen gelenkt, die an Intelligenzstörungen leiden[7]).

[1]) Über Platzangst (Agoraphobie) und Gesichtsfeldbeschränkung. Deutsche medizinische Wochenschrift Nr. 18. 26. März 1891, S. 465
[2]) Gilles de la Tourette, Blocq. Huet, Cinq cas de maladie de Friedreich; Nouvelle Iconographie de la Salpêtrière 1888, Nr. 2 u. 31, Beobachtung 1 u. 3.
[3]) De quelques troubles morbides pouvant simuler l'épilepsie. Union médicale 1885
[4]) Cases of suspended cerebral function, occuring among the phenomena following epileptic fits. Medical Times and Gazette. 7. Januar 1883.
[5]) Siehe Ch. Féré, Les épilepsies et les épileptiques, 1890. Kap. XIV.
[6]) Über Vorkommen und Bedeutung der sensorischen Anästhesie bei Erkrankungen des centralen-Nervensystemes. Archiv für Psychologie 1884. Bd. XV.
[7]) Smoler. Zur Anästhesie etc. Prager Vierteljahrsschrift 1886, Bd. III u. IV.

Die beiden erstgenannten Autoren fanden transitorische und permanente Gesichtsfeldeinengungen; häufiger, wenn gleichzeitig psychische Störungen vorhanden waren. Von 94 Kranken zeigten nur 4 die transitorische Einengung, und von diesen nur ein einziger nach einem reinen epileptischen Anfall. Sie glauben, dass diese transitorische Anästhesie besonders mit den psychischen Störungen in Zusammenhange steht. Diese Ansicht wird auch von Hitier geteilt [1]), der den Einfluss der psychischen Anfälle als sehr gross annimmt. Abundo [2]) dagegen vertritt die Ansicht, dass die Einengung bei jeder Form des Anfalles ein fast konstantes Symptom der epileptischen Krisen sei. Ja, die permanente Einengung sei nichts als die Aufeinanderfolge transitoriscber Einengung bei schnell aufeinanderfolgenden Attaken. Diese Ansicht stimmt ziemlich genau mit der schon vorher von Tano und Compeyrat [2]) ausgesprochenen überein, die überdies noch gefunden hatten, dass die Amaurose in dem Intervalle zwischen den Krisen komplet sein kann, wenn diese schnell genug aufeinander folgen.

Die Frage nach dem Vorkommen dieser Gesichtsfeldeinengung nach rein konvulsiven Anfällen ist durch die Untersuchungen Finkelstein's [3]) und Féré's heute entschieden. • Der letztere äussert sich darüber folgendermassen: „Ich bin zu der Überzeugung gekommen, dass auf alle epileptischen Anfälle mit Verlust des Bewusstseins eine Amblyopie folgt, die man stets zu konstatieren in der Lage sein wird, wenn man frühzeitig genug untersucht. Ich habe diese Untersuchung wiederholt angestellt und habe sehr deutlich nach rein konvulsiven Anfällen eine Einengung gefunden; ich fand dieselbe stets, wenn ich die Kranken weniger als eine halbe Stunde nach dem Aufwachen untersuchte."

Diese Einengung ist von einer Herabsetzung der Sehschärfe sowie von Störungen des Farbensehens begleitet (Féré). Auch hat derselbe dreimal das gleichzeitige Bestehen „von deutlicher Anästhesie der Lider, der Conjunctiva und der Haut rings um das Auge, sowie von sehr komplizierten Sehstörungen und von Nystagmus" beobachtet. Die permanente Einengung des Gesichtsfeldes giebt Féré, ausser bei schnell aufeinanderfolgenden Anfällen, nicht zu.

Oppenheim und Thomsen fanden dagegen die temporäre Einengung nur viermal unter 94 Fällen, die permanente dagegen bei einem Drittel der Fälle. Ebenso beobachtete Pichon sie bei einem Drittel seiner Kranken, doch hebt er die unregelmässige Umgrenzung des Gesichtsfeldes hervor; ausserdem war bei mehreren Personen das Feld für Weiss normal und nur das für die Farben mehr oder weniger eingeengt.

Hitier, der besonders das Gesichtsfeld für Weiss feststellen wollte, untersuchte 87 Epileptische und fand nur dreimal eine permanente Ein-

---

[1]) De l'amblyopie.
[2]) Récerche cliniche sull' disturbi dell' vista nell' epilepsia. Giornale di Neuropatologia. Naples 1885.
[3]) Citiert von Pichon. De l'épilepsie dans ses rapports avec les fonctions visuelles. Thèse de Paris. 1885. S. 11.
[4]) Über Veränderungen des Gesichtsfeldes und der Farbenperzeption. Neurologisches Centralblatt 1885, S. 14.

engung, „ohne dass eine andere Ursache als die Epilepsie nachzuweisen war". H i t i e r berücksichtigte aber, so scheint es wenigstens, nicht, ob Myopie oder Hypermetropie vorlag, und man kann den Schluss ziehen, dass die permanente Einengung bei der Epilepsie nur selten vorkommt, besonders verglichen mit der temporären postparoxysmalen Einengung.

Das ist übrigens auch C h a r c o t's Ansicht, der sich folgendermassen darüber äussert [1]):

„In der grossen Mehrzahl der Fälle folgt die Einengung bei der Epilepsie erst auf den Anfall, doch kann es, wie eine Beobachtnng von H e i n e m a n n zeigt [2]), ausnahmsweise vorkommen, dass sie dem Anfalle als Aura vorhergeht und nach ihm wieder verschwindet. Bei unserem jungen Kranken ist die Sache aber ganz wie gewöhnlich, und die Einengung tritt am ausgesprochensten erst im Anschlusse an den Anfall auf. An den folgenden Tagen n i m m t d a s F e l d w i e d e r p r o g r e s s i v z u, doch dauert es mehr als vier oder fünf Tage, ehe der normale Zustand wieder zurückgekehrt ist. Man könnte, da die Anfälle rasch aufeinanderfolgen, etwa alle sechs oder acht Tage, die Einengung bei den Kranken als eine Art dauernder Erscheinung ansehen."

Das ist die Erklärung für die sogenannte permanente Gesichtsfeldeinengung bei der Epilepsie. Braucht man noch eine andere für diejenigen, welche getrennt von der Hysterie noch die Hysteroepilepsie, die traumatische Hysterie, die traumatische Neurose aufstellen, während die beiden letzten meist nur eine Kombination von Hysterie und Neurasthenie bei Personen männlichen Geschlechtes sind?

„Ein bekannter Neurologe, sagt C h a r c o t [3]), O p p e n h e i m in Berlin, hat die Ansicht ausgesprochen, dass man die Gesichtsfeldeinengung als Unterscheidung der Hysterie von der Epilepsie nicht verwerten könne, weil man sie auch bei Epileptischen fände. Nun, ohne Frage beobachtet man auch bei der Epilepsie eine Gesichtsfeldeinengung, und zwar, wie wir wissen, als vorübergehendes Symptom nach dem Anfalle. Ja, sie kann sich bei der Epilepsie als dauernde Erscheinung finden. Unter 74 Epileptischen, die ich im letzten Jahre (1888) mit Dr. P a r i n a n d daraufhin untersuchte, fand ich die Erscheinnng bei 11. Aber gleichzeitig fanden sich bei allen hysterogene Zonen, hysteroepileptische Anfälle oder Äquivalente derselben; folglich handelte es sich um eine Kombination der beiden Neurosen, um nichts anderes. Wenn Sie bei einem an multipler Sklerose oder an einer Myopathie leidenden Individuum eine Hemianästhesie oder Stigmata finden, glauben Sie dann, dass die Sklerose oder die Myopathie die Ursache sind? Keineswegs; die Hysterie kann sich mit einer Menge anderer Affektionen kombinieren, und besonders mit der Epilepsie [4]). "

[1]) Leçons du Mardi 1889. S 117 u ff.
[2]) Virchow's Archiv 1886, Bd. 102, H. 3.
[3]) Leçons du Mardi. 1889, pag. 423.
[4]) Siehe auch E. Moravcsik, Das hysterische Gesichtsfeld im wachen und hypnotischen Zustande. Original- Artikel im Neurologischen Centralblatte, 15. April 1890.

*   *

*

- 221 -

Die Membranen des Auges können nicht nur anästhetisch oder hyperästhetisch sein, sondern sie sind auch zuweilen der Sitz hysterogener Zonen. Es handelt sich um krampfhervorrufende (spasmogènes) und krampfhemmende (frenatrices) Zonen, welch' letztere schon lange durch das klinische Experiment bekannt sind; denn, wie man weiss, ist es eine der allgemein angewandten Methoden, die Anfälle durch Druck auf die Bulbi zu kupieren. Die Kenntnis der spasmogenen Zonen ist weniger bekannt. Wir haben selbst zwei Kranke beobachtet, bei denen Fixation oder Druck auf die Bulbi die konvulsiven Anfälle auslöste, und wir haben an anderer Stelle[1]) zahlreiche Beispiele dafür angeführt, bei denen die hypnotischen Manipulationen — die meist an den Augen ausgeführt werden — hysterische Anfälle anstatt der Hypnose hervorriefen, die man herbeiführen wollte. Es ist kein Zweifel, dass man in diesen Fällen hysterogene Zonen in Thätigkeit gesetzt hatte. Wo haben diese nun ihren Sitz, an der Cornea, Conjunctiva oder an den anderen Teilen des Auges? Das ist schwer zu sagen.

Lichtwitz citiert einen Fall, in welchem „die Conjunctiva, Cornea und der untere Thränengang der Sitz hysterogener, spasmogener und lethargogener Zonen waren". Das Verhalten der Teile selbst kann ein verschiedenes sein, sie können hyperästhetisch oder anästhetisch sein: wir wissen übrigens, dass bei der Hysterie diese anscheinend verschiedenen sensiblen Erscheinungen dieselbe nosologische Bedeutung haben.

In dem Falle von Lichtwitz, der deswegen sehr interessant ist, weil er den intimen Zusammenhang zwischen Hysterie und Hypnotismus zeigt, war die Conjunctiva palpebrae sup. des linken Auges anästhetisch, die Conjunctiva des unteren Lides und die Sklera hatten etwas Empfindung und gaben lebhafte Reflexe; die Cornea war sehr empfindlich.

„Die Conjunctiva und Cornea, die unteren Thränengänge und die Thränensäcke sind der Sitz hysterogener Zonen; die Einführung einer Sonde in die unteren Thränengänge rechts ruft einen kataleptischen, links einen lethargischen Zustand hervor. Wenn man versucht, in den Thränensack und den Canalis nasalis einzudringen, so tritt sogleich ein konvulsiver Anfall auf, der sich rechts an den kataleptischen, links an den lethargischen Zustand anschliesst.

„Kokaïn in die Augen geträufelt, macht die konjunktivalen und kornealen Zonen anästhetisch, aber es verändert nichts an den Zonen des unteren Thränenganges"[2]).

Hier haben wir eine vollständige Erklärung der Pathogenese gewisser konvulsiver Anfälle, wie sie bei Operationen am Sehapparate auftreten können[3]).

---

[1]) Gilles de la Tourette, L'hypnotismo et les états analogues au point de vue médico-legal. Plon et Cie. 2. Ed.. 1890
[2]) Lichtwitz, a. a. O., S. 124.
[3]) Dum, Hysterische Convulsionen nach Exstirpation eines Auges Archiv of ophthalmology, XX, 1, 1891.

In demselben Falle von Lichtwitz rief der leichte Druck des unteren Lides gegen den Bulbus den kataleptischen oder lethargischen Zustand hervor, und „wenn man die Conjunctiva oder die rechte oder linke Cornea weiter reizt, indem man etwas stärker drückt, so ruft man einen konvulsiven Anfall hervor“. Wir könnten mehrere derartige Fälle anführen, bei denen man eine Kombination hysterischer und hypnotischer Erscheinungen beobachtete.

Es giebt übrigens noch interessantere und in ihrer Pathogenese erst in den letzten Jahren erkannte Erscheinungen; es sind die Fälle von Hysterie mit Migraine ophthalmique. Hier scheint es sich auch um die Wirkung einer hysterogenen Zone zu handeln, die direkt am Auge oder an einer anderen Stelle des Körpers ihren Sitz hat, die aber mit dem Sehorgan in direkter Verbindung steht.

Genau bekannt ist der Zusammenhang der Migraine ophthalmique mit der Hysterie seit 1888, in welchem Jahre Charcot in seinen Dienstagvorlesungen einen Fall vorstellte[1]), mit dem sich Beobachtung I der interessanten Arbeit von Babinski beschäftigt, der daselbst auf die Bedeutung dieses Syndroms hinweist und eine Erklärung desselben giebt.

Zweifellos hatten vor Charcot und Babinski[2]) schon andere Autoren das Zusammentreffen von Migraine ophthalmique mit Hysterie beobachtet, aber es fehlte jede Erklärung und der direkte Zusammenhang zwischen den beiden Zuständen war nicht erkannt worden.

Fink hat in seiner jüngsten Arbeit[3]) die vor den Arbeiten Charcot's und Babinski's gemachten Beobachtungen zusammengestellt; es sind das besonders Fälle von Galezowski[4]), Féré[5]), Raullet[6]) und Robiolis[7]). Er selbst fügt zwei neue Beobachtungen hinzu.

Worin die Migraine ophthalmique besteht, ist bekannt. Einige Augenblicke vor dem Kopfschmerz tritt in dem Gesichtsfeld der Seite, auf der die Migräne ihren Sitz haben wird, ein Flimmerskotom auf, das sehr verschiedene Formen hat. Die Sehstörung dauert wenige Minuten bis eine halbe oder eine ganze Stunde; dann tritt der Schmerz auf. Der Bulbus scheint nach aussen gestossen oder im Gegenteile nach innen gepresst zu werden. Der Schmerz kann die entsprechende Kopfhälfte einnehmen und bis zum Nacken ausstrahlen. Zuweilen geht der Kopfschmerz auch den Störungen von seiten des Auges voraus. In der Regel endet der Anfall mit Erbrechen.

---

[1]) Leçons du Mardi à la Salpêtrière, 1887—1888. Poliklinik am 10. Januar 1888, S. 10.

[2]) Babinski, De la migraine ophthalmique hystérique; Archives de Neurologie 1890, vol. XX, Nr. 60, S. 305 u. ff.

[3]) Des rapports de la migraine ophthalmique avec l'hystérie. Thèse de Paris, Juli 1891.

[4]) De la migraine ophthalmique; Archives de médecine 1878.

[5]) Contribution à l'étude de la migraine ophthalmique. Revue de médecine 1881.

[6]) De la migraine ophthalmique. Thèse de Paris 1883.

[7]) Contribution à l'étude de la migraine dite ophthalmique. Thèse de Montpellier 1884, Nr. 4.

Es kann auch nur zu einem Abortivanfalle kommen, das heisst nur zu Skotom mit etwas Schmerzen.

Die Migraine ophthalmique kann nach Charcot mit Erscheinungen kombiniert sein, welche an die Epilepsia mitior erinnern: Gefühl von Taubsein im Arme, im Gesichte, epileptiforme Krisen. Ja, man beobachtet in diesen Fällen zuweilen eine wahre vorübergehende Aphasie, besonders wenn das Gefühl von Abgestorbensein oder die Perese auf der rechten Seite ihren Sitz haben. Dieses Syndrom der Migraine ophthalmique hat keineswegs stete eine gute Prognose; es kann beispielsweise den Beginn einer allgemeinen Paralyse anzeigen[1]). Man versteht daher, welche Bedeutung in einem solchen Falle die genaue Diagnose hat.

Die Migraine ophthalmique tritt nach Babineki unter der Form des akuten Anfalles auf, der entweder selbständig verläuft oder die Aura eines konvulsiven Anfalles bildet. Wir haben bereits gezeigt, dass dasselbe für die Gesichtsneuralgie gilt. Ausser den gewöhnlichen Prodromen eines jeden Anfalles, wie Klopfen in den Schläfen, Globus etc., beobachtet man fast immer das Bestahen einer hysterogenen Zone, von der aus der Paroxysmus direkt entstehen kann. Diese Zone kann am Auge selbst ihren Sitz haben, dann tritt der Schmerz direkt im Auge selbst auf, oder sie befindet sich am Scheitel, wo sie die Erscheinung des Clavus hystericus macht.

„Eine Viertelstunde lang, sagt Babinski (S. 319), empfinden die Kranken einen Schmerz am Scheitel, der sich von dort bis zum linken Orbitalrande auszudehnen scheint und sehr heftig wird; gleichzeitig entsteht ein Gefühl von Zittern in dem linken Nasenflügel und hieran schliesst sich eine Lichtempfindung." In einem anderen Falle bestand eine hysterogene Zone am sechsten Halswirbel; Druck auf dieselbe liess das Skotom sofort verschwinden. Endlich rief (Beobachtung 3 desselben Autors) Druck auf eine Zone am linken Ovarium das Skotom ebenfalls hervor.

Konvulsive Anfälle und Anfälle von Migraine ophthalmique können bei derselben Person getrennt auftreten; allerdings beobachtet man das nur in sehr seltenen Fällen. Die Anfälle erscheinen dann in bestimmten Perioden.

Wie erkennt man nun, ob die Migräne hysterischer Natur ist? Wenn sie die Aura eines konvulsiven Anfalles bildet, ist die Diagnose klar, und wenn die Aura der Migräne von einer als solche festgestellten hysterogenen Zone ausgeht, deren Kompression den Anfall auslöst, so ist die Schwierigkeit auch noch nicht grose.

Wenn aber die Migraine ophthalmique als erstes Symptom der Hysterie bei einer Pereon auftritt, welche schon an der echten Migräne gelitten hat[1]) und hei der die sonstigen Stigmata zweifelhaft sind, wie soll man da die richtige Diagnose stellen, oder wie zur richtigen Prognose gelangen, welche hei der hyeterischen Form günstig, bei der anderen

---

[1]) Charcot, Leçons sur les maladies du système nerveux; vol. III, 3. Vortrag.
[1]) Fink, a. a. O., S. 26.

sehr ungünstig ist, da die einfachste Migraine ophthalmique stets eine ebenso hartnäckige wie schmerzhafte Affektion ist? Da kann, nach unserer Ansicht, allein die Untersuchung des Urines die Frage entscheiden; die Migraine ophthalmique gehört ebenso wie die hysterische Pseudo-Meningitis zu den schmerzhaften Paroxysmen. Bei diesen gestattet die Analyse eine genaue Diagnose, wo das klinische Bild vollständig im Stiche zu lassen scheint.

Ein bei der Migraine ophthalmique häufig zu beobachtendes Symptom, das wir bis jetzt vernachlässigt haben, ist die Hemianopsie, welche auf das Flimmerskotom folgt, beide Augen betrifft und im allgemeinen homonym und lateral ist, sich nicht bis zum Fixierpunkte erstreckt und in einzelnen Fällen auch die obere oder untere Hälfte des Gesichtsfeldes involviert[1].

Existiert diese Hemianopsie auch bei der hysterischen Migräne und hat man sie je bei der Hysterie unabhängig von Migräne-Erscheinungen beobachtet?

Diese Frage ist nicht erst gestern aufgestellt worden, sie ist — oder besser war — eine der bestrittensten Fragen der Hysterie. Sie wurde 1882 von Féré bearbeitet[2], und zwar ohne dass er von dem Vorkommen einer hysterischen Migraine ophthalmique etwas wusste.

Féré erinnert daran, dass bei der hysterischen Hemianästhesie die visuellen Störungen nach Charcot in Achromatopsie und koncentrischer Gesichtsfeldeinengung ohne Hemianopsie bestehen. Man hat diese Ansicht lange ohne Einwand angenommen, aber Bellouard bemühte sich, zu zeigen[3], dass man auch bei hysterischer Hemianästhesie Hemianopsie beobachtet hat. Seine Argumente sind folgende:

1. Bei einigen Hysterischen ist nach Briquet[4] nur ein Teil der Retina amaurotisch, und zwar meistens eine der lateralen Hälften, die innere oder die äussere; die Kranken sehen dann nur die Gegenstände, deren Bild auf der gesunden Retinahälfte entsteht, während alles, was auf die andere Seite fällt, nicht gesehen wird. Diese Beobachtung, die beim ersten Anblick ganz richtig zu sein scheint, hat aber gar keinen Wert, da nicht gesagt wird, in welcher Weise untersucht wurde. Wenn wir die beiden Augen einer Hysterischen untersuchen, die an koncentrischer Einengung eines Gesichtsfeldes leidet und dieselbe abwechselnd von der einen und der anderen Seite sehen lässt, so erhält man fast dieselbe Antwort wie von einer ebenso untersuchten Hemianoptischen.

2. Galezowski, der sich mit dieser Frage beschäftigt hat, hat selbst oder durch seine Schüler festgestellt, dass die Hemianopsie sich ziemlich häufig bei der Hysterie findet. Nach Svynos ist sie auf der linken Seite häufiger etc[5].

[1]) Siehe: Sarda, Des migraines. Thèse de Paris, 1886, S. 87.
[2]) Contribution à l'étude des troubles fonctionels de la vision par lésions cérébrales. Thèse de Paris, 1882, S. 61 ff.
[3]) De l'hémianopsie précédée d'une étude d'anatomie sur l'origine et l'entrecroisement des nerfs optiques. Thèse de Paris, 1880.
[4]) A. a. O, S. 294.
[5]) Svynos. a. a. O.

Féré analysiert hierauf eine Beobachtung Svynos, eine derjenigen, die Galszowski als Hauptstütze seiner Ansicht von der hysterischen Hemianopsie angeführt hatte, und er zeigt, dass es sich nur um eine koncentrische Gesichtsfeldeinengung gehandelt habe. Er schliesst mit dem Satze: „Kurz, es ist bis jetzt nirgendwo erwiesen, dass bei den Hysterischen etwas anderes als eine Amblyopie mit Gesichtsfeldeinengung gefunden wurde. . . . Wir wollen nicht behaupten, dass die Hemianopsie bei einer Hysterischen nicht vorkommen kann, denn wir wissen, dass die sensorischen Störungen sehr umschrieben sein können, aber es scheint nicht, dass sie bis jetzt beobachtet worden ist."

Die im Verlaufe der 10 Jahre, die seit der Arbeit Féré's verflossen sind, in der Salpêtrière angestellten Untersuchungen haben seine Ansicht vollauf bestätigt. Bei den mit Migraine ophthalmique auf hysterischer Basis behafteten Kranken scheint die Hemianopsie jedoch klinisch vorkommen zu können, aber stets nur vorübergehend und nie dauernd. In der Litteratur existieren 13 Beobachtungen von Migraine ophthalmique bei Hysterischen, 9 von Fink und 4 von Babinski; bei 4 derselben wird Hemianopsie angegeben.

Bei einer hypnotisierbaren Kranken, bei der ein Anfall von Migraine ophthalmique durch Suggestion hervorgerufen wurde, nahm Parinaud während der Sitzung, „in dem Augenblicke, als die Kranke die Gegenstände nur halb sah", die Untersuchung der Augen vor. Das Gesichtsfeld war noch stärker eingeengt als sonst, aber die objektiven Zeichen der Hemianopsie fehlten.

Wie das nun auch sei, bei 13 Fällen von Migraine ophthalmique fand man viermal klinisch eine temporäre Hemianopsie.

Man kann also sagen, dass die Hemianopsie bei der hysterischen Migraine ophthalmique vorkommen kann, dass sie in diesen Fällen aber stets vorübergehend ist wie das Syndrom selbst. Und ferner scheint es, als ob die Hemianopsie durch eine temporäre Zunahme der koncentrischen Gesichtsfeldeinengung zustande käme, ohne dass es jedoch möglich ist, wegen der Seltenheit der Fälle genauere Angaben darüber zu machen [1]).

Auch Pitres teilt unsere Ansicht über die Seltenheit des Phänomens, während die koncentrische Einengung des Gesichtsfeldes eine der häufigsten sensoriellen Störungen der Hysterie sei.

Alles zusammen genommen können wir also sagen: Die koncentrische Gesichtsfeldeinengung für Weiss und die Farben stellt zusammen mit einigen sekundären Störungen der Akkommodation die hysterische Amblyopie mit allen ihren Varietäten dar.

---

[1]) Siehe: Greco aus Pisa, Ueber hysterische Hemianopsie. Morgagni, 1891. Nr. 8. Referat in: Union médicale, 16. Mai 1891.

---

9. Kapitel.

Hysterische Affektionen der Augenmuskeln.

Das Kapitel über die „hysterischen Affektionen der Augenmuskeln" [1]), die wir jetzt besprechen wollen, ist jedenfalls das schwierigste dieser ganzen Arbeit. Wir sind hier vor die Beantwortung einer Reibe von Fragen gestellt, unter denen die Differentialdiagnose zwischen der Lähmung und der Kontraktur nicht die wenigsten Schwierigkeiten macht. Die Erscheinungen bieten als Ganzes genommen bestimmte allgemeine Charaktere dar. So begleiten sie in der Mehrzahl der Fälle die bereits beschriebene Amblyopie, zuweilen zeigen sie sich aber auch allein — besonders eine derselben: der Blepharospasmus — als einziges Symptom einer rudimentären Form der Hysterie, von der besonders bei Kindern die häufigsten Beispiele zu finden sind.

Doch sind das Ausnahmen: am häufigsten findet man die Störung des Sehapparates bei ausgesprochener Hysterie, und oft sind die diagnostischen Schwierigkeiten sozusagen unüberwindlich. Die ganze Frage ist noch in voller Entwickelung und von früheren Arbeiten sind nur die in der Salpêtrière und der Klinik von Landolt angestellten Untersuchungen zu nennen.

* * *

Ehe wir zur Besprechung der Paralysen und Kontrakturen der äusseren und inneren Augenmuskeln übergehen, müssen wir einige Worte über die Erscheinungen sagen, welche durch Sensibilitätsstörungen im motorischen Augenapparate hervorgerufen werden können.

In der That werden nicht nur die Membranen des Auges anästhetisch, sondern zuweilen scheint die Anästhesie auf den motorischen Apparat selbst überzugehen, so dass ein Verlust des Muskelsinnes an den Augenmuskeln zustande kommt. So sagte Lebreton [2]), dass die Hysterischen die Bewegungen oder das Stillstehen der Gegenstände zuweilen übertrieben, zuweilen gar nicht sähen.

Ausführlicher äussert sich Szokalski [3]). Nach ihm „ist der Sinn für die Kontraktion der Augenmuskeln derart herabgesetzt, dass man in diesen Fällen am besten erkennen kann, wie die Motilität des Auges auch die Sehschärfe beeinflusst. Wenn auch neben der Anästhesie der Augenmuskeln gar keine Anästhesie der Retina besteht, so ist das Sehvermögen doch gestört durch den Ausfall des Muskelsinnes in den Augenmuskeln oder die Unfähigkeit, die Lage der gesehenen Gegenstände zu erkennen.

„Der Kranke scheint das Gefühl für die Höhe und Breite der Gegenstände, für das, was horizontal und senkrecht ist, verloren zu

---

[1]) Titel einer Arbeit von Borel über eine Anzahl von Beobachtungen, die er unter Landolt 1887 und 1888 an der Salpêtrière machte. Siehe: Archives d'ophthalmique Nr. 6, 1886. Nr. 2, 4, 1887. Annales d'oculiste. November und Dezember 1887.

[2]) Des différentes variétés de la paralysie hystérique. Thèse de Paris, 1868.

[3]) Hysterische Anästhesie, Prager Vierteljahresschrift 1851, S. 72.

haben. Er erkennt die Bewegnng nicht oder sieht sie übertrieben. Bei der Anästhesie der Angenmuskeln leiden auch die mimischen Bewegungen der Physiognomie in hohem Grade."

Borel hat in der Salpêtrière eine Reihe von Versuchen über den Verlust des Mnskelsinnes angestellt. Er giebt sehr richtige Gründe dafür an, warum diese Untersuchung nicht häufiger vorgenommen wird: „Der Verlust des Muskelsinnes in den Extremitäten, welcher die willkürlichen Bewegungen behindert, wird nur durch den Gesichtssinn korrigiert, der den Bewegungen die Richtnng angiebt; um daher diese sensorielle Paralyse zu untersuchen, müssen die Augen des Kranken geschlossen sein. Keinem Beobachter ist aber der Gedanke gekommen, dies bei der Untersuchung des Muskelsinnes am Auge zu berücksichtigen. Die Person erkennt an der Lage der umgebenden Gegenstände, nach welcher Seite ihre Augen gerichtet werden. Da in der Regel nnr eine Seite betroffen ist, bedarf es eines ganzen Aufwandes von Arbeit, um heranszubekommen, dass die Person von der Stellung ihrer Augen keine Ahnung hat. Jeder ausserhalb der Sehaxe befindliche Gegenstand, jedes indirekte Bild, das sich auf einer excentrischen Partie der Retina befindet, gibt schon seine Stellung an, ohne dass dazu der Muskelsinn in Thätigkeit zu treten branchte; auf diese Weise entstehen Irrtümer, die vermieden werden müssen."

Borel wählte daher zu seiner Untersuchung zwei Hysterische, einen Mann und eine Frau, die vollkommen anästhetisch waren und an allen vier Extremitäten keine Spur von Muskelsinn zeigten. Er liess die erste Person ein Auge schliessen und mit dem anderen in einen Tubns sehen, so dass die Wahrnehmung ihr bekannter Gegenstände ausgeschlossen wurde. Sie musste mit dem Auge den Bewegungen, die er die Axe des Tubus machen liess, folgen und nachdem er vorher die ursprüngliche Stellung des Auges festgestellt hatte, fragte er nun die Kranke nach der jedesmaligen Stellnng. Er erhielt stets unrichtige Antworten; sie wusste nicht, ob sie nach oben oder unten, nach links oder rechts sah. Es genügte, dass der Tubus genau auf das Auge passte und dass die Person keinen bekannten Gegenstand erkennen konnte, um dieselbe ganz aus der Fassnng zu bringen.

Bei der zweiten Person ergab die Untersuchung ein identisches Resultat. Als ausserdem bei derselben noch durch Suggestion eine Deviation der Augen nach rechts hervorgerufen wurde, war sie, wieder aufgeweckt, nicht imstande, anzugeben, nach welcher Seite die Angen gedreht waren.

„Der Ansfall des Mnskelsinnes kann also an den Augenmuskeln ebenso komplet sein wie an den Extremitäten." Nach Borel muss dieser Ausfall anch einen besonderen Einfluss auf die Funktionen des Ciliarmuskels haben.

＊　＊　＊

Diese letztere Bemerkung bringt nns auf einen anderen Punkt, anf die schon früher erwähnte monoknläre Polyopie nnd Mikromegalopsie, Erscheinungen, welche von einer Kontraktur des Akkommodationsmuskels abzuhängen scheinen. Wir wollen hier eine bis jetzt noch nicht veröffentlichte Bemerkung P a r i n a u d's anführen ¹), da besseres über diesen Punkt nicht gesagt werden kann.

„Am häufigsten ist bei der Hysterie der Brücke'sche Muskel affiziert. Die Kontraktur der Muskeln des Bulbus und des Orbicularis ist fast stets von derjenigen dieses Muskels begleitet, doch kommt sie auch allein vor. Häufig bleibt sie unbemerkt, weil die dadurch hervorgerufene Sehstörung durch die Amblyopie verdeckt wird. Fälle mit wenig ausgesprochener Amblyopie sind daher die günstigsten zum Studium dieser Störung.

„Die Kontraktur des Akkommodationsmuskels hat für das Sehen analoge Folgen wie die Myopie, das heisst, der Fernpunkt ist nicht mehr unendlich, sondern mehr oder weniger genähert. Aber die hysterische Kontraktur zeigt darin einen Unterschied von der Myopie, dass, da der Muskel im Zustande der Kontraktur unbeweglich ist, die Akkommodation gleich Null wird, dass also der Fern- und Nahpunkt zusammenfallen, und dass das Auge nur auf eine bestimmte Entfernung eingestellt ist. Hjedurch unterscheidet sich die hysterische Akkommodationskontraktur von derjenigen, die man bei einzelnen Refraktionsfehlern und besonders bei der Hypermetropie beobachtet, bei der die Akkommodation nicht ganz aufgehoben ist."

Die Kontraktur ist häufig sehr intensiv und der Punkt des deutlichsten Sehens sehr nahe an das Auge gerückt. Die Entfernung dieses Punktes ist übrigens bei demselben Grade von Kontraktur für das myopische Auge, wo er sehr nahe liegt, und das hypermetropische, wo er sehr weit liegt, verschieden. Ebenso hat das Alter Einfluss auf die Verhältnisse. Wenn die Kontraktur alt ist und Hypermetropie besteht, so bessern, wenn das Auge auf eine ziemlich weite Entfernung eingestellt wird, Konvexgläser das Sehen auf kleine Entfernungen, besonders beim Lesen. In derartigen Fällen kann man glauben, es mit einer Akkommodationslähmung zu thun zu haben, die, wie die anderen Lähmungen bei der Hysterie, sehr selten ist. Ich glaube, dass S t e f f a n, der zuerst die Akkommodationsstörungen bei Anästhesie der Retina beobachtet zu haben scheint, diesen Irrtum begangen hat. Bei 16 Fällen von Anästhesie der Netzhaut mit Einengung des Gesichtsfeldes, mehrere bei jungen Knaben, bestand fünfmal Akkommodationslähmung und fünfmal Akkommodationsspasmus ²).

„Diese Bewegungsunfähigkeit des Akkommodationsmuskels, die für die Hysterie ziemlich pathognomonisch ist, bedingt bei sehr ausgesprochener Kontraktur die für die Entstehung der monokulären Diplopie günstigsten Verhältnisse.

„Ich glaube gezeigt zu haben ³), dass diese Diplopie, die von der Mehrzahl der Autoren und neuerdings auch von mehreren englischen

---

¹) Aus der Arbeit für den Preis C i v r i e u x von 1883: Paralysies et contractures hystériques.
²) Ueber Anaesthesia retinae mit. koncentrischer Einengung des Gesichtsfeldes. Ophthalmologische Gesellschaft Heidelberg 1873
³) P a r i n a u d, De la polyopie monoculaire dans l'hystérie et les affections du système nerveux. Annales d'oculiste 1878.

Ophthalmologen [1]) mit einer sensoriellen Störung von rein nervöser Natur in Verbindung gebracht wird, ihren Sitz in dem Auge selbst hat und durch eine Refraktionsanomalie zustande kommt.

„Folgendes sind die Gründe dafür: Die monokuläre hysterische Diplopie ist stets mit Akkommodationsspasmus verbunden. Sie besteht nur diesseits und jenseits der Entfernung, für welche das Auge akkommodiert hat. Anstatt zweier Bilder entstehen zuweilen drei, was mit einigen der aufgestellten Theorien nicht übereinstimmt. Man kann die Diplopie durch ein passendes sphärisches Glas zum Verschwinden bringen, und wenn man einen kleinen Schirm langsam vor die Pupille schiebt, so verschwinden die Bilder successive.

„Man kann alle diese Besonderheiten leicht auf folgende Weise erklären: Die Linse ist kein vollkommen homogener Körper, vielmehr ist dieselbe aus einzelnen Segmenten aufgebaut, und dieser Aufbau sowie die bei der Akkommodation eintretenden Änderungen ihrer Krümmung machen sie einer Linse gleich, die in einzelne Segmente zerschnitten und dann wieder zusammengesetzt ist, ohne zusammengeschmolzen zu sein, derart, dass die Bilder der verschiedenen Segmente sich im gemeinschaftlichen Brennpunkte vereinigen, aber vor oder hinter demselben deutlich bleiben. Die normale Funktion der Akkommodation, infolge deren der Brennpunkt stets auf die Retina fällt, verdeckt diesen Fehler, aber bei bestimmten Akkommodationsstörungen wird er deutlich. So ruft Atropin für bestimmte Entfernungen monokuläre Polyopie hervor, indem es den Muskel immobilisiert und den segmentären Zustand der Linse durch die Steigerung der Krümmung mehr hervortreten lässt.

„Die Kontraktur des Akkommodationsmuskels und die monokuläre Polyopie treten besonders bei Hysterischen auf, die zu Muskelkontrakturen prädisponiert sind. Von diesem Standpunkte aus hat das Symptom nicht unbedeutende klinische Bedeutung.

„Wie der Blepharospasmus so werden auch, und zwar noch häufiger, die Akkommodationsstörungen bei der rudimentären Hysterie beobachtet. Viele Fälle von Asthenopie, die mit Uterinaffektionen oder anderen Ursachen in Verbindung gebracht werden, haben meiner Ansicht nach ihren Hauptgrund in einem der Hysterie mehr oder weniger nahe verwandten Zustande. Es giebt besonders eigenartige Fälle, die übrigens, ausser bei ausgesprochener Hysterie recht selten sind, nämlich diejenigen mit monokulärer oder wenigstens in einem Auge intensiverer Asthenopie, ohne dass der Refraktionszustand dafür eine Erklärung giebt. Man hat in einem solchen Falle stets an Hysterie zu denken.

„In den so häufigen Fällen von Akkommodationskrampf mit Refraktionsanomalien ist der Allgemeinzustand von nicht geringem Einflusse. Myopie infolge von Kontraktur wird besonders bei nervösen Kindern beobachtet, und es genügt nicht allein, den Refraktionsfehler zu korrigieren.

„Manche Fälle von traumatischer Kontraktur der Akkommodation haben ihre Hauptursache zweifellos in einer ähnlichen Prädisposition,

---

[1]) Ophthalmological Society 1881.

und nach Charcot muss man bei einer Kontraktur, die im Anschlusse an ein zuweilen unbedeutendes Trauma entsteht, immer an Hysterie denken."

Auf die Akkommodationskontraktur führt Parinaud auch die Mikromegalopsie zurück, das heisst die Erscheinung des Kleiner- oder Grösserwerdens eines Gegenstandes, wenn man denselben von dem Auge entfernt respektive ihm nähert. Diese Mikromegalopsie besteht, wie wir beobachten konnten, bei der hysterischen Amblyopie fast konstant; sie hängt mit der Akkommodationskontraktur zusammen, ist aber häufiger als die monokuläre Polyopie, welche ebenfalls auf derselben beruht, aber eine grössere Intensität derselben und noch einzelne sonstige Besonderheiten aufweist [1]).

* * *

Wir wollen nunmehr zur Besprechung der Lähmungen und Kontrakturen der äusseren Augenmuskeln übergehen, und zwar werden wir die letzteren zuerst vornehmen, da die ersteren, wie noch zu zeigen sein wird, etwas problematisch sind.

Der bei der Hysterie am häufigsten affizierte Augenmuskel ist der Orbicularis palpebrarum. Schon Hocken hatte, wie wir früher sagten, 1844 die grosse Häufigkeit einer Kontraktur bei der hysterischen Amblyopie hervorgehoben. Nach ihm sind die Symptome der hysterischen Amaurose folgende: „Verlust des Sehvermögens gleichzeitig auf beiden Seiten; spasmodische Kontraktion der Musculi orbiculares, besonders bei lebhaftem Lichte, und wenn man die Lider öffnen will; Photophobie und Epiphora; mehrweniger kontrahierte Pupillen, je nach der Stärke des Lichtes und der Erregung der Retina. Mit Ausnahme der funktionellen Störungen und der spasmodischen Kontraktion der Lider ist an den Augen nichts abnormes zu sehen." Augenscheinlich hat Hocken die Kontraktur des Orbicularis mit Hyperästhesie der Conjunctiva und Cornea, mit Photophobie und Epiphora beobachtet; es ist das eine häufige Form von hysterischer Kontraktur, aber daraus einen habituellen Zustand der hysterischen Amaurose zu machen, ist, wie schon Landouzy 1846 zeigte, nicht richtig.

Giebt es auch eine Lähmung des Orbicularis? Die Frage ist, wie wir noch sehen werden, viel diskutiert worden; es scheint aber bloss Blepharospasmus vorzukommen.

Der Blepharospasmus wird durch verschiedene Faktoren hervorgerufen; so kann er wie die übrigen hysterischen Kontrakturen plötzlich im Anschlusse an einen Anfall auftreten. Wir haben selbst einen derartigen Fall beschrieben [2]).

Eine leichte Affektion der Conjunctiva kann bei einer Hysterischen den Blepharospasmus herbeiführen. So trat bei einem jungen Mädchen

---

[1]) Morax, Compte-rendu du service ophthalmologique de M. le docteur Parinaud à la Salpêtrière pour l'année 1888. Arch. de neurol. 1889, S. 437. — Parinaud, De l'anesthésie de la rétine, 1886.

[2]) Gilles de la Tourette, De la superposition des troubles de sensibilité et des spasmes de la face et du cou chez les hystériques Beobachtung I.

(Lasègue)[1]), dem einige Körnchen Sand in's Auge geflogen waren, eine unbedeutende Conjunctivitis und im Anschlusse daran eine Kontraktur des Orbicularis auf, die mehrere Monate bestehen blieb, auch dann noch, als jede Spur der Conjunctivitis verschwunden war. Alle Therapie war nutzlos; plötzlich verschwand die Kontraktur während einer Nacht von selbst, ohne wiederzukehren. Später zeigten sich bei dem Mädchen charakteristische hysterische Anfälle.

Der Einfluss der hyperästhetischen und hysterogenen Zonen auf die Entstehung des Blepharospasmus ist nicht mehr zu bezweifeln. So hat A. Graefe einen Fall von Spasmus palpebralis von zweifellos hysterischer Natur beobachtet[2]), der bei Druck auf die Austrittsstelle des N. supra- und infraorbitalis verschwand, ein Effekt, der auch durch Druck auf bestimmte Stellen des Gesichtes, des Kopfes, des Nackens und der Schulter eintrat.

Zehender hat eine Beobachtung beschrieben[3]), die er an einem jungen Mädchen machte, das plötzlich von einem intensiven Blepharospasmus befallen wurde, den man durch Druck auf bestimmte Punkte, wie den obersten Halswirbel, das Occiput, die Dornfortsätze der oberen Brustwirbel und besonders auf die linke Regio parasternalis intensiver machen konnte. Aber es existierte kein Punkt, von dem aus man den Spasmus zum Verschwinden bringen konnte. Druck auf die Vereinigungsstelle von Coronal- und Lambdanaht rief sehr heftige Reflexspasmen hervor. Die Bepinselung der oberen Cervicalwirbel mit Jodtinktur führte nach 6 Monaten eine Besserung herbei. Die Spasmen hörten auf, und man konnte einen Zustand, sehr ähnlich der paralytischen Ptose, konstatieren, doch handelte es sich nach Verfasser nicht um eine Lähmung — beobachten wir das wohl — sondern um einen tonischen Krampf des Orbicularis.

Seeligmüller hat einen ähnlichen Fall beschrieben[4]). Es handelte sich um eine 50jährige Bäuerin, bei der stündlich 2—10 Anfälle von tonischem Spasmus des Orbicularis auftraten, die man auch durch Druck auf die hinteren unteren Molarzähne, auf die Supraorbitalgegend, auf die Querfortsätze des oberen Halswirbels, das obere Halsganglion des Sympathicus, den Brachialplexus und den Dornfortsatz des achten Brustwirbels auslösen konnte.

Der hysterische Blepharospasmus zeigt sich also entweder spontan; so wird er bei einer hysterischen Person durch eine leichte Conjunctivitis hervorgerufen, oder man kann ihn durch Druck auf eine hysterogene Zone in der Nachbarschaft hervorrufen. In einem von uns beschriebenen Falle liess Druck mit einem Taschentuche auf die Orbitalgegend den Spasmus sofort verschwinden[5]).

[1] Des hystéries periphériques. Archives générales de médecine. Juni 1878.
[2]) Klinische Mitteilungen über Blepharospasmus. Archiv für Ophthalmologie 1871, XVI, 1, S. 90.
[3]) Blepharospasmus von einjähriger Dauer; temporär geheilt durch äussere Anwendung von Jodtinktur. Klin. Monatsschrift für Augenheilkunde. 1875, XIII, S 293.
[4]) Ueber intermittirenden Blepharospasmus. Klinisches Monatsblatt für Augenheilkunde, 1871, S. 203—215.
[5]) Gilles de la Tourette, De la superposition etc. Beobachtung 6.

Der Blepharospasmus kann klonisch und tonisch sein oder auch in der Form auftreten, die Parinaud als Ptosis pseudoparalytica bezeichnet hat.

Am häufigsten wird vielleicht der klonische Blepharospasmus beobachtet, aber er hat auch die kürzeste Dauer. Schon Bernutz gab ein beständiges Blinzeln mit den Lidern bei Hysterischen an [1]); und nach Charcot ist es ein bei dem hysterischen Anfalle fast konstantes Symptom. Man sieht es besonders gut bei den hysterischen Schlafanfällen. Es besteht in einer andauernden Vibration der ganz oder halb geschlossenen Lider von geringer Intensität, auf die man besonders achten muss, um sie zu konstatieren. In diesen Fällen kann der klonische Blepharospasmus zur Unterscheidung von der hypnotischen Lethargie dienen, bei der man ihn nicht oder wenigstens viel seltener beobachtet.

Er ist stets doppelseitig; unterdessen hat Parinaud diese successiven Spasmen unter der Form von fibrillären Zuckungen auch bei einseitigem Spasmus beobachtet. Es ist das ein wichtiges Element für die Diagnose der pseudoparalytischen Ptose.

Der tonische Blepharospasmus tritt ein- oder doppelseitig auf. Es giebt zwei klinisch getrennte Formen desselben, eine schmerzhafte und eine schmerzlose.

Bei der ersteren scheint Doppelseitigkeit die Regel; doch ist der Spasmus häufiger auf einer Seite besonders ausgesprochen. In diesen Fällen ist die Kontraktur stets sehr energisch und die Haut der Lider ist stark gefaltet. Nur mit Mühe ist eine Öffnung des Auges passiv auszuführen, und auch der Kranke vermag häufig nur nach mehreren vergeblichen Versuchen das Auge zu öffnen oder die Lidspalte nur sehr kurze Zeit und unvollkommen geöffnet zu halten, denn fast immer besteht eine mehr oder weniger intensive Photophobie mit Thränenträufeln. Parinaud giebt auch noch Schmerzen rings um die Orbita an, welche mit einem besonderen lokalen Zustande der Hautsensibilität im Zusammenhange stehen, auf den wir gleich noch kommen werden.

Der schmerzlose tonische Blepharospasmus ist häufiger einseitig zu beobachten. Wir entnehmen die Beschreibung desselben, die fast alles bemerkenswerte enthält, einer unserer früheren Arbeiten [2]).

Wenn man das Gesicht der im wachen Zustande befindlichen Kranken untersucht — sagten wir damals — so bemerkt man, dass das linke Auge ganz geschlossen ist, und zwar infolge einer aktiven Kontraktur des Orbicularis. Das obere Lid ist stark gefaltet. Giebt man der Kranken auf, das Auge zu öffnen, so bemerkt man, dass alle Versuche nur zu leichten Kontraktionen des Orbicularis führen, welche den Schluss noch verstärken. Übrigens wird das obere Lid von Zeit zu Zeit von spontanen konvulsiven Bewegungen in Erregung versetzt, von Zuckungen, die zunehmen, sobald der Versuch gemacht wird, das Auge zu öffnen. Dasselbe bleibt auch geschlossen, wenn die Kranke auf dem

[1]) Bernutz, Artikel „Hysterie" in Nouv. Dict. de méd. et de chir. pratiques. 1874, vol. XIX.
[2]) Gilles de la Tourette, De la superposition etc. Beobachtung 1.

Rücken liegt, den Kopf tiefer als den übrigen Körper. Der Schluss des Auges ist übrigens nicht allein vollständig, sondern das obere Lid ragt auch über das untere hervor, wodurch die aktive Beteiligung des Orbicularis deutlich hervortritt. Wenn man übrigens das obere Lid zu heben versucht, fühlt man einen, wenn auch nicht grossen, so doch immer sehr wohl bemerkbaren Widerstand.

Das sind die verschiedenen Charaktere, die, wenn auch in schwächerem Grade, bei der dritten der von Parinaud als Ptosie pseudoparalytica beschriebenen Form des Blepharospasmus zu finden sind. Parinaud wählte diese Bezeichnung, weil die bei dem tonischen Spasmus erzeugte Faltung der Haut sozusagen gar nicht existiert und weil der Kranke, wenn man ihm aufgiebt, die Augen zu öffnen, unwillkürlich den Kopf hintenüber neigt. Man sieht dann, dass der Frontalis sich energisch zusammenzieht, um die Bewegungslosigkeit des Lides zu überwinden, gerade wie das bei der paralytischen Ptose der Fall ist. Dagegen beobachtet man im Gegensatze zu dem, was bei letzterer zu sehen ist, dass das obere Lid das untere sehr genau wieder bedeckt, und wenn man es mit dem Finger hebt, so fällt es energischer zurück, als wenn es sich um eine schlaffe Lähmung handelt. Endlich kann man die konvulsiven Zuckungen des oberen Lides beobachten, die wir bereits beim tonischen Spasmus beschrieben haben.

Charcot hat neuerdings auf ein anderes objektives, sehr wichtiges Zeichen hingewiesen[1]), an dem man den Spasmus von der Lähmung unterscheiden kann. Dasselbe besteht in dem Tieferstehen der Augenbraue auf der Seite des Spasmus. Bei der paralytischen Ptose steht die Augenbraue im Gegenteile auf der erkrankten Seite höher als auf der normalen, eine Behauptung, die Landolt bestätigt hat.

Wenn wir so die Elemente der Differentialdiagnose zusammenfassen und es als gegeben ansehen, dass man das Bestehen einer Lähmung des Orbicularis bei der Hysterie bis jetzt noch nicht nachgewiesen hat, so hat man alles Interesse, vom prognostischen Standpunkte aus festzustellen, dass bei der Anwesenheit von Spasmus hysterischen Ursprunges die Prognose gut ist, während eine paralytische Ptosis fast immer für das Bestehen einer organischen Läsion spricht.

Endlich haben wir bei dem hysterischen Blepharospasmus ein anderes und, wie wir glauben, fast pathognomonisches Symptom, das wir auch bei Spasmen der anderen Muskeln des Gesichtes und Nackens beobachten können, die unter dem Einflusse der Neurose entstanden sind, wir meinen das Nebeneinanderbestehen von Sensibilitätsstörungen und Spasmus.

Bei dem nicht schmerzhaften Spasmus des Orbicularis palpebrarum besteht eine anästhetische Zone, die das Auge und die Regio periorbitalis in einem Umkreise von 2 Centimetern von der Orbita umgiebt (Fig. 26, 27). Die Conjunctivae palpebrarum et bulbi sind fast ganz anästhetisch, nur die Cornea behält ihre Sensibilität, aber nur an einer Stelle, und zwar meist am inneren Abschnitte.

---

[1]) Sur un cas d'hystérie simulatrice du syndrome de Weber. Leçon recueillie par Souques. Archives de neurologie. Mai 1891, vol. XXI, Nr. 63

Bei dem schmerzhaften Blepharospasmus mit Photophobie haben wir dieselbe cirkuläre Zone, ebenso die sensiblen Störungen an den Conjunctiven, dieses Mal allgemein, aber an Stelle der Anästhesie besteht Hyperästhesie (Fig. 28, 29). Durch diese Hyperästhesie werden auch die periorbitalen Schmerzen erklärt, sowohl die spontanen wie die durch einfaches Streichen über die Haut hervorgerufenen.

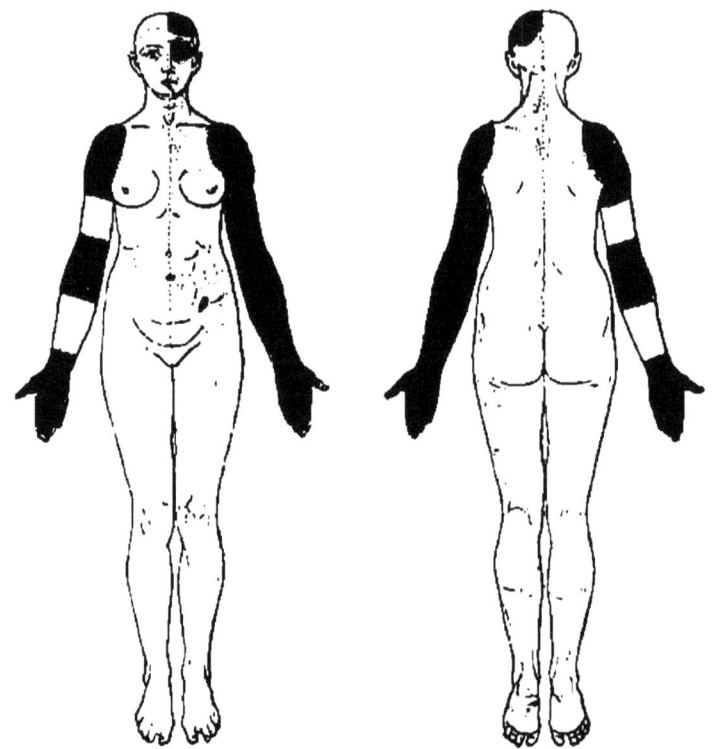

Fig. 26 und 27. Nebeneinanderbestehen von Anästhesie und Blepharospasmus. Bei der Kranken besteht ausserdem noch Anästhesie in geometrischen Gebieten mit Hyperästhesie bei Berührung in Verbindung mit Arthralgien. (O. T.)

Diese Phänomene sind den Sensibilitätsstörungen „in geometrischen Gebieten" analog, die sich an die Funktion anschliessen und nach Charcot und Féré von der Verteilung der peripheren Nerven unabhängig sind.

Der Sitz des hysterischen Blepharospasmus ist also central. Beweis dafür ist noch, dass wir ihn mit Borel[1]) bei mehreren hysterischen

---

[1]) Affections hystériques du muscles oculaires et leur reproduction par la suggestion hypnotique. Op. cit. S. 11.

und hypnotisierbaren Kranken durch die Hypnose hervorrufen konnten. Waren dieselben hemianästhetisch, so sah man, wenn man auf der gesunden Seite operierte, gleichzeitig mit dem Spasmus in dem vorher sensiblen Orbitalgebiete die oben beschriebene cirkuläre anästhetische Zone auftreten.

Welche Form der Blepharospasmus auch hat, er ist fast immer mit anderen Störungen des Sehapparates assoziiert. Wir könnten sogar

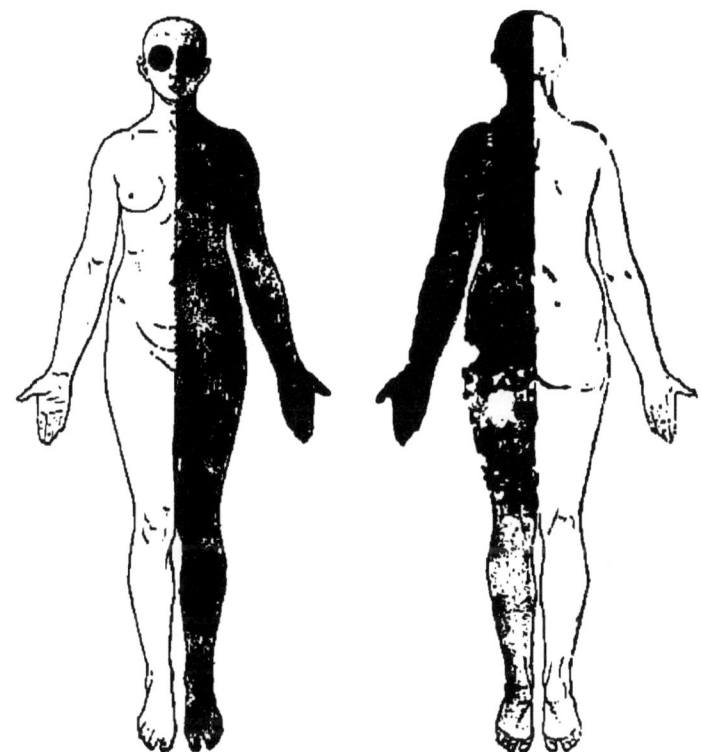

Fig. 28 und 29. Nebeneinanderbestehen von Hyperästhesie und Blepharospasmus. (O. T.)

sagen, dass alle schon früher beschriebenen Erscheinungen von Amblyopie, die Dyschromatopsie, Einengung des Gesichtsfeldes ihm vorhergehen, ihn begleiten oder auf ihn folgen. Der Spasmus ist überhaupt meist nur ein vorübergehendes Symptom, während die Amblyopie zu den dauernden Stigmata gehört. Wir sprechen, wohlverstanden, nicht von der Photophobie und der Epiphora, die nur Begleiterscheinungen der schmerzhaften Kontraktur des Orbicularis sind.

Endlich können gleichzeitig noch Kontrakturen oder Lähmungen der Extremitäten bestehen, die in manchen Fällen diagnostisch sehr wichtig sind. Wir werden dieselben bald bei der Besprechung eines von Charcot beobachteten Falles erwähnen.

Das, was uns hier besonders interessiert, ist, dass der tonische Blepharospasmus, der häufigste von allen, häufig mit einer Kontraktur der Muskeln des Bulbus kombiniert ist, wodurch die in solchen Fällen häufig zu beobachtende Diplopie erklärt wird.

In einem früher von uns veröffentlichten Falle begleitete die Kontraktur des Orbicularis einen Spasmus glosso-labialis und hörte auch mit diesem auf, wenn man auf die Orbitalgegend einen Druck ausübte.

In einem von Vulpian beobachteten und von Barou beschriebenen[1]) Falle bestand doppelseitiger hyperästhetischer Blepharospasmus mit heftigem Stirnschmerze. „Wenn man die geschlossenen Lider öffnete, so sah man die Cornea sich nach oben und unten zu dem inneren und äusseren Augenwinkel hin begeben und an jedem Punkte ungefähr 10 Sekunden verweilen. Die Bewegungen geschahen in beiden Augen in gleicher Richtung, und es war unmöglich, dass die beiden Corneae sich in der Richtung der Sehaxe befanden“. Alle diese spastischen Erscheinungen verschwanden nach einigen Tagen plötzlich und nur der periorbitale Schmerz blieb weiter bestehen.

Fonseca beschreibt[2]) zwei Fälle von klonischem und tonischem Blepharospasmus mit gleichzeitigem Spasmus der übrigen Augenmuskeln und dadurch hervorgerufenem Strabismus und Diplopie.

In dem schon früher erwähnten Falle von A. Graefe bestand einseitiger Blepharospasmus mit Kontraktur des M. rectus intern. und Akkommodationskrampf mit einer periodisch zunehmenden Ciliarneuralgie und Thränenträufeln.

Landesherg[3]) beobachtete bei einem 13jährigen Knaben eine Kontraktur des Orbicularis mit Akkommodationskrampf, durch den eine starke Myopie verursacht wurde; es bestand eine spastische Kontraktur des Rectus internus und starke Behinderung der Bewegung nach aussen. Die Sehschärfe war herabgesetzt; ausserdem war der Kranke hemianästhetisch. Die Sehschärfe kehrte vollständig zur Norm zurück, und gleichzeitig verschwanden die Kontrakturen.

Cuignet[4]) sah bei einem 19jährigen Mädchen eine Amblyopie, die mit Strabismus convergens mit Doppeltsehen oder mit Blepharospasmus abwechselte, und Saint Ange[5]) beschreibt die Assoziation von Blepharospasmus mit absoluter Blindheit und Myosis.

In den vorstehenden Fällen, die wir nach Borel zitieren, bestand eine Kontraktur der Muskeln des Auges mit Einschluss des Orbicularis.

---

[1]) A. a. O. S. 16.
[2]) Neuropathia ocular hysterica. Arch. ophth. da Lisboa 1884, Nr. 4; ibid. Mai-Juni 1882.
[3]) Affections de l'oeil dépendant de l'hystérie. Journal of nervous and mental diseases, vol. XIII. Nr. 2. Februar 1886.
[4]) Névralgie ciliaire et perversions visuelles hystériques. Recueil d'ophthalmologie 1873, pag. 34.
[5]) Contribution à l'étude de la cécité hystérique. Revue médicale de Toulouse 1884. Nr. 6.

Dagegen scheinen die Verhältnisse in einem ebenfalls von Borel zitierten Falle Harlan's [1] anders gewesen zu sein. „Bei einem 16jährigen Mädchen bestand eine ziemlich starke Mydriasis, Lähmung der Akkommodation mit intermittierendem und heftigem Blepharospasmus; ausserdem litt die Kranke an monokulärer Amblyopie, centralem Skotom und Eineugung des Gesichtsfeldes."

In dem Falle Harlan's haben wir Lähmungserscheinungen von seiten des Constrictor iridis, ferner ein centrales Skotom, ein noch selteneres Symptom vielleicht als die Mydriasis.

Wir wollen hier eine Bemerkung Charcot's anführen, die er bei Vorstellung eines wenig typischen Blepharospasmus machte [2]: „Wie soll man beim Fehlen der gewöhnlichen Charaktere erkennen, ob es sich um einen Spasmus oder eine Paralyse der Augenmuskeln handelt? Es ist das eine schwierige und schwer zu beantwortende Frage. Fragen Sie darüber die Augenärzte und Sie werden sehr häufig nur eine verlegene und wenig zufriedenstellende Antwort erhalten. Lassen Sie mich Ihnen deshalb einen Fall vortragen, dessen ich mich erinnere. Vor acht Jahren führte man mir ein junges Mädchen zu, die seit einiger Zeit an heftigen Kopfschmerzen und Ptosis litt. Nach vergeblichem Fahnden auf hysterische Stigmata dachte ich an eine organische Läsion. Ich sandte sie zu einem sehr bedeutenden Augenarzte, der sie mir mit der Diagnose ‚Paralyse des dritten Nervenpaares, geringe Entfärbung der Papille‛ zurückschickte. Sie sehen hier die Verlegenheit, in die ein Arzt kommen kann, wenn er den Angehörigen Diagnose und Prognose mitteilen soll. Glücklicherweise that ich nichts; die ophthalmoskopische Untersuchung hatte mich nicht überzeugt, und indem ich den Allgemeinzustand, die Antecedentien etc. berücksichtigte, blieb der Gedanke an eine mögliche Hysterie bei mir bestehen. Und der Ausgang hat mir thatsächlich Recht gegeben; nach einiger Zeit trat Heilung sowohl der Ptosis wie der Paralyse ein.

„Ich erwähne diesen Fall nicht, um Sie vor den Fehlern der Augenärzte zu warnen, sondern bloss, um Ihnen zu zeigen, wie schwierig die Unterscheidung zwischen Spasmus und Lähmung des Orbicularis sein kann."

Der Fall, den Charcot in seiner Vorlesung vorstellte, um daran zu zeigen, wie wichtig es ist, darüber klar zu sein, ob die Erscheinungen vom Orbicularis oder vom Levator palpebrarum ausgehen, ob es sich also um eine Kontraktur oder eine Lähmung handle, mag auch uns hier als Beispiel dienen.

Es handelte sich um ein 18jähriges Mädchen, „das seit einigen Jahren über Herabhängen des linken oberen Lides klagte und gleichzeitig zuerst eine Parese, dann eine vollkommene Paralyse der Extremitäten der rechten Seite gehabt hatte. Das Nebeneinander-

---

[1] Case of hysterical blindness with violent blepharospasm and mydriasis relieved by mental impression. Transact. of the American ophth. Soc. 1884 und: New York med. Journ., 26. Juli 1884.

[2] Sur un cas d'hystérie simulatrice du syndrome de Weber. Op. cit. Archives de neurol. Mai 1891, pag. 326.

bestehen der beiden Erscheinungen, rechtsseitige Hemiplegie und linke-
seitige Ptosis, machte ganz natürlich den Eindruck, als wenn es sich
um eine a l t e r n i e r e n d e L ä h m u n g handelte, wie sie zuerst von einem
deutschen, in England lebenden Arzte, H. W e b e r, beschrieben wurde,
dem wir eine sehr interessante Arbeit über die Pathologie des Hirn-
schenkels verdanken [1]".

Nach einer Reihe von Betrachtungen und Schlüssen, die wir hier
nicht wiederholen können, konnte C h a r c o t zeigen, dass es sich bei
seiner Kranken um einen Blepharospasmus und nicht um eine Lähmung
des dritten Hirnnerven handelte. Umsomehr, wie er hinzufügte, als bei
der Hemiplegie, welche das Syndrom W e h e r's begleitet, „wie bei der
kapsulären Hemiplegie, der untere Facialis und der Hypogloseus gewöhnlich beteiligt sind und diese Läsion sich an der Lähmung des unteren
Facialis und der Abweichung der Zunge nach der Seite der Hemiplegie
der Extremitäten hin erkennen lässt", während bei unserem Falle das
Gesicht von der Lähmung verschont blieb, was bei der Hysterie die
Regel ist. Endlich verschwand die Lähmung der Extremitäten, nachdem
sie mehr als ein Jahr bestanden hatte, plötzlich wieder, und an Stelle
der damals vorhandenen ausgesprochenen Hemihyperästhesie besteht jetzt
eine Hemianästhesie, deren hysterische Natur nicht zu verkennen ist.

So wurde aus der paralytischen Ptose ein Blepharoepasmus, und
die lange Zeit angenommene organische Läsion musste der dynamischen
Störung, wie sie die Hysterie hervorbringt, Platz machen.

Im Jahre 1889 hatten wir Gelegenheit, zusammen mit Professor
T e x o in Buenos Ayres einen 63jährigen Kranken zu beobachten, welcher
nach einem Anfalle, den der in aller Eile herbeigerufene Arzt als apo-
plektisch bezeichnet hatte, l i n k s s e i t i g e Ptosis (mit Diplopie und vollständiger Amaurose), begleitet von einer r e c h t s s e i t i g e n unvollständigen Hemiplegie, darbot. Der Kranke war syphilitisch, und obgleich er
fünf gesunde Kinder hatte, konnte man doch an einen syphilitischen
Herd im Bulbus denken. Durch die zweite Untersuchung konnten wir
uns aber überzeugen, dass gar keine Lähmung des Levator existierte,
sondern dass es sich um eine pseudoparalytische Ptose mit gleichzeitiger
cirkulärer Anästhesie handelte. Neben der Hemiplegie bestanden Hemi-
dnästhesie, Spasmus glosso-labialis und Störungen des Geschmackes und
aes Geruches auf derselben Seite. Es handelte sich also um einen hysterischen Anfall von a p o p l e k t i s c h e r F o r m. Die Umgebung des Kranken
war, wie sich denken lässt, verzweifelt; er selbst, überzeugt, für immer
gelähmt zu sein, hütete das Bett. Wir zwangen ihn, fast mit Gewalt,
aufzustehen und überredeten die Angehörigen, dass es sich nur um
nervöse Erscheinungen handle. 15 Tage später waren die Störungen von
seiten der Augen sämmtlich verschwunden und ein einmonatlicher Aufenthalt in einer Kaltwasserheilanstalt führte die vollständige Beseitigung
der Paralyse herbei.

Wir betonen, dass wir fast unmittelbar nach dem Auftreten des
Blepharospasmus und der anderen Erscheinungen den Kranken zu Ge-

---

[1] A contribution to the Pathology of the Crura cerebri. Med. Chirurg. Trans-
actions 1863.

sicht bekamen; denn nach der von Charcot aufgestellten Regel gilt
für den Orbicularis sowobl wie für die anderen Muskeln, dass „man
Koutrakturen niemals Zeit lassen darf, sich auszuhilden".

Nicht immer verschwindet aber die Kontraktur des Orbicularis so
schnell. In dem von Charcot beobachteten Falle bestand sie mehrere
Jahre, uad in zwei von uns beschriebenen Fällen blieb sie länger als
ein Jahr bestehen.

Doch hindert dieses lange Bestehen nicht, dass der Blepharospasmus, wie alle anderen hysterischen Erscheinungen, ebenfalls so
plötzlich verschwinden kann, wie er gekommen ist, auch ohne Behandlung, wenigstens ohne eine aktive blutige Einwirkung.

Wir müssen daher der Neigung der Chirurgen, in derartigen Fällen
operativ einzugreifen, entgegentreten. Panas[1], Pflüger[2] und
A. Graefe[3] haben unseres Wissens allerdings durch Debnung oder
Exzision des N. supraorhitalis Kontrakturen des Orbicularis beseitigt,
aber andererseits können wir nicht vergessen, dass bei unserem zweiten
Kranken, an dem ebenfalls die Resektion der Supraorbitalnerven ausgeführt wurde, nur eine Verschlimmerung des Blepharospasmus eintrat.

In Amerika, sagt Borel, „sind einzelne Chirurgen so weit gegangen,
dass sie den ganzen Orbicularis bei bysterischem Spasmus durchtrennten,
weil sie letzteren nicbt kannten". Ihre Unwissenbeit ist ihre einzige
Entschuldigung, denn alle diese gewaltsamen Mittel sind nicht allein
nutzlos, sondern schädlich, und es ist viel besser, psychiscb einzuwirken
— da es gewiss ist, dass der Blepharospasmus einen centralen Ursprung
hat —, sei es durch den galvaniscben Strom (Pflüger, Seeligmüller,
Hodges)[4], oder durch Kokaïninjektion (Meyer)[5], oder durch den
Magneten (Harlan), oder Druck auf eine krampfhemmende Zone
(P. Richer), oder endlich auf jede Weise, die man will, nur nicht
hlutig.

Wir können üher die Behandlung der spasmodischen Störungen an
deu Augenmuskeln mit Borel sagen, „dass man die Neigung zur
Kontrakturenhildung und nicht die zufällige Lokalisation des Leidens
hekämpfen müsse".

* * *

Die schon bei der Besprechung der Störungen von seiten des Orhi-
cularis aufgeworfene Frage, ob es sich um Krampf oder Lähmnng handelt,
wird uns bei der Beschreibung der Affektionen der anderen änsseren
Muskeln des Bulbus noch mehr beschäftigen. Zuvor wollen wir jedoch
sehen, was andere Autoren über diese Frage gesagt haben, und auf welche
Weise man zwischen den beiden Störungen unterscheiden kann.

---

[1] Blépharospasme hystérique traité par élongation du nerf susorbitaire.
Semaine médic. 1882, vol. II, pag. 33.
[2] Blepharospasmus. Bericht über die Universitätsklinik zu Bern 1881.
[3] A. Graefe, a. a. O.
[4] Hysterical closure of right eyelids, cured by galvanism. Lancet I,
1871, pag. 378.
[5] Revue générale d'ophthalmologie 1885, pag. 97.

Parinaud sprach sich 1886, nachdem er die Kontraktur des Orbicularis untersucht hatte, folgendermassen aus [1]): „Man kann neben der Amblyopie auch Lähmungen der Augenmuskeln beobachten, welche sich fast immer in der Form der assoziierten Lähmungen einstellen, das heisst der in beiden Augen derselben Bewegung dienenden Muskeln. Diese Lähmungen findet man besonders bei Kranken, die noch an anderen Körperteilen, besonders am Nacken und an den oberen Partien des Rumpfes, gelähmt sind."

Morax, der die Häufigkeit der Kontraktur an den Akkommodationsmuskeln beschrieb, drückt sich folgendermassen aus: „Man findet auch, allerdings seltener, bei den Hysterischen Störungen im Bereiche der Muskeln der Lider und des Bulbus von besonderer Natur, die bald einer Kontraktur, bald einer Lähmung gleichen, ohne dass es stets leicht ist anzugeben, welcher der beiden Zustände nun vorliegt."

Borel, der ebenfalls diese diagnostische Schwierigkeit erkannt hat [2]), meint, dass das Studium dieser Symptome von seiten der Augen besonders wegen der mangelhaften Art der Untersuchung so wenig gefördert worden sei; „doch ist die Unterscheidung zwischen einer Kontraktur oder einer Paralyse in der That nicht immer leicht, denn auf den ersten Blick lässt sich bei Strabismus nicht erkennen, ob er durch Krampf des einen Muskels oder durch Lähmung seines Antagonisten hervorgebracht wird".

Er rät zunächst, das Fixierfeld festzustellen, das bei Strabismus spasticus normal, bei Strabismus paralyticus eingeengt ist. Unterdessen hat Landolt zu dieser von A. Graefe festgestellten Regel einige Ausnahmen gefunden: Der Strabismus concomitans, convergens und divergens, besonders ein lange bestehender, ist mit einer Einengung des Fixierfeldes auf der Seite, auf der sich der Strabismus am häufigsten befindet, und oft auf beiden Seiten verbunden.

Es besteht indess nach Borel ein Unterschied zwischen der Einengung des Fixierfeldes bei einem alten Strabismus und derjenigen des Strabismus paralyticus; bei dem ersteren ist die graphische Kurve für die Exkursion der stärksten Bewegungen der Augen allgemein eingeengt, während dieselbe eine Art von Cuvette darstellt, wenn der Rectus internus, der Rectus superior und der Rectus externus gelähmt sind; die Linie ist gekrümmt, anstatt einfach gerade. Diese Erscheinung ist wichtig, wenn es sich um die Unterscheidung einer hysterischen Lähmung des Abducens von einem Spasmus des Rectus internus handelt."

Die Donder'sche Methode, mit Hülfe der Inklination der accidentellen Bilder zwischen dem Strabismus paralyticus und spasticus zu unterscheiden, ist ebenfalls brauchbar [3]). Sie besteht in der Festellung der Deviation der Bilder, welche bei den verschiedenen Stellungen der Augen entstehen können.

---

[1]) Anesthésie de la rétine.
[2]) Borel, Affections hystériques des muscles oculaires. Archives d'ophthalmologie 1886, pag. 506.
[3]) Landolt, Artikel „Strabismus" im Dictionnaire encyclopédique des sciences médicales. 2. Serie, Bd. XII. S. 269.

Parinaud hat in seiner Arbeit[1]) über den Spasmus und die Paralyse der Augenmuskeln eine Symptomatologie aufgestellt, die zwar nicht mit spezieller Berücksichtigung der hysterischen Erscheinungen geschrieben, doch auch auf diese anzuwenden ist. Bei dem Spasmus beobachtet man unwillkürliche Blinzelbewegungen der Augen, fibrilläre Zuckungen im Orbicularis, Inkoordination und abnorme Heftigkeit der Bewegungen, ja selbst Nystagmus. Während zum Beispiele bei der Paralyse des Abducens die Adduktionsbewegung normal erfolgt und nur die Abduktionsbewegung aufgehoben ist, hat man bei dem Spasmus wie beim Strabismus convergens Bewegungen von normaler Ausdehnung, welche mit Leichtigkeit ausgeführt werden.

Ferner hat Parinaud bei diesem Spasmus ein Gefühl grosser Ermüdung bei der Fixation und heftige periorbitale Schmerzen beobachtet, Erscheinungen, welche wir besonders bei der Kontraktur des Orbicularis . beobachtet haben, die, wie wir häufig sehen konnten, von Spasmus der anderen Augenmuskeln begleitet ist.

Bei der Kontraktur der Recti interni mit Blepharospasmus beobachtete Galezowski[2]) in dem Verlaufe der Affektion plötzliche Exazerbationen und hedeutende Schwankungen, die sich bei der Untersuchung auf Diplopie ergaben. Bei dieser Kontraktur der Recti interni bestehen andauernde Oszillationen, die Bilder nähern und entfernen sich während der Untersuchung fortwährend. Zuweilen treten bei dem Strabismus spasticus auch Schmerzen in der Form von Anfällen auf.

Zweifellos ist das wichtigste Symptom in allen diesen Fällen die Diplopie, die man aber nicht mit der monokulären Diplopie oder der Polyopie verwechseln darf, welche fast immer vorhanden ist, wenn hysterische Störungen von seiten der Augen bestehen.

Was aber die Differentialdiagnose zwischen dem Spasmus und der Paralyse ziemlich schwierig macht, ist der Umstand, dass letztere ersteren hervorrufen kann. So führt Parinaud einen Fall an, bei dem man durch Hervorrufen der Kontraktion des (unvollkommen) gelähmten linken Rectus externus einen tonischen Krampf des assoziierten Muskels, des rechten Rectus internus, bewirkte, infolge dessen der Bulbus stark nach innen ging.

Der assoziierte Spasmus, der, wie der primäre Krampf, bei Ermüdung des Auges zunimmt, verstärkt sofort die paralytische Diplopie, und wenn er sich mit dieser kombiniert und beide, Spasmus und Lähmung, auf verschiedenen Seiten ihren Sitz haben, kann man an das Bestehen einer doppelseitigen Lähmung denken.

Diese Erscheinungen sind wichtig, weil sie nach Borel auch bei den hysterischen Spasmen und Lähmungen der Augenmuskeln vorkommen; jedenfalls ist die richtige Erklärung derselben sehr schwierig.

---

[1]) Spasme et paralysie des muscles de l'oeil. Gazette hebdomadaire 1877, Nr. 46 und 47.
[2]) Traité des maladies des yeux.

* * *

Wir wollen jetzt zur Betrachtung des hysterischen Spasmus der den Bulbus bewegenden Muskeln übergeben, zum Strabismus spasticus hystericus.

Nach Parinaud ist der hysterische tonische Blepharospasmus fast immer von Spasmus der Muskeln des Bulbus begleitet, die isolierte Kontraktur der letzteren aber selten, wenigstens als dauernde Kontraktur, während die Kranken häufig genug über zeitweise durch vorübergehende Muskelkrämpfe zu erklärende Diplopie klagen.

Abgesehen von allgemeinen Bemerkungen, welche man bei den Autoren findet, ohne dass dieselben stets durch Beobachtnngen bekräftigt werden, scheint das Vorkommen des hysterischen Strabismus spasticus seit Landouzy [1] als eine Art Tradition angenommen worden zu sein. Landouzy erwähnt schon, „dass man im Anschlusse an hysterische Anfälle eine Deviation der Augen beobachten könne, welche einzelne Pathologen als hysterischen Strabismus bezeichnet hätten".

Ebenso konstatiert Briquet [2] das Vorkommen desselben, ohne ihn aber zu beschreiben. „Man hat fast alle Teile des Körpers ergriffen werden sehen, die Zunge, die Augenmuskeln etc."

In einer Beobachtung von Helot [3] war rechtsseitige Hemiplegie mit Spasmus der Zungen-Lippenmuskeln von Strabismus convergens begleitet. „Das linke Auge war unbeweglich, die Pupille befand sich in der Mitte der Lidspalte, während der rechte Bulbus sich unter der Nasenwurzel zu verstecken schien." Diese Konvergenz verschwand plötzlich wieder.

Terrier [4] beobachtete bei einer 21jährigen Frau im Anschlusse an eine heftige Neuralgie, die durch kariöse Zähne hervorgerufen, aber wahrscheinlich doch hysterischer Natur war, eine Deviation des linken Auges nach oben und aussen (das rechte Auge war exstirpiert worden). Am folgenden Tage war von der Cornea nur noch das untere Viertel zu sehen, während der übrige Teil unter dem Oberlide versteckt war. Vervollständigt wurde das Bild durch einen Blepharospasmus, der sich später einstellte. Nach der Deviation des Bulbus hatte die Kontraktur ihren Sitz im Rectus superior, Abducens und Obliquus inferior. Sämtliche Erscheinungen verschwanden nach circa 3 Monaten nach der Extraktion der kariösen Zähne und entsprechender Behandlung. Vielleicht spielten die Zähne hier die Rolle einer hysterogenen Zone für die neuralgischen Anfälle und einer epasmogenen für die Kontraktur des Orbicularis.

Mengin [5] hat einen ganz analogen Fall veröffentlicht, bei dem augenscheinlich ebenfalls kariöse Zähne die Ursache waren. Im Anschlusse an eine alveoläre Periostitis traten bei seiner Kranken toni-

---

[1] Traité complet de l'hystérie 1846.
[2] A. a. O. 1859, S. 435.
[3] Hémiplégie hystérique. Thèse de Paris, 1870.
[4] Contractures des muscles de l'oeil et de l'orbiculaire gauche, guéries par l'ablation de dents cariées. Recueil d'ophth. S. 34, 1873.
[5] Des accidents oculaires consécutifs aux lésions de l'appareil dentaire. Recueil d'ophth. S. 324, 1878.

sche Krämpfe und Paresen der Augenmuskeln mit Kontraktur des Musculus rectus internus und Akkommodationskrampf auf. Gleichzeitig konstatierte er eine Einengung des Gesichtsfeldes, Amblyopie und Achromatopsie.

Zwei weitere sehr bemerkenswerte Fälle von hysterischem Strabismus spasticus findet man bei Manz und Ulrich.

Manz[1]) wurde von einer jungen Russin konsultiert, die über brennende Empfindungen in den Augen klagte; einige Tage später bestand Strabismus convergens oculi dextri mit Diplopie und Kopfschmerz; beide Augen waren stark nach innen gedreht. Zwei Jahre zuvor hatte die Kranke an denselben Erscheinungen gelitten; dieselben hatten neun Monate bestanden und waren dauernd mit Doppeltsehen und Kopfschmerz kombiniert gewesen. Der Strabismus convergens war so intensiv, dass die beiden Corneae teilweise durch die Carunculae lacrymales verdeckt wurden. Es bestand Myosis, die bei bestimmten Bewegungen des linken Auges zur Mydriasis wurde; das Gesichtsfeld war beiderseits stark eingeengt, der ophthalmoskopische Befund war negativ. Die erste Diagnose auf Lähmung des Abducens, an die man gedacht hatte, musste bald in diejenige eines Strabismus spasticus umgeändert werden. Einige Zeit später zeigte sich auch Spasmus des linken Rectus externus, so dass das Bild einer vorübergehenden spastischen konjugierten Deviation zustande kam. Später erschienen hysterische Anfälle, welche zwar das Bild veränderten, aber stets wechselte Spasmus der Augenmuskeln mit Amblyopie ab. Vierzehn Monate nach dem Ausbruche der Affektion war noch kaum eine Veränderung des Zustandes wahrzunehmen.

Auch Ulrich[2]) musste nach genauer Untersuchung einen Strabismus convergens des linken Auges bei einer Hysterischen auf Spasmus intermittens des linken Rectus internus und nicht auf Lähmung des Abducens zurückführen. In diesem Falle waren die Erscheinungen der Polyopie so ausgesprochen, dass die Kranke Personen auf der Strasse sechs- und mehrmal sah.

Parinaud hatte geglaubt, dass man bei der hysterischen Amblyopie Lähmungen der Augenmuskeln finden würde, welche fast immer als assoziierte Lähmungen auftreten sollten, das heisst solcher Muskeln, welche in beiden Augen denselben Bewegungen dienen, und dass diese Lähmungen besonders bei den Kranken mit charakteristischen Paralysen an anderen Körperteilen, besonders am Nacken und den oberen Rumpfpartien vorkämen.

Man kann nun während des Anfalles objektiv ganz analoge Erscheinungen beobachten, die aber auf den Spasmus zurückzuführen sind, und die selbst ein bekanntes Syndrom vortäuschen können. Während der tonischen und klonischen Konvulsionen beobachtet man ziemlich häufig Krampf der Augenmuskeln; derselbe ist zuweilen

---

[1]) Manz, Ein Fall von hysterischer Erblindung mit spastischem Schielen. Berliner klinische Wochenschrift. Januar 1890.
[2]) Intermittirender Spasmus eines Musculus rectus internus auf hysterischer Basis. Zehender's klinisches Monatsblatt für Augenheilkunde. Juli 1882.

auch mit einem symmetrischen Krampf der Halsmuskeln kombiniert, so
dass das Bild der konjugierten Deviation des Kopfes und
der Augen zustande kommt. Man kann dann zum Beispiel bei der
Hysterie in der Form der Cephalalgie (hysterische Pseudomeningitis) an
eine organische Gehirnaffektion denken.

Meist ist das eben beschriebene Symptom nicht so ausgesprochen,
sondern das Auge macht einige rapide und kurze, zuckende Bewegungen
nach allen Richtungen, auf welche unmittelbar eine Deviation im entgegengesetzten Sinne folgt, ohne dass diese Bewegungen irgend etwas
regelmässiges zeigten; gleichzeitig treten spasmodische Kontraktion und
Dilatation der Pupillen auf.

Ein solcher Fall wird in der Arbeit von Levy beschrieben '). Es
handelte sich um eine 30jährige ausgesprochen hysterische Frau mit
kompleter Amaurose, bei der im Augenblicke des Anfalles eine
konjugierte Deviation der Augen mit Lagophthalmus auftrat. Wir halten
diese letztere Bezeichnung für unrichtig, weil man darunter stets eine
Lähmung des Orbicularis versteht, während es sich doch nur um ein
vorübergehendes, während des tonischen Stadiums des Anfalles häufig
zu beobachtendes Phänomen bandelt. In dem Falle Levy's hatte man
eine Herdläsion nicht angenommen, auch wurden die Erscheinungen
durch die Applikation des Magneten beseitigt.

Man kann diesen Fall mit dem eben citierten von Manz vergleichen, bei dem eine spastische vorübergehende Deviation
auf einen spastischen Strabismus folgte.

Die dauernde Form der Deviation ist viel seltener, doch hat Frost
ein Beispiel derselben gesehen, das er als „konjugierte hysterische
Deviation der Augen nach unten und rechts" bezeichnet ²).
Die Kontraktur bestand ein ganzes Jahr lang; allgemeine, durch Äther
hervorgerufene Anästhesie liess den Spasmus wieder verschwinden.

*   *
*

Gehen wir nunmehr auf die hysterischen Lähmungen der Muskeln
des Sehapparates etwas näher ein.

Der Orbicularis palpebrarum wird vom Facialis innerviert.
Wir haben bei den Besprechungen des Blepharospasmus und der pseudoparalytischen Ptosis bereits genügend darauf hingewiesen, dass eine
dauernde Lähmung des Orbicularis bei der Hysterie nicht vorkommt. Bei dem vorübergehenden Lagophthalmus, wenn man diese Bezeichnung überhaupt anwenden darf, der bei den Anfällen auftritt und
Teilerscheinung einer schwer zu erkennenden Gruppe von Kontrakturen
und Spasmen bildet, die sich während des tonischen Stadiums zeigen,
handelt es sich um eine Kontraktur.

') J. Levy. Über hysterische Amaurose. Inaugural-Dissertation. Berlin 1890.
Referat im Neurologischen Centralblatt 1890, Nr. 18, S. 573.
²) Hysterical deviation. British medical Journal 1884, II, S. 1248. — Case of
conjugate deviation of the eyes, downwards and rigbt. Trans ophthalm. Soc.
11. Dezember 1884, V.

Neben den Fällen von Spasmus glosso-labialis, welche sich seit den Arbeiten Charcot's, Marie's und Brissaud's täglich mehren, sind auch einige seltene Fälle von echter Facialislähmung beobachtet und in einer Arbeit von Decoux[1]) zusammengestellt worden. Aber in allen diesen Fällen zeigte die Lähmung nicht den Charakter der peripheren Lähmung; der Orbicularis war nicht beteiligt. Wir wollen uns jetzt mit diesen Fällen nicht beschäftigen, da wir auf sie bei einer Gesamtbesprechung der Lähmungen der Augenmuskeln zurückkommen werden. Unterdessen wirft Decoux die Frage auf, ob der Orbicularis nicht auch bei der hysterischen Facialislähmung affiziert sein könne. In der von ihm selbst gemachten Beobachtung 10 (S. 64), die er überschreibt als: „Vollständige Facialislähmung (rechts) hysterischen Ursprunges? (sic!); Alkoholismus, Fehlen von sensitivo-sensoriellen Störungen" sagt er: „Der Kranke kann nur das linke Auge allein schliessen. Wenn er bläst, so ist die Wange rechts mehr aufgeblasen, und die Luft entweicht auf derselben Seite mit grösserer Leichtigkeit. Das rechte Auge ist weiter geöffnet als das linke, das untere Lid scheint etwas ektropiert. Die rechte Braue ist rechts mehr gehoben als links, und das rechte Oberlid ist grösser." Gleichzeitig bestand eine rechtsseitige, am Arme stärkere Hemiplegie, die sich 3 Tage vorher morgens beim Aufstehen gezeigt hatte. Neben den Erscheinungen, welche allerdings mit einigem guten Willen als hysterische ausgelegt werden könnten, werden Empfindungen von Beklemmung angegeben, die in zwei getrennten Anfällen auftraten, dagegen fehlten Erscheinungen von seiten der Sensibilität und der Sinnesorgane vollständig. Decoux schliesst: „Der Fall ist sehr kompliziert; man kann in Zweifel sein, ob man eine hysterische Lähmung oder eine solche organischen Ursprunges vor sich hat." Wir sehen in der That nicht, auf welche Gründe hin diese Beobachtung zur Hysterie gerechnet werden könnte.

Lebreton[2]) hat einen anderen Fall beobachtet, bei dem die Diagnose etwas schwieriger war. Es handelt sich um eine an Anfällen leidende Hysterische, bei der eine Paralyse des linken Armes und Analgesie und ausserdem eine linksseitige periphere Facialislähmung bestand. Das linke Auge „war in die Orbita eingesunken und die Kranke konnte es nur sehr unvollkommen schliessen. Ein Jahr zuvor hatte sie im Anschlusse an eine Erkältung Schmerzen in der Gegend des linken Warzenfortsatzes gehabt, die am Halse entlang bis zur Schulter ausstrahlten. Eines Morgens beim Aufstehen bemerkte die mit ihr im Zimmer weilende Person, dass ihr Gesicht verzogen sei". Es handelte sich also um eine gewöhnliche Facialislähmung, die mit der Hysterie nichts zu thun hatte, wenn auch die letztere nebenher bestand.

* *
*

Man will auch einige Fälle von Lähmung des Oculomotorius beobachtet haben; aber fast alle, wenn nicht alle, sind zweifelhaft.

---

[1]) De la paralysie faciale hystérique. Thèse de Paris, Juli 1891.
[2]) Angeführte These, 1868, Beobachtung 16, S. 147.

Briquet hatte schon bei einer hysterischen Amaurose ungleiches Schwächerwerden der Musculi recti und obliqui beobachtet. Aber diese einfache Angabe ist doch zu unvollständig, um unsere Überzeugung, dass es sich um einen Spasmus gehandelt habe, umzustossen.

Wenn die Lähmung auf den Levator palpebrae beschränkt ist, ist die Differentialdiagnose zwischen der Lähmung desselben und dem Blepharospasmus wichtig.

France[1]) und Canton[2]) haben zwei Fälle von hysterischer Ptose beschrieben, die uns jedoch zweifelhaft erscheinen, wenigstens der zweite, den auch Borel kurz erwähnt. Ein 19jähriges hysterisches Mädchen mit unregelmässiger Menstruation bekam eine Blepharoptose mit lanzinierenden Schmerzen im Auge und der Schläfe. Nach einer erfolglosen Behandlung verschwand die Ptosis ebenso plötzlich wie sie entstanden war, und zwei Monate später trat die Regel ein, die 10 Tage dauerte. Man hatte weder Strabismus noch Mydriasis beobachtet.

In einem von Dusmani[3]) beschriebenen Falle bestand dagegen etwas Dilatation der Pupille.

Der Ansicht Schaefer's, der in einer Arbeit über die Hysterie bei Kindern[4]) angiebt, dass während Lähmungen des Facialis oder Hypoglossus sehr selten seien, die des Oculomotorius und die isolierte Lähmung des Levator palpebrae superior bei Kindern ziemlich häufig vorkämen, können wir uns nicht anschliessen. Unsere eigenen Beobachtungen stehen in vollem Gegensatze dazu. Ja man beobachtet bei Kindern den Blepharospasmus gar nicht so selten als erstes Symptom der Hysterie, eine schon von Parinaud hervorgehobene Thatsache.

Schaefer führt ferner einen Fall von allgemeinen Krämpfen bei einem 9jährigen Mädchen an, bei dem komplete Ptosis entstand. Alle Symptome verschwanden nach und nach, kehrten aber nach einem neuen Krampfanfalle zurück. Druck auf den Nervus supraorbitalis und der Befehl, die Augen zu öffnen, machten die Ptosis aufhören, so dass wir nicht umhin können, sie für Blepharospasmus zu halten.

Während Borel die Verantwortung, die Ptosis in den vorhergehenden Fällen als paralytische anzusehen, den betreffenden Autoren überlässt, nimmt er in einem von Charcot und Debove beobachteten Falle von Hemiplegie und Hemianästhesie bei einem an Bleivergiftung Leidenden die begleitende Ptosis als eine echte Lähmung an, welche auf Hysterie zurückzuführen sei. Landolt nahm in dem Falle die Augenuntersuchung vor[5]). Bei dem 26jährigen Menschen trat im Anschlusse an einen epileptiformen Anfall eine linksseitige Ptosis auf

---

[1]) Case of Ptosis. Guy's Hospital reports. Oktober 1849.

[2]) Hysterical ptosis. Westminster med. Soc. Lond. med. Gaz. 1856.

[3]) Cas de blépharoptose guéri par la lumière projetée par l'ophthalmoscope; Annales d'oculiste, vol. LI, S. 248. Gazette des hôpitaux. 14. März 1868.

[4]) Über Hysterie der Kinder. Archiv für Kinderheilkunde 1884, V. H., S. 3—10. — Siehe auch: Jacobi, Jahrbuch für Kinderkrankheiten 1876, S. 377. American. Journal. Juni 1876.

[5]) Landolt, Troubles de la vision dans un cas d'hémiplégie saturnine. Annales d'oculiste, März 1880.

und im Anschlusse an weitere Aufälle stellten sich Koma und konjugierte
Deviation des Kopfes und der Augen nach rechts, Anästhesie,
allgemeine Erschlaffung und hierauf Kontraktur der linken Seite
und Sehverlust auf derselben Seite ein. „Am 8. Januar gab Landolt
für das linke Auge folgenden Status an: Cornea anästhetisch; unterscheidet nur die Bewegungen der Hand, erkennt keine Farben; für das
rechte Auge: Zählt Finger auf 4·5 Meter; das Gesichtsfeld ist eingeengt
und zeigt zwei koncentrische cirkuläre Skotome, eines bei 25 Grad
und das andere zwischen 40 und 75 Grad." Die Applikation des Magneten
machte alle diese Erscheinungen verschwinden.

Wir wissen bereits, dass man die zuweilen bei Hysterie auftretende,
„konjugierte Deviation des Kopfes und der Augen" auf einen Spasmus
zurückführen muss, und die auf der linken Seite vorhandene Kontraktur
lässt uns einige Zweifel über die Natur der Ptosis aufkommen.

Borel führt noch einen weiteren Fall an, den Guttmann
beobachtete [1]), und bei dem ausser anderen Symptomen der hysterischen
Amblyopie beiderseits eine „Paralyse des Oculomotorius bestand (komplete
Ptosis rechts, weniger ausgesprochen links; Lähmung des
linken Rectus internus und des linken und rechten Rectus
superior)". Die Pupillen waren normal. Es bestand eine hysterogene
Zone an einer Narbe rechts an der Stirne; man exzidierte die Narbe
und resezierte später ohne Erfolg den Nervus supraorbitalis.

Wir wissen aber durch Beobachtungen von A. Graefe, Zehender,
Seeligmüller und einen von uns selbst untersuchten Fall, dass bei
diesen hysterogenen Zonen in der Umgebung der Orbita sehr häufig
Blepharospasmus besteht.

Der einzige Fall von Lähmung des Oculomotorius, der nach unserer
Ansicht zweifellos ist, ist von Parinaud beobachtet und von ihm und
P. Richer mitgeteilt worden [2]). Doch müssen wir bemerken, dass er
schon vor 10 Jahren beobachtet wurde, zu einer Zeit also, zu der man
zwischen der Lähmung und dem Spasmus noch nicht so genau zu unterscheiden wusste. Hier bestand Ptosis durch Lähmung; Akkommodationslähmung, unvollständige Lähmung des Rectus
internus und des Rectus inferior. „Das rechte Auge, sagt
Parinaud, zeigt eine maximale Dilatation der Pupille mit Akkommodationslähmung, die mich zuerst an eine Mydriasis infolge von Atropin
denken liess. Aber die Untersuchung ergab noch weitere Lähmungserscheinungen des Oculomotorius, welche eine Simulation ausschliessen
liessen. Ausser einer leichten Ptosis bestand in der linken Hälfte des
Gesichtsfeldes gekreuzte Diplopie mit dem Charakter einer unvollständigen
Lähmung des Rectus internus und Rectus inferior."

Man versteht die Bedeutung, welche die Mydriasis in derartigen
schwierigen Fällen hat.

---

[1]) Ein seltener Fall von Hysterie. Berliner klinische Wochenschrift 1869,
Nr. 28 und 29.
[2]) P. Richer, Paralysies et contractures hystériques. Mémoires inédit, 1883,
Beobachtung 35.

Dauernde Dilatation der Pupille ist übrigens bei der Hysterie sehr selten, und dasselbe gilt von der Myosis, doch hat Galezowski einen guten Fall von letzterer beschrieben [1]). Es handelte sich dabei um eine hysterische Kontraktur der Iris und des Akkommodationsmuskels mit konsekutiver Myopie". Galezowski behauptet sogar, dass „die spasmodische Myopie infolge von hysterischen Anfällen in ihrer Art einzig sei, und dass man einen analogen Fall noch nicht beobachtet habe" [1]). Die Mydriasis und Myosis werden besonders als vorübergehende Erscheinungen bei den Anfällen beobachtet, und zwar zur Zeit des halluzinatorischen Stadiums, wie wir es selbst in Fällen von Cephalalgie oder von Pseudomeningitis beobachtet haben.

Auf der anderen Seite hat man Fälle beobachtet, in denen die rechte Pupille zum Beispiel dilatiert war, nachdem Tags vorher Myosis infolge von Kontraktur bestanden hatte. Diese vorhergehende Kontraktur der Pupille in diesen besonderen Fällen könnte uns bestimmte hysterische Mydriasen erklären, ohne dass man eine echte Paralyse des Constrictor iridis anzunehmen brauchte.

Wir werden bald sehen, dass die Kontraktur einer Extremität auch stets von einer ausgesprochenen Parese begleitet ist, die besonders zu der Zeit, wenn die Kontraktur verschwindet, erkennbar wird; ja selbst wenn die Kontraktur verschwunden ist, kann man an den nächstfolgenden Tagen mit dem Dynamometer deutlich eine Abnahme der Muskelkraft nachweisen. Hieraus versteht man, dass im Anschlusse an die Kontraktur der Pupille sich mit Sicherheit, für einige Zeit wenigstens, eine Mydriasis entwickeln muss, und zwar infolge des Tonus des Dilatator pupillae, ohne dass man eine Paralyse des Constrictor annehmen kann.

Man versteht auch, dass die monolaterale oder bilaterale Mydriasis bei absoluter Amaurose des einen oder beider Augen infolge des Fehlens des Lichtreflexes zustande kommen kann. Über den Wert dieses Symptoms lässt sich wenig sagen, denn, wie wir schon hervorgehoben, abgesehen davon, dass die Fälle von totaler Amaurose nicht häufig sind, hat man auch nicht immer genau auf das Verhalten der Pupillen geachtet.

Endlich wollen wir noch anführen, dass einer der französischen Ophtalmologen bei der Hysterie das Vorkommen von spastischer Mydriasis angegeben hat.

Derselbe sagt [*]), „die spasmodische Form der Mydriasis ist vielleicht noch schwerer zu erkennen wie die paralytische; dieselbe setzt einen irritativen Zustand im Sympathicus voraus. Man beobachtet sie bei der Helminthiasis, der Hysterie und der Hypochondrie".

Vielleicht ist ein Fall von Duboys analog. Ein 17jähriges Mädchen wurde nach einander von Sehstörungen, Diplopie und

---

[1]) Galezowski, Progrès médical 1878, vol. VI, S. 39.
[*]) Debove stellte der Société médicale des hôpitaux am 12. Dezember 1890 einen 35jährigen Mann vor. der an Lähmung beider Oculomotorii hystero-traumatischen Ursprunges litt. Babinsky meinte, dass es sich um eine einfache Koinzidenz handle, und es handelte sich in der That, wie die von Blocq gemachte Autopsie ergab, um die Kombination von Hysterie und Tabes.
[*]) Giraud-Teulou, Artikel „Mydriase" im „Dictionnaire encyclopédique des sciences médicales".

klonischen Konvulsionen des Auges befallen, drei Tage später
stellte sich komplete doppelseitige Mydriasis ein mit Einengung
des Gesichtsfeldes, Hemianästhesie und Anästhesie des Pharynx. Zwölf
Tage später war alles verschwunden.

* * *

Zuweilen beobachtet man auch bei Hysterischen Insuffizienz
der Konvergenz, die übrigens für diese Krankheit nicht pathognomonisch ist, denn man findet sie auch bei dem Morbus Basedowii,
der multiplen Sklerose, der Tabes und der Neurasthenie. Es bestehen
in diesem Falle bei dem Kranken die Erscheinungen, die man als
Kopiopie bezeichnet hat.

Diese Insuffizienz der Konvergenz, die in ihrem höchsten Grade
von Diplopie begleitet sein kann, scheint auf eine Insuffizienz der Recti
interni zurückgeführt werden zu müssen; wir finden sie daher bei
Lähmung dieser Muskeln. Aber der Zusammenhang dieses Symptoms
mit den übrigen Störungen der Motilität an den Augen ist ein so
mannichfaltiger, dass man die Insuffizienz der Konvergenz bei der Hysterie
nur sehr selten isoliert findet.

Fieuzal[1]) hat ein 17jähriges Mädchen beobachtet mit hysterischer
Amblyopie, bei der eine „leichte Insuffizienz der Recti interni bestand,
wodurch eine ziemlich störende Diplopie hervorgerufen wurde". Gleichzeitig fügt er aber hinzu: „In den Gesichtsmuskeln beobachtete man
einige choreiforme Bewegungen." Es war also wenigstens Spasmus neben
der Lähmung vorhanden.

In vielen Beobachtungen, die wir analysiert haben, war diese
Insuffizienz der Konvergenz stets angegeben und beinahe in allen Fällen
in Verbindung mit Spasmus der Augenmuskeln; so auch in einem Falle
von Reuss[2]), in welchem neben deutlicher Insuffizienz der Recti interni
ein intensiver Blepharospasmus und eine rezidivierende Amblyopie bestand.

Wir wollen uns also damit begnügen, die Häufigkeit der Kopiopie
bei der Hysterie hervorzuheben, ohne auf die unmittelbare Ursache, die
stets schwer festzustellen ist, näher einzugehen.

* * *

Giebt es eine hysterische Lähmung des sechsten Hirnnerven, der
den M. rectus externus versorgt?[3])

Morax spricht sich darüber folgendermassen aus: „Man beobachtet
auch, aber seltener (als den Akkommodationskrampf) bei Hysterischen
Störungen an den Muskeln der Lider und des Bulbus von besonderem
Charakter, welche bald durch Spasmus, bald durch Lähmung bedingt
werden, ohne dass sich stets leicht angeben liesse, welcher von diesen
beiden Zuständen vorliegt."

---

[1]) Amblyopie hystérique Progrès médical 1879, Nr. 1, S. 3.
[2]) Reuss, Ophthalmologische Mitteilungen aus der Zweiten Augenklinik.
Wiener medizinische Presse 1886, Nr. 33 und 39
[3]) Borel giebt eine isolierte Lähmung oder Kontraktur des vierten Hirnnerven
nicht an.

Unter den 79 beobachteten Fällen fand er viermal eine Störung in der Bewegung des Bulbus. Bei Fall 65 handelte es sich um eine „Lähmung der Divergenz, die eine Modifikation der von Parinaud angegebenen [1]) Lähmung der Konvergenz darstellt. Diese Lähmung, welche durch die Läsion eines besonderen Centrums zustande zu kommen scheint, zeichnet sich neben anderen Erscheinungen durch eine besondere Diplopie aus. Die, je nachdem es sich um einen Defekt in der Konvergenz oder Divergenz handelt, homonymen oder gekreuzten Bilder bleiben ohne bemerkbare Modifikationen ihres Abstandes in allen Blickrichtungen erhalten. Es ist in dem einzelnen Falle schwer zu sagen, ob der Fehler der Divergenz auf einer Kontraktur der Divergenzbewegung oder auf einer Lähmung dieser Bewegung beruht.

„Der Fall 43 ist ein Beispiel von assoziierter oder konjugierter Lähmung der beiden Abducentes, das heisst der Bewegung der beiden Augen nach links beziehungsweise rechts. Derartige Fälle dürfen nicht mit den vorhergehenden (Lähmung der Divergenz) verwechselt werden. Die Diplopie ist eine andere und im Gegensatze zu der Lähmung der Divergenz ist der Bewegungsdefekt objektiv abschätzbar; stets besteht ein deutlicher Strabismus.

Parinaud hat wenigstens einen Fall von Lähmung des sechsten Nerven, von assoziierter Lähmung, beobachtet, wie es nach ihm bei der Hysterie die Regel ist

Zwei weitere Fälle von Abducenslähmung führt Borel an. Der erste wurde von Duchenne beobachtet[2]). Die Lähmung des rechten Abducens, die mit Diplopie verbunden war, verschwand hier und ging auf den linken Abducens über. Es handelte sich um eine alternierende Lähmung.

Der zweite Fall wurde von Borel selbst beobachtet und auf das eingehendste studiert. Es handelte sich um eine Parese des rechten Abducens, zu der bald eine Parese des linken hinzutrat, wodurch Strabismus convergens des entsprechenden Auges hervorgerufen wurde. Um die Diplopie zu beseitigen — zu der Zeit dachte man (bei der Kranken) an hysterische Stigmata noch wenig —, führte Landolt am linken Auge eine Verlagerung des Muskels mit Resektion des Rectus externus, aber ohne Tenotomie des Antagonisten aus; sofort darnach trat eine Divergenz und eine Stunde später Strabismus convergens auf mit Diplopie; das linke Auge stand tiefer. Einige Tage später fand man eine Hemianästhesie der linken Gesichtshälfte, Anästhesie der äusseren Hälfte der Conjunctiva des linken und der inneren Hälfte derjenigen des rechten Auges, sowie endlich ausgesprochene koncentrische Gesichtsfeldeinengung. Die Diagnose Hysterie war nun zweifellos; deren Hauptsymptome waren Parese des rechten Abducens und Schwäche der Musculi interni.

Borel selbst urteilt folgendermassen über den Fall: „Diese Beobachtung ist eine der eigenartigsten und kompliziertesten; sie ist

---

[1]) Société d'ophthalmologie, 27. April 1886.
[2]) Duchenne, Paralysie du moteur oculaire externe dans l'hystéricisme. Gazette des hôpitaux, 24. Juli 1875, S. 682.

charakterisiert durch die Kombination und das Alternieren von Parese und Spasmus der verschiedenen Augenmuskeln. So war die vertikale Diplopie, welche unmittelbar auf die Verlagerung des Muskels folgte, zweifellos die Folge einer spastischen Kontraktur; denn sie verschwand spontan und kurze Zeit nachher, was nicht der Fall gewesen wäre, wenn sie die Folge einer fehlerhaften Insertion des operierten Muskels gewesen wäre. Ebenso konnte der Strabismus convergens, welcher trotz der Verlagerung des Rectus externus und obgleich der Muskel noch durch Nähte am Cornealrande fixiert war, einige Tage lang zunahm, nur auf eine spastische Kontraktur des Rectus internus zurückgeführt werden. Derselbe verschwand ebenfalls in der Folge, wie es bei hysterischen Kontrakturen in der Regel der Fall ist."

Endlich stellt Borel noch die Frage auf, ob es überhaupt eine reine Lähmung der Augenmuskeln gebe: „Der Spasmus, der im Augenblicke der Operation auftrat und bestehen blieb, als jede Lähmung verschwunden war, hat auf die Entstehung des Strabismus jedenfalls einen Einfluss gehabt, und wir sind nicht imstande anzugeben, ob die Parese des Rectus externus oder die Kontraktur seines Antagonisten die grössere Rolle gespielt hat." Also wäre die Parese stets von Spasmus begleitet, und beide Symptome verdeckten einander und machten die Diagnose ohne eine vollständige Untersuchung unmöglich. Professor Schweiger in Berlin, der einige Fälle von hysterischem Strabismus beschrieben hat, kommt zu denselben Schlussfolgerungen [1]).

* * *

Bis jetzt haben wir nur die seltenen und häufig zweifelhaften Beobachtungen von isolierter oder assoziierter Lähmung der Augenmuskeln besprochen. Es fragt sich nun, ob es auch eine hysterische Ophthalmoplegie giebt.

Lebreton scheint eine totale Ophthalmoplegie beobachtet zu haben; aber seine Beschreibung ist sehr ungenau. „Die Lähmung der Augenmuskeln,' sagt er [2]), ist noch weniger bekannt, als die Kontraktur derselben. Sie ist charakterisiert durch die vollständige Bewegungslosigkeit des Bulbus und durch eigentümliche Sehstörungen. Die Pupille kann dilatiert, unregelmässig und fast starr sein; das merkwürdige ist aber, dass die Kranke sich in der Abschätzung der Ausdehnung, Entfernung und absoluten Grösse der Gegenstände täuscht. Dieselbe kann die Bewegung sowohl wie die Unbeweglichkeit derselben übertreiben oder verkennen, während sie die Farbe und Beleuchtung der Gegenstände sieht."

Lebreton citiert ferner eine Beobachtung von Ceccarelli [3]): „Als Ursache der Lähmung, sagt er, kann man sowohl Rheumatismus

---

[1]) Klinische Untersuchungen über das Schielen. Eine Monographie. Berlin 1881, Hirschwald.

[2]) Lebreton, a. a. O., S. 107.

[3]) Paralysie des quatre muscles droits et de l'élévatur de la paupière supérieure. Journal de Bruxelles 1863.

wie Hysterie angeben." Das beweist wenigstens, dass der Fall sehr zweifelhaft ist.

Borel glaubte einen Fall Königstein's[1]) von totaler Ophthalmoplegie als ein Beispiel von hysterischer Ophthalmoplegie ansehen zu können, aber der Verfasser selbst teilte ihm mit, „dass er die Hysterie in diesem Falle nicht als Ursache ansehen könne".

Ballet behandelte 1888 in einer interessanten Arbeit[2]) „die Ophthalmoplegia externa nnd die Lähmungen der motorischen Augennerven in ihrem Zusammenhange mit dem Morbus Basedowii und der Hysterie". Er bringt vier Beobachtungen. Bei drei derselben bestanden sowohl Hysterie wie Basedow'sche Krankheit, bei dem vierten nur die erstere. Wir wollen nur diesen letzten von Bristowe beobachteten und den ersten von Ballet selbst beobachteten Fall etwas näher betrachten. Obgleich in dem ersteren neben der Hysterie noch Basedow'sche Krankheit bestand, so glauben wir doch die erstere als die Ursache der Ophthalmoplegie ansehen zu müssen, denn sie zeigt spezielle Eigenschaften, auf die Parinaud zuerst aufmerksam gemacht hat. Ballet schreibt darüber: „Bei dieser Ophthalmoplegie verdient folgende Eigentümlichkeit hervorgehoben zu werden: Wenn man die Augen des Kranken untersucht, ohne seine Aufmerksamkeit hervorzurufen oder ihn zu veranlassen, einen Gegenstand oder den Untersuchenden zu fixieren, so beobachtet man, dass der Bulbus nicht konstant fixiert ist, sondern von Zeit zu Zeit kleine Bewegungen nach verschiedenen Richtungen ausführt. Diese Bewegungen sind dagegen unmöglich, wenn der Kranke einem Gegenstande folgen will. Dann scheint eine vollständige Aufhebung der willkürlichen Bewegungen der Augenmuskeln vorhanden zu sein, dagegen eine wenigstens teilweise Erhaltung bestimmter automatischer und reflektorischer Bewegungen." Der Levator palpebrae war nicht betroffen, Mydriasis bestand nicht.

In dem Falle von Bristowe bestand doppelseitige Ptosis, fast vollkommene Unbeweglichkeit der Bulbi ohne Mydriasis; die Akkommodation war normal. „Beim Lesen brachte die Kranke das Buch horizontal vor die Augen, derart, dass sie successive jedes Wort in die Sehaxe einstellte. Man bemerkte auch, dass die Kranke, obgleich nicht imstande, die geringste willkürliche Bewegung zu machen, doch von Zeit zu Zeit automatische Bewegungen ausführte.

Diese von Bristowe und Ballet angegebene Erscheinung wurde auch von Parinaud beobachtet und als charakteristisch für die hysterische Ophthalmoplegie bezeichnet.

Auch Morax[3]) und Raymond[4]) haben Fälle dieser Art beschrieben, bei denen die willkürlichen Bewegungen aufgehoben, reflektorische und automatische erhalten waren.

---

[1]) Augenmuskellähmungen. Wiener klinische Wochenschrift 1885.
[2]) Revue de médecine 1888, S. 337 und 513.
[3]) Compte-rendu du service ophthalmologique pour l'année 1888. Nr. 66 nnd 67.
[4]) Dissociation de la motilité chez un malade hystérique dégénéré. Société médicale des hôpitaux, 26. Januar 1891. Referat in: Mercrédi médical, 1. Juli 1891, S. 332.

Man sieht aus den angeführten Beispielen, dass die hysterische Ophthalmoplegie einige Besonderheiten zeigt, welche sie von der Ophthalmoplegie aus organischer Ursache unterscheiden lassen. Dahin gehört vor allem das Verschwinden der willkürlichen Bewegungen bei Erhaltensein der unwillkürlichen. Man kann aus diesem Grunde, sagen Raymond und König, „eine echte Paralyse nicht, annehmen". Ausserdem bestand auch niemals Mydriasis, und das ist wichtig. Ferner bleibt die Ophthalmoplegie eine externe und wird weder intern noch total.

Wir schliessen hieraus, dass es sich ebenso wie bei den anderen Muskeln des Gesichtes auch bei den Augenmuskeln um eine Kontraktur handelt, und dass man sich fragen muss, ob man überhaupt Lähmungen derselben zugeben kann. Wenn dieselben vorkommen, so sind sie — abgesehen von den fast konstanten Erscheinungen der Amblyopie, welche sie mit den Kontrakturen gemeinsam haben — häufiger als die organischen Lähmungen von sekundären Spasmen begleitet; ferner sind sie assoziiert und sehr häufig alternierend.

Die in der Salpêtrière von Borel, Babinski und mir angestellten Versuche haben ergeben, dass der Blepharospasmus, die konjugierte Deviation, der Strabismus convergens, für den die Hysterie eine besondere Vorliebe zu haben scheint, leicht durch Suggestion hervorzurufen sind. Gleicherweise vermochten wir, aber viel schwerer, den Strabismus divergens hervorzurufen.

Nun, es handelte sich in allen diesen Fällen um Spasmen und nicht um Lähmungen: für die Muskeln des Auges sowohl wie für diejenigen des Gesichtes gilt, dass man dem Kranken wohl die Lähmung suggerieren kann, dass aber stets Spasmns auftritt[1]).

---

10. Kapitel.

Neigung zur Kontraktur, Amyosthenie, hysterischer Tremor.

I.

Die verschiedenen Modifikationen der Sensibilität, welche wir studiert haben, nehmen an Häufigkeit unter den Stigmata der interparoxysmalen Hysterie den ersten Rang ein. Direkt darnach aber kommt der von Charcot als Diathese oder Neigung zur Kontrakturenbildung bezeichnete und zuerst beschriebene[2]) Zustand.

[1]) In einer sehr interessanten Arbeit, die ich leider erst zu spät kennen gelernt habe (Du strabisme hystérique. Bulletin médical du Nord 1891, Nr. 3), kommt Lapersonne zu denselben Ansichten, wie sie in diesem Kapitel entwickelt worden sind.
[2]) Localisation dans les maladies du cerveau et de la moelle épinière, 13. Vortrag, 1876—1880.

Derselbe ist keineswegs für die Hysterie pathognomonisch, er kommt bei allen organischen Affektionen vor, die eine reflektorische Übererregbarkeit der Pyramidenbahn hervorrufen. Infolge dieser Thatsache hat man aus einfacher Analogie diesem Zustande bei der Hysterie, einer Affektion mit noch unbekannter organischer Grundlage, eine vollständige anatomische Erklärung gegeben. Aber die Erscheinung zeigt bei der Neurose so besondere Züge, dass wir sie notwendigerweise besonders studieren müssen.

Wie so häufig, war auch hier die klinische Beobachtung der Pathologie weit voraus; aber auch sie hatte mehr die Erscheinungen des Zustandes als den Zustand selbst, die Diathese zur Kontrakturenbildung, berücksichtigt. Schon 1837 bemerkte B r o d i e, mit welcher Leichtigkeit bei Hysterischen bei den anscheinend einfachsten Ursachen Kontrakturen auftraten.

D u c h e n n e spricht [1]) von einem Zustande von hysterischer Lähmung mit temporärer Kontrakturenbildung, welche reflektorisch durch Emotionen, Aufregungen hervorgerufen werde, eine Ansicht, die sich augenscheinlich mit derjenigen über die Diathese deckt.

1871 beschrieb dann C h a r c o t in einer Vorlesung in der Salpêtriére [2]) die reflektorische Kontraktur und 1878 brachte L a e è g u e in einer Arbeit über periphere Hysterie neue Beobachtungen derselben Art.

B r i s s a u d zeigte 1880, dass bei Hemiplegischen diese Neigung zur Kontrakturenbildung die Folge von absteigender Sklerose in der Pyramidenbahn sei [3]), und in demselben Jahre veröffentlichte er mit R i c h e t eine Arbeit über den Gegenstand, die man als grundlegend ansehen kann [4]). Weitere Beiträge zum Studium der Diathese lieferten B a l l e t und D e l a n e f t (1882) [5]), B r u n e t (1883) [6]) und endlich L e c o q [7]), D e s c u b e s [8]) und P i t r e s [9]).

C h a r c o t selbst hat den Gegenstand noch einmal mit R i c h e r zusammen behandelt [10]), und letzterer bespricht ihn nochmals in einer nicht herausgegebenen Arbeit über „die hysterischen Lähmungen und Kontrakturen", welche 1883 den Preis Civrieux der Académie de médecin davontrug. ·

[1]) Éléctrisation localisée, 3 Éd, 1872, pag. 721.
[2]) De l'influence des lésions traumatiques sur les phénomènes d'hystérie locale. Progrès médical, 3. Mai 1878, pag. 335.
[3]) Recherches sur la contracture permanente des hémiplégiques. Thèse de Paris, 1880.
[4]) Faits pour servir à l'histoire des contractures. Progrès médical 1880, pag. 365, 449, 466.
[5]) De l'état d'opportunité de contracture. Gazette médicale de Paris, 29. Juli 1882.
[6]) Étude clinique et physiologique de l'état opportunité de contracture. Thèse de Paris, 1883.
[7]) Contracture permanente des membres inférieurs et pied bot hystérique etc. France médicale, Mai 1882.
[8]) Études sur les contractures provoquées chez les hystériques à l'état de vieille. Thèse de Bordeaux, 1885.
[9]) Leçons cliniques sur l'hystérie et l'hypnotisme, 1891, vol. 1, 29. Vorlesung.
[10]) Diathèse de Contracture. Société de biologie. Sitzung vom 15. December 1883. Progrès médical Nr. 51, 22. December 1883, S. 1034.

Er sagt dort: „Dieser Zustand ist weder Lähmung noch Kontraktur und doch von jedem etwas. Äusserlich giebt er sich durch kein objektives Zeichen zu erkennen; der Kranke behält die vollständige Fähigkeit seiner Bewegungen und es ist nötig, dass die Erscheinungen dieses Zustandes, den wir als „Diathese zur Kontrakturenbildung" bezeichnen können, durch die Untersuchungen des Arztes oder einen glücklichen Zufall besonders hervorgerufen werden. Der Zustand steht darin mit der Lähmung in Zusammenhang, dass er sehr häufig mit einer Schwäche der Muskeln verbunden ist, und mit der Kontraktur darin, dass oft die kleinste Ursache genügt, um ihn hervorzurufen, und dass er, wie ich hinzufügen will, ebenso schnell wieder verschwindet."

Diese Diathese ist bei den Hysterischen häufig zu beobachten. Berhez fand sie bei 70 Kranken, 43 Frauen und 27 Männern, 52mal [1]), und er bezeichnet sie als gewissermassen „entwickelungsfähig. da bei einer Hysterischen, die gar keine oder nur sehr geringe Kontrakturen zeige, schliesslich eine ausgesprochene Muskelrigidität auftreten könne".

Meistens haben die Kranken von dieser Diathese gar keine Ahnung. Indessen bemerken doch manche auch bei brüsken Bewegungen, zum Beispiel beim Werfen eines Steines, dass der Arm die Neigung zeigt, in der Stellung, welche er bei der Muskelanstrengung eingenommen hat, zu verharren. In der Mehrzahl der Fälle ergiebt aber erst die Untersuchung das Vorhandensein des Zustandes.

Bestimmte Erscheinungen können dem Arzt bei einer Untersuchung das Auffinden des Zustandes in der oder jener Muskelgruppe erleichtern. „Sieht man etwas genauer zu, sagt Charcot, so erkennt man fast immer, dass auf der Seite der Kontraktur eine mehr oder weniger ausgesprochene Anästhesie, Ovarie und ein gewisser Grad von Parese besteht, Zustände, die an sich relativ gutartig, doch „dem Auftreten der Kontraktur vorhergegangen sind".

Es ist das eines der konstantesten Gesetze in der Entwickelung der Hysterie, dass die Stigmata, welche in allgemeinen Störungen der Sensibilität bestehen, sich im Gebiete der später von der Kontraktur befallenen Muskeln zeigen. Und die Thatsache ist sehr wichtig für die Differentialdiagnose der Kontrakturen der Gesichts- und Nackenmuskeln, auf welche wir später noch näher eingehen werden.

* * *

Um das Vorhandensein der Diathese in einer Muskelgruppe zu bestimmen, sind mehrere Kunstgriffe nötig. Dieselben haben die Reizung des Muskels oder eines Nerven zum Zwecke: direkte oder indirekte Reizung durch Einwirkung auf die Haut (Reiben, Schlagen) oder durch psychische Reize. Die letzteren, die von Descubes besonders studiert worden sind, entsprechen den verschiedenen Methoden der Suggestion im wachen Zustande.

---

[1]) Sur la diathèse de contracture et en particulier sur la contracture produite chez les sujets hystériques par les applications d'une ligature. Progrès médical Nr. 41, 9. Octobre 1886.

Eine eigentümliche Erscheinung ist nach Pitres die, dass die Hautreize, um die Kontraktur hervorzubringen, nicht gefühlt zu werden brauchen. Bei einer grossen Anzahl hemianästhetischer Hysterischer treten die Kontrakturen nach Reizung der Haut auf der anästhetischen Seite leichter auf als auf der normal empfindenden Seite; ja manchmal kann man sie überhaupt nur durch Reizung der anästhetischen Seite hervorbringen.

Richer gruppiert die nicht psychischen Einwirkungen in folgender Weise: 1. tief gehende Massage der Muskeln; 2. wiederholtes Schlagen auf die Sehnen; 3. Zerren an der Extremität, gewaltsame Beugung; 4. Druck auf die Nerven; 5. Applikation der schwingenden Stimmgabel; 6. Faradisation der Muskeln und Nerven; 7. Applikation des Magneten, mit dessen Hilfe man bei bestimmten Kranken eine Kontraktur auf die andere Seite übertragen kann; 8. einfaches Streichen über die Haut.

Richer unterscheidet zwischen der somnambulen Form der Kontraktur, welche auf die achte Methode zu erhalten ist, und der lethargischen, welche man durch die übrigen Methoden hervorruft. Er vergleicht diese beiden Formen mit den beiden Formen von neuromuskulärer Ueberregbarkeit, welche man bei der Hypnose Hysterischer beobachtet. Jedenfalls ist diese somnambule Form selten; er selbst hat sie nur einmal beobachtet.

In der grossen Mehrzahl der Fälle soll nach Richer die eine der beiden Formen die andere ausschliessen und es nur in den seltensten Fällen möglich sein, die Kontraktur bei derselben Person auf beide Arten hervorzurufen.

Eine gute Methode, die Diathese zur Kontrakturbildung zu erkennen, ist die, dass man die Kranken mit aller Kraft an einem Dynamometer drücken lässt; man kann dann häufig beobachten, dass die Hand geschlossen um das Instrument bleibt. Es ist das eine sehr einfache und fast immer wirksame Methode.

Zu diesen verschiedenen Methoden fügt Berhez noch eine weitere, die den grossen Vorzug hat, dass sie sehr schnell zum Ziele führt. Wenn man um die Mitte des Vorderarmes einer mit der Diathese behafteten Hysterischen die Esmarch'sche Binde legt, so sieht man nach kurzer Zeit, besonders wenn man die Kranke noch auf ein Dynamometer drücken lässt und so die Muskeln anregt, dass eine Kontraktur des Vorderarmes und des Handgelenkes zustande kommt. Die Hand stellt sich infolge der grösseren Kraft der Flexoren in Beugestellung. Dieses Experiment erklärt die Fälle von sogenannter reflektorischer Kontraktur, welche man früher nach Aderlass beobachtet hatte.

Die Binde darf nicht zu sehr angezogen werden, denn wenn vollständige Ischämie entsteht, verschwindet die Kontraktur wieder, eine von Brissand und Richet festgestellte Thatsache. Man kann also die Ischämie nicht beschuldigen, die Kontraktur hervorgerufen zu haben, sondern muss letztere einfach auf Rechnung der Diathese setzen [1]).

---

[1]) Wir erinnern daran, dass Pitres auf diese Weise auch die hysterogenen Zonen zum Verschwinden brachte; ein Beweis für die gemeinsame Natur der dauernden Stigmata.

Löst man die Binde wieder, so können drei Dinge eintreten, welche ebensoviele Grade in der Intensität der Diathese anzeigen: die Kontraktur verschwindet, dauert fort oder dehnt sich weiter aus. Das letztere geschieht mehr oder weniger rapid. In allen Fällen, in denen sie sich zeigt, tritt sie fast immer schnell auf; die Binde ist häufig noch nicht entfernt, wenn die weitere Ausdehnung der Kontraktur schon eingetreten ist. Dieselbe kann sich auf einzelne Muskeln des Oberarmes beschränken, sie kann aber auch auf die Muskeln derselben Gesichtsseite, des Rumpfes und der unteren Extremität übergehen. Fast immer besteht daneben eine homologe Hemianästhesie. Zuweilen ergriff die Kontraktur auch alle vier Extremitäten und das Gesicht; diese letztere Erscheinung tritt bei den Anfällen von Kontraktur, die wir später beschreiben werden, spontan auf.

Wenn auch die hemianästhetische Seite meist der Lieblingssitz der Kontraktur ist, so ist letztere doch nicht auf diese beschränkt und nach einiger Zeit, besonders wenn die Diathese spontan aufgetreten ist und sich die Kontrakturen mehrere Male wiederholt haben, sieht man, dass sie den ganzen Körper ergreifen. Es besteht hier eine Art unbewusster Erziehung. Auch die zum Zwecke der künstlichen Hervorrufung eingeleiteten Erregungen führen zu demselben Resultate.

Nach Richer sind die Reflexe der von der Kontraktur befallenen Extremitäten stets gesteigert; zuweilen kommt es sogar zu Klonus. Wir brauchen uns mit der Erklärung dieser wohlbekannten Erscheinung nicht länger aufzuhalten. Man findet letztere bei allen Formen des Zustandes, den wir als Diathese zur Kontraktur bezeichnet haben und dessen Physiologie vollständig bekannt ist. Übrigens gehört dieser Zustand von gesteigerter Reflexthätigkeit nicht notwendigerweise zur vollständigen Diathese; er ist, wenn er allein besteht, nur die erste Andeutung oder der erste Grad derselben.

Wenn man die Esmarch'sche Binde entfernt, so sieht man am häufigsten, dass die Diathese von selbst verschwindet, und wenn das nicht der Fall ist, so genügt eine allgemeine Massage der Muskeln oder die lokale ihrer Sehnen oder auch wiederholtes Reiben im allgemeinen, um sie zu beseitigen. Den Mechanismus, durch den diese Massage und Reibung wirken, vermögen wir noch nicht anzugeben.

Aber wenn die willkürlich hervorgerufene oder die spontan entstandene Kontraktur bereits lange besteht, so muss die Massage mit grösserer Energie fortgesetzt werden, und selbst dann hat sie häufig gar keinen Erfolg. Charcot warnt davor, dass man „der Kontraktur Zeit lasse, sich weiter auszubilden", da sie sonst Monate, ja Jahre lang bestehen bleiben könne.

Richer hat das elektrische Verhalten der mit der Neigung zur Kontrakturenbildung behafteten Muskeln studiert. Dieselben behalten ihre elektrische Erregbarkeit, zeigen aber folgende Abweichungen in ihrer Reaktion:

A. **Ausdehnung der elektrischen Erregbarkeit (schnelle Unterbrechungen); Zuckungen, hervorgerufen durch langsame Unterbrechungen.**

a) Wenn die Unterbrechungen schnell erfolgen, so tritt, wie beim Gesunden, Tetanus der elektrisierten Muskeln ein, aber man beobachtet beim Hysterischen, dass die Muskelkontraktur nicht auf die direkt gereizten Muskeln beschränkt bleibt. Wenn zum Beispiel die Beuger der Finger faradisch gereizt werden, so schliesst sich die ganze Hand. Aber dabei bleibt es nicht. Bald beugt sich das Handgelenk, dann der Vorderarm, ohne dass die Stromstärke verändert wird. Übrigens handelt es sich nicht um eine dauernde Kontraktur, denn alles verschwindet, sobald der Strom aufhört.

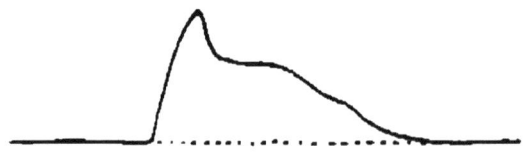

Fig. 30. Kontraktion eines faradisch gereizten, schwach zur Kontraktur neigenden Muskels.

b) Wenn die Unterbrechung langsam erfolgt (drei in der Sekunde), so treten Muskelzuckungen auf, die zuerst deutlich, bald in einander übergeben, so dass auch hier ein Tetanus zustande kommt, wie bei der schnellen Unterbrechung des Stromes.

B. **Abnorme Muskelzuckungen.** Die graphische Aufschreibung der Muskelzuckungen ergibt, dass bei Personen mit Neigung zur Kontraktur häufig eine Abweichung der Kurve von der normalen

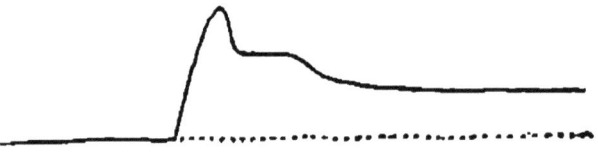

Fig. 31. Faradische Reizung eines im Zustande der Diathese befindlichen Muskels.

zustande kommt, die darin besteht, dass der absteigende Teil länger wird. Im ersten Abschnitte ist der Abstieg brüsk, wie bei der normalen Kontraktion, aber dann tritt eine Hemmung ein, es entsteht in der Kurve ein Plateau von verschiedener Länge. Nach der Kontraktion verhält sich der Muskel wie vorher (Fig. 30).

C. Zuweilen genügt ein einziger faradischer Schlag, um die dauernde Kontraktur hervorzurufen. In diesem Falle bleibt der absteigende Ast der Kurve unvollständig und der Muskel bleibt verkürzt; er befindet sich im Zustande der Kontraktur (Fig. 31).

D. Meistens muss man aber eine Anzahl von faradischen Schlägen durch den Muskel gehen lassen, um die dauernde Kontraktur zu erhalten. Dieselbe entsteht erst nach mehreren Schlägen; dann aber vermehrt jeder weitere Reiz ihre Intensität (vergleiche Fig. 32). In diesem Falle bleibt die Kontraktur nicht auf den direkt gereizten Muskel beschränkt, sondern sie geht auf die ganze Extremität über."

Vor Richer waren schon Brissaud und Richet bei mit Hülfe des elektrischen Stromes angestellten Untersuchungen zu Schlüssen gekommen, deren Kenntnis wünschenswert ist. "Der im Zustande der Kontraktion befindliche Muskel kann, wenn er durch den elektrischen Strom gereizt wird, Zuckungen zeigen", eine schon von Onimus nachgewiesene Erscheinung. "Aus dieser Thatsache ergiebt sich, dass die Kontraktur nicht die Maximalverkürzung des Muskels darstellt, sondern einen intermediären Zustand zwischen dem physiologischen Tetanus und der Erschlaffung. Dies zeigt sich auch in der myographischen Kurve; dieselbe liegt zwischen der die Erschlaffung des Muskels anzeigenden Linie und der Kurve für die willkürliche Muskelkontraktion."

Das stimmt auch mit der klinischen Beobachtung überein. "Beachten Sie, sagt Pitres, dass die obere Extremität unserer Kranken

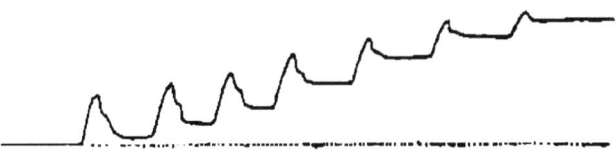

Fig. 32. Wiederholte faradische Reizung eines Muskels im Zustande der Kontraktur.

in der Haltung geblieben ist, in welche sie vor dem Auftreten der Kontraktur gebracht wurde. Die Finger und das Ellbogengelenk, welche halb gebeugt waren, sind es noch, das Handgelenk, das gestreckt war, ist noch gestreckt. Das beweist mit Notwendigkeit, dass die Kontraktur nicht von einer bemerkbaren Verkürzung der Muskelfasern begleitet zu sein braucht."

Ausser dass die Erregbarkeit in den kontrakturierten Muskeln erhalten bleibt und in den kontrahierten verschwindet, beobachtet man noch in den letzteren eine verhältnismässige Steigerung der Temperatur; und endlich haben Brissaud und Regnard [1]) noch konstatiert, dass die kontrahierten Muskeln ein regelmässiges und sonores rollendes Geräusch hervorrufen, während dasselbe bei den kontrakturierten schwach und ungleichmässig ist. Ich glaube, ein weiteres Eingehen auf diese pathologisch physiologischen Thatsachen ist unnötig. Nähere Details findet man in der Arbeit von P. Blocq.

* * *

Die hysterischen Kontrakturen wurden vor allem an den quergestreiften Muskeln studiert, wo sie leicht zu erhalten sind, aber zweifellos kommen sie auch an den glatten Muskeln vor. Wir finden

---

[1]) Des contractures. Thèse de Paris, 1888.

17*

hei der Hysterie häufig Krampf des Oesophagus und der Blase, den wir
übrigens nur anführen, ohne in diesen Erscheinungen schon einen Ausdruck der Neigung zur Kontraktur sehen zu wollen.

„Die Diathese zur Kontraktur, sagt R i c h e r, kann sich täglich
ändern. Nicht immer werden die Kontrakturen mit gleicher Leichtigkeit
hervorgerufen. Sie nimmt ab, sowie sich eine Tendenz zur Heilung zeigt,
während ihre Zunahme ein Schlimmerwerden der Krankheit ankündigt. Sie
bereitet den Spontankontrakturen das Feld, die häufig heobachtet werden
und in gewissem Grade die Vorläufer der dauernden Kontrakturen bilden.
Andererseits bleibt nach Heilung der dauernden Kontrakturen die Neigung
zum Auftreten derselben noch einige Zeit bestehen, und ihr Vorhandensein erklärt die Häufigkeit der Rezidive", die man im Verlaufe der Hysterie
beobachten kann.

In einer Mitteilung an die Société de biologie, in der der Zusammenhang zwischen der Anästhesie und der Neigung zur Kontraktur auseinandergesetzt wird, sagen C h a r c o t und R i c h e r, dass der Zusammenhang zwischen der Diathese und der Amyosthenie derselbe sei, wie
zwischen ersterer und der Anästhesie. Man sagt übrigens, dass die
beiden Symptome in der Regel zusammen auftreten. Man findet daher
die Diathese nicht selten an sehr schwachen Extremitäten, ja zuweilen
ist zwischen dieser Schwäche und einer Lähmung kein rechter Unterschied mehr.

In den bis jetzt betrachteten Fällen ging die Amyosthenie dem
Auftreten der Kontraktur vorher. Wenn die letztere dagegen an normal
kräftigen Muskeln auftritt — was allerdings seltener ist — so hinter-
lässt sie eine mehr oder weniger bedeutende Schwäche.

Diese Schwäche, welche in den ersten Augenblicken nach Beseitigung der Kontraktur einer Lähmung sehr nahekommt, ist an den oberen
Extremitäten mit Hülfe des Dynamometers sehr gut zu konstatieren,
wobei man nur darauf achten muss, dass nicht von neuem eine Kontraktur auftritt und dadurch das Instrument zusammengedrückt wird.
Dass diese Schwäche nicht direkt mit der Diathese zusammenhängt,
ergiebt sich daraus, dass sie allmählich verschwindet, während die Diathese
noch p o t e n t i e l l und a k t u e l l fortbesteht, wenn die Extremität lange
ihre normale Kraft wieder erlangt hat.

Es ist sehr wichtig, diese Thatsachen zu kennen; sie werfen, wie
wir schon sagten, neues Licht auf die Pathogenese hestimmter Störungen
der Augenmuskulatur. So können zum Beispiel manche Fälle von
hysterischer Mydriasis, die als paralytisch angesehen werden, vorausgesetzt, dass sie vorübergehend sind, sehr einfach durch den normalen
Tonus des Dilatators erklärt werden, während der Constrictor infolge
von vorhergegangener Kontraktur nicht mit normaler Kraft funktioniert.

Die gleich zu beschreibende Amyosthenie steht also in direktem
Zusammenhange mit der Kontraktur, ebenso wie die Anästhesie mit der
Hyperästhesie, wie überhaupt alle Stigmata miteinander, obgleich einzelne derselben, Paralyse und Kontraktur, Anästhesie und Hyperästhesie
auf den ersten Blick vollständig entgegengesetzte Begriffe zu sein
scheinen.
.

II.

Im Anschlusse an die Neigung zur Kontraktur ist noch ein anderes Symptom zu erwähnen, das ebenfalls zu den Stigmata gehört: die A m y o s t h e n i e. Die Kenntnis derselben ist wichtig, denn wenn der erstere Zustand zu verschiedenen Kontrakturen prädisponiert, so ist die Amyosthenie häufig als Vorläufer der hysterischen Paralyse zu beobachten, von der sie, mit einem Worte gesagt, den Hauptbestandteil bildet.

Wie die meisten, wenn nicht alle Stigmata, so muss auch die Amyosthenie erst gesucht werden, da die Hysterischen selten auf das Symptom aufmerksam machen, ja häufig von einem Vorhandensein keine Ahnung haben, selbst wenn es deutlich ausgesprochen ist.

Es giebt aber auch Hysterische, die darauf aufmerksam machen, dass die eine Hand ungeschickt ist, dass der eine Fuss die Neigung zeigt, sich spontan in Beugestellung zu begeben oder unter dem Körpergewicht nachzugeben, dass er leicht umschlägt oder die Spitze desselben beim Gehen gerne hängen bleibt, besonders beim Treppensteigen.

Die zur Feststellung der Amyosthenie nötigen Kunstgriffe sind sehr einfach. Für die oberen Extremitäten genügt es häufig, sich die Hände drücken zu lassen, man wird dann leicht — die gewöhnlich geringere Stärke der linken oberen Extremität oder eine mögliche Linkshändigkeit berücksichtigt — das Vorhandensein einer mehr oder weniger grossen Ungleichheit des Druckes erkennen. Auch bedient man sich in diesen Fällen mit Vorteil des Dynamometers.

Um Kraftunterschiede am oberen Abschnitte der Extremitäten festzustellen, beugt und streckt man den Arm und giebt dem Kranken auf, die betreffende Stellung beizubehalten, während man selbst versucht, den Arm in die entgegengesetzte Stellung zu bringen. Ebenso verfährt man an der unteren Extremität und vergleicht dann die beiden Seiten miteinander.

Die Amyosthenie kann auf einen Abschnitt einer Extremität beschränkt sein, zum Beispiel auf die Hand, oder sie betrifft die ganze Extremität, häufig auch eine ganze Seite, ja man sieht sogar zuweilen eine totale Amyosthenie aller vier Extremitäten. In diesem Falle findet man auch die Muskeln des Nackens und Halses mitbeteiligt, der Kopf scheint zu schwer für die Schultern und ballotiert, oft mit grosser Intensität, von einer Seite zur anderen. Natürlich sehen wir hier von den Fällen mit Anorexie oder Erbrechen ab, bei denen durch die mangelhafte Ernährung eine ungewöhnliche Amyosthenie hervorgerufen wird.

Welchen Sitz oder Umfang die Amyosthenie auch hat, nur sehr selten ist sie, worauf R i e b e r mit Recht aufmerksam macht, auf eine Muskelgruppe, zum Beispiel mit Ausschluss der Antagonisten, beschränkt. Ist die obere Extremität befallen, so ist Beugung wie Streckung gleich erschwert. Hieraus erklärt sich auch, dass an den unteren Extremitäten keine a k t i v e n Difformitäten entstehen. Die Schwerkraft, das Gewicht der Decken sind hier die Hauptfaktoren beim Entstehen von Difformitäten, die stets oder fast stets die gleichen sind. Auch hier können sich peritendinöse und periartikuläre Adhäsionen bilden, welche nach der Heilung der Lähmung den Fuss in der fehlerhaften Stellung fixieren.

Die Amyosthenie (ohne Muskelatrophie) macht keine objektiven Symptome, und selbst die subjektiven bleiben, wie wir schon sagten, zuweilen von den Kranken unbemerkt. Die Extremität behält ihre Form und normalen Konturen.

Häufiger aber noch als bei der Diathese zur Kontraktur beobachtet man in dem Gebiete der Muskellähmung sensible Störungen. Es handelt sich um Anästhesie von den verschiedenen, früher beschriebenen Formen, vollständige oder unvollständige, meist in geometrischen Abschnitten (oder als Hemianästhesie), entsprechend den gelähmten Extremitäten oder den Abschnitten derselben. Zuweilen findet man auch Hyperästhesie, doch letztere unserer Ansicht nach häufiger bei der Diathese. Schmerzhafte Kontrakturen sind keine Seltenheit; dagegen ist bei den Lähmungen das umgekehrte der Fall.

Was die Reflexerregbarkeit angeht, so spricht sich Richer darüber folgendermassen aus: „Die Sehnenreflexe der amyosthenischen Extremität sind im allgemeinen gesteigert, und häufig besteht daneben jene besondere Neigung zur Kontraktur."

Wir glauben, dass man hier unterscheiden muss. Es ist gewiss, dass in der Mehrzahl der Fälle die mit Neigung zur Kontraktur behaftete Extremität auch gelähmt ist. Der Grad dieser Lähmung ist freilich schwer festzustellen, weil, wenn man den Kranken auf ein Dynamometer drücken lässt, aller Wahrscheinlichkeit nach Flexionskrampf der Hand und des Vorderarmes eintritt.

Bei der wahren Amyosthenie, wie wir sie beschrieben haben, handelt es sich aber um eine Erscheinung anderer Art, die mit der Diathese zur Kontraktur nichts zu thun hat. Die bei letzterer auftretende Muskellähmung ist von der Diathese zur Amyosthenie ganz unabhängig.

In der Mehrzahl der Fälle mit dieser Amyosthenie haben wir nun eine Steigerung der Reflexe nicht gefunden. Im Gegenteile, wenn auch ihr vollständiges Erloschensein eine Seltenheit war, so haben wir doch sehr häufig eine bedeutende Herabsetzung konstatieren können. Eine genaue Feststellung ist übrigens wegen der auch bei Gesunden vorkommenden bedeutenden Differenzen sehr schwierig.

Da die Amyosthenie meist auf eine Seite beschränkt ist — auf die hemianästhetische — so kann man das Verhalten der Reflexe der beiden Seiten vergleichen. Dieser Vergleich ist jedenfalls wichtig, besonders wenn es sich um die Diathese zur Kontraktur handelt. Indessen muss man wissen, dass, wenn die Amyosthenie in einer Extremität stärker sein kann, sie doch gewissermassen eine Affektion des ganzen Individuums ist, so dass die Differenzen zwischen den beiden Seiten auch wieder sehr wenig bemerkbar sein können.

Wir müssen übrigens gestehen, dass wir auch schlaffe hysterische Lähmungen mit Erhaltung und Steigerung der Reflexe, ja mit Klonus gesehen haben; aber das sind seltene und vielleicht komplizierte Fälle.

Nach Richer soll die Amyosthenie mit Vorliebe auf der linken Seite ihren Sitz haben und dasselbe auch für die hemiplegische Form der Lähmung gelten. Ferner hat er durch Experimente gefunden, dass „die ästhesiogenen Agentien, welche das Auftreten der Sensibilität bedingen, in gleicher Weise die Amyosthenie beeinflussen, welche gleichzeitig mit der Sensibilität ihren Ort wechselt und mit ihr, wie beim Transfert, von einer Seite des Körpers zur anderen zieht".

Diese Erscheinungen bestehen aber nur, wenn gleichzeitig Störungen der Sensibilität vorhanden sind, was allerdings in der Regel der Fall ist. Die Amyosthenie wird unter dem Einflusse verschiedener Ursachen stärker oder schwächer. Sie nimmt ab, wenn auch die hysterische Diathese zurückgeht. Lebhafte Emotionen machen sie intensiver und zuweilen geht sie auch allmählich in vollständige Lähmung über. Zur Entstehung von Kontrakturen bildet sie den günstigsten Boden. Das Herannahen grosser Anfälle macht sie ebenfalls intensiver, so dass aus der blossen Schwäche einer Extremität innerhalb einiger dem Anfalle vorhergehender Tage oder Stunden fast absolute Lähmung entsteht".

Wir können hinzufügen, dass zuweilen auch nach den grossen Anfällen eine Verschlimmerung eintritt, die bis zur vollständigen Paralyse gehen kann. Doch haben diese Anfälle einen viel ausgesprocheneren Einfluss auf die Steigerung der Diathese zur Kontraktur.

In Bezug auf den Einfluss lebhafter Erregungen können wir der Ansicht Richer's folgenden, Briquet entnommenen Satz (S. 442) gegenüberstellen: „Man wird über die Thatsache nicht sehr erstaunt sein, dass die Hysterie bei mehr als einem Viertel der Frauen die Muskelkraft verändert, wenn man an den Einfluss denkt, den lebhafte Emotionen und Leidenschaften, sowie Schreck auf die Muskeln haben. Man weiss, dass in diesen Fällen ein Gefühl von Kälte, Eingeschlafensein und Kriebeln eintritt. Wer kennt nicht das kraftlose Herunterfallen der Arme, das Zusammenknicken der Beine, das Zittern und die Unfähigkeit zu Bewegungen bei heftigen Gemütserschütterungen?"

Das ist ganz richtig, aber wie kann man durch solche, dem normalen Verhalten entnommene Beispiele die Erscheinungen der Kontraktur erklären, welche beim normalen Menschen niemals zu beobachten sind? Bei der Hysterie gilt der Satz, dass klinische Beobachtungen tausendmal mehr wert sind wie die schönsten Erklärungen.

III.

Ein weiteres Stigma der Hysterie, dessen Kenntnis noch ziemlich neu, aber vielleicht von allen übrigen die vollständigste ist, ist der hysterische Tremor.

Wir finden denselben zuerst hei Ch. Lepois (1618) erwähnt[1]), und zwar als Vorläufer der hysterischen Lähmung, was er in der That auch sehr häufig ist: „Sed annotavi, hoc anno, in altera ingenua vicina de qua ante, quae a secundo paroxysmo tremorum brachiorum insignem passa est, tertio tandem in paralysim eorumdem incidit."

Eine weitere Angabe über den hysterischen Tremor findet sich bei Carré de Montgeron in dem vorzüglich beschriebenen Falle des

---

[1]) Vergl. die historische Einleitung im ersten Kapitel.

Philippe Sergent, bei dem es sich zuerst um allgemeinen Tremor handelte, der später auf die eine Seite beschränkt blieb, als auf der anderen Hemiplegie mit Muskelatrophie nnd livider Verfärbung der Haut auftrat.

Erst in den Arbeiten von J. Frank (1821)[1]), der viele Fälle von Hysterie beobachtete, finden wir wieder eine kurze Erwähnung des Tremor, den er, etwas gegen seinen Willen *(coactus)*, mit dem „Tremor der Metallurgisten" vergleicht, ein Vergleich, der aus Gründen, die wir noch sehen werden, sehr interessant ist. „Tremores transitorii a terrore, ira, hysteria et libidine, nec non a narcoticis excitati, utpote evidentur ex affectione primaria systematis nervosi orti, certe nervei dici queunt. Minori cum certitudine, at coacti, tremores metallurgorum huc revocamus, de quibus speciatim . . . ."

Auch Briquet erwähnt ihn gelegentlich: „Das Muskelzittern, das in Wirklichkeit nur eine Konvulsion im kleinen ist, ist bei Hysterischen ziemlich häufig zu beobachten; und man versteht den Grund dieser Häufigkeit unschwer aus der Leichtigkeit, mit der Gemütserregungen Zittern der Extremitäten hervorrufen. Dieser Tremor ist stets vorübergehend; nach einer Dauer von einigen Stunden oder höchstens von einigen Tagen verschwindet er plötzlich wieder. Nur bei sehr wenigen Kranken bleibt er dauernd; dagegen kehrt er sehr leicht wieder. Junge Mädchen, welche in ihrer Kindheit durch häufige Misshandlungen in beständiger Aufregung gehalten wurden und sehr furchtsam sind, werden am häufigsten von dem Muskelzittern heimgesucht."

Unsere eigene Ansicht über den Tremor hystericus stimmt nicht ganz mit derjenigen Briquet's überein. Wir fassen ihn nicht als eine Konvulsion im kleinen auf, als einen Anfall, sondern wir glauben im Gegenteil, dass er zu den Grundsymptomen der Hysterie, zu den Stigmata, gehört. Auch ist er in den meisten Fällen sehr hartnäckig und bleibt Monate lang bestehen. Freilich nimmt er zu Zeiten zu, und man hat dann mit Recht von Tremoranfällen gesprochen, wie man auch von Anfällen von Kontraktur oder hysterischer Neuralgie (Hyperästhesie) spricht. Diese Anfälle sind aber nur Momenta der Steigerung, und wie man sich nicht bedenkt, die Kontrakturen und die Sensibilitätsstörungen zu den Stigmata zu rechnen, so können wir mit demselben Rechte den Tremor in dieselbe Reihe stellen.

1879 beschrieb Hamolle einen Fall von Tremor der rechten unteren Extremität[2]). Über den Tremor sagte er folgendes: „Die ganze Extremität wird von rhythmischen, sehr eigenartigen Stössen erschüttert, die alle gleichen Umfang haben und von vorne nach hinten gerichtet sind. Sie scheinen ausschliesslich im Triceps femoris und den Muskeln der Wade zu entstehen. Wenn der Körper die horizontale Lage einnimmt, sowie bei vollkommener Ruhe werden sie fast gleich Null, dagegen nehmen sie zu, sobald der Kranke sich aufregt, wenn man ihn unter-

---

[1]) Praxeos medicae universae praecepta, part. sec., vol. I, sect. sec., cap. IX: De tremore. § 44, 7, pag. 235.

[2]) Hemianesthésie hystérique anormale avec contracture et tremblement du membre inferieur droit. Progrès médical, 5. Juli 1879, S. 517.

sucht, wenn er eine willkürliche Bewegung machen, besonders wenn er gehen will; dann wird der Tremor immer stärker und teilt sich dem ganzen Körper mit. Die graphische Darstellung der Bewegungen zeigt ihre vollkommene Regelmässigkeit. Ihre Geschwindigkeit beträgt 300 in der Minute. Sie treten an Schenkel und Wade zu gleicher Zeit auf oder wenigstens ist die Verzögerung an der Wade so gering, dass ihr Vorhandensein zweifelhaft wird." Auch Chambard (1881)[1]) und G. Lée (1884)[2]) geben das Vorkommen von hysterischem Tremor an.

Axenfeld und Huchard widmen ihm in ihrem *Traité des névroses* (2. Édit. 1883) folgende Zeilen: „Der Tremor zeigt verschiedene Charaktere; bald handelt es sich um eine leichte, kaum wahrnehmbare Oszillation, die einem schwachen alkoholischen Tremor gleicht, bei Erregungen zunimmt und eine mehr oder weniger lange Zeit anhält; ein anderes Mal hat das Zittern einen mehr konvulsiven Charakter, tritt in beiden oberen Extremitäten oder nur in einer oder in oberer und unterer Extremität derselben Seite auf. Sind die unteren Extremitäten Sitz desselben, so ist er zuweilen so intensiv, dass man bei sitzender Haltung des Kranken den Fuss in regelmässiger Folge auf den Boden aufschlagen hört." Und nach einem Resumé über die Beobachtung von Chambard fügen sie hinzu: „In gewissen Fällen kann der Tremor auf den beiden Körperhälften verschiedene Formen annehmen."

Die sonstigen Arbeiten über Neuropathologie, selbst die neueren von Wilks, Rosenstein, Hammond und Grasset sind über diesen Punkt vollständig stumm.

1887 stellte Ormerod[3]) in einer Sitzung der medizinischen Gesellschaft in London eine junge, 29jährige Frau vor, die an zweifellosen hysterischen Anfällen mit Zittern der Hände litt. Letzteres hatte sich im Anschlusse an einen Anfall eingestellt und glich vollkommen dem Tremor der Paralysis agitans. Hughlings Jackson sprach sich dafür aus, dass es sich um einen Fall von hysterischem Tremor handle, und meinte, dass viele Fälle von Tremor, deren Ursprung dunkel sei, dahin zu rechnen wären.

Am 12. April 1882 berichtete Letulle in der Société médicale des hôpitaux über einen Fall von professionellem Hydrargyrismus bei einem Arbeiter, der neben verschiedenen anderen Symptomen von augenscheinlich hysterischer Natur auch an einem deutlichen, sehr intensiven Tremor aller vier Extremitäten litt, den man durch elastische Binden und den Magneten schnell zur Heilung brachte. Letulle schliesst seine Beobachtung mit den Worten: „Man darf daher behaupten, dass der Mercurialtremor bei einer grossen Anzahl der Fälle, aller wage ich nicht zu sagen, hysterischer Natur ist."

Alle diese Fälle stehen isoliert da, doch würde es jedenfalls nicht schwer sein, andere Beobachtungen zu finden, bei denen ebenfalls Tremor beobachtet wurde; doch mögen diese hier genügen.

---

[1]) Hémichorée et hémitremblement hystériques. Encephale 1881.
[2]) De la chorée électrique. Semaine médicale. 6. März 1884.
[3]) British medical Journal. Dezember 1887. S 1216.

Charcot selbst sprach sich in einem 1885 gehaltenen und 1887 veröffentlichten Vortrage [1]) folgendermassen über die Sache aus: „Ehe ich zur Kategorie der rapiden Oszillationen übergehe, will ich eine Form von Tremor besprechen, welche zwischen den beiden die Mitte hält, nämlich den hysterischen Tremor. Wir haben augenblicklich in unserer Klinik zwei davon befallene Kranke; bei dem einen beträgt die Zahl der Oszillationen fünf in der Sekunde, bei dem anderen sieben. Ich kann diesen Tremor nur im Vorübergehen erwähnen, nehme mir aber vor, später des genaueren darauf zurückzukommen. Vorläufig will ich ihn nach der Schnelligkeit der Oszillationen zwischen die beiden anderen Formen einreihen."

In einer späteren Arbeit [1]) meint Charcot, dass bis dahin verschiedene Formen des hysterischen Tremors noch nicht aufzustellen wären. Doch brachten Pitres [2]), Rendu [4]) und Dutil [5]) die Frage bald zum Abschlusse. Besonders der Arbeit des letzteren, die alle neueren Arbeiten über das Thema resumiert, entnehmen wir den grössten Teil der folgenden Schilderung.

Rendu hat besonders diejenige Form des hysterischen Tremors studiert, welche demjenigen der Paralysis agitans und der multiplen Sklerose analog ist. Pitres stellt drei Kategorien von hysterischem Tremor auf: 1. den trepidatorischen Tremor, 2. den vibratorischen, 3. den Intentionstremor. Charcot und Dutil haben jeder eine besondere Klassifikation gewählt, die aber in der Hauptsache mit einander übereinstimmen.

* *
*

Ehe wir zur Beschreibung der einzelnen Formen übergehen, müssen wir, wie wir es auch bei der Besprechung der anderen Stigmata gethan haben, bestimmte allgemeine, allen Formen des Tremors gemeinsame Züge betrachten.

Über die wahre Häufigkeit des hysterischen Tremors besitzen wir keine statistischen Angaben, und die Autoren, welche über denselben geschrieben haben, erwähnen nur seine relative Häufigkeit. Nach unserer Ansicht ist er seltener als die Sensibilitätsstörungen, ferner seltener als die Diathese zur Kontraktur. Unterdessen, wenn man bedenkt, dass er erst zu den in neuerer Zeit genauer studierten Erscheinungen der Hysterie gehört, so können wir nicht erstaunt sein, dass man ihn in letzterer Zeit häufiger beobachtet hat als vordem. Alles, was wir sagen können, ist das, dass man den Tremor nicht selten beobachtet und dass man nie versäumen soll, darauf zu untersuchen,

---

[1]) Leçons sur les maladies du système nerveux 1887, vol. III. — Leçons du mardi à la Salpêtrière, vol. I, pag. 308.
[2]) Des tremblements hystériques. Progrès médical, 6. und 13. September 1890. Leçons recuillie par G Guinon.
[3]) Des tremblements hystériques. Progrès médical, 14. und 21. September 1889.
[4]) Rendu teilte seine Mitteilung über das hysterische Zittern der Société médicale des hôpitaux de Paris am 19. April 1889 mit.
[5]) Contribution à l'étude clinique des tremblements hystériques. Paris 1891. Nouvelle Iconographie de la Salpêtrière 1890. Nr. 1 und 2, 1891, Nr. 2 und 3.

wenn man Hysterie vermutet. So konnten wir in einem Falle aus dem rhythmischen Tremor an den beiden oberen Extremitäten bei einem 61jährigen Manne, der bis dahin keine hysterischen Anfälle gehabt hatte, und bei dem ausserdem b l a u e s Ö d e m beider Hände bestand, trotzdem andere Symptome der Neurose ausser Aufhebung der Geschmacksempfindung fehlten, die Diagnose auf Hysterie stellen.

Nach C h a r c o t beobachtet man den hysterischen Tremor besonders bei Männern. „Man findet ihn zum Beispiel in letzterer Zeit häufig bei den Fällen von traumatischer Neurose angegeben, welche, wie ich erwiesen zu haben glaube, zur Hysterie gerechnet werden muss und beim Manne häufig beobachtet wird."

Aber auch bei Frauen kann man das Zittern häufig beobachten, und bei Kindern ist es nicht selten; wir selbst sahen es mehrere Male bei denselben, und P e r r e t hat erst kürzlich einen interessanten Fall von Tremor bei einem 11jährigen Mädchen beschrieben [1]).

Wir wissen, dass die meisten Autoren der Ansicht sind, die hysterischen Stigmata entwickelten sich schleichend, und zwar führt man als Hauptgrund für diese Ansicht an, dass die meisten derselben von den Kranken selbst erst bei der Untersuchung bemerkt werden. Vielleicht ist dieses schleichende Auftreten aber nur ein scheinbares. Jedenfalls kann man von dem hysterischen Zittern nicht sagen, dass es schleichend auftrete, denn durch die unmittelbaren Störungen, die es macht, erregt es die Aufmerksamkeit des Kranken vom Augenblicke seines Auftretens an. Deshalb hat auch wahrscheinlich D u t i l das schleichende Auftreten als Ausnahme bezeichnet.

Nach demselben Autor tritt der Tremor plötzlich unter dem Einflusse eines Traumas, eines Schreckens, irgend eines psychischen Shocks und noch häufiger im Anschlusse an einen konvulsiven Anfall auf. „Nach einem solchen Anfalle, sagt er, mag derselbe komplet oder leicht, mit Bewusstseinsverlust verbunden sein oder nicht, bemerkt die Kranke, wenn sie sich wieder erholt, dass alle Extremitäten oder auch nur eine in zitternder Bewegung sind. Dies ist von allen Arten, auf die der Tremor anfängt, nach unserer Ansicht die gewöhnlichste."

Dieser provokatorische Einfluss der Anfälle zeigt sich auch darin, dass nach denselben häufig eine Steigerung der Intensität des Tremors eintritt, wenn letzterer vorher schon vorhanden war. Ja es kommt auch vor, dass (ebenso wie die Diathese zur Kontraktur oder die Erscheinungen von Hyperästhesie) das Zittern das Hauptsymptom des Anfalles darstellt; man hat dann den Z i t t e r a n f a l l.

Der Tremor kann a l l g e m e i n (an Kopf, Rumpf und Extremitäten) oder p a r t i e l l auftreten; im letzteren Falle ist sein Sitz bald in beiden Extremitäten einer Körperhälfte (hemiplegische Form), bald in den oberen oder in den unteren Extremitäten (paraplegische Form). Endlich kann er sich auch auf eine Extremität oder selbst auf einen Abschnitt derselben beschränken.

---

[1]) Tremblement hystérique chez les enfants. Referat in: Journal de médecine et de chirurgie pratiques, 10. September 1891. S. 669.

Seine Dauer ist eine sehr verschiedene; manchmal besteht er Monate, ja manchmal sogar Jahre lang ohne Unterbrechung. Bestimmte Ursachen, besonders die Anfälle, steigern ihn; dieselbe Rolle kann Druck auf eine hysterogene Zone spielen. Wir kennen den Zusammenhang, der zwischen den verschiedenen Stigmata besteht, und wir wissen, dass Druck auf eine Ovarialzone einen Anfall auslösen kann, bei dem die hyperästhetischen Erscheinungen von seiten des Auges (Migraine ophthalmique) das Hauptsymptom sind. Ganz dasselbe gilt auch vom hysterischen Tremor.

Zuweilen ist der Tremor so unbedeutend, dass die Kranken durch ihn gar nicht belästigt werden und sich normal bewegen können; man muss dann, um ihn überhaupt zu sehen, die Extremität bestimmte Stellungen einnehmen lassen, welche das Auftreten von Zitterbewegungen begünstigen.

Andererseits kann aber der Tremor auch eine solche Intensität annehmen, dass die Kranken nur mit Schwierigkeit gehen oder nur mit Mühe einen Gegenstand ergreifen können.

In der Regel zeigt der hysterische Tremor einen regelmässigen Rhythmus, dagegen variieren die Rapidität und die Häufigkeit der Oszillationen in hohem Grade. Einmal sind sie von einer bemerkenswerten Langsamkeit, das andere Mal von vibratorischer Schnelle. Zwischen diesen beiden Extremen giebt es nun noch Zwischenstufen, und in den meisten Fällen handelt es sich um diese Mittelformen; es gehört auch der Tremor hierher, der bei willkürlichen intendierten Bewegungen auftritt (reines Intentionszittern). Meistens bleibt der Tremor auch während der Ruhe bestehen; zuweilen treten bei Bewegungen Modifikationen in der Frequenz und dem Umfange der Bewegungen ein.

Ein weiteres charakteristisches Zeichen für den hysterischen Tremor ist nach Dutil seine Polymorphie; bei derselben Person können gleichzeitig oder nach einander verschiedene Formen desselben auftreten.

* * *

Ausser Pitres und Rendu haben Charcot und Dutil, wie schon gesagt wurde, den hysterischen Tremor beschrieben und in verschiedene Klassen eingeteilt. Wir geben hier die beiden Klassifikationen, die, wie ebenfalls schon hervorgehoben wurde, sich nicht wesentlich unterscheiden.

Klassifikation von Charcot.

Hysterischer Tremor.

a) Tremor, der bei willkürlichen Bewegungen zunimmt.	1. Tremor oscillatorius mit langsamen Oszillationen (3 bis 6 in der Sekunde).	Ähnlich dem Tremor bei Paralysis agitans und dem senilen Tremor.
	2. Tremor vibratorius mit schnellen Oszillationen.	Ähnlich dem Tremor bei Morb. Based. dem Tremor alcoholicus und der Schüttellähmung.

b) Tremor, der in der Ruhe besteht oder aufhört, durch intendierte Bewegungen hervorgerufen oder verstärkt wird, bei dem aber im letzteren Falle die Oszillationen nicht schneller, aber umfangreicher werden.

3. Intentionstremor (Typus Rendu), der in Bezug auf die Zahl der Oszillationen zwischen 1. und 2. steht.

Ähnlich dem Tremor bei multipler Sklerose. In noch höherem Grade analog dem Tremor bei Quecksilbervergiftung, der aber nach Letull sehr häufig nur ein hysterischer Tremor sein soll.

Klassifikation von Dutil.

1. Tremor vibratorius, 8 bis 9 Oszillationen in der Sekunde.

Besteht auch während der Ruhe und wird durch willkürliche Bewegungen wenig oder gar nicht verändert.

Analog dem Tremor bei Morbus Baeedowii, dem Tremor alcoholicus und demjenigen der allgemeinen Paralyse.

2. Tremor von mittlerer Geschwindigkeit, 5 bis 7 Oszillationen in der Sekunde.

a) Remittirender Intentionstremor (Typus Rendu). In der Ruhe vorhanden oder nicht vorhanden, bei willkürlichen Bewegungen Zunahme.

b) Lokalisation an den unteren Extremitäten (paraplegische Form).

c) Reiner Intentionstremor, bei Ruhe nicht vorhanden.

Vollkommen analog dem Tremor mercurialis und unvollkommen analog dem Tremor bei multipler Sklerose.

Analog der Spinalepilepsie bei spastischer Paraplegie.

Vollkommen analog dem Tremor der multiplen Sklerose.

3. Langsamer Tremor, 4 bis 5 Oszillationen in der Sekunde.

In der Ruhe vorhanden, wird durch willkürliche Bewegungen wenig oder gar nicht verändert.

Analog dem Tremor bei Paralysis agitans und dem Tremor senilis.

Der Tremor mit schnellen Oszillationen, der vibratorische Tremor Pitre's, zeichnet sich nach Dutil durch sehr kurze und schnelle Oszillationen aus, welche sich zu einer anhaltenden Vibration der betreffenden Partien zu vereinigen scheinen. Er ist allgemein oder partiell und hat meist eine eintägige Dauer. Ferner ist er nur ein postkonvulsives Symptom, eine vorübergehende motorische Störung, welche von den Kranken nicht immer wahrgenommen wird.

Bei manchen Personen geht er auch wohl in eine Art chronischen Zustand über und bildet eines der dauerhaftesten und am leichtesten zu erkennenden Stigmata der Hysterie.

Wenn dieser vibratorische Tremor allgemein, sehr ausgesprochen und dauernd ist, so befindet sich der Kranke in einem Zustande perpetueller Vibration. Beim Stehen und Sitzen besteht dieser fortwührende Tremor, und um ihn wahrzunehmen, genügt es, die Hände auf die Schulter oder den Kopf des Kranken zu legen. Sieht man den Kranken im entkleideten Zustande, so kann man konstatieren, dass die Muskeln der Extremitäten und des Rumpfes der Sitz kleiner fibrillärer Zuckungen sind. Dieselben sind an den Vorderarmen oft so stark, dass leichte und schnelle Bewegungen der Finger zustande kommen. Wenn der Tremor sein Maximum erreicht hat, wie das im Anschlusse an Anfälle eintritt, oder wenn die betreffende Person unter einer etwas lebhaften Gemütsbewegung steht, nehmen die Gesichtsmuskeln an der allgemeinen Unruhe Teil, und die Lippen sind der Sitz kleiner Muskelzuckungen, die Sprache ist etwas zitternd und der äussere Habitus der Kranken erinnert sehr an das wohlbekannte Aussehen der Alkoholiker und Paralytiker.

In der Ruhe gleicht die Affektion dagegen mehr einem rudimentären

Fig. 33. Vibratorischer Tremor. Rechte Hand in der Ruhe; 9—9·5 Oszillationen in der Sekonde (Dutil).

Falle von Morbus Basedowii mit Tremor, eine Form, die wir aus Marie's Arbeit kennen [1]).

Der vibratorische Tremor (Fig. 33) verschwindet nur während des Schlafes. Er ist also auch in der Ruhe vorhanden, aber er hat dann keineswegs stets die eben beschriebene Intensität. Während der Ruhe ist er leicht zu erkennen, wenn man den Kranken einen Arm in die Höhe strecken oder sich setzen und die Beine, ohne den Boden zu

Fig. 34. Derselbe Kranke. Rechte Hand in die Höhe gestreckt. 9—9·5 Oszillationen in der Secunde (Dutil).

berühren, vorstrecken lässt. Bisweilen ist er so stark, dass die Oszillationen denjenigen der spastischen Paraplegie analog sind. Bei den Kranken Dutil's war die Differentialdiagnose leicht, weil die Sehnenreflexe keine Steigerung zeigten; aber das ist nicht immer der Fall, sondern sie sind bei bestehender Diathese zur Kontraktur auch bei Hysterischen gesteigert.

Bei mittlerer Intensität verursacht das vibratorische Zittern in den gewöhnlichen Bewegungen keine Störung, bei denjenigen Bewegungen aber, die eine besondere Präzision erfordern, wie das Schreiben, kann man doch Störungen beobachten.

---

[1]) Contribution à l'étude des formes frustes de la maladie de Basedow. Thèse de Paris, 1883.

Ebenso ist das Gehen im allgemeinen nicht gestört; dagegen trat bei zwei Kranken Dutil's nach dem Anfalle eine solche Steigerung des Tremors (Fig. 35) und infolge dessen ein „Zusammenknicken" der Beine ein, das sich häufig wiederholte und das Stehen beinahe unmöglich machte.

Diese Erscheinung des „Zusammenknickens" wird übrigens bei der Hysterie auch ohne Tremor ziemlich häufig beobachtet. Wir werden noch Gelegenheit haben, darauf zurückzukommen, wenn wir ein anderes Symptom der Neurose, die choreiforme Astasie, besprechen werden.

Fig. 35. Derselbe Kranke nach einem Anfalle. 12—13 Oszillationen in der Sekunde (Dutil).

Das vibratorische Zittern kann sich, wie bereits gesagt wurde, plötzlich nach einem Anfalle einstellen, es kann aber auch mehr schleichend auftreten. Verlauf und Dauer desselben sind von Umständen abhängig, die wir bei der Besprechung der Allgemeinsymptome des Tremors angaben.

Ein Vergleich des vibratorischen Tremors der Hysterie mit dem Tremor bei allgemeiner Paralyse und dem Morbus Basedowii hat nach Dutil besondere nachweisbare Unterschiede nicht ergeben. Alle drei Zitterformen bestehen in der Aufeinanderfolge sehr kleiner Oszillationen

Fig. 36. Vibratorischer Tremor bei Hysterie (Dutil).

von ungleichem, aber innerhalb sehr enger Grenzen liegendem Umfange, die mit einer Schnelligkeit von 8—9 oder 9·5 in der Sekunde auf einander folgen. Die nebenstehenden Kurven (Fig. 36, 37, 38) zeigen deutlich, dass der Tremor zur Differentialdiagnose zwischen den drei Affektionen nicht zu gebrauchen ist.

* * *

Im zweiten Teile seiner interessanten Monographie behandelt Dutil den Tremor von mittlerer Schnelligkeit (5·5—7·5 Oszillationen in der Sekunde) oder die in Bezug auf die Anzahl der Oszillationen in der Mitte zwischen dem vibratorischen und langsamen Tremor stehende Form.

Dieselbe ist die häufigste, eine Ansicht, die auch von Charcot geteilt wird; im Vergleiche zu ihr sind die beiden anderen Formen verhältnismässig selten, ja fast Ausnahmen.

Der Rhythmus, das heisst die Häufigkeit der Oszillationen allein kann aber nicht immer genügen, um den Tremor klinisch zu bestimmen. Dazu müssen noch andere Merkmale hinzukommen, und das sind: die Ausdehnung der motorischen Störung, seine Lokalisation an den beiden unteren Extremitäten, auf einer Seite des Körpers etc., ferner die Modifikationen, die er in der Ruhe oder bei aktiven Bewegungen erfährt.

Fig. 37. Tremor bei Dementia paralytica (Dutil).

Dutil unterscheidet auf diese Weise drei Formen, die wir jetzt betrachten wollen.

Die erste bildet den remittierenden Intentionstremor (Typus Rendu), nach dem Namen des Autors, der ihn zuerst (mit Pitres) genau beschrieb.

Diese Varietät gleicht vollkommen dem Tremor mercurialis, ferner auch dem Zittern bei der multiplen Sklerose, nur dass sich das letztere nur bei intendierten Bewegungen einstellt.

Wenn der Kranke sitzt, kann der Tremor auf kurze Zeit verschwinden; horizontale Lage und Schlaf lassen ihn ebenfalls verschwinden,

Fig. 38. Tremor bei Morbus Basedowii (Dutil).

dagegen nimmt er zu bei intendierten Bewegungen. Dutil hat deshalb auch die Bezeichnung remittierendes Intentionszittern vorgeschlagen. Nach seiner eignen Beschreibung erscheint die zweite Bezeichnung als Intentionszittern mehr gerechtfertigt, da der Tremor bei willkürlichen Bewegungen sehr augenfällig wird.

Die mit Tremor behafteten Hysterischen, welche diesem klinischen Typus entsprechen, sind stets in Unruhe, beim Gehen, Stehen und Sitzen, infolge der rhythmischen Zitterbewegungen. Untersucht man einen solchen Kranken, während er auf einem Stuhle sitzt, die Füsse mit der Sohle aufgestellt und die Hände auf den Oberschenkeln ruhend, so hat man folgendes Bild: Der Kopf oszilliert von vorne nach hinten, Vorderarme und Hände werden durch leichte Flexions- mit Pronations- und Extensionsbewegungen in entgegengesetztem Sinne, die in regelmässiger Reihenfolge auftreten, in Bewegung gehalten; die Finger folgen ebenfalls dieser Bewegung, aber nur passiv, sie führen keine selbständigen Bewegungen aus. Wenden wir den Blick zu den unteren Extremitäten, so sehen wir, dass die Sohlen ruhig auf dem Boden bleiben, dagegen heben und senken sich die Hacken abwechselnd und schlagen in kurzen, regelmässigen Zwischenräumen auf den Boden auf. so dass das Geräusch und die Bewegung entstehen, welche eine unruhig dasitzende Person macht. Lässt man nun den Kranken die Beine aufheben und ausgestreckt halten oder die Arme in die Höhe strecken, so wird das Zittern sofort deutlich intensiver.

Lässt man ihn nun eine Bewegung ausführen, zu der Aufmerksamkeit und Präzision nötig sind, zum Beispiel ein gefülltes Glas zum Munde führen, so bemerkt man eine progressive Zunahme der Oszillationen an Umfang und Energie (Fig. 39). Man versteht hiernach, dass das Schreiben (Fig. 40, 41, 42) und andere Aktionen, die mehr oder weniger Präzision erfordern, unmöglich werden können. Auch die Zunge zittert zuweilen und dadurch und durch gleichzeitigen Tremor des Kopfes kann das Sprechen behindert werden.

Lässt man jetzt den Kranken aufstehen und sich hinstellen, so nehmen die Oszillationen einen noch grösseren Umfang und grössere Intensität an; Kopf, Rumpf, Extremitäten, der ganze Körper geraten in lebhafte Unruhe und der Kranke kann sich nur mit Mühe aufrecht halten und ist dem Hinfallen nahe. In dieser Stellung sind die unteren Extremitäten der Sitz leichter Beuge- und Streckbewegungen, deren Centrum hauptsächlich das Kniegelenk ist; Schultern und Rumpf oszillieren dabei im vertikalen Sinne. Wenn der Kranke anfängt zu gehen, wird der Tremor noch stärker. Der Kranke geht entweder zögernd mit gespreizten Beinen oder mit steifen Knien, wie um die Zitterbewegungen zu überwinden. Im ersteren Falle ist der Gang unsicher und schwankend, im letzteren stockend, aber sicher und aufrecht. Lässt man den Kranken sich ruhig in zwangloser Haltung auf ein Bett legen, wie um zu schlafen, so verschwindet der Tremor

Fig. 39. Remittierendes Intentionszittern bei Hysterie. Die obere Kurve ist eine chronometrische, um die Zahl der Oszillationen in der Sekunde zählen zu können. die hier 7 beträgt (Souques).

Kurve — Bewegung — Beim Glas zum Munde führen.

sofort und es tritt vollständige Ruhe ein. Sobald er aber das Haupt vom Kissen erhebt oder ein Bein in die Höhe streckt, fängt die Unruhe gleich wieder an.

Das remittierende Intentionszittern tritt, wie alle Formen von hyste-

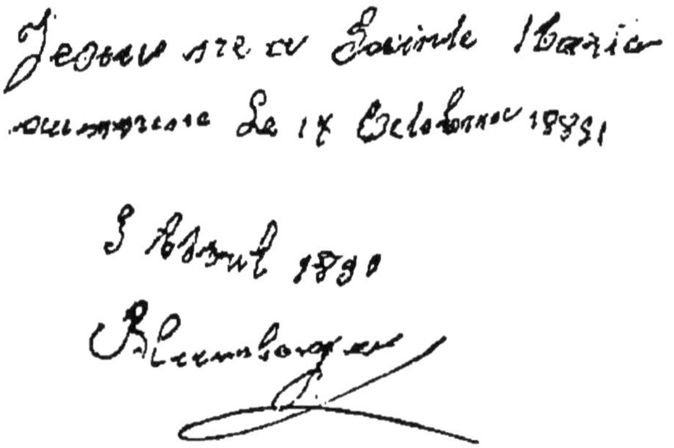

Fig. 40. Schrift in einem Falle von hysterischem Tremor (Souques).

rischem Zittern, im allgemeinen auf einer Seite stärker auf. Die Lokalisation kann wechseln, bald ist es der Kopf, bald sind es die Beine, welche vom Tremor befallen sind etc. Nach Anfällen, bei Erregungen, selbst bei leichten, bei Druck auf hysterogene Zonen nimmt der Tremor

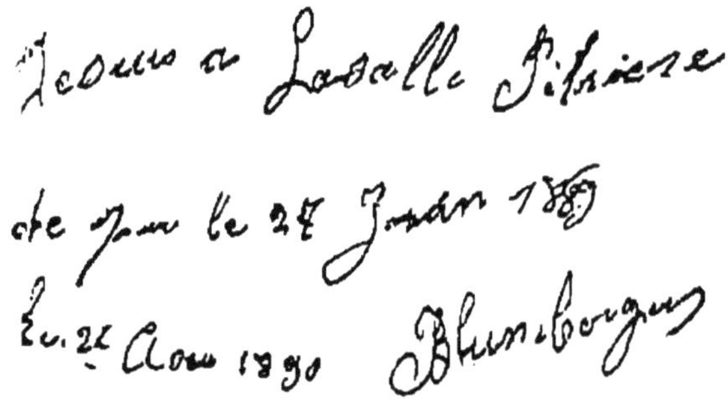

Fig. 41. Schrift desselben Kranken 4 Monate später (Souques).

zu. Er kann Jahre lang bestehen, aber auch mehr oder weniger schnell wieder verschwinden.

Wir haben gesagt, dass dieser remittierende Intentionstremor den Merkurialtremor vortäuschen könne. Giebt es denn nosologisch überhaupt einen Merkurialtremor? oder handelt es sich dabei um hysterischen Tremor bei einem an Quecksilbervergiftung leidenden Individuum? Viel-

leicht ist es so; L e t u l l e hat gezeigt [1]), dass der remittierende Intentionstremor bei Merkurialvergiftung, der in der Mehrzahl der Fälle unter dem
Einflusse der ästhesiogenen Agentien verschwindet, auf die Hysterie
zurückgeführt werden muss. Er meint, dass es sich in der grossen
Mehrzahl der Fälle, in allen wagt er nicht zu sagen, um echten hysterischen Tremor handle.

Auch C h a r c o t hat sich in ungefähr dem gleichen Sinne geäussert,
nur etwas weniger positiv [*]): „Ehe ich nicht vom Gegenteile überzeugt
werde, halte ich daran fest, dass es einen echten Merkurialtremor gieht,
der mit der Hysterie nichts zu thun hat und direkt mit der Intoxikation
zusammenhängt; aber daneben muss man noch die Fälle unterscheiden,
in denen sich bei Quecksilbervergifteten Hysterie entwickelt und ein

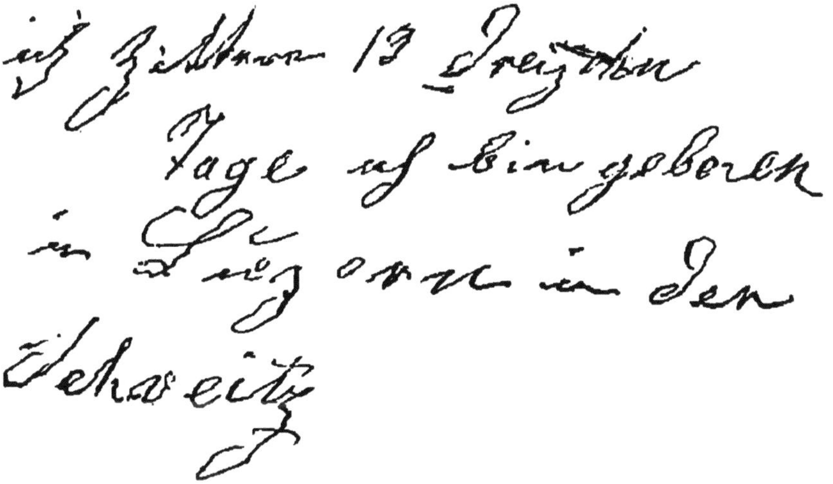

Fig. 43. Schrift einer Hysterischen mit Tremor (S o u q u e).

Tremor entsteht, den man mit Recht als hysterischen bezeichnen kann.
Worin beide sich von einander unterscheiden, bleibt noch zu bestimmen.“

„Mit dieser weisen Reserve stimmen wir ganz überein, sagt D u t i l,
und wir glauben, dass jede kategorische Beantwortung der Frage zur
Zeit noch voreilig wäre, da es an der genügenden Zahl genauer Untersuchungen fehlt. Wir können indessen sagen, dass wir im Verlaufe
einer noch nicht beendeten Enquête, deren definitive Resultate wir demnächst veröffentlichen werden, Thatsachen gefunden haben, die uns zu
dem Gedanken bringen, dass der sogenannte Merkurialtremor in der
Mehrzahl der Fälle h y s t e r i s c h e r N a t u r sei. Jedesmal, wenn wir

---

[1]) De l'hystérie mercurielle. Société médecine des hôpitaux de Paris, 12. August
1887, und: Archives de Physiologie 1887. Seine Ansicht wird aber auch in der
Arbeit seines Schülers M u g n e r o t, „Du tremblement mercuriel et de son traitement
par les agents euthesiogènes“ vertreten. Thèse de Paris. 1889.
[*]) Des tremblements hystériques. Progès médical, 6. September 1890, S. 181.

18*

einen „schönen Fall" von Merkurialtremor untersuchten, fanden wir bei dem Kranken auch hysterische Stigmata und apoplektische Anfälle. Überraschend war auch die Vielfachheit der Formen dieses Tremors; wir fanden genau dieselben Varietäten wie bei Hysterischen, dieselben Verschiedenheiten im Auftreten, das bald schnell und anfallsweise, bald schleichend erfolgte. Und wenn man diese Kranken, die fast alle Alkoholiker sind, darnach fragt, so erfährt man, dass dem Auftreten des Tremors eine Art von Vorstudium vorherging, bestehend in nervöser Reizbarkeit, Schlaflosigkeit, Schwindel und vollständig demjenigen analog, das oft bei der gewöhnlichen Hysterie vor dem Erscheinen der ersten Hauptsymptome beobachtet wird; dass die Kranken in den Fällen mit plötzlichem Auftreten im Momente des Anfalles ein Gefühl des Erstickens, des Zusammenschnürens der Kehle, Klopfen in den Schläfen verspüren, alles Erscheinungen, welche an die hysterische Aura erinnern. Aber um diese wichtigen Einzelheiten zu erfahren, muss man die Kranken mit grösserer Genauigkeit ausfragen, als das gewöhnlich zu geschehen pflegt" [1]).

Die zweite von Dutil aufgestellte Varietät des mittelstarken hysterischen Tremors unterscheidet sich von der ersten Form nur dadurch, dass bloss die unteren Extremitäten Sitz desselben sind. Diese Unterscheidung hat übrigens einigen klinischen Wert, da dieser Tremor demjenigen der spastischen Paraplegie sehr ähnlich ist.

Ausser durch das Vorhandensein anderer Stigmata (man weiss übrigens, dass dieselben auch bei der Kombination von Hysterie mit spastischer Paraplegie bestehen können) kann man sich durch folgende von Dutil angegebene Merkmale leiten lassen. Bei dieser Form des hysterischen Tremors sind die Patellarreflexe nicht gesteigert, zuweilen sogar herabgesetzt, und die kräftige Dorsalflexion des Fusses lässt den Tremor verschwinden anstatt ihn zu verstärken.

Das sind die Charaktere dieser Tremorform, doch darf man die Bedeutung derselben nicht durch eine Verallgemeinerung erhöhen wollen, denn Dutil selbst hat nur einen Fall dieser Art gesehen [2]).

* * *

Die dritte Form des mittelstarken hysterischen Tremors bildet der reine Intentionstremor (Fig. 43), der nur bei willkürlichen Bewegungen auftritt. Wir werden keine besondere Beschreibung desselben geben, da man alles, was wir nach Dutil von der ersten Form gesagt haben, so weit dieselbe Intentionstremor darstellt, auf diese Form übertragen kann, und da diese Varietät ausserdem genau mit dem Tremor

[1]) Siehe: Chantreau. Contribution à l'étude du tremblement mercuriel. Paris, Juli 1891. Der Autor, der energisch gegen die Verschmelzung des hysterischen und Merkurialtremors eintritt, bringt zur Unterstützung seiner Ansicht zwei eigene Beobachtungen, bei denen es sich jedenfalls um Hysterie handelt.
[2]) Vgl. den zweiten Teil der Arbeit von Souques: Contribution à l'étude des syndromes hystériques simulateurs des maladies organiques de la moelle épinière. Thèse de Paris, 1891.

der multiplen Sklerose übereinstimmt. Wenn aber beide Formen, der hysterische und der Intentionstremor, demjenigen der multiplen Sklerose analog sind, wie unterscheidet man dieselben?

Das ist in der That sehr schwierig. Die Lektüre der Vorträge Charcot's über den Tremor und das Kapitel, das Souques den hysterischen Syndromen gewidmet hat, welche eine multiple Sklerose vortäuschen können, lehrt uns, dass es nicht angeht, allgemeine diagnostische Regeln darüber aufzustellen, und man versteht das, wenn man überlegt, wie mannigfaltig einerseits die Symptome der Sklerose sind und in wie hohem Grade die Hysterie andererseits fast alle, wenn nicht alle organischen Nervenkrankheiten vortäuschen kann.

Zweifellos wird das Vorhandensein hysterischer Stigmata oder der Nachweis von vorhanden gewesener Hysterie zu Gunsten des Bestehens der Neurose sprechen, aber Charcot hat schon hervorgehoben, dass die Hysterie wohl mit keinem Nervenleiden häufiger kombiniert ist als mit der multiplen Sklerose. Die Möglichkeit einer Assoziation beider Affektionen muss daher dem Untersuchenden stets gegenwärtig sein.

Ruhe Bewegung Beim Glas zum Munde führen.
Fig. 43. Hysterischer Intentionstremor. 6—7 Oszillationen in der Secunde.

Wir müssen aber die Differenzen näher betrachten. Der Tremor kann in der Mehrzahl der Fälle zur Differentialdiagnose nicht herangezogen werden. Aber das Symptom der Hysterie, welches den apoplektiformen Anfall der Sklerose repräsentiert, ist nur ein hysterischer Anfall von synkopaler Form mit oder ohne Delirium oder besser dem besonderen psychischen Zustande, den man nach den hysterischen Paroxysmen beobachtet. Die Sprache ist nicht wirklich skandierend, sie zeigt die besonderen Eigentümlichkeiten des hysterischen Stotterns, wie es Ballet und Tissier beschrieben haben, und auf das wir später noch kommen werden. Die Sehstörungen, die Amaurose bei der multiplen Sklerose sind von Läsionen begleitet, die man mit dem Augenspiegel leicht nachweisen kann: die Papille ist eigentümlich weiss, ein Symptom, das bei der Hysterie stets fehlt, bei der die Amaurose mit gar keinen Veränderungen am Augenhintergrunde kombiniert ist. Wir wissen, dass die Amaurose bei der multiplen Sklerose vorübergehend sein kann, aber niemals haben wir dabei diese brüsken Übergänge von der Norm zum Abnormen wie bei der Hysterie. Wir müssen überhaupt sagen, dass gerade das Schwankende und Wechselnde im Krankheitsbilde der Hysterie das hauptsächliche differentialdiagnostische Moment ist: niemals bringt der Einfluss eines ästhesiogenen Agens einen charakteristischen Intentions-

tremor oder eine Hemiplegie oder oculare Störungen oder Störungen
der Sprache zum Verschwinden, es sei denn, dass es sich dabei um
Hysterie handelt.

Wir betonen aber nochmals, die Differentialdiagnose ist oft ungemein
schwierig, und manche bedeutende Autoren haben sich darin geirrt. In
dieser Beziehung ist die Arbeit von Westphal sehr lehrreich[1]).
Westphal veröffentlichte 1883 zwei Beobachtungen mit Autopsie.
Die Diagnose während des Lebens war multiple Sklerose gewesen, die
Untersuchung post mortem ergab aber nicht nur keine Läsion des
Nervensystems, sondern auch die genau untersuchten peripherischen
Nerven waren vollkommen normal. Westphal schliesst daraus, dass es
eine allgemeine Neurose gäbe, die man als Pseudosklerose bezeichnen
könne und die weder in ihren Symptomen noch in ihrer Entwickelung
von der wahren *Sclérose en plaques* zu unterscheiden wäre.

Im folgenden Jahre veröffentlichte Langer in der „Wiener
medizinischen Presse" zwei analoge Fälle, bei denen die anatomisch-pathologische Untersuchung ebenfalls ein vollkommen negatives
Resultat hatte.

Babinski teilt ebenfalls einen analogen Fall mit[2]). Auch hier war
während des Lebens die Diagnose auf multiple Sklerose gestellt worden,
während die Autopsie das vollständige Fehlen von Läsionen des Nervensystems ergab. Einen ähnlichen Fall beschrieb weiterhin Killian[3]), in
dem Leyden die Autopsie machte. Dieselbe Diagnose und dasselbe
pathologische Resultat finden wir bei Francotte[4]), der im Anschlusse
an Westphal erklärt, dass „provisorisch" alle derartigen Fälle als
Neurose angesehen werden müssten, und dass man sich damit begnügen
müsse, dieselben zu konstatieren, ohne schon ihre Natur erklären oder
ihre diagnostischen Merkmale bestimmen zu können.

Das ist nun unsere Ansicht nicht und wir glauben, dass die vorher
citierten Fälle sowie diejenigen von Edge[5]), Maguire[6]), Rolland[7])
und mehreren Anderen der Hysterie zuzurechnen sind und nicht der
multiplen Sklerose. Zu derselben Ansicht sind auch Rendu nach der
Analyse der Westphal'schen Fälle und Souques nach einem genauen
Studium der nach der Arbeit von Rendu veröffentlichten Fälle gekommen.
Diese Ansicht, die die Fälle von sogenannter Pseudo-Sklerose zu der
Hysterie rechnen will, ist neuerdings von Buzzard bekämpft worden[8]).

[1]) Ueber eine dem Bilde der cerebro-spinalen grauen Degeneration ähnliche
Erkrankung des centralen Nervensystems ohne anatomischen Befund. Archiv für
Psychologie und Nervenheilkunde 1883, Bd. XIV, Heft 1.
[2]) Étude anatomique et clinique sur la sclerose en plaques. Thèse de
Paris. 1885.
[3]) Thèse de Strasbourg, 1878.
[4]) Annales de la Société médico-chirurgicale de Liège 1887.
[5]) Remarks on a case of disseminated sclerosis. Lancet, September 1885.
[6]) Pseudosclerosis. Brain, April 1888, pag. 71.
[7]) Un cas de sclérose en plaques avec localisation bulbo-protubérantielle et
disparition complète de la plupart des symptômes après un sommeil prolongé d'au
moins deux heures. Journal de médecine de Bordeaux 1889
[8]) On the simulation of hysteria by organic diseases of the nervous system.
Neurological Society of London, 23. Januar 1890.

In einer interessanten Mitteilung an die Neurological Society stellt sich der Verfasser sozusagen auf den entgegengesetzten Standpunkt wie die französischen Autoren und erinnert daran, dass sehr viele organische Nervenleiden für Hysterie angesehen werden. Er bespricht hauptsächlich die häufige Verwechslung von Hysterie und multipler Sklerose und stellt als charakteristisch für letztere das Intentionszittern hin, das bei ersterer fehle. Nach unseren Auseinandersetzungen müssen wir sagen, dass diese Behauptung unhaltbar ist. Buzzard schliesst mit den Worten, dass viele der jetzt zur Hysterie gerechneten Erscheinungen sich als von einer organischen Affektion abhängig herausstellen würden, und dass das Gebiet der Neurose an Umfang verlieren würde, je mehr die Kenntnis der spinalen organischen Krankheiten zunehme.

„Das ist gerade der umgekehrte Standpunkt von dem, den wir einnehmen, sagt Souques, vielmehr sind wir der Ansicht, dass, je besser wir die Hysterie kennen lernen, umsomehr isolierte und jetzt noch als organische Affektionen angesehene Fälle werden wir ihr zusprechen können. Was die Fälle angeht, bei denen während des Lebens Hysterie diagnostiziert und post mortem organische Veränderungen gefunden wurden, so handelte es sich da eben um Assoziationen von Hysterie und organischen Affektionen, auf deren Häufigkeit Charcot schon seit lange hingewiesen hat. Übrigens entbehren die Beobachtungen des englischen Autors zu sehr des Eingehens in Details, um vollkommen beweisend zu sein. Sie sind nicht unzweifelhaft, und der Verfasser selbst erkennt an, sich früher mehr als ein Mal geirrt zu haben. Es ist ganz gut möglich, dass es sich in einzelnen Fällen um ein isoliertes oder mit multipler Sklerose assoziiertes Syndrom der Hysterie gehandelt hat. So kennen wir selbst Beobachtungen — und Vulpian beschreibt in seinen Vorträgen (Bd. II, S. 671) ein sehr bemerkenswertes Beispiel — bei denen man zuerst glaubte, dass es sich um eine hysterische Paraplegie handelte, eine Diagnose, die sich bei weiterer Entwickelung des Falles als unrichtig herausstellte: es handelte sich um eine atypische multiple Sklerose."

* * *

Die dritte Form des hysterischen Tremors bildet nach Dutil das langsame, 4—5¹/₂ Oszillationen betragende Zittern.

Dieser Tremor kann, da man ihn bei Personen in vorgerücktem Alter beobachtet, leicht für Paralysis agitans gehalten werden. Die Oszillationen sind ziemlich umfangreich und langsam, sie sind auch in der Ruhe vorhanden und nehmen bei willkürlichen Bewegungen nicht in wahrnehmbarem Grade zu und gleichen somit fast vollständig dem Tremor der Parkinson'schen Krankheit. Und das ist noch nicht die ganze Ähnlichkeit. Diese Hysterischen können auch in ihrem äusseren Habitus, durch die Haltung von Hand und Fingern in Schreibstellung, den starren und unbeweglichen Ausdruck ihres Gesichtes ganz den Eindruck machen wie ein an Paralysis agitans Leidender.

Doch sind diese Fälle nicht häufig. Rendu hat einen beschrieben, und Dutil hat persönlich keinen beobachtet, sondern nur aus der

Litteratur einige zusammengestellt; so nennt er als hierher gehörig
einen Fall von Oppenheim[1]).

Oppenheim beschreibt im Anschlusse an diesen Fall noch einen
weiteren, bei dem der Tremor ebenfalls nach einem Trauma aufgetreten
war. Dieser zweite unterschied sich von dem ersteren nur durch die
grössere Ausdehnung des Tremors, seine lange Dauer und das Fehlen
von Sensibilitätsstörungen. Ausserdem war aber in dem letzteren Falle
noch eine besondere Abnormität vorhanden, nämlich eine doppelseitige
Einschränkung des Gesichtsfeldes für Weiss und Farben

Nach Aufzählung der Analogien, welche zwischen den beiden Fällen
und dem klassischen Typus der Paralysis agitans bestehen, beschreibt
Oppenheim, der zuerst die Diagnose auf Paralysis agitans gestellt
hatte, die verschiedenen Gründe, welche ihn diese Diagnose aufzugeben
zwangen. Besonders überraschte ihn der traumatische Ursprung des
Tremors und er führt ihn auf eine besonders durch das Trauma hervorgerufene Neurose zurück, welche er als „Pseudo-Paralysis agitans" bezeichnet.

„Wäre es aber nicht viel einfacher und logischer, sagt Dutil,
diese Fälle zur Hysterie zu rechnen? Die kutanen und sensoriellen
Anästhesien, die Gesichtsfeldeinengung, der Schwindel, welcher vielleicht
eine grössere Bedeutung hätte, wenn man über die ihn begleitenden
Sensationen etwas genaueres erführe, sind das nicht alles einfach und
rein hysterische Erscheinungen? Wir brauchen auf die streitige traumatische
Neurose hier nicht einzugehen, müssen aber bemerken, dass, wenn es
zur Aufstellung neuer Krankheitsformen genügt, Fälle von der Art
Oppenheim's zu beschreiben und ihnen eine derartige klinische Erklärung zu geben, wie er es thut, so könnten wir in unserer Arbeit eine
hübsche Zahl von Neurosen aufstellen; so hätten wir z. B. schon die
Pseudo-Paralysis agitans, die Pseudo-Sclérose en plaques, den Tremor
pseudo-mercurialis, die spastische Pseudo-Paraplegie etc."

Neuerdings hat Ewart einen weiteren Fall von Hysterie mit dem
Bilde der Paralysis agitans beschrieben[1]).

Schliesslich ist über den langsamen Tremor noch zu bemerken,
dass er auf eine Extremität oder einen Abschnitt derselben, zum Beispiel
auf die Hand, beschränkt sein, und dass er durch seinen Rhythmus noch
eine andere sehr bekannte Affektion, den Tremor senilis, vortäuschen
kann, der im Gegensatze zu dem, was sein Name anzusagen scheint,
nur eine seltene Zugabe des hohen Alters ist[1]).

---

[1]) Charité-Annalen 1889, Bd. XIV, S. 415.
[1]) Referat im: Mercredi médical Nr. 18 vom 6 Mai 1891, S 235.
[1]) Zu dem vibratorischen Tremor müssen wir auch den „hereditären
Tremor" rechnen, der nach Dabove aus 8—9 Oszillationen in der Sekunde besteht.
(Du tremblement héréditaire. Gazette des hôpitaux Nr. 99 vom 27. August 1891,
S 921.) Gegen die Ansicht, die ihn mit dem senilen Tremor zusammenstellen will,
wendet sich Charcot (Leçons du mardi à la Salpêtrière 1887/88, S. 565). Siehe
auch: Fernet, Thèse de Paris, und: Rubens, Ein Beitrag zur Lehre vom Tremor
hereditarius. Inaugural-Dissertation. Würzburg 1891. Referat im: Neurologischen
Centralblatt 1891, Nr. 19, S. 601.

Man darf nach der Beschreibung, die wir soeben gegeben haben, nun nicht glauben, dass jeder hysterische Tremor in eine der von Charcot und Dutil aufgestellten Kategorien hineinpasse. Der letztere Autor widmet vielmehr noch ein weiteres Kapitel seiner interessanten Monographie dem Studium der verschiedenen und wechselnden Formen des Tremors, deren Beschreibung, wie man verstehen wird, recht schwierig ist. Wie die vorhergehenden Formen können auch diese Varietäten allgemein, monoplegisch oder hemiplegisch auftreten. Sie können von choreiformen Bewegungen begleitet sein und hierin und in anderen Punkten dem Tremor oder den choreiformen Bewegungen gleichen, die man bei einigen Hirntumoren beobachtet; so findet man in der Arbeit von Dutil eine Beobachtung (die 18.), bei der zwei symmetrische in den Sehhügeln sitzende Tumoren von einem Tremor von hemiplegischer Form begleitet waren, der bestimmten Formen des hysterischen Zitterns zum Verwechseln ähnlich war. Die Kranke zeigte ausserdem eine doppelseitige Einengung des Gesichtsfeldes. Wir können hier auch darauf hinweisen, dass Charcot an der Hand mehrerer Fälle gezeigt hat [1]), dass bestimmte Läsionen der Capsula interna (hinterer Schenkel) von einer koncentrischen Einengung des Gesichtsfeldes, sowie von Hemianästhesie begleitet sein können; man versteht daher, wie schwierig in manchen Fällen die Diagnose sein kann, umsomehr, da man nicht vergessen darf, dass der hysterische Tremor durch seinen Polymorphismus alle anderen Tremorformen vortäuschen kann, und dass die aufgestellten Klassifikationen, so wertvoll dieselben für das Studium sind, doch nicht auf alle Fälle passen und daher an ihrem klinischen Werte verlieren.

So hat Féré in einer neuerdings veröffentlichten Arbeit konstatiert, dass auch bei Epileptischen ein Tremor bestehen kann, der nach unserer Ansicht von dem hysterischen wieder zu trennen ist [2]).

„Dieser epileptische Tremor tritt demnach unter ganz verschiedenen Bildern auf; er kann Teilerscheinung eines gewöhnlichen konvulsiven Anfalles sein, er kann sich weiterhin als einziges konvulsives Symptom bei gleichzeitigem Bewusstseinsverlust zeigen. In anderen Fällen wieder tritt er als Hauptsymptom ohne Bewusstlosigkeit in langdauernden Anfällen auf, deren Dauer Stunden und selbst Tage betragen kann. Bei diesen verschiedenen Anfallsformen kann der Tremor allgemein oder lokal sein."

Das beweist also, dass der epileptische Tremor ebenso wie der hysterische als Paroxysmus und vielleicht — die Beobachtungen sind erst vereinzelt — als dauerndes Stigma auftreten kann.

Wenn der Tremor unter der Form des Anfalles auftritt, so muss man, um zur Diagnose zu gelangen, die Thatsache berücksichtigen, dass sich bei der epileptischen Form, wie überhaupt bei dem konvulsiven epileptischen Anfalle eine Temperatursteigerung zeigt, während die Temperatur bei dem hysterischen Anfalle nach Bourneville normal

---

[1]) Leçons du mardi à la Salpêtrière, Bd. I., 1887/88, S. 295 und 568.
[2]) Note sur les attaques de tremblement chez les épileptiques. Revue de médecine 1891, Nr. 6, S. 513.

bleibt. Ferner sind die chemischen Erscheinungen des epileptischen Anfalles denjenigen des hysterischen gerade entgegengesetzt, eine Thatsache, die von uns zusammen mit Chatelineau festgestellt wurde.
Viel weniger massgebend ist der Charakter der Oszillationen
(7—10 in der Sekunde), denn der kann bei der hysterischen Form derselbe sein. Dagegen ist die Aufnahme der pathologischen Antecedentien
sehr viel wichtiger, wenn man bedenkt, dass die Epilepsie und Hysterie
sich vollständig assoziieren und die von Charcot aufgestellte Hystero-
Epilepsie mit getrennten Krisen bilden können.
Am Schlusse dieses Kapitels müssen wir noch erwähnen, dass bei
der normalen Hysterie Muskelzuckungen auftreten können, die an
Kopf, Rumpf oder Extremitäten ihren Sitz haben. Diese rhythmischen
Spasmen zeigen sich aber, im Gegensatze zum Tremor, nach Charcot
besonders unter der Form des Anfalles (Chorea rhythmica), und
wir werden sie daher später bei den konvulsiven Anfällen besprechen.
Da sie jedoch auch als dauerndes Stigma auftreten und sich mit dem
eben besprochenen assoziieren und die Diagnose erschweren können, so
mussten sie wenigstens hier erwähnt werden [1].

11. Kapitel.

Der Geisteszustand der Hysterischen.

„Man muss, sagt Charcot, die Hysterie für das nehmen, was sie
ist, nämlich für eine Geisteskrankheit par excellence" [2]. Thut man
das, so versteht man auch, dass es notwendigerweise einen besonderen
hysterischen Geisteszustand geben muss, der, wie die dauernden
Stigmata, zum allgemeinen Krankheitsbilde gehört und hier beschrieben
werden muss. Eine möglichst genaue Kenntnis desselben ist auch deshalb sehr wichtig, weil nur sie uns den Schlüssel zum Verständnis
einer grossen Zahl von hysterischen Erscheinungen geben kann.
Ausser dem Einflusse, den dieser psychische Zustand auf das Entstehen einer Anzahl hysterischer Phänomene, wie: Anfälle, Paralysen
oder Kontrakturen, hat, spielt derselbe aber auch, wenn wir so sagen
wollen, eine eigene selbständige Rolle. Sein Auftreten bildet das vierte
oder das Stadium der Delirien des grossen Anfalles, und dieses Delirium
bildet den Zustand, den man unpassender Weise als hysterische
Verrücktheit bezeichnet hat.
Nach dem Plane dieses Buches können wir hier nicht alle verschiedenen Formen dieses Deliriums besprechen; dasselbe zeigt viele

[1] Grasset, Leçons sur un cas de maladie des tics et un cas de tremblement singulier etc. Archives de neurologie 1890, Nr. 58 und 59. — Rémond, Deux
cas de tremblement hystérique (2. Beobachtung). Gazette des hôpitaux 1891. Nr. 3. —
noinet. Tremblement, tic, chorée rhythmée et syndrome fruste de Parkinson de
Nature hystérique. Progrès médical 1891, Nr. 28.
[2] Leçons du mardi à la Salpêtrière 1887, vol. I, pag. 205.

Modalitäten, welche mit dem Anfalle anfangend, die langen Perioden
des somnambulistischen Stadiums bis zur Verdoppelung der Persönlichkeit
bilden. Diese Erscheinungen, deren Kenntnis noch neueren Datums ist,
verdienen eine eingehende Besprechung in ebensovielen besonderen
Kapiteln und gehören direkt zur Pathologie der Hysterie.

Hier wollen wir aber nur darlegen, welcher Art das psychische
Verhalten der Hysterischen ausserhalb der Anfälle ist. Wir werden dabei
auch auf diese „episodischen Syndrome" des hysterischen Geisteszustandes
zu sprechen kommen, da wir zum Beispiel bei der Beschreibung der
hysterogenen Zonen kaum vermeiden können, auch über die Anfälle, bei
deren Genese sie eine Rolle spielen, einiges zu sagen. Jedenfalls werden
wir uns aber kurz fassen und vor Weitschweifigkeiten hüten. Wir wiederholen es, wir wollen in diesem Kapitel den gewöhnlichen Geisteszustand der Hysterischen schildern, wie man sie täglich zu Gesicht
bekommt, ihre Art sich zu haben, ihre Weise zu handeln und auf von
aussen kommende Eindrücke zu reagieren, kurz ihr moralisches und
intellektuelles Verhalten.

Nicht als erste, schrieben wir 1890 in einer Arbeit [1]), welche auch
die Grundlage dieses Kapitels bildet, behandeln wir diese Frage, und
wenn wir jetzt die angeschwellte Litteratur überblicken, so könnte man
glauben, es sei nichts Neues mehr zu sagen, sondern alles Wissenswerte
bereits gesagt. Die Ansichten, die wir hier vorbringen werden, enthalten
auch in der That nichts anderes, als was Charcot gelehrt und in
seinen Werken, besonders im dritten Bande seiner *Leçons sur les maladies
du système nerveux* und den *Leçons du mardi* vertreten hat. Wir können
noch hinzufügen, dass, Dank dieser Arbeiten, in den letzten Jahren das
Studium der männlichen Hysterie einen bis dahin unbekannten Auf-
schwung genommen hat, und dass unsere Kenntnisse über den Geisteszustand bei der männlichen Hysterie den Arbeiten seines Schülers
Ballet [2]) und dessen Schülern, Marquezy [3]) und Taborand [4]) vieles
verdanken. Moebius gab 1888 in einer Arbeit: „Über den Begriff der
Hysterie", eine gute Charakteristik [5]) des Geisteszustandes der Hysterischen
und auch die von Pierre Janet in seinem Buche über den *Automatismus
psychologique* ausgesprochenen Ansichten [6]) über den Charakter der sug-
gestiblen Personen verdienen ein näheres Eingehen.

Es fehlte damals nur noch an einer zusammenfassenden Arbeit,
und diese Lücke wollten wir mit der unserigen ausfüllen.

Der Geisteszustand der hysterischen Frauen war, von den Arbeiten
der Charcot'schen Schule abgesehen, schon vor langer Zeit von Morel,

---

[1]) Gilles de la Tourette, Considérations sur les ecchymoses spontanées et
sur l'état mental des hystériques. Nouvelle Iconographie de la Salpêtrière. März-
April 1890, Bd. III, S. 49—72. — Licheaud-Preston. The mental condition in
hysteria, New York medical Journal, 9. Februar 1889, S. 141.
[2]) État mental des héréditaires dégénérés. Archiv de médecine, März-April 1888.
[3]) L'homme hystérique. Bulletin médical 1888, S. 1126, 1141.
[4]) Des rapports de la dégénerescence mentale et de l'hystérie. Thèse de
Paris, 1888.
[5]) Centralblatt für Nervenheilkunde 1888, Nr. 3, S. 6.
[6]) Paris 1889, S. 205.

Tardieu, Moreau, Lasègue und Legrand du Saulle studiert worden. Huchard gab 1882 eine Arbeit heraus, welche die damals herrschenden Anschauungen vertrat und ausserdem eine Anzahl eigener Beobachtungen brachte [1]. Der Charakter der hysterischen Frau ist nach diesen Autoren ein sehr kompliziertes Gefüge von eigenartiger Natur und von höchster Wandelbarkeit, bei dem aber Doppelzüngigkeit, Lüge und Verstellung obenan stehen. Von Natur pervers, sucht die Hysterische nur ihre Umgebung zu täuschen, sie zeigt Neigung zum Diebstahl, zu grundlosen Beschuldigungen, sie stiftet gerne Zwietracht. „Ein gemeinsamer Zug charakterisiert sie alle, sagt Tardieu, das ist die instinktive Verstellung, die eingewurzelte und unaufhörliche Lust an der Lüge ohne persönliches Interesse, einfach um zu lügen" [2].

Wir wollen uns daran genügen lassen und unsere bei der Lektüre dieser Autoren gewonnene Ansicht folgendermassen formulieren: der psychische Zustand der Hysterischen kann fast alle Formen der Psychopathologie von dem ausgesprochenen akuten Delirium bis zur chronischen Monomanie annehmen.

Derselben Ansicht ist auch Colin [3]. Er sagt: „Die Hysterie ist ein caput mortuum, in welchem alles, was fremd scheint, alles, was unser Geist nicht erklären kann, zusammengefasst wird. Besonders zeigt sich dies, wenn es sich um „psychisch" Kranke handelt. Hat eine Kranke ein etwas fremdes Wesen, ist sie leicht aus dem Gleichgewichte zu bringen, ist ihr Auftreten mehr oder weniger kokett und fantastisch, so heisst es gleich, das ist eine Hysterische, und damit scheint dann alles gesagt. Sehr häufig weiss man gar nicht, was das ist, die Hysterie, aber das Wort ist da, magisch und für die grosse Masse unverständlich, und es erklärt alles."

Nun ganz so verhält es sich wohl nicht: der hysterische Geisteszustand hat ebenso, wie der hysterische Anfall seine Gesetze, die sich allerdings aus den angeführten Arbeiten nicht erkennen lassen. Zweifellos sind die Beobachtungen, die ihm zu Grunde liegen, noch jetzt als mustergiltig anzusehen, jedenfalls sind aber viele derselben zu allgemein. Wie Charcot das Studium der physischen Erscheinungen der Hysterie in ganz neue Bahnen gelenkt hat, so muss ihm auch für dasjenige der psychischen Phänomene dasselbe Verdienst zuerkannt werden, wobei er von Ballet und seinen Schülern wirksam unterstützt wurde. Auch sind hier die Arbeiten von Leglas [4] und von Roubinowitch [5], eines Schülers Magnan's, zu nennen.

---

[1] Charactère, moeurs, état mental des hystériques. Archives de neurologie 1882, Bd. III, S. 187.

[2] Brodie teilte die Ansicht dieser Autoren nicht, als er bei Besprechung der hysterischen Arthralgie schrieb: „Hüten wir uns vor dieser übertriebenen Auffassung, dass die Krankheit nur bei von Natur kapriziösen Personen auftrete. Auch junge Frauen von fleckenloser Tugend und grosser Intelligenz werden von ihr befallen."

[3] A. a. O., S. 17.

[4] Deux cas d'onomatomanie. Bulletin de la Société médicale des hôpitaux. Sitzung vom 12. April 1889.

[5] Hystérie mâle et dégénérescence. Thèse de Paris, 1890.

Die Hysterie beruht, wie man weiss, in erster Linie auf einer nervösen Belastung, und wenn man bei ihr vielleicht häufiger als sonst die gleichartige Heredität findet — Mutter hysterisch, Tochter hysterisch — so lassen sich aber auch bei den mütterlichen und väterlichen Antecedenten andere Nervenleiden, wie Geisteskrankheiten, Epilepsie etc. nachweisen, und es ergiebt sich aus den beobachteten Thatsachen, dass bei den Hysterischen neben dem speziellen für die Neurose charakteristischen psychischen Zustande die von Magnan und seinen Schülern studierten psychischen Stigmata der geistigen Degenerescenz vielleicht mehr als sonstwo zu beobachten sind.

Wie zeigen sich diese psychischen Stigmata? In der Zweifelsucht, Grübelsucht, Berührungsfurcht, Agoraphobie, Dipsomanie, Pyromanie, Kleptomanie, den Selbstmordversuchen, perversen Trieben, sexuellen Verirrungen etc. etc. Eine jede dieser Erscheinungen ist bei der Hysterie zu beobachten, und man findet sie schon in den Beschreibungen der Autoren, welche vor Charcot über den Geisteszustand der Hysterischen geschrieben haben. Die Diebinnen in den grossen Magazinen, die Brandstifterinnen, die Personen, die sich mit Tieren umgeben und an der „Antivivisektionistenwut" leiden, die Frauen mit perversem Geschlechtstrieb, alle sind Hysterische. Man übertreiben nicht; man lese nur die Arbeiten von Legrand du Saulle[1]) und seinem Schüler Chabrun[2]). Man könnte fragen, ob bei einer solchen Analyse des hysterischen Geisteszustandes überhaupt noch etwas übrig bleibt. Aber wir zerstören bloss, um wieder aufzubauen. Wir wollen nur das Falsche austilgen, um das Wahre in um so helleres Licht stellen zu können, und diese Wahrheit, dieses besondere Etwas lässt sich in dem Worte „Suggestibilität" zusammenfassen. Wir erfinden übrigens nichts; alles was wir beschreiben wollen, ist beobachtet und gesehen worden, nur wollen wir eklektisch verfahren und einzelnes besonders hervorheben.

Nur ausgesprochen Hysterische, die neben den physischen Stigmata auch die unzweifelhaften Zeichen der psychischen Degenerescenz darbieten, können uns übrigens zum Studium der Frage dienen; später haben wir dann ebenso Hysterische ohne diese Degenerescenz beobachtet. Und bei allen diesen, Degenerierten und Nichtdegenerierten, schien uns die Suggestibilität das Charakteristische. Wir wählten übrigens nur deshalb bloss Kranke mit physischen Stigmata zu unserer Untersuchung, damit die Diagnose Hysterie keinen Augenblick in Zweifel gestellt werden konnte.

* * *

Wenn der Zustand der Suggestibilität ein einheitlicher ist, so ist er doch darum nicht weniger kompliziert, besonders wenn man sein Auftreten und seine Wirkungen betrachtet. Die Suggestion kann von aussen kommen, als äussere, sie kann aber auch eine innere sein, dann haben wir die Autosuggestion, die bei der Hysterie eine besonders wichtige Rolle spielt.

---

1) Les hystériques, état physique et état mental. Paris 1883.
2) État mental des hystériques. Thèse de Paris, 1878.

Sehen wir uns nun den Mechanismus etwas näher an, wie die
Suggestibilität in Wirkung tritt. Hier spielen nun die Anfälle eine
grosse Rolle. Dieselben beginnen, wie schon Richer, Bonraeville
und Regnard gezeigt haben, nicht nur mit Konvulsionen, vielmehr
kann ihnen ein ziemlich langes Prodromalstadium vorhergehen, welches
einen, zwei, drei oder mehrere Tage dauert. Während seiner ganzen
Dauer sind die Kranken unruhig, aufgeregt; übrigens reagieren die
einzelnen verschieden: die einen sind aufgeregt, zanken sich mit ihrer
Umgebung, sind gegen Jedermann unausstehlich, lachen und weinen
ohne Ursache, andere sind dagegen deprimiert, niedergeschlagen, suchen
die Einsamkeit nud antworten nur nach wiederholten Ermahnungen
auf an sie gerichtete Fragen. Dann tritt der Anfall ein, oder er ver-
kümmert, wie zum Beispiel bei Kindern, bei denen er nach Charcot[1]
häufig die maniakalische Form annimmt und sozusagen ganz unter
psychischen Prodromen mit zeitweisen Zuckungen der Arme, Spasmen
der Bulbi verläuft.

Alle diese Prodrome sind in eigentlichem Sinne kein Konstituens
des geistigen Zustandes der Hysterischen; sie gehören zum Anfalle und
müssen als vorübergehende Erscheinungen angesehen werden. Aber bei
bestimmten Kranken, Erwachsenen wie Kindern, können sie durch ihre
Aufeinanderfolge eine Art permanenten Zustandes erzeugen. Bei einiger
Erfahrung kennt man diesen Znstand. sogleich, und man weiss, wenn
man diese psychischen Veränderungen auftreten sieht, dass der Anfall
kommen will, und dass, wenn nach einer bestimmten Zeit sich keine
konvulsiven Erscheinnngen gezeigt haben und die psychischen Störungen
länger bestehen als gewöhnlich, dass der Anfall auch nicht mehr kommen
wird: er hat sein psychisches Äquivalent gehabt.

Wir sagten schon, dass er bei Kindern häufig unter psychischen
Prodromen verläuft; aber in diesen Fällen ist die Sache oft komplizierter,
als man bei oberflächlicher Untersuchung glauben sollte, denn in der
Mehrzahl der Fälle sind diese Prodrome von dem Traumzustand begleitet,
der die vierte Periode des konvulsiven Anfalles bildet. Dasselbe kann
natürlich auch bei Erwachsenen der Fall sein.

Dieser Traumzustand, der sich objektiv in den von Charcot
meisterhaft beschriebenen Halluzinationen und den „leidenschaftlichen
Bewegungen" zeigt, beeinflusst in hohem Grade den Geisteszustand
zwischen den Anfällen. Wenn der Anfall abgelaufen ist, bleibt im Gehirne
der Hysterischen von diesem Traumzustande ein tiefer Eindruck zurück,
der hervorgerufen wird durch alte Erinnerungen, die der Traum auf-
gefrischt hat — denn der Traum ist stets oder sehr häufig eine
Erinnerung an vergangene Ereignisse — und der die freudige oder
häufiger die traurige Stimmung hervorruft. Die Hysterische bleibt Tage
lang von der Erinnerung dieses Ereignisses bedrückt, das sich ihr ver-
grössert und verschlimmert vorstellt. Die Erinnerung an die im Anfalle
gehabten Halluzinationen kann nach dem Anfalle aber auch verschwinden,

[1] Spiritisme et hystérie. Leçons sur les maladies du système nerveux 1887,
Bd. III, S. 227. — P. Blocq. Hystérie maniaque infantile. Paris 1890.

und dann bleibt Tage lang eine traurige Stimmung, ohne dass sie einen Grund dafür angeben kann. Wie oft haben wir beim vierten Stadium des Anfalles vorhersagen können, in welchem Geisteszustande die Kranke sich während der nächsten Tage befinden würde, während die Kranke selbst nur eine konfuse Erinnerung des Traumzustandes hatte, dessen Bilder allerdings auch mit grosser Geschwindigkeit aufeinander gefolgt waren. Bleiben nun die konvulsiven Anfälle noch aus, wie bei den Prodromen, von denen wir gesprochen haben, so sind die Veränderungen noch schwerer zu erklären.

* * *

Die Halluzinationen, welche den hysterischen Anfall häufig beschliessen oder ihn teilweise bilden, haben, wie schon gesagt wurde, einen so grossen Einfluss auf den geistigen Zustand der Hysterischen, dass wir uns etwas näher damit beschäftigen müssen. Zuweilen sind dieselben so intensiv, dass man glauben kann, es handle sich um thatsächliche Erscheinungen. So beobachteten wir einen Kranken, der nach dem Anfalle aufstand, das Fenster öffnete, um eine schwarze Katze zu verjagen, die ihn, als er auf dem Bette lag, gequält und aufgeregt hatte, in Wirklichkeit aber nicht vorhanden war. Es war der Traumzustand, der Soeur Jeanne des Anges veranlasste, Grandier zu beschuldigen, dass er sie verzaubert habe, der Madeleine de la Palud dazu brachte, Gauffridi zu denunzieren, und der endlich Loyse Capel, ebenfalls einer Ursulinerin, eingab, die unglückliche Honorée auf den Scheiterhaufen zu bringen. Derselbe Traumzustand kann auch direkt physische Störungen hervorrufen, eine Paraplegie, wenn der Kranke in einen Abgrund gefallen zu sein glaubt, oder die spontanen Ecchymosen, über die wir an anderer Stelle geschrieben haben [1]). Häufig spielt auch der Teufel in den Träumen der Hysterischen eine Rolle. In furchtbarer Gestalt schreckt er sie, schlägt sie krumm und lahm, und die unglücklichen Kranken tragen als unzweifelhafte Beweise für ihre Besessenheit diese Ecchymosen an ihrem Leibe. "Um Mitternacht, sagt Schwester Jeanne [1]), als ich bei dem heiligen Sakramente in meinem Zimmer wachte, sah ich zwei Männer in scheusslicher Gestalt eintreten und ich fühlte grosse Furcht. Sie hielten Ruten in ihren Händen, sie ergriffen mich mit grosser Wut beim Arme, zogen mir die Kleider aus und befestigten mich an den Bettpfosten. Ein, zwei Stunden, ja noch länger schlugen sie auf mich ein. Da erschien mein guter Engel, schmetterte sie zu Boden; sie heulten wie Hunde und flohen von dannen. Mein ganzer Körper war zerschlagen."

Im Jahre 1642, in der Besessenheit von Louviers, sah Madeleine Bavent den Teufel in der Gestalt eines kleinen, pechschwarzen Hirschkäfers [2]). Man weiss, dass auch die Hysterischen in ihren Halluzinationen

[1]) Considérations sur les ecchymoses spontanées.
[1]) Legué et Gilles de la Tourette, Soeur Jeanne des Anges etc., S. 272.
[2]) Histoire de Madeleine Bavent, religieuse du monastère de Saint-Louis de Louviers. J. Lemonnyer, Rouen 1878, S. 30.

häufig Tiere sehen, und schon B r i q u e t macht auf die Ähnlichkeit der hysterischen Halluzinationen mit den alkoholischen aufmerksam. „Er flog auf meinen Arm, wenn ich sprechen wollte; sein Gewicht war wie das eines Hauses; er schlug mich in die Seiten und warf mich zu Boden. Wenn ich den Platz wechselte in der Hoffnung, mich zu befreien, sah ich ihn stets vor mir, und ich wurde von ihm misshandelt, dass die umstehenden Personen Mitleid mit mir bekamen. Die Schläge, die er mir versetzte, konnte man hören, und ich war g a n z b l a u z e r - s c h l a g e n u n d l i v i d, g a n z s c h w a r z u n d b l e i f a r b i g und am ganzen Körper beschädigt, wusste aber nicht, woher dies kam."

In einer weniger weit zurück liegenden Zeit zeigte eine Hysterische nach den Anfällen auf den Oberschenkeln schwarze Kontusionsflecke, welche ihr der Teufel gemacht hatte, „indem er mit einem Eisenstocke heftig auf sie einschlug, weil sie seinen Versuchungen nicht Folge leisten wollte" [1]).

Wir führen übrigens, wohl verstanden, nur Fälle an, die eine Er- klärung zulassen, was bei vielen aber nicht der Fall ist und wodurch die Sache nicht wenig kompliziert wird. Die Erklärung gründet sich freilich nur auf die Annahme, dass die Hysterische sich während des Anfalles in einem Traumzustande befunden hat oder wenigstens angiebt, sich darin befunden zu haben, aber sie muss sich auch des Traumes erinnern. Es giebt aber auch Kranke, bei denen man das Stadium der leidenschaftlichen Stellungen beobachtet hat, bei dem fast notwendiger- weise auch Halluzinationen vorhanden sein müssen, die sich aber der- selben nicht mehr erinnern. Nichtsdestoweniger hat der Zustand das Gehirn doch beeinflusst und das psychische Verhalten modifiziert, das um so bizarrer und auffälliger erscheint, als die Hysterische selbst für ihre Traurigkeit oder Fröhlichkeit keinen Grund anzugeben weiss. Nach unserer Ansicht handelt es sich um gleichartige Vorgänge im Gehirne, wie die, welche bei den Hysterischen den zeitweiligen A u s f a l l d e s G e d ä c h t n i s s e s hervorrufen, die vollständige Aufhebung der Erinne- rung an eine frühere Lebensperiode, die am folgenden Tage schon wieder vollständig zurückgekehrt sein kann, um am nächsten Tage abermals zu verschwinden. Diese Gedächtnisdefekte sind es, infolge deren die Hysterischen dieselben Thatsachen ganz verschieden darstellen, und die ihnen die Epitheta Lügner und Simulanten eintragen.

Es ist bemerkenswert, dass bei diesen den Anfall begleitenden Halluzinationen der Gegenstand der Halluzination, besonders wenn der Teufel dabei eine Rolle spielt, fast stets eine scheussliche und schreck- liche Gestalt annimmt.

„Ein Mal, erzählt Schwester Jeanne des Anges, erschien mir einer dieser verfluchten Geister in der Gestalt eines feuerspeienden Drachen. Seine Nüstern und Augen leuchteten wie Feuer; mit Ungestüm stürzte er sich auf mich, schlug wütend auf mich ein und unter Schimpf- worten warf er mich zur Erde."

---

[1]) B e r g e r e t, Quelques causes d'erreur dans les recherches médico-légales. Annales d'hygiène et de médecine légale 1863, Bd. XIX, S. 403.

Auch Verwandlungen der Halluzinationen kommen vor. So erzählt dieselbe Schwester Jeanne weiter: „Der böse Geist erschien mir in der Gestalt meines guten Engels, er sagte mir Worte des Lobes und wollte mir die Versicherung der Vergebung meiner Sünden und der Liebe unseres Heilandes geben. Aber das versetzte meine Seele in Unruhe und brachte mich auf den Gedanken, dass der böse Feind und nicht mein guter Engel zu mir spräche, und so zeigte ich ihm meine Verachtung. Da verschwand seine Schönheit und er nahm eine scheussliche Missgestalt an; er stürzte sich mit grosser Gewalt auf mich und nachdem er mir mehrere Schläge gegeben hatte, verschwand er, wobei er wie eine Schlange über den Boden kroch und wie ein Hund heulte."

Welche Form diese Gesichtshalluzinationen auch haben, eines ist, wie Charcot gezeigt hat, für sie charakteristisch. Die Vision ist nie bewegungslos, sondern sie bewegt sich in einer bestimmten Richtung, und zwar immer in derselben. „Die Katzen, Ratten etc. laufen vor der Kranken von links nach rechts oder von rechts nach links, je nachdem die Hemianästhesie links- oder rechtsseitig ist. Die Halluzination kommt stets von der anästhetischen Seite her. Häufiger aber bewegt sich die Erscheinung seitwärts von der Kranken, sie kommt von hinten, um vorne zu verschwinden, und zwar auf der anästhetischen Seite [1])." Und bei der Beschreibung einer blinden Hysterischen, die rote Männer sah, fügt Charcot hinzu, dass das Sehvermögen nicht erhalten zu sein brauche, damit die Halluzination zustande komme. Die heilige Therese hatte sehr oft linksseitige Halluzinationen [2]), und der Schutzengel der Schwester Jeanne trat auf der „rechten Seite" in die Erscheinung.

* * *

Wenn die Autosuggestion allein unter dem Einflusse des Anfalles aufträte, so wären die von ihr abhängigen Erscheinungen, die in dem Geisteszustande der Hysterischen eine so grosse Rolle spielen, leicht zu verstehen. Aber das ist leider nicht so, denn es giebt Hysterische, bei denen die Anfälle sehr häufig sind, und andere, bei denen sie ganz fehlen. Wir müssen aber noch eine andere Reihe von Erscheinungen in Betracht ziehen, die sozusagen ohne Unterbrechung auftreten, und welche für den hysterischen Geisteszustand die grösste Bedeutung haben. Wir meinen das hysterische Alpdrücken und die Träume, die schon von Sydenham besonders betont wurden.

„Die Nacht, sagte er [3]), welche für die übrigen Menschen die Zeit der Ruhe und Erholung ist, ist für die Kranken, von denen wir sprechen, ebenso wie für die Abergläubischen die Gelegenheit für tausend Sorgen

[1]) Des troubles de la vue chez les hystériques. Progrès médical 1878. Nr. 3. Boscq, Recherches sur les modifications de la pupille chez l'homme sain, l'épileptique et l'hystérique. Montpellier 1891.
[2]) Oeuvres de sainte Thérèse, übersetzt nach dem Originalmanuskript von P. M. Bonix, 13 Éd., vol. I. Leben der heiligen Therese, von ihr selbst geschrieben. Paris 1889.
[3]) Icon. phot. de la Salpêtrière, vol III, 1879—1880, pag 88.

und Befürchtungen, und zwar wegen der Träume, die sie haben und die sich meist mit Toten und Gespenstern beschäftigen."

Bourneville und Regnard haben den unruhigen Schlaf der Hysteriechen genau studiert und ihm mit Recht den schweren und tiefen Schlaf der Epileptiker gegenüber gestellt. „Fragt man die Eltern der Hysteriechen — heisst es an einer Stelle — nach dem Schlaf derselben während der Kindheit und Jugend und vor dem Auftreten der Anfälle, so hört man oft, dass die Kranken viel geträumt haben und besonders von unangenehmen Träumen gepeinigt wurden. Ist aber die Krankheit einmal aufgetreten, so werden die bis dahin leichten Störungen viel grösser. Unsere diesbezüglichen Fragen und die von uns angestellten Beobachtungen des Schlafes gestatten uns ein Bild desselben zu geben und die mehr oder weniger ungenauen Beschreibungen zu vervollständigen. Ehe die Kranken vollständig einschlafen, schlummern sie nur leise und fahren mehrere Male wieder auf; sie haben Zuckungen, Parästhesien und krampfhafte Empfindungen, besonders auf der unempfindlichen Körperhälfte. In diesem Zustande zwischen Wachen und Schlafen treten zuweilen Halluzinationen auf, die Kranken glauben, dass man zu ihnen spreche oder sie glauben, Personen, seltsame Gestalten etc. um ihr Bett stehen zu sehen. Ist der Schlaf eingetreten, so stellen sich fast immer viele Träume ein, bei denen man unangenehme oder Alpdrücken, angenehme und gleichgültige Träume unterscheiden kann; die letzteren beschäftigen sich mit den kleinen Tagesbegebenheiten, die anderen mehr mit den grösseren Ereignissen, die einen tieferen Eindruck hinterlassen haben.

„Sind sie einmal wach geworden, so schlafen sie nur schwer wieder ein; sie fallen dann entweder wieder in ihre Träume zurück oder sie klagen von diesem Zeitpunkte bis zum Aufstehen sehr viel und sind aufgeregter als im ersten Schlaf." „Die Krisen, welche den Anfällen unmittelbar vorhergehen, sind in der Regel die schlimmsten; besonders in dieser Zeit treten nervöse Lachanfälle, häufiges Alpdrücken, Zuckungen etc. auf. Nach den Anfällen ist der Schlaf verhältnismässig ruhiger."

Die Kenntnis dieser Träume, dieses Alpdrückens, dieser — gebrauchen wir das richtige Wort — wirklichen Halluzinationen ist zur Beurteilung des hysterischen Geisteszustandes von der grössten Wichtigkeit. Sie zeigen eine grosse Übereinstimmung mit denjenigen des Anfalles, worauf übrigens auch schon Bourneville und Regnard hinweisen, sind aber häufiger als die letzteren, denn sie zeigen sich sozusagen jede Nacht, während der Anfall im Ganzen eine relativ seltene Erscheinung ist. Mehr noch, die Anfälle und die damit verbundenen Halluzinationen verlaufen höchst selten unbemerkt, auch wenn sie, was seltener der Fall ist, nachts auftreten, während bei den Träumen, welche den geistigen Zustand des kommenden Tages beeinflussen, die Kranke sozusagen der einzige Zeuge ist, ohne dass die Umgebung weiss, worin der Grund für die häufigen psychischen Veränderungen liegt, welche die Kranke selbst nicht mit ihren Träumen in Zusammenhang bringen kann, weil sie dieselben vergessen hat! Man kann so das Schwankende und Wechselnde im Charakter der Hysterischen leicht verstehen, denn dieser

kann sich mit dem Wechsel der Träume, des Alpdrückens und der
Halluzinationen täglich ändern. In der That wechseln sich bei manchen Kranken die Träume und
Halluzinationen ab wie die Bilder eines Kaleidoskopes. Die ·mannich-
fachsten Szenen ziehen an ihrem Auge vorüber, fröhliche und traurige,
häufiger letztere; fantastische Tiere, rote und graue Gestalten, je nach
den Farben, die im Gesichtsfelde der Kranken noch nicht erloschen sind.
Aus ihrem Schlafe aufgeschreckt, werden die Kranken unruhig und
fallen zuweilen aus dem Bette. Selbst dann erwachen sie nicht immer,
wie wir verschiedentlich beobachtet haben, denn infolge der oft bestehenden Anästhesie ist ein solcher Fall häufig schmerzlos. Tritt Erwachen ein, so schlafen sie nur schwer wieder ein und die Traum-
gestalten kehren aufs neue in bunter Abwechslung zurück. Mit welchem
Traumbild soll man nun den geistigen Zustand am folgenden Tage in
Verbindung bringen? Denn wir sind infolge unserer Kenntnis von dem
für Eindrücke so empfänglichen Zustande ihres Hirnes überzeugt, dass
die Träume das Verhalten der Hysterischen am folgenden Tage in hohem
Grade beeinflussen und bei ihnen diesen wankelmütigen, wechselnden
oder für kurze Zeit auch sehr entschlossenen Geisteszustand hervorrufen,
je nach der Intensität und Dauer, die sie haben. Der Mechanismus ist
genau derselbe wie bei dem Traumzustande des Anfalles; wie dieser sind
die Träume imstande, physische Symptome hervorzurufen, z. B. eine
Paraplegie, wofür Féré ein bemerkenswertes Beispiel beschrieben hat [1]).
„Hysterisch, sagt Moebius, sind alle die krankhaften Veränderungen
des Körpers, welche durch Vorstellungen verursacht werden." Die Paralysen „durch Vorstellung" von Russel Reynolds sind ebenfalls derartige suggestible Erscheinungen.

Auch Pitres hat gezeigt, dass diese nächtlich auftretenden Halluzinationen ebenso wie diejenigen des hysterischen Anfalles von dauerndeu
schmerzhaften Erscheinungen begleitet sein können. „Eine unserer
Kranken, sagt er [2]), empfängt von Zeit zu Zeit den imaginären Besuch
einer alten Frau, welche sie an verschiedenen Körperstellen berührt, und
an allen diesen Stellen bilden sich hyperästhetische Zonen, die mehrere
Tage lang bestehen bleiben."

Ebenso wie die Halluzinationen des Anfalles können auch intensive Träume durch Vorstellung das Auftreten trophischer Störungeu
bedingen.

Eine unserer poliklinischen Kranken, ein 19jähriges, sehr neuro-
pathisches Mädchen, lenkte am 9. Dezember 1889 unsere Aufmerksamkeit auf eine „rote Stelle", welche an der Innenseite der rechten Tibia
sass, und die sie am selben Morgen beim Ankleiden bemerkt hatte. Am
Abende vorher hatte die Kranke nach einem lebhaften Disput einen
Weinanfall gehabt, ihr Schlaf war durch schreckliche Träume beunruhigt worden — was ihr übrigens oft passirte — und gegen Morgen
hatte sie an der Innenseite des rechten Beines einen heftigen Schmerz

---

[1]) Société de biologie, 20. November 1886.
[2]) Leçons cliniques sur l'hystérie et l'hypnotisme, vol. II, pag. 39.

verspürt. Sie war sehr überrascht, beim Ankleiden an eben dieser Stelle den „Fleck" zu finden, der die Form eines aufrechtstehenden Ovals hatte, ungefähr 5 Centimeter in die Länge und 3 Centimeter in die Breite mass. Sie war noch mehr überrascht, als sich bei der Untersuchung eine besonders an der unteren Extremität ausgesprochene rechtsseitige Hemianästhesie fand.

Auf welche Ursachen soll man nun diese subkutane Hämorrhagie zurückführen, die in den folgenden Tagen bis zu ihrem Verschwinden alle Veränderungen durchmachte, wie sie sich bei derartigen Blutungen einstellen? Die Kranke versicherte, sich nicht gestossen zu haben, sie war sicher, dass der Fleck am Abend, als sie sich zu Bette legte, noch nicht bestanden hatte, und sie wusste genau, dass sie einen konvulsiven Anfall während der Nacht nicht gehabt hatte. Da wir wissen, welchen Einfluss die Psyche bei Hysterischen auf den Körper hat, zögerten wir nicht, die Ecchymose mit einem Traum in Verbindung zu bringen, über dessen Natur wir freilich nichts erfahren konnten, da die Kranke keine Erinnerung mehr an einen solchen hatte.

So hervorgerufene Stigmata sind nicht immer sichtbar, aber ihre Schmerzhaftigkeit, die übrigens rein psychisch ist, besteht doch, wie folgende, der Selbstbiographie der heiligen Therese entnommene Stelle beweist, „in der diese geniale Frau uns, wie Charcot sich ausdrückt[1]), mit einer wahrhaft wunderbaren Feinheit der Beobachtung in das Innere ihres Leidens eindringen lässt".

„Zu anderen Zeiten ist der Schmerz so heftig, dass man unfähig wird, zu beten oder irgend etwas zu thuen. Der Körper ist nicht mehr imstande, sich zu bewegen, er ist so angegriffen, dass man weder Hände noch Füsse rühren kann. Beim Stehen knicken die Kniee ein, man fällt zusammen und ist kaum imstande, zu atmen. Nur einige schwache Seufzer entringen sich der Brust, die aber doch wegen der Heftigkeit der Schmerzen aus der Tiefe kommen.

„Als ich mich in diesem Zustande befand, hatte ich ein Gesicht, dessen mich der Herr mehrere Male würdigte. Ich bemerkte neben mir, auf der linken Seite, einen Engel in menschlicher Gestalt. Nur sehr selten habe ich diese Erscheinung, denn obgleich ich häufig durch die Anwesenheit von Engeln beglückt werde, erscheinen sie mir doch nur im Geiste. — Dieses Mal aber wollte der Herr, dass der Engel mir auch in sichtbarer Gestalt erschien. Er war nicht gross, sondern klein und sehr schön; an seinem leuchtenden Antlitze erkannte man einen der himmlischen Boten, die nur Flamme und Liebe zu sein scheinen. Er gehörte gewiss zu denen, die man Cherubim nennt, denn sie selbst nennen ihren Namen nicht. Aber ich erkenne, dass im Himmel zwischen bestimmten Engeln und anderen, und zwischen diesen und anderen ein

[1]) Vorrede zu „Soeur Jeanne des Anges von Legué und Gilles de la Tourette". — Die heilige Therese soll eine extatische Hysterische gewesen sein, eine Ansicht, die auch der Jesuit G. Hahn vertritt: „Les phénomènes hystériques et les révélations de sainte Thérèse" (Revue des questions scientifiques de Bruxelles 1883, vol. XIII) Dieser Ansicht ist übrigens ein anderer Jesuit, de San: „Étude pathologico-théologique sur sainte Thérèse", Paris 1886, entgegengetreten.

so grosser Unterschied besteht, dass ich es nicht zu sagen vermag. In den Händen des Engels sah ich einen langen goldenen Stab, an dessen eiserner Spitze ein Feuerfunken sass. Von Zeit zu Zeit fuhr er damit über mein Herz und drückte ihn tief in mein Innerstes, und wenn er ihn herauszog, erschien es mir, als zöge er mich mit dem Stabe nach sich und erfülle mich ganz von der Liebe zu Gott.

„Der Schmerz dieser Wunde war so gross, dass er mir die schwachen Seufzer entlockte, die ich oben beschrieben habe; aber gleichzeitig liess mich diese unsagbare Marter ein unendlich süsses Entzücken empfinden; ich sehnte mich nicht nach dem Ende und fand nur in Gott mein Glück. Es ist kein körperlicher Schmerz, sondern ein vollkommen geistiger, obgleich der Körper nicht in hohem Grade daran teilnehmen lässt."

Die Halluzination kann auch einen heilenden Einfluss haben. Frau von Belciel — mit ihrem klösterlichen Namen Schwester Jeanne des Anges — wurde „am ersten Tage des Jahres 1637 von einem heftigen Fieber mit Seitenstechen befallen. Der Arzt wurde gerufen und er hielt das ganze für eine Pseudopleuritis". Am 26. Januar abermals gerufen und es nun für echte Pleuritis haltend, liess er siebenmal zur Ader und verordnete verschiedene andere Medikamente."

Aber der Zustand der Schwester Johanna wurde schlimmer und schlimmer, um so mehr, als sie, unaufhörlich von ihren Exorzisten besucht, häufige Anfälle von Synkope mit schrecklichen Halluzinationen hatte, die auf ihren Zustand einen sehr schlechten Einfluss hatten. Die hysterischen Erscheinungen nahmen täglich zu und zu dem Schmerz in der Seite (Pleuralgie) war unstillbares Erbrechen getreten, wie es nur diese Kranken haben. Der Arzt war verzweifelt und er beging den Fehler, sich davon zu viel anmerken zu lassen. „Eure Krankheit ist tötlich, sagte er zu ihr, die Natur hilft sich nicht mehr, Euer Magen funktioniert nicht mehr, man kann Euch zu essen geben, was Ihr wollt, die Heilmittel und die Diät, die ich verordnet habe, helfen nicht."

Schwester Johanna glaubte, dass allein die „letzte Ölung" sie noch retten könne. Sie empfing dieselbe mitten in einem hysterischen Anfalle. Nach demselben, „abends um 6½ Uhr, fühlte ich das Bedürfnis, mich niederzulegen; ich verlor sogleich jede körperliche Empfindung und den Gebrauch der äusseren Sinne, behielt aber die inneren, welche vollkommen frei blieben. Da hatte ich die Erscheinung einer grossen Wolke, welche das Bett umgab, in dem ich lag; ich sah zu meiner Rechten meinen guten Engel, der von seltener Schönheit war und die Gestalt eines etwa 18 Jahre alten Jünglinges hatte. Derselbe hatte lange, blonde Haare, welche seine rechte Schulter bedeckten, er trug ein Gewand weiss wie der Schnee und hielt in der Hand eine grosse, hell leuchtende Kerze [1]).

---

[1]) Die Untersuchungen, welche ich mit Dr. Legué bei der Veröffentlichung des Manuskriptes angestellt habe, haben ergeben, dass diese Halluzination sich auf François Vendôme, Herzog von Beaufort, bezog; derselbe war der Sohn von César de Vendôme, natürlichem Sohne Heinrich's II. mit Gabrielle d'Estrées. Er war damals 18 Jahre alt, aus Neugierde nach London gekommen und seine Erscheinung hatte auf die lebhafte Phantasie der Schwester Johanna grossen Eindruck gemacht.

„Ich sah auch den heiligen Josef in Gestalt und Form eines Menschen mit langen Haaren; sein Gesicht strahlte heller wie die Sonne. Sein Bart war kastanienbraun. Er erschien mir von übermenschlicher Majestät; er legte seine Hand auf meine rechte Seite [1]), wo ich den grossen Schmerz gefühlt hatte, und es schien mir, als ob er diese Stelle salbe. Ich fühlte darnach meine äusseren Sinne wiederkehren und fand mich ganz geheilt. Ich sagte zu dem Pater und den Schwestern, die in meinem Zimmer waren: Ich bin nicht mehr krank, durch Gottes Gnade bin ich geheilt."

Als der Arzt dies hörte, „wurde er dermassen überrascht, dass er rückwärts zu Boden fiel". Übrigens wütend darüber, dass er unwissend Komplice einer gewöhnlichen Komödie geworden war, weigerte er sich fernerhin, den Ursulinerinnen seinen ärztlichen Beistand zu leisten.

Man sieht, nicht nur in unseren Tagen werden die Hysterischen der Simulation beschuldigt; eine Beschuldigung, die in sich selbst zusammenfällt, wenn man den Geisteszustand der Kranken erst besser zu erkennen lernt.

* * *

Wir haben soeben von der nächtlichen Erscheinung gesprochen, die Schwester Johanna von dem Herzoge von Beanfort hatte. Das führt uns dazu, auch einige Worte über die nächtlichen Träume und Halluzinationen zu sagen, welche bei den Frauen nicht selten erotischer Natur sind, was bei den hysterischen Männern seltener der Fall, obgleich auch bei ihnen der Schlaf ebenso häufig ein unruhiger ist.

Im 17. Jahrhunderte glaubte man allgemein, dass eine Frau vom Teufel befruchtet werden könne, und der P. Sinistrari schrieb, „dass sie direkt durch den Samen des Incubus befruchtet sei, der, ein lebendes Wesen und zeugungsfähig, einen besonderen Samen besitze" [1]).

Die Richter, welche über diese Unglücklichen zu Gericht sassen, hüteten sich wohl, anderer Ansicht zu sein als die kirchlichen Autoritäten, und der grausame Peter von Lancre, der so viele unglückliche Hexen auf den Scheiterhaufen brachte, glaubte selbst, „dass die Teufel sich einen luftförmigen Körper gäben, mit welchem sie, so wunderbar

---

Das Manuskript des P. Lurin (einer der Exorcisten der Oberin) ist sehr ausführlich über diese Halluzination und berichtet, dass die Schwester in der That gesagt habe, „dass ihr guter Engel lange, blonde Haare wie der Prinz getragen habe".

Diese Bemerkung ist sehr wichtig; die Gestalten, welche die Halluzinationen und Träume der Hysterischen bevölkern, sind nicht Erfindungen ihrer Phantasie, sondern sie existieren in Wirklichkeit.

[1]) Der Engel erschien auf der rechten Seite, die auch der Sitz der Pleuralgie war. Eine Körperhälfte der Schwester Johanna war auch ganz verbrannt. Das alles stimmt mit dem Gesetz Charcot's überein, nach dem die Gestalten bei den Halluzinationen stets von der Seite kommen, auf der sich die sensiblen Störungen befinden.

[2]) De la démonialité et des animaux incubes et succubes par le R. P. Sinistrari d'Ameno (1622—1701), Paris 1882, pag. 126, § 104.

und quasi unmöglich es scheint, die Freuden der Venus geniessen können" [1].

Pitres sagt in seinem Buche [2], in welchem er eine grosse Anzahl dieser Fälle erklärt, dass man die Bekenntnisse vieler unglücklicher halluzinierender Weiber in diesem Sinne auslegte, und dass viele derselben dadurch den Scheiterhaufen bestiegen.

Zahlreiche Beispiele dafür findet man bei Bodin [3]. Eine Hexe, namens Johanna Herviller, die vom Parlament zur lebenden Verbrennung verurteilt wurde, gestand, dass sie in ihrem 12. Lebensjahre von ihrer Mutter dem Teufel geopfert worden sei und dass dieser „ebenso bei ihr gelegen habe, wie die Männer bei den Frauen, nur sei der Same kalt gewesen". Seit dieser Zeit hatte sie dauernden Verkehr mit demselben, etwa alle acht oder fünfzehn Tage, selbst wenn sie bei ihrem Manne schlief.

Eine junge 14jährige Nonne aus dem Kloster in Nazareth erzählte ihren Schwestern, „dass der Satan jede Nacht käme, um bei ihr zu schlafen".

Eine Hexe von Laon, die „zum Tode durch den Strang und Verbrennung verurteilt wurde, gestand, dass der Satan, welchen sie ihren Kameraden nannte, gewöhnlich mit ihr verkehre und dass sein Same kalt wäre".

Auch Männer hatten zuweilen ähnliche Halluzinationen; so berichtet Pic de la Mirandole von zwei Priestern, die lebend verbrannt wurden, weil sie lange Zeit mit Teufeln verkehrt hatten, welche die Gestalt von Frauen angenommen hatten und unbemerkt von jedermann stets bei ihnen waren.

Es war das keineswegs ein seltenes und ausnahmsweises Verbrechen. Jakob Sprenger und Paul Grillard, die, der erstere in Deutschland, der andere in Italien, „unendlich vielen Hexen den Prozess machten", erklärten, dass fast alle „fleischlichen Umgang mit dem Teufel hätten", und Bodin fügt noch hinzu, dass „dieser Umgang weder Illusion noch Krankheit wäre" [4].

Aber von allen diesen „Besessenheiten" — das Wort ist hier sehr weitgehend — ist keine vollkommener als die Pseudogravidität der Schwester Jeanne des Anges.

Diese, welche sich auf jeder Seite des von uns gefundenen und herausgegebenen Manuskriptes in der Beschreibung erotischer Halluzinationen gefällt, war von sieben Teufeln besessen, was uns ein schönes Bild von dem Geisteszustande dieser Hysterischen giebt [5]. Es waren: Der oberste Teufel Asmodée, Isaacaron und Balaam, die Personifikationen des Wohllebens, Béhemoth, der Teufel der Faulheit, Leviathan, der des Hochmutes, Gresil und Aman, Teufel von unbestimmter Natur.

---

[1] Tableau de l'inconstance des mauvais anges et démons etc. Paris 1612, S. 214 (zitiert bei Pitres).

[2] Leçons cliniques sur l'hystérie et l'hypnotisme, vol. II, pag. 37 u. ff.

[3] De la démonomanie des sorciers, Paris 1587, S. 116.

[4] Bodin. a. a. O., S. 111 u. ff.

[5] A. a. O, S. 69 u. ff.

Diese Teufel, die in den Halluzinationen der Kranken die scheusslichsten Gestalten annahmen, brachten sie in einen ganz eigenartigen Geisteszustand. „Ich war, erzählt sie, acht Tage in fortwährenden Nöten und meist verbrachte ich die Nächte in unserem Garten. Ich wusste nicht, ob nicht irgend ein Zauberer mich ohne mein Wissen verzaubert hatte. Stündlich euchte mich dieser böse Geist in meiner freien Zeit heim, und wenn Gott mir nicht in seiner grossen Barmherzigkeit beigestanden hätte, ich glaube, ich wäre verzweifelt oder hätte mich dem unreinen Geiste ergeben . . . .

„Jede Nacht während ungefähr sechs Monaten flüsterte oder sprach der Teufel beständig zu mir. Sehr häufig erschien er in besonderer Gestalt, wie ein Drache, Hund, Löwe, Bock und andere Tiere; zuweilen erschien er auch in menschlicher Gestalt, um mich zu verbrecherischen Thaten zu verleiten."

Ein besonderes und für das Studium der nervösen Kontagiosität sehr wichtiges Phänomen, das niemals fehlt, wenn mehrere Hysterische oder „für Hysterie Empfängliche" beisammen sind, ist, dass die Klagen, die der Dämon bei dem Widerstande der Oberin anstiess, „von allen Schwestern, welche in dem Zimmer schliefen, gehört wurden".

Trotz ihres Widerstandes musste Schwester Johanna unterdessen unterliegen. „Isaacaron, der mir am ärgsten zusetzte. und mir keine Ruhe liess, gewann in meiner Feigheit eine grosse Hülfe und versuchte meine Keuschheit in schrecklicher Weise. Er behandelte meinen Körper in der wütendsten und furchtbarsten Weise, die man sich vorstellen kann, und sagte mir dann, dass ich von einem Kinde schwanger wäre, so dass ich es selbst fest glaubte und alle Zeichen der Schwangerschaft an mir trug."

Von diesem Augenblicke an wurde die Illusion bei ihr so vollkommen, und der psychische Einfluss über den Körper ein so grosser, dass sie genau, als ob sie sie wirklich empfände, die Sensationen angab, die bei der Gravidität auftreten, ja dass sie „alle objektiven Zeichen derselben" darbot.

Der Skandal wurde so gross, dass Louhardemont, der Emissär Richelieu's, direkt einschreiten und dem Kardinal Bericht erstatten musste. „Es ist eine merkwürdige Sache, schrieb er, dass alle Zeichen der Schwangerschaft bei ihr auftreten: das anhaltende Erbrechen, die Magenschmerzen, und seit dem Aufhören der Regel vor 3 Monaten Abfluss weisser, seröser Flüssigkeit aus der Brust [1]."

Und aus Furcht missverstanden zu werden, schreibt er einige Tage später einen neuen Bericht, aber dieses Mal lateinisch: „Illa nimirum a tribus mensibus patiebatur menstrui sanguinis moram inportunam cujus congeries uterus intumescebat et siusdem refluxa serositas admodum lactis albicans mammis stillabat continue, quasi foetus ista portenderent."

Ausbleiben der Regeln, Auftreiben des Abdomens durch Tympanitis, weisslicher Ausfluss analog demjenigen, den man zuweilen bei Gravidität

[1] État des Ursulines. Bericht an Richelieu. Minist. aff. étrang. Archiv Poitou, Folio III.

beobachtet, andauerndes Erbrechen und mehr noch: A b g a n g e i n e r
m i l c h a r t i g e n F l ü e s i g k e i t a u s d e n M a m m a e; wo lässt sich ein
besseres Beispiel für den Einfluss der Psyche, wo eine bessere Erklärung
der trophischen Störungen finden, die man so häufig bei den Hysterischen beobachtet, und deren Besprechung wir noch ein besonderes
Kapitel widmen wollen?

Aber nach alledem konnte Schwester Johanna nicht wirklich
schwanger sein? Nein und abermals nein. Man urteile! Angesichts der
beständigen Spöttereien der Bewohner von London, welche sich dieser
Besessenheit gegenüber sehr ungläubig zeigten, angesichts des offiziellen
Verdachtes von Louhardemont, welchem diese Gravidität ein sehr grosses
Ärgernis geben musste, beschloss sie, sich und dem Wesen, das sie in
ihrem Schosse zu tragen glaubte, den Tod zu geben.

Entschlossen ein Ende zu machen, begab sie sich in ein kleines
Zimmer, in der einen Hand ein grosses Messer, in der anderen ein
Gefäss mit Wasser, um das Kind zu taufen. Ehe sie ihr trauriges Vorhaben ausführte, warf sie sich vor einem Kruzifix auf die Knie und
unter grosser Zerknirschung „betete ich inbrünstig zu Gott, mir meinen
Tod und den des kleinen Wesens zu verzeihen, im Falle ich an mir
und ihm einen Mord beginge, denn ich war fest entschlossen, es zu
taufen und dann zu ersticken".

Nach diesen religiösen Vorbereitungen entkleidete sie sich „mit
dem fortwährenden Bewusstsein, verdammt zu sein, wenn sie bei diesem
Vorhaben stürbe, aber dieser Gedanke war nicht mehr stark genug, um
sie von der Ausführung ihres frevelhaften Vorhabens abzuhalten". Sie
machte mit der Scheere eine grosse Öffnung in ihr Hemd, ergriff
das Messer, um „sich dasselbe zwischen den beiden Rippen in der Nähe
des Magens hineinzustossen, ein Beginnen, das sie mit festem Entschlusse
zu Ende führen wollte". Das war zu viel für ihr Gehirn, und glücklicherweise endete die Szene ohne Blutverlust mit einem heftigen hysterischen
Anfalle.

Wir finden hier weiter den Einfluss des Anfalles auf das Auftreten
und Verschwinden oder besser auf die Modifizierung der hysterischen
Stigmata, zu denen der abnorme psychische Zustand aus mehr als einem
Grunde gehört. Von Gravidität war nach dem Anfalle in der That nicht
mehr die Rede, alle Zeichen derselben verschwanden wie durch Ver-
zauberung mit dem psychischen Zustande, der sie hatte entstehen lassen.
Aber der letztere war nur modifiziert, wie sich aus dem Fortbestehen
der Halluzinationen ergab, die sie bis an das Lebensende heimsuchten,
uns aber hier nicht weiter interessieren.

Man darf aber nicht glauben, dass diese erotischen Träume, welche
zuweilen den Geisteszustand der Hysterischen beherrschen, und nach
denen sie sich am Morgen sehr angegriffen fühlen, stets besonders
angenehmer Natur wären. Wir haben es bereits gesagt und stimmen
darin mit anderen Autoren, die sich mit dieser Frage befasst haben,
überein, dass die nächtlichen Halluzinationen und Träume, wenn sie
auch zuweilen freudiger Natur sind, doch meist in tragischer und für
die Kranken in unangenehmer Weise enden.

Pitres, der sich mit den sexuellen Halluzinationen eingehend beschäftigt hat, hebt diese Thatsache noch besonders hervor. Madeleine Bavent[1]), die von dem Teufel in Gestalt einer Katze verfolgt wurde, sagt darüber: „Ich fand zweimal, als ich in meine Zelle eintrat, diese verfluchte Katze auf meinem Bette liegen in der lasciveten Stellung, die man sich vorstellen kann, und ganz einem Manne ähnlich. Ich erschrack und wollte entfliehen; aber in demselben Augenblicke stürzte sie sich auf mich, warf mich gewaltsam auf das Bett und missbrauchte mich, wobei ich schreckliche Qualen ausstand."

„Achten Sie wohl, sagt Pitree zu seinen Zuhörern, auf diesen letzten Satz: ‚wobei ich schreckliche Qualen ausstand'. Es ist in der That selten, dass die erotischen Halluzinationen von einem angenehmen Wollustgefühle begleitet sind. In der Mehrzahl der Fälle ruft die Illusion der geschlechtlichen Annäherung sogar akute Schmerzen hervor. Die Hexen gaben früher fast alle an, dass sie bei dem Beischlafe mit dem Teufel sehr viel litten. Sie sagten, dass sein Glied lang, rauh, spitzig und mit Schuppen bedeckt wäre, die sich aufstellten, wenn er es herauszöge und die Scheide zerrissen. Uebrigens können alle diese hysterischen Halluzinationen von intensiven und anhaltenden Schmerzerscheinungen begleitet sein."

* * *

Die soeben von uns angeführten Fälle, welche den Einfluss der nächtlichen Träume und Halluzinationen auf die Psyche der Hysterischen zeigen, gehören sozusagen der Geschichte der Hysterie an. Sie haben aber auch vom gerichtlich-medizinischen Standpunkte eine grosse Bedeutung. So brachten zum Beispiel die Beschuldigungen der Schwester Johanna, die auf solchen erotischen Halluzinationen beruhten, den unglücklichen Urban Grandier wegen eines imaginären Verbrechens auf den Scheiterhaufen. In anderen Fällen waren diese Halluzinationen auch für die Hysterischen selbst unheilvoll, indem sie sich anklagten, „besessen" zu sein, ein Zustand, der nur in ihrer verirrten Einbildung bestand.

Die Litteratur ist glücklicherweise nicht sehr reich an Fällen ähnlicher Art, enthält aber deren immerhin genug. Wir wollen einige anführen, ohne Furcht zu weitschweifig zu sein, denn die Sache ist, wir wiederholen es, vom gerichtlich-medizinischen Standpunkte von höchster Wichtigkeit.

Der bekannteste Fall ist jene berüchtigte „Affaire La Roucière-Le Noury", in welcher Fräulein Marie de M ... 1834 dem unglücklichen Lieutenant gegenüber dieselbe Rolle spielte, wie Soeur Jeanne des Anges dem Urban Grandier gegenüber. Man urteile nach dem Berichte, den wir hier resumieren wollen und in welchem man eine genaue Kopie der Halluzinationen der Oberin von Loudun finden wird.

[1]) A. a. O., S. 61.

Das Folgende ist die Beschreibung dessen, was sich in der Nacht vom 23. September 1834 im Hause ihres Vaters des kommandierenden Generals der Kavallerieschule zu Saumur zutrug [1]).

„Es war gegen 2 Uhr morgens; das junge Mädchen war lange eingeschlafen, als sie plötzlich durch das Geräusch zerbrochener Fensterscheiben aufgeweckt wurde. Sie öffnete die Vorhänge und sah im Mondlichte, wie ein Arm durch die zerbrochene Fensterscheibe gestreckt und der Riegel des Fensters geöffnet wurde. Hierauf sah sie einen Mann in ihr Zimmer steigen und sich schnell zu der Thüre begeben, die zu dem nebenliegenden Zimmer ihrer Gouvernante führte.

„Bei diesem Anblicke warf Marie sich mit einer Bewegung schnell wie der Gedanke aus ihrem Bette und suchte sich hinter einem Stuhle zu verstecken. Sie vermochte von hier aus den bei ihr eingedrungenen Menschen zu beobachten. Er war von mittlerer Grösse und bekleidet mit einem Tuchmantel, einer Polizeimütze aus rotem Tuche, die, wie es dem Mädchen schien, eine silberne Tresse hatte. Um den Hals trug er eine schwarze Binde, welche die Ohren verdeckte.

„Der Mann sah sie mit einem schrecklichen Blicke an und sagte: ,Ich komme, um mich zu rächen', gleichzeitig stürzte er sich auf sie und entriss ihr mit Gewalt den Stuhl, an welchem sie sich krampfhaft anklammerte. Hierauf fasste er das junge Mädchen bei den Schultern, warf sie zu Boden und zerriss ihr Nachtkleid, schlang ihr dann ein Halstuch um den Nacken und zog dasselbe derart an, dass sie nur schwache Seufzer ausstossen konnte; dann umschnürte er ihren Leib mit einer Schnur und stellte seine Füsse auf die Beine des unglücklichen Wesens.

„Als er sie derartig geknebelt hatte, beugte er sich über sie und versetzte ihr auf Brust und Arme heftige Schläge; auch biss er sie in das rechte Handgelenk. Und unter Schlagen und Beissen sagte er, dass er sich rächen wolle für das, was ihm bei Herrn de M . . . vor zwei Tagen geschehen sei . . . .

„Dabei nahm seine Wut zu und er verdoppelte die Schläge: ,Seit ich Dich kenne, sagte er, habe ich etwas an Dir gefunden, das mir das Verlangen einflösst, Dir Böses zuzufügen'.

„Nach diesen Worten kannte die Wut des Rasenden keine Grenzen mehr. Er nahm ein Instrument, das das Mädchen nicht sehen konnte, welches sie aber für ein Messer hielt, und schlug damit zweimal zwischen ihre Beine; andere Schläge auf die Oberschenkel verursachten schwere Kontusionen. Bis dahin war Fräulein de M. in Folge des Angriffes sprachlos gewesen; der unmenschliche Schmerz aber gab ihr die Kräfte wieder, sie stiess Hülferufe aus, die auch bis zu der Gouvernante gelangten. Dieselbe erhob sich sofort; bei dem Geräusche, das sie machte, als sie gegen die Thüre schlug und sie zu öffnen suchte, hielt der Mann es für Zeit, zu verschwinden: ,Das genügt für Sie', sagte er und zeigte auf Fräulein de M . . .

---

[1]) Causes célèbres de tous les peuples. Lieferung 141.

„Gleichzeitig legte er einen Brief anf die Kommode und verschwand durch das Fenster, das offen gehlieben war. ‚Halt fest‘, sagte er, vielleicht zu einem Helfershelfer, und verschwand.“ Noch merkwürdiger ist, dass die Gouvernante nichts gesehen und nichts gehört hat, ausser den Seufzern, welche die Hysterische während ihrer Halluzinationen aussties; diese Halluzinationen selbst waren so tief, dass die Unglückliche während des Ankleidens ihren imaginären Angreifer höhnend auf der ihrem Zimmer gegenüber liegenden Brücke spazieren gehen sah.

Was die Schläge angeht, so waren sie so wenig heftig gewesen, dass Fräulein de M . . . zwei Tage nachher einen Ball hesuchen konnte, und drei Monate später fand der Gerichtsarzt eine kanm sichthare drei Linien lange und eine Linie hreite Narbe!

Der unglückliche Lieutenant kam vor die Assisen und wurde trotz einer vorzüglichen Verteidigungsrede von Chaix d'Est-Ange, der sich bemühte, den Beweis zu führen, dass Fräulein de M . . . nur das Opfer ihrer Hallnzinationen geworden sei, zu 10 Jahren Kerker verurteilt. Er verhüsste die ganze Strafe zu Clairvaux und wurde erst 1849 auf einen günstigen Bericht von Odilon Barrot, der 1835 der Vertreter der Anklage gewesen war, rehabilitiert.

Pitres führt einen Fall von einer ebenfalls an nächtlichen Halluzinationen leidenden Hysterischen an[1]. welche einen Hilfsarzt formell beschnldigte, unzüchtige Angriffe auf sie zu machen. „Jede Nacht, gab sie an, steigt er durch das links von mir befindliche Fenster, legt sich zu mir in's Bett, umarmt mich und macht mir Liebeserklärungen, die meinen Geist aufregen. Wenn es dabei hliebe, würde ich mich nicht beklagen, aber nachdem er mich geliebkost hat, vergewaltigt er mich und trotz meiner Bitten und meines schwachen Zustandes missbraucht er mich in hrutaler Weise zwei- bis dreimal. Dann verlässt er mich zerschlagen und hochgradig ermattet, und droht, in der folgenden Nacht wiederzukommen.“

Alle diese erotischen Halluzinationen verlaufen nach einem Schema; aber wenn sie den Geist der Hysterischen in dem Grade heeinflussen, dass es zu Anklagen und Denunziationen kommt, bei denen sie das primum movens sind, so darf man doch nicht glauben, dass die Kranken hochgradig ausschweifend und geil seien. Von einer Frau behaupten: „sie ist hysterisch“, bedentet — wenigstens in der nicht-mediziniechen Welt — sie ist schamlos. Nichts ist unrichtiger! Die Ausschweifung der Sinne ist bei ihnen psychisch, nicht physisch. Sehr häufig — wir sagen nicht immer, denn es gieht Ausnahmen auch in umgekehrtem Sinne — werden geschlechtliche Annäherungen nur mit Kälte aufgenommen, da sie hänfig auf anästhetische Geschlechtsteile stossen und nur gleichgültige Empfindnngen herrorrufen, die bei dieser Ideenverbindung sehr hald widerwärtig werden. Auch kann der Geschlechtsakt selbst einen Anfall auslösen, indem dabei auf eine hysterogene Zone ein Druck ansgeübt wird, oder er kann intensive

[1] A. a. O., Bd. II, S. 34.

Schmerzen hervorrufen, wenn Hyperästhesie mit Krampf des Sphincter vaginae besteht.

Die in der Zeit der Geschlechtsreife stehenden Hysterischen verlangen viel mehr nach den Aufmerksamkeiten und Zärtlichkeiten des Mannes als nach dem Geschlechtsakte, den sie häufig überhaupt nur dulden. Wenn nach einiger Zeit des Besitzes nur dieser Akt bleibt oder zu häufig wiederholt wird, so tritt eine Spannung ein, die bis zum Bruche gehen kann.

Wie viele unter den glücklichsten Auspizien begonnene Ehen, bei deren Eingehung die Frau den künftigen Gatten umsomehr zu lieben glaubte, als ihr Geist infolge der Suggestibilität leicht, vielleicht auf Kosten der Sinne, übertrieb, werden wahre Höllen! Der Geschlechtsakt war für die Hysterische nur eine Zerstörung ihrer Illusion, sie versteht denselben nicht, er flösst ihr unüberwindlichen Ekel ein. Die Ideen, oder sagen wir besser die Illusionen, die sie sich über die Liebe gebildet hatte, verschwinden, weil sich bei ihr die Sinne nicht erwärmen, wie das normalerweise der Fall ist. Man sieht leicht die Konsequenzen: Die eheliche Gemeinschaft aufgehoben, der Gatte anderswo das Vergnügen suchend, was man ihm versagt oder nur mit Widerwillen gewährt; die Frau trostlos, zum ersten Male vielleicht von konvulsiven Anfällen heimgesucht, die immer mehr zunehmen etc. etc. Wir werden diese Punkte noch berücksichtigen, wenn wir über die so oft diskutierte Frage nach der Thunlichkeit der Heirat Hysterischer sprechen werden; doch müssen dabei noch eine Reihe anderer Punkte, die wir noch nicht kennen, zur Lösung dieser Frage herangezogen werden.

Das Bild, das wir soeben gegeben haben, entspricht gewiss nicht in allen Fällen dem psychischen Zustande der Hysterischen; es stellt eine einfache Modifikation desselben dar, neben der häufig noch lokale Sensibilitätsstörungen bestehen, aber wegen seiner Häufigkeit muss diese Form des psychischen Verhaltens schon die Legende zerstören, dass die Hysterischen alle unersättliche Messalinen seien.

Wir können uns für diese Behauptung auch auf die Antorität Briquet's berufen [1]. Nachdem er die bei den Hysterischen, selbst bei hysterischen Kindern bestehende Eindrucksempfänglichkeit konstatiert hat, fährt er fort: „Diese Prädisposition steht mit den Geschlechtsorganen in gar keinem Zusammenhange; sie ist auch von einer lasciven Phantasie und von geschlechtlichen Begierden sehr verschieden, mit denen die alten Autoren sie in einen Topf warfen."

Was er über den Charakter der hysterischen Frauen sagt, enthält nichts besonders Charakteristisches.

„Der Charakter der Hysterischen, sagt er, zeigt gleichmässig einen Zug. Sechs Siebentel der von mir beobachteten Hysterischen hatten ein lebhaftes Temperament; ebenso waren sie auch in ihren Bewegungen lebhaft. Nur ein Siebentel war von ruhigerem Charakter.

„Man kann nach der Art des Empfindens drei Klassen von Hysterischen unterscheiden. Die Mehrzahl ist in hohem Grade empfindlich, sie

---

[1] A. a. O., S. 99.

nimmt an allem Anstoss, ärgert sich über ein Nichts, sie ist arg-
wöhnisch; die übrigen zerfallen fast zu gleichen Teilen in aufbrausende,
heftige und schwer zu behandelnde Charaktere, und in zarte, empfind-
same und wahre Dulderinnen. Das sind die Hauptzüge, welche man bei
den Hysterischen beobachtet; sie sind nicht zahlreich, aber konstant,
haben mit dem Intellekt nichts zu thuen, sondern nur mit den Affekten.ⁿ

Man sieht, Briquet hat nicht daran gedacht, die geistige Degenerescenz von der Hysterie zu trennen oder wenigstens ihre häufige
Assoziation anzudeuten, aber er ist doch mehr im Rechte als die Autoren,
welche die Hysterischen mit allen Gebrechen der Psychopathologie
behaftet haben.

*   *   *

Die Autosuggestionen, welche wir soeben besprochen haben und
welche aus den Halluzinationen des Anfalles oder den während des
Schlafes auftretenden Träumen entstehen, können ebenso im w a c h e n
Z u s t a n d e auftreten. In diesem Falle assoziieren sie sich sehr häufig,
ja fast immer, mit nächtlichen Halluzinationen, welche durch einen
leicht zu verstehenden Mechanismus häufig sogar die direkte Folge derselben sind.

Die Hysterischen — und damit stimmen mit uns die meisten
Autoren überein — sind, wie wir wiederholt sagten, sehr empfängliche
Naturen, und diese Empfänglichkeit, diese Suggestibilität, machen wir
am besten an einigen Charcot entnommenen Beispielen klar, Beispiele,
die um so frappanter sind, als man an ihnen sowohl die Suggestibilität
wie ihr Auftreten im Gehirne der Hysterischen studieren kann.

Ein kräftiger, 29jähriger, einen Handkarren ziehender Mann wird
von einem schweren, in vollem Trabe fahrenden Wagen überfahren. Er
ist einige Zeit bewusstlos. Ein Polizist, der dem Unfalle beigewohnt hat,
hilft ihm aufstehen und konstatiert, dass der Karren zerstört, der Mann
aber, der nicht direkt den Anprall auszuhalten brauchte, gar keine Verletzung empfangen hat. Aber auf sein Gehirn hatte der Unfall einen
tiefen Eindruck gemacht; er kann nachts nicht mehr schlafen, er wird
von schrecklichen Träumen gequält, die immer dieselbe Szene darstellen:
ein im vollen Laufe kommender Wagen wirft ihn um und die Räder
gehen über seinen Unterleib. Eines Morgens erwacht er mit einer hysterischen Paraplegie, die fünf Monate lang bestehen bleibt, und einer
Anästhesie, die nach oben von einer L i n i e b e g r e n z t w i r d, d i e
d e m a n g e n o m m e n e n V e r l a u f e d e r W a g e n r ä d e r e n t s p r i c h t
(Fig. 44, 45).

Ein anderer empfängt einen leichten Schlag auf die Schulter; die
Szene wiederholt sich in seinen Träumen und allmählich stellt sich eine
Monoplegie des Armes mit Anästhesie ein, die länger als zwei Jahre be-
stehen bleibt.

Die t r a u m a t i s c h e S u g g e s t i o n, wie Charcot sie benannt
hat, entsteht mehr oder weniger schnell, je nach dem Grade der vorhandenen Suggestibilität des hysterischen Gehirnes.

Eine Frau giebt ihrem ungehorsamen Kinde eine Ohrfeige mit dem Handrücken, die Hand bleibt gelähmt mit bis zum Handgelenk gehender Anästhesie [1].

Ein anderer fällt bei Auswerfen des Netzes ins Wasser; die Schnur schlingt sich um das linke Bein, so dass er auf diese Weise am Ufer hängen bleibt; der ganze von der Schnur zusammengeschnürte Teil des Unterschenkels wird der Sitz einer intensiven Hyperästhesie [2].

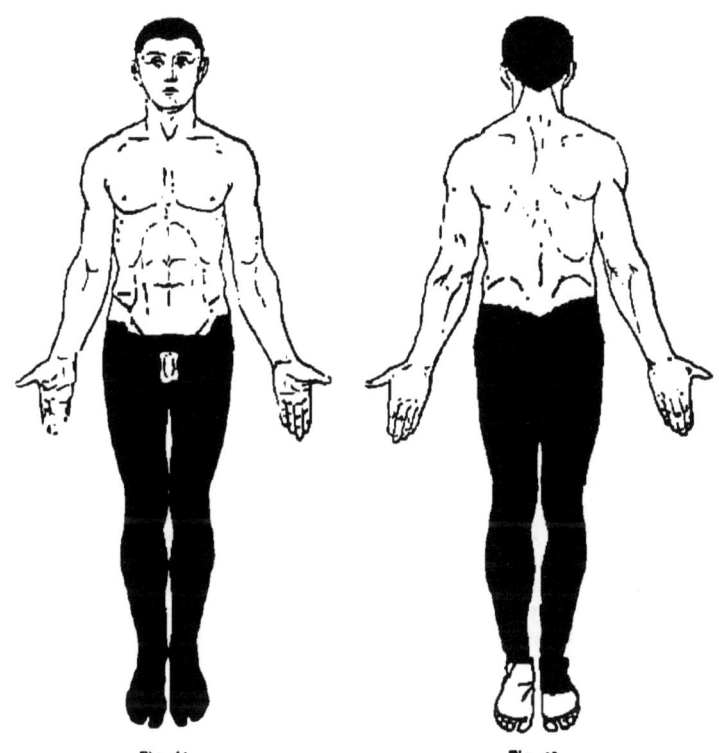

Fig. 44.   Fig. 45.

Neben diesen Fällen, denen die Suggestibilität gewissermassen ihren Stempel aufdrückt, giebt es auch andere, in denen die Ursache schwer zu finden ist; und wie viele Ereignisse des täglichen Lebens, freudige wie entgegengesetzte, können unbemerkt den empfänglichen Geist der Hysterischen beeinflussen, ein Einfluss, der noch durch das Auftreten nächtlicher Träume erhöht wird. Daher ist auch in allen diesen

[1] Leçons du mardi à la Salpêtrière, 1888—1889. S. 261.
[2] Ibid. 1887—1888, S. 111.

Fällen die Isoliernng der Kranken unbedingt notwendig, nnd man weise,
dass Charcot anf Grund eeiner Kenntnis der Ursachen dieselbe in die
Bebandlung der Hysterie einführte. Es giebt sogar Hysterische, bei denen dieser Zustand von Snggesti-
bilität so gross ist, daes sie im Wacben die reinen Antomaten sind; ibr
geistiger Zustand ist vollkommen demjanigen der Hypnotisierten identisch,
welche übrigens, wie wir früher bewiesen baben [1], ancb byeteriecb sind.

Wir kennen eine Kranke dieser Art, die sicb echon mebrere Jabre
in der Klinik befindet und die von diesem Standpunkte ans ein vorzüg-
liches Untersnchungsobjekt ist. Ibr psychiscber Zustand ist derart, daes
man mit geringer Mühe bei ihr bewirken kann, dass sie die Fiktion für
die Wirklichkeit nimmt: man lässt eie imaginäre Blumen annebmen, sie
ist anf Kommando frob oder traurig; ihr Gehirn ist für die Suggeetion
wie weiches Wachs. In der Zeit zwischen den Anfällen ist sie fröhlicb,
ihren Leidensgeläbrtinnen gegenüber gutberzig, besonders, wie sie selbst
angiebt, wenn sie gut gescblafen bat; drei oder vier Tage vor dem
Anfalle wird sie dagegen bösartig, streitsüchtig, ihr Scblaf ist von
Träumen nnterbrocben nnd die Mitbewobnerinnen des Saales wiesen
gsnau, „jetzt wird Hab .... krank", teilen es dem Arzte mit, und der-
eelbe weiss dann, welcbe schrecklicben Anfälle demnächst anebrechen.

Wir werden dieselbe Erscbeinnng bei Besprechnng des „État second"
wiederfinden, zn dsm sie mehr oder weniger gebört. Aber bei dem letzteren bestebt beim Aufwacben keine Erinnerung, wäbrend bei den Fällen,
die wir eben besprechen, die bei Nacht und am Tage anftretenden
Halluzinationen und Träume im Geiste ein n tiefen Eindruck zurück-
lassen, der, wenn er sicb wiederholt, dem psychiecben Znstande ein
besonderes, mit den Halluzinationen in direktem Zusammenbange etehendes
Gepräge aufdrückt. Soenr Jeanne des Anges, die an bänfigen erotiscben
Tränmen litt, war im wacben Znstande eine Frau, die gefallen nnd be-
wundert werden wollte; das Besnchszimmer des Klosters war beständig
gefüllt nnd die Disziplin in dem letzteren mebr als ecblaff. Die heilige
Tberese, ebeneo bysterisch wie die vorige, hat im höchsten Grade
myetiscbe Halluzinationen, die eie mit grossem Tiefsinne analysiert, nnd
die darans entstehenden Snggestionen führen sie dezu, ihren Orden zn
reformieren und ibn so zn einem der blühendsten der ganzen Cbristen-
heit zn machen.

Pierre Janet hat anf die durch die Suggeetibilität bedingte
ansserordentliche Leicbtgläubigkeit der Hysteriscben hingewiesen, die für diesen psychischen Znstand charakterietiecb ist und
die in den verecbiedenen von uns beeprochenen Umständen ibren
Grund bat.

„Wenn man ihnen Geschichten erzäblt, so glanben eie alles und
nehmen es für Wirklicbkeit. Ich spreche hier nicbt von den Halluzinationen, die man einer Somnambulen nach Belieben enggerieren kann,
eondern von Ereignissen, die sich täglich im geistigen Lsben dieser

[1] Gilles de la Tourette, L'bypnotieme et les états analogues au point de
vue médico-legál. 2. Édit. 1889.

schwachen Geister abspielen. Lucie hat im Vorbeigehen auf der Strasse irgend welche Worte über eine ihr bekannte Person gehört. Die Äusserung, wie sie sie mir erzählt, ist absurd und in der Form wohl kaum gesagt worden: sie bleibt jedoch steif und fest dabei und ich kann sie ihr nicht ausreden.

„Das unwahrscheinlichste Beispiel dieser Art, das ich erlebt habe, ist folgendes: Eine Hysterische hörte in ihrer Jugend irgend eine ungeschickte Person behaupten, dass die mit ihrem Leiden behafteten Personen zur Zeit der Menopause sterben müssten. Zwanzig Jahre später, als sich die ersten Erscheinungen des Klimakteriums zeigten, bereitet sie sich aufs Sterben vor, bekommt Erstickungserscheinungen und wäre vielleicht gestorben, wenn wir nicht hinter diese Äusserung gekommen und ihr, nicht ohne Mühe, eine andere Ansicht beigebracht hätten. Sie beschloss, weiter zu leben, und seitdem befindet sie sich ganz wohl.

„Rosa war krank und gelähmt: keine Mittel, weder physische noch moralische, wollten bei ihr helfen. Während eines hysterischen Anfalles hörte ich sie sagen: ‚Man kann mich nicht heilen; ich bin nicht krank, ich bin von dem alten Zauberer verzaubert, den ich gegen mich erzürnt habe; mir hilft nichts mehr!‘ Ich liess mir diese wunderbare Geschichte von ihr erzählen und brachte es mit vieler Mühe fertig, ihr diese wahrhaft deliröse Ansicht zu benehmen und mit ebenso grosser Mühe auch die Lähmung. Aber lassen wir auch diese extremsten Fälle von Leichtgläubigkeit bei Seite, so können wir im allgemeinen sagen, dass die Hysterischen, wachend oder schlafend, sich wie kleine Kinder verhalten, bei denen man die Hypnose gar nicht erst anzuwenden braucht; sie glauben alles, was ihren Geist stärker berührt.“

So muss man auch nach unserer Ansicht den geistigen Zustand der Hysterischen, Frauen oder Männer, Erwachsener oder Kinder, auffassen. Die Suggestibilität und ihr Inthätigkeittreten, das sind die Faktoren des Problems, das auch jetzt noch schwer zu lösen ist, weil man oft nicht weiss, wodurch dieses Inthätigkeittreten bedingt wird.

Ehe wir weiter auf die Analyse eingehen, auf das Studium der „assoziierten Fälle“ [1]), wollen wir einige Worte über den Einfluss der physischen Störungen, der physischen Stigmata sagen, kurz, über das, was wir als „allgemeinen hysterischen Habitus“ bezeichnen möchten. Man hat viel von ihrer Koquetterie, von ihrer Vorliebe für alles auffallende, für das, was „das Auge anzieht“, gesprochen. Man darf aber nicht vergessen, dass die hysterische Frau sehr oft farbenblind ist. Wenn sie ihren Hut mit einer roten Blume schmückt, so geschieht es wohl, weil alle anderen Farben ihr als „grau“ imponieren; wenn sie Citronen isst oder rohe Zwiebeln, so liegt der Grund darin, dass ihr anästhetischer Gaumen von unseren täglichen Speisen nichts schmeckt. Und was endlich die geschlechtlichen Aufregungen angeht, so wissen wir, was wir davon zu halten haben: sie sind häufiger nur psychisch und entstehen aus den erotischen Halluzinationen, von denen wir früher gesprochen haben.

---

[1]) Charcot, Leçons du mardi 1888—1889, S. 392. Hystérie et dégénérescence chez l'homme.

Wir haben auch eine Hysterische beobachtet, die für sehr exzentrisch galt, weil sie mitten im Winter, nur mit Hemd und Rock bekleidet, im Hofe der Salpêtrière spazieren ging. Je nun! sie war vollkommen anästhetisch und die Kälte konnte ihr nichts anhaben! Man wird in den meisten Fällen die verschiedenen Erscheinungen, wie sie die Hysterischen darbieten, mit Hülfe der in neuerer Zeit erworbenen Kenntnisse von dem Leiden erklären können; man muss allerdings dazu auch den psychischen Zustand derselben genau verstehen.

*
* *

Die Hysterie, so sagten wir, kann mit den Stigmata der psychischen Degenerescenz kombiniert sein [1]. Dieselben sind heutzutage so bekannt, dass eine Aufzählung derselben hier unnötig ist. Wir wollen deshalb nur zeigen, einmal in welcher Weise sie sich mit der Hysterie assoziieren, und ferner wie, selbst wenn sie ganz die Szene beherrschen, was zuweilen ja der Fall ist, doch die Suggestibilität von Zeit zu Zeit vollständig zur Geltung kommen kann.

Ein Beispiel wird alles erklären. Wir haben zwei Jahre lang eine Hysterische sehr genau beobachtet, die nach unserer Ansicht weniger hysterisch als hochgradig degeneriert war. Sie trat seinerzeit wegen einer auf dem Wege der Lösung befindlichen Kontraktur in die Salpêtrière ein, zeigte aber ausserdem den ausgesprochensten Typus der Berührungsfurcht. So wurde es ihr sehr schwer, eine mit einem Kupferknopfe versehene Thür zu öffnen; nicht nur trat dann ein grosses Angstgefühl auf, wenn sie gezwungen war, ihre Hand auf den Metallknopf zu legen, sondern es stellten sich auch in demselben Augenblicke ausserordentlich peinliche Empfindungen in den Genitalien ein. Einen Brief zur Post bringen, war für sie ein sehr kompliziertes Geschäft. Und dann litt sie an hochgradigen Gewissensbissen, von denen ihr Gehirn masslos gepeinigt wurde. Wir werden noch darüber sprechen.

Fünfzehn Tage vor ihrer Entlassung aus der Salpêtrière wurde das Bett neben ihr mit einer an der *Maladie des tics convulsifs* leidenden Kranken belegt. Sie schien durch den Anblick der Zuckungen und das Anhören der an Koprolalie leidenden Kranken nur wenig belästigt zu werden. Sie wurde entlassen, aber siehe, einen Monat später kam sie wieder, die denkbar vollständigste Kopie der früher neben ihr befindlichen Kranken. Die Berührungsfurcht war verschwunden, aber die Suggestibilität war nicht verschwunden und Charcot, der sie seinen Zuhörern als einen bemerkenswerten Typus von Simulation des Tic convulsif bei einer Hysterischen vorstellte, betonte besonders die Kombination der beiden Zustände, der hysterischen Suggestibilität und der Stigmata der psychischen Degenerescenz. Er betonte diesen Punkt umsomehr, weil er mit der Bezeichnung Simulation nicht den Sinn verband, den man gewöhnlich bei Hysterischen damit verbindet. Der wahre Simulant ist eine berechnende, aktive Person, der hysterische

---

[1] Boiteau, Un cas de bestialité (chez un hystérique dégénéré). France médicale 1891, Nr. 38, S. 593.

0

Simulant ist sich seiner Simulation gar nicht bewusst; er ist ein passives Wesen, eine Art photographischer Platte, auf der sich bestimmte Eindrücke abgedrückt haben und die sie von sich giebt, wie sie dieselben empfangen hat, aber stets unbewusst. Die Simulation ist eine Bezeichnung, mit der man in der Hysterie viel Missbrauch getrieben hat, indem man sie zu einem Charakteristikum der Krankheit machte. Die Ignoranz hatte freilich, wie zugestanden werden muss, daran grossen Anteil. Man muss aber zwischen Simulation und diagnostischen Irrtümern unterscheiden. Gewiss giebt es Simulanten, und diese können hysterisch sein, die aber nicht aus Hysterie simulieren. Es hat immer perverse Subjekte gegeben; Lügner, Personen mit abnorm entwickeltem Gehirne, mit einem Worte Degenerierte, oder wie sie noch besser mit Charcot bezeichnet werden „Déséquilibrés" („Menschen ohne Gleichgewicht"). Dieselben können hysterisch sein, wie es Ataktische mit Hysterie giebt, aber sie sind immer Degenerierte. Der Hysterische ist ein ganz anderes Wesen; sein Gehirn ist für langdauernde Kombinationen nicht zu gebrauchen, er ist Sklave der Eingebung des Augenblickes, er ist die Form, in die sich unbewusst die Suggestion einprägt, und wenn er mit den sozialen Gesetzen in Widerspruch gerät, so ist das sehr oft etwas unwillkürliches, wie das schon Laurent ganz richtig ausdrückt: „Wie wird ein Hysterischer zum Verbrecher? Selten aus sich. Nicht ihm fällt im allgemeinen die Initiative zum Verbrechen zur Last, fast immer hat ein Wille, der mächtiger war als der seine, auf diesen eingewirkt . . . . Er ist ein Wesen, das auf von aussen kommende Eindrücke leicht reagiert und ihnen ohne Kontrolle gehorcht [1]."

Gewiss gibt es ein „hysterisches Verbrechen", wie Charcot es nennt; aber was ist das für eins? Wir wollen es an Beispielen sehen.

Ein junger Mann, angehender Zahnarzt, dringt am hellichten Tage in den Laden eines Trödlers ein. „Ohne Hast, ohne jede Scheu, sagt Garnir in seinem Berichte [2]), trägt er verschiedene Gegenstände in den Hof seines Hauses und wird erst durch das Erscheinen des Kaufmannes unterbrochen, der ihn festhält und seine Verhaftung veranlasst." Er wird zur Wache geführt, wo er, kaum von seiner Bestürzung befreit, mit einem ganz besonderen Stumpfsinne gegen die unwürdige Beschuldigung protestiert. Seine Vergangenheit ist durchaus ehrbar. Es handelt sich eben um einen Hysterischen mit Schlafanfällen, der leicht hypnotisierbar ist und der, wie die Untersuchung ergiebt, in einem Anfalle von somnambulistischem Automatismus hysterischen Ursprunges gehandelt hat.

Handelte es sich dabei nun um Autosuggestion oder um äussere Suggestion? Es lässt sich in diesem Falle nicht angeben, wohl aber in dem folgenden Falle, den wir zu beobachten Gelegenheit hatten [3]). Herr

[1]) Revue de l'hypnotisme. November 1889. 'Nr. 5, S. 131. De l'action suggestive des milieux pénitentiaires sur le détenus hystériques.
[2]) L'automatisme somnambulique devant les tribunaux: Annales d'hygiène et de médecine légale, April 1887.
[3]) L'hypnotisme et les états analogues au point de vue médico-légal. A. a. O., S. 519.

T... war der Geliebte von Frl. G...., einer hysterischen Dame mit konvulsiven Anfällen in der Form von Lethargie oder Schlafattacken. Das Verhältnis bestand zwei und ein halbes Jahr, als T... sich veranlasst sah, von der Mutter seiner Geliebten eine ihr geliehene Geldsumme zurückzufordern. Die Mutter, die wahrscheinlich geglaubt hatte, dass T... wenigstens ihr Stillschweigen erkaufen müsste, beschloss sich zu rächen, und bei einem gewöhnlichen Besuche T...'s bei ihrer Tochter griff sie denselben mit ihrem Sohne, einem kräftigen Menschen, an; T... wurde mit einem schweren Schlüssel derart bearbeitet, dass er halb tot am Platze blieb. Hiermit nicht genug; vielmehr erhob die Mutter noch die Anklage gegen T..., dass er ihre, jetzt schwangere, Tochter während eines hysterischen Anfalles vergewaltigt habe.

T... kam vor den Gerichtshof, wo er einfach die Thatsachen erzählte; er sei Geliebter des Frl. G...., wie alle Welt, Mutter und Sohn inbegriffen, wisse. Unzweifelhafte Zeugen bestätigen. dass er nicht die hysterischen Anfälle abzuwarten brauchte, um in den Besitz der Dame zu gelangen. Mutter und Sohn, von denen er geliehenes Geld zurück verlangte, wollten sich rächen. Das ist die ganze Erklärung.

Aber wie verhielt sich die Tochter? sie erinnerte sich an nichts; sie beschränkte sich darauf, zu antworten. dass sie niemals mit T... ein Verhältnis gehabt habe, was für jedermann eine offenkundige Unwahrheit war. Die Anklage wurde auch sofort zurückgewiesen. Es ist unzweifelhaft, dass Frl. G.... bei der ganzen Affaire keine aktive Rolle gespielt hatte.

Nach unserer Ansicht handelt es sich auch bei dem Bestreben der Hysterischen, von sich reden zu machen, um Suggestibilität: haben sie einmal eine Rolle angenommen, so spielen sie sie mit aller Hartnäckigkeit durch. Nichts hat für sie Bedeutung mehr, sie folgen nur der Suggestion, die immer stärker wird, je tiefer sie im Geiste der Kranken Wurzeln fasst. „Marie, ein sonst sehr gutes und williges Mädchen, schreibt Pierre Janet (a. a. O., S. 209) erzürnt sich eines Tages über eine Wärterin und fasst plötzlich den Entschluss, zu gar keiner Person in der Klinik ein Wort mehr zu sprechen. Mit mir selbst unterhält sie sich noch ganz gern, aber den anderen gegenüber ist sie stumm. Das dauerte fünfzehn Tage und verschwand dann plötzlich; der Anfall war vorüber, und die Kranke ist sehr begierig, dass man wieder zu ihr spricht, und thut, als ob nichts vorgefallen wäre Es wäre leicht, hier noch mehr Beispiele von der Hartnäckigkeit dieser psychisch schwachen Personen anzuführen, eine Hartnäckigkeit, die sie bei zufällig unternommenen Handlungen bethätigen, und die ebenso wieder verschwindet".

Eine ebenfalls hierher gehörende, von Huchard beschriebene, Erscheinung ist die „Ruhe", die geistige Indifferenz einzelner Hysterischer mit lokalen Symptomen, zum Beispiel einer Paraplegie. Diese Kranken scheinen sich für ihren Zustand kaum mehr zu interessieren, was natürlich zu dem Fortbestehen desselben beiträgt. Um in diesen Fällen eine Heilung herbeizuführen. muss man, um einen bekannten Ausspruch zu gebrauchen, „die eine Suggestion durch eine andere vertreiben".

Charcot hat den dabei wirkenden Mechanismus in einem Falle sehr gut beschrieben [1]). Er war wegen eines kleinen an hysterischer Anorexie leidenden Mädchens konsultiert worden und empfahl seine Isolierung. Die Eltern, selbst neuropathische Individuen, aber wenig suggestibel, weigerten sich, sich von ihrem Kinde zu trennen. Die Kleine wurde immer schwächer und wäre jedenfalls an Inanition gestorben, ob man auch das Gegenteil behauptet. Charcot selbst hat vier Fälle mit diesem Ausgange beobachtet. Endlich entschlossen sich die Eltern dazu, in die Isolierung einzuwilligen, und das Resultat war vollkommene Heilung; die Kleine aber machte Charcot folgendes Geständnis: „Da Papa und Mama mich nicht verliessen und da Sie Ihre Ansicht nicht durchsetzten, mich einzuschliessen, so glaubte ich, meine Krankheit wäre nicht so schlimm, und weil ich Abscheu vor dem Essen hatte, ass ich nicht. Als ich aber sah, dass Sie der Herr waren, bekam ich Furcht und trotz meines Widerwillens versuchte ich zu essen und es gelang mir nach und nach." Wo könnte man ein besseres Beispiel von Autosuggestion und von von aussen ausgeübter Suggestion finden!

Wir müssen hier über eine von uns beobachtete Thatsache eine Bemerkung machen; ein aufmerksamer Beobachter kann, wenn er die Veränderung im psychischen Verhalten der Kranken konstatiert hat, eine Heilung der lokalen Hysterie vorhersagen oder wenigstens vorhersehen. Eine unserer klinischen Beobachtungen wird unsere Meinung noch besser erklären. Ein starkes Mädchen vom Lande, die möglichst wenig von dem besass, was man konventionell — und nebenbei auch fälschlich als „hysterisches Temperament" bezeichnet, ritt ein Pferd zur Schwemme. Das Tier schlägt aus und schleudert seine schöne Last in die Luft, so dass dieselbe mit vollem Gewichte in das übrigens nicht tiefe Wasser fliegt. Da haben wir, was Charcot eine „traumatische Suggestion" nennt: / die Person wird traurig, unruhig, erlebt jede Nacht im Traume den Unfall und eines schönen Morgens erwacht sie mit einer Kontraktur beider Beine. Sie wird in ein kleines Hospital der Provinz gebracht, wo sich aber trotz Krucifix und Fahne, wir können das sagen, denn sie wurde thatsächlich etwas beschworen, ihr Gehirn gegen jeden Gedanken an Heilung spröde erwies. Hierauf kommt sie in die Salpêtrière, wo die schönsten Stigmata an ihr konstatiert werden. Einen Monat lang bleibt sie bettlägerig; dann und wann bringt man sie in den Garten, doch war sie gegen alles um sie herum gleichgültig. Da tritt nach einiger Zeit eine vollständige Änderung ein, sie wird fröhlicher, ihr Geist sucht sich zu emanzipieren, sie wird sogar witzig. Bei diesen Anzeichen schlagen wir ihr vor, einige Schritte aus dem Bette zu machen. Sie ist bereit, es zu versuchen und acht Tage später kann die zwei Jahre lang paraplegische Kranke vollkommen gehen. Kein Mensch kann heute in Abrede stellen, dass die sogenannten wunderbaren Heilungen nichts anderes seien, als die Wirkung der Suggestion. Es ist nur ein Unglück, dass die Suggestion nicht immer vollkommen wirken kann, und dass es widerspenstige Hysterische giebt.

---

[1]) Leçons sur les maladies du système nerveux. 17. Vortrag. Bd. III. S. 285.

Charcot hat übrigens gezeigt, dass selbst bei den wunderbarsten
Heilungen die Suggestion sehr oft nur unvollkommen wirkte, ebenso
wie sie auch häufig die Krankheit nur stossweise hervorruft. So kann
die gelähmte Extremität, der Arm zum Beispiel, seine normale Kraft erst
allmählich wiedergewinnen, selbst wenn trophische Störungen fehlen,
und die sensiblen Stigmata können ihrerseits noch lange nach dem
Verschwinden der motorischen Störungen bestehen bleiben.

***

Im Vorhergehenden haben wir die Ansichten wiedergegeben, zu
denen wir durch das Studium des Geisteszustandes Hysterischer, besonders
hysterischer Frauen, gekommen sind, die sich aber genau ebenso auf
Kinder und Männer übertragen lassen, wie wir ja auch unsere Beispiele
aus allen drei Kategorien genommen haben. Wir müssen aber unsere
Beschreibung noch vervollständigen, indem wir den Einfluss von Alter
und Geschlecht auf das psychische Verhalten der Hysterischen bestimmen,
ein Einfluss, der jedenfalls vorhanden ist. Wir wollen nur, da wir jetzt
wissen, dass die Hysterie mit psychischer Degenerescenz kombiniert sein
kann, zeigen, dass die Mehrzahl der Autoren den psychischen Zustand
der Hysterischen nach dieser Degenerescenz beschrieben haben.

Es ist übrigens zu bemerken, dass die meisten Beschreibungen
von Irrenärzten stammen; wir können aber jetzt sagen, dass es eine
hysterische Verrücktheit nicht giebt. Neben dem besonderen von
uns beschriebenen Geisteszustande mit seinen plötzlichen durch von aussen
kommende Suggestionen oder durch Autosuggestionen hervorgerufenen
Impulsen giebt es nur deliröse Zustände, wahre Krankheitszustände
von stets kurzer Dauer, auf die wir noch zu sprechen kommen werden,
oder prolongierte Zustände von Somnambulismus, die in nichts der
chronischen Verrücktheit gleichen, wenn wir diese Bezeichnung in ihrer
allgemeinsten Bedeutung nehmen. Wir können schon ganz a priori
den richtigen Schluss ziehen, dass die in Irrenhäusern befindlichen
Hysterischen dort hingebracht wurden wegen Handlungen, die mit ihrer
geistigen Degenerescenz, aber nicht mit der nur damit assoziierten
Hysterie in Zusammenhang stehen. Die von Irrenärzten beobachtete und
beschriebene Verrücktheit bei Hysterischen existiert allerdings, aber sie
ist kein Symptom der Hysterie. Beispiele für die Richtigkeit unserer
Behauptung giebt es in grosser Menge; wir wollen einige der neueren
anführen, um zu zeigen, welche Ansicht noch viele Autoren von der
Hysterie haben. Sie werden uns auch weiterhin dienen, um bestimmte
gerichtlich-medizinische Fragen von grosser Wichtigkeit zu erläutern.

Da ist zum Beispiel eine Frau, die einen Getreideschober in Brand
steckt und ruhig da bleibt, um ihn brennen zu sehen. Sie leidet an einer
Art von Schwachsinn mit Manie und hat sich an imaginären Feinden
rächen wollen, die sie überall sieht. Bonnet, Direktor eines Irrenhauses,
ist mit ihrer Untersuchung beauftragt; sein veröffentlichter Bericht [1]

[1] Medizinisch-gerichtlicher Bericht über den Geisteszustand von Le Ray, angeklagt wegen Brandstiftung Annales médico-psychologique 1877, Serie 5, Bd. XVIII, S. 389.

ist jedenfalls das vollständigste, was man in dieser Hinsicht lesen kann. Keine konvulsiven Anfälle, keine Stigmata, kurz nichts von Hysterie. Aber bei der Beantwortung der an sie gestellten Fragen regt sie sich auf, ihr Blick gewinnt einen besonderen Ausdruck, es ist Hysterie, zweifellos! Übrigens „fiel das sonderbare Gebahren der Person auch schon dem Gendarmen auf, der sie verhaftete und, indem er den Mangel von Genauigkeit in ihren Angaben konstatierte, in dem Protokolle meinte, er halte sie nicht für verrückt, wenigstens sei sie nicht mit einem besonderen Delirium behaftet, welches er konstatieren könne". Auch Bonnet schliesst folgendermassen: „1. Die Angeklagte ist halb schwachsinnig mit perversen Instinkten; 2. die angeborene geistige Schwäche nimmt zu im ausgesprochenen hystero-maniakalischen Delirium." Wie viele der als hysterisch angesprochenen Brandstifterinnen und Diebinnen, deren Thaten den grössten Teil in dem Buche von Legrand du Saulle einnehmen, waren nur Dégénérés, Irrsinnige mit oder ohne gleichzeitige Hysterie!

Aber man kann einwenden, dass das 1877 war, und dass seitdem die Kenntnis der Hysterie einen grossen Fortschritt gemacht hat. Prüfen wir darauf hin einmal die neuere Arbeit von G. Hospital, Irrenarzt in Clermont-Ferrand über die hysterischen Kindesmörderinnen. Die Arbeit stammt aus dem Jahre 1890[1]).

„Es giebt wenig Krankheiten, über die so viel geschrieben ist, wie über die Hysterie. Sie ist seit dem grauen Altertume bekannt und viele Autoren berichten über die Gefährlichkeit der Kranken für sich selbst und für andere. Lasègue hat ihre grosse Neigung zu frechen Lügen hervorgehoben.... Man muss sich also in dieser Hinsicht vorsehen.... Die Einführung des Begriffes der Geisteskrankheit in das Stadium der Hysterie hat nicht wenig dazu beigetragen, dass man sie von einem weiteren Standpunkte studiert und als eine hauptsächlich proteische Affektion ansieht."

Fast genau das Gegenteil von dem, was der Autor sagt, lehren uns die Gesetze, nach denen die Hysterie sich abspielt. Von den in der Arbeit folgenden Berichten über zwei Fälle von Kindesmord bei Hysterischen handelt es sich bei dem zweiten um eine wirklich Hysterische, welche in einem Anfalle ihr Kind unglücklicherweise erstickte, „indem sie den Arm um seinen Hals legte. Sie behauptete nachher, sich an nichts zu erinnern". Es ist das ein blosser, noch dazu sehr seltener Zufall, das ist alles. Bei dem ersten Falle handelt es sich aber nicht um Hysterie, sondern vielmehr um einen Fall von reiner psychischer Degenerescenz.

„Frau A...., 25 Jahre alt, Bäuerin, ist überführt, ihre drei kleinen Kinder in der Nacht durch Ertränken getötet zu haben. Antecedentien: Grossmutter und Tante väterlicherseits hochgradig geisteskrank; persönliche Antecedentien sehr charakteristisch: excentrisch, gewaltthätig, bei dem geringsten Anlasse Wutanfall; spricht nur von Töten; man verheiratet sie in der Hoffnung, ihren Charakter zu bessern; vollkommen erfolglos; die Ehe ist unerträglich, eine Reihe von Kämpfen,

---

[1]) Hystériques infanticides. Ann. médico-psych. 7. Reihe, Bd. XII, 1890, S £23.

Verletzungen, Drohungen. An ihrem Hochzeitstage erschreckt sie die
Anwesenden durch ihren Aufregungszustand; in dem Stadinm der Erregung spricht sie nur von Reichtum, Schlössern, reichen Heiraten etc."
So geht die Beobachtung in derselben Gedankenreihs weiter und
giebt uns ein Bild eines Falles von akutem Delirium bei einer Degenerierten. Aber warum diese Unglückliche des hysterischen Kindesmordes
beschuldigen? Soll man hier nicht mit dem bekannten Aussprucbe sagen:
„Hysterie, welche Verbrechen begeht man in deinem Namen!"

*   *

Diese sonderbaren Ansichten, welche noch über den Geisteszustand
der ein Vergehen oder ein Verbrechen verübenden Hysterischen in Um-
lauf sind und die aus ihr den Sündenbock für alle in abnormen psychischen Zuständen verübten Fehler machen, findet man auch mit einiger
Variation bei der Beurteilung der Angriffe auf das eigene Leben, des
Selbstmordes, wieder.
Es ist eine sonderbare Erscheinung, dieselbe Hysterische, die abwechselnd diebisch, lügnerisch, ehebrecherisch war. Mordanfälle begeht,
hat sozusagen nicht mehr das Recht. ihrem Leben ein Ende zu machen.
Es ist nur die Simulation des Selbstmordes: „Die Hysterische lügt im
Tode, wie sie in allen Dingen lügt: das gehört zu ihrer Rolle ¹)."
Wir wollen noch einige andere Autoren zitieren, die sich mit dem
Gegenstande beschäftigt haben und bei denen die Einbildung noch mehr
ausschweifte, wie bei ihren Patienten. Wir werden dann lernen, uns vor
einem gewissen litterarischen Lyricismus in Acht zu nehmen, dem besonders einige der Autoren gehuldigt haben, die sich mit dem Geistes-
zustande der Hysterischen befasst haben.
„Bei den Hysterischen, sagt Legrand du Saulle ¹). ist die Neigung
zum Selbstmord ziemlich häufig, aber sie zeigt einige besondere
Züge. Bei den gewöhnlichen Formen der Geistesstörung sind die Selbst-
mordgedanken gewissermassen die logische Folge falscher Selbst-
beschuldigungen (Melancholie, Verfolgung, Furcht vor Schande, vor dem
Ruin); bei den Hysterischen treten sie dagegen ganz unmotiviert auf.
Sie sind durch nichts begründet; es ist eine Erschütterung, eine Art zu-
fälligen Schwindels, ein Impuls im wahrsten Sinne des Wortes. Uebrigens
macht der hysterische Selbstmörder meist mitten im Wege Halt, nur
selten kommt es wirklich zum Selbstmord. Häufig findet man in den
Vorbereitungen, die der Ausführung des Aktes vorhergehen, das Bestreben
der Kranken, die Umgebung auf sich aufmerksam zu machen. Sie führt
ihr Vorhaben nicht wie andere Leute aus; die eine will sich durch ihre
Lieblingsbonbons umbringen, eine andere sucht sich öffentlich und osten-
tativ zu vergiften. Und in der Regel verfehlt das Manöver seinen Zweck
nicht."

¹) Taguet, Du suicide dans l'hystérie. Ann. médico-psych., 6. Reihe, Bd. XVII,
1877, S. 346.
¹) A. a. O., S. 309.

Doch schreibt derselbe Autor einige Zeilen weiter (S. 370): „Die Selbstmordversuche verlaufen nicht immer ohne Resultat. Die drei folgenden Beobachtungen werden zeigen, dass auch der freiwillige Tod der Ausgang der Hysterie sein kann; allerdings sind diese Fälle selten."

Wir selbst haben eine Hysterische beobachtet, die eines Tages ohne Ostentation (ganz im Gegenteil, heimlich) in ein chemisches Laboratorium eindrang und eine Flasche mit Cyankali entwendete. Sie legte sich darauf zu Bett, wo man sie wenige Augenblicke später tot fand, das leere Fläschchen neben sich.

Taguet vertritt dieselbe Anschauung, wie Legrand du Saulle. Er bringt zur Bekräftigung seiner Behauptungen drei Beobachtungen, von denen besonders die zweite sehr interessant ist. Dieselbe beginnt mit folgenden pathetischen Worten: „Getrieben von einem lebhaften Verlangen, die öffentliche Aufmerksamkeit auf sich zu lenken und seinen Namen unsterblich zu machen, soll Herostratus den Tempel zu Ephesus angezündet haben. Aus demselben Verlangen, Aufsehen zu erregen, scheute Frau X .. ebensowenig wie er vor einem Verbrechen zurück." Und dann folgte die Geschichte einer unglücklichen Geisteskranken und Hysterischen, die einige Selbstmordversuche unternahm, die alle vollständig sinnlos sind: Verzehren von Schnupftabak etc.

Wir führen die Beobachtung hier an wegen des Tones, der in ihr herrscht. Man weiss in der That, welchen verderblichen Einfluss die Litteratur seit Louyer-Villermay auf das richtige Verständnis der Hysterie hatte. Wenn es noch allein die Litteraten wären, welche uns die Hysterische als ungewöhnliches Wesen schilderten, was wir freilich schon wissen! Aber es sind die Ärzte selbst, wie Tardieu, Legrand du Saulle, Taguet, Hospital und viele andere, die sozusagen jene noch überboten haben. Der Einfluss von Lasègne ist in dieser Beziehung auch nicht besser gewesen, und die dritte Kranke Taguet's ist „eine Hysterische, welche das unwiderstehliche Verlangen, die öffentliche Aufmerksamkeit zu erregen, nach dem Zeugnis von Professor Lasègne zu einer chronischen Chloroform- und Äthervergiftung mit konsekutiver Geistesschwäche führte". Wenn wir nur nicht von zahlreichen Hysterischen wüssten, die Morphinisten oder Ätheromanen wurden mit konsekutivem Geistesverfall, die nur den einen Wunsch hatten, ihre schreckliche Leidenschaft zu verbergen! Und eine solche Unglückliche nimmt, wie es viele der gewöhnlichsten Morphinisten gethan haben, Opium, eine Flasche Absinth als Ersatz für ihr gewöhnliches Reizmittel, das man ihr heimlich entzogen hat.

Wir wiederholen es: in dieser Weise darf der Geisteszustand der Hysterischen mit seinen Folgen, besonders dem Selbstmord, nicht aufgefasst werden. Es handelt sich nicht, wie noch Huchard schreibt, „um die Sucht zu simulieren, welche sie die Selbstmordkomödie spielen lässt" [1]).

Sie gehorchen anderen Beweggründen als der Simulation und die Komödie, die sie spielen, endigt ebenso oft mit dem Tode, wie andere Selbstmordversuche, deren handelnde Personen nicht hysterisch sind.

---

[1]) Axenfeld et Huchard, Traité des névroses. 2. Édit. 1885, S. 961.

Legrand du Saulle hat drei Fälle von Suicidium mit tötlichem Ausgange beschrieben, wir selbst beobachteten einen vierten und Pitres einen fünften. Bei dem ersten Versuche stürzte sich die Kranke zum Fenster hinaus und brach sich den Oberschenkel; eines Morgens erhängte sie sich „ohne Lärm und ohne Aufsehen".

Es handelt sich hier natürlich nicht um delirierende Kranke im somnambulischen Stadium, wie die Kranken Mesnet's, die sich in diesem Zustande thatsächlich aufgehängt oder vergiftet. hätten, wenn man nicht dazu gekommen wäre; auch nicht um Hysterische in dem hysterischen Geisteszustande, wie er zwischen den Anfällen auftritt[1]).

Pitres, den wir soeben erwähnt haben, hat unserer Meinung nach die Frage nach dem Selbstmorde bei Hysterischen und den Geisteszustand, der sie dazu führt, ganz richtig beurteilt. Im Anschlusse an den von uns zitierten Fall mit tötlichem Ausgange, sagt er zu seinen Zuhörern: „Ich warne Sie vor den irrigen Ansichten, die man selbst in klassischen Werken ausgesprochen findet, die Sie jedenfalls selbst in Händen haben[2])."

Er führt die Ansichten von Legrand, Taguet und Huchard an, bespricht die Beobachtungen derselben, zeigt, dass sie nicht selten im Widerspruche mit ihren eigenen Ansichten über die Simulation stehen, da mehrere einen tötlichen Ausgang hatten, und kommt zum Schlusse zur Besprechung der von ihm beobachteten Fälle. Von 100 Kranken, die er beobachtete, machten 11 Selbstmordversuche: 10 Frauen, 1 Mann. Der letztere „war ein Hystero-Neurastheniker, der nicht hierher gehört, wenn man die Fälle von reiner Hysterie betrachten will". Man beachte, dass Pitres sagt, „reine Hysterie", was sehr wichtig ist, da sonstige pathologische Kombinationen ausgeschlossen sind. Er geht sogar so weit, den ersten der 10 Fälle auszuschliessen, weil neben der Hysterie Morphinismus bestand.

Wir können diese zehn Fälle hier nicht besprechen, nur die Lehre, die sich daraus ergiebt und die Pitres selbst daraus zieht, wollen wir betrachten, und wir werden sehen, dass sie vortrefflich zu der Suggestibilität passt, welche den Geisteszustand der Hysterischen bedingt und sie zum Spielzeug aller von aussen kommenden Suggestionen und Autosuggestionen macht. Aus den vorhergehenden Fällen „ergiebt sich deutlich, sagt er, dass der Selbstmord der Hysterischen im allgemeinen ein plötzlicher, unüberlegter Entschluss ist, der aber keineswegs das Recht giebt, ihn als plumpe Komödie anzusehen, zu dem Zwecke gespielt, sich interessant zu machen oder die Umgebung zu ängstigen".

„Wenn die Selbstmordversuche der Hysterischen nur selten einen tötlichen Ausgang nehmen, so ist das meist die Folge davon, dass sie nicht vorher überlegt sind. Die Melancholiker, die den Tod suchen, wählen sich lange vorher den Augenblick und die zur Ausführung ihres Vorhabens günstigen Mittel aus. Die Hysterische überlegt nicht. Um ein

---

[1]) Mesnet, Études sur le somnambulisme pathologique. Arch. génér. de médecine. Februar 1860.
[2]) Pitres, De suicide des hystériques. Bd. II, 40. Vortrag, S. 47.

Nichts, eine Sorge, die eine Person mit besserem Gleichgewichte mutig ertragen würde, fasst sie den Entschluss, sich zu töten, nimmt das Gift, das ihr zur Hand ist, oder stürzt sich ins Wasser. Am anderen Tage ist sie sehr zufrieden, dem Tode entronnen zu sein; sie lacht über ihre eigene Dummheit, bereit, bei der nächsten Gelegenheit ebenso zu verfahren. Ich glaube auch, dass die Hysterischen es aufrichtig meinen, wenn sie tragische Entschlüsse fassen, die sie bei der geringsten Widerwärtigkeit wieder vergessen. Eine unserer Kranken, Albertine M . . . ., von ihrem Liebhaber schlecht behandelt, kauft Revolver und Patronen, um ihn und dann sich zu töten. Beim Eintritte bei ihr, sagt er ihr einige Koseworte, die ihren Zorn verschwinden machen; sie wirft den Revolver fort und alles endet mit einem schweren Anfall.

„Wem ist es noch nicht vorgekommen, dass er aufrichtig einen heldenhaften Entschluss fasst und ihn nicht hält? Was soll man von solchen Fällen denken? Ich meine, sie erklären sich besser aus einem noch juvenilen Zustande des Charakters, als aus dem Verlangen, wissentlich eine lächerliche oder frevelhafte Komödie zu spielen; denn die Hysterischen sind grosse Kinder, die nach flüchtigen Erregungen handeln, und bei denen von Freude zur Traurigkeit, von Liebenswürdigkeit zur Roheit, von Liebe zu Hass nur ein Sprung ist und vice versa."

Ein ebenso gerechtes Urteil fällt Pitres über die den Hysterischen zugeschriebene Neigung zur Simulation. „Im allgemeinen, sagt er, hat man die Neigung der Hysterischen zu Verstellung sehr übertrieben, und zwar aus dem Grunde, weil man als hinterlistige Thaten Erscheinungen ansah, die man nicht verstand. Da man Anfälle, die der aktiven Behandlung hartnäckig widerstanden, nach der Darreichung von Brotpillen verschwinden sah, schloss man, dass die Anfälle simuliert seien, ein logisch falscher Schluss; denn die Einbildung ist in vielen Fällen ein therapeutisches Agens von unleugbarer Macht. Man sah, dass Hysterische unschuldige Personen imaginärer Verbrechen anklagten, und wenn diese Anschuldigungen als falsch erkannt worden, erklärte man, die Hysterischen hätten wissentlich gelogen, ohne zu bedenken, dass ihre Angaben der vollkommen wahre Ausdruck einer Halluzination oder eines Deliriums sein konnten, denen eine sehr echte pathologische Erscheinung zu Grunde lag. Die Simulation ist in der That unendlich viel seltener, als man behauptet hat und noch tagtäglich behauptet. Die Beschuldigung der Täuschung ist sehr oft die Folge von Unwissenheit oder von Vorurteil von Seiten unerfahrener Beobachter; sie beruht auf Irrtümern in der Erklärung und auf einer ungenauen Analyse der Thatsachen. Wenn die Besessenen oder die Hexen des Mittelalters vor den Richtern gestanden, dass sie auf einem Besenstiele zur Walpurgisnacht geritten seien, dass sie dort mit dem Teufel verkehrt, dass sie dort die oder die Person angetroffen hätten etc., so kann man nicht zugeben, dass sie, um sich interessant zu machen oder um Unschuldige ins Verderben zu ziehen, dies vorgegeben hätten, da sie doch selbst sich dadurch dem Scheiterhaufen aussetzten. Sie sagten nur, was sie in voller Wahrheit in dem Augenblicke der Halluzination gesehen und gefühlt hatten.

„Dasselbe thuen die Hysterischen heutzutage; sie erzählen, was sie durchgemacht haben, ohne sich um die Folgen ihrer Erzählung viel zu kümmern. Und diese Folgen sind nicht immer ohne Unannehmlichkeiten für sie selbst; ich kenne einen Fall, in welchem die Amputation des Beines vorgenommen wurde wegen hysterischen Klumpfusses. Brodie[1]), Coulson[2]) und andere Autoren[3]) berichten Ähnliches. Glauben Sie wohl, dass die Simulanten sich ähnlichen Operationen unterzogen hätten, um sich über die Leichtgläubigkeit der Chirurgen lustig zu machen?

„Kurz, die grosse Vorliebe der Hysterischen für die Lüge ist eine Legende ohne ernste Grundlage, gegen die sowohl der gesunde Verstand wie die klinische Beobachtung sprechen. Die Hysterischen haben sehr oft einen unbeständigen, phantastischen und romantischen Charakter; sie überlassen sich ohne Überlegung den Regungen des Augenblicks, und ihre Zärtlichkeit wie ihr Hass ist oft gleich wenig berechtigt, aber sie sind nicht die verhärteten Lügner, die man aus ihnen machen will. Und um zu unserem Ausgangspunkte zurückzukommen, so glaube ich, nichts beweist, dass ihre Selbstmordversuche blosse Komödien sind."

* * *

Die vorstehenden Betrachtungen beziehen sich besonders auf die Frauen. Um unsere Beschreibung vollständig zu machen, wollen wir den psychischen Zustand der hysterischen Kinder, Männer und alten Leute mit einigen Worten besprechen.

Wir werden uns über die Kinder, deren Gehirn noch in der Entwickelung begriffen ist, und bei denen die Hysterie daher auch sehr schwankend und im Gegensatze zu derjenigen bei Erwachsenen meist heilbar ist, kurz fassen. Nach Charcot's Beobachtungen hat die Hysterie bei Kindern in der Regel einen transitorischen Charakter. Bei der Feststellung der Antecedentien der erwachsenen Hysterischen findet man in seltenen Fällen, dass die Neurose vor der Pubertät bereits bestanden hat. Es hat das darin seinen Grund, dass das kindliche Gehirn, wie schon gesagt wurde, noch in voller Entwickelung begriffen ist: die empfangenen Eindrücke mögen sehr lebhaft empfunden werden, aber sie hinterlassen meist keine dauernden Spuren.

Auch Briquet hat diese Empfindlichkeit Eindrücken gegenüber, welche für die Hysterie bei Kindern so charakteristisch ist, sehr wohl erkannt[4]). „Mit seltenen Ausnahmen, sagt er, haben die Hysterischen seit ihrer frühesten Kindheit ein aufgeregtes Wesen. Alle Hysterischen, die ich gesehen habe, waren sehr empfänglich für fremde Eindrücke; sie

---

[1]) Brodie, Lectures illustratives of certain local nervous affections.
[2]) Coulson, Hysterical affection of the hip joint. London Journal of medicine, vol. III, S. 631.
[3]) Der in dem III Bande. S. 40 des „Leçons sur les maladies du système nerveux" von Charcot beschriebene Dam .... litt an einer Kontraktur des rechten Armes Gebessert aus der Salpêtrière entlassen, aber noch im Besitze einer Kontraktur, wollte er sich von mehreren Chirurgen operieren lassen; zu seinem Unglücke fand er auch einen, der ihn durch die Amputation von derselben befreien wollte (G. T).
[4]) A. a. O.. S. 98.

waren alle als Kinder sehr furchtsam und gegen harte Worte sehr empfindlich. Grösser geworden, zeigten sie starke Gefühlsempfindungen bei den unbedeutendsten Anlässen und weinten, wenn sie eine rührende Geschichte hörten. Fast alle waren sehr anschmiegsam. Die Mehrzahl dieser Kinder hatte einen fröhlichen, lebhaften Charakter und nur die Minderzahl einen ruhigen und traurigen." Briquet spricht nur von den Mädchen, aber dasselbe gilt, wenn auch in geringerem Masse, von den Knaben.

Die soeben erwähnte cerebrale Empfänglichkeit ist zuweilen so stark, dass es zu einer besonderen, der kindlichen Hysterie angehörenden „delirösen Form" kommt[1]), bei der die physischen Stigmata fast ganz fehlen; diese Form muss man aber kennen, um diagnostische Irrtümer vermeiden zu können. Wir werden auf sie bei Besprechung der delirösen und somnambulischen Zustände zurückkommen.

Von diesen delirösen Stadien abgesehen, unterscheidet sich der psychische Zustand des hysterischen Kindes nicht wesentlich von demjenigen der Frau oder des Mädchens. Es handelt sich stets um Suggestibilität und daraus hervorgehende geistige Unstätigkeit. Die Träume, das Alpdrücken, die nächtlichen Angstzustände spielen auch hier die Hauptrolle: aber wenn der Eindruck lebhaft ist, so ist er nicht minder flüchtig. Eine verständig geleitete psychische Hygiene und die einfache Entwickelung der geistigen Fähigkeiten sind stärker als die Anfälle und überwinden sie, während bei den Erwachsenen diese hartnäckiger sind. Was ist häufiger als hysterische Epidemien in Schulen oder Pensionaten, aber wie leicht beseitigt man auch alles durch die Isolierung!

Man hat das psychische Verhalten der Kinder nicht immer richtig verstanden und hat sie daher als Lügner, Simulanten etc behandelt. So sagt Gilles Simon[2]): „Die hysterischen Kinder lügen gerne und spielen aus Instinkt Komödie." Wir wollen diesen hoffentlich überwundenen Standpunkt nicht weiter mehr bekämpfen, sondern nur noch daran erinnern, dass man sich wohl hüten muss, den psychischen Zustand der kleinen Hysterischen mit demjenigen der psychisch degenerierten Kinder zu verwechseln; davor ist auch wegen der Prognose zu warnen.

* * *

Der psychische Zustand des hysterischen Mannes scheint auf den ersten Blick von demjenigen der hysterischen Frau verschieden. Er ist aber doch derselbe; es handelt sich immer um dieselbe unbewusste Suggestibilität. Nur das Inwirkungtreten derselben ist anders, und daher der scheinbare Unterschied. Ausserdem wird das Krankheitsbild häufig noch durch eine andere Assoziation, einen anderen nervösen, ebenfalls psychischen Zustand, der bei der Frau unter gleichen Umständen selten ist, verändert.

[1]) Charcot, Leçons du mardi, vol I. Vortrag vom 21. Februar 1888. — Leçons sur les maladies du système nerveux 1887, vol. III. 16. Vortrag. S. 226.
[2]) Conférences thérapeutiques et cliniques sur les maladies des enfants. 4. Édit. 1887, vol. II.

Wir wollen, wie wir es für den geistigen Zustand der hysterischen Frau auch gethan haben, zuerst den reinen hysterischen psychischen Zustand des Mannes ohne Zusätze besprechen. Derselbe besteht, und er ist häufiger bei Personen zu beobachten, die frühzeitig, beim Übergange von der Kindheit zur Pubertätszeit, von der Hysterie befallen werden. Die Hauptrolle spielt die pathologische Suggestibilität: sie ist ausschweifend wie die Träume, welche den Schlaf beunruhigen, wie die leidenschaftlichen Geberden bei den Anfällen, denn gerade diese Kranken leiden an Konvulsionen. Der Habitus derselben kann etwas Weibisches haben. Sie sind romantisch, rühmen sich oft imaginärer Reichtümer oder geschlechtlicher Leistungen, ohne dass dieselben häufig das Gewöhnliche übersteigen [1]). Übrigens sind es gute Kerle, wenn nicht psychische Degenerescenz hinzukommt, mit Thaten sparsamer als mit Worten.

Neben diesem Typus giebt es noch einen anderen, unvergleichlich viel häufigeren, auf den Charcot in seinen letzten Arbeiten hingewiesen hat. Dieser Typus spielt in der Nosologie der Nervenkrankheiten eine grosse Rolle.

Ein Fall Charcot's wird am besten zur Erläuterung dienen [2]). Ein 53jähriger, fleissiger Arbeiter, der seinen Lebensunterhalt wohl erwirbt, sieht seinen Sohn, einen Dachdecker, tot zu seinen Füssen niederstürzen. Der Schmerz, den er empfindet, ist derartig, dass er für einige Momente das Bewusstsein verliert. „Von diesem Augenblicke ist er völlig verändert; er fühlt nicht mehr wie früher. Früher froh und heiter, wird er traurig, unfreundlich. Er vermeidet die früher gerne gesuchte Geselligkeit. Er schläft schlecht oder wird im Schlafe von lästigen und peinlichen Träumen beunruhigt. Sie beziehen sich auf seinen Sohn, den er als glückliches Kind zu sehen glaubt, oder der ihm auch bleich, entstellt, blutbedeckt erscheint, wie er ihn in jenem schrecklichen Augenblicke sah. Er fühlt sein Gedächtnis schwächer werden, er ist zerstreut, erinnert sich nicht mehr an das, was er einige Zeit zuvor gethan hat. Er leidet fast beständig an Kopfschmerz. Er hat ein Gefühl, als ob er einen schweren Helm trüge, der ihm die Stirne, Schläfen und Hinterkopf zusammenpresst, und bei der geringsten Bewegung des Halses empfindet er ein Knacken. Die geschlechtlichen Funktionen sind stark herabgesetzt; nach dem Essen ist er wie aufgeblasen, das Blut steigt ihm zu Kopf und er wird ganz somnolent. Er ist schwach, ermüdet leicht, kann jedoch seiner Arbeit weiter nachgehen."

Wir haben absichtlich die ganze Beschreibung hierher gesetzt; wir haben in derselben den psychischen Zustand des Hysterischen vor uns mit seinen charakteristischen Träumen und daneben denjenigen des Neurasthenikers, kraftlos, unfähig zu allem. Diese Kombination oder, wie Charcot sie bezeichnet hat, diese Periode der neurasthenischen Vorbereitung dauert mehr oder weniger lang; eines Tages ergreift aber die Hysterie vollkommen Besitz von dem Kranken und wird an ihren Stigmata, Anfällen, Lähmungen oder Kontrakturen erkennbar.

---

[1]) Charcot. Leçons du mardi 1888—1889. S. 194.
[2]) Charcot, Leçons du mardi. 1888—1889, S. 293.

Das psychische Verhalten ändert sich aber fast gar nicht mehr; höchstens vertieft es sich in dem, Sinne der reinen Hysterie. Bei dem angeführten Falle änderten sich beim Auftreten einer linksseitigen Hemiplegie mit Hemianästhesie „die Träume etwas. Sie stehen nicht mehr mit dem Tode des Sohnes in Zusammenhang. Er sieht jetzt besonders wilde Tiere, eine graue Katze, die ihn heisst und mit der er kämpft. Er behauptet, dass sie von der linken Seite her auf ihn zukommen". So zieht sich der Zustand der „Hystero-Neurasthenie" durch Monate und Jahre hin. Der Kranke ist unheilbar erkrankt. In diesem Alter und bei Leuten in diesen Verhältnissen weicht die Neurose nicht, und die Unglücklichen, die man schon nach Hunderten zählt, seitdem man gelernt hat ihren Zustand zu erkennen, gehen von Dienst zu Dienst, von Anfällen heimgesucht, von Hemiplegien befallen, unfähig zur Arbeit und enden häufig als Vagabunden im Korrektionshause. „Führt nun das Vagabundieren zur Hystero-Neurasthenie oder umgekehrt diese zum Vagabundieren?" fragt Charcot. Eine schwierige und vom socialen Standpunkte interessante Frage, die ein tieferes Eingehen wohl verdient. Für jetzt will ich mich darauf beschränken, eine Wahrnehmung mitzuteilen, nämlich die: dass die Hystero-Neurasthenie eine unter den Armen, Verlumpten und Landstreichern, welche die Gefängnisse, die Nachtasyle und die Armenhäuser bevölkern, häufige Erkrankung ist.

Derart ist der psychische Zustand, der allgemeine Habitus bei der männlichen so häufig mit Neurasthenie kombinierten Hysterie. Es ist das eine andere Hysterie, als die der jungen, aufgebrauchten Lebemänner, welche man früher annahm, als man noch kaum das Vorkommen vereinzelter Fälle von männlicher Hysterie zugestand. Es sind Schmiede, Bergleute, Arbeiter, um die es sich handelt, und das Bild ist darum nicht weniger dunkel, wenn es sich um Personen von höherer Bildungsstufe handelt. Der intellektuelle Verfall, die cerebrale Apathie vereinigen sich mit der Gedächtnisschwäche und machen naturgemäss jede Arbeit unmöglich.

Diese Gedächtnisschwäche ist sehr eigentümlich und kann wohl dazu führen, dass man die Kranken für Lügner und Simulanten hält. Wie häufig haben wir beobachtet, dass die Kranken das, was sie am Abend vorher angegeben, am anderen Morgen ganz oder teilweise vergessen hatten und dafür ganz andere Angaben machten! Waren etwa unsere Nachfragen ungenügend? oder hatten wir die Kranken verwirrt gemacht? Wir erinnern uns auch eines an Quecksilbervergiftung leidenden Mannes, der uns über sein Leben Angaben machte, die er einige Tage später als unrichtig zurückwies. Wir besassen seine ganze Krankengeschichte in einer Arbeit über die nervösen Störungen bei Bleivergiftung, aber er konnte sich nicht erinnern, dass er vor drei Jahren in der Pitié wegen des ersten hysterischen Anfalles von Hysterie behandelt worden war, der ihn auch zur Salpêtrière brachte [1]).

„Es wird heutzutage als Axiom angesehen, sagt Pierre Janet, dass die Hysterischen und die hierher gehörigen Personen beständig

---

[1]) Leçons du mardi 1887—1888, S. 410.

lügen und mehr als einer wiederholt diese Behauptung, ohne jemals ihre Richtigkeit untersucht zu haben. Ich will mich hier nicht als Verteidiger dieser Kranken aufspielen, aber ich glaube, dass sie nicht viel mehr lügen als die gewöhnlichen Sterblichen. Unter 15 Personen, die ich untersuchte und die gewiss von der Vollkommenheit weit entfernt waren, habe ich nur eine gefunden, bei der die Gewohnheit zu lügen auffällig gewesen wäre. Wenn es aber derartige Charaktere giebt, und es giebt sie thatsächlich, so ist es doch falsch, darüber in Entrüstung zu geraten; es ist vielmehr unsere Pflicht, eine Erklärung dafür zu suchen.

Wenn man an den halluzinatorischen Charakter aller ihrer Ideen denkt, so muss man, anstatt über ihre Lügen, die übrigens meistens sehr naiv sind, in Entrüstung zu geraten, sich vielmehr wundern, dass noch so viele der Kranken nicht lügen."

Wir sprachen oben von der Quecksilbervergiftung; wir müssen aber nochmals hervorheben, dass der psychische Zustand bei der sogenannten toxischen Hysterie genau derselbe ist, wie bei der gewöhnlichen, denn es giebt nur eine Hysterie.

Denselben geistigen Zustand wie bei der Hysterie oder besser Hystero-Neurasthenie, findet man bei Verunglückten, bei Personen, die an der berühmten traumatischen Neurose leiden, die in Deutschland einen Teil der mänulichen Hysterie bildet, und über die man diskutiert und gestritten hat, wie über die Hemianästhesie, die Gesichtsfeldeinengung und die Temperatur bei der Hysterie. Charcot hat häufig in seinen Vorlesungen gleichzeitig 5 oder 6 hysterische Männer vorgestellt, und nachdem die Übereinstimmung der physischen und psychischen Stigmata festgestellt war, dieselben seinen Zuhörern mit den Worten übergehen: „Untersuchen Sie dieselben jetzt selbst, und ich bitte Sie, mir, ohue sich nach der Ätiologie zu erkundigen, zu sagen, welche von den Kranken ein Trauma erlitten haben." Man versteht, welche Bedentung solche Worte von solcher Autorität haben.

Das psychische Verhalten der Hystero-Neurastheniker ist nicht nur auf die Männer beschränkt, sondern man findet es ebenso bei Frauen, wenn die hysterischen Aufälle langsam nachlassen, z u r Z e i t d e r M e n o p a u s e. Wir haben den Zustand an zwei Fällen Charcot's[1]) auf's eingehendste studieren können und er scheint uns für diese Epoche charakteristisch. Gleichzeitig müssen wir auch den E r o t i s m u s der M e n o p a u s e erwähnen, mit dem man nach unserer Ansicht Missbrauch getrieben hat, als man ihn zu einem Symptom der Hysterie machte. Man hat dabei den Worten G n é n e a u de M u e s y's eine Bedeutung beigelegt, die er ihnen nicht gab. Seine Beobachtungen[2]) beziehen sich gar nicht auf Hysterische, sondern deutlich auf Degenerierte, und alles was er über die Hysterie sagt, ist dies, dass diese geschlechtlichen Aufregungszustände der Frauen „gewöhnlich von neuropathischen Störungen, wie: Neuralgie, Hypochondrie und Hysterie begleitet seien". Allgemeiner kann man sich nicht ausdrücken. Auch passt das sehr gut auf die psychische

---

[1]) Leçons du mardi 1888—1889. S. 161 und 175.
[2]) Clinique médicale 1875. Bd. II, S. 343.

Degenerescenz, deren Stigmata bei erwachsenen Hysterischen ebenso vorkommen, wie bei jungen.

Den geschilderten psychischen Zustand beobachtet man auch bei den in höherem Alter befindlichen Hysterischen, bei denen die einzelnen Züge nur sozusagen etwas verwischt sind. Die Konvulsionen sind ganz oder fast ganz verschwunden, die physischen Stigmata, Hemianästhesie, Einengung des Gesichtsfeldes, können bis zum Tode bestehen; aber alles ist abgeschwächt und verschwommen. Ebenso der psychische Zustand; die Träume und Halluzinationen bestehen nur noch in der Erinnerung, die Stimmung ist traurig geworden. Die Unglücklichen, bei denen die lebhaften Halluzinationen früher die gesteigerte cerebrale Aktivität anzeigten, eine geistige Erregung, die sich unaufhörlich erneuerte, denken jetzt über ihr verlorenes Leben nach, das durch eine Krankheit verdorben wurde, die ihnen jetzt auch die Illusionen versagt, mit denen sie früher wie mit Wirklichkeiten gelebt hatten. Infolgedessen werden die Kranken traurig und melancholisch [1]).

12. Kapitel.

Die Ernährung bei der normalen Hysterie.

Der Unterschied, den wir zwischen normaler und pathologischer Hysterie gemacht haben, ist aus den von uns gemeinschaftlich mit Cathelineau über die Ernährung [2]) bei den Hysterischen angestellten Untersuchungen hervorgegangen, und er ist gerade in dieser Beziehung sehr angebracht.

Bis in die letzte Zeit nahm man allgemein an, dass die Ernährung der Hysterischen nur eine sehr ungenügende wäre, dass aber ganz im Gegenteile dazu ihr allgemeiner Ernährungszustand gar nicht oder nur sehr wenig darunter zu leiden scheine. Selbst Verdauungsstörungen, auch die allerschwersten, die zuweilen bei ihnen bestehen, hätten nur einen sehr beschränkten, um nicht zu sagen gar keinen Einfluss auf den guten Allgemeinzustand der Kranken.

Diese Behauptungen sind wissenschaftlich begründet und stützen sich auf eine allerdings kleine Anzahl von Arbeiten, von denen wir freilich einige ausscheiden müssen. Wir besitzen heutigen Tages sehr genaue Untersuchungsmethoden und können daher auch viel höhere Ansprüche an die Beobachtungen machen als früher. Wir können und müssen von den Beobachtern die Anwendung von Methoden verlangen, welche einer strengen Kontrolle standhalten.

---

[1]) Diese Beschreibung des psychischen Verhaltens bei der senilen Hysterie ist sehr verschieden von derjenigen, die de Fleury in seiner „Contribution à l'étude de l'hystérie (Thèse de Paris, 1890) giebt. — Siehe auch: Bettencourt Ferreira, Hysteria viscerale e dolorosa senil, estado mental. Lissabon 1891.
[2]) Gilles de la Tourette et Cathelineau, La nutrition dans l'hystérie. Paris 1890.

Es ist sehr leicht, bei einer Beobachtung zu behaupten, eine Hysterische esse nicht, lebe aber doch und, magere nicht ab; aber es ist besser oder vielmehr unerlässlich, die Sache näher zu begründen, etwa genaue Angaben über die Art der Ernährung und die Menge des Genossenen zu machen, seien dieselben noch so minimal; ferner das genaue Gewicht im Beginn und am Ende der Untersuchung anzugeben, und besonders die Exkremente zu bestimmen, speziell die Harnstoffmenge.

Das sind Ansprüche, denen erst wenig genügt worden ist, und abgesehen von einzelnen Beobachtungen Charcot's [1]) und Bouchard's [2]), auf die wir später kommen werden, finden wir erst in der Arbeit von Empereur (1876) exakte Beobachtungen. Diese sind aber auch fast isoliert geblieben, so dass die Bibliographie über diesen Punkt sehr klein ist.

Empereur hatte sich folgende Frage gestellt (S. 5): „Werden die Funktionen der Verdauung, Harnabsonderung, Zirkulation und Atmung bei den Hysterischen so vollzogen wie beim normalen Menschen, mit einem Worte, ist der Stoffwechsel bei den Hysterischen derselbe, wie beim normalen Menschen?" Die Antwort ist folgende: „Der Stoffwechsel erfolgt bei den Hysterischen sehr viel langsamer; weil kein Verbrauch stattfindet, ist auch die Zufuhr eine viel geringere." Man kann auf zwei Arten einen guten Ernährungszustand behalten; einmal dadurch, dass man das, was durch Arbeit verbraucht wird, wieder ersetzt und zweitens dadurch, dass man nichts verbraucht und also auch nichts zu ersetzen hat. Das letztere findet bei den Hysterischen statt. Dieselben magern nicht ab, weil sie nichts verbrauchen, und weil sie nichts verbrauchen, ist es unnötig, wenn nicht schädlich für sie, zu essen; denn was sie zu sich nehmen, macht ihnen nur Beschwerden, sie werden überfüttert."

Wir werden zu zeigen haben, dass wir zu ganz anderen Schlüssen kamen, als wir diese Behauptungen zu bestätigen suchten. Allerdings ist unsere Methode von derjenigen Empereur's sehr verschieden.

Empereur untersuchte, um die Ernährung bei der Hysterie zu studieren, die Exkremente derjenigen Hysterischen, die an den verschiedensten Verdauungsstörungen litten: Hämoptysis und Hämatemesie, Erbrechen von Galle, Schleim, Fäkalien und Speisen; dann ging er zu den Störungen der Harnsekretion und der Atmung über. Der Besprechung dieser Störungen widmet er fast seine ganze interessante Arbeit, und er kommt dabei zu den oben angeführten Folgerungen.

Diese Art der Untersuchung scheint uns von vornherein fehlerhaft. Muss man nicht zuerst die Ernährung des gesunden Menschen kennen, ehe man die des kranken studieren kann? Und muss derjenige, der anatomisch-pathologische Untersuchungen vornimmt, sich nicht zuvor genaue Kenntnisse über die normale Anatomie der Gewebe erworben haben, ehe er die an ihnen auftretenden Veränderungen erkennen kann?

Man wird uns gewiss antworten, dass die Hysterie eine Krankheit sei, und wir denken nicht daran, das in Abrede zu stellen. Aber wir

---

[1]) De l'ischurie hystérique. Leçons sur les maladies du système nerveux. Bd. I, S 275. — Die Untersuchungen Charcot's stamme aus dem Jahre 1871.
[2]) Vomissements incoercibles dans l'hystérie Mouvement médical, Juli 1873.

müssen anch erwidern, dass die Erscheinungen der Hysterie (von denen
Empereur viele in ihrem. Dunkel gelassen hat) zahlreich genug sind,
um eine wahre Pathologie, eine Pathologie der Hysterie zu
bilden. Man könnte es vielleicht unklug nennen, bei dem Bestehen ganz
besonderer pathologischer Erscheinungen zu verallgemeinern, aber das
hat Empereur übrigens auch gethan, wenn er am Ende seiner Arbeit
zwei Seiten, einschliesslich zweier Beobachtungen, der „normalen Ernährung der Hysterischen" widmet.

Man hat also auch bei der Hysterie eine normale Ernührung zu
studieren und mit dieser muss man beginnen. Wir werden die von
Empereur erhaltenen Resultate später bei Besprechung der pathologischen Erscheinungen der Hysterie diskutieren.

* * *

Unter normaler Hysterie verstehen wir diejenige, welche zur Zeit
der Beobachtung keine anderen Erscheinungen darbietet, als die dauernden
Stigmata, auf Grund deren man die Diagnose stellen kann.
Es ist natürlich nicht notwendig, dass alle Stigmata vorhanden
sind. Unterdessen haben wir, um jeden Einwand von vorneherein abzu-
schneiden, an Personen experimentiert, die in die Salpêtrière wegen
irgend einer Erscheinung der pathologischen Hysterie aufgenommen
waren, also wegen Anfällen, Mutismus, Kontrakturen etc. Wir stellten
aber unsere Experimente an diesen Personen stets zu Zeiten an, zu
denen diese Erscheinung die Ernährung nicht mehr beeinflussen konnte,
also zum Beispiel in den Zwischenzeiten zwischen weit auseinander
liegenden Anfällen. Auf diese Weise hatten wir gleichzeitig eine Kontrolle,
indem wir die im normalen und pathologischen Zustande bestehenden
Differenzen bei derselben Person beobachten konnten.

Wir können nebenbei behaupten, dass wir uns Verhältnissen zur
Untersuchung gegenüber befanden, wie sie in gleicher Günstigkeit
wenigen Beobachtern vergönnt sind. Als Assistenten Charcot's hatten
Chatelineau und ich das ganze grosse Krankenmaterial zur Verfügung,
wie man es in einer anderen Klinik kaum finden wird, und wir brauchten
uns unsere Kranken nur auszuwählen.

In betreff dieser Answahl mussten wir uns gegen einen Vorwurf
sicher stellen, dass wir nämlich unsere Kranken zu gut auswählten,
das heisst nur solche, bei denen die ersten Analysen wenig beweisendes
hatten. Die zehn normalen Kranken — eine Zahl die uns gross genug
schien — könnten ja zehn abnorme Fälle repräsentieren.

Hierauf können wir nur antworten, dass diese zehn Kranken nach
einander und ohne dass sie untereinander davon Kenntnis hatten, untersucht wurden, und man kann aus der Tabelle I (Nr. 9) ersehen, dass
wir eine Polyurie konstatierten, an die man gar nicht gedacht hatte;
die gemachten Beobachtungen widerlegen also diesen Einwurf.

Natürlich haben wir Fälle von Anorexie ausgeschlossen, da dieselbe
von allen Autoren als eine pathologische Erscheinung der Hysterie angesehen wird.

21*

Wir müssen übrigens gestehen, dass man nach unserer Ansicht die habituellen Verdauungsstörungen der Hysterischen übertrieben hat. Während der zwei Jahre, über die sich diese Untersuchungen erstreckten, und während welcher wir sozusagen unter den Kranken lebten und genau beobachteten, wie sie lebten und sich ernährten, haben wir gefunden, dass die Menge der von den normalen Hysterischen genossenen Speisen vollkommen genügte, um eine gesunde Person bei gleicher Lebensweise gesund zu erhalten.

Dagegen essen die Hysterischen nicht wie sonstige Menschen; fast immer bestehen bei ihnen Geschmacksanomalien, so dass sie bestimmte Speisen besonders lieben. Ihrem ganz oder teilweise anästhetischen Gaumen genügen nur scharfe Gewürze, Salat, Zitronen, selbst rohe Zwiebeln werden den wohlschmeckenden Früchten vorgezogen. Gewürze jeder Art werden den stickstoffhaltigen Speisen zugesetzt, doch werden letztere darum nicht weniger gut verdaut und genügen auch an Quantität. Die Hysterischen unserer Frauenstation kochen sich selbst — man giebt ihnen Gelegenheit, sich die nötigen Lebensmittel selbst zu beschaffen — nach ihrer besonderen Art. Ihre Mahlzeiten sind ganz substantiell und häufig; ihre Herstellung bildet für einzelne der Kranken sogar eine besondere Beschäftigung.

Sie sind daher auch mit den Kranken anderer Kliniken vielleicht nicht zu vergleichen. In dieser 5000 Seelen umfassenden Stadt, genannt die Salpêtriére, haben sie alle Gelegenheit, in gewöhnlicher Weise zu leben und nicht wie in einem Hospital. Sie können in weiten Höfen und Gärten spazieren, um welche sie manche der ausserhalb lebenden Personen beneiden können; und endlich besteht in der Salpêtriére auch noch ein Laden, wo sie alle Lebensmittel, welche sie wünschen, kaufen können. Sie leben also in normaler und gewöhnlicher Weise, wie sie auch ausserhalb der Klinik leben würden, also unter Verhältnissen, die, wie man zugestehen wird, für derartige Untersuchungen sehr günstig sind.

Dasselbe gilt für die Männerstation. Das in diesem Kapitel Gesagte bezieht sich also auf beide Geschlechter, eine Eigentümlichkeit, die nach unserer Ansicht bis jetzt noch bei keiner Untersuchung vorhanden war.

Unsere Methode war folgende: Vor Beginn der Untersuchung wurde der Kranke gewogen, um die Exkremente für jedes Kilogramm Körpergewicht bestimmen zu können. Die Temperatur wurde jeden zweiten Tag gemessen, um zu konstatieren, ob sie normal blieb, was in der Regel bei der interparoxystischen Hysterie der Fall ist.

Der Urin wurde von zehn zu zehn Stunden gesammelt und sofort untersucht. Jede Hysterische hatte ihr besonderes Glas, und sie mussten den Harn in dasselbe lassen, ehe sie zum Closet gingen. Bei den Frauen wurde er während der Regeln nicht untersucht. Alle Kranken wurden genau bewacht, und diese Überwachung war umso leichter, als niemals mehr als zwei dieser Kranken auf demselben Saale waren. Die Untersuchungen dauerten im Durchschnitte für jede Kranke acht Tage.

Die Resultate unserer Untersuchungen sind auf der Tabelle I (S. 326) zusammengestellt. Sie beziehen sich, wie schon gesagt, auf die Urinausscheidung, von der die Menge, die festen Bestandteile, der Harnstoff und die Phosphorsäure bestimmt wurden. Die theoretischen Mittelwerte, die wir unter die von uns gefundenen Werte gesetzt haben, sind den Arbeiten von Armand Gautier, Méhes, Ivon, Lépine und Jacquin und Mairet besonders für die Phosphorsäure entnommen[1]. Es ist wohl unnötig, die erhaltenen Resultate noch lange zu erklären; die Zahlen sprechen für sich selbst. Sie sind die besten Beweise, die wir geben können, und lassen einen anderen nicht zu. Wir brauchen daher auch nur die Folgerungen zu ziehen, die sich daraus ergeben, doch wollen wir, bevor wir das thuen, die von Empereur in seiner Arbeit über die normale Ernährung bei der Hysterie angegebenen Resultate besprechen.

„Wir haben angeführt, sagt er, dass bei bestimmten Hysterischen die nutritiven Funktionen intakt bleiben, haben aber bis jetzt noch keine Beispiele dafür gebracht. Wir wollen darum kurz zwei eigene Beobachtungen mitteilen, welche die Thatsache wenigstens bezeugen, wenn auch nicht beweisen."

Nach Mitteilung dieser Beobachtungen fährt er fort: „Diese beiden Fälle scheinen hinreichend darzuthun, dass bei einigen Hysterischen Ernährungsstörungen fehlen. Wir wollen uns hiermit begnügen, heben aber bevor, dass weitere Beweise nötig sind."

Nun, diese weiteren Beweise sind wohl von uns beigebracht worden, und sie sind auch derart, dass sie den peinlichsten Anforderungen genügen. Die daraus sich ergebenden Schlussfolgerungen lauten: Bei den Hysterischen, die ausser den dauernden Stigmata keine Erscheinunen zeigen, ist die Ernährung normal, die Urinmenge, die Menge der festen Bestandteile im Urin, nach dem Körpergewicht berechnet, sind genau dieselben, wie beim gesunden Menschen.

* * *

Die vorhergehenden Schlussfolgerungen stützen sich, wie wir schon sagten, allein auf die Harnanalyse. Sie werden aber durch die mit Cathelineau von uns angestellten Untersuchungen des Blutes von an normaler Hysterie leidenden Personen weiter begründet[2].

Briquet schrieb über dieselbe Frage 1859[3]: „Man hat über den Zustand des Blutes bei den Hysterischen, die nicht chlorotisch sind, erst sehr wenig Angaben gemacht. Willis, der eine hysterische Person zur Ader liess, beobachtete, dass das Blut tropfenweise aus der Vene austrat und halb geronnen war. Ettmüller behauptet, das Blut der Hysterischen sei dick, während Sydenham im Gegenteil urteilt, dass es nicht genügend Bestandteile enthalte, und diese mangelhafte Zusammensetzung des Blutes ist nach seiner Ansicht der Grund der Störungen von seiten der Lebensgeister und die Hauptursache der Hysterie.

---

[1] Die Arbeit von Mairet, Professor in Montpellier, ist betitelt: Recherches sur l'élimination de l'acide phosphorique chez l'homme sain, l'aliéné, l'épileptique et hystérique. Paris 1884

[2] Gilles de la Tourette et Cathelineau, Le sang dans l'hystérie normale. Progrès médical, 14. Februar 1891.

[3] Traité de l'hystérie.

Tabelle I. Zusammengestellt aus 79 Harnanalysen.

Geschlecht	Nummer	Gewicht	Mittlere Werte	Volumen cc.	Feste Bestandteile für 1000 cc. gr.	Harnstoff gr.	Phosphorsäure gr.	Zeit der Beobachtung
Frauen	1	44	Mittlerer Wert der Analyse .	1·155	45·50	19·28	1·83	24. April — 3. Mai 1888
			Theoretischer Mittelwert .	1·056	39—52	16—22	1·90—2·30	
	2	69	Mittlerer Wert der Analyse .	1·500	47·50	26·60	2·80	6. — 13. Juli 1888
			Theoretischer Mittelwert .	1·660	39—52	24—30	2·50—3	
	3	38·500	Mittlerer Wert der Analyse .	1·055	41	18·85	2·25	7. —15 Juli 1888
			Theoretischer Mittelwert .	960	39—52	16—20	2—2·50	
	4	46·600	Mittlerer Wert der Analyse .	1·020	39·03	17·90	1·87	19. —27. Juli 1888
			Theoretischer Mittelwert .	1·100	39—52	17—23	1·70—2·20	
	5	51	Mittlerer Wert der Analyse .	1·225	52·10	20·76	1·90	30. April — 7. Mai 1888
			Theoretischer Mittelwert .	1·224	39—52	19—25	2—2·60	
	6	49	Mittlerer Wert der Analyse .	1·000	43·20	19·50	2·03	31. Mai — 16. Juni 1888
			Theoretischer Mittelwert .	1·050	39—52	18—24·50	1·90—2·40	
Männer	7	46·500	Mittlerer Wert der Analyse .	1·100	44·50	18·10	2·10	12. — 20. Januar 1888
			Theoretischer Mittelwert .	1·200	39—52	18·5—25	1·85—2·50	
	8	63	Mittlerer Wert der Analyse .	1·160	43·03	18	1·76	27. Mai — 3. Juni 1888
			Theoretischer Mittelwert .	1·270	39—52	19·6—25	1·95—2·40	
	9	55	Mittlerer Wert der Analyse .	2·200	50	21·20	2·36	21. — 29. Mai 1888 (Polyurie)
			Theoretischer Mittelwert .	1·300	39—52	20—27	2—2·50	
	10	60	Mittlerer Wert der Analyse .	1·670	44·10	19·43	1·83	30. Mai — 6. Juni 1888.
			Theoretischer Mittelwert .	1·400	39—52	20—27	2·10—2·60	

„**Michea**, der über die Zusammensetzung des Blutes bei den Neurosen einige Untersuchungen angestellt hat, meint ebenfalls, dass die festen Bestandteile in zu geringer Menge vorhanden wären: so berichtet er von einem kräftigen und gesund aussehenden hysterischen Mädchen, in deren Blut er nur sehr wenige Blutkörperchen fand.

„**Marchant** de **Sainte-Foy** behauptet, die Zahl der Blutkörperchen nehme bei den Kranken progressiv ab, und **Franz** meint, dass das Blut weniger Harnstoff und andere organische Bestandteile enthalte. Obgleich erst wenige chemische oder mikroskopische Untersuchungen nach dieser Richtung vorgenommen worden sind, ist es doch nicht zweifelhaft, dass das Blut der nicht chlorotischen Hysterischen nicht weniger feste Bestandteile enthält, als das normale Blut.

„Es ist sehr zu wünschen, dass derartige Untersuchungen vorgenommen werden möchten, und zwar an Personen, die normal menstruirt sind und kein Zeichen von Chlorose aufweisen. Jedenfalls ist es zweifellos, dass bei der Mehrzahl der Kranken keine Aglobulie besteht.“

Wir haben versucht, die Originalarbeiten zu finden, aus denen **Briquet** diese Angaben macht, aber es ist uns nicht gelungen, derselben habhaft zu werden, da **Briquet** selbst leider keine bibliographischen Angaben macht.

Die einzige Behauptung, deren Kontrolle interessant wäre, ist die von **Franz** (**Simon**), dass „das Blut weniger Harnstoff und andere organische Bestandteile enthalte“.

Empereur widemt zwei und eine halbe Seite seiner Arbeit der Beschaffenheit des Blutes bei Hysterischen und beginnt diesen Abschnitt folgendermassen: „Wir haben versprochen, auch über das Verhalten des Blutes bei Hysterischen etwas zu sagen und wollen dem jetzt nachkommen; doch sind unsere Untersuchungen in dieser Richtung zu wenig zahlreich, um uns positive Schlüsse zu gestatten.“ Es folgen nun einige **Briquet** entnommene historische Daten und dann die Angabe der Anzahl der Blutkörperchen bei drei Kranken, von denen zwei an unstillbarem Erbrechen litten. Bei der dritten, deren Ernährung regelmässig war und die täglich 20 Gramm Harnstoff und 3·5 Kubikcentimeter auf 100 (?) Kohlensäure ausschied, fand er 3,495.652 rote Blutkörperchen und 15 Tage später 4,888.777.

Da **Empereur** nur den Zusammenhang zwischen der Zahl der Blutkörperchen und dem Erbrechen festzustellen sucht, wollen wir seine Angaben für einen Augenblick verlassen; sie bilden ausserdem den am wenigsten interessanten Teil seiner Arbeit.

So weit wir wissen, hat **Charcot** zuerst auf andere Punkte als auf die Zahl der roten Blutkörperchen bei der normalen Hysterie geachtet. Seine Untersuchungen wurden an einer an Erbrechen und Ischurie leidenden Kranken vorgenommen. Sie datieren vom Oktober 1871[1]). Er sagt: „Um festzustellen, ob das Blut unserer Kranken mehr Harnstoff enthielte als in der Norm, beschlossen wir, einen kleinen Aderlass vorzunehmen. Zu diesem Zwecke und weil die Kontraktur uns behinderte,

[1]) Leçons sur le maladies du système nerveux, vol. I, S. 290.

mussten wir die Kranke betäuben. Gréhaut fand in 100 Gramm Blut
0·036 Gramm Harnstoff, und in 100 Gramm Blut von einer gesunden
Person 0·034 Gramm. Man sieht also, dass das Resultat der beiden
Untersuchungen nahezu identisch war." Die Zahl 0·034 bei einer gesunden Person ist vielleicht etwas
hoch, denn man hat im allgemeinen 0·016—0·020 Gramm gefunden. Die
Versuche wurden übrigens nicht fortgesetzt.

Quinquaud ist von allen Autoren der einzige, der das Blut
Hysterischer genau untersucht hat. Er richtete seine Aufmerksamkeit
besonders auf das Hämoglobin und kam zu folgenden Resultaten [1]): „Die
Hysterischen, bei denen die Ernährungsstörungen nicht bedeutend werden,
behalten einen erhöhten Hämoglobingehalt. Die festen Bestandteile blieben
bei unseren Kranken ohne gastrische Störungen physiologisch und nahmen
an Menge nicht ab. Letzteres tritt aber in hohem Grade bei der hysterischen Anorexie ein. Dann handelt es sich aber um Veränderungen
infolge von schwerer Inanition, welche nichts Charakteristisches für die
Hysterie hat."

Das wichtige Ergebnis der Arbeit Quinquaud's ist das, dass die
Hysterischen keine besonderen Wesen sind. „Gewiss, sagt er, sind die
Hysterischen gegen mangelhafte Ernährung sehr widerstandsfähig, aber
dies geht doch auch nur bis zu einer bestimmten Grenze, und bald zeigen
sich die Veränderungen des Blutes, der vollständigen Inanition."

Ganz zu derselben Ansicht haben uns unsere Untersuchungen geführt, und wir freuen uns, sie durch eine solche Autorität bestätigt zu
finden. Wir können uns daher seinem Satze: „Die normalen, nicht chloro-
anämischen Hysterischen zeigen keinerlei Veränderungen ihres Blutes",
nur anschliessen.

Wir nahmen unsere Untersuchungen an zehn Kranken vor: fünf
Männern und fünf Frauen mit den charakteristischen hysterischen Stigmata und noch einigen pathologischen Erscheinungen. Von diesen zehn
müssen zwei Frauen (Nr. 9 und 10 der Tabelle II) ausgeschlossen werden,
wenigstens für eine Anzahl der Untersuchungen, weil sie sich im État
second (prolongiertem hysterischen Somnambulismus) befanden, und
weil sie neben der normalen Hysterie eine Chlorose hatten, die bei Nr. 10
sehr ausgesprochen war.

Bevor wir nun zu den Thatsachen selbst übergehen, wollen wir
noch einige klinische Punkte hervorheben, die sich besonders auf das
„Bluten" der Hysterischen beziehen.

Die ältesten Autoren geben an, dass bei den Hysterischen nach
Verwundungen und Stichen das Blut nur mangelhaft abfliesse, während
die neuesten Autoren bemerken, dass besonders die anästhetischen Gebiete nur schwer bluteten. „Die bei einer hemianästhetischen Hysterischen applizierten Schröpfköpfe, schreibt Charcot (a. a. O., S. 303),
bluteten auf der anästhetischen Seite nur schwer, während sie auf der
normalen Seite die normale Wirkung hatten."

---

[1]) Chimie pathologique, Paris 1880, S. 226.

Wir fanden dies in unseren zehn Fällen bestätigt. Um die zu unseren Untersuchungen nötige Blutmenge zu erhalten, applizierten wir einen, zuweilen zwei blutige Schröpfköpfe; bei unseren Hysterischen konnten wir aber niemals mehr als 15—20 Kubikcentimeter Blut auf diese Weise erhalten, während man bei einer gewöhnlichen, nicht hysterischen Kranken mit Leichtigkeit 40—50 Kubikcentimeter bekommt. Da wir anfangs die Schröpfköpfe auf die anästhetische Seite applizierten, zu einem leicht zu verstehenden Zweck, so konnten wir glauben, dass die Anästhesie mit der geringen Blutmenge in direktem Zusammenhange stünde. Um den Versuch zu kontrollieren, applizierten wir gleichzeitig einen Schröpfkopf auf die normale Seite; einzelne der Kranken hatten aber nur umschriebene Anästhesien an einer Extremität und andere waren hyperästhetisch; bei allen diesen konnten wir keine grössere Blutmenge erhalten, mochten nun Sensibilitätsstörungen bestehen oder nicht. Wir glauben daher, dass, wie es eine Diathese zur Kontraktur giebt, auch eine solche zu Gefässspasmus besteht, dass dieselbe vielleicht mit ersterer in Zusammenhang steht und an einzelnen Stellen stärker werden kann, aber stets allgemein ist.

Die Zählung der Blutkörperchen, der am wenigsten wichtige Punkt dieser Untersuchung, ergab die physiologischen Mengen von 3,180,000—4,760.000.

Dann wurde das Blut chemisch untersucht und wir erhielten für das Hämoglobin dieselben Resultate wie Schützenberger-Quinquaud, welche zweifellos die genauesten sind; wir können deshalb über unsere Resultate mit den Worten aus der vorzüglichen Arbeit Lambling's [1] berichten:

„Das Experiment hat ergeben, dass die Reduktion des Oxyhämoglobins durch unterschwefligsaures Natron nur zur Bildung von reduziertem Hämoglobin ging, ohne bis zur Bildung von Blutfarbstoff zu gehen, wie Hoppe-Seyler geglaubt hatte. Hieraus folgt, dass die von Schützenberger und Quinquaud angegebene Sauerstoffmenge die allein richtige ist."

Wir haben in zwei Fällen zur Kontrolle die Sauerstoffmenge des Blutes mit Hülfe der Quecksilberpumpe festgestellt und identische Resultate erhalten.

„Bei gesunden Männern, Arbeitern, sagt Quinquaud, schwankt die respiratorische Kapazität zwischen 20 und 24 Kubikcentimeter auf 100 Kubikcentimeter Blut. das heisst 100 Kubikcentimeter mit Luft oder Sauerstoff geschüttelten Blutes geben 20—24 Kubikcentimeter Sauerstoff bei 0 Grad und mittlerem Barometerstande (760 Millimeter). Man findet aber bei normalen Menschen auch wohl nur 18—19 Kubikcentimeter."

Nun, man wird auf Tabelle II mit Ausnahme von Fall 9 und 10 (État second und Chlorose) als Mittelwert 18 Kubikcentimeter, als Minimalwert 17 (Frau) und Maximalwert 19·6 (Mann) finden, was der Norm entspricht.

---

[1] Des procédés de dosage de l'hémoglobine. Nancy 1882.

Tabelle II.

Name	Gewicht	Blut-körperchen	Sauerstoff-menge für 1000 ccm. Blut	Hämoglobin für 1000 ccm. Blut	Harnstoff	Zucker	Bemerkungen
			ccm.	gr.	gr.	gr.	
Rog . . II 32 Jahre	65 Kg.	4,120.000	192	101	0·219	.	
Pen . . . . . 43 Jahre	80 „	4,200.000	196·50	103	·0·17	.	.
Paign . . . . 18 Jahre	60 „	3,920.000	187	98 4	0 19	0·54	
Courb. . . . 28 Jahre	63 „		183	96·3			.
Deber . . . . 29 Jahre	67·500	3,180.000	176	92·6			
Schey . . F. 22 Jahre	57 Kg.	4,340.000	170	89	0·17		
Faf . . . . . 18 Jahre	52 „	3,950.000	173	91			
Mean . . . . 24 Jahre	52 „	4,760.000	188	98	0·14	0·45	
Hab . . . . . 35 Jahre	49 „	3,060.000	165	86			État second. Chlorose.
Din . . . . . 7 Jahre	51 „	2,520.000	162	85	0·15		État second. Chlorose.

Wir können daher (mit Quinquaud) schliessen, dass die Hämoglobinmenge bei der normalen Hysterie das physiologische Mittel beträgt. Wir hätten gerne ebenso die Zucker- und Harnstoffmenge bestimmt, doch war das wegen der geringen Blutmenge, die wir erhalten konnten, schwierig. Indessen gelang es uns, die Harnstoffmenge in sechs Fällen zu bestimmen.

Man weiss, dass das Blut beim normalen Menschen 0·16 bis 0·20 Kubikcentimeter Harnstoff auf 1000 enthält. Unsere Resultate waren als Minimalwert 0·14 Gramm (Nr. 8) und als Maximalwert 0·219 (Nr. 1); wir können also schliessen, dass das Blut der an normaler Hysterie leidenden Kranken die physiologische Harnstoffmenge enthält.

In zwei Fällen bestimmten wir die Zuckermenge, deren normale Menge 0·40—0·65 Gramm auf 1000 Kubikcentimeter Blut beträgt. Wir erhielten 0·45 und 0·54 Gramm, also normale Werte. Die Ergebnisse unserer Untersuchungen sind also:

1. Bei den an normaler Hysterie leidenden Kranken giebt dieselbe Wunde nur circa ein Drittel der Blutmenge wie beim normalen Menschen.

2. Die Hämoglobin-, Zucker- und Harnstoffmenge ist normal.

Diese Resultate bestätigen das Frühere, dass die Ernährung bei der normalen Hysterie nicht verändert zu sein scheint.